Prof. Dr. Peter Schade, StD Hans-Joachim Stark, Dr. Ines Mayer

Geschichte in der Gegenwart

Geschichte mit Gemeinschaftskunde für berufliche Gymnasien

Ausgabe Baden-Württemberg

1. Auflage

Bestellnummer 00147

Bildungsverlag EINS

Haben Sie Anregungen oder Kritikpunkte zu diesem Produkt?
Dann senden Sie eine E-Mail an 00147_001@bv-1.de
Autoren und Verlag freuen sich auf Ihre Rückmeldung.

Die in diesem Werk aufgeführten Internetadressen sind auf dem Stand der Drucklegung 2010. Die ständige Aktualität der Adressen kann von Seiten des Verlags nicht gewährleistet werden. Darüber hinaus übernimmt der Verlag keine Verantwortung für die Inhalte dieser Seiten.

www.bildungsverlag1.de

Bildungsverlag EINS GmbH
Sieglarer Straße 2, 53842 Troisdorf

ISBN 978-3-427-**00147-8**

Inhaltsverzeichnis

Grundsätzliches zur Benutzung dieses Buches

Dieses Lehr- und Arbeitsbuch ist an dem gültigen Lehrplan in Baden-Württemberg für Berufliche Gymnasien ausgerichtet, was nicht ausschließt, dass es weitgehend auch mit den Lehrplänen anderer Bundesländer übereinstimmt.

Es basiert auf dem gleichnamigen Werk von *Schade-Stark*, das 2007 bereits in 10. Auflage erschienen ist. Viele Teile wurden erweitert und bis zur Finanz- und Wirtschaftskrise aktualisiert. Außerdem galt es, den raschen Veränderungen im gesellschaftlichen Leben vor allem im Gemeinschaftskunde-Teil Rechnung zu tragen. Nur als Beispiele seien der demografische Wandel und die Globalisierung genannt.
Aber auch neue Erkenntnisse der Geschichts- und Politikwissenschaft wurden berücksichtigt.

Die einzelnen Kapitel sind durchgängig nach folgendem Prinzip aufgebaut:

1. Der **Darstellungsteil** – mit Bildern, Grafiken und statistischen Tabellen angereichert – stellt eine in sich geschlossene lehr- und lernbare Einheit dar, die den Schülern[1] auch selbstständiges Einarbeiten, Wiederholen und Vertiefen ermöglichen soll. Darstellungsteil
2. Die **Quellen** dienen der Dokumentation, Ergänzung und Veranschaulichung: vor allem aber sind sie in den Unterrichtsphasen der Einzel-, Partner- oder Gruppenarbeit einzusetzen. Alle Quellentexte wurden – unter Beibehaltung des Lautstandes – orthografisch modernisiert. Quellen
3. An jede Quelle schließen sich **Fragen** an, die sich direkt und ausschließlich auf sie beziehen. Diese Fragen können in fast allen Fällen unabhängig vom Darstellungsteil beantwortet werden. Fragen
4. **Aufgaben** zur Wiederholung und Festigung geben weitere Anregungen für den Unterricht und die Vor- und Nachbereitung zu Hause. Die Aufgaben beziehen sich auf das gesamte Kapitel, sie erstrecken sich auf den Darstellungsteil und teilweise auch auf die in den Quellen enthaltenen Informationen. Aufgaben

Die Verfasser bitten, die Quellen mit ihren Fragen und die Aufgaben nur als Vorschläge zu betrachten; selbstverständlich können und sollen die Lehrkräfte auswählen, was ihnen in ihrer jeweiligen Lerngruppe am geeignetsten erscheint.

Die Schüler von heute sind die Mitarbeiter von morgen – in welcher Funktion auch immer. Von ihnen werden neben der Fachkompetenz auch andere Schlüsselqualifikationen verlangt. Zu ihnen gehört besonders die Methodenkompetenz. Deshalb enthält das Buch einen ausführlichen **Methodenteil**. Er soll Anregungen und Handreichungen zur handlungsorientierten Themenbearbeitung geben. Methodenteil

Der Titel des Buches spiegelt die Grundkonzeption wider: Geschichte wird durch – auch kontrastierenden – Vergleich mit der Gegenwart veranschaulicht und in einen aktuellen Bezugsrahmen gesetzt. Geschichte wird nicht um ihrer selbst willen gelehrt, sondern um den Schülern zu helfen, die heutige Welt besser zu verstehen und ihren Platz darin zu finden.

Die Verfasser kennen die einschlägigen fachwissenschaftlichen Bedenken gegen diese Intention; sie sind aber überzeugt, dass die pädagogisch-didaktischen Vorteile überwiegen. Manche im Buch gebotenen **Gegenwartsbezüge** stellen eine Herausforderung zum Widerspruch und zur Diskussion dar. Weitere können von Lehrern und Schülern selbst entwickelt werden. Gegenwartsbezüge

1 Aus Gründen der leichteren Lesbarkeit wird bei geschlechtspezifischen Bezeichnungen zumeist nur die unmarkierte (männliche) Form gewählt; d. h. auf Movierungen wurde bewusst verzichtet.

Stets haben die Autoren sich bemüht, die pädagogische Grundforderung zu beachten: Was in Wissenschaft und Politik kontrovers diskutiert wird, muss auch unterrichtlich kontrovers dargestellt werden. Aber – die gerade auch im Quellenteil – gebotene Meinungsvielfalt darf nicht zur Standpunktlosigkeit führen. Die Bejahung der Grundwerte unserer staatlichen Ordnung und die Ablehnung aller demokratiefeindlichen Strömungen sind für ein Schulbuch selbstverständlich.

Trotz Bemühungen um größte Sorgfalt können kleinere Mängel nicht mit letzter Sicherheit ausgeschlossen werden. Für Kritik und Anregungen sind deshalb Autoren und Verlag stets dankbar.

Die Verfasser

1 Individuum und Gesellschaft

„Wir sind Zwerge, die auf den Schultern von Riesen sitzen. Wir können weiter sehen als unsere Ahnen und in dem Maß ist unser Wissen größer als das ihrige und doch wären wir nichts, würde uns die Summe ihres Wissens nicht den Weg weisen."
Bernhard von Chartres (genannt Sylvestris, 1080–1167)

1.1 Geschichtliche Lebensformen

Der Mensch ist grundsätzlich ein „zoon politicon" (*Aristoteles*, 384–322 v. Chr.), ein auf die Gemeinschaft angelegtes Wesen. Das Zusammenleben der Menschen geschieht auf drei unterschiedlichen Beziehungsebenen:

- im Miteinander, d. h. man arbeitet gemeinsam an einem übergeordneten gemeinschaftlichen Ziel, das für alle nützlich ist, z. B. bei der Ausrichtung eines Schulfestes.
- im Nebeneinander, die Menschen verfolgen dabei friedlich ihre eigenen, egoistischen Zwecke und mischen sich nicht in die Angelegenheiten anderer ein, weder helfend noch störend, z. B. Wohnen in einem großen Appartementhaus.
- im Gegeneinander, womit Konkurrenz, aber auch Kampf gegeneinander gemeint ist, z. B. im Wirtschaftsleben, Sport oder Krieg.

Mit dem Eintritt des Menschen in die kulturelle Entwicklung vor etwa 8000 Jahren beginnt der immer wieder unter jeweils veränderten Umständen erneuerte Versuch, diesen drei Kernformen der menschlichen Gesellschaft eine konkrete Gestalt zu geben. Das unaufhörliche und nie endende Ringen um eine „gerechte Gesellschaft" kreist um ein Gegensatzpaar, das in seinem Kern unauflösbar bleibt: Freiheit und Gleichheit.

Freiheit

Mit **Freiheit** ist hier die individuelle, persönliche Freiheit gemeint, wie sie auch das Grundgesetz an den Anfang der Grundrechte stellt (Art. 2 GG), nicht dagegen die angemaßte „Freiheit" eines Einzelnen oder Kollektivs, andere zu unterdrücken, z. B. bei der Vernichtung oder Vertreibung von ethnischen Minderheiten.

Gleichheit

Der Begriff **Gleichheit** kann Verschiedenes bedeuten; auf keinen Fall ist aber damit gemeint, dass die Menschen „gleich" im Sinne von „identisch" seien. Die Unterformen der Gleichheit sind:

Formelle Gleichheit

- **Formelle Gleichheit** oder Rechtsgleichheit: die Gleichheit vor dem Gesetz (Art. 3 GG), auch Gleichberechtigung genannt. Jeder, auf den das gesetzliche Merkmal zutrifft (Mensch, Staatsbürger, Selbstständiger, Wehrpflichtiger) muss gemäß diesem Gesetz gleich behandelt werden.
  Ein Ausländer kann nicht verlangen, das Wahlrecht zum Bundestag zu erhalten. Das steht nur Deutschen zu. Er hat aber Anspruch auf Gleichbehandlung mit allen anderen Ausländern, z. B. beim Asylbegehren.

Gleichstellung

- **Gleichstellung** meint die inhaltliche, auch tatsächliche Verwirklichung der Gleichberechtigung, z. B. durch Frauenquoten.

Chancengleichheit

- Die **Chancengleichheit** bezieht sich auf denselben Gleichheitsbegriff, wobei auch hier wieder zwischen formeller Chancengleichheit – im Europa der EU seit Jahrzehnten verwirklicht – und ihrer tatsächlichen Wahrnehmungsmöglichkeit zu unterscheiden ist. Wer Chancengleichheit fordert, muss sich aber bewusst sein, dass er damit keine

Ergebnisgleichheit

- **Ergebnisgleichheit** erzielt. Im Gegenteil: Menschen können und wollen gleiche Chancen unterschiedlich nutzen, weil sie charakterlich, körperlich und geistig verschiedene Qualitäten haben. In den hoch technisierten Ländern haben Millionen die – zumindest theoretische – Chance gehabt, eine Computerfirma zu gründen, aber nur wenige haben sie genutzt.

Einer von ihnen, der seine ersten Computer in einer Garage produzierte, ist heute einer der reichsten Männer der Welt: *Bill Gates*.

Materielle Gleichheit

- **Materielle Gleichheit** beschreibt einen Zustand, in dem alle Menschen einer Gesellschaft unter den gleichen Bedingungen auf demselben finanziellen Niveau leben. Diese von vielen als die höchste Stufe der sozialen Gerechtigkeit erstrebte Gleichheit hat es allerdings in der gesamten Menschheitsgeschichte noch nie gegeben.

1.1.1 Die Antike

1.1.1.1 Griechenland

Archaische Zeit
Aristokratie

In der **archaischen Zeit** Griechenlands (~800 – 500 v. Chr.) wurde die Gesellschaft von einer Adelsherrschaft, der **Aristokratie**, geprägt. Dank ihres Grundeigentums konnte sie sich die Vorherrschaft sichern und das einfache Volk ausbeuten.

Die Phalanx

Phalanx, Hopliten
Oligarchie
Demokratie

Um 650 v. Chr. entwickelte sich eine neue Militärtaktik, bei der anstelle von Einzelkämpfern eine dicht gedrängte **Phalanx** (Schlachtreihe) schwer bewaffneter Männer, der **Hopliten**, in den Kampf zogen. Die dafür notwendige Ausrüstung mit Schild, Helm, Schwert und Lederpanzer konnten sich nur wohlhabende Bürger leisten. Ihre Kampfweise war so erfolgreich, dass sie von den Aristokraten einige Rechte einforderten, u. a. die politische Teilhabe. Die „Herrschaft der Wenigen" (**Oligarchie**) wurde abgelöst durch die „Herrschaft des Volkes", die **Demokratie**.

http://demokratie.geschichte-schweiz.ch/index.html

Diese Entwicklung durchzieht die gesamte Geschichte wie ein roter Faden: Die gesellschaftliche Unentbehrlichkeit einer Schicht gibt ihr im Laufe der Zeit politische Macht. Das reiche Bürgertum des Ancien Régime eroberte 1789 gegen den Adel politische Selbstbestimmung, die Forderungen der Arbeiterbewegung konnten nur durchgesetzt werden, weil die Industriearbeiterschaft für die kapitalistische Entfaltung unentbehrlich geworden war. Und mit der Wiedereinführung der Wehrpflicht in der Bundesrepublik Deutschland (1956) wurden neue Rechte zugebilligt. Weil die Wehrpflicht mit 18 Jahren beginnt, wurde die Volljährigkeitsgrenze und damit das Wahlrecht von 21 auf 18 Jahre herabgesetzt; ausdrücklich begründet damit, dass man jungen Menschen, die „das Recht und die Freiheit des deutschen Volkes tapfer" verteidigen sollten, auch die demokratische Mitbestimmung geben müsste.

Athen

Der bedeutendste griechische Stadtstaat, **Athen**, umfasste auf dem Höhepunkt seiner Macht um 450 v. Chr. ungefähr 30 000 bis 50 000 wehrpflichtige männliche Bürger (Vollbürger =

beide Elternteile hatten das attische Bürgerrecht). Mit ihren Familienangehörigen waren das etwa 120 000 Personen.

Metöken

Die in und um Athen ansässigen Fremden, die **Metöken**, zählten ungefähr 30 000 Köpfe. Sie waren persönlich frei, besaßen aber keine politischen Rechte, wie etwa die Beteiligung an einer Volksabstimmung. Sie zahlten jedoch eine Kopfsteuer.

Sklaven

Am unteren Ende der sozialen Pyramide standen die **Sklaven**, deren zahlenmäßiger Umfang nur sehr schwer zu schätzen ist. Die Angaben schwanken zwischen 80 000 und 120 000. Der Sklave war Eigentum des jeweiligen Herrn als „beseelter Besitz", wie *Aristoteles* ihn rechtfertigend definierte. Er galt zwar als dem menschlichen Geschlecht zugehörig, unterlag aber völlig der Verfügungsgewalt seines Besitzers.

http://demokratie.geschichte-schweiz.ch/demokratie-antiken-athen-rom.html

http://dadalos-d.org/deutsch/Demokratie/demokratie/grundkurs2/Antike/antike.html

	Beginn des 5. Jh. v. Chr.	Mitte des 5. Jh. v. Chr.	Beginn des 4. Jh. v. Chr.
Bürger	25–30	35–45	20–25
Bürger mit Familienangehörigen	80–100	110–150	60–90
Metöken	4–5	10–15	6–8
Metöken mit Familienangehörigen	9–12	25–35	15–20
Sklaven	3–40	80–110	40–60

Gesellschaftliche Schichtung in Athen, alle Zahlenangaben in Tausenden.

Spartanischer Kosmos

Eine besondere Ausprägung erfuhr die griechische Polis (= Stadtstaat) im Kriegerstaat Spartas, dem sogenannten **spartanischen Kosmos**.

Der Begriff „Kosmos" soll andeuten, dass Sparta eine Art geschlossene Welt darstellte, in der alles auf einen einzigen Zweck ausgerichtet war: Kampf! Als Schöpfer der spartanischen Verfassung gilt der sagenumwobene Gesetzgeber *Lykurg*, ein mythischer Königssohn.

▶ Q. 1

Spartiaten

Tatsächlich unterschied sich Sparta – auf der südöstlichen Peloponnes gelegen – in mehrfacher Hinsicht von den übrigen griechischen Poleis. Sparta war zwar ebenfalls ein Territorialstaat, war also nicht nur auf das eigentliche Stadtgebiet beschränkt, sondern beherrschte auch ein großes Umland. Die Polis (= die Gesamtheit der Bürger) von Sparta aber bestand rechtlich nur aus einer einzigen Klasse von „Gleichen", den **Spartiaten**, die über die unterworfene Bevölkerung herrschte. – Diese setzte sich aus zwei Gruppen zusammen:

Periöken

- Die **Periöken** (Umwohner) waren freie Bewohner in dem von Sparta eroberten Landgebiet. Sie lebten in eigenen kleinen Siedlungsgemeinschaften, waren aber politisch unselbstständige Untertanen Spartas und zur Heeresfolge verpflichtet.

Heloten

- Die **Heloten** (urspr. entweder von der Stadt Helos, die wegen Empörung gegen Sparta zur Knechtschaft verdammt worden war, oder von healos = Kriegsgefangener) waren die Ureinwohner der Provinz Lakonien, zu denen später noch die auf der südwestlichen Peloponnes beheimateten Messenier hinzukamen. Die Heloten besaßen keinerlei persönliche Freiheit. Sie waren völlig rechtlos. Aber sie waren nicht etwa Privateigentum eines Großgrundbesitzers, wie später im antiken Rom, sondern „Staatssklaven", die einzelne Spartaner vom Staat zur beliebigen Verfügung erhalten hatten. Um sich im Kampf zu üben, veranstalteten die spartanischen Krieger einmal jährlich regelrechte Jagden auf die Heloten, suchten sich die stärksten heraus, stellten sie zum Kampf und durften sie sogar töten.

Spartiaten

Die männlichen **Spartiaten** (die „Gleichen") führten ausschließlich ein Soldatenleben. Schon im Alter von sieben Jahren wurden die Knaben den Eltern entzogen, auf „Staatskosten" erzogen und lebten in enger Gruppengemeinschaft. Um diesen Zusammenhalt noch zu fördern, mussten alle Spartiaten, wie der griechische Historiker *Plutarch* (46–125) berichtet, die Mahlzeiten gemeinsam einnehmen, die oftmals nur aus einer „Schwarzen Suppe" bestanden, einem Gemisch aus Tierblut, Fleischbrühe, Essig und Salz. Jede Verweichlichung war verpönt. Gehorsam, Tapferkeit und Genügsamkeit galten als höchste und einzige Tugenden. Sparta war kein Staat wie Athen, der neben Soldaten auch Kaufleute, Handwerker und Philosophen zu seinem stimmberechtigten Volk zählte, sondern eine Armee, im ständigen Feldlager lebend.

Nach heutigen Begriffen müsste die Armee Spartas als Berufsarmee bezeichnet werden. Sie war aufgrund der ständigen Übung auch den Bürgersoldaten Athens überlegen. Wegen der professionellen Überlegenheit gegenüber einer Wehrpflichtarmee gehen in Europa mehr und mehr Staaten zu einem Freiwilligenheer mit länger dienenden Soldaten (Zeitsoldaten oder Soldaten auf Lebenszeit) über. Deutschland ist einer der letzten Staaten, der an der Wehrpflicht (noch) festhält.

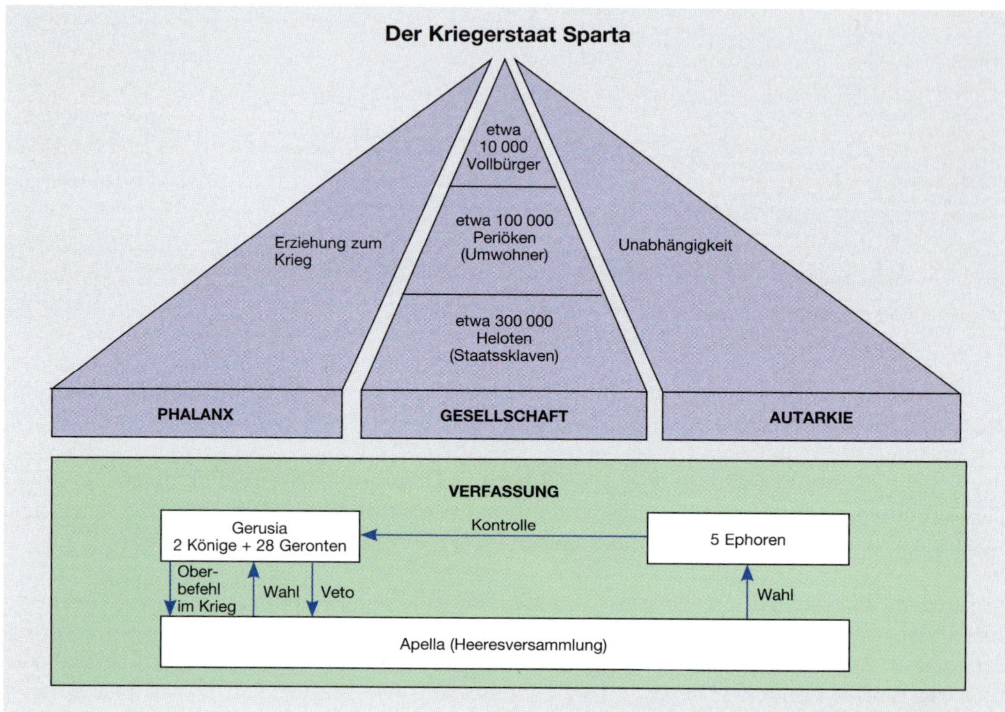

Noch heute sind Begriffe aus diesem Kriegerstaat lebendig. Eine harte, an militärischen Erfordernissen ausgerichtete Erziehung wird „spartanisch" genannt. Kommandos zeichnen sich durch „lakonische Kürze" aus (nach Art der alten Lakonen, das sind die Lakedämonier oder Spartaner). Der morgendliche Appell einer Bundeswehrkompanie erinnert, auch wenn das Wort aus dem Französischen stammt, an die Heeresversammlung, die Apella, und auch der Bundestag kennt einen Ältestenrat, der auf die Gerusia der Verfassung Spartas zurückgeht. Von den Mitgliedern dieses Rates, den Geronten, stammt der Name eines neuen Wissenschaftszweiges, die Gerontologie (Lehre vom Alter). Auch sprechen wir noch heute bei einer geschlossen und diszipliniert auftretenden Gruppe von einer Phalanx.

1.1.1.2 Rom

Patrizier
Plebejer

Nach der Beseitigung der Monarchie (510 v. Chr.) übten latinische Adelsgeschlechter die Herrschaft in Rom aus, die **Patrizier**. Die andere Schicht, die **Plebejer**, war zunächst von jeder Mitwirkung am Gemeinwesen ausgeschlossen. Aber ihre Bedeutung wuchs, als sich wie in

Griechenland die Kampfesweise änderte und man mehr Männer brauchte, um eine geschlossene **Phalanx** bilden zu können. Die kriegerische Bedeutung hob das Selbstbewusstsein der Plebejer, und sie forderten politisches Mitspracherecht.

Phalanx

Auch hier zeigt sich wieder eine geschichtliche Grunderkenntnis: Eine Schicht kann im Gegeneinander immer dann erfolgreich mehr Rechte verlangen, wenn sie für das effiziente Miteinander gebraucht wird.

Mehr als 200 Jahre dauerte es jedoch, bis die Plebejer ihr Ziel erreicht hatten: Gleichberechtigung mit den Patriziern (3. Jh. v. Chr.). Einzelne plebejische Familien, deren Angehörige im Laufe der Zeit militärische Ehren erkämpft oder große Vermögen erworben hatten, genossen das gleiche Ansehen wie die patrizischen Familien und stiegen in den Adelsstand auf. Eine neue Aristokratie aus alten patrizischen und neuen plebejischen Geschlechtern entstand.

In der römischen Familie hatte der **pater familias** (Hausvater) nahezu unumschränkte, absolute Gewalt über die Familie und auch das Vermögen. Er konnte über alle, die zu seinem Hausstand gehörten, Strafen bis hin zur Todesstrafe aussprechen und sogar seine eigenen Kinder verkaufen. Auch seine verheirateten Kinder mit bereits eigenen Kindern unterstanden seiner Herrschaft, solange er lebte.

pater familias

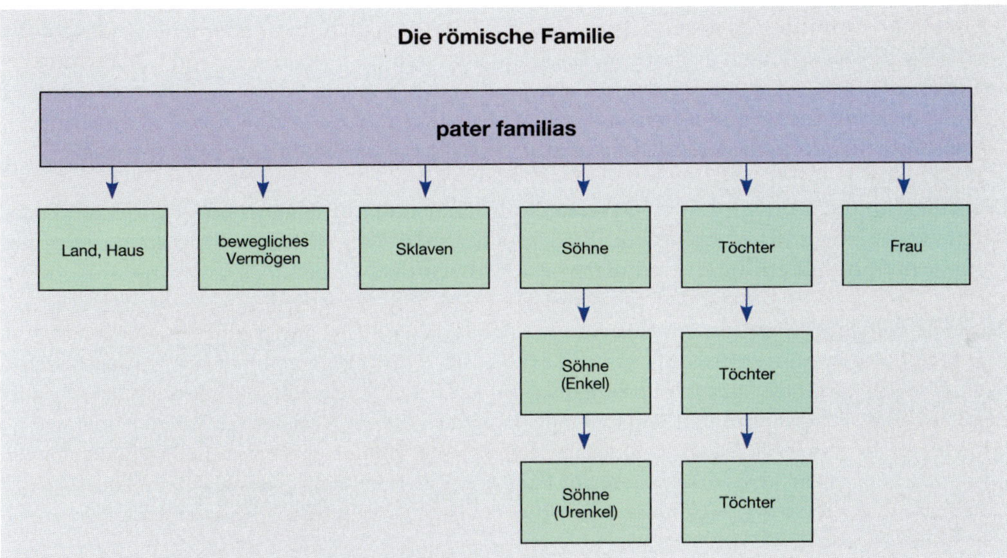

Eine weitere besondere Form der römischen Ordnung war das Treue- und Schutzverhältnis zur **Klientel**, worunter die Gesamtheit der von einem Schutzherrn abhängigen Personen zu verstehen ist.

Klientel
▶ Q. 2

Noch ein anderes geschichtliches Grundmotiv kann man gerade an der republikanischen Ordnung Roms studieren: den gelungenen Versuch, ein annäherndes Gleichgewicht zwischen der notwendigen Macht für die Amtsinhaber und der Kontrolle gegen ihren Machtmissbrauch herzustellen. Wer für das Gemeinwohl insgesamt wirken will, braucht Macht, z. B. die Befehlsgewalt über eine Polizei zum Schutz der inneren Sicherheit. Zugleich aber besteht immer die Gefahr – das beweist auf furchtbare Weise die gesamte Menschheitsgeschichte –, dass der Mächtige seine Amtsgewalt missbräuchlich nutzt, d. h. also, dass sie überwacht und inhaltlich durch Gegengewichte und zeitlich durch Abwahl begrenzt werden muss.

Aber schon in Rom stellte sich die nach wie vor gültige Frage: Und wer bewacht die Wächter? Wenn heute den Rechnungshöfen zur Kontrolle des staatlichen Ausgabegebarens oder den Steuerbehörden Pflichtversäumnisse vorgeworfen werden, zeigt dies, wie zeitlos aktuell das Problem der Kontrolle der Kontrolleure ist.

Die römische Verfassung

Nach Abschluss der Ständekämpfe kristallisierte sich in Rom eine Verfassung heraus, die schon von den Zeitgenossen bewundert wurde. Die römische Republik ruhte auf drei Pfeilern:

- Volksversammlung
- Senat
- Magistrat

Volksversammlung
Kuriatskomitien

Ursprünglich war die **Volksversammlung** nach Geschlechterverbänden, den Kurien, zusammengesetzt, sogenannte **Kuriatskomitien**. Die Plebejer waren als *clientel* (Schutzbefohlene, vgl. heute: Klient) an ein bestimmtes patrizisches Geschlecht gebunden und in der Versammlung ohne jeden Einfluss. Deshalb schufen sie sich eine eigene Volksversammlung, die nach den vier städtischen und den 17 – später 31 – ländlichen Bezirken organisiert war. Diese Gliederung der plebejischen Volksversammlung (*concilium plebis*) entsprach den sogenannten Tributskomitien, welche die Kuriatskomitien nach dem Ende der Königszeit abgelöst hatten.

Volkstribune

In der rein plebejischen Volksversammlung wurden **Volkstribune** gewählt, die als *sacro-sanctus* (unverletzlich, sakrosankt) galten. Wann immer die Patrizier es wagen sollten, einen Volkstribun anzugreifen oder gar verhaften zu lassen, der sich schützend vor einen Plebejer gestellt hatte, mussten sie mit einem Aufstand der gesamten Plebs rechnen. Die Anerkennung dieser Verfassungsinstitution im Jahre 287 v. Chr. markiert zugleich das Ende der Ständekämpfe.

Veto

Die Volkstribune erhielten außerdem das Recht des **Veto** („ich verbiete") gegen Magistratsbeschlüsse.

Die ständigen Mitglieder des Sicherheitsrates in der UNO genießen ebenfalls ein solches Vetorecht.

Die Volkstribune konnten ferner Gesetze einbringen und zur Abstimmung vorlegen. Diese Rechte verschafften ihnen hohes Ansehen, wodurch das Volkstribunat allmählich mehr und mehr zum Sprungbrett für eine politische Karriere wurde.

An diesen grundsätzlichen Zusammenhängen hat sich bis heute nichts Entscheidendes geändert. Besondere Rechte verleihen einem Amt Macht und können dem Amtsträger zu öffentlichem Ansehen verhelfen, das seiner weiteren Laufbahn nur förderlich sein kann. Ein Mitglied des Bundestages kann in aller Regel vielfältige Beziehungen und Verbindungen knüpfen, gewinnt Einfluss, vermag zu helfen und zu fördern, verschafft sich Abhängigkeiten, die ihm nützlich sein können. Hoch dotierte Positionen für verdiente „Parteisoldaten" (und -soldatinnen) am Ende der politischen Karriere, wie z. B. in landeseigenen Unternehmungen wie der Energieversorgung oder Toto-Lotto-Gesellschaften, sind sichtbare Zeichen solcher Politkarrieren.

Zenturiatskomitien

Eine andere Form der Volksversammlung hatten die Plebejer den Patriziern schon in der Mitte des 5. Jahrhunderts abringen können: die **Zenturiatskomitien** (*comitia centuriata*). Sie entsprachen einer Heeresversammlung und trugen damit dem quantitativen Anteil der Plebejer am Heeresdienst Rechnung. Doch der plebejische Einfluss blieb begrenzt. Die Bürgerschaft war innerhalb der Komitien in fünf Vermögensklassen eingeteilt. Dabei wurde den beiden ersten Klassen die Stimmenmehrheit zuerkannt, im Grunde also ein Verfahren, das dem Zensuswahlrecht nahekommt.

Nach Ausformung der republikanischen Verfassung kannten die Römer vier Formen der Volksversammlung:

- die fast bedeutungslosen Kuriatskomitien, die lediglich die Wahl des Magistrats zu bestätigen hatten;
- die Tributskomitien mit dem Recht, den niederen Magistrat zu wählen;
- die Zenturiatskomitien, die neben der Wahl der höchsten Beamten auch die Entscheidung über Krieg und Frieden und auswärtige Verträge trafen;
- die plebejische Volksversammlung für die Wahl der Volkstribune.

Ruhende Mitte des römischen Staates hingegen war der **Senat**. Er verbürgte die Kontinuität der Politik, u. a. dadurch, dass seine Mitglieder auf Lebenszeit gewählt waren. Die Mitglieder dieses Gremiums rekrutierten sich aus ehemaligen Inhabern höchster Staatsämter. Senator konnte nur werden, wer die gesamte Ämterlaufbahn hinter sich hatte und das Wohlwollen des Senats besaß. Denn dieser entschied selbst, wer aufgenommen wurde. Senat

Der Senat konnte über ehrgeizige und dienstwillige Beamte das politische Leben beeinflussen und mittels der Volkstribune, die nach den „höheren Weihen" eines Senators strebten, indirekt sogar die Gesetzesinitiative ergreifen.

Der **Magistrat** war praktisch das Exekutivorgan des Senats, denn jeder Magistratsbeamte sah es als sein höchstes Ziel an, später einmal in den Senat aufgenommen zu werden und sollte sich deshalb gegenüber Senatorenwünschen zumindest nicht abweisend verhalten. Magistrat

Die römische Ämterlaufbahn

Auf der untersten Stufe der sich nach und nach bildenden Beamtenhierarchie standen die 20 **Quästoren**. Sie waren für die Staatskasse zuständig. Im Anschluss an dieses Amt konnte sich der junge Römer als **Ädil** bewerben, und damit oblag ihm neben der Versorgung Roms die Ausrichtung der Spiele. Die insgesamt vier Ädilen – zwei plebejische und zwei kurulische (höhere) – waren auch für das Polizeiwesen verantwortlich. Quästor Ädil

Wesentlich mehr Machtfülle besaß der **Prätor**: Die zwei Prätoren fungierten als Richter und waren gleichzeitig Vertreter der beiden **Konsuln**. Dieses höchste in Rom zu vergebende Amt stattete die Träger mit einer fast uneingeschränkten Machtfülle aus, da sie die Staatsleitung und gleichzeitig den Oberbefehl über das Heer innehatten. Prätor Konsul

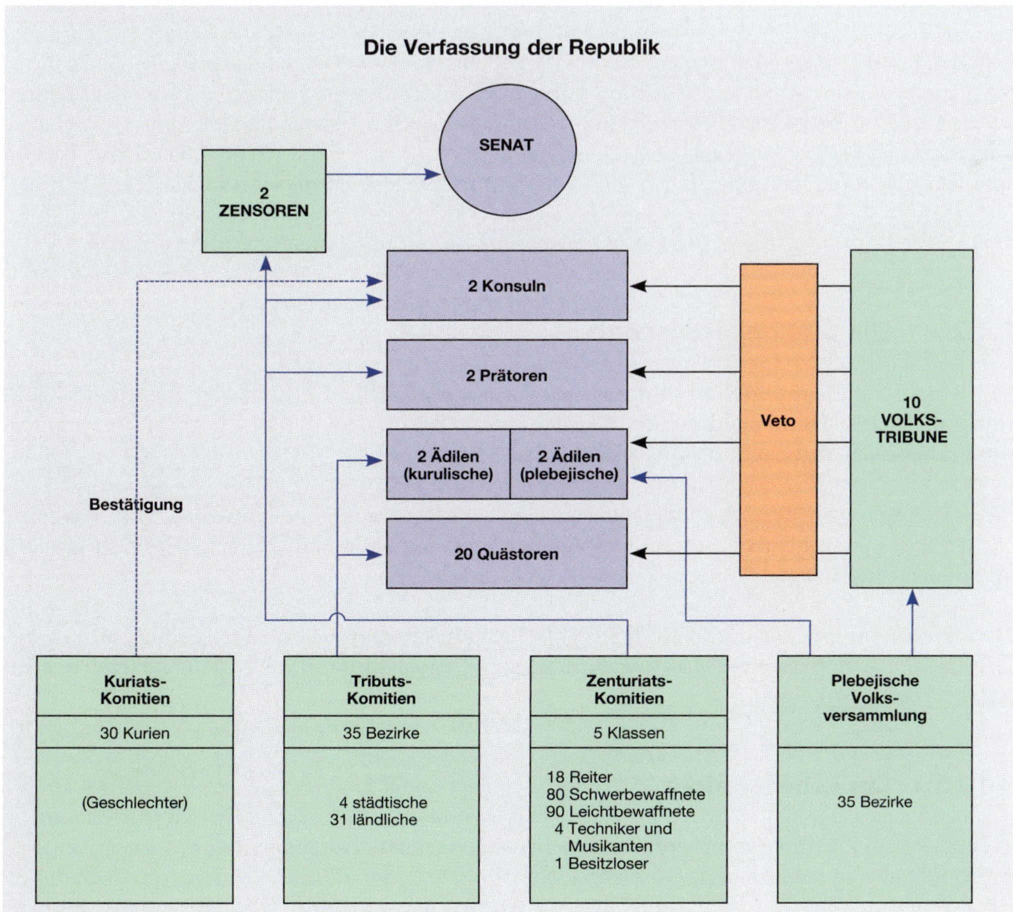

Allen Ämtern waren drei Grundsätze gemeinsam:

Annuität

1. Die Amtszeit war auf ein Jahr beschränkt, wobei die Wiederwahl ausgeschlossen war. → Prinzip der **Annuität**

Kollegialität

2. Jeder Amtsinhaber hatte einen – modern formuliert – gleichberechtigten Kollegen an seiner Seite. → Prinzip der **Kollegialität**

Interzessionsrecht

3. Dieser war mit denselben Vollmachten ausgestattet und konnte gegen die Amtshandlungen des anderen Widerspruch erheben. → Prinzip des **Interzessionsrechtes**

auctoritas

Auf diese Weise sollte die Despotie (Alleinherrschaft) eines Einzelnen verhindert werden. Doch für Not- und Kriegszeiten gab es die verfassungsmäßige Einrichtung eines Diktators auf Zeit, der für sechs Monate uneingeschränkte **auctoritas** (Autorität) besaß. Kein Gleichgestellter war ihm zugeordnet, und seinen Maßnahmen konnte nicht widersprochen werden.

Die – allerdings bisher nie angewandten – Bestimmungen des Grundgesetzes für den Notstand und den Verteidigungsfall als „Stunde der Exekutive" laufen in der Tendenz gleichfalls auf erweiterte Vollmachten für die höchsten Amtsinhaber hinaus.

Zensor

Die **Zensoren** standen außerhalb der eigentlichen Ämterlaufbahn. Die zwei Zensoren wurden zumeist aus dem Kreis ehemaliger Konsuln alle fünf Jahre für eine Amtszeit von 18 Monaten gewählt. Ihre Aufgaben bestanden darin, die Bürger den einzelnen Vermögensklassen zuzuweisen und die Steuer festzusetzen. Als ältere und deshalb zumeist konservative Bürger wachten sie außerdem über die Einhaltung der guten Sitten in Rom.

Noch heute sind uns viele Begriffe aus dem antiken Rom geläufig. Wir hören von einem Skandal im Berliner Magistrat. Ein US-Senator erfreut sich eines kaum geringeren Ansehens als sein römischer Kollege vor 2000 Jahren. Der amerikanische Präsident kann gegen Beschlüsse des Kongresses sein Veto einlegen. Konsul ist Amt und immer noch auszeichnender Titel im diplomatischen Dienst. Einen guten Massenredner nennt man einen Volkstribun, und an manchen Universitäten wird die Finanzverwaltung auch als Quästur bezeichnet. Pressezensur besteht immer noch in einigen Staaten. Und ein Rechtsanwalt bezeichnet seinen Auftraggeber als Mandanten oder auch als seinen Klienten. Politische Parteien sprechen zudem von ihrer Klientel, der sie sich in besonderem Maße verpflichtet fühlen.

Das antike Rom prägt bis in die Umgangssprache hinein noch unser heutiges Leben.

1.1.2 Die Ständegesellschaft

Ständegesellschaft
Grundherrschaft

Der Begriff **Ständegesellschaft** umfasst eine rund 1000-jährige Entwicklung, die mit der frühmittelalterlichen Herausbildung der **Grundherrschaft** (um 700 n. Chr.) begann und erst mit der Französischen Revolution von 1789 zu Ende ging.

www.mittelalter.uni-tuebingen.de

Wenn es also etwa heißt: Beim Empfang des Bundespräsidenten war alles anwesend, was „Rang und Namen" hat, dann geht diese Formulierung auf die Ständevorstellung zurück: Rang = Stand (heute auch als Position bezeichnet).

Lehenswesen
Feudalismus

Den Anfang nahm die mittelalterliche Gesellschaftsschichtung mit der Herausbildung des fränkischen **Lehenswesens**, das mit dem Begriff **Feudalismus** in etwa gleichgesetzt werden kann (Feudum = Lehen).

1.1.2.1 Der Lehensvertrag

Lehensvertrag
Vasallen

Lehnsherr und Lehnsmann vereinbarten im sogenannten **Lehensvertrag** ein gegenseitiges, persönliches Treueverhältnis. Oberster Lehensherr war der König, der den fränkischen Adligen ein Landlehen zur Nutzung übertrug. Der Adlige war zum **Vasallen** – ursprüngliche

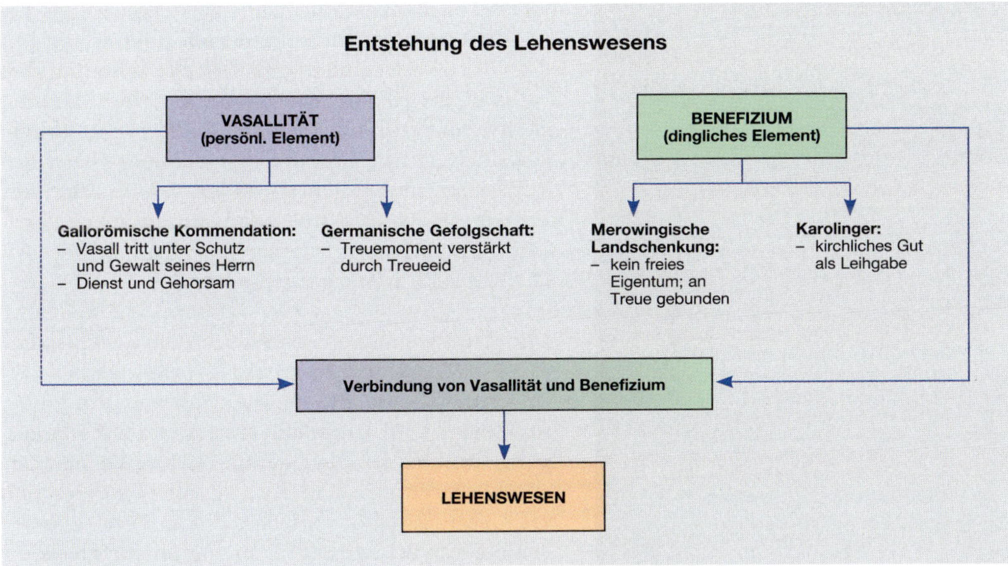

Bedeutung: Knecht – geworden. Er verpflichtete sich damit, dem König Dienste, insbesondere Kriegsdienste, zu leisten. In der **Heerfahrt** (Kriegszug) der Kronvasallen wurde diese Pflicht konkretisiert. Sie umfasste nicht nur den Dienst im Reichsheer als gepanzerter Reiter, sondern auch die Gefolgschaft beim Italienzug zur Kaiserkrönung.

Heerfahrt

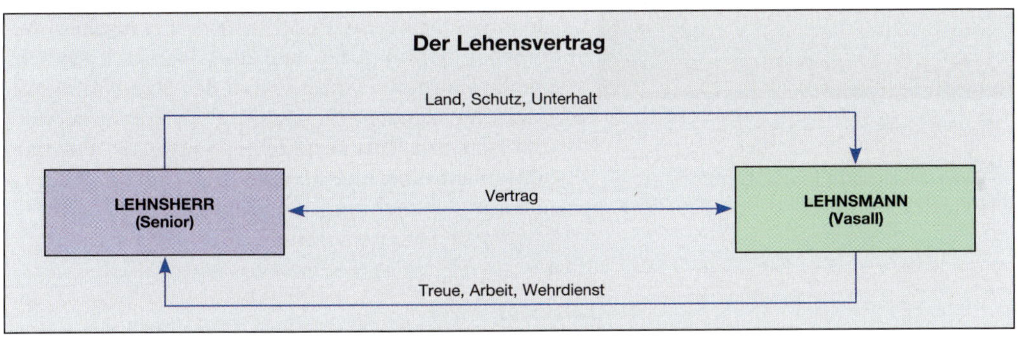

Der Abschluss eines Lehensvertrages vollzog sich in einem strengen, formalen Ritual, das sich in drei Abschnitte gliederte:

In der **Kommendation** (Ergebung) legte der künftige Vasall seine Hände in die seines Herrn und brachte mit dieser Demutsgeste Unterwerfung und Gehorsam zum Ausdruck. Er schuldete seinem Herrn nun *„consilium et auxilium“* (Rat und Hilfe).

Kommendation

Der Kommendation folgte das gegenseitige Treuegelöbnis, der **Lehens- oder Treueid.** Der Vasall gelobte Gehorsam und Dienste, während der Lehnsherr Schutz und Unterhalt versprach. Dieser Unterhalt bestand in der Regel aus einem Stück Land mit den darauf lebenden Menschen, eben dem Lehen (Leihe).

Lehens- oder Treueid

Der **Kuss** am Ende der Zeremonie bekräftigte die getroffene Vereinbarung.

Kuss

Die Ritualisierung von Treuegelöbnis und Eidesleistung ist heute noch wirksam. Die Wehrpflichtigen der Bundeswehr geloben in einer feierlichen, formellen Zeremonie, „der Bundesrepublik Deutschland treu zu dienen“. Beamte schwören „... dass ich mein Amt nach bestem Wissen und Können führen, das Grundgesetz für die Bundesrepublik Deutschland, die Landesverfassung und das Recht achten und verteidigen und Gerechtigkeit gegen jedermann üben werde. (So wahr mir Gott helfe.)“

Von oben nach unten: 1. Gewappneter Lehnsmann, 2. Königsweihe durch den Papst, 3. Ein Vasall kauft sich von der Heerfahrt frei, 4. Szene vor dem Lehnsgericht, 5. Ein Lehnsmann leiht dem Herrn ein Pferd (aus der Heidelberger Bilderhandschrift des Sachsenspiegels, dem bedeutendsten deutschen Rechtsbuch des Mittelalters, 14. Jh.)

Der so abgeschlossene Lehensvertrag galt auf Lebenszeit und war für beide Seiten unkündbar. Mit dem Tode des Lehnsmanns fiel das Lehen an den Lehnsherrn zurück, der es neu verleihen konnte, doch schon früh konnten die Vasallen die **Erblichkeit** durchsetzen, und der Erstgeborene übernahm die Rechte und Pflichten seines Vaters. Starb der Lehnsherr, so schloss dessen Sohn mit dem Lehnsmann einen neuen Lehensvertrag, um sich dessen Dienste auch weiterhin zu sichern.

Der Grundgedanke des Lehens kehrte sich später in sein Gegenteil: War im Frühmittelalter das Lehen der „Lohn" für geleistete Dienste und Treue, so wurde es im Laufe der Jahrhunderte Vorbedingung für noch zu erbringende Leistungen, eine Art „Vorauszahlung". Und der Lehnsherr konnte sich nicht einmal sicher sein, dass die versprochene Gegenleistung im Bedarfsfall auch erbracht wurde.

Die **Kronvasallen**, die unmittelbar an die Person des Königs gebunden waren, setzten sich aus hohen weltlichen Fürsten wie Herzöge und Grafen und aus kirchlichen Würdenträgern wie Bischöfe und Äbte zusammen. Ihr Lehen war so groß, dass sie einen Teil ihres Besitzes an Untervasallen weitergeben konnten, z. B. an Ritter oder auch einfache Dienstmannen. Damit band der Kronvasall Gefolgsleute an sich, die unmittelbar ihm unterstanden und nur ihm verpflichtet waren. So entstand allmählich eine hierarchische (Hierarchie = Rangordnung) Schichtung der mittelalterlichen Gesellschaft: die Lehenspyramide.

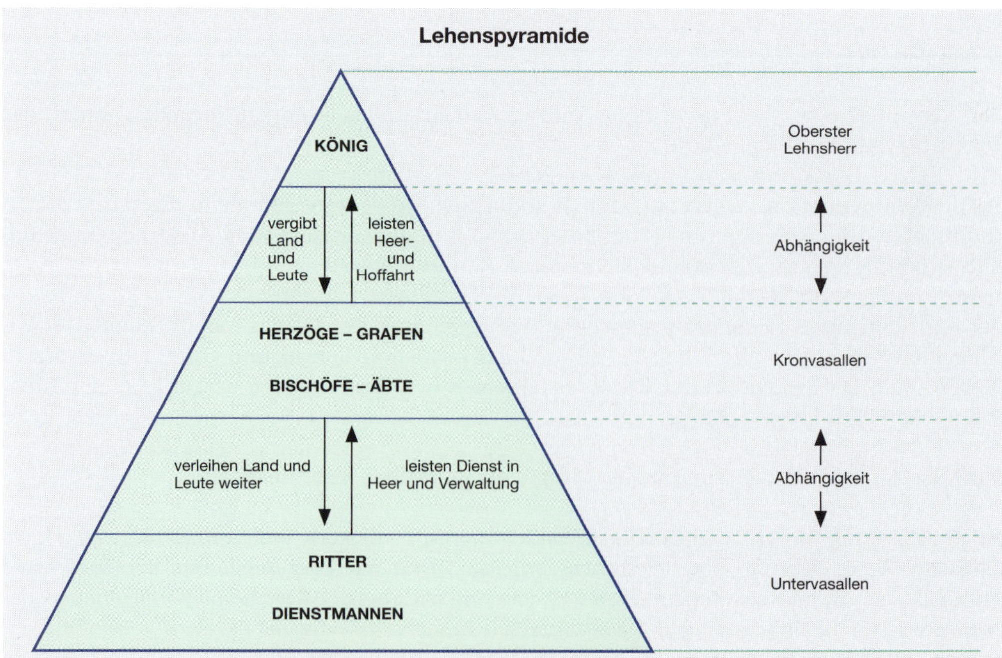

Die mittelalterliche Gesellschaft war am Anfang eine reine Agrargesellschaft; aber auch mit der vermehrten Städtegründung ab dem 10. Jahrhundert im Hochmittelalter lebten rund 90 % der Menschen auf dem Lande. Die Bauern waren rechtlich eingeteilt in das Schema „frei – unfrei“. Dies konnte jedoch noch regional unterschiedliche Untergliederungen nach sich ziehen. Die wichtigsten Gruppen waren:

- **Leibeigene** (unfreie Hörige), die im Eigentum des Grundherrn standen und von ihm mitsamt Hof verkauft oder vererbt werden konnten; Leibeigene
- **freie Hörige** als ehemals Freie, die ihr Gut in die Schutzherrschaft des Grundherrn eingebracht hatten; Freie Hörige
- **Halbfreie**, d.h. von ihren Herren freigelassene ehemalige Hörige. Halbfreie

Auch noch im späten Mittelalter ist das Leben der Bauern als dritter Stand – nach Klerus und Adel – geprägt von der Trias aus Armut, härtester Arbeit und weitestgehend rechtloser Abhängigkeit. Diese dreigliedrige Ständeordnung wurde jedoch als eine von Gott gegebene nicht infrage gestellt

www.wcurrlin.de/pages/5.htm

▶ Q. 3

1.1.2.2 Die Städte

Ab Mitte des 11. Jahrhunderts ermöglichte ein wirtschaftlicher Aufschwung vermehrt die Gründung von Städten. Dabei kristallisierten sich allmählich drei Typen heraus:

www.kazees.de/mittelalter

- Die von den Staufern gegründeten, auf Königsland entstandenen **Reichsstädte**, die dem König unterstanden und nur ihm tributpflichtig waren. Mit dem Zerfall der königlichen Zentralgewalt erweiterten sie ihre Territorien und bildeten eigene kleine Staaten. Besonders zahlreich wurden Reichsstädte im Elsass und in Württemberg gebildet, also im staufisch beherrschten Herzogtum Schwaben. Reichsstädte
  Beispiele: Reutlingen, Ulm, Hagenau, Heilbronn, Straßburg
- Die Mehrzahl der deutschen Städte waren **Landesstädte**, die dem jeweiligen Landesherrn unterstanden. Einige dieser Gründungen erlangten im Laufe der Zeit erhebliche Selbstständigkeit. Landesstädte
  Beispiele: Stuttgart, Urach, Kassel
- Die **Residenzstädte** dienten vor allem dem Unterhalt des Stadtherrn, zumeist einem Bischof. Die städtische Selbstverwaltung konnte sich in ihnen im Gegensatz zu den Reichs- und Landesstädten nur zaghaft entwickeln und es hing vom Belieben des Stadtherren ab, ob und in welchem Umfang er den Bürgern Mitwirkungsrechte einräumte. Residenzstädte
  Beispiele: Trier, Mainz

Klug nutzten die Stadtbürger die Konkurrenz zwischen den verschiedenen Städtegründern für sich aus. Wohl oder übel mussten diese dem Streben nach Selbstständigkeit entgegenkommen, wenn sie nicht die Bürger durch Wegzug an andere Städte verlieren wollten. So genehmigte *Friedrich Barbarossa* 1182 die Wahl eines zwölfköpfigen Stadtrates in Speyer. Wenig später konnten die Bürger von Basel und Lübeck Ratsherren wählen. Die Macht der jeweiligen Stadtherren schrumpfte, und mit weiteren Zugeständnissen erhielten viele deutsche Städte nach und nach den gesicherten Rechtszustand der **Autonomie** (vom griech. „nach eigenen Gesetzen lebend“). Autonomie

Dies war die historische „Grundsteinlegung“ der heutigen kommunalen Selbstverwaltung, die den Gemeinden gem. Art. 28 Abs. 2 GG ausdrücklich als „Bundesgarantie“ gegeben wird. Danach haben die Gemeinden das verfassungsmäßig verbriefte Recht, „alle Angelegenheiten der örtlichen Gemeinschaft [...] in eigener Verantwortung zu regeln.“

Das Rathaus, der Amtssitz des Rates der Stadt, wurde zum augenfälligsten Symbol dieser gemeindlichen Selbstverwaltung. Große Bedeutung erhielt das Stadtsiegel, mit dem das Recht der Stadt verbunden war, Urkunden anzufertigen und auszustellen. Ebenso wichtig war das Münzrecht, das erlaubte, eigene Münzen „zu schlagen“. Markt- und Zollrecht gestatteten, innerhalb der Stadtmauern einen Markt abhalten zu dürfen. Der städtische Rat konnte sich über die Marktpreise, die er für die meisten Waren festsetzte, Gewinnbeteiligung und Gebührenaufkommen sichern.

Ein schwaches Überbleibsel davon hat sich bis heute erhalten. Viele Städte, z. B. Stuttgart, verlangen vom Händler eine Standgebühr für die Genehmigung, seine Waren am Markttag feilbieten zu können.

Rechtsbräuche

Das mittelalterliche Rechtssystem kannte kein einheitliches Recht, wie es die modernen Staaten kennen. Alle Städte hatten eigene Gesetze und eine eigene Rechtsprechung, um ihre Bürger zu schützen vor einem Urteil der fürstlichen Beamten. Erst der Magdeburger *Eike von Repgow* verfasste um 1230 das erste mittelalterliche lateinische Land- und Lehnsrechtsbuch, den sogenannten „Sachsenspiegel". Er enthält eine unsystematisierte Sammlung aller **Rechtsbräuche**, darunter auch die Bestimmung, dass fahrende Spielleute (fast) vogelfrei seien. Eine rechtliche Bindungswirkung kam diesem Buch jedoch nicht zu. Dennoch wurde es zur Grundlage späterer Gesetzesbücher und auch genossenschaftlicher Ordnungsregeln, z. B. für die Satzung einer landwirtschaftlichen Kreditgenossenschaft wie Raiffeisen.

In den Städten bildeten sich nach und nach drei Hauptschichten heraus, die in sich auch noch erhebliche Differenzierungen aufwiesen. Es wurde daraus ein Drei-Schichten-Modell entwickelt, das verblüffenderweise im Kern auch heute noch in der Soziologie zur Erklärung der Gesellschaftsstruktur verwendet wird.

1.1.2.1 Die Oberschicht

Gilden

Zu ihr gehörten die sogenannten Patrizier (lat. patres = Väter, Vorfahren). Dies waren alle, in deren Händen Verwaltung und Rechtsprechung innerhalb der Stadt lagen. Viele von ihnen waren ehemalige Ministeriale (Verwalter, Beamte). Aber auch reiche Kaufleute – in **Gilden** organisiert – gehörten dazu. Sie entwickelten ein erhebliches Selbstbewusstsein. War ihr wirtschaftlicher Einfluss doch größer als der manches (verarmten) Grafen, was sie nicht zuletzt in einer gewissen Prachtentfaltung vor allem in ihrer Kleidung zeigten. Kaufmannsgilden gibt es in anderer Form auch heute noch, z. B. als Förderkreise von Wirtschaftsgymnasien.

1.1.2.2 Die Mittelschicht

Die mittlere Schicht bestand vorwiegend aus Handwerkern. Oft versuchten diese, in die obere Schicht der Patrizier aufzusteigen, um an der Führung der Stadt beteiligt zu werden. In vielen Städten kam es deshalb mehrfach zu blutigen Auseinandersetzungen um die Sitzverteilung im Stadtrat.

Zünfte

▶ Q. 4

Alle Handwerker waren in **Zünften** organisiert. Zünfte waren das Herzstück des politischen, wirtschaftlichen und gesellschaftlichen Lebens des städtischen Mittelalters. Für jeden Handwerksberuf gab es einen solchen eigenen, zwangsweisen Zusammenschluss aller Meister und Gesellen. So existierte eine Zunft der Kammmacher, der Riemenschneider und selbstverständlich der Bäcker, Metzger, Schuhmacher usw. Doch gelegentlich haben sich auch Notare, Musikanten, ja sogar Bettler in eigenen Zünften zusammengetan. Die ersten Zünfte entstanden in Bischofsstädten: in Worms 1106, in Würzburg 1128 und in Köln 1149. Die Zünfte können am besten als ein umfassendes Kartell zur Marktbeherrschung verstanden werden, das seinen Mitgliedern, vor allem den Meistern, beträchtliche wirtschaftliche Vorteile sicherte. Sie legten nicht nur Art, Menge, Preise und Qualität der Waren fest, sie bestimmten auch, wer wann Mitglied in der Zunft werden konnte und damit berechtigt war, seine Leistungen anzubieten. Auf diese Weise konnten sie nach Belieben unliebsame Konkurrenz fernhalten und das Angebot drosseln. Junge Gesellen – zumeist unter erbärmlichen Bedingungen im Haushalt des Meisters lebend – hatten in der Regel nur dann eine Chance, selbstständig zu werden, wenn ihr Meister starb und sie seine Witwe oder Tochter heiraten konnten.

Das „Zunftleben" ging so weit, dass bei Kriegsgefahr die einzelnen Zünfte bestimmte Teile der Stadtmauer als das von ihnen zu verteidigende Stück erhielten. Das Nordtor wurde etwa von den mit Spießen bewaffneten Bürgern der Schneiderzunft bewacht, woraus sich der – heute abfällig gemeinte – Begriff des „Spießbürgers" ableitet.

Auch das noch gelegentlich benutzte Wort „zünftig" im Sinne von meisterlich deutet auf seinen mittelalterlichen Ursprung.
Die heutigen **Innungen** haben zwar ihre historischen Wurzeln in den Zünften, sind aber mit ihnen nicht gleichzusetzen, weil sie keinerlei Vorrechte genießen. Auch ist kein Handwerker verpflichtet, Mitglied einer Innung zu werden.

Innungen

1.1.2.3 Die Unterschicht

Zu ihr gehörten Dienstboten, Knechte, Gehilfen, Büttel und viele andere, die kein Wahlrecht hatten und selbstverständlich keinen Einfluss auf das Geschick der Stadt ausüben konnten. Innerhalb der Unterschicht gab es – ähnlich wie auch in den oberen Schichten – weitere Differenzierungen, die sich nach außen in einer streng überwachten Kleiderordnung ausdrückten. Jeder Bürger hatte seinen festen Platz in der **Hierarchie** der städtischen Gesellschaft und behielt ihn zumeist bis zum Lebensende bei.

Hierarchie

Außerhalb der Gesellschaft und in sie nicht integrierbar standen die Angehörigen der „nicht ehrbaren", der verachteten Berufe (Henker, Totengräber, Abdecker, umherziehende Spielleute, Schauspieler) und die Aussätzigen.

In sehr alten Wirtshäusern ist noch heute der Tisch zu sehen, an dem der Henker allein gesessen hat, und damit niemand versehentlich aus dem Henkerskrug trank, war dieser an einer Wandkette befestigt.

In der modernen Soziologie (Lehre von der Gesellschaft) wird der unterste Teil der Unterschicht als „Sozial Verachtete" bezeichnet, zu dem heute auch die Nichtsesshaften gehören. Es scheint so, als ob es in jeder Gesellschaft Menschen gibt, die nur außerhalb der bestehenden Ordnung leben können und müssen. Inzwischen ist in Deutschland jedoch eine neue Unterschicht entstanden, das sogenannte **Prekariat**. Es ist häufig dadurch gekennzeichnet, dass es sich oft schon in dritter Generation auf Arbeitslosigkeit eingerichtet hat und das Leben dauerhaft aus Transfereinkommen (Sozialhilfe – Hartz IV) bestreitet.

Prekariat

Isoliert von der übrigen Stadtbevölkerung und selbstverständlich ohne Teilhabe am „Stadtregiment" wohnten die Juden als Händler und Geldverleiher in eigenen, ummauerten Stadtvierteln, den **Gettos.**

Getto
Judenpogrom

Noch heute erinnern in der Altstadt einiger Städte, wie z. B. in Tübingen, Straßen mit dem Namen „Judengasse" an solche Gettobildungen. Nicht immer erfolgten diese allerdings zwangsweise, oft wollten die Juden selbst wegen ihres religiösen Gemeinschaftsgefühls nachbarschaftlich zusammenwohnen.

Seit dem Konzil von 1215 war Juden und Christen das Zusammenleben kirchenrechtlich untersagt. Juden konnten nicht Mitglied einer Zunft werden und somit kein „ehrbares Handwerk" betreiben. In Folge dieser Absonderung und daraus resultierender Vorurteile kam es oft zu **Judenpogromen** (Massenausschreitung gegen Juden). In den Pestjahren 1348 bis 1350 erreichte die Verfolgung einen grausamen Höhepunkt, weil man den Juden die Schuld an der Seuche gab. Man beschuldigte sie, die Brunnen ver-

Judenverbrennung während des „Schwarzen Todes", aus: Schedelsche Weltchronik (1493)

giftet zu haben („Brunnenvergifter"). Da Wasser unabdingbar notwendig ist („Wasser ist Leben"), war dies wohl der schlimmste Vorwurf, der Juden treffen konnte.

Pogrom

Das Wort **„Pogrom"** stammt aus dem zaristischen Russland und bezeichnete eine mit Mord und Plünderung verbundene, auch staatlich initiierte Judenverfolgung. Die Juden, die in diesen Jahren nicht den Pogromen zum Opfer fielen, wurden aus den meisten deutschen Städten vertrieben und flohen nach Osteuropa. Die Sprache – das Mittelhochdeutsche – nahmen sie mit; zusammen mit den slawischen Einflüssen entstand so das Jiddische, das zum Teil noch heute von Juden überall in der Welt gesprochen wird.

1.1.3 Die Klassengesellschaft

Die historische Gesellschaftsanalyse verwendet zur Einteilung der Bevölkerung drei Kategorien:

Stände
Klassen
Schichten

1. Die **Stände**, das sind durch Geburt, überkommene Rechte, Privilegien und Prestige scharf voneinander abgetrennte Gruppen.
2. Die **Klassen**, die als einziges Kriterium durch das Eigentum an Produktionsmitteln unterschieden werden.
3. Die **Schichten**, als eine Kategorisierung, die sich aus mehreren Elementen wie Beruf, Bildung, Ansehen, Macht, Reichtum u. a. zusammensetzt.

Proletariat
Bourgeoisie

Mit der Industrialisierung in Verbindung mit Landflucht und Bevölkerungswachstum wuchsen die wichtigsten der noch heute vorhandenen deutschen Großstädte (mehr als 100 000 Einwohner), und in ihnen bildete sich eine neue Schicht, auch als „vierter Stand" bezeichnet. *Karl Marx* bezeichnete diese werdende Arbeiterschicht in Anlehnung an die Besitzlosen des antiken Roms als das „städtische Proletariat". Dem **Proletariat** stand die **Bourgeoisie** als die besitzende Klasse gegenüber.

Klassenkampf

▶ Q. 5

Aus dem Klassenbegriff entstand die Vorstellung eines **Klassenkampfes**, von dem *Marx* behauptete, dass er die prägende, ja die nahezu einzige Triebkraft der gesellschaftlichen Entwicklung in der Menschheitsgeschichte gewesen sei.

Karl Marx (1818–1883)

Auch von nichtmarxistischen Vertretern wurden die Begriffe „Klasse" und „Klassengesellschaft" übernommen. So erklärte der von *Marx* als „Kathedersozialist" (Personen, die vom Lehrstuhl – Katheder – aus die soziale Frage lösen wollten) verspottete *Gustav Schmoller* (1838–1917) vor dem „Verein für Socialpolitik" 1872 „... dass eine zu große Ungleichheit der Vermögens- und Einkommensverteilung, dass ein zu erbitterter Klassenkampf mit der Zeit auch alle freien politischen Institutionen vernichten muss ...". *Schmoller* sah in der Entwicklung der Unterschiede zwischen diesen „haves and have-nots", den Motor der zunehmenden Klassenteilung und damit des Klassenkampfes.

Dieses Begriffspaar bestimmte auch in Westdeutschland noch bis in die 50er Jahre die (partei-) politische Diskussion. Für die DDR war es ganz selbstverständlich, bis zu ihrem Ende von der (alten) Bundesrepublik als dem „Klassenfeind" zu sprechen, der von den „Monopolkapitalisten" geführt sei und die Vernichtung des „Arbeiter- und Bauernstaates" plane.

Eine Definition von Klassen, die als einziges Merkmal den Besitz bzw. die Besitzlosigkeit an Produktionsmitteln nennt, vermochte aber schon im 19. Jahrhundert nicht, und vermag es erst recht nicht in der Gegenwart, die vielfältigen Differenzierungen im Gesellschaftsaufbau zu erfassen.

Nur zwei Beispiele: Die arme Rentnerin, im Besitz einer einzigen Daimler-Aktie, wäre nach dieser Definition Kapitalistin, während der sehr gut verdienende Jungmanager, der einen luxuriösen Lebensstil pflegt und deshalb kein Vermögen ansammeln will und kann, ein Proletarier wäre.

Auch kann kein noch so großer Unterschied im Einkommen und Vermögen andere Unterscheidungskriterien ersetzen: Der gut verdienende Kneipenwirt wird sich nicht mit dem unterbezahlten Assistenzarzt der benachbarten Klinik gleichgestellt fühlen, wenn er ihm mit einem „Zum Wohl, Herr Doktor!" ein Bier einschenkt.

Das für die Industrialisierungsphase entwickelte und im Kern bis heute gültige, wenngleich weiter ausdifferenzierte **Dreischichtenmodell** gibt nähere Einblicke: Der Pyramidenaufbau – ganz kleine Oberschicht, schmale Mittelschicht und breite Unterschicht – war und ist charakteristisch für alle Industriegesellschaften und wurde erst in den letzten 50 Jahren in der Dienstleistungsgesellschaft (siehe Abschnitt 1.1.4) durch die Zwiebelform abgelöst.

Dreischichtenmodell

Schwer ist es, den quantitativen Umfang der Schichtzugehörigkeit zu bestimmen. Der Soziologe *Werner Sombart* (1863–1941) schätzte, dass um das Jahr 1900 etwa 1 % der Bevölkerung der Oberschicht, 20 % der Mittelschicht und der Rest der Unterschicht zuzurechnen waren, wohlverstanden in jeder Schicht mit weitgehenden Differenzierungen. Regelmäßig überschätzt wird die Homogenität (Einheitlichkeit) der „Arbeiterklasse", ihre innere Schichtung wird dagegen vernachlässigt. Der wichtigste Statusunterschied in der Binnenschichtung war die berufliche Qualifikation. Zwischen dem gelernten Drucker und dem nicht einmal „angelernten" Bauhilfsarbeiter lagen nicht nur finanziell Welten.

Schon der Sozialdemokrat *Eduard Bernstein* (1850–1932) erkannte um die Jahrhundertwende, dass nichts irreführender sei, „... als aufgrund einer gewissen formellen Ähnlichkeit der Situation auf eine wirkliche Gleichartigkeit des Verhaltens zu folgern ..." Es könne gar nicht anders sein, „... als dass wesentliche Unterschiede in Beschäftigungsweise und Einkommenshöhe schließlich auch andere Lebensführung und Lebensansprüche erzeugen". Mit anderen Worten: Es gab niemals ein einheitliches **Klassenbewusstsein**. Tatsächlich waren die Einkommensunterschiede innerhalb der Arbeiterschaft, ja innerhalb einer einzigen Fabrik gemessen an heutigen Verhältnissen außerordentlich hoch und konnten beim bestbezahlten, erfahrenen Arbeiter das Achtfache des jungen Hilfsarbeiters ausmachen. Groß waren auch die regionalen Unterschiede. So lag 1913 das durchschnittliche Jahreseinkommen in Hamburg bei 1313 Mark, in Posen (heute in Polen) bei 465 Mark; bei einem Mittelwert für das Deutsche Reich von 748 Mark.

Klassenbewusstsein

Krass waren auch die Unterschiede zwischen den Männer- und Frauenlöhnen. Die **Lohnskala** der Frauen war weniger differenziert als die der Männer, zumal Frauen sich zumeist in den unteren und untersten Lohngruppen fanden. Die Frauenlöhne erreichten bei vergleichbarer Arbeit selten auch nur 50 % der Männerbezüge. Im Jahre 1914 lag ihr durchschnittlicher Lohnsatz bei 44 % des Lohns der Männer.

Lohnskala

In Mannheim konnte für 1890 ermittelt werden, dass 99 % der Frauen weniger als 15 Mark Wochenlohn erhielten, dagegen waren es bei den Männern nur 21 %.

Auch heute verdienen Frauen in der Privatwirtschaft – nicht im öffentlichen Dienst! – durchschnittlich weniger als Männer. Das liegt aber manchmal auch daran, dass insbesondere die Mütter mit Rücksicht auf die Kinder keine Positionen mit größerem Verantwortungsbereich und damit auch verminderter Zeit für die Familie übernehmen können oder wollen. Der Unterschied beim Einkommen beträgt aktuell ca. 20 %.

www.iab.de

Wie seit undenklichen Zeiten bestimmte auch noch im 19. Jahrhundert der Mann das gesellschaftliche Leben. Nicht nur für Frauen in Deutschland galt das Gebot der drei großen K: Kinder, Küche, Kirche. Religion und Tradition boten ihnen keine Chance auf Berufskarriere oder auch nur Gleichberechtigung, geschweige denn Gleichstellung zum Mann.

Dennoch entwickelte sich neben der Arbeiterbewegung im 19. Jahrhundert auch die Frauenbewegung, die immer lauter die Gleichberechtigung, vor allem auch das Wahlrecht forderte. In Großbritannien waren in dieser Frage die **Suffragetten** (vom lateinischen suffragium = Stimmrecht) besonders aktiv, die mit Hungerstreiks, Demonstrationen und nicht immer gewaltfreiem Widerstand für die politische Gleichberechtigung der Frauen kämpften. Doch es

Suffragetten

Die Suffragetten von London

Frauenwahlrecht

waren finnische Frauen, die im Jahr 1906 als erste das aktive Wahlrecht erstritten. 1919 war es dann auch in Deutschland so weit: Frauen erhielten das aktive und passive **Wahlrecht** und gemäß Artikel 109 der Weimarer Verfassung die staatsbürgerliche Gleichberechtigung.

Gleichberechtigung

Aber erst in den 70er Jahren konnte die – formal – vollständige **Gleichberechtigung** durchgesetzt werden, die mit den Gleichstellungsbeauftragten und den Frauenquoten die reale Gleichstellung weitgehend verwirklicht hat.

1.1.4 Die Dienstleistungsgesellschaft

Schon die letzten Jahrzehnte des zu Ende gegangenen Jahrtausends waren in der Arbeitswelt der industrialisierten Gesellschaften nicht mehr vom blauen Overall des Fabrikarbeiters geprägt, sondern vom „White-Collar-Worker", dem Angestellten. Bereits 1989 dominierten diese in der Bundesrepublik (alt) mit 42 % aller Erwerbstätigen gegenüber 38,5 % der Arbeiter. Die modernen Gesellschaften sind Angestelltengesellschaften.

Klassische Dienstleistungsberufe

Angestellte verrichten ihre Tätigkeiten vor allem in drei **klassischen Dienstleistungsberufen** als:
- kaufmännische Angestellte in Handel, Banken, Versicherungen und Industriebetrieben;
- technische Angestellte wie Techniker, Ingenieure, Werkmeister, Laboranten und Wissenschaftler mit zum Teil hoher Spezialisierung;
- Büro- und Verwaltungsangestellte bei allen staatlichen und kommunalen Behörden sowie in Großorganisationen.

Mehr und mehr gesellt sich im Rahmen der Bildungsexpansion dazu das Heer der nicht verbeamteten Lehr- und Ausbildungskräfte beim Staat, in den Privatbetrieben und den gesellschaftlichen Organisationen wie Gewerkschaften, Vereinen und Bildungsträgern, z. B. Volkshochschulen. Und täglich entstehen neue Dienstleistungsberufe, von denen man noch vor wenigen Jahren nicht einmal die Namen kannte, wie etwa Visagistin, Freizeitlehrer oder Physiotherapeut.

▶ Q. 6

Innerhalb der Angestellten kann wiederum eine starke Binnenschichtung diagnostiziert werden, sodass von einer geschlossenen Schicht der Angestellten nicht gesprochen werden kann. Welche Ähnlichkeiten hat etwa ein Kaufhausdirektor als leitender Angestellter mit der jungen Verkäuferin an der Theke für Kurzwaren, der unter Umständen in einem Jahr mehr verdient, als sie in 30 Berufsjahren je wird erwerben können?

Zu den Dienstleistern gehören in Deutschland mit einer langen Tradition auch die **Beamten**. Die Entwicklung des Staates vom liberalen „Nachtwächterstaat“ über den Interventionsstaat zum umfassenden Für- und Vorsorgestaat hat die staatlichen Auf- und Ausgaben gewaltig erweitert. Der frühliberale Staat sah es überhaupt nicht als seine Aufgabe an, für die öffentliche Wohlfahrt zu sorgen. Der Interventionsstaat, etwa in Deutschland ab Ende des 19. Jahrhunderts, griff nur ein, wenn sich krasse soziale Fehlentwicklungen zeigten. Dagegen hilft der Vorsorgestaat grundsätzlich allen, wofür denn auch alle in freilich unterschiedlicher Höhe bezahlen müssen.

Beamte

Damit einher ging eine Ausdehnung des öffentlichen Dienstes und mit ihr auch eine Vermehrung der Beamtenstellen. Grundsätzlich herrscht in Deutschland Einigkeit darüber, dass hoheitliche Aufgaben von Beamten wahrgenommen werden sollen. Immer wieder diskutiert wird allerdings die Frage, ob z. B. die Lehrtätigkeit eines Universitätsprofessors oder eines Lehrers wirklich eine solche hoheitliche Aufgabe darstellt, auch wenn durch Noten und Zeugnisse staatlich anerkannte Zugangsberechtigungen zu bestimmten Berufen erteilt werden.

Die Beamtenschaft teilt sich traditionell in vier **Laufbahngruppen** des einfachen, mittleren, gehobenen und höheren Dienstes, zu denen noch die Sonderlaufbahnen der Richter und Hochschullehrer kommen.

Laufbahngruppen

Der Anteil des gehobenen und höheren Dienstes, letzterer setzt eine Hochschulausbildung voraus, ist in den letzten Jahrzehnten ständig gestiegen. Der größte Teil der Beamten, etwa 30 %, ist in Bildung und Wissenschaft tätig, rund 15 % arbeiten im Bereich der öffentlichen Ordnung und Sicherheit (Polizei) und etwa gleich viel sind beschäftigt als politisches Führungspersonal in den Ministerien.

www.dbb.de

Das Beamtenrecht in Bund und Ländern befindet sich derzeit in einem Reformprozess, der noch nicht abgeschlossen ist. Sicher ist bis jetzt nur, dass die vier Laufbahngruppen reduziert und durchlässiger werden sollen.

Der heute für die deutsche Gesellschaft charakteristische Aufbau ist bildlich am besten mit einer Zwiebel darzustellen: Eine sehr breite Mittelschicht, zu der ca. 75 % der Gesamtbevölkerung zu zählen sind, verjüngt sich nach oben zu einer sehr schmalen Oberschicht (ca. 5 %) und nach unten zu einer ca. 20 % umfassenden Unterschicht.

Gesellschaftsaufbau

Im Zusammenhang mit der Globalisierung zeichnet sich eine Krise des Mittelstandes ab. Selbst gut ausgebildete Kräfte laufen Gefahr, arbeitslos zu werden und damit abzusteigen. Mittelständische Selbstständige fallen der internationalen Konkurrenz zum Opfer und müssen sich als nun abhängige Arbeitnehmer eine neue Tätigkeit suchen.

Wer zu den einzelnen Schichten gehört – die jeweils noch ausdifferenziert werden müssten – ist natürlich nicht eindeutig festzulegen und hängt ab von den Maßstäben des jeweiligen Betrachters. Letztlich ist es auch müßig, sich darüber zu streiten, ob ein Industriearbeiter der unteren Mittelschicht oder der oberen Unterschicht zuzurechnen ist.

Der **soziale Status** (der Rang innerhalb einer Gesellschaft), wird vom **Sozialprestige** bestimmt. Dieses basiert nicht nur auf Einkommen und Vermögen, sondern hängt auch ab von Bildung, Bekanntheitsgrad, Macht, Einfluss und vielem anderen.

Sozialer Status
Sozialprestige

Es wurde versucht, das unterschiedliche Sozialprestige in einer Skala zu erfassen, die aufgrund demoskopischer Befragungen erstellt wurde. Danach rangieren seit Jahrzehnten Ärzte stets am oberen Ende. Am unteren Ende stehen Müllmänner, Pförtner, Taxifahrer und Gelegenheitsarbeiter.

Auffallend ist die Veränderung im sozialen Status im Wandel der Zeit: Besaß z. B. ein General bis 1945 ein hohes Sozialprestige, so wird er seit Jahrzehnten nur noch hinter dem Studienrat platziert. Der

Pfarrer, einstmals ganz oben auf der Leiter, muss sich gleichfalls mit einem besseren Mittelplatz begnügen.

Die moderne Dienstleistungsgesellschaft ist im Gegensatz zur industriellen Klassengesellschaft und der ständischen Agrargesellschaft durch eine hohe Mobilität von Gruppen und Personen gekennzeichnet, die allerdings von Land zu Land sehr unterschiedlich ausfällt.

Die Mobilität verläuft in verschiedener Richtung und auf verschiedenen Ebenen:

Vertikale Mobilität

1. **Vertikale Mobilität** ist das Auf- und Absteigen zwischen den Schichten.
   Beispiele: Ein einfacher Sachbearbeiter steigt zum Abteilungsleiter in einer großen Firma auf. – Die selbstständige „Tante Emma" schließt ihr unrentables Einzelhandelsgeschäft und wird Verkäuferin in einem Supermarkt.

Horizontale Mobilität

2. **Horizontale Mobilität** ist die Veränderung unter Beibehaltung desselben sozialen Status. Sie wird unterteilt in die
   - räumliche Mobilität. Der Angestellte wird z. B. von seiner Firma bei gleichem Aufgabenbereich von Stuttgart nach Regensburg versetzt. Bei grenzüberschreitendem Wohnortwechsel spricht man von **Migration** (Wanderung).
   - Arbeits- und Karrieremobilität. Der Beschäftigte wechselt seinen Arbeitgeber, was oft mit einem Aufstieg verbunden ist (vertikale Mobilität).

Migration

Intragenerationsmobilität

3. **Intragenerationsmobilität** liegt vor, wenn insbesondere die vertikale Mobilität sich in einer Generation vollzieht, z. B. der Aufstieg des nicht studierten Banklehrlings zum Vorstand einer Großbank.

Intergenerationsmobilität

4. Von **Intergenerationsmobilität** spricht man z. B. dann, wenn der Sohn oder die Tochter des Arbeiters studiert.

▶ Q. 7

Auf- und Abstieg sind eng gekoppelt mit dem Bildungsgrad. Je höher dieser ist, desto größer die Aufstiegschancen, je niedriger, desto wahrscheinlicher ist der Abstieg bis in die Arbeitslosigkeit.

Globalisierung

▶ Q. 8

Als Folge der **Globalisierung** wird die Mobilität jeglicher Art zunehmen müssen. Die weltweite Standortkonkurrenz bedeutet, Abschied zu nehmen vom Gedanken eines lebenslangen Arbeitsplatzes, derselben Arbeitsstelle, der gleichen Tätigkeit.

▶ QUELLE 1 Plutarch über die Verfassung Spartas

Unter den verschiedenen Neuerungen, die Lykurgos einführte, war die erste und wichtigste die Einsetzung des Rates der Geronten, von dem Platon sagt, dass er, der hitzigen Königsmacht beigemischt und ihr für die wichtigsten Entscheidungen an Rechten gleichgestellt, Wohlfahrt und Vernunft geschaffen habe. Denn der Staat, ungewiss schwankend und bald zu den Königen nach der Tyrannis hin, bald zur Menge nach der Massenherrschaft hin sich neigend, empfing in der Macht der Geronten einen festen Anker, kam so ins Gleichgewicht und gewann die sicherste Ruhe und Stetigkeit, indem immer die 28 Ältesten sich zu den Königen schlugen, um der Massenherrschaft entgegenzuwirken, und hinwiederum, damit keine Tyrannis entstünde, das Volk stärkten. [...]
Daher gestattete er es auch nicht allen, die den Wunsch hatten, das Land zu verlassen und zu reisen, sodass sie hätten fremde Sitten kennen lernen und zuchtlose Lebens- und andersartige Staatsformen sich zum Vorbild nehmen können. Er verwies auch alle, die aus keinem triftigen Grunde herkamen [...] des Landes, nicht in der Besorgnis, dass sie ihm seine Verfassung nachmachen und ihnen etwas Gutes und Förderliches ablernen könnten, sondern damit nicht Lehrmeister von irgend etwas Schlechtem da wären. Denn mit fremden Menschen müssen notwendig auch fremde Gedanken hereinkommen; neue Gedanken aber führen auch zu neuen Werturteilen, aus denen notwendig neue Begierden und Zielsetzungen entspringen, nicht im Einklang gleichsam mit der Stimmung des bestehenden Staates.
In dem allen ist keine Spur von Ungerechtigkeit und Habsucht zu entdecken, die manche den Gesetzen des Lykurgos vorwerfen, dass sie nämlich

zwar gut wären für die Erziehung zur Tapferkeit, aber unzulänglich für die Gerechtigkeit. Der sogenannte Geheimdienst bei ihnen jedoch, wenn dies eine der Einrichtungen des Lykurgos ist, wie Aristoteles erzählt hat, der dürfte bei Platon diese Meinung über den Staat und den Mann erzeugt haben. Mit ihm verhielt es sich folgendermaßen: Von Zeit zu Zeit schickten die Oberen die gewandtesten jungen Leute überall aufs Land hinaus, versehen mit Schwertern und den notwendigen Nahrungsmitteln, sonst nichts. Am Tage verstreuten sie sich, hielten sich an schwer auffindbaren Orten verborgen und ruhten aus, bei Nacht gingen sie auf die Straßen und töteten jeden Heloten, dessen sie habhaft wurden. Oft auch gingen sie über die Felder und erschlugen die stärksten und tüchtigsten von ihnen. [...]

(Plutarch: Lykurg. übers. von Konrat Ziegler, Artemis, Zürich/München 1976, S. 35 f.)

1. **Wie beurteilt Plutarch die Maßnahme Lykurgs, einen Rat der Geronten einzusetzen?**
2. **Wie beurteilen Sie Lykurgs Maßnahmen, was das Reisen und die Aufnahme von Fremden betrifft, aus heutiger Sicht?**
3. **Erläutern Sie, was es mit dem „sogenannten Geheimdienst" auf sich hat.**

Der Historiker Matthias Geizer über den römischen Staat (1943)

▶ QUELLE 2

Die römischen Bürger stehen nicht isoliert nebeneinander, sie bilden unter sich Gruppen, welche zusammengehalten werden durch das gegenseitige Verhältnis der Treue, fides, mit bestimmten erwarteten Leistungen, officia. Man kann auf dem weiten Gebiet dieser Treueverhältnisse drei Hauptkreise unterscheiden: das Nahverhältnis (Verwandtschaft), das Schutzverhältnis (Klientel) und das Freundschaftsverhältnis. Die älteste Kunde von dem Institut der Klientel war wohl in der Zwölf-Tafel-Gesetzgebung enthalten; danach standen die Mitglieder der gens patricia (zu verstehen als erweiterter Familienverband, d. Verf.) den Klienten als patroni (Schutzherren, d. Verf.) gegenüber. Ihre gegenseitige Beziehung galt als eines der vornehmsten Treueverhältnisse. Eine Bestimmung des [...] Gesetzes erklärt den Patron, der seinem Klienten Schaden zufüge, als vogelfrei.

Die Aufgabe des Patrons war, die Klienten vor jeder Vergewaltigung zu schützen und [...] insbesondere auch ihre Vertretung vor dem Richter. Dem Klienten war ebenfalls die Unterstützung des Patrons zur Pflicht gemacht; verheiratete sich die Tochter des Patrons, so hatte er zur Mitgift beizusteuern; ebenso wenn der Patron als Magistrat Ausgaben gehabt hatte, erwartete man Beihilfe der Klienten.

Die viel gestalteten politischen und sozialen Abstufungen und Besonderheiten, die innerhalb der römischen Bürgerschaft und der Bevölkerung des ganzen Reiches vorhanden waren, traten zurück vor der großen Hauptsache, dass alle diese Bürger und Untertanen gleicherweise in Abhängigkeitsverhältnissen standen zu einigen wenigen großen Herren in Rom.

Die politische Laufbahn des jungen Römers begann damit, dass er sich einem Staatsmann oder einigen hervorragenden Politikern anschloss, und im Zusammenwirken der politischen Freunde und der verschiedenen Freundeskreise wurde die Politik gemacht. Das Ziel eines Politikers (aber) ist, möglichst viele Freunde und Klienten zu haben. Darum brachte der junge Senatorensohn oder der Ritter, der sich der politischen Laufbahn zuwandte, einen guten Teil seiner Zeit auf dem Forum zu und stand jedem zur Verfügung, der in irgendeinem Rechtsstreit seine Hilfe in Anspruch nehmen wollte. Zu Amt und Würden gelangt, sorgte der rührige Politiker immer weiter für die Mehrung der Verpflichteten.

Der Senat war ursprünglich die Körperschaft erfahrener Männer, deren Rat [...] die Magistrate anhörten, an den sie aber nicht gebunden waren. Der Senat hatte sich nur zu äußern, wenn er von den hierzu berechtigten Beamten, den Konsuln, Prätoren und Volkstribunen befragt wurde. – In der späteren Republik war die [...] Stellung viel bedeutender als die der jährlich wechselnden Magistrate. Denn seitdem sich der römische Gemeindestaat zum die ganze Mittelmeerwelt umspannenden Reich erweitert hatte, konnte die Politik unmöglich von den Konsuln allein geführt werden. Schon seit dem 4. Jahrhundert (vor Chr., d. Verf.) wandelten sich deshalb die unverbindlichen Ratschläge des Senats immer mehr in entscheidende Wegleitungen für die Magistrate, und zwar mit Einschluss der Volkstribunen. Nicht staatsrechtlich, aber tatsächlich wurde der Senat das Regierungsorgan, die Magistrate aber sanken zu Vollziehern seines Willens herab.

(Otto Kampe: „Die römische Republik". Quellenhefte zur Geschichte. Ernst Klett Verlag, Stuttgart 1973, S. 18 ff.)

1. **Erklären Sie anhand der Quelle die Begriffe „fides" und „officia".**
2. **Beschreiben Sie die wichtigsten Unterschiede im Zusammenleben im antiken Rom und in der Gegenwart.**
3. **Worin sehen Sie Ähnlichkeiten und Unterschiede einer politischen Laufbahn in der Antike und in der Gegenwart?**

▶ QUELLE 3 Der Aufklärer Johann Michael von Loen über den Bauernstand, 1771

Heute zu Tage ist der Landmann die armseligste unter allen Kreaturen: Die Bauern sind Sklaven und ihre Knechte sind von dem Vieh, das sie hüten, kaum noch zu unterscheiden. Man kommt auf Dörfer, wo die Kinder halb nackend laufen und die Durchreisenden um ein Almosen anschreien. Die Eltern haben kaum einige Lumpen auf dem Leib, ihre Blöße zu decken. Ein paar magere Kühe müssen ihnen das Feld bauen und auch Milch geben. Ihre Scheunen sind leer und ihre Hütten drohen alle Augenblicke über einen Haufen zu fallen. Sie selbst sehen verkahmt (= kümmerlich) und elend aus. Man würde noch mehr Mitleiden mit ihnen haben, wenn nicht ein wildes und viehisches Ansehen ein so hartes Schicksal an ihnen zu rechtfertigen schiene: Der Bauer wird wie das dumme Vieh in aller Unwissenheit erzogen. Er wird unaufhörlich mit Frondiensten, Botenlaufen, Treibjagden, Schanzen, Graben und dergleichen geängstiget. [...]

(Günther Franz (Hg.): Quellen zur Geschichte des deutschen Bauernstandes in der Neuzeit. Wissenschaftliche Buchgesellschaft, Darmstadt 1976, S. 261 f.)

1. **Schildern Sie das Leben der Bauern in eigenen Worten.**
2. **Was ist mit dem letzten Abschnitt („Man würde noch mehr Mitleiden mit ihnen haben ...") gemeint?**

▶ QUELLE 4 Genossenschaftliche Krämerordnung in Zürich 1330

„Es sei allen zu wissen kund, dass wir, die Krämer von Zürich [...] ein Zunft und Gesellschaft gebildet haben, unserem Handwerk zur Förderung und der Stadt Zürich zum Nutzen und zur Ehre. [...]

1. [...]
2. Wer in die Zunft aufgenommen werden will, es sei Mann oder Frau, der soll ein Ehrbarer und aus dem Beruf sein und namentlich keine Zwietracht in die Zunft bringen. Dünkt es dem Zunftmeister und den sechs Beisitzern, so hat er der Zunft 25 Pfund (als Währungseinheit; d. Verf.) zu geben.
3. Will ein Geselle in diesem Beruf Meister werden, der soll zunächst drei Jahre gelernt und ein (zwei) Jahre als Knecht Lohn empfangen haben.
4. Es soll auch kein Krämer mehr als einen Lehrknecht nehmen bei Strafe.
5. [...]
6. Es darf niemand irgendeine Ware [...] auf dem Markt verkaufen, der nicht zur Zunft gehört.
7. [...]
8. Ein Krämer, der hier wohnhaft ist und seinen Verkaufsplatz hat, der soll nicht auch noch an einer Kirche oder einem Kloster stehen mit seinem Kram oder in die Häuser gehen.
9. Auch soll man wissen, wenn ein fremder Gast (gemeint: Kaufmann, d. Verf.) in die Stadt zum Verkauf kommt, der darf nicht länger als zwei Wochen seine Ware feilhalten.

[...]

15. Die Witwe eines Zunftgenossen kann solange das Zunftrecht behalten, wie sie Witwe bleibt. Nimmt sie aber einen neuen Mann, der nicht zur Zunft gehört, so soll dieser sich vorschriftsmäßig in die Zunft einkaufen.

(Konrad Gatz: Kauffahrer, Krämer, Handelsherren. Verlag Schmorl & von Seefeld Nachf., Hannover 1949, S. 161 f.)

1. **Welche Verpflichtungen gehen die Krämer der Stadt Zürich ein?**
2. **Welche Vorteile ergeben sich jeweils für die Krämer, für die Stadt und für die Bürger aus dieser Zunftordnung?**
3. **Welche Konsequenzen hätte es für den Verbraucher, wenn heute noch ähnliche Ordnungen in Kraft wären?**

Auszug aus dem Kommunistischen Manifest von 1848

▶ QUELLE 5

Die Geschichte aller bisherigen Gesellschaft ist die Geschichte von Klassenkämpfen.
Freier und Sklave, Patrizier und Plebejer, Baron und Leibeigener, Zunftbürger und Gesell, kurz, Unterdrücker und Unterdrückte standen in stetem Gegensatz zueinander, führten einen ununterbrochenen, bald versteckten, bald offenen Kampf, einen Kampf, der jedes Mal mit einer revolutionären Umgestaltung der ganzen Gesellschaft endete oder mit dem gemeinsamen Untergang der kämpfenden Klassen.
In den früheren Epochen der Geschichte finden wir fast überall eine vollständige Gliederung der Gesellschaft in verschiedene Stände, eine mannigfaltige Abstufung der gesellschaftlichen Stellungen. Im alten Rom haben wir Patrizier, Ritter, Plebejer, Sklaven; im Mittelalter Feudalherren, Vasallen, Zunftbürger, Gesellen, Leibeigene und noch dazu in fast jeder dieser Klassen wieder besondere Abstufungen.
Die aus dem Untergang der feudalen Gesellschaft hervorgegangene moderne bürgerliche Gesellschaft hat die Klassengegensätze nicht aufgehoben. Sie hat nur neue Klassen, neue Bedingungen der Unterdrückung, neue Gestaltungen des Kampfes an die Stelle der alten gesetzt.
Unsere Epoche, die Epoche der Bourgeoisie, zeichnet sich jedoch dadurch aus, dass sie die Klassengegensätze vereinfacht hat. Die ganze Gesellschaft spaltet sich mehr und mehr in zwei große feindliche Lager, in zwei große, einander direkt gegenüberstehende Klassen: Bourgeoisie und Proletariat. [...]
In demselben Maße, worin sich die Bourgeoisie, d. h. das Kapital, entwickelt, in demselben Maße entwickelt sich das Proletariat, die Klasse der modernen Arbeiter, die nur so lange leben, als sie Arbeit finden, und die nur so lange Arbeit finden, als ihre Arbeit das Kapital vermehrt. Diese Arbeiter, die sich stückweise verkaufen müssen, sind eine Ware wie jeder andere Handelsartikel und daher gleichmäßig allen Wechselfällen der Konkurrenz, allen Schwankungen des Marktes ausgesetzt. [...]
Aber mit der Entwicklung der Industrie vermehrt sich nicht nur das Proletariat; es wird in größeren Massen zusammengedrängt, seine Kraft wächst und es fühlt sie mehr. Die Interessen, die Lebenslagen innerhalb des Proletariats gleichen sich immer mehr aus, indem die Maschinerie mehr und mehr die Unterschiede der Arbeit verwischt und den Lohn fast überall auf ein gleich niedriges Niveau herabdrückt. [...]
Die wesentliche Bedingung für die Existenz und für die Herrschaft der Bourgeois-Klasse ist die Anhäufung des Reichtums in den Händen von Privaten, die Bildung und Vermehrung des Kapitals: Die Bedingung des Kapitals ist die Lohnarbeit. Die Lohnarbeit beruht ausschließlich auf der Konkurrenz der Arbeiter unter sich. Der Fortschritt der Industrie, dessen willenloser und widerstandsloser Träger die Bourgeoisie ist, setzt an die Stelle der Isolierung der Arbeiter durch die Konkurrenz ihre revolutionäre Vereinigung durch die Assoziation. Mit der Entwicklung der großen Industrie wird also unter den Füßen der Bourgeoisie die Grundlage selbst weggezogen, worauf sie produziert und die Produkte sich aneignet. Sie produziert vor allem ihren eigenen Totengräber. Ihr Untergang und der Sieg des Proletariats sind gleich unvermeidlich.
(Karl Marx, Friedrich Engels: Ausgewählte Werke, bearbeitet von Leni Hoffmann. Band 1, Dietz-Verlag, Berlin (Ost) 1979, S. 416 ff.)

1. **Erklären Sie die Begriffe „Bourgeois“ und „Proletarier“.**
2. **Worin unterscheidet sich nach Marx die Gesellschaft zur Zeit der Industrialisierung von allen vorhergehenden Gesellschaften?**
3. **Wie vollzieht sich der Übergang von einer Gesellschaft zur anderen?**

Der Dienstleistungssektor

▶ QUELLE 6

Im Dienste-Sektor [...] arbeiten inzwischen mehr Menschen als in der Industrie – in den USA sind es derzeit fast 80 Prozent, in Deutschland 61 Prozent.
Die Herstellung von Gütern ist nicht mehr die einzige Quelle von Wohlstand, vielmehr verlagert sich ein wachsender Teil der Wertschöpfung auf Beraten, Planen und Service. Bei Siemens zum Beispiel stammen heute bereits über 50 Prozent der Wertschöpfung aus dem dritten Sektor. Spiegelbildlich dazu entfallen 60 Prozent der Entwicklungsarbeiten auf Software und Engineering, nur noch 40 Prozent auf Hardware-Produkte.
Bisher unbekannte Tätigkeitsfelder entstehen: Neue Informations- und Kommunikationstechniken erobern und schaffen neue Märkte – so im Verkehr (Telematik), in der Medizin, in der Verwaltung, in Betrieben (Intranet), bei Banken mit ihrem

weiter wachsenden Handel mit Anleihen, Krediten, Aktien und der Abwicklung sprunghaft steigender Auslandsinvestitionen, in unendlich vielen Servicebereichen, im Einkauf und Verkauf über Internet – bis hin zur Verbrechensbekämpfung mit den neuen Medien. Neue Datenbanken entstehen, das Wissen muss für neue Bevölkerungsschichten, beispielsweise auch für Senioren, gesammelt, aufbereitet und verfügbar gemacht werden. Telearbeit schafft Chancen und erhöht die Selbständigkeit, macht flexibel gegenüber Ort und Zeit, Betriebe können Büroflächen einsparen.

(Institut der Deutschen Wirtschaft (Hrsg.), „Wirtschaft und Unterricht des Instituts der deutschen Wirtschaft Köln" 4/1998 © Deutscher Instituts-Verlag, Köln).

1. **Beschreiben Sie die dargestellte Entwicklung mit eigenen Worten und suchen Sie nach Gründen, wie es dazu kommen konnte.**
2. **Listen Sie – eventuell mithilfe des Internets oder Informationen der Agentur für Arbeit – weitere Berufe auf, die erst in den letzten Jahren entstanden sind. Welche Berufe sind im gleichen Zeitraum bedeutungslos geworden bzw. ganz verschwunden?**

▶ QUELLE 7

Chancen und Risiken der Telearbeit

CHANCEN	RISIKEN
für den Telearbeiter	
– Verringerung/Wegfall der Fahrzeit – Bessere Vereinbarkeit von Beruf und Privatleben – Zeitsouveränität, Arbeiten nach individuellem Arbeitsrhythmus – Größere Freiheit bei der Wohnortwahl	– Soziale Isolation – Ungeschützte Beschäftigungsverhältnisse – Karriereeinbußen – fehlende Trennung von Beruf und Privatleben
für das Unternehmen	
– Kostenersparnis bei Büroflächen – Höhere Produktivität und Kreativität der Mitarbeiter – Erhalt qualifizierter Mitarbeiter (als Anreiz zeitlich und örtlich ungebundenes Arbeiten) – Größere Kundennähe (z. B. Ausweitung der Geschäftszeiten) – Bedarfsgerechter Einsatz freier Mitarbeiter	– Unwirtschaftlichkeit – Mangelnde Datensicherung bzw. Datenschutz – Reibungen mit traditionellem, unflexiblem Management – Höherer Koordinationsbedarf
für die Gesellschaft	
– Reduzierung von Berufsverkehr, Energieeinsparung – Entlastung der Ballungsräume – Neue Arbeitsplätze vor allem in strukturschwachen Gebieten – Beschäftigungsmöglichkeiten für spezielle Gruppen (Alleinerziehende, Menschen mit Behinderung)	– Abwandern von Arbeitsplätzen ins Ausland – Zersiedelung – Anstieg des Individualverkehrs (z. B. durch Zersiedelung)

(empirica GmbH, in: Multimedia 2000, herausgegeben vom Institut der deutschen Wirtschaft Köln, 2. Auflage, Köln 1998, S. 36 © Deutscher Instituts-Verlag, Köln)

1. **Führen Sie ein Rollenspiel durch, in dem ein Verfechter der Telearbeit sich mit einem Gegner auseinandersetzt.**
2. **Veranstalten Sie zum Thema „Pro und Kontra Telearbeit" eine amerikanische Debatte.**
3. **Begründen Sie, warum Sie persönlich einen Telearbeitsplatz annehmen oder ausschlagen würden.**

Soziale Mobilität – Chancen und Gefahren

▶ QUELLE 8

Die Analyse historischer Gesellschaftstypen lässt erkennen, dass mit dem Prozess der Industrialisierung die gesellschaftlichen Mobilitätsraten erheblich zugenommen haben. Technisierung, Bürokratisierung und Automatisierung haben tief greifende Veränderungen der Berufs- und anderer sozialer Strukturen bewirkt. Die Abnahme des Anteils der landwirtschaftlichen Berufe (des primären Wirtschaftssektors) und das starke Anwachsen der Organisations- und Verwaltungsberufe (insbesondere des tertiären Sektors) erzwangen massenhaft individuelle und kollektive intra- wie intergenerative Mobilitätsprozesse. Die Auswirkungen der Kriegsereignisse und Kriegsfolgen (wirtschaftlicher und politischer Zusammenbruch, Wiederaufbau, Flüchtlingsströme usw.) führten zu gesellschaftsstrukturellen Umbrüchen und zu individuell notwendigen Lebensneuorientierungen, die sich wiederum als soziale (horizontale wie vertikale) und geographische Mobilitätsvorgänge niederschlugen. Die Einschätzung hoher sozialer Mobilitätsraten in einer sogenannten „dynamischen" Gesellschaft ist bis heute ambivalent geblieben. Zum einen gelten sie als wünschenswert, da man annimmt, dass sie die ökonomische und soziale Effizienz einer Gesellschaft dadurch erhöhen, dass mit größerer Wahrscheinlichkeit die Positionen, die große Fähigkeiten erfordern, auch von Individuen mit solchen Fähigkeiten besetzt werden (Auslese-Argument). Überdies seien Gesellschaften mit durchlässiger Sozialstruktur eher in der Lage, sich inneren und äußeren Wandlungs- und Innovationserfordernissen anzupassen. Mobilitätschancen bedeuten ferner einen Anreiz für die Entfaltung persönlicher Fähigkeiten und darum – in einer Gesellschaft mit Leistungs- und Konkurrenzorientierung – weniger persönliche Enttäuschungen und damit mehr Chancen für größere soziale Harmonie. Andererseits werden auch die möglichen negativen Folgen hervorgehoben: die Zerstörung primärer „gewachsener" Sozialbeziehungen der Menschen; die Enttäuschungserlebnisse und Lebenskrisen der Absteiger und Erfolglosen; die allgemeine Angst um den gesellschaftlichen Status; das Misstrauen unter den sozial Konkurrierenden. Mehr Mobilität in einer Gesellschaft ist für die einen der Beweis für mehr Realisierung der Postulate einer demokratischen und egalitären Gesellschaft. Für andere ist sie ein Phänomen, das nicht Abbau, sondern – als eben nicht harmonische Folge der Leistungskonkurrenz – Verstärkung der sozialen Ungleichheit bewirkt.

(Günter Hartfiel: Soziale Schichtung. Bearbeitet und herausgegeben von Udo Schwarz, Juventa Verlag, München 1978, S. 65 f.)

1. **Welche Ursachen und Gründe nennt der Autor für die hohe Mobilität innerhalb der deutschen Gesellschaft?**
2. **Stellen Sie die Chancen und Risiken der sozialen Mobilität stichwortartig zusammen.**

Aufgabenvorschläge

1. Nennen Sie einige kulturelle und politische Erscheinungen des antiken Griechenlands und des antiken Roms, die bis in die Gegenwart nachwirken.
2. Wie versuchte die republikanische Verfassung im antiken Rom Machtgleichgewicht und Machtkontrolle zu wahren?
3. Nennen und erläutern Sie die Vorteile, die sich für einen Landesherrn aus einer Stadtgründung ergaben.
4. Beschreiben Sie die soziale Schichtung in einer mittelalterlichen Stadt und vergleichen Sie diese mit der Gegenwart; präsentieren Sie die Ergebnisse Ihrer Arbeit.
5. Unterscheiden Sie: Reichsstadt – Landesstadt – Residenzstadt. Nennen Sie dazu je ein Beispiel aus Ihrer Heimat.
6. Organisieren Sie ein Planspiel zum Thema „Mein Arbeitsplatz im Jahr 2025."
7. Fertigen Sie eine Collage zum Gesellschaftsaufbau in Deutschland. Gestalten Sie dazu ein Plakat mit dem Umriss einer Zwiebel und platzieren Sie verschiedene Berufe entsprechend ihrem Rang. Diskutieren Sie die einzelnen Platzierungen und einigen Sie sich.

8. Listen Sie auf, welche Dienstleistungstätigkeiten Sie kennen, die es vor
   – 30 Jahren,
   – 20 Jahren und
   – 10 Jahren noch nicht gab.
9. Veranstalten Sie ein „Brainstorming“ in der Klasse über mögliche künftige Dienstleistungsberufe.
10. Erstellen Sie jeder für sich aus 30 bekannten Berufen eine Skala des Sozialprestiges und vergleichen Sie diese mit der Ihrer Klassenkameraden. Ermitteln Sie daraus die durchschnittliche Gewichtung und erklären Sie das Ergebnis.
11. Diskutieren Sie, in welchen Bereichen die Gleichberechtigung von Mann und Frau verwirklicht ist und in welchen nicht.

1.2 Das Bild der Menschen vom Menschen

Wahrnehmung

Physiologisch gesehen ist das menschliche Auge vermutlich seit Millionen Jahren unverändert, die optische **Wahrnehmung** also gleich geblieben. Aber die Bilder, die das Auge dem Gehirn liefert, werden unterschiedlich wahrgenommen, geistig anders verarbeitet.

Mit Beginn der Industrialisierung begann eine bis dahin nicht gekannte Umweltzerstörung und -schädigung. Die rauchenden Schlote der Fabriken legten davon ein für jedermann weithin sichtbares Zeugnis ab. Dennoch wurde diese optisch erkennbare Umweltzerstörung nicht als solche verstanden. Das Gewusste drang erst in unseren Tagen in das Bewusstsein. Erst heute wird etwa ein Mensch, der Abfälle im Wald „entsorgt“, als Umweltfrevler betrachtet.

Erkenntnisstand

Da es kein von uns erkennbares Bild gibt, das sich (seine Existenz vorausgesetzt) Gott vom Menschen macht, gibt es immer nur ein menschliches Bild vom Menschen. Der Mensch ist so, wie wir ihn sehen und verstehen. Und diese Wahrnehmung ist selbstverständlich im Laufe der kulturellen Entwicklung erheblichen Veränderungen unterworfen, abhängig von unserem **Erkenntnisstand**, z. B. der Entdeckung der Kräfte des Unbewussten ebenso wie von den Lebensumständen, etwa der Arbeit in der Landwirtschaft oder im klimatisierten Büro am Bildschirm.

Eine Frau wird heute anders wahrgenommen und eingeschätzt als noch vor gut 100 Jahren. Noch Ende des 19. Jahrhunderts konnte ein Buch eines Arztes erscheinen mit dem Titel „Vom angeborenen Schwachsinn des Weibes“. Und Anfang des 20. Jahrhunderts hielten sich die Herren Gymnasialprofessoren ihren Bauch vor Lachen, weil ein Mädchen aus einer benachbarten Mittelschule (Realschule) die Aufnahme in das Gymnasium begehrte, um dort das Abitur abzulegen. Mädchen mit Abitur! Damals unvorstellbar. Heute haben die Mädchen bei den höheren Bildungsabschlüssen die Jungen überholt.

1.2.1 Mittelalter: Der Mensch im göttlichen Kosmos

Weltbild

Die Menschen des Mittelalters besaßen noch ein ganzheitliches **Weltbild**: Jeder Mensch, jedes Lebewesen, jede Sache und jedes Ereignis hatte seinen festen und unveränderbaren Platz im göttlichen Kosmos. Die deutsche Mystikerin *Hildegard von Bingen* (1098–1179) beschrieb diesen Zusammenhang folgendermaßen: „Gott erfüllt mit dem vollen Werk den Umkreis des Weltalls, auf dass es nicht erschüttert werde. Wäre die Welt nicht von den Geschöpfen ausgefüllt, so müsste sie, durch die Leere getroffen, in eine chaotische Bewegung geraten. Jedes Geschöpf füllt so seinen Platz aus, indem es die ihm eigene Funktion erfüllt.“ So fühlten sich

Weltordnung

die Menschen des Mittelalters in eine unumstößliche **Weltordnung** eingebettet, hatten ihren festen Platz im Kosmos inne. Niemand wäre auf die Idee gekommen, dass die Welt verändert werden müsste – schließlich hatte Gott sie so eingerichtet, wie sie war. Diese **tiefe Religiosität** war bestimmend für das Mittelalter.

Religiosität

Ab dem vierten Jahrhundert durchdrang das Christentum nach und nach das gesamte gesellschaftliche Leben des Abendlandes, ersetzte die heidnischen Vorstellungen der Naturgewalten und ihrer Götter und prägte die Vorstellung, ja den sicheren Glauben an einen einzigen „Gott in der Höhe". Der Mensch im Mittelalter war fest davon überzeugt, dass Gott nicht ein Mythos, eine Art geistiges, unbeschreibbares Wesen war, sondern als lebendiger, persönlicher Gott im Himmel thronte, während unter der Erde das ewige höllische Feuer brannte. Der Mensch hatte eine sehr konkrete, sinnliche **Gottesvorstellung**, wovon nicht zuletzt die sakrale Kunst in den Kirchen ein beredtes Zeugnis ablegt. Gottes Existenz und Wirken wurde bei guten wie schlechten Ereignissen als allgegenwärtig angesehen. Man verkehrte im alltäglichen Leben sozusagen mit einer gewissen Vertraulichkeit mit Gott, aus der eine unbedingte und unmittelbare feste Gläubigkeit entsprang.

Hildegard von Bingen: Liber Divinorum Operum, 13. Jahrhundert.

Diese Gläubigkeit spiegelte sich auch im Verhältnis zum Tod wider, der während des gesamten Mittelalters einen allgegenwärtigen Bestandteil des Daseins bildete. Krankheit und Hunger konnten täglich den eigenen Tod oder den eines Familienmitglieds bedeuten.

Anders als in der Gegenwart war der Tod nicht tabuisiert, sondern wurde in vertrauter Einfachheit als selbstverständlicher Bestandteil des Lebens begriffen. Sinnfällig wird diese Einstellungen z. B. darin, dass Friedhöfe keine Orte der Ruhe und des Schweigens waren, sondern Orte der Begegnung. In einigen Städten Frankreichs errichteten Menschen sogar ihre Häuser auf Friedhöfen und ließen sich von den Bestattungen nicht stören.

Gottesvorstellung

Auch war es – außer bei Unglücksfällen auf Reisen – nicht denkbar, dass man ohne den Beistand der Verwandten sterben müsste. Das Sterben vollzog sich in der Öffentlichkeit, inmitten der **Familie**, die insgesamt für den mittelalterlichen Menschen eine sehr hohe Bedeutung hatte. Eigene Wünsche und Interessen wurden vollständig dem Familienleben untergeordnet. Individualität und Selbstverwirklichung waren im Mittelalter nicht nur unbekannte Begriffe, man hätte sich wahrscheinlich davor gefürchtet, hätte ein solches Leben doch bedeutet, die tiefe Verwurzelung und die Geborgenheit in der Familie aufgeben zu müssen.

Familie

Die heute selbstverständliche Trennung von Wohn- und Arbeitsstätte war im Mittelalter weitgehend unbekannt. Auch das Verhältnis zur **Arbeit** stellte sich ganz anders dar als heute, obwohl die Menschen bestimmt härter arbeiten mussten als wir. Arbeit war bei allen Strapazen auch eine beinahe religiöse Verrichtung, eine Form des Gottesdienstes. Indem man arbeitete, verherrlichte man nämlich den Schöpfer und folgte seiner eigenen Berufung, seiner vocatio, die für jeden Menschen die Erfüllung seiner vorherbestimmten Aufgaben im göttlichen Kosmos bedeutete. Wahrscheinlich war der Mensch im Mittelalter trotz der oftmals herrschenden materiellen Not auch zufriedener mit seiner Arbeit, zumindest was die Identifikation mit den hergestellten Produkten betrifft. Die als Folge der industriellen Revolution herrschende Arbeitsteilung – die „Entfremdung" (*Marx*) von seiner Arbeit – und die deshalb oft monotone Verrichtung der immer gleichen Handgriffe waren im Mittelalter jedenfalls unbekannt. Der Handwerker fertigte sein Produkt von Anfang bis Ende. Entsprechend stolz und zufrieden konnte er mit dem Ergebnis sein.

Arbeit

Natürlich ist unbestritten, dass der materielle Gegenwert für die Arbeit im Mittelalter nicht annähernd die heutigen Dimensionen erreichte. Eine Durchschnittsfamilie gibt in Deutschland heute etwa 20 % ihres monatlichen Einkommens für Nahrung und Kleidung aus – im Mittelalter lag dieser Anteil bei nahezu hundert Prozent; allerdings betrug der Anteil noch 1960 in Deutschland fast 60 %.

Auch vor **Krankheiten** gab es keinen wirksamen Schutz: Im 14. Jahrhundert fielen mehreren Pest-Epidemien in Europa über ein Drittel der gesamten Bevölkerung zum Opfer. Doch umso

Krankheit

größer war häufig die praktisch gelebte Nächstenliebe: Geiz und Habsucht galten als moralisch verwerflich, die Unterstützung von Armen und Kranken dagegen als erstrebenswertes Ideal; aber wie alle Ideale wurde auch dieses in der Realität nie ganz erreicht.

Fast alle Menschen des Mittelalters waren vollständig damit beschäftigt, ihren Lebensunterhalt zu verdienen. Mit dem Wort „Freizeit" hätten sie nichts anfangen können. Dennoch gab es damals ein reges geistiges Leben:

Scholastik

Die **Scholastik** (abgeleitet vom lateinischen scholasticus = Lehrer) war die für das katholische Mittelalter praktisch einzige philosophisch-theologische Lehre, die das antike Denken auf die Neuzeit übertrug. Sie berief sich dabei u. a. auf *Aristoteles'* Lehre (384–322 v. Chr.). Danach ist der Mensch ein Teil des göttlichen Kosmos. Nach der ursprünglich von *Aurelius Augustinus* (354–430) entwickelten Lehre von der Prädestination (= göttlichen Vorherbestimmtheit) sind die Menschen nach Adams Sündenfall nicht mehr frei, sondern leben auf ewig in der Sünde (**Erbsünde**), aus der sie nur Gott in seiner Barmherzigkeit erlösen oder auch auf ewig verdammen kann. Die Kirche hat nach und nach diese Lehre von der absoluten Vorherbestimmtheit der Verdammnis abgemildert, denn letztendlich hätte diese Lehre ihre eigene Stellung gegenüber den Gläubigen geschwächt.

Erbsünde

Der bedeutendste scholastische Philosoph war *Thomas von Aquin* (1225/6–1274). Seine Lehre gilt bis in unsere Tage als die verbindliche Richtschnur für alle katholischen Bildungsanstalten und Fakultäten. In seinem Werk „Summa Theologiae" (= die theologische Summe) führt er fünf **„Gottesbeweise"** an:

Gottesbeweise

1. Alles Bewegte wird durch etwas anderes bewegt, also muss es letztlich etwas geben, das bewegt, aber selbst nicht bewegt wird: das Unbewegte.
2. Das Argument der ersten Ursache, auf die alles zurückzuführen ist.
3. Alle bestehende Notwendigkeit hatte eine letzte Ursache; dieser „Beweis" deckt sich weitgehend mit dem vorhergehenden.
4. Verschiedenes auf der Welt können wir als vollkommen betrachten, das auf ein letztes höchst Vollkommenes zurückgehen muss.
5. Auch unbelebte Dinge dienen einem Zweck. Da nur das Lebendige einen ihm innewohnenden Zweck haben kann, muss das Unlebendige von einem Wesen außerhalb seiner selbst kommen.

„Gottesbeweise" spielen heute in der modernen Theologie kaum mehr eine Rolle, weil sie rational-logisch ausnahmslos unhaltbar sind. An Gott kann man einfach nur glauben – oder nicht.

Willensfreiheit

Thomas von Aquin beschäftigte sich auch mit dem Gedanken der **Willensfreiheit**. Die Astrologie lehnte er ab, da der Mensch sich frei entscheiden könne. Die göttliche Vorsehung schließt das Böse und den Zufall ebenso wenig aus wie das Glück. Aber Gott in seiner Allwissenheit weiß letztendlich, wie der Mensch sich entscheiden wird. Die These von der Willensfreiheit – von vielen heutigen Hirnforschern bestritten – hat hier ihre Wurzel.

▶ Q. 1

1.2.2 Renaissance: Die Wiederentdeckung des Individuums

Humanismus

Die Renaissance („Wiedergeburt", vom lateinischen renascere) hatte ihren Ursprung im 14. Jahrhundert in Italien. Ihr geistig-wissenschaftlicher Vorläufer ist der **Humanismus** (lat. humanitas = Menschlichkeit). Die Italiener *Dante Alighieri* (1265–1321), *Francesco Petrarca* (1304–1374) und *Giovanni Boccacio* (1313–1375) waren die Vordenker dieses Humanismus. Ihre Werke reflektierten den Bildungshorizont und die geistige Ordnung ihrer Zeit. Vor allem *Dantes* Hauptwerk „Die Göttliche Komödie" beruhte zwar auf antiken und mittelalterlichen Traditionen, wies aber auch Anschauungen und Ideen einer neuen Zeit auf.

Nicht nur die bereits genannten Dichter und Philosophen orientierten sich am Ideal der Antike. Man erinnerte sich allgemein der schon fast vergessenen Schriften des griechisch-römischen Altertums, befreite sich von den Fesseln eines an theologische Vorgaben gebundenen Denkens und strebte das Ideal der rein menschlichen Bildung ohne kirchliche Bevormundung an. Voraussetzung dafür war die Beherrschung alter Sprachen, vor allem Griechisch und Latein. Nur wer sich darin in Wort und Schrift ausdrücken konnte, galt als humanistisch gebildet, war ein **Humanist**.

Humanist

Die auch heute noch übliche Bezeichnung für altsprachliche Gymnasien, z. B. der renommierten Karlsschule in Stuttgart, als „humanistisches Gymnasium“ hat hier ihre Wurzel. Mit Stolz präsentierte sich der angesehene Professor *Carlo Schmid* (SPD), einer der bedeutendsten Väter des Grundgesetzes, noch in den 50er Jahren mit einem „Carolus sum“ – ich bin ein Karlsschüler.

Das 14./15. Jahrhundert ist die Übergangszeit vom Mittelalter zur **Neuzeit**, ein Begriff, der nur im Rahmen der europäischen Geistesgeschichte Sinn hat.

Neuzeit

Drei große **Erfindungen** im 15./16 Jahrhundert schufen die Vorbedingungen dafür, dass sich das Denken der Menschen veränderte:

Erfindungen

1. der **Kompass**, der das Segeln auf den Weltmeeren ermöglichte;

Kompass

Marco Polos Schiff, Kupferstich aus dem 13. Jahrhundert

Historische Ansicht einer Buchdruckerei. Holzschnitt von Jost Amman, 1568

2. das **Schießpulver**, welches die Vorherrschaft der gepanzerten Reiter brach und damit das Ende des Rittertums einleitete;

Schießpulver

Neue Technologien verändern auch heute die militärische Strategie. Die bis in den Zweiten Weltkrieg kriegsentscheidenden Massenheere verlieren durch die Massenvernichtungsmittel ihre schlachtenentscheidende Funktion. Die Abschaffung der allgemeinen Wehrpflicht ist die Konsequenz. Man braucht keine große Zahl von Soldaten mehr, um einen Krieg zu gewinnen.

3. die **Buchdruckerkunst** (*Johannes Gutenberg*, 1397–1468), die es erlaubte, in praktisch unbegrenzter Menge Gedanken schriftlich zu verbreiten.

Buchdruck

Im wahrsten Sinne des Wortes „Horizont erweiternde“ Ereignisse machen dieses Übergangszeitalter zur Epoche der „Erfindungen und **Entdeckungen**“. Zu ihnen gehörte vor allem die Entdeckung Amerikas im Jahre 1492 durch *Christoph Kolumbus* (1451–1506) und des Seeweges nach Indien, den *Kolumbus* glaubte gefunden zu haben, durch *Vasco de Gama* (1469–1524) wenige Jahre später (1498).

Entdeckungen

Innerhalb kürzester Zeit war die damals bekannte Welt nun um ein Mehrfaches gewachsen, und nicht nur für die gebildeten Schichten, die daran längst nicht mehr geglaubt hatten, wurde bewiesen, dass die Erde keine Scheibe ist.

Ptolemäisches Weltbild
Geozentrisches Weltbild
Heliozentrisches Weltbild

Doch nicht nur das Bild von der Erde war im Bewusstsein der Zeitgenossen verändert worden. Auch die Himmelskörper wurden mit anderen Augen gesehen. Der Domherr *Nikolaus Kopernikus* (1473–1543) entwarf ein Weltbild, das dem bisher anerkannten **Ptolemäischen** oder **Geozentrischen Weltbild** widersprach. Er erkannte, dass nicht die Erde als Mittelpunkt des Universums betrachtet werden darf, und berief sich dabei auf den griechischen Philosophen *Aristarch* (3. Jh. v. Chr.), der bereits ein **Heliozentrisches Weltbild** entwickelt hatte. Knapp hundert Jahre später konnte *Galileo Galilei* (1564–1642) die Theorie des *Kopernikus* festigen und erweitern. Die Erde wurde nun endgültig nicht mehr als Mittelpunkt des Alls gesehen, sondern als nur einer von vielen Himmelskörpern, die um die Sonne kreisen. Damit stand der Mensch nicht mehr im Zentrum, sondern war nur ein winziger Teil auf einem Planeten in einem All von Milliarden Himmelskörpern. Das hatte für das Selbstverständnis des Menschen weitreichende Folgen.

Renaissance

Geistig eng verwandt mit dem Humanismus entstand in Italien ab dem 14. Jahrhundert eine Bewegung, die in einer „Wiedergeburt" der Antike und einer Abkehr vom „dunklen Mittelalter" die Hauptaufgabe der kulturellen Entwicklung sah, die **Renaissance.**

Typen
Individuen

Vor allem in der Kunst bedeuteten die neuen Anschauungen eine radikale Abwendung von mittelalterlichen Grundsätzen. Das Ideal war nicht mehr eine an **Typen** gebundene Darstellungsweise, sondern die Herausarbeitung naturgetreu nachgebildeter, perspektivisch und in den Proportionen stimmiger **Individuen**. In der plastischen und malerischen Komposition entstand ein neues Menschenbild: Die Gestalt mit ihren persönlichen, unverwechselbaren Merkmalen trat in den Mittelpunkt. Das Porträt fesselte das künstlerische Interesse. Zwar wurden weiterhin biblische Themen dargestellt und interpretiert, aber Motive aus den antiken Götter- und Heldensagen gewannen zunehmend an Bedeutung.

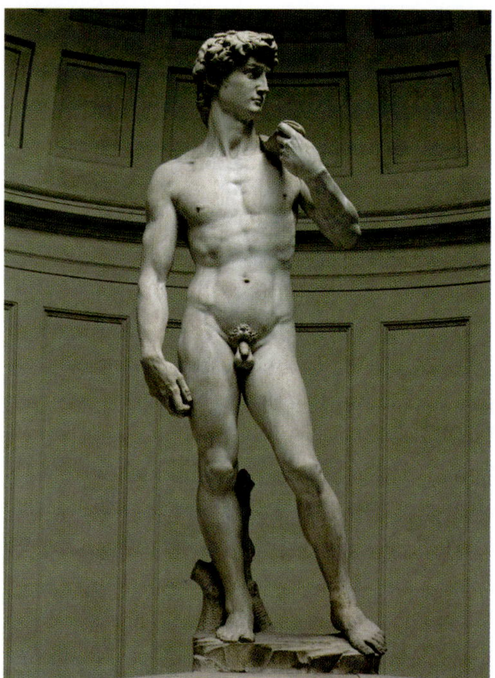

Michelangelo: David (1501-1504), Galleria dell' Accademia, Florenz

Michelangelo: Die Delphinische Sibylle (um 1510), Teil des Deckenfreskos in der Sixtinischen Kapelle, Vatikan, Rom

Als bedeutendste Vertreter der italienischen Renaissancekunst gelten *Leonardo da Vinci* (1452–1519), *Michelangelo* (1475–1564) und *Raffael* (1483–1520). Etwa ab 1500 erreichten die Ausstrahlungen der italienischen Kunst auch das weitere Europa, obwohl sie nicht durchgängig den Stil nördlich der Alpen bestimmten. In Deutschland wird *Albrecht Dürer* (1471–1528) als größter Repräsentant der Renaissance betrachtet. Auf Reisen nach Oberitalien sammelte er gestalterische Eindrücke; aber umgekehrt gab er auch den italienischen Künstlern zahlreiche Anregungen und Impulse.

In dieser Übergangszeit traten bereits die wichtigsten Charakterzüge des europäisch-abendländischen Denkens zutage:

- der **Individualismus** mit seiner Wertschätzung der Einzelpersönlichkeit; Individualismus
- die **„Freiheit der Wissenschaft“** ohne theologische Bindungen und Zielsetzungen; Freiheit der Wissenschaft
  Wie wichtig diese Wissenschaftsfreiheit ist, kann man daran erkennen, dass sie in der deutschen Verfassung (Art. 5, 3 GG) ausdrücklich verankert ist.
- die **Weltlichkeit** des Denkens, d.h. Vernunft und Erfahrung haben eine nichtgeistliche Grundlage. Weltlichkeit

Höhe- und Schlusspunkt der Übergangszeit und damit den endgültigen Eintritt des Menschen in die Neuzeit markierte die **Reformation**. Reformation

Das Papsttum entwickelte sich während der Renaissance zu einer Quelle ständiger Unzufriedenheit und Unruhe unter den Gläubigen. Die sogenannten Renaissance-Päpste missbrauchten ihre Macht derartig, dass die Forderungen nach einer „Reform an Haupt und Gliedern“ immer lauter erhoben wurden. Papst *Julius II.* (1503–1513) beauftragte *Michelangelo* mit dem Bau seines Grabmals, das er noch zu Lebzeiten vollendet sehen wollte. Um diesem Grabmal eine ihm als würdig erscheinende Stätte zu geben, befahl er, die alte St.-Peter-Basilika abzureißen und an ihrer Stelle einen mächtigeren Bau zu errichten, in dem er seinen letzten Ruheplatz finden wollte. Doch die Baukosten überstiegen rasch die päpstlichen Einkünfte und so suchte der Vatikan nach einem neuen Finanzierungsinstrument und fand es im **Ablasshandel**. Durch ganz Europa zogen die Ablassprediger, die Ablässe (d.h. Sündennachlass für jede Art von Vergehen und Verbrechen) verkauften. Es gab regelrechte Gebührenkataloge; so „kostete“ ein Totschlag in Norddeutschland sieben Dukaten, während die Verkürzung des Fegefeuers für einen Elternmord schon für vier Dukaten zu haben war.

www.uni-muenster.de/FNZ-Online

Ablasshandel

Dieser Ablasshandel, insbesondere sein schamloser Missbrauch, war zwar nicht Ursache, aber der konkrete Anlass für *Luthers* **Thesenanschlag**. Thesenanschlag

Martin Luther (1483–1546)

Martin Luther wurde am 10. November 1483 in Eisleben (heute: Sachsen-Anhalt) geboren und starb in seiner Geburtsstadt am 18. Februar 1546.

www.luther.de

Nach dem Besuch der Lateinschulen in Mansfeld, Magdeburg und Eisenach studierte er in Erfurt Rechtswissenschaften und trat überraschend 1505 dem Augustinerorden bei, einem strengen Bettlerorden. 1507 erhielt er die Priesterweihe und wurde 1512 zum Doktor der Philosophie promoviert. Er lehrte an der Universität Wittenberg (Sachsen-Anhalt) und predigte später dort in der Schlosskirche. Dorthin wurde auch sein Leichnam überführt.

Im Herbst 1517 schrieb er 95 Thesen zum Ablasshandel, die er – wie damals üblich – in www.kant.uni-mainz.de

lateinischer Sprache an kirchliche Würdenträger und Gelehrte zur Disputation (= wissenschaftliches Streitgespräch) verschickte.

Thesenanschlag

Das bekannte Bild seines **Thesenanschlages** vom 31. Oktober 1517 an das Portal der Wittenberger Schlosskirche, wohin noch heute Zehntausende jährlich „pilgern", entspricht in dieser Form mit Sicherheit nicht den historischen Tatsachen.

Legende vom Thesenanschlag – nur im Film Realität

Der Thesenanschlag ist eine Legende, denn das dort den Anschlag scheinbar aufmerksam studierende Volk konnte zumeist kaum lesen, noch weniger beherrschte es die lateinische Sprache. Wir wissen aus der Geschichte, dass Legenden ein langes und zähes Leben haben, und so feiert noch heute die evangelische Kirche diesen Tag der Veröffentlichung als ihren Reformationstag.

▶ Q. 2

Bannandrohung

Obwohl *Luther* den Ablasshandel nicht völlig verwarf, sondern nur seinen Missbrauch anprangerte, reagierte die Kirche prompt und scharf. Zwei Jahre nach der Veröffentlichung der Thesen (1519) erhielt er die **Bannandrohung**, diese Thesen binnen 60 Tagen zu widerrufen. Er antwortete mit seiner Schrift „Von der Freiheit eines Christenmenschen" und verbrannte im Dezember 1520 öffentlich Schriften seiner scholastischen Gegner.

In seiner Antwort räumte er ein, dass der Mensch zwar als körperliches Wesen der Obrigkeit Untertan sein müsse, aber in Glaubenssachen niemandem, auch nicht dem Papst unterstellt sei, sondern als einzige Autorität nur die Bibel gelte. „Das Wort sie sollen lassen stahn" als offenbarte Wahrheit der „Schrift" stand für ihn im krassen Gegensatz zur „Teufelshure" der Vernunft. Insofern fiel *Luther* hinter bereits überwundene Positionen zurück. „Sola fide" (lat.: allein durch den Glauben), so lautete sein Credo, kann die Seligkeit errungen werden.

Reichsacht

Luther erreichte eine große Popularität. Seine Reise im April 1521 zum Reichstag in Worms, wo er widerrufen sollte, wurde zum Triumphzug. Mit seinem berühmten „Hier stehe ich und kann nicht anders" verweigerte er den Widerruf. Daraufhin wurde die **Reichsacht** über ihn verhängt und er für „vogelfrei" erklärt, d.h. er wurde aus der Rechtsgesellschaft ausgeschlossen.

Bibelübersetzung

Auf der Rückreise wurde er zu seinem Schutz vom sächsischen Kurfürsten auf die Wartburg bei Eisenach (Thüringen) „entführt", wo er inkognito als *Junker Jörg* das Neue Testament in seine Muttersprache übersetzte. Auf diese Weise verfolgte er konsequent seine Linie der Bibel als alleinige Quelle des Glaubens und schuf damit zugleich ein grundlegendes Werk für die Entwicklung beziehungsweise Vereinheitlichung der deutschen Sprache.

Im März 1522 kehrte er nach Wittenberg zurück und legte nach und nach sein Reformprogramm vor und wandelte die Gottesdienstordnung. Alle radikalen Strömungen lehnte er kategorisch ab und bekämpfte sie. So wandte er sich in aller Schärfe auch gegen die aufständischen Bauern (**Bauernkrieg** 1524/5), welche die „Freiheit eines Christenmenschen" seiner Ansicht nach falsch verstanden hatten. *Luthers* Anliegen war ein theologisches. Er wollte keineswegs eine Veränderung der politischen und gesellschaftlichen Ordnung. Ebenso strebte er auch keine Kirchenspaltung bzw. zwei Konfessionen an, sondern nur die Reform der katholischen Kirche.

Bauernkrieg

Mit der Zeit wurde aus dem lutherischen Glauben in Zusammenarbeit mit *Philipp Melanchthon* (1497–1560) eine geschlossene Lehre, die im „Augsburger Bekenntnis" (1530) ihren Abschluss fand.

Luther hat nicht der „freien Forschung" die Bahn frei geredet und geschrieben. So verdammte er z. B. die ihm bekannt gewordene Theorie von *Kopernikus* als „superklugen Einfall eines Narren". Aber er brach das mittelalterliche Monopol der Kirche auf dem Gebiet des Geisteslebens, gründete die **Gewissensfreiheit**, die heute als Menschenrecht in allen demokratischen Verfassungen verankert ist. Das in der folgenden Epoche der Aufklärung wirkende Bild von der autonomen sittlichen Persönlichkeit wäre vermutlich ohne *Luthers* Wirken nicht so und nicht so bald entstanden.

Gewissensfreiheit

Bald schon erfasste die **Reformation** nicht nur weite Teile Deutschlands, sondern auch Europas.

Reformation in Europa

In Zürich vollzog sie sich im Zusammenspiel von Stadtregierung und dem Priester *Ulrich Zwingli* (1484–1531). In Schweden wurde die Reform von König *Gustav I.* (1523–1560) kurzerhand verordnet, und auch in anderen Gebieten Skandinaviens konnten die Ideen *Luthers* bald Wurzeln schlagen.

Der französisch-schweizerische Reformator *Johannes Calvin* (1509–1564), eine Generation jünger als *Luther* und *Zwingli*, setzte sich für eine umfassende Reform des Gottesdienstes und der Gemeinde ein. Als seine Anhänger im Stadtrat von Genf die Mehrheit gewonnen hatten, konnte er seine Vorstellungen dort verwirklichen. Er verlangte strenge Sittenzucht und radikale Vereinfachung des Gottesdienstes. Vor allem sollten die Kirchen ohne jeden Schmuck bleiben, damit kein Gläubiger vom Wort Gottes, auf das es allein ankomme, abgelenkt werde. *Calvin* hat die auf den Kirchenvater *Augustinus* (354–430) zurückgehende **Prädestinationslehre** (= Vorherbestimmung) weitergebildet. Danach beruht sowohl die Erwählung des Menschen zur ewigen Seligkeit als auch die Verwerfung des verlorenen Menschen zur Verdammnis auf Gottes unerforschlichem Ratschluss. Aus dieser doppelten Prädestination haben angelsächsische Anhänger *Calvins* gefolgert, dass Gott die Erwählung dem Menschen bereits durch den Erwerb weltlichen Wohlstands signalisiere. Fleiß und Sparsamkeit anstelle von Müßiggang und Verschwendung wurden damit zur Voraussetzung, ein solches Zeichen zu erhalten. Wirtschaftlicher Erfolg wurde geradezu als Beweis dafür angesehen, dass Gottes Segen über Haus und Familie lag.

Prädestinationslehre

In seiner Abhandlung „Die protestantische Ethik und der Geist des Kapitalismus" hat der bedeutende deutsche Soziologe *Max Weber* (1864–1920) den Gedanken aufgegriffen. Er meinte, die für die kapitalistische Produktionsweise erforderliche Arbeits- und Berufsdisziplin und das Sparen für die notwendige Kapitalbildung hätten in der religiös-asketischen Gesittung ihre Wurzeln.

Waren für *Luther* Glück und Wohlstand Früchte des Glaubens gewesen, so sah *Calvin* darin Zeichen der göttlichen **Erwählung.** Mit Disziplin und Sittenstrenge glaubte er, als Oberhaupt des protestantischen Stadtstaates Genf die Gemeinde dem Reich Gottes näher zu bringen.

Erwählung

1.2.3 Aufklärung: Die Befreiung des Geistes

„Aufklärung", so lehrte der wohl bedeutendste deutsche Philosoph *Immanuel Kant* (1724–1804) in Königsberg, „ist der Ausgang des Menschen aus seiner selbst verschuldeten Unmündigkeit". Unmündig ist der Mensch, weil er gläubig staatlichen und kirchlichen Autoritäten unterworfen ist. Er hat dies selbst verschuldet, weil er sich stattdessen nicht seines Verstandes bedient.

Rationalismus

Kants Lehre basiert auf dem von dem Franzosen *René Descartes* (1596–1650) begründeten **Rationalismus**, der mit seinem berühmten Satz „Cogito, dubito, ergo sum" (Ich denke, ich zweifle, also bin ich) den Geist über die Materie setzte. Nur das, was mit der *ratio* (= Vernunft) erfasst werden kann, ist wahr und nur das. Der Mensch soll sich seines Verstandes bedienen und nichts, auch nichts Religiöses einfach nur unkritisch glauben. Mit seinem „Sapere aude" (Wage zu denken) verdichtete *Kant* einhundert Jahre später die Forderung nach Rationalität zu einer griffigen Formel.

Friedrich der Große und seine Tafelrunde (Gemälde von Adolph von Menzel, 1850)

Religions- und Pressefreiheit

Der aus Frankreich stammende aufklärerische Gedanke prägte mit seiner **Religions- und Pressefreiheit** auch die Regentschaft *Friedrichs des Großen* (1724–1786) in Preußen, der anfangs als „Philosoph auf dem Königsthron" gefeiert wurde und tatsächlich eine Fülle philosophischer Schriften verfasste. Sein Gesamtwerk umfasst nach der Edition von 1913 in Berlin zehn Bände. Über ganz Europa pflegte er Briefwechsel mit Gelehrten, darunter 36 Jahre lang mit dem radikalen Atheisten *Voltaire* (1694–1778).

Wissenschaft

Die **Wissenschaft** nahm in dieser Zeit die Stelle der Religion ein, die Vernunft wurde zur zeitlosen Richtschnur. In einer uns heute fast naiv anmutenden Weise hielt die Epoche der frühen Aufklärung den Menschen von Natur aus für gut. Lasse man ihn in seiner Vernunftfähigkeit wirken, so führe das zum Zweckmäßigen, zum Fortschritt, zum Guten und zum Glück.

Selbstbestimmungsrecht

Ziel der Aufklärung war es, den Menschen zu einer von ihm selbst bestimmten Freiheit zu führen, die wir heute mit dem Begriff des **Selbstbestimmungsrechtes** der Menschen und Völker bezeichnen; wohlverstanden nur im Rahmen der allgemein anerkannten Menschen- und Völkerrechte. Der Gedanke führt konsequent dazu, dass die Menschen eines Volkes, was uns heute selbstverständlich erscheint, ihre Staats- und Regierungsform selbst wählen dürfen, unter der sie leben wollen. Noch die Losung „Wir sind das Volk" und „Wir sind ein Volk", welche die Revolutionäre im Herbst 1989 in der DDR riefen, waren späte Ausläufer dieser Idee.

Republik

Seiner Zeit weit vorauseilend forderte der Engländer *John Milton* (1606–1674) bereits die Einführung der **Republik**. Es gehört zur viel beschworenen Ironie der Geschichte, dass ausgerechnet England als erste Demokratie gleichzeitig eine der letzten großen Monarchien ist.

Wie kann nun das Recht auf persönliche Freiheit und Selbstbestimmung vor der staatlichen Gewalt dauerhaft geschützt und gesichert werden? Denn „Macht korrumpiert und absolute Macht korrumpiert absolut" (*John Emerich Acton*), eine Wahrheit, mit der wir fast täglich konfrontiert werden. Die Antwort, welche die Staatsdenker in einer bis heute im Prinzip noch gültigen Weise fanden, heißt: **Gewaltenteilung.**

Gewaltenteilung

Wieder war es ein Engländer, der diesen ersten Schritt in die uns heute völlig selbstverständliche politische Lehre von der Trennung der Staatsgewalten tat: *John Locke* (1632–1704). Mit seinen „Two Treatises of Government" bekämpfte er die Ideologie vom göttlichen Königsrecht und zeichnete die Umrisse eines liberal-demokratischen Staates.

▶ Q. 3

Auf diesen Gedanken baute der Franzose *Charles-Louis de Montesquieu* (1689–1755) auf. Nach 14-jähriger intensiver Vorarbeit erschien 1748 in Genf sein Hauptwerk „De l'esprit des lois" (Vom Geist der Gesetze). Während *John Locke* im Grunde nur zwei Staatsgewalten kannte, entwickelte *Montesquieu* konsequent die Lehre von den drei Staatsgewalten: **Legislative**, **Exekutive** und **Judikative**. Diese Teilung ist bis heute prinzipiell, wenngleich durch Gewaltenverschränkung und -überlappung vielfach durchbrochen (siehe Kap. 3.1.2.2), die gültige Verfassungsstruktur demokratischer Staaten.

Legislative, Exekutive, Judikative

▶ Q. 4

Wirtschaftsliberalismus

Im Vernunftglauben der Aufklärung, dass jeder Mensch selbst am besten wisse, was seinen Überzeugungen und Interessen am ehesten entspricht, lag auch der Keim des **Wirtschaftsliberalismus.** Lässt man dem Einzelnen – selbstverständlich im Rahmen der allgemeinen Straf- und bürgerlichen Gesetze – freie Hand, lässt man ihn selbst entscheiden, dann wird sich nicht nur für ihn, sondern für alle kraft der allen Menschen innewohnenden Fähigkeit zu rationalem Handeln das Vorteilhafteste ergeben, kurzum: das „größte Glück der größten Zahl" (*Jeremy Bentham*). – (siehe Kap. 2.2.2.1)

Der Schotte *Adam Smith* (1723–1790) gilt als Begründer des Wirtschaftsliberalismus. Er greift *Leibniz'* Idee einer **prästabilierten** (im Voraus festgestellten) **Harmonie** auf, nach der sich – wie von „unsichtbarer Hand" – das Wohl aller einstellt, wenn jeder nur ohne staatliche Eingriffe seinem Eigennutz nachgeht.

Prästabilierte Harmonie

▶ Q. 5

Von links nach rechts: John Locke (1632–1704), Charles-Louis de Montesquieu (1689–1755), Adam Smith (1723–1790)

Den größten Triumph feierte die Bewegung der Aufklärung in Frankreich mit der **Französischen Revolution** von 1789. In ihren Anfängen wurde die „Göttin der Vernunft" – sinnbildlich dargestellt in Gestalt einer attraktiven jungen Frau – buchstäblich auf einer Art von Altar durch die Straßen getragen. Das heute noch sehr sehenswerte Straßburger Münster wurde in „Tempel der Vernunft" umbenannt.

Französische Revolution

▶ Q. 6

Virginia Bill of Rights

Sein Vorbild fand der Revolutionsgedanke in der amerikanischen Unabhängigkeitserklärung von 1776, in der sich *Thomas Jefferson* (1743–1809) und *James Madison* (1751–1836) auf die kurz zuvor in der **Virginia Bill of Rights** formulierten Menschenrechte bezogen.

Die demokratischen und liberalen Forderungen kulminierten in den drei zum Programm erhobenen Losungen „Liberté, Egalité, Fraternité":

▶ Q. 7

„Das alte Münster in Straßburg als Tempel der neufranzösischen Vernunft", Stich von J. Ch. Dietrich (1795)

- **Freiheit.** In der französischen Menschenrechtserklärung vom 26. August 1789 wurde diese als ein jedermann zustehendes Recht mit dem Anspruch auf Weltgeltung deklariert. Von Anbeginn schloss diese Freiheit auch das Recht ein, Eigentum zu erwerben, und legte damit den juristischen Sockel zur Entfaltung der privatkapitalistischen Ordnung, die ohne den Eigentumsschutz nicht existieren kann.
- **Gleichheit.** Seine soziale Sprengkraft erhielt die Revolution mit der Gleichheitsforderung. Sie beseitigte jahrhundertealte adlige Vorrechte, alle Geburtsprivilegien und schuf die Anerkennung der gleichen Rechte für alles, was des Menschen Antlitz trägt. In Verbindung mit der personalen Freiheit gab sie der Kreativität jedes Einzelnen Raum, er war nicht länger durch rechtliche und soziale Barrieren an seiner Entfaltung gehindert. Somit war zumindest formal die Chancengleichheit gegeben.
- **Brüderlichkeit.** Sie ist bis heute eine weltweit nur unzulänglich erreichte Forderung, modern mit „sozialer Gerechtigkeit" bezeichnet. Es entbehrt nicht der bitteren Ironie, dass ausgerechnet während der Französischen Revolution – entgegen dem Eigenanspruch ihrer Akteure – Zehntausende von Menschen umgebracht wurden. Kaum ein Begriff ist so wenig konkretisierbar wie „soziale Gerechtigkeit".

Freiheit
Gleichheit
Brüderlichkeit

Mit Sicherheit war den Ideengebern der Revolution nicht bewusst, dass zwischen der Forderung nach uneingeschränkter Demokratie durch das Volk und liberalen Freiheitsrechten ein unauflösbarer Widerspruch bestehen kann. Am deutlichsten wird das bei dem Genfer Staatsphilosophen *Jean-Jacques Rousseau* (1712–1778), der die Gewaltenteilung ablehnte und die unmittelbare Machtausübung durch das Volk verlangte. Diese aber kann rein praktisch stets nur als Macht Einzelner oder eines kleinen Kollektivs exekutiert werden. Der Ge-

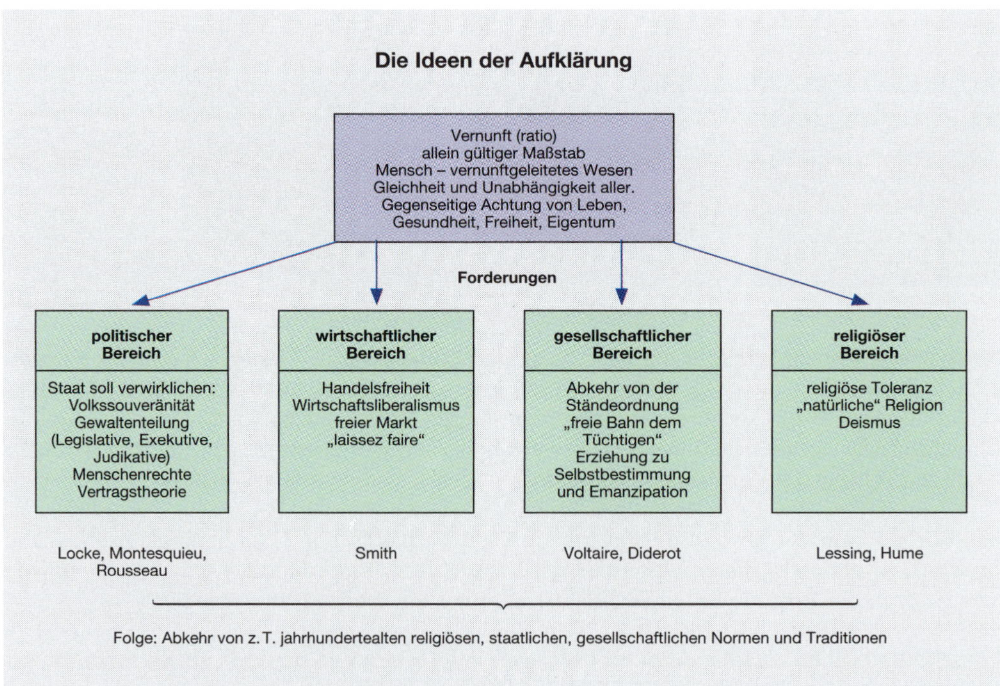

danke, dass Freiheit in erster Linie Minderheitsfreiheit ist, dass die Volkssouveränität ihre Grenzen findet, wenn individuelle Menschenrechte verletzt werden, entwickelte sich erst in der nachrevolutionären Zeit. *Maximilian Robespierre* (*1758), der 1794 selbst unter der Guillotine endete, war der Vollstrecker eines angeblichen, grenzenlos souveränen Volkswillens – wie nach ihm *Stalin, Hitler, Mao Tse Tung* oder *Pol Pot*.

▶ Q. 8

1.2.4 Die Moderne: Neue Sinn- und Formgebung

darwin-online.org.uk

Der britische Naturforscher *Charles Darwin* (1809–1892) rüttelte mit seinem 1871 erschienenen Werk „Die Abstammung des Menschen" an der überragenden und besonderen Stellung des Menschen als „Krone der Schöpfung". Auch der Mensch ist entstanden im Strom der natürlichen Evolution allen Lebens; verballhornt und unzulässig verkürzt: Der Mensch stammt vom Affen ab. Tatsächlich gibt es „nur" einen gemeinsamen Stammbaum mit den Primaten.

Evolution

Die Grunderkenntnisse *Darwins* sind durch die heutige Genetikforschung und Molekularbiologie vielfach gestützt und erweitert worden. Es gibt kaum eine naturwissenschaftliche Erkenntnis, die so vielfältig sicher erwiesen ist wie die Lehre von der **Evolution**. Der Grundgedanke *Darwins*, dass sich Flora und Fauna (Pflanzen- und Tierwelt) in Milliarden Jahren aus kleinsten Einzellern entwickelt haben, ist so genial-einfach, dass sich einige der heutigen Forscher wundern, warum man nicht schon früher, z. B. bei Beginn der Aufklärung darauf kam. Leicht überspitzt kann man formulieren: Wie alle Lebewesen nahm auch der Mensch seinen Ursprung in Eiweißmolekülen, und er ist verwandt – wiederum vereinfacht formuliert – mit der Bäckerhefe.

Kreationisten

Gegen diese Evolutionslehre ziehen besonders in den USA die **Kreationisten** zu Felde. Getreu der biblischen Schöpfungsgeschichte glauben sie, dass Gott jedes einzelne Lebewesen, vor allem auch den Menschen, originär gesondert geschaffen hat. Diese Position ist selbstverständlich mit der Evolutionslehre unvereinbar. Man kann nur konstatieren, dass die eine Ansicht eine des Glaubens und die andere ein Ergebnis der Naturwissenschaft ist. Modern formuliert: Die beiden Methoden zur Erkenntnisgewinnung sind inkompatibel.

Nach *Darwin* haben alle Lebewesen mehr Nachkommen, als zu ihrer Arterhaltung notwendig sind, darunter gibt es abweichende Formen (Mutanten), die sich im „struggle for life" (Kampf ums Überleben) besser durchsetzen. Die Selektion der jeweils am besten Angepassten führt zum „survival of the fittest" (Überleben des Stärksten). Alle Pflanzen- und Tierarten gehen aus Variation/Mutation und Selektion hervor.

Sozialdarwinismus

Aus dieser Lehre entstand um die Jahrhundertwende der sogenannte **Sozialdarwinismus**, eine pseudowissenschaftliche Lehre, die sich zu Unrecht auf *Darwin* berief und u. a. von den Nationalsozialisten als Rechtfertigung für ihr Euthanasie- und Mordprogramm an Minderheiten missbraucht wurde.

Unter dem kaum definierbaren Begriff der „Moderne" (siehe auch Kap. 2.1 und 2.2) werden auch neue künstlerische Gestaltungsformen zusammengefasst, wie sie auf den verschiedenen Ebenen der Bildenden Kunst, der Architektur, der Literatur, in der Malerei und Musik deutlich werden. Die Moderne (bezogen auf die Kunst) beginnt etwa mit der Wende vom 19. zum 20. Jahrhundert und drückt sich zugleich in einem veränderten Menschenbild aus.

In vielen Bereichen des politischen, aber vor allem auch des kulturellen Lebens wurden völlig neue Konzepte entwickelt:

Funktionalität
www.bauhaus-dessau.de

- **Funktionalität** in der Architektur, das sind z. B. Bauten, deren ästhetische Wirkung ausschließlich durch ihren Zweck bestimmt wird, wie etwa die von *Walter Gropius* im Jahr 1919 gegründete Kunstschule „Staatliches Bauhaus Weimar".

Abstraktion

- **Abstraktion** in der Malerei, d.h. losgelöst von der konkreten Gegenständlichkeit, wie sie sich etwa im Expressionismus und Kubismus zeigt, z.B. bei *Wassily Kandinsky* (1866–1944).

Atonalität

- **Atonalität** in der Musik, bei der nicht eine Tonleiter, sondern eine Tonzahl die Grundlage bildet, etwa bei *Paul Hindemith.*

Literatur

- Abkehr von alten Mustern und eine beinahe unerschöpfliche Experimentierfreude in der **Literatur**.

Ansicht vom Bauhaus-Gebäude in Dessau-Roßlau

Eine im Jahr 2008 in mehreren europäischen Staaten durchgeführte wissenschaftliche Untersuchung zur Frage, welche drei Menschen das 20. Jahrhundert im Bereich der Wissenschaft und Kultur am stärksten geprägt und beeinflusst hätten, brachte folgendes Ergebnis:

„Moskau I", Wassily Kandinsky, 1916

Relativitätstheorie
www.einstein-online.info/de

- *Albert Einstein* (1879–1955) mit seiner **Relativitätstheorie.** *Einstein* hat nachgewiesen, dass auch die Zeit eine relative, von der Masse abhängige Größe ist. So ist inzwischen auch im praktischen Experiment nachgewiesen worden, dass die Zeit – gemessen mit einer Hochpräzisionsuhr – in Meereshöhe schneller vergeht als z.B. auf der Zugspitze. Einstein hat diesen Sachverhalt mit dem „Zwillingsparadoxon" verdeutlicht: Während ein Zwilling auf der Erde bleibt, startet der andere mit Lichtgeschwindigkeit in den Weltraum und kehrt nach einem Jahr auf die Erde zurück. Dort findet er seinen Bruder wieder – inzwischen um fünfzig Jahre gealtert!
  Doch nicht nur die Zeit, sondern auch der Raum ist eine relative Größe, die z.B. schrumpfen kann. Die einzige konstante Größe im gesamten Universum stellt die Lichtgeschwindigkeit dar, alle anderen sind relativ.
  Diese Theorie hat *Einstein* in der wohl berühmtesten Formel des 20. Jahrhunderts verdichtet: $E = mc^2$, was in seinen Worten nichts anderes bedeutet, als dass „die Masse direkt ein Maß für die im Körper enthaltene Energie ist" .
- *Pablo Picasso* (1881–1973), der als Wegbereiter und einer der wichtigsten Repräsentanten der modernen Malerei gilt. Unmittelbar nach der Bombardierung der Stadt Guernica durch die deutsche „Legion Condor" während des spanischen Bürgerkrieges schuf er 1937 ein Gemälde, das als eines seiner bedeutendsten gilt. Kunst und Zeitgeschehen waren nie so eng miteinander verknüpft wie in „Guernica".
- *Sigmund Freud* (1856–1939) als Begründer der Psychoanalyse mit ihrer Betonung des Unbewussten. Sein umfassendes Werk enthält u.a. folgende zentrale Anschauungen:

Unbewusste

  – Das **Unbewusste** als nach *Freud* stärkste und häufigste Ursache für eine Handlung, also das Richtige oder auch Falsche zu tun, obwohl man rational sich hätte anders entscheiden können und vielleicht auch sollen, steht im Mittelpunkt der Betrachtung. Wahrscheinlich treffen wir alle wesentlichen Entscheidungen mehr aus dem Unbewussten, als dass sie ein Ergebnis rationalen Kalküls mit kühler Abwägung des Pro und Kontra wären. Man denke hier z.B. nur an Berufswahl, Eheschließung, Wohnungswahl, Freund- und Partnerschaften, Wahlentscheidungen usw.

„Guernica", Pablo Picasso, 1937

- Der **Minderwertigkeitskomplex** mit der Folge der **Kompensation**, d. h. den (häufig auch nur vermeintlichen) Mangel durch besonderen Fleiß und geistige Anstrengung auszugleichen.
- Die sprachliche oder geschriebene **Fehlleistung**, etwas anderes gesagt zu haben, als man tatsächlich sagen wollte, weil aus dem Unbewussten die eigentlich gewollte Formulierung bestimmend ist, z. B. statt: „Sie sehen immer jünger aus", sagt man „älter". – Der Versprecher wird vielfach als Fehlleistung gedeutet.
- Der **Ödipuskomplex** als die „Verliebtheit in die Mutter und die Eifersucht gegen den Vater" (*Freud*).
- **Tabu**, im Sinne *Freuds* als Verbot von Handlungen, welche den moralischen Normen widersprechen, z. B. Inzestverbot.
- Die **Verdrängung** ist eine umfassende Bezeichnung für einen Abwehrmechanismus, mit dem die Kluft zwischen Lustwunsch und Realisierungsmöglichkeit ertragen wird, indem die gewollte, aber nicht verwirklichte Handlung in das Unbewusste verschoben wird, dort aber als Motor für Ersatzhandlungen wirksam bleibt.
- **Ersatzhandlungen** werden vorgenommen z. B. in Form von Träumen und Fehlleistungen.
- Eng verwandt damit ist die **Sublimierung** (Verfeinerung). Der Sexual- oder Aggressionsimpuls wird in eine sozial akzeptierte Handlung überführt.
  Beispiele: Das Schachspiel anstelle des (heimlichen!) Tötungswunsches, das Liebesgedicht ersetzt die sexuelle Intimität. – *Freud* glaubte übrigens, dass die Sublimierung eine entscheidende Rolle bei der Herausbildung menschlicher Kultur spielt.
- Eine große Bedeutung hat im gesamten Werk *Freuds* die **Sexualität**. Nach seiner Meinung ist der Mensch von Geburt an lebenslänglich ein von sexuellen Trieben geprägtes Wesen. Schon der Säugling an der Mutterbrust empfindet sexuelle Lust. Bereits im Alter von zwei bis drei Jahren erleben Jungen, aber auch Mädchen eine phallische Phase (Phallus = nach oben gerichteter Gegenstand) und noch in dem aggressiven Verhalten mancher Greise sieht die Psychoanalyse eine Folge sexueller, verdrängter Antriebe.
- Einen hohen Stellenwert zur Aufdeckung verdrängter Wünsche hat *Freud* dem **Traum** und seiner Bedeutung beigemessen. Im Traum erscheinen geheime Wünsche und Ängste, vor allem sexueller Art, ohne diese als Bilder offen zu zeigen, sondern sie verstecken sich hinter Symbolen.

Minderwertigkeitskomplex
Kompensation
Fehlleistung
Ödipuskomplex
Tabu
Verdrängung
Ersatzhandlungen
Sublimierung
Sexualität
Traum

In vielen Aussagen ist *Freud* widerlegt worden. Seine Theorie und sein Menschenbild werden zunehmend kritisch betrachtet. Aber kein Zweifel besteht, dass sein Denken unser Denken, unsere Einstellung, unser Bild vom Menschen bis in die Gegenwart geprägt hat und weiterhin beeinflusst.

Viele Berufe der Psychologen – angefangen von dem Psychoanalytiker, der bei schweren psychischen Störungen zu helfen versucht, über die Familientherapeutin bis hin zum Schulpsychologen für Kinder mit Lern- oder Verhaltensstörungen – haben alle ihren Ursprung in der Lehre *Freuds*.

Sigmund Freud (1856–1939)

▶ Q. 9

▶ QUELLE 1 Aus Thomas von Aquins „Summa contra Gentiles“ (Summe wider die Heiden)

Zunächst wollen wir sehen, was mit „Weisheit“ gemeint ist. Ein Mensch kann bei einer bestimmten Tätigkeit weise sein, zum Beispiel beim Hausbau; er kennt die Mittel, ein bestimmtes Ziel zu erreichen. Alle besonderen Ziele aber sind dem Endziel des Universums untergeordnet, und die Weisheit an sich beschäftigt sich mit diesem Endziel des Universums. Nun besteht das Endziel des Universums in der Frucht des Verstandes, das heißt in der Wahrheit. So gesehen ist das Streben nach Weisheit das vollkommenste, sublimste, nützlichste und köstlichste Streben.

Es ist meine Absicht, die Wahrheit zu erklären, die der katholische Glaube verkündet. Dabei muss ich jedoch die natürliche Vernunft zu Hilfe nehmen, da die Heiden die Autorität der Heiligen Schrift nicht gelten lassen. Die natürliche Vernunft ist jedoch unzulänglich, wenn es sich um göttliche Fragen handelt, sie kann manche Teile des Glaubens beweisen, andere jedoch nicht. Durch sie lässt sich die Existenz Gottes und die Unsterblichkeit der Seele beweisen, nicht aber die Dreieinigkeit, die Fleischwerdung und das Jüngste Gericht. Was immer beweisbar ist, steht, soweit es irgend geht, im Einklang mit dem christlichen Glauben, und in der Offenbarung widerspricht nichts der Vernunft. Es ist wichtig, sich vor Augen zu halten, dass religiöse Wahrheiten, die sich beweisen lassen, auch durch den Glauben erkannt werden können. Die Beweisführung ist schwierig und kann nur von Gelehrten erkannt werden; der Glaube aber ist nötig für die Ungebildeten, für die jungen Menschen und all diejenigen, denen es an Muße fehlt, sich mit Philosophie zu beschäftigen, weil ihre praktische Betätigung sie voll in Anspruch nimmt. Für sie reicht die Offenbarung aus.

(Bertrand Russell: Philosophie des Abendlandes, Übersetzer: Elisabeth Fischer-Wernecke, Ruth Gillischewski Holle, Frankfurt/Main 1950, S. 377 f.)

1. **Welche Unterscheidung trifft der Kirchenvater für das Erkennen religiöser Wahrheiten?**
2. **Beurteilen Sie die hier formulierten Argumente.**

▶ QUELLE 2 Luthers Thesen gegen den Ablass (1517) (Auszug)

1. Da unser Herr und Meister Jesus Christus spricht: Tut Buße usw. (Mt 4,17), hat er gewollt, dass alles Leben der Gläubigen Buße sein soll.
2. Dies Wort kann nicht von der sakramentalen Buße verstanden werden, die in der vor dem Priester abgelegten Beichte und in der von diesem auferlegten Sühne besteht.
3. Jedoch will er nicht allein die innerliche Buße verstanden haben; ja, die innerliche Buße ist nichtig und keine Buße, wo sie nicht äußerlich durch allerlei Tötung des Fleisches wirkt.
21. Deshalb irren die Ablassprediger, die da sagen, dass durch des Papstes Ablass der Mensch von aller Pein los und selig werde.
27. Menschenlehre predigen die, welche sagen, dass, sobald das Geld im Kasten klingt, die Seele aus dem Fegfeuer auffahre.
32. Wer durch Ablassbriefe meint, seiner Seligkeit gewiss zu sein, der wird ewiglich verdammt sein samt seinen Lehrmeistern.
36. Jeglicher Christ hat, wenn er in aufrichtiger Reue steht, vollkommen Ablass von Strafe und Schuld, die ihm auch ohne Ablassbrief zusteht.
50. Man lehre die Christen, dass, wenn der Papst den Schacher der Ablassprediger wüsste, er lieber die Petersbasilika in Asche verwandelt, als durch Haut, Fleisch und Knochen seiner Schafe aufgebaut sehen würde.
45. Man soll die Christen lehren: Wer einen Bedürftigen sieht und ihm nicht hilft und statt dessen sein Geld für Ablass gibt, der hat sich nicht des Papstes Ablass, sondern Gottes Zorn erworben.
46. Man soll den Christen lehren, dass, wer keinen Überfluss besitzt, verpflichtet ist, das Notwendige für sein Hauswesen zu behalten und keineswegs für Ablass zu verwenden.
62. Der wahre Schatz der Kirche ist das hochheilige Evangelium von der Herrlichkeit und Gnade Gottes.
71. Wer wider die Wahrheit der apostolischen Ablässe redet, der sei im Banne und verdammt.
72. Wer aber wider des Ablasspredigers mutwillige und freche Worte zu Felde zieht, der sei gebenedeit.

(Schöningh, Pollmann, Bernhard [Hrsg.]: Lesebuch zur deutschen Geschichte, Chronik-Verlag, Dortmund 1984, Band 2, S. 34–37)

1. **Warum lehnt Luther den Ablasshandel ab?**
2. **Was empfiehlt Luther den Christen zu tun, anstatt Ablassbriefe zu kaufen?**
3. **An welchen Stellen können Sie erkennen, dass Luther keinen Bruch mit seiner Kirche anstrebte?**

John Locke: Die legislative Gewalt und ihre Grenzen

▶ QUELLE 3

Das große Ziel, mit welchem die Menschen in eine Gesellschaft eintreten, ist der Genuss ihres Eigentums in Frieden und Sicherheit, und das große Werkzeug und Mittel dazu sind die Gesetze, die in dieser Gesellschaft festgelegt sind. Das erste und grundlegende positive Gesetz aller Staaten ist daher die Begründung der legislativen Gewalt – so wie das erste und grundlegende natürliche Gesetz, welches selbst über der legislativen Gewalt gelten muss, die Erhaltung der Gesellschaft und (soweit es vereinbar ist mit dem Öffentlichen Wohl) jeder einzelnen Person in ihr ist. Diese legislative Gewalt ist nicht nur die höchste Gewalt des Staates, sondern sie liegt auch geheiligt und unabänderlich in jenen Händen, in die die Gemeinschaft sie einmal gelegt hat. Keine Vorschrift irgendeines anderen Menschen, welcher Art sie auch sei, von welcher Macht auch gestützt, kann die Verpflichtungskraft eines Gesetzes haben, wenn sie nicht durch jene Legislative sanktioniert ist, die von der Allgemeinheit gewählt und ernannt worden ist. Ohne sie könnte das Gesetz nämlich nicht haben, was absolut notwendig ist, um es zum Gesetz zu machen nämlich die Zustimmung der Gesellschaft. Der Gesellschaft Gesetze zu geben, kann niemand Gewalt haben, es sei denn kraft der Zustimmung ihrer Glieder und der Autorität, die ihr von diesen verliehen wurde. Aller Gehorsam, den irgendein Mensch durch die heiligsten Bande zu leisten verpflichtet sein kann, endet folglich zuletzt in dieser höchsten Gewalt und ist jenen Gesetzen unterstellt, die diese Gewalt beschließt. Keinerlei fremde Gewalt auch und keinerlei heimische untergeordnete Macht kann irgendein Glied der Gesellschaft von seiner Gehorsamkeitspflicht gegen die Legislative entbinden, wenn sie dem in sie gesetzten Vertrauen gemäß handelt, oder es zu irgendwelchem Gehorsam verpflichten, der wider die so beschlossenen Gesetze gewandt ist oder weiter reicht, als die es zulassen. Ist es doch lächerlich anzunehmen, man könnte verpflichtet sein, letztlich irgendeiner Gewalt in der Gesellschaft zu gehorchen, die nicht die höchste ist.

Die Grenzen der legislativen Gewalt

Dies sind die Grenzen, die der legislativen Gewalt eines jeden Staates, gleich, welcher Regierungsform, gesetzt sind durch jenes Vertrauen, welches die Gesellschaft und das Gesetz Gottes und der Natur in sie gelegt haben: Zum Ersten soll sie nach öffentlich bekannt gemachten festen Gesetzen regieren, die nicht für besondere Fälle geöffnet werden dürfen, sondern nur ein Maß anzulegen haben für Reich und Arm, für den Günstling bei Hof wie für den Landmann am Pflug. Zum Zweiten sollen diese Gesetze auf kein anderes Endziel als das Wohl des Volkes ausgerichtet sein. Zum Dritten darf sie keine Steuern auf das Eigentum des Volkes erheben ohne die eigene oder durch Abgeordnete erteilte Zustimmung des Volkes. Und dies betrifft eigentlich nur jene Staatswesen, in denen sich die Legislative dauernd im Amte befindet oder wo doch jedenfalls das Volk die legislative Gewalt nicht teilweise Abgeordneten vorbehalten hat, die jeweils neu von ihm selbst gewählt werden. Zum Vierten darf und kann die Legislative die Gewalt, Gesetze zu geben, nicht an jemand anders übertragen, und sie kann sie nirgendwo hinlegen als dort, wohin sie das Volk gelegt hat.

(John Locke: Über die Regierung [The Second Treatise on Government]. Herausgegeben von Peter Cornelius Mayer-Tasch, übersetzt von Dorothee Tidow, Rowohlt Taschenbuch-Verlag, Reinbek b. Hamburg 1966, S. 106/107, 115)

1. **Welches Ziel verfolgen Menschen, die in einer Gesellschaft zusammenleben?**
2. **Wo liegen für Locke die Grenzen für die legislative Gewalt?**
3. **Inwiefern richtet sich Lockes Schrift gegen den Absolutismus?**

Charles-Louis de Montesquieu: Vom Geist der Gesetze

▶ QUELLE 4

In jedem Staat gibt es drei Arten von Gewalt: die gesetzgebende Gewalt, die vollziehende Gewalt in Ansehung der Angelegenheiten, die vom Völkerrechte abhängen, und die vollziehende Gewalt hinsichtlich der Angelegenheiten, die vom bürgerlichen Recht abhängen.

Vermöge der ersten gibt der Fürst oder Magistrat Gesetze auf Zeit oder für immer, verbessert er die bestehenden oder hebt sie auf. Vermöge der zweiten schließt er Frieden oder führt Krieg, schickt oder empfängt Gesandtschaften, befestigt die Sicherheit, kommt Invasionen zuvor. Vermöge der dritten straft er Verbrechen oder spricht das Urteil in Streitigkeiten der Privatpersonen. Ich werde diese letzte die richterliche Gewalt und die andere schlechthin die vollziehende Gewalt des Staates nennen.

Wenn in derselben Person oder der gleichen obrigkeitlichen Körperschaft die gesetzgebende Gewalt mit der vollziehenden vereinigt ist, gibt es keine Freiheit, denn es steht zu befürchten, dass derselbe Monarch oder derselbe Senat tyrannische Gesetze macht, um sie tyrannisch zu vollziehen.

Es gibt ferner keine Freiheit, wenn die richterliche Gewalt nicht von der gesetzgebenden und vollziehenden getrennt ist. Ist sie mit der gesetzgebenden Gewalt verbunden, so wäre die Macht über Leben und Freiheit der Bürger willkürlich, weil der Richter Gesetzgeber wäre. Wäre sie mit der vollziehenden Gewalt verknüpft, so würde der Richter die Macht eines Unterdrückers haben.

Alles wäre verloren, wenn derselbe Mensch, oder die gleiche Körperschaft der Großen, des Adel oder des Volkes diese drei Gewalten ausüben würde, die Macht, Gesetze zu geben, die öffentlichen Beschlüsse zu vollstrecken und die Verbrechen oder die Streitsachen der Einzelnen zu richten.

(Norbert Hoerster [Hrsg.]: Klassische Texte der Staatsphilosophie. Deutscher Taschenbuch Verlag, München 1976, S. 181 f.)

1. **Wie lauten die Argumente Montesquieus zur Begründung der Gewaltenteilung?**
2. **Versuchen Sie, die von Montesquieu entworfene Gewaltenteilung grafisch darzustellen.**

▶ QUELLE 5 Adam Smith: Untersuchungen über Natur und Ursprung des Volkswohlstandes (1776)

Bei fast allen anderen Lebewesen ist jedes Einzelwesen, wenn es herangewachsen ist, vollkommen selbstständig und hat im Naturzustand den Beistand keines anderen lebenden Wesens mehr nötig. Der Mensch dagegen braucht fortwährend die Hilfe seiner Mitmenschen, und vergeblich erwartet er diese von ihrem Wohlwollen allein: Er wird viel eher seine Ziele erreichen, wenn er ihr Selbstinteresse zu seinen Gunsten lenken und ihnen zeigen kann, dass sie auch ihren eigenen Vorteil verfolgen, wenn sie für ihn tun, was er von ihnen haben will. Wer einem anderen ein Geschäft irgendwelcher Art anträgt, verfährt in diesem Sinne. Gib mir, was ich brauche, und du sollst haben, was du brauchst, das ist der Sinn eines jeden solchen Anerbietens, und auf diese Weise erhalten wir voneinander den bei weitem größten Teil all der Dienste, auf die wir gegenseitig angewiesen sind. Nicht von dem Wohlwollen des Fleischers, Brauers oder Bäckers erwarten wir das, was wir zum Essen brauchen, sondern von der Rücksichtnahme auf ihr eigenes Interesse. Wir wenden uns nicht an ihre Menschenliebe, sondern an ihr Selbstinteresse und sprechen zu ihnen nie von unserem Bedarf, sondern von ihren Vorteilen.

Stets sind alle Menschen darauf bedacht, die für sie vorteilhafteste Anlage ihrer Kapitalien ausfindig zu machen. In der Tat hat jeder dabei nur seinen eigenen Vorteil, nicht aber das Wohl der gesamten Volkswirtschaft im Auge. Aber dieses Erpichtsein auf seinen eigenen Vorteil führt ihn ganz von selbst oder besser gesagt notwendigerweise dazu, derjenigen Kapitalanlage den Vorzug zu geben, die zu gleicher Zeit für die Volkswirtschaft als Ganzes am vorteilhaftesten ist.

Verfolgt er nämlich sein eigenes Interesse, so fördert er damit indirekt das Gesamtwohl viel nachhaltiger, als wenn die Verfolgung des Gesamtinteresses unmittelbar sein Ziel gewesen wäre. Ich habe nie viel Gutes von denen gehalten, die angeblich für das allgemeine Beste tätig waren.

Der Jahresertrag einer Volkswirtschaft ist höher, wenn sie sich auf die Erzeugung derjenigen Waren beschränkt, in denen sie vor anderen Ländern Kostenvorteile voraus hat, und die ihrerseits von anderen Ländern diejenigen Waren kauft, die dort billiger sind. Die Regelung dieser Austausch-Verhältnisse aber muss dem freien Spiel der wirtschaftlichen Kräfte überlassen bleiben.

Kapitalbildung und Industrieentfaltung müssen in einem Lande dem natürlichen Gang der Entwicklung überlassen bleiben. Jede künstliche wirtschaftspolitische Maßnahme lenkt die produktiven Kräfte der Arbeit und auch die Kapitalien in die falsche Richtung.

(Adam Smith: Untersuchungen über Natur und Ursprung des Volkswohlstandes. Diesterweg, Braunschweig 1949, S. 24 ff.)

1. **Wie kann der Mensch seine Ziele gegenüber seinen Mitmenschen erreichen?**
2. **Wie kann der „Jahresertrag einer Volkswirtschaft“ gesteigert werden?**
3. **Welche Rolle soll der Staat in Wirtschaftsfragen spielen?**

Anfang der von 13 amerikanischen Staaten verabschiedeten „Declaration of Independence“ vom 4. Juli 1776

▶ QUELLE 6

We hold these thruths to be self-evident, that all men are created equal, that they are endowed by their Creator with certain unalienable Rights, that among these are Life, Liberty and the pursuit of Happiness. – That to secure these rights Governments are instituted among Men, diriving their just powers from the consent of the governed. – That whenever any Form of Government becomes destructive of these ends, it is the Right of the People to alter or to abolish it, and to institute new Government, laying its foundation on such principles and organizing its powers in such form, as to them shall seem most likely to effect their Safety and Happiness. Prudence, indeed, will dictate that Governments long established should not be changed for light and transient causes; and accordingly all experience has shown that mankind are more disposed to suffer, while evils are sufferable, than to right themselves by abolishing the forms to which they are accustomed. But when a long train of abuses and usurpations, pursuing invariably the same Object, evinces a design to reduce them under absolute Despotism, it is their right, it is their duty, to throw off such Government, and to provide new Guards for their future security.

(Encyclopaedia Britannica. Band 7, Chicago 1966, S. 161.)

1. Übersetzen Sie diesen Text.
2. Welche Rechte werden den Menschen in diesem Text zuerkannt?
3. An welcher Stelle wird ein Widerstandsrecht deklariert?

Die Erklärung der Menschen- und Bürgerrechte vom 26. August 1789

▶ QUELLE 7

I. Die Menschen sind frei geboren und bleiben frei und gleich vor dem Gesetz. Soziale Unterschiede können nur durch das öffentliche Wohl gerechtfertigt werden.

II. Ziel aller politischen Vereinigung ist die Erhaltung der natürlichen und ewigen Menschenrechte. Diese Rechte sind: Freiheit, Eigentum, Sicherheit und Widerstand gegen Unterdrückung.

III. Alle Souveränität liegt bei der Nation. Keine Körperschaft, kein Einzelner kann diese Souveränität ausüben, wenn sie nicht von der Nation übertragen worden ist.

IV. Die Freiheit besteht darin, alles sein zu können, was anderen nicht schadet: So hat der Gebrauch der Menschenrechte keine andere Grenze als die, dass alle anderen Glieder der Gesellschaft dieselben Rechte genießen. Diese Grenzen sind durch das Gesetz zu bestimmen.

V. Das Gesetz kann nur der Gesellschaft schädliche Handlungen untersagen. Alles, was das Gesetz nicht verbietet, kann nicht verhindert werden, und niemand kann gezwungen werden, etwas zu tun, was das Gesetz nicht befiehlt.

VI. Das Gesetz ist Ausdruck des allgemeinen Willens. Alle Bürger können persönlich oder durch Vertreter zu seiner Formulierung beitragen. Es muss für alle dasselbe sein, gleichviel ob es schützt oder straft. Alle Bürger sind vor ihm gleich und können gleicherweise zu allen Würden, Stellen und öffentlichen Ämtern gelangen, je nach ihrer Fähigkeit und nach keinem anderen Gesichtspunkt als nach ihrer Tugend und ihrem Können.

VII. Kein Mensch kann beschuldigt, festgenommen und gefangen gehalten werden als in den Fällen und nach den Formen, die das Gesetz vorschreibt. Alle, die willkürliche Befehle veranlassen, befördern, ausführen oder ausführen lassen, sind strafbar; aber der Bürger, der im Namen des Gesetzes gerufen oder festgenommen wird, muss sofort gehorchen; jeder Widerstand macht ihn schuldig.

X. Niemand kann wegen seiner Meinung, auch seiner religiösen, belästigt werden, wenn seine Äußerungen nicht die gesetzliche Ordnung stören.

XI. Der freie Austausch von Gedanken und Meinungen ist eines der kostbarsten Menschenrechte. Jeder Bürger kann also frei reden, schreiben, drucken ausgenommen den Missbrauch dieser Freiheit, den das Gesetz festlegt.

XII. Zur Sicherung der Menschen- und Bürgerrechte ist eine öffentliche Gewalt nötig; diese Gewalt ist eingesetzt im Interesse aller und nicht für die Sonderinteressen derjenigen, denen sie anvertraut ist.

XIII. Zum Unterhalt dieser öffentlichen Gewalt und zur Bestreitung der Verwaltungsausgaben ist eine allgemeine Steuer unerlässlich. Diese muss gleichmäßig, je nach dem Besitz, unter alle Bürger verteilt werden.

XIV. Alle Bürger haben das Recht, persönlich oder durch ihre Vertreter über die Notwendigkeit der öffentlichen Beiträge zu urteilen, die Verwendung zu kontrollieren und die Höhe, Beitreibung und Dauer des Budgets zu bestimmen.

XV. Die Gesellschaft hat das Recht, jeden Verwaltungsbeamten zur Rechenschaft zu ziehen.

XVI. Jede Gesellschaft, in der die Menschenrechte nicht genügend gesichert sind und die Teilung der Gewalten nicht durchgeführt ist, hat keine Verfassung.

XVII. Da das Eigentumsrecht heilig und unverletzlich ist, so kann keiner dessen beraubt werden, außer wenn es nach Meinung aller das allgemeine Wohl fordert und auch dann nur unter der Bedingung der vorläufigen Unantastbarkeit.

(Alfons Fitzek: Staatsanschauungen im Wandel der Jahrhunderte. Schöningh Verlag, Paderborn 1965, S. 11 ff.)

1. **Welche geistesgeschichtlichen Ideen haben in der Menschenrechtserklärung ihren Niederschlag gefunden?**
2. **Welche Paragraphen verbürgen Freiheits-, welche Gleichheitsrechte?**
3. **An welchen Stellen ist diese Erklärung der von Quelle 6 deutlich nachempfunden?**
4. **Worin sehen Sie die immerwährende Aktualität der Menschenrechtserklärung?**
5. **Stellen Sie den Inhalt der Erklärung in Form einer Mindmap zusammen.**

▶ QUELLE 8 Robespierres Rede über politische Moral (5. 2. 1794)

Welches ist der Zweck, welches ist das Ziel, nach dem wir streben? Wir wollen den friedlichen Genuss der Freiheit und der Gleichheit, die Herrschaft jener ewigen Gerechtigkeit, deren Gesetze nicht in Marmor und nicht in Stein, sondern in den Herzen aller Menschen geschrieben sind. [...] Wir wollen Sittlichkeit an die Stelle des Egoismus, Grundsätze an die der Gewohnheiten, die Herrschaft der Vernunft an die Stelle der Sklaverei der Tradition, die Verachtung des Lasters an die Stelle der Verachtung des Unglücks, das Verlangen nach Ruhm an die Stelle der Geldgier setzen. Aufrechte Menschen statt der „guten Gesellschaft", Wahrheit statt des Glanzes, Mannesgröße statt der Erbärmlichkeit der Großen, ein erhabenes, mächtiges, siegreiches und glückliches Volk!

Die Erhabenheit des Zweckes, die unsere Revolution verfolgt, ist zugleich die Quelle unserer Kraft und die unserer Schwäche. Die Quelle unserer Schwäche, weil sie alle perfiden und lasterhaften Individuen, alle Verfechter der Tyrannei, die an Plünderung denken, die in der Revolution ein Gewerbe und in der Republik eine Beute sehen, vereinigt. So ist auch der Abfall mancher Leute zu erklären, die mit uns gemeinsam den Kampf begannen, die uns aber mitten am Wege verließen, weil sie nicht die gleichen Ziele wie wir verfolgten. In friedlichen Zeiten ist Tugend die Quelle der Macht einer Regierung des Volkes. Während der Revolution sind unsere Quellen Tugend und Schrecken. Die Tugend, ohne welche der Schrecken eine Katastrophe ist, und der Schrecken, ohne den die Tugend machtlos ist. Der Schrecken ist nichts anderes als die schnelle, strenge und unbeugsame Justiz.

Man hat erklärt, dass der Schrecken das Herrschaftsmittel einer despotischen Regierung sei. Ist denn eure Herrschaft einer solchen Regierung ähnlich? Ja, eine Ähnlichkeit, wie das Schwert in den Händen des Freiheitshelden Ähnlichkeit hat mit dem Schwerte der Verfechter der Tyrannei. Wenn die Despoten durch den Schrecken ihre Untertanen regieren, so haben sie als Despoten recht. Ihr bezähmt durch den Schrecken die Feinde der Freiheit und ihr habt recht als Begründer der Republik. Die Regierung der Revolution ist der Despotismus der Freiheit gegen die Tyrannei.

(Maximilian Robespierre: Reden. Band 1: Redner der Revolution. Neuer Deutscher Verlag, Berlin 1923.)

1. **Welche Ziele nennt Robespierre für seine Politik?**
2. **Was versteht er unter „Tugend" und „Schrecken"?**

▶ QUELLE 9 Auszüge aus Sigmund Freuds Werk

Wir nehmen an, dass das Seelenleben die Funktion eines Apparates ist, dem wir räumliche Ausdehnung und Zusammensetzung aus mehreren Stücken zuschreiben, den wir uns also ähnlich vorstellen wie ein Fernrohr, ein Mikroskop und dergleichen.

Die älteste dieser psychischen Provinzen oder Instanzen nennen wir das ES [= Synonym für das Unbewusste, d. Verf.], sein Inhalt ist alles, was ererbt, bei Geburt mitgebracht, konstitutionell festgelegt ist, vor allem also die aus der Körperorganisation stammenden Triebe, die hier ihren ersten uns in ihren Formen unbekannten psychischen Ausdruck finden.

Unter dem Einfluss der uns umgebenden realen Außenwelt hat ein Teil des ES eine besondere Entwicklung erfahren. Ursprünglich als Rindenschicht mit den Organen zur Reizaufnahme und den Einrichtungen zum Reizschutz ausgestattet, hat sich eine besondere Organisation hergestellt, die von nun an zwischen ES und Außenwelt vermittelt. Diesem Bezirk unseres Seelenlebens lassen wir den Namen des ICHs.

Als Niederschlag der langen Kindheitsperiode, während der der werdende Mensch in Abhängigkeit von seinen Eltern lebt, bildet sich in seinem ICH eine besondere Instanz heraus, in der sich dieser elterliche Einfluss fortsetzt. Sie hat den Namen des ÜBER-ICHs erhalten. Insoweit dieses ÜBER-ICH sich vom ICH sondert und sich ihm entgegenstellt, ist es eine dritte Macht, der das ICH Rechnung tragen muss.

Eine Handlung des ICHs ist dann korrekt, wenn sie gleichzeitig den Anforderungen des ES, des ÜBER-ICHs und der Realität genügt, also deren Ansprüche miteinander zu versöhnen weiß. Die Einzelheiten der Beziehung zwischen ICH und ÜBER-ICH werden durchwegs aus der Zurückführung auf das Verhältnis des Kindes zu seinen Eltern verständlich.

(Sigmund Freud: Gesammelte Werke. S. Fischer Verlag, Frankfurt/Main 1953, Band 17, S. 67 ff.)

1. **Aus welchen Teilen besteht die menschliche Psyche?**
2. **Finden Sie Beispiele, was damit jeweils gemeint sein könnte.**

Aufgabenvorschläge

1. Suchen Sie in Tageszeitungen und Zeitschriften nach Belegen, wie unser Denken traditionell (z. B. christlich, humanistisch, aufklärerisch ...) geprägt ist. Listen Sie diese Textstellen auf und vergleichen Sie Ihr Ergebnis mit dem Ihrer Klassenkameraden.
2. Prüfen Sie Ihren eigenen Wortschatz und den Ihrer Bekannten auf Wörter und Begriffe aus der Psychoanalyse. Vergleichen Sie die Bedeutung der gefundenen Begriffe im Alltag und in der Wissenschaft. Präsentieren Sie die Ergebnisse Ihrer Untersuchung.
3. Nehmen Sie einen schweren Kriminalfall, etwa einen Mord, und begründen Sie Schuld und Strafmaß mit den Argumenten des christlichen Mittelalters, der Aufklärung (übrigens: *Kant* war ein entschiedener Befürworter der Todesstrafe!) und des Menschenbildes *Freuds*. Wie lauten die unterschiedlichen Urteile? – Sie können diesen Fall auch als Gerichtsszene gestalten: Der Ankläger als Mönch des 14. Jahrhunderts, der Verteidiger als Psychotherapeut und der Richter ein aufgeklärter Monarch.
4. Stellen Sie in einer – sozusagen in die Vergangenheit gerichteten – Zukunftswerkstatt dar, in welcher Epoche vor 1900 Sie gerne gelebt hätten. Nennen Sie Gründe, entwerfen Sie Szenarien des Alltags- und Arbeitslebens und vergleichen Sie sie mit der Gegenwart.
5. Führen Sie eine Erkundung zu einem Heimat- oder Bauernmuseum in Ihrer Heimat durch. Vergleichen Sie die Lebensweise unserer Vorfahren mit der Gegenwart.
6. Sammeln Sie Bilder, die mittelalterliches Alltagsleben darstellen und fertigen Sie eine Collage.
7. Stellen Sie in einer Übersicht die Menschenbilder aus Mittelalter, Renaissance, Aufklärung und Moderne gegenüber. Wählen Sie die Gesichtspunkte Ihrer Untersuchung selbst, wie z. B. Bedeutung der Religion, Alltagsleben usw.
8. Informieren Sie sich über Leben und Werk der auf S. 43 abgebildeten Vertreter der Aufklärung und gestalten Sie eine Wandzeitung mit den Ergebnissen Ihrer Nachforschungen.
9. Stellen Sie in einer Übersicht die Ihrer Meinung nach bedeutendsten Werke aus Musik, Bildender Kunst und Literatur zusammen. Sie können dies entweder ausschließlich für das 20. Jahrhundert oder für die Epochen vom Mittelalter bis zur Gegenwart tun. Vergleichen und diskutieren Sie Ihre Vorschläge.

2 Wirtschaft und Gesellschaft

2.1 Die vorindustrielle Gesellschaft

Moderne

Industrialisierung

Um 1800 beginnt die Epoche der **Moderne** (siehe Kap. 1.2.4). Die über Jahrhunderte statische Gesellschaftsordnung verändert sich grundlegend – infolge politischer Umwälzungen (Amerikanische und Französische Revolution), des schon Mitte des 18. Jahrhunderts einsetzenden starken Bevölkerungswachstums und vor allem der **Industrialisierung**, die nach England nun auch auf dem Kontinent zunimmt. Entsprechend wird unterschieden zwischen der vorindustriellen, der industriellen und der nach- oder postindustriellen Gesellschaft.

Traditionen

Die vorindustrielle Gesellschaft gilt als eine statische Ordnung, weil sie wenig Mobilität erlaubte. Die Menschen orientierten sich an **Traditionen** und am christlichen Glauben und blieben gebunden an einen überschaubaren Lebensraum. Die Geburt entschied über die gesellschaftliche Stellung des einzelnen, Söhne übernahmen in der Regel den Beruf des Vaters, die Rangordnung innerhalb der Gesellschaft blieb somit über Generationen unverändert. Gleichwohl war das Leben des einzelnen und der Familie unbeständig. Tod, Krankheiten und Seuchen waren allgegenwärtig. Trotz starker Geburtenzahlen wuchs die Bevölkerung damals nur langsam, weil die Kindersterblichkeit hoch war und die Mütter oft dem gefährlichen Kindbettfieber erlagen. Waisen und Zweitehen waren die Folge – nicht von ungefähr tauchen in alten Volksmärchen so viele „böse" Stiefmütter auf.

Ganzes Haus

Die Familie war Lebens- und Produktionsgemeinschaft zugleich, das heißt es gab noch keine Trennung zwischen Wohn- und Arbeitsplatz. Zur Familie im weiteren Sinne, oder wie es damals hieß zum **ganzen Haus**, gehörten auch die im Haushalt lebenden Lehrlinge und das „Gesinde": auf dem Land die Knechte und Mägde, in der Stadt die Dienstboten. Die kinderreiche Großfamilie, von der immer wieder geschrieben wird, ist für die vorindustrielle Zeit allerdings eine Legende. Das lag nicht nur an der großen Kindersterblichkeit, sondern auch am relativ hohen Heiratsalter, das den Gebärzeitraum begrenzte.

Schafschur und andere bäuerliche Tätigkeiten im Juli, aus dem Standesbuch des Duc de Berry, 15. Jh.

Hier lässt sich eine Parallele zur gegenwärtigen Situation erkennen, denn viele – vor allem akademisch ausgebildete – Frauen verschieben den Kinderwunsch auf die Jahre jenseits der dreißig und verkürzen dadurch von vornherein den Zeitraum der Gebärfähigkeit. Oft schließt sich sogar „das Fenster der Fruchtbarkeit", bevor der gewünschte Nachwuchs zur Welt kommen kann.

Familie

Die durchschnittliche Haushaltsgröße der vorindustriellen **Familie** lag nicht über fünf Personen. Oft lebten jedoch unverheiratete Verwandte mit im Haus – die Familie diente vor allem auch der sozialen Sicherung bei Krankheit und besonders im Alter. Allerdings verließen viele Kinder relativ früh, in der Regel mit 14 Jahren, das Haus, um in eine Lehre oder „in Dienst" zu gehen.

Das tägliche Leben war von Arbeit bestimmt. Freizeit oder freie Zeit spielte kaum eine

Rolle. Noch Ende des 19. Jahrhunderts wäre allein schon der Begriff „Freizeit" den meisten fremd erschienen. Auch eine Privatsphäre, wie wir das heute kennen, gab es damals nicht. Das Leben vollzog sich weitgehend in der Öffentlichkeit. Die soziale Kontrolle war groß, in der Stadt – und mehr noch auf dem Land.

soziale Kontrolle

2.1.1 Die Agrarstruktur

Noch im Jahr 1800 lebte die überwiegende Mehrheit der Bevölkerung in Deutschland auf dem Land. Über 80 % aller Erwerbstätigen waren im Agrarsektor beschäftigt; zum Vergleich: heute sind es nur 3 bis 7 %. Dennoch war der landwirtschaftliche Ertrag gering. Produziert wurde fast ausschließlich für den eigenen Bedarf, ein Überschuss für den Markt konnte kaum erwirtschaftet werden. Deshalb wird dieses System auch **Subsistenzwirtschaft** genannt, da es nur oder vornehmlich dem eigenen Unterhalt (Subsistenz) diente.

Subsistenzwirtschaft

Die Landwirtschaft konzentrierte sich weitgehend auf den Anbau von Getreide. Viehhaltung war dagegen deutlich seltener, weshalb das Fleisch teuer war, und nur wenige konnten sich häufiger ein Fleischgericht leisten, die meisten wenn überhaupt am Sonntag; daher stammt der Ausdruck „Sonntagsbraten". Pro Kopf und Jahr wurden durchschnittlich 16 kg Fleisch konsumiert (heute sind es 90 kg). Grundnahrungsmittel war das Brot und der Brotpreis der wichtigste Indikator für die Lebenshaltungskosten insgesamt. Wie denn überhaupt der **primäre Sektor**, also Land- und Forstwirtschaft sowie Fischerei, die Gesamtwirtschaft beherrschte.

Bei den Demonstrationen während des Milchlieferstopps im Frühsommer 2008 hielt ein demonstrierender Bauer ein Schild hoch: „Hat der Bauer Geld, hat's die ganze Welt". Dieser Spruch hat seine Wurzeln in jener Zeit.

Feldarbeit, Schulwandbild um 1885

primärer Sektor

Weil der Schwerpunkt der Landwirtschaft auf der Getreideproduktion lag, war die Nahrungsmittelversorgung äußerst anfällig. Ungefähr jedes fünfte Korn einer Ernte brauchte man zur Saat. In Jahren von Missernten verschlechterte sich dieses Verhältnis noch. Hungersnöte waren die Folge.

Die Bauern lebten auch an der Wende zum 19. Jahrhundert noch in einem Zustand rechtlicher und wirtschaftlicher Unfreiheit, wie er sich im Laufe von tausend Jahren als Teil der **Feudalordnung** mit ihrem **Lehnswesen** herausgebildet hatte. Grundherrschaft bedeutete immer eine Herrschaft über Land und Leute.

Feudalordnung

Die rechtlichen Bindungen des einzelnen bestanden dabei in:

- der **Leibeigenschaft**, welche die Bewegungsfreiheit des Bauern einschränkte und ihn gewissermaßen zum „lebenden Inventar" des Grundherrn machte;
- der **Erbuntertänigkeit**, mit der die Hörigkeit automatisch auf die Nachkommen übertragen wurde;
- der Unterstellung unter das kirchliche Patronatsrecht sowie die **Patrimonialgerichtsbarkeit**, das ist die vom Feudalherrn ausgeübte Polizeigewalt einschließlich der Gerichtsbarkeit für kleinere Straffälle.

Leibeigenschaft

Erbuntertänigkeit

Patrimonialgerichtsbarkeit

Hand- und Spanndienste
Gesindezwangdienst
▶ Q. 1 und 2

An wirtschaftlichen Verpflichtungen hatten die Bauern Geld, Natural- und Dienstleistungen zu entrichten. Zu letzteren gehörten die **Hand- und Spanndienste** mit Arbeitskräften, Zugtieren sowie Geräten und der **Gesindezwangdienst**, der die Bauernkinder verpflichtete, im herrschaftlichen Gut oder Haushalt zu arbeiten.

Dreifelderwirtschaft
Fruchtwechselwirtschaft
Mineraldüngung
▶ Q. 3

Die überkommene Agrarverfassung erschwerte die Steigerung der Nahrungsmittelproduktion, die angesichts der mit der Industrialisierung schnell wachsenden Bevölkerung dringend erforderlich war. Zwei Entwicklungen verhinderten, dass sich die Ernährungslage im Laufe des 19. Jahrhunderts dramatisch zuspitzte: die Bauernbefreiung und die Verbesserungen in der landwirtschaftlichen Produktion. Hierzu zählen sowohl der bereits im 18. Jahrhundert begonnene Übergang von der primitiven über die verbesserte **Dreifelderwirtschaft** hin zur **Fruchtwechselwirtschaft** als auch die 1840 von *Justus von Liebig* entwickelte **Mineraldüngung**. Diese setzte sich zwar erst allmählich durch, läutete aber in der Agrarproduktion einen Prozess der Verwissenschaftlichung ein, der bis heute anhält. Das heißt, der Landwirt verließ sich nun nicht mehr auf sein über Generationen tradiertes Erfahrungswissen, sondern studierte die von Chemikern und Agrarwissenschaftlern verfassten Ratgeber, etwa zu Fragen der Düngung oder neuen Zuchtverfahren. Wichtiger, da unmittelbar wirksam, waren zunächst allerdings die Zunahme der Stallhaltung und dadurch die Gewinnung von Ackerland und mehr Mist zur Düngung sowie die nach und nach eingesetzten landwirtschaftlichen Maschinen.

Technisierung der Landwirtschaft: hier eine Dreschmaschine, die von einer Lokomotive in Bewegung gesetzt wird

	Dreifelderwirtschaft		Fruchtwechselwirtschaft
	Einfache	**Verbesserte**	
1. Jahr	Wintergetreide	Wintergetreide	Getreide
2. Jahr	Sommergetreide	Sommergetreide	Blattfrucht
3. Jahr	Brache	Blattfrucht	Getreide
4. Jahr	Wintergetreide	Wintergetreide	Blattfrucht
usw.	usw.	usw.	usw.

Die **Bauernbefreiung** setzte zu Beginn des Jahrhunderts in Deutschland in den von *Napoleon* abhängigen Staaten im Westen ein und wurde dann vor allem in Preußen ungeheuer wirkungsvoll und mit zunächst ungeahnten Folgen vollzogen. Mit dem **Oktoberedikt** von 1807, ausgearbeitet von den Reformern *Freiherr vom und zum Stein* und *Karl August von Hardenberg*, wurden die Bauern aus der Leibeigenschaft und den damit verbundenen Diensten entlassen und erhielten das Recht, den bisher bewirtschafteten Boden zu erwerben. Den ließen sich die preußischen Gutsbesitzer jedoch teuer abkaufen. Auch für die Entlassung aus der Erbuntertänigkeit wurden hohe **Ablösesummen** verlangt. Nicht alle Bauern verfügten über ausreichend Ersparnisse und mussten stattdessen Land abgeben oder weiterhin als rechtlich freie Lohnbauern auf dem Boden ihres ehemaligen Leibherrn weiterarbeiten. Die Ablösungsgesetzgebung zog sich wegen des Widerstands der adligen Grundherrn noch Jahrzehnte hin – in Preußen wie auch in den anderen deutschen Staaten. Erst die Revolution von 1848/49 brachte diesen Prozess zum Abschluss. Am Ende bezahlten die Bauern für ihre Freiheit also einen hohen Preis und die ostelbischen Gutsbesitzer konnten ihren Landbesitz sogar noch vergrößern.

Bauernbefreiung

Oktoberedikt

Ablösesummen

▶ Q. 4

Neben den Großgrundbesitzern gehörten aber auch die preußischen Bauern zu den Gewinnern der Agrarreform, die frei von den Fesseln der Leibeigenschaft nun deutlich mehr auf ihrem Land produzierten als bisher. Diese Produktionssteigerung ermöglichte, die wachsende Bevölkerung zu ernähren, wenn auch auf einem niedrigen Niveau. Sie war damit eine wichtige Voraussetzung für die Industrialisierung, weil diese das Bevölkerungswachstum zur Voraussetzung hatte. Diese Bevölkerungsvermehrung war zugleich Ursache und Wirkung der industriellen Revolution. Eine nicht absehbare und nicht gewollte Folge des Oktoberedikts war allerdings, dass rund 100 000 Bauern es nicht schafften, Land zu erwerben oder bei ihren Gutsherren beschäftigt zu bleiben und buchstäblich alles verloren. Durch dieses **Bauernlegen** entstand ein landloses Proletariat, das in die Städte abwanderte und später als „industrielle Reservearmee" einen Großteil der arbeitslosen Arbeiterschaft stellte.

Bauernlegen

2.1.2 Das Gewerbe

Am Ende des 18. Jahrhunderts war ungefähr ein Zehntel der Menschen in Deutschland im **sekundären Sektor**, das heißt dem produzierenden Gewerbe, tätig. Die Hälfte davon war im Bekleidungsgewerbe – als Weber, Schuhmacher und Schneider – beschäftigt; danach kamen mit rund 13 % das Nahrungsmittelgewerbe und mit je 10 % das holzverarbeitende und grafische Gewerbe sowie das Baugewerbe. Produziert wurde fast ausschließlich für den lokalen Markt und nach dem Bestellprinzip.

Sekundärer Sektor

Im Hinblick auf das Eigentum der Produzenten an den Produktionsmitteln, also an Werkzeugen, Werk- und Rohstoffen, lassen sich für die Zeit vor 1800 vier charakteristische Betriebsformen unterscheiden.

1. Im – nebenberuflich ausgeübten – **Heimgewerbe** wurde für Abnehmer außerhalb des Hauses produziert, was über die traditionelle Selbstversorgung hinausging. Vor allem in der Winterzeit, wenn auf den Feldern und Wiesen die Arbeit ruhte, verrichteten besonders die Frauen Heimarbeit. Am häufigsten wurde diese in den Textilgewerben, bei Spinnern und Webern, betrieben.
2. Im **Handwerk**, der häufigsten Betriebsform in der Stadt wie auf dem Land, verfügte der Betriebsinhaber als Eigentümer über Werkzeug und Produktionsmittel. Die Mehrzahl der Handwerker arbeitete in kleinen Werkstätten, häufig als Alleinmeister. Nur jeder zweite Meister beschäftigte einen Gesellen oder Lehrling. Das Handwerk befand sich um 1800 in einer Krise, die sich im Laufe des 19. Jahrhunderts noch verschärfte, weil das starke Bevölkerungswachstum überproportional zu einer Überbesetzung der traditionellen Handwerksberufe führte. Hiervon waren besonders die Massenhandwerke der Schuhmacher, Schneider und Leinenweber betroffen, die oft nur eine kümmerliche Existenz fristeten.

Heimgewerbe

Handwerk

Verlag

3. Die im **Verlag** tätigen Handwerker und Heimgewerbetreibenden blieben zwar Eigentümer ihres Werkzeugs und arbeiteten in eigenen Werkstätten, büßten aber ihre wirtschaftliche Unabhängigkeit ein, indem Kaufleute oder andere Vermittler (Verleger) die Rohstoffe beschafften und die produzierten Waren abnahmen.

Manufakturen

4. In **Manufakturen**, der am weitesten entwickelten Betriebsform, arbeitete 1800 ca. ein Zehntel aller gewerblich Beschäftigten. Die Produktionsmittel gehörten dem Manufaktur-Unternehmer. Die Arbeiter wurden für ihre Arbeitsleistung entlohnt. Im Gegensatz zum Handwerk wurde der Fertigungsprozess in den Manufakturen arbeitsteilig organisiert. Er beruhte zwar noch weitgehend auf Handarbeit, wurde aber oft von Wind und Wasser betriebenen Maschinen unterstützt, z. B. Hammerwerke, bei denen ein Wasserrad gespeist von einem Gebirgsbach den schweren Vorschlaghammer bewegte.

In der DDR waren solche halbmechanisierten Betriebe teilweise noch bis 1989 im Einsatz. Obwohl sie völlig unproduktiv waren, wurden sie als Teil „frühindustrieller Arbeiterkultur" nostalgisch subventioniert.

Fabrik

▶ Q. 5

Erst der Einsatz motorisierter Werkzeugmaschinen, welche die menschliche Arbeitskraft ersetzten, markierte dann nach 1800 den Übergang ins Industriezeitalter und brachte die Ablösung der Manufakturen durch die neue Betriebsform **Fabrik**.

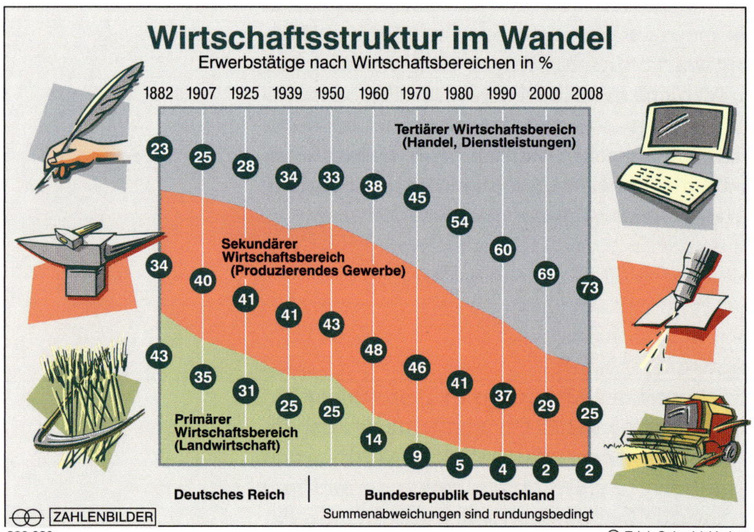

220 020 © Erich Schmidt Verlag

Die einzelnen Handwerke waren nach wie vor in **Zünften** organisiert. Sie basieren auf der gegenseitigen Verpflichtung der Handwerker, die selbst aufgestellten Normen einzuhalten. Diese erstreckten sich über den wirtschaftlichen Bereich hinaus auch auf die soziale, politische und religiöse Sphäre. Das Handwerk war damit, wie auch die Landwirtschaft, mehr als eine bloße Erwerbsform, es war eine Lebensform. Zünfte bedeuteten Zusammenschluss und Schutz nach innen, andererseits aber Ausschluss von Konkurrenz und Außenseitern. Nach heutigen Begriffen waren Zünfte **Kartelle.** Ihre Vereinbarungen nutzten den „Kartellbrüdern" zum Nachteil der Abnehmer ihrer Produkte, was z. B. den Preis betraf.

▶ Q. 6 a–c

Zünfte
Kartelle
Gewerbefreiheit

Die ab 1810 in Teilen Preußens, im Rheinland und in Westfalen erstmals eingeführte und dann in der Gewerbeordnung von 1869 zunächst für den Norddeutschen Bund und ab 1871 für ganz Deutschland festgeschriebene **Gewerbefreiheit** stieß bei den stark traditionell orientierten Handwerkern überwiegend auf Ablehnung. Gleichwohl war die stufenweise Einführung der Gewerbefreiheit, die zahlreiche Beschränkungen aufhob und die Autonomie der Zünfte durch staatliche Kontrolle einschränkte, eine Vorbedingung für die industrielle Revolution.

Die vollständige Gewerbefreiheit gibt es auch heute noch nicht, da für die Zulassung eines Handwerksbetriebs in der Regel der Meisterbrief erforderlich ist. Allerdings brachte die 2004 in Kraft getretene Reform der Handwerksordnung hier eine Liberalisierung, indem der Meisterzwang nur noch auf „gefahrgeneigte Handwerke" wie Maurer, Zimmerer, Tischler oder Elektrotechniker beschränkt bleibt. Und selbst bei diesen 41 zulassungspflichtigen – gegenüber 53 zulassungsfreien – Handwerksberufen dürfen sich nun auch Gesellen nach sechs Jahren Berufserfahrung selbstständig machen. Erklärtes Ziel der Regierung war es, mit der Reform zu mehr Wachstum und Beschäftigung beizutragen und eine Angleichung an europäische Standards zu vollziehen.

www.bmwi.de

2.1.3 Erfindungen

Die industrielle Revolution ist nicht denkbar ohne eine Reihe wichtiger technischer Neuerungen und Erfindungen, die zunächst im ‚Mutterland' der Industrialisierung England in der Textilproduktion zum Einsatz kamen. Die **Innovationen**, also Einsatz und Nutzung der Erfindungen, gingen meist nicht von den Erfindern, den Forschern oder Wissenschaftlern selbst aus, sondern von Unternehmern und Handwerkern. Die Einführung neuer Mittel und Methoden beschränkte sich anfangs auf die Verbesserung von Handmaschinen, um das Produktionstempo zu erhöhen. Mit der Erfindung der „Spinning-Jenny" durch den Weber *James Hargreaves* im Jahr 1764 wurde das überwiegend als Heimgewerbe betriebene Weberhandwerk dann geradezu revolutioniert. Schon *Friedrich Engels* hatte die von dieser Erfindung angestoßene Entwicklung in seiner berühmten Schrift über „Die Lage der arbeitenden Klasse in England" (1845) nachgezeichnet. Mit der spinnenden Jenny konnte nun ein einziger Mann 18 Spindeln gleichzeitig in Bewegung setzen. Es wurde mehr Garn produziert, die Textilien wurden billiger, die Nachfrage stieg. Da der Weber nun mehr verdiente, ließ er den nebenher betriebenen Ackerbau fallen und lebte künftig allein von seinem Arbeitslohn. Nach *Engels* wurde er damit zum lohnabhängigen Proletarier, und tatsächlich waren die Weber damit viel stärker konjunkturellen Schwankungen und Krisen ausgesetzt als zuvor. **Proletarier** (= Besitzloser) war er nach *Marx*, weil er nichts anderes besaß als seine Arbeitskraft, die er dem Kapitalisten zu dessen Bedingungen verkaufen musste, wenn er sich und seine Familie ernähren wollte.

Innovationen

Proletarier

▶ Q. 7

Der Spinnmaschine folgten der spinnende Kettenstuhl und der mechanische Webstuhl. Auch in anderen Wirtschaftsbereichen schritt die Technisierung voran.

Spinnerinnen bei der Arbeit, um 1860

Spinning Jenny

▶ QUELLE 1 Christoph Saur über die Ursachen der Auswanderung nach Amerika, 1754

Ein verständiger Mann aus dem Württembergischen wurde kürzlich gefragt, was ihn bewogen habe, die weite, gefährliche und beschwerliche Reise übers Meer vorzunehmen. Er antwortete: wer sein Lebtag noch nie Hunger gelitten und Mangel gehabt, der kann nicht begreifen, was die Ursache ist, dass sich dieses Jahr so viele tausend Menschen auf die beschwerliche Reise begeben haben. Die herrschaftlichen Beschwerden sind gar zu groß! Das Schaffen will nicht mehr helfen. Die Menschen werden in solcher Not wie verzweifelt und denken: Komm ich um, so komm ich um! Ein herrschaftlicher Bedienter hat gesagt, dass dieses Jahr 22000 Seelen, nämlich jung und alt angezeigt wurden im Württembergischen, dass sie nach Amerika ziehen wollten, und sind noch viele hinweg, die sich nicht angezeigt haben. Man hat uns gesagt, dass, wer nach Preußen ziehen wolle, der bekomme Reisegeld und Land, wie in Amerika. Ach, ach! Was ist ein freier Einwohner gegen einen Sklaven oder Leibeigenen? Was für ein Vergnügen kann ein Mensch haben in einem Land, da er sich für die Herrschaften zu Tode arbeiten muss und wo die Söhne vor dem elenden Soldatenleben nicht sicher sind?

(Günter Franz (Hrsg.): Quellen zur Geschichte des deutschen Bauernstandes in der Neuzeit. Wissenschaftliche Buchgesellschaft, Darmstadt 1976, S. 226 f.)

1. Was erfahren Sie über die Lage der Bauern in Württemberg?
2. Was erhoffen sich die Auswanderer in Amerika?

▶ QUELLE 2 Adolf Freiherr von Knigge über den Bauernstand, 1788

Man schwätzt so viel von Verbesserung der Dorfschulen und Aufklärung des Landvolkes; allein überlegt man auch wohl immer genau genug, welch' Grad von Aufklärung für den Landmann, besonders für den von niedrigem Stande, taugt? Dass man den Bauer nach und nach, mehr durch Beispiele als durch Demonstrationen zu bewegen suche, von manchen ererbten Vorurteilen in der Art des Feldbaues und überhaupt in Führung des Haushalts zurückzukommen; dass man durch zweckmäßigen Schulunterricht die törichten Grillen, den dummen Aberglauben, den Glauben an Gespenster, Hexen und dergleichen zu zerstören trachte; dass man die Bauern gut schreiben, lesen und rechnen lehre; das ist löblich und nützlich. Ihnen aber allerlei Bücher, Geschichten und Fabeln in die Hände zu spielen; sie zu gewöhnen, sich in eine Ideenwelt zu versetzen; ihnen die Augen über ihren armseligen Zustand zu öffnen, den man nun einmal nicht verbessern kann; sie durch zu viel Aufklärung unzufrieden mit ihrer Lage; sie zu Philosophen zu machen, die über ungleiche Austeilung der Glücksgüter deklamieren; ihren Sitten Geschmeidigkeit und den Anstrich der feinen Höflichkeit zu geben – das taugt wahrlich nicht.

(Adolf Freiherr von Knigge: Über den Umgang mit Menschen [1788]. Zitiert nach: Günter Franz (Hrsg.): Quellen zur Geschichte des deutschen Bauernstandes in der Neuzeit. Wissenschaftliche Buchgesellschaft, Darmstadt 1976, S. 311 f.)

1. Welches Bild zeichnet Knigge von den Bauern?
2. An wen richtet sich seine Schrift?
3. Welche Empfehlungen zum Umgang mit den Bauern gibt Knigge?
4. Wie bewerten Sie Knigges Darstellung und seine Vorschläge
– mit Bezug auf den historischen Kontext?
– von heute aus betrachtet?

▶ QUELLE 3 Albrecht Thaer, Begriff der rationellen Landwirtschaft, 1809

§ 4. Die Lehre des Ackerbaues kann dreierlei Art sein, d.h. das Gewerbe kann auf dreierlei Weise gelehrt und erlernt werden:

1. handwerksmäßig, 2. kunstmäßig, 3. wissenschaftlich.

§ 5. Die handwerksmäßige oder mechanische Erlernung besteht in der nachahmenden Übung der Handgriffe, des Augenmaßes und des Taktes oder der Zeitwahrnehmung. Sie ist eine bloße Abrichtung und der handwerksmäßige Landwirt kann bloß nachahmen und bei seinen gewohnten Handgriffen bleiben, wovon er keinen Verstandesbegriff hat oder zu haben braucht.

§ 6. Kunst ist Darstellung der Idee in der Wirklichkeit. Der bloß kunstmäßige Landwirt nimmt die Idee oder die Regel seines Verfahrens von anderen auf Glauben an. Die kunstmäßige Erlernung besteht also in dem Auffassen fremder Ideen oder in der Erlernung von Regeln und in der Übung, diese Regeln in Ausführung zu bringen.

§ 7. Die wissenschaftliche Lehre setzt keine positive Regeln fest, sondern sie entwickelt die Gründe, nach welchen man für jeden vorkommenden speziellen Fall – den sie scharf zu unterscheiden lehrt – das möglich beste Verfahren selbst erfindet. Die Kunst führt ein gegebenes und angenommenes Gesetz aus, die Wissenschaft gibt selbst das Gesetz.

§ 8. Nur die wissenschaftliche Lehre allein kann allgemein gültig und allumfassend sein und zur Erreichung des Höchsten unter allen und jeden Verhältnissen führen. Alle positive Regeln und Erlernungen sind nur auf bestimmte Lagen anwendbar und jede bedarf besonderer, die nur die Wissenschaft so geben kann, dass das möglich Beste in jedem Fall erreicht werde. Der höhere Ackerbau kann also allein rationeller Ackerbau genannt werden und beides ist eins.

(Albrecht Thaer: Grundsätze der rationellen Landwirtschaft, Band I [1809]. Zitiert nach: Günter Franz (Hrsg.): Quellen zur Geschichte des deutschen Bauernstandes in der Neuzeit. Wissenschaftliche Buchgesellschaft, Darmstadt 1976, S. 348 f.)

1. **Welche Arten von Landwirtschaft unterscheidet der Autor?**
2. **Welcher Art gibt er den Vorzug und warum?**
3. **Welche Konsequenzen ergeben sich dabei für den einzelnen Landwirt?**
4. **Vergleichen Sie Thaers Ausführungen mit denen Knigges (Quelle 2).**

Edikt den erleichterten Besitz und den freien Gebrauch des Grundeigentums so wie die persönlichen Verhältnisse der Land-Bewohner betreffend, 9. Oktober 1807

▶ QUELLE 4

Wir Friedrich Wilhelm, von Gottes Gnaden, König von Preußen tun kund und fügen hiermit zu wissen:

Nach eingetretenem Frieden hat Uns die Vorsorge für den gesunkenen Wohlstand Unserer getreuen Untertanen, dessen baldigste Wiederherstellung und möglichste Erhöhung vor allem beschäftigt. Wir haben hierbei erwogen, dass es, bei der allgemeinen Not, die Uns zu Gebot stehenden Mittel übersteige, jedem Einzelnen Hülfe zu verschaffen, ohne den Zweck erfüllen zu können, und dass es eben sowohl den unerlässlichen Forderungen der Gerechtigkeit, als den Grundsätzen einer wohlgeordneten Staatswirtschaft gemäß sei, alles zu entfernen, was den Einzelnen bisher hinderte, den Wohlstand zu erlangen, den er nach dem Maß seiner Kräfte zu erreichen fähig war; Wir haben ferner erwogen, dass die vorhandenen Beschränkungen teils in Besitz und Genuss des Grund-Eigentums, teils in den persönlichen Verhältnissen des Land-Arbeiters Unserer wohlwollenden Absicht vorzüglich entgegen wirken, und der Wiederherstellung der Kultur eine große Kraft seiner Tätigkeit entziehen, jene, indem sie auf den Wert des Grund-Eigentums und den Kredit des Grundbesitzers einen höchst schädlichen Einfluss haben, diese, indem sie den Wert der Arbeit verringern.

Wir wollen daher beides auf diejenigen Schranken zurückführen, welche das gemeinsame Wohl nötig macht, und verordnen daher folgendes:

§ 1. Jeder Einwohner Unsrer Staaten ist, ohne alle Einschränkung in Beziehung auf den Staat, zum eigentümlichen und Pfandbesitz unbeweglicher Grundstücke aller Art berechtigt; der Edelmann also zum Besitz nicht bloß adelicher, sondern auch unadelicher, bürgerlicher und bäuerlicher Güter aller Art, und der Bürger und Bauer zum Besitz nicht bloß bürgerlicher, bäuerlicher und anderer unadelicher, sondern auch adelicher Grundstücke [...]

§ 2. Jeder Edelmann ist, ohne allen Nachteil seines Standes, befugt, bürgerliche Gewerbe zu treiben; und jeder Bürger oder Bauer ist berechtigt, aus dem Bauer- in den Bürger- und aus dem Bürger- in den Bauerstand zu treten. [...]

§ 6. Wenn ein Gutsbesitzer meint, die auf einem Gute vorhandenen einzelnen Bauerhöfe oder ländlichen Besitzungen, welche nicht erblich, erbpacht- oder erbzinsweise ausgetan sind, nicht wieder herstellen oder erhalten zu können, so ist er verpflichtet, sich deshalb bei der Kammer der Provinz zu melden, mit deren Zustimmung die Zusammenziehung sowohl mehrerer Höfe in eine bäuerliche Besitzung, als mit Vorwerks-Grundstücken gestattet werden soll, sobald auf dem Gute keine Erbuntertänigkeit mehr stattfindet. [...]

§ 10. Nach dem Datum dieser Verordnung entsteht fernerhin kein Untertänigkeits-Verhältnis, weder durch Geburt, noch durch Heirat, noch durch Übernehmung einer untertänigen Stelle, noch durch Vertrag.

§ 11. Mit der Publikation der gegenwärtigen Verordnung hört das bisherige Untertänigkeits-Verhältnis derjenigen Untertanen und ihrer Weiber und Kinder, welche ihre Bauergüter erblich oder eigentümlich, oder erbzinsweise, oder erbpächtlich besitzen, wechselseitig gänzlich auf.

§ 12. Mit dem Martini-Tage Eintausend Achthundert und Zehn (1810) hört alle Guts-Untertänigkeit in Unsern sämtlichen Staaten auf. Nach dem Martini-Tage 1810 gibt es nur freie Leute, so wie solches auf den Domänen in allen Unsern Provinzen schon der Fall ist, bei denen aber, wie sich von selbst versteht, alle Verbindlichkeiten, die ihnen als freien Leuten vermöge des Besitzes eines Grundstücks, oder vermöge eines besondern Vertrages obliegen, in Kraft bleiben.

Nach dieser Unserer Allerhöchsten Willensmeinung hat sich ein Jeder, den es angeht, insonderheit aber Unsre Landes-Kollegia und übrigen Behörden genau und pflichtmäßig zu achten, und soll die gegenwärtige Verordnung allgemein bekannt gemacht werden.

Memel, den 9. Oktober 1807

Friedrich Wilhelm

(Ernst Rudolf Huber: Dokumente zur deutschen Verfassungsgeschichte, Band 1: Deutsche Verfassungsdokumente 1803–1850, 2. Auflage, Kohlhammer Verlag, Stuttgart 1961)

1. **Wie begründet der preußische König die Verabschiedung des Edikts?**
2. **Stellen Sie die wichtigsten Bestimmungen des Edikts stichwortartig zusammen.**
3. **Welche Änderungen ergeben sich für verschiedene Bevölkerungsgruppen?**

▶ QUELLE 5 Johann Heinrich Gottlob von Justi, Von dem Manufaktur- und Handwerkswesen, 1758

§ 277. Es ist vielmehr zuvörderst die Frage zu entscheiden, ob die Zünfte und Innungen überhaupt eine nützliche oder schädliche Einrichtung vor den Staat und das Aufnehmen des Nahrungsstandes sind. So viel ist gewiss, dass die Zünfte überaus große Gebrechen an sich haben, die dem Aufnehmen des Nahrungsstandes nichts weniger als vorteilhaft sind. [...] Ich will itzo nur des schlechten Unterrichts erwähnen, den sie ihren Lehrlingen erteilen, die dasjenige höchstens in einem Vierteljahre weit besser erlernen könnten, worüber sie drei, vier und mehr Jahre mit bloßem Absehen und Verrichtung aller Mägdearbeit zubringen müssen; desgleichen der üblen Einrichtung bei Erteilung des Meisterrechts, da es auf Geld, Gunst, auf die Eigenschaft eines Meistersohnes, auf kostbare und im gemeinen Leben niemals brauchbare Meisterstücke, keinesweges aber auf Fleiß und wahre Geschicklichkeit ankömmt. Es ist auch nicht zu leugnen, dass die Einrichtung der Zünfte das gemeine Wesen gewissermaßen nötiget, alle elende Arbeiten schlechter Meister anzunehmen und zu verbrauchen, weil die Erkenntnis über die Tüchtigkeit der Waren viel Umstände verursachet und bei Leuten beruhet, denen an der vorzüglichen Geschicklichkeit ihrer Mitglieder nichts gelegen ist. [...]

(Johann Heinrich Gottlob von Justi: Staatswirtschaft oder Systematische Abhandlung aller ökonomischen und Kameral-Wissenschaften, die zur Regierung eines Landes erfordert werden, Teil I [1758]. Zitiert nach: Michael Stürmer: Herbst des Alten Handwerks. Zur Sozialgeschichte des 18. Jahrhunderts, Piper Verlag, München, 1979, S. 99–102)

1. **Welche Nachteile haben nach Justis Meinung Zünfte und Innungen?**
2. **Vergleichen Sie Justis Kritik mit den Zunftbestimmungen in Quelle 6.**

▶ QUELLE 6a Ordnung der Wollenweber in Frankfurt/Main vom 9.3.1377

§ 40. Auch soll niemand auf mehr als zwei Webstühlen bei fünf Mark Strafe weben, damit sich der eine genauso gut wie der andere ernähren kann. Außerdem soll derjenige, der dies übertritt, es sei Mann oder Frau, auf ein Jahr vom Handwerk ausgeschlossen werden. [...]

§ 48. Auch wenn man jemanden des Nachts an einem breiten Webstuhl beim Weben findet, so ist der einer Strafe von fünf Mark verfallen, da man nachts nicht so gutes Gewand wie am Tage weben kann. Außerdem soll derjenige, der dies übertritt, es sei Mann oder Frau, auf ein Jahr vom Handwerk ausgeschlossen werden.

(Peter Ketsch: Frauenarbeit im Mittelalter. Patmos Verlag, Düsseldorf 1983, S. 186)

Satzung der Stuttgarter Bruderschaft des gemeinen Weberhandwerks vom 15.6.1493

▶ QUELLE 6b

§ 4. [...] Alle Männer und Frauen, die mit dem Webschiffchen Wollenes oder Leinenes, Tücher oder Schleier wirken, sollen das geschworene Maß an der Waage und an der Elle entsprechend der Stuttgarter Gesetze haben, und für eine jegliche Arbeit sollen sie nicht mehr als es üblich und angemessen ist nehmen und niemanden höher belasten bei Strafe von einem Pfund Wachs. [...]
§ 7. Weiterhin wenn ein Meister einen Lehrknecht oder eine Meisterin eine Lehrmagd anstellt, der oder die das Handwerk lernen wollen, so sollen der oder die zu solcher Lehre nicht unter drei rheinischen Gulden Stuttgarter Währung pro Jahr angenommen und gedingt werden bei einem Pfund Wachs Strafe. [...]

(Urkundenbuch der Stadt Stuttgart; zitiert nach: Peter Ketsch: Frauenarbeit im Mittelalter. Patmos Verlag, Düsseldorf 1983, S. 182)

Konstanzer Ratsbeschluss über die Näherinnen vom 8.7.1456

▶ QUELLE 6c

Die derzeitigen und zukünftigen Näherinnen hier zu Konstanz dürfen wohl nähen, was leinenes Gewand und Tuch ist, aber sonst nichts, weder wollenes noch Kürschnerwerk. Auch dürfen sie den Frauen Unterbarchent (Unterwäsche) machen, auch seidene Unterröcke, auch Alban (weiße Chorhemden der Geistlichen) und seidene Messgewänder, wenn die Elle nicht mehr als einen halben Gulden kostet. Und darüber hinaus dürfen sie in keinerlei Weise etwas nähen.

(Peter Ketsch: Frauenarbeit im Mittelalter. Patmos Verlag, Düsseldorf 1983, S. 197)

1. **Auf welche Bereiche beziehen sich die Zunft- bzw. Ratsbestimmungen jeweils?**
2. **Welche Ziele werden mit den Bestimmungen jeweils verfolgt.**
3. **Wie bewerten Sie diese Regelungen?**

Über die Entstehungsursache von Erfindungen

▶ QUELLE 7

Die Erfindungen kamen – oder wurden jedenfalls ernstlich versucht – wenn die wirtschaftlichen Umstände dafür reif waren. [...] Weder handelten Erfinder, wenn der Bedarf nicht schon klar ersichtlich war, ja dringend war, noch ermunterte sie ihre gesellschaftliche Umgebung zum Handeln. Das erstaunt nicht. Der Gedanke der Erfindung als an sich gut, als etwas, das sinnvoll unternommen werden kann, selbst wenn der Bedarf daran zweifelhaft ist – dieser Gedanke konnte erst in einer Welt entstehen, die eine industrielle Revolution erlebt hatte und entdeckt hat (wie im Fall des Fernsehens), dass neue Verfahren in genügend wohlhabenden Gesellschaften ihre eigene Nachfrage selbst schaffen. Im 18. oder frühen 19. Jahrhundert erfand man in der Regel nicht einfach deshalb, weil eine Erfindung möglich war. [...] Im 18. Jahrhundert also war die technische Neuerung eher Wirkung als Ursache.

(Carlo Cipolla (Hrsg.): Europäische Wirtschaftsgeschichte. Band 3: Industrielle Revolution, Uni-Taschenbücher (UTB), Stuttgart 1985, S. 135 f.)

1. **Beschreiben Sie den Zusammenhang zwischen Erfindungen und wirtschaftlichen Umständen mit eigenen Worten.**
2. **Worin sieht der Autor die Gründe für die Entstehung von Erfindungen? Stimmen Sie ihm zu? Begründen Sie Ihre Meinung.**

Aufgabenvorschläge

1. Warum waren Bauernbefreiung und Gewerbefreiheit Voraussetzungen für die Entwicklung der industriellen Revolution?
2. Welche Erfindungen und Entdeckungen in der zweiten Hälfte des 20. Jahrhunderts halten Sie für die bedeutendsten? – Erarbeiten Sie ein Szenario, das darstellt, wie ein Mensch, der 1950 verstorben ist, die Welt des Jahres 2009 erleben würde.

3. Erkundigen Sie sich bei der örtlichen Handwerkskammer nach den Innungen und den Rechten und Pflichten ihrer Mitglieder. – Vergleichen Sie diese mit denen in den Zünften.
4. Entwickeln Sie ein Szenario zur Frage, welche Auswirkungen es haben könnte, wenn auch die noch bestehenden subjektiven Zulassungsvoraussetzungen zur Berufsausübung entfallen würden, z. B. Prüfungen für Ärzte, Rechtsanwälte usw.
5. Warum kann man das Oktoberedikt als eine „Revolution von oben" bezeichnen? – Informieren Sie sich über die Bedeutung des Begriffs „Revolution".
6. Stellen Sie die Innungen Ihres Heimatkreises zusammen (Informationen erhalten Sie u. a. bei der HK = Handwerkskammer und der IHK = Industrie- und Handelskammer). Erarbeiten Sie eine Präsentation zu diesem Thema, in der Angaben über Aufgaben, Mitgliedszahlen, Aktivitäten u. a. enthalten sind.
7. Untersuchen Sie die Beschäftigungsstruktur in ihrem Heimatkreis bzw. ihrer Heimatgemeinde. Gibt es noch landwirtschaftliche Betriebe? Wie hoch ist ihr Anteil an der Gesamtbeschäftigung? Welche landwirtschaftlichen Produkte werden bevorzugt erzeugt? Wie lässt sich die Entwicklung der letzten hundert Jahre in diesem Bereich beschreiben? – Formulieren Sie weitere Fragen zur Beschreibung der Situation.
8. Erstellen Sie eine Präsentation zum Thema „Die Entwicklung der Landwirtschaft in unserem Heimatkreis".

2.2 Die industrielle Gesellschaft

SCHLÜSSELDATEN

um 1760	Beginn der industriellen Revolution in England
1765	Erfindung der Dampfmaschine *(James Watt)*
um 1830	Beginn der Industrialisierung in Deutschland
1863	Gründung des Allgemeinen Deutschen Arbeitervereins – Geburtsstunde der SPD
1883	Beginn der Sozialgesetzgebung in Deutschland (*Bismarck*)

Werkstatt und Laden eines Schuhmachers (Holzschnitt Ende des 16. Jahrhunderts)

Die Industriegesellschaft ist durch Merkmale geprägt, die sie fundamental von allen vorangegangenen Gesellschaften unterscheidet. Ihre Umwälzungen sind vergleichbar mit den Veränderungen des menschlichen Lebens durch die Beherrschung des Feuers (vor 80 000 Jahren) und der Sesshaftwerdung des Menschen (vor ca. 8 000 Jahren), der sogenannten neolithischen Revolution.

www.bpb.de

Die wichtigsten Charakteristika der Industriegesellschaft sind:
- Trennung von Wohn- und Arbeitsstätte;
- Trennung von Arbeit und Freizeit;
- Nutzbarmachung mechanischer Energie;
- Massenproduktion für einen anonymen Markt;
- geografische und zunehmend auch berufliche Mobilität;
- Steigerung des Lebensstandards auch für breite Massen;
- zunehmende Verstädterung und Bildung von Großstädten mit mehr als 100 000 Einwohnern.

2.2.1 Die industrielle Revolution

Der Begriff „industrielle Revolution“ wurde von französischen Sozialisten in der ersten Hälfte des 19. Jahrhunderts geprägt. Auch *Friedrich Engels* (1820–1895) benutzte ihn schon ganz selbstverständlich in seiner Schrift über „Die Lage der arbeitenden Klasse in England“ (1845). Es ist allerdings umstritten, ob der Begriff „Revolution“ geeignet ist, die zahlreichen und grundlegenden sozialen, ökonomischen und technischen Veränderungen zu charakterisieren. Wenn Industrialisierung als langsamer, allmählicher und in den europäischen Regionen mit höchst unterschiedlichem Tempo sich entwickelnder Prozess verstanden wird, so ist der Begriff „Revolution“ wenig zutreffend. Denn in der politischen Geschichte bezeichnet **Revolution** eine abrupte, meist unvorhersehbare und oft gewaltsame Veränderung. Nur wenn man die Zustände Deutschlands um die Wende vom 18. zum 19. Jahrhundert mit denen zu Beginn des 20. Jahrhunderts vergleicht, müssen die Veränderungen als wahrhaft revolutionär, also umwälzend betrachtet werden.

Revolution

Ferner eignet sich der Begriff industrielle Revolution nicht dazu, einen bestimmten begrenzten Zeitabschnitt zu umreißen. In England begann die Industrialisierung bereits um 1760 und damit rund achtzig Jahre früher als in Deutschland, Frankreich und den USA. In Russland, Kanada, Australien und vielen anderen Staaten hingegen kann frühestens seit dem Ersten Weltkrieg von einer Industrialisierung gesprochen werden. Während viele Staaten der Dritten Welt erst jetzt mühsam den Anschluss an die Industrienationen suchen, werden bei uns bereits die Folgen und Fernwirkungen der zweiten industriellen Revolution diskutiert, die gelegentlich auch schon die „dritte“ genannt wird: Die Revolutionierung durch Mikroelektronik und automatische Prozesssteuerung.

Friedrich Engels (1820–1895)

Geschichtlich bemerkenswert ist die Gleichzeitigkeit des Ungleichzeitigen, das Nebeneinanderbestehen von vor-, früh- und spätindustriellen Formen. So gab es zum Beispiel Mitte der 40er Jahre des vergangenen Jahrhunderts am südlichen Rande des hochindustrialisierten Ruhrgebietes noch kleinere Bauernhöfe, sogenannte Kotten, ohne elektrisches Licht. Wasser musste aus einem Brunnen geschöpft werden und mechanisch betriebenes Gerät fehlte. Die Muskelkraft von Mensch, Pferd, Ochse oder Kuh war der einzige Energiespender zur Fortbewegung.

2.2.1.1 Voraussetzungen und Bedingungen der industriellen Revolution

Nur das gleichzeitige Zusammentreffen mehrerer Faktoren vermag zu erklären, warum zu Beginn des 19. Jahrhunderts die Industrialisierung in Deutschland begann und nicht hundert Jahre früher oder später. Jeder Faktor für sich ist zwar bedeutsam, vermag aber allein nicht revolutionär zu wirken, sodass erst der Ursachenzusammenhang den entscheidenden ökonomisch-sozialen Wandel zu bewirken vermag.

Ein wesentlicher Faktor war die Bevölkerungszunahme in Deutschland, die heute in den Ländern der Dritten Welt (s. Kapitel 6.2) mit **Bevölkerungsexplosion** bezeichnet wird.

Bevölkerungsexplosion

Für die rasante Zunahme der Bevölkerung gibt es verschiedene Gründe. Ausschlaggebend war wohl die drastische Senkung der Sterberate, sodass die Geburtenrate weit darüber lag und somit ein wachsender Geburtenüberschuss entstand. Vor allem sank dank der allgemeinen Verbesserung der **Hygiene**, wie etwa die Trinkwasserreinigung, die Säuglings- und Kindersterblichkeit. Außerdem konnte das für Mütter und Neugeborene gefährliche Kindbettfieber erfolgreich bekämpft werden. In ganz Europa wuchs die Bevölkerung im 19. Jahrhundert von 175 auf 460 Millionen Menschen an. Das 20. Jahrhundert begann als ein Jahrhundert der Kinder und endete in Deutschland und vielen anderen Ländern, vor allem in Europa, als Jahrhundert der Greise.

Hygiene

Um 1900 lag das Verhältnis der unter Fünfzehnjährigen zu den über Sechzigjährigen bei 7:1. Einhundert Jahre später betrug diese Relation knapp 1:1 bei fallender Tendenz, da die **Sterbe-**

Sterberate

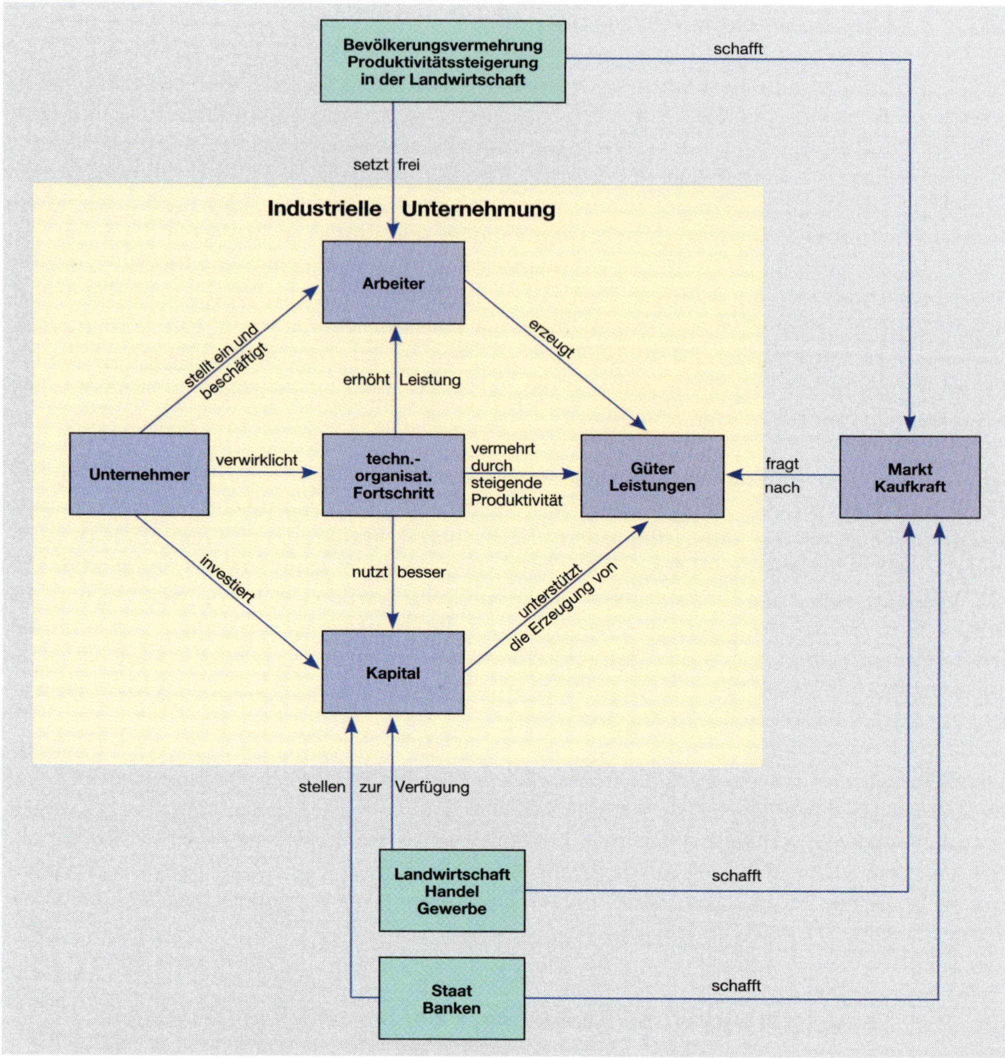

Vorraussetzungen und Bedingungen der Industriellen Revolution

Geburtenrate

rate seit 15 Jahren über der **Geburtenrate** liegt. Diese Geburtenrate, also die Zahl der Lebendgeborenen auf je 1000 Einwohner, betrug im Jahre 2006 in Deutschland 8,25. Die entsprechende Sterberate lag bei 10,62, war also wesentlich höher. Die Bevölkerung in Deutschland schrumpft trotz fortlaufender Zuwanderung.

Zum Bevölkerungswachstum trug aber auch die Steigerung der landwirtschaftlichen Erträge je Hektar bei, sodass mehr Lebensmittel zur Verfügung standen und die Hungersnöte, die es bis Mitte des 19. Jahrhunderts noch gab, bis zum Ausbruch des Ersten Weltkrieges der Vergangenheit angehörten.

Bevölkerungsanteil in %			
Jahr	unter 20 Jahre	30 – 59 Jahre	über 50 Jahre
2000	20	55	25
2010	17	55	28
2020	15	54	31
2030	15	47	37

(Frankfurter Allgemeine Zeitung: Grundkurs Demographie, 2005)

Mit Beginn des 19. Jahrhunderts zogen immer mehr Menschen vom Land in die Städte (**Landflucht**). Ohne die **Bauernbefreiung** (s. Kapitel 2.1) wäre dies nicht möglich gewesen und die Städte hätten nicht so rasch wachsen können.

Landflucht, Bauernbefreiung

Wachstum der wichtigsten Großstädte Deutschlands im 19. Jahrhundert (Angaben in Tausend)						Zum Vergleich
	1800	**1850**	**1880**	**1900**	**1910**	**2007**
Berlin	172	419	1 122	1 889	3 370	3 416
Hamburg	130	132	290	706	923	1 770
München	30	110	230	559	595	1 311
Leipzig	40	63	149	456	588	510
Dresden	60	97	221	396	547	507
Köln	50	97	145	373	516	995
Breslau	60	114	273	423	512	–
Frankfurt a. M.	48	65	137	289	415	659
Düsseldorf	10	27	95	214	358	581
Elberfeld-Barmen (= Wuppertal)	25	84	190	299	339	356
Nürnberg	30	54	100	261	333	503
Charlottenburg			30	189	305	118
Hannover	18	29	123	236	302	518
Essen	4	9	57	119	295	582
Chemnitz	14	32	95	207	287	244
Stuttgart	18	48	117	177	286	597
Magdeburg	36	72	98	230	280	230
Bremen	40	55	112	163	247	547
Königsberg	60	76	141	184	246	–
Neukölln			19	36	237	154
Stettin	24	49	92	211	236	407
Duisburg			41	93	229	496
Dortmund			67	143	214	586
Kiel	7	15	44	108	211	236
Mannheim			53	141	193	309

(Wladimir Woytinsky: Die Welt in Zahlen. Band 1. Mosse, Berlin 1925, S. 132 f.)

(Zahlen 2007 nach: Statistisches Bundesamt, Destatis.de/Gemeindeverzeichnis, abgerufen am 24.11.2009)

Wie die Bauernbefreiung das soziale Gefüge auf dem Lande verschob, so veränderte die **Gewerbefreiheit** die Arbeits- und Lebensbedingungen in der Stadt. Wiederum war Preußen Vorreiter. 1810/11 bestimmten zwei Edikte (*Stein* und *Hardenberg*), dass künftig jeder Bürger einen Gewerbebetrieb eröffnen durfte, ohne Mitglied einer **Zunft** oder **Innung** zu sein. Damit entstand für die alteingesessenen Handwerksmeister eine schnell wachsende, bisher unbe-

Gewerbefreiheit

Zunft

Innung

kannte Konkurrenz, hatten sie sich doch ihr Einkommen durch Markt- und Preisabsprachen relativ bequem sichern können. Dem frischen Wind des Wettbewerbs waren viele nicht gewachsen, sie verarmten oder wurden insolvent (= zahlungsunfähig). So entstand ab 1830 ein **Handwerkerproletariat** aus Meistern und Gesellen, das gleichfalls in die städtische Industrie drängte und dort Beschäftigung suchte.

Handwerkerproletariat

Der Vorgang hat sich in der Bundesrepublik Deutschland, wenn auch unter ungleich besseren sozialen Bedingungen, noch einmal wiederholt. Viele hunderttausend Besitzer kleiner Geschäfte – sogenannte „Tante-Emma-Läden" – mussten der harten Konkurrenz der Supermärkte weichen und wurden oft Verkäufer bei der ehemaligen Konkurrenz.

Eine weitere Voraussetzung der Industrialisierung in Deutschland war die wirtschaftliche Einigung der deutschen Einzelstaaten, vor allem die Beseitigung der innerdeutschen Handelshemmnisse durch den **Deutschen Zollverein** (1834). Er bildete zugleich eine Etappe auf dem Weg zur politischen Einigung Deutschlands.

Deutscher Zollverein

Europäische Union

Der Gedanke liegt nahe, ähnliches auch von der wirtschaftlichen Einigung innerhalb der **Europäischen Union** zu erwarten. Doch die Unterschiede von heute zu damals sind größer als die Parallelen. Sprache, Lebensstandard, wirtschaftliche Entwicklung, Kultur, Tradition und soziales Gefüge differieren so stark, dass der politische Zusammenschluss der 27 EU-Länder sich nur sehr langsam, begleitet von vielen Rückschlägen, vollziehen kann. Wesentlich komplexer sind auch die Fragen, auf die von der EU eine gemeinsame Antwort gefunden werden muss, Fragen, die 1834 nicht einmal als theoretische aufgeworfen wurden. Ein paar Beispiele:

- Wie hoch darf die Inflationsrate der Gemeinschaftswährung sein?
- Welche Arbeitslosenquote kann als noch hinnehmbar angesehen werden?
- Wie und bis zu welchem Umfang sollen die Sozialgesetze der einzelnen EU-Staaten, die mit ihren Kosten die Unternehmen unterschiedlich belasten, angeglichen werden?

Erfindungen

Die Phase der Frühindustrialisierung war auch eine Zeit der **Erfindungen**. Für Kämme, Bestecke, Nadeln u. v. m. wurden neue Produktionsweisen erprobt und kostengünstigste Vertriebswege gesucht. Der Zollverein erleichterte zudem den grenzüberschreitenden innerdeutschen Handelsverkehr. Die steigende städtische Nachfrage konnte preisgünstiger befriedigt werden.

Bereits 1765 hatte *James Hargreaves* in England die erste Spinnmaschine erfunden, die er nach seiner Tochter „Spinning Jenny" nannte. Vier Jahre später glückte *James Watt* der entscheidende Schritt zur Industrialisierung Englands: die Erfindung der **Dampfmaschine**.

Dampfmaschine

Nach einer nicht verbürgten Anekdote soll *Watt* die Idee gekommen sein, als er seiner Mutter beim Kochen zusah und beobachtete, wie der Wasserdampf den Deckel eines Topfes hob.

Edmund Cartwright baute 1785 den ersten brauchbaren mechanischen Webstuhl, mit dem Dampfantrieb begann der Aufstieg der englischen Spinnerei. *George Stephenson* erprobte 1814 auf den Grubengleisen von Newcastle die erste dampfbetriebene Lokomotive, die zusammen mit der Dampfschifffahrt zum Symbol einer ganzen Epoche wurde. In Deutschland wurden diese Maschinen bald nachgebaut und verbessert. Der Beginn der **Technisierung** war die Zeit der Praktiker, der Tüftler und Bastler, die mit neuen technischen Produkten und Methoden die Industrialisierung vorantrieben.

Technisierung

Doch schon früh tauchten die ersten Probleme auf. Die billige maschinelle Herstellung der Textilien ließ die Handweber – obwohl alle Familienmitglieder in Heimarbeit mitarbeiteten – derartig verarmen, dass sie hungern mussten und in Schlesien 1844 einen Aufstand riskierten, der vom preußischen Militär niedergeschlagen wurde.

Der Dichter *Gerhart Hauptmann* ließ sich von diesem Aufstand zu seinem Drama „Die Weber" inspirieren, nach dessen Uraufführung 1894 *Wilhelm II.* wegen „demoralisierender Tendenzen" die kaiserliche Loge im Deutschen Theater Berlin kündigte.

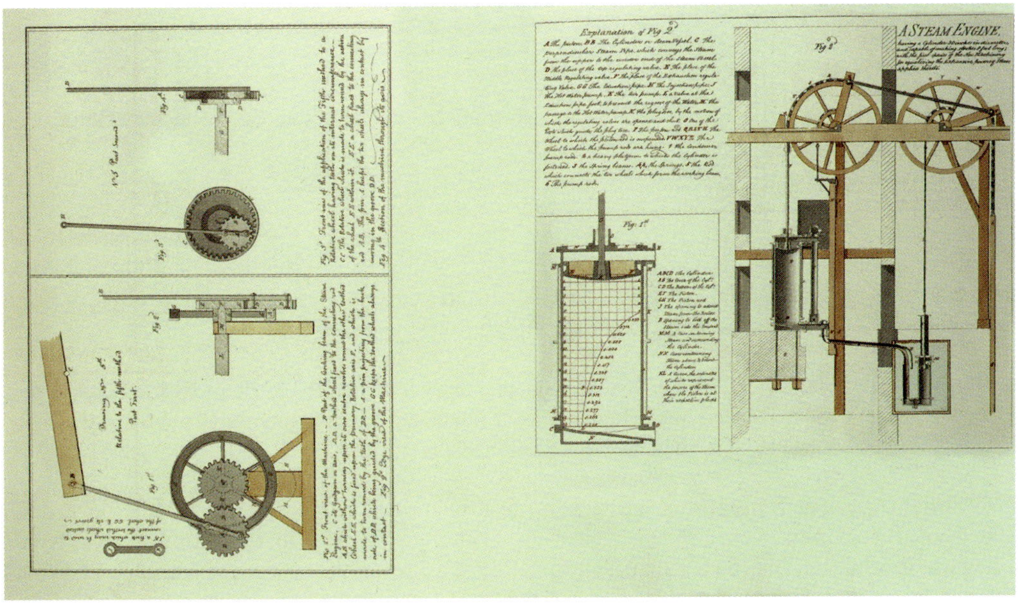

Patentzeichnung einer Dampfmaschine, Zeichnung von James Watt (1736–1819)

Massenware

Auch in anderen Teilen Deutschlands verdrängte die industriell gefertigte **Massenware** die Erzeugnisse der Handwerker und Heimarbeiter, die dadurch arbeitslos wurden. Dies ist ein Prozess, der sich in ähnlicher Form auch heute abspielt, wenn kostengünstigere Fertigungsstraßen und durch Mikroprozessoren gesteuerte Roboter un- oder angelernte Arbeiter ersetzen.

Erfindungen, technische Entwicklung, Bevölkerungswachstum und Industrialisierung bedingen einander, sind Ursache und Wirkung zugleich. Ihr Effekt wurde noch durch spezifische Faktoren in Deutschland verstärkt, wie Bauernbefreiung, Gewerbefreiheit und Zollunion. Die Wirtschaftslehre von *Adam Smith* (1723–1790) bereitete den geistigen Boden für die industrielle Revolution in Europa und den USA.

2.2.1.2 England als Mutterland der industriellen Revolution

In England begann die Industrialisierung rund 80 Jahre früher als auf dem Kontinent. Die Gründe dafür sind vielschichtig und berühren politische, technische, wirtschaftliche und psychologische Bereiche.

Absolutismus
Merkantilismus

Die „Glorious Revolution" von 1688/89 hatte das Schwergewicht der politischen Macht auf das Parlament verlagert. Der König musste alte Rechte und Freiheiten der Untertanen garantieren und sich genau beschriebenen Verpflichtungen unterwerfen, die seinen politischen Ermessensspielraum empfindlich einengten. In England konnte so keine absolutistische Willkürherrschaft entstehen. Und ohne den **Absolutismus** gibt es keinen **Merkantilismus**, also eine vom Staat gelenkte Wirtschaft. Von Anfang an waren die Voraussetzungen für eine freie Entfaltung des wirtschaftlichen Wettbewerbs gegeben, und dies wurde von den kapitalkräftigen Engländern in Stadt und Land genutzt. Die Gesellschaftsordnung war durchlässiger als auf dem Kontinent und es galt auch für einen Adligen nicht als schändlich, sein Geld durch Arbeit zu verdienen.

Calvinismus
Protestantische Ethik
Prädestinationslehre

Eher trat das Gegenteil ein: Die vom **Calvinismus** beeinflusste **protestantische Ethik** umfasst die sogenannte **Prädestinationslehre**. Sie besagt, dass Gott dem Gläubigen bereits auf Erden Zeichen seiner Gnade erweist und dass diese Gnade an den irdischen Reichtümern abgelesen werden kann, die ein Mensch erwirbt. Wer im diesseitigen Leben erfolgreich ist, wird auch im

Jenseits bevorzugt werden, dagegen wird der „Versager“ oder „Nichtsnutz“ das Paradies kaum erblicken.

Restbestände dieser Auffassung wirken heute noch nach, besonders in den USA. Die Vorstellung, dass Armut Schande sei, hat hier ihre religiöse Wurzel.

Rohstoffquellen

Skavenhandel

Der wohl wichtigste Faktor, der die frühe Industrialisierung Englands begünstigte, lag jedoch in den praktisch unerschöpflichen **Rohstoffquellen**, die der ersten See- und Handelsmacht zur Verfügung standen. Die Sklavenarbeit tat ein Übriges, indem z. B. Baumwolle billig zu gewinnen war. Der **Sklavenhandel** mit Nordamerika, durch keinerlei moralische oder religiöse Skrupel behindert, erwies sich als ein außerordentlich lukratives Geschäft.

Selbst wenn nur 10 % (!) der im Schiffsbauch eingepferchten Sklaven die Überfahrt lebend überstanden, „lohnte“ sie sich bereits für den Menschenhändler. Zwar wurde die Sklaverei in Großbritannien schon 1807 verboten, aber erst ab 1833 im ganzen Kolonialreich abgeschafft.

Vorrangig vollzog sich die Industrialisierung in England im Textilgewerbe, nicht zuletzt dank der Spinnmaschinen. Konnten 1760 etwa 2,5 Millionen Pfund Garn gesponnen werden, so stieg die Produktion bis 1840 auf rund 370 Millionen Pfund. Außerdem gewann das Garn an Feinheit und Widerstandsfähigkeit.

Noch bis vor wenigen Jahren warb die englische Textilindustrie erfolgreich mit der besonderen Qualität englischer Stoffe.

Geografische Lage

Verkehrsnetz

Weder Zünfte noch innerstaatliche Zollschranken behinderten die Entfaltung der keimenden Industriezweige. Auch die **geografische Lage** erlaubte England den Vertrieb der Fertigprodukte auf- und auszubauen. Kein Punkt des Landes ist weiter als 120 km vom Meer entfernt, und höchstens 150 km trennen die Industriestädte von den großen Verschiffungshäfen. Das zumeist flache Gelände erlaubte den Bau von Kanälen und erleichtert die Anlage von Eisenbahnlinien, sodass eine Voraussetzung für jede Industrialisierung, der Ausbau der Transportmittel und die Herstellung eines dichten **Verkehrsnetzes**, gegeben ist. „Civilization is transportation“ ist die prägnante Kurzformel dafür.

Spinnmaschinen in einer englischen Baumwollmanufaktur (um 1840)

Der Vorsprung Englands wuchs gewaltig. Die Weltkohleförderung (Kohle war die alles entscheidende fossile Energiequelle im vorletzten Jahrhundert) lag im Jahre 1800 ungefähr zu 90 Prozent in englischer Hand.

2.2.1.3 Industrialisierung in Deutschland

Lediglich die Bevölkerungszunahme in Deutschland in der ersten Hälfte des 19. Jahrhunderts kann mit der in England verglichen werden; doch langsam, aber stetig schritt die Industrialisierung auch im Deutschen Reich voran. Die Grundlage, der **Kohlebergbau**, wurde in Preußen „von Staats wegen" gefördert. Bald schon zeichneten sich die zukünftigen Ballungszentren der Industrie ab: Berlin, Schlesien, die Saar, allen voran aber das Ruhrgebiet. Das Land an der Ruhr, noch 1820 reines Bauernland, wies einen derartigen Reichtum an Kohlearten auf, dass es besonders geeignet war, die industrielle Energieversorgung zu sichern. Und was lag näher, als die **Stahl- und Eisenproduktion** dort anzulegen, wo der Energieträger zu Hause war: an der Ruhr. Die Standortwahl war – betriebswirtschaftlich formuliert – rohstofforientiert.

Kohlebergbau

Stahl- und Eisenproduktion

Etwa ab 1850 nahm das Tempo der industriellen Entwicklung in Deutschland deutlich zu. Die Nachfrage nach Maschinen stieg, und als Folge davon wurden die Stahl- und Eisenproduktion gesteigert. Das Ruhrgebiet erlebte eine **Gründungswelle**, und die Steinkohleförderung stieg fortlaufend.

Gründungswelle

Auch der **Erzbergbau** wurde vorangetrieben, doch schon bald erwies sich, dass die Fördermöglichkeiten an Eisenerz weit hinter dem zu erwartenden Bedarf zurückblieben. Importe wurden notwendig, deren Transportkosten jedoch möglichst gering bleiben sollten. Also wählte man zur Verhüttung des Roherzes den Niederrhein als Standort, eine rohstofforientierte Entscheidung. Diese Hüttenindustrie wurde rasch zum Motor der industriellen Entwicklung in Deutschland und bestimmte das Wachstumstempo auch anderer Wirtschaftszweige. Die Maschinenfabriken zogen Nutzen aus dem Ausbau des Schienennetzes, das gleichzeitig wieder Voraussetzung für den Vertrieb ihrer Produkte und damit ihrer eigenen Entfaltung war. Um die Jahrhundertmitte verstummte die Diskussion um Vorteil und Gefahren des **Eisenbahnbaus**, und die Entwicklung ging ungehemmt aufwärts.

Erzbergbau

Eisenbahn

Dynamische Unternehmerpersönlichkeiten beschleunigten den Trend. Zu ihnen gehörte vor allem *Alfred Krupp*, der in nicht einmal fünfzig Jahren die Zahl der Beschäftigten in fast unvorstellbaren Zuwachsraten steigerte. Er übernahm 1826 eine Art handwerklichen Betrieb mit vier Arbeitern, bereits elf Jahre später beschäftigte er 1 600 Menschen, 1902 standen 43 000 Arbeitnehmer auf seiner Lohn- und Gehaltsliste.

▶ Q. 1

Gründerjahre

Andere Namen wie *Stinnes, Thyssen, Mannesmann* oder *Harkort* sind auch heute noch als Unternehmerfamilien bekannt. Sie begannen alle im 19. Jahrhundert, und es gelang ihnen, in kurzer Zeit ganze Industrieimperien aufzubauen.

Nach der Kaiserproklamation von 1871 grassierte in Deutschland ein regelrechtes „Gründungsfieber". Fortlaufend entstanden neue Unternehmungen, sodass diese Jahre auch als **Gründerjahre** bezeichnet werden.

Selbst die erste „kapitalistische Wirtschaftskrise" 1873/74 (Gründerkrise) vermochte das Wachstumstempo kaum zu bremsen.

Die Krupp-Werke in Essen um 1865

Mit der Baumwollindustrie entwickelte sich auch die chemische Industrie, denn zur Bleiche und Färbung wurden immer häufiger chemische Verfahren eingesetzt. Die Produktion und Anwendung des Kunstdüngers ließen Unternehmen wie BASF und BAYER Leverkusen entstehen. Die Ausbreitung der elektrischen Energie forcierte zudem den Ausbau der Elektroindustrie. 1886 gilt als „Geburtsjahr" des Automobils. Noch vor der Jahrhundertwende wurde es in Serie produziert. Schon 1913 lief es bei *Henry Ford* vom **Fließband**, ein Verfahren, das in Deutschland erst in den 20er Jahren des vergangenen Jahrhunderts eingeführt wurde.

Fließband

Die zunehmende Maschinisierung und damit der Übergang zu kapitalintensiver Produktionsweise erforderte immer größere Investitionssummen, die von einem Einzelnen nicht mehr aufgebracht werden konnten. Es entstanden **Kapitalgesellschaften**, die durch Sammlung vieler Kleinkapitalien die nötige Basis schaffen konnten. So prägten mehr und mehr Aktiengesellschaften (AG) und Gesellschaften mit beschränkter Haftung (GmbH) das Bild der Unternehmensgründungen. Daneben entstanden zahlreiche Banken zur Kreditfinanzierung und zur Abwicklung des wachsenden Zahlungsstroms.

Kapitalgesellschaften

Kartellbildung

Kartellrecht

In der Industrie zeigte sich allerdings schon bald die Tendenz, die Konkurrenz durch **Kartellbildung** auszuschalten oder zumindest ihre Wirkung abzuschwächen. 1905 gab es im Deutschen Reich bereits 385 Kartelle. Ein **Kartellrecht**, wie es eines in der Bundesrepublik Deutschland seit 1957 gibt, das im Prinzip Kartelle verbietet, war damals unbekannt.

Proletariat

Kapitalisten

Die Gesellschaft wurde umgeschichtet, der vierte Stand „geboren": die Arbeiterklasse. Das, wie *Marx* es in Anlehnung an die Besitzlosen im antiken Rom nannte, **Proletariat** und die Klasse der **Kapitalisten** prägten das Gesicht der kapitalistischen Gesellschaft des 19. Jahrhunderts.

Koalitionsverbot

Pauperismus

▶ Q. 2

Ein staatliches **Koalitionsverbot** – das hieß konkret: Verbot von Gewerkschaften – in Verbindung mit einem Arbeitskräfteangebot, das die Arbeitskräftenachfrage weit überstieg, ließ die Löhne um das kulturelle Existenzminimum pendeln, und oft genug sanken die Einkommen auf das Niveau der primitivsten Existenz – des biologischen Existenzminimums. Massenarmut, der sogenannte **Pauperismus**, wurde zur Massenerscheinung der industriellen Großstädte.

Es entstand aber auch eine neue Mittelschicht. Sie bildete sich aus Handwerkern, Beamten, Offizieren und Angehörigen der freien Berufe, wie etwa Rechtsanwälte oder Ärzte. Schon damals wuchs die Zahl der Angestellten, die sich um Distanz zum Arbeiterstand bemühten, sehr rasch. An die Spitze der Sozialpyramide traten neben den alten Adel und die „Großagrarier" nun auch die Unternehmer, die eine Art kapitalistische Aristokratie bildeten und oftmals tatsächlich in den Adelsstand erhoben wurden, so wie etwa *Siemens, Borsig* und *Krupp*.

Fabrikarbeit

Die **Fabrikarbeit** einer weitgehend homogenen Arbeitnehmerklasse ist wohl das herausragende Merkmal der frühen Industrialisierungsphase. Die hygienischen Bedingungen waren schlecht und verbesserten sich auch nur überaus langsam. Außerdem mussten die Arbeiter ohne Unfall- und Krankenschutz unter schwerster Gesundheitsgefährdung täglich zwölf Stunden und mehr schuften. Die Forderung nach dem Zehnstundentag (bei sechs Arbeitstagen) galt bereits als fortschrittlich. Ohne Urlaubsanspruch, ohne Alterssicherung, die Drohung täglicher, fristloser Kündigung im Nacken, waren sie zwar „rechtlich frei", lebten aber wirtschaftlich in völliger Unfreiheit, wie *Marx* richtig erkannte. Denn sie hatten bei Strafe des Hungerns und Verhungerns ihrer Familien keine andere Wahl, als sich praktisch zu jedem Lohn zu verdingen, den der kapitalistische Unternehmer bot. Es warteten genügend andere, um sofort einen frei werdenden Arbeitsplatz zu besetzen.

Zwar waren auch in der Landwirtschaft die Menschen im Sommer an lange Arbeitszeiten gewohnt. Aber die Maschine in der Fabrik kennt keine Tages- und Nachtzeit, benötigt keine Pausen, und die in der Landwirtschaft früher übliche Winterruhe entfällt bei ihr ebenfalls.

▶ Q. 3

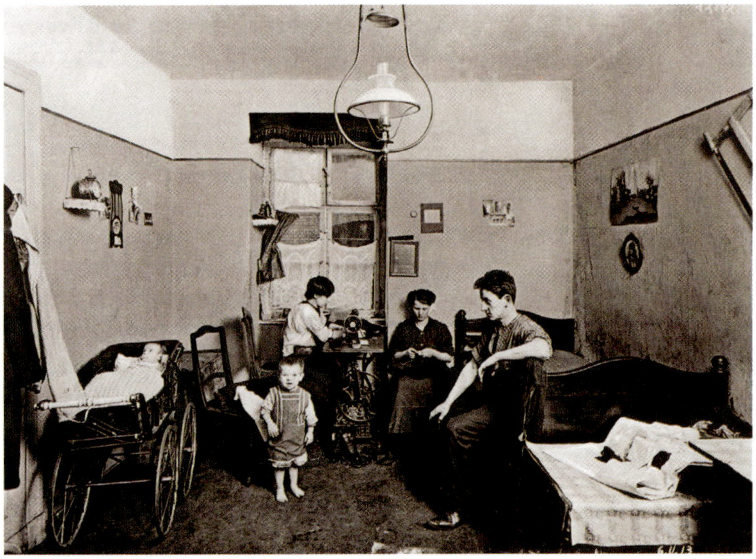

Wohnung einer Berliner Arbeiterfamilie um 1910

Berliner Hinterhof um 1900

In den Fabriken herrschte eine strenge Disziplin. Auch kleinste Ordnungsverstöße wurden scharf geahndet. „Wenn ein Fabrikunternehmen gedeihen soll, so muss es militärisch und nicht parlamentarisch organisiert sein", formulierte *Carl Ferdinand Stumm* das Leitungsprinzip seines großen saarländischen Eisenkonzerns. Die **Fabrikordnungen** unterschieden sich kaum voneinander und reglementierten die Arbeitspflichten bis in die letzten Einzelheiten.

Fabrikordnungen

▶ Q. 4

Doch nicht nur Erwachsene litten unter diesen harten Arbeitsbedingungen. Selbst Kinder wurden ihnen unterworfen und mussten beispielsweise in engen, stickigen Förderschächten des Kohlebergbaus kriechend die „Hunde" ziehen. So nannte und nennt man noch heute die Förderwagen unter Tage. Zwar wurde in Preußen bereits 1839 die **Kinderarbeit** eingeschränkt – dies geschah wegen der Befürchtung, nicht mehr genügend wehrdiensttaugliche Rekruten zu erhalten. Aber insgesamt besserte sich das Los der arbeitenden Kinder und Jugendlichen nur langsam.

Kinderarbeit

Erst 1890 konnten liberale und christliche Kreise, die in der Kinderarbeit eine Kulturschande erblickten, sich teilweise durchsetzen, sodass ein Gesetz erlassen wurde, das wenigstens die Nachtarbeit für Kinder und Jugendliche unter 16 Jahren verbot.

Die gesellschaftlichen und wirtschaftlichen Auswirkungen der industriellen Revolution schufen das Problem des 19. Jahrhunderts schlechthin: die **soziale Frage**.

Soziale Frage

2.2.2 Die prägenden Wirtschaftstheorien des 19. Jahrhunderts

Am Anfang der Industrialisierung stand die Abkehr vom **Merkantilismus**, also einem Wirtschaftssystem, bei dem – vereinfacht formuliert – möglichst viel exportiert und so wenig wie möglich importiert werden soll. Ein solches System kann, wenn jeder Staat so verfährt, im Welthandel nicht funktionieren. Der Merkantilismus wurde auch **Kameralismus** genannt, abgeleitet von *camera* (lat. = Kammer), weil durch die Exportüberschüsse die Schatzkammer des Fürsten gefüllt werden sollte.

Merkantilismus

Kameralismus

Arbeitsteilung
Freihandel

Es entstand nun eine liberale Lehre, die diese Wirtschaftsordnung ablöste und die industrielle Frühphase prägte. Sie bildete die geistige Grundlage für die ökonomische Entfaltung mit **Arbeitsteilung** und **Freihandel**.

2.2.2.1 Der Liberalismus

▶ Q. 5

Sein Urvater ist der Schotte *Adam Smith* (1723–1790). Der geradezu genial-einfache Kerngedanke seiner Lehre lautet: Folgt jeder seinem eigenen wirtschaftlichen Interesse, dann nutzt er der Gesellschaft am meisten. Je mehr sich der einzelne im Rahmen der rechtlichen Ordnung unter Beachtung der Gesetze anstrengt, je fleißiger er ist und je mehr er dadurch verdient, desto größer ist der Vorteil auch für alle anderen.

Smith erklärte seine Lehre einmal sinngemäß mit folgendem Beispiel: Der Bäcker backt die frischen Brötchen am frühen Morgen nicht um unserer schönen Augen willen, sondern ganz egoistisch wegen seines Gewinnstrebens. Weil er den Gewinn sucht und zu erhöhen trachtet, muss er genau das tun, was wir wollen, nämlich frühmorgens frische Semmeln anbieten.

Eigennutz
Gemeinwohl

Der jedem Menschen innewohnende **Eigennutz** wird – soziologisch formuliert – instrumentalisiert, also genutzt zur Förderung des **Gemeinwohls**.

Unsichtbare Hand

Die **„unsichtbare Hand“** des Marktes steuert dabei Nachfrage und Angebot. Die Signalisierung übernimmt der Preis, d.h. er steuert, was, wann, wo und wie produziert wird. Auch Kosten wie etwa die Lohnkosten zählen zu den Preisen. Denn auch für Angebot und Nachfrage von Arbeitskräften gilt das „Gesetz des Marktes“. Ist der Anbieter – in diesem Fall der Arbeitnehmer – für den Nachfrager, den Produzenten, zu teuer, kann er seine Leistung nicht absetzen und wird oder bleibt arbeitslos. Angebot und Nachfrage treffen sich so bei einem Marktpreis, der beiden Seiten mindestens noch akzeptabel erscheint.

Nach den Vorstellungen des klassischen Liberalismus soll sich der Staat aus dem gesamten Wirtschaftsleben völlig heraushalten. Er kann zwar Steuern erheben, darf aber nicht versu-

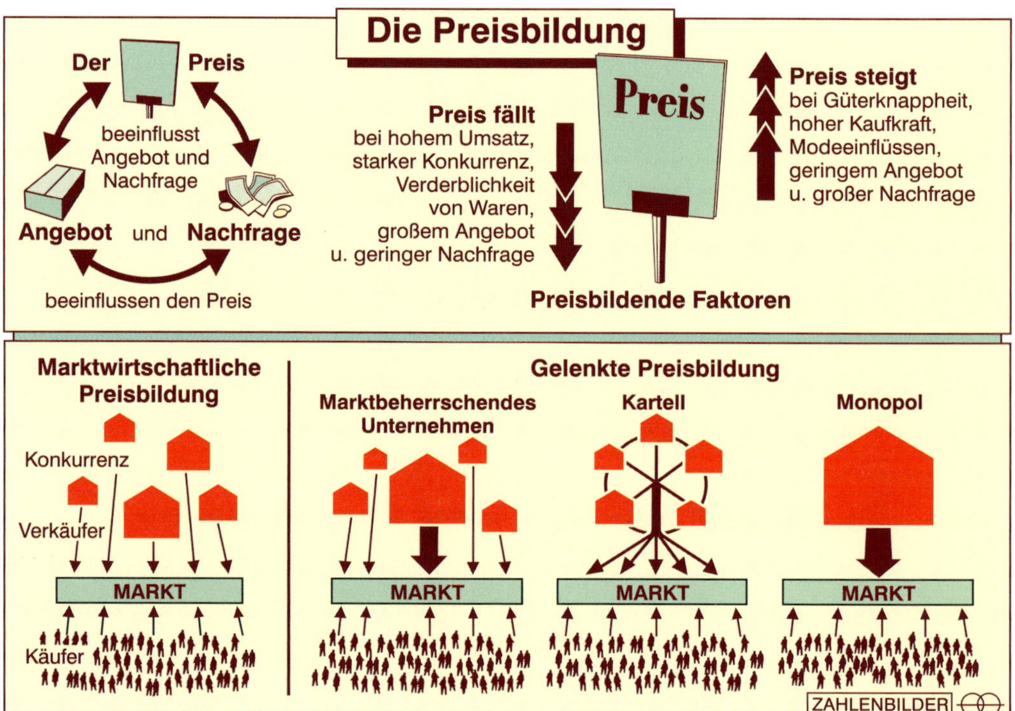

200 310

chen, in den Wirtschaftsablauf lenkend und korrigierend einzugreifen. Er soll lediglich für Schutz und Sicherheit nach außen und im Innern sorgen („Nachtwächterstaat").

Konsequenterweise setzt sich der Liberalismus für den völligen **Freihandel** ein; d. h. alle Güter sollen weltweit ohne jede Handelshemmnisse möglichst auch ohne Zölle international austauschbar sein, also nach Belieben im- und exportiert werden können. Als Zielvorstellung, die in der Realität allerdings nicht erfüllt wird, gilt dies Prinzip auch heute noch.

Freihandel

Die Vorstellung, die dem **klassischen Liberalismus** (kritisch auch als Steinzeitliberalismus bezeichnet) zugrunde liegt, ist daher das Modell der völlig **freien Marktwirtschaft**. Sie hat es allerdings auch im 19. Jahrhundert niemals in Reinform gegeben. Zu groß sind die nachteiligen Folgen eines solchen Systems besonders für die wirtschaftlich Schwachen sowie die Gefahr des Missbrauchs der Marktmacht durch Großbetriebe und monopolartige Konzerne. Heute sind alle Marktwirtschaftssysteme Mischformen aus Markt und Planung nach dem Motto: So viel Markt wie möglich, so viel Planung wie nötig.

Klassischer Liberalismus
Freie Marktwirtschaft

Nach dem Zweiten Weltkrieg hat die Bundesrepublik Deutschland, fußend auf den Ideen eines **Neoliberalismus**, mit dem Modell der **sozialen Marktwirtschaft** einen zunächst sehr erfolgreichen Weg des wirtschaftlichen Aufschwungs beschritten (Stichwort: „Wirtschaftswunder"). Heute sind als Folge der Globalisierung die neoliberalen Gedanken umstritten. Es bleibt eine ständig politisch neu zu entscheidende Frage, auf welchen Gebieten und wie der Staat ökonomisch eingreifen soll und kann.

Neoliberalismus
Soziale Marktwirtschaft

Vor dem Hintergrund des völligen Zusammenbruchs aller sozialistischen Staaten und ihres Übergangs zu kapitalistischen Wirtschaftsordnungen (sogar in China!), bleiben die Kerngedanken des Liberalismus jedoch lebendig. Man könnte in Anlehnung an die Evolutionslehre sagen: Die kapitalistische Marktwirtschaft hat sich gegenüber anderen Systemen als die überlebensfähigste erwiesen. Ihr „Erfolgsgeheimnis" liegt vielleicht darin, dass sie den Menschen so nimmt, wie er ist. Sie braucht ihn nicht umzuerziehen wie die sozialistischen Zukunftsordnungen, die sich die Schaffung eines „neuen" Menschen zum Ziel gesetzt hatten.

2.2.2.2 Der Sozialismus

Karl Marx (1818–1883) und *Friedrich Engels* (1820–1895) gelten als die Begründer des klassischen Sozialismus, der heute mit dem Sammelbegriff **Marxismus** umrissen wird. Kaum eine politische Theorie hat die Geschichte so stark beeinflusst und ist dennoch stets umstritten geblieben und wird heute überwiegend kritisch betrachtet.

▶ Q. 6
Marxismus

Nicht einmal unter den Anhängern ist auch nur ansatzweise eine Übereinstimmung festzustellen. Westliche Marxisten, etwa die der sogenannten Frankfurter Schule, berufen sich genauso auf *Marx* wie bis 1990 alle sowjetischen Führer, die Vertreter Pekings oder die Führer Albaniens und heute noch die in Nordkorea. Unbekümmert erklärten demokratisch gesonnene Marx-Anhänger, dass selbstverständlich der Sozialismus z. B. der ehemaligen DDR kein Sozialismus sei, während die DDR selbst sich in ihrer Verfassung als „sozialistischer Staat" titulierte und als Gesellschaft des „entwickelten Sozialismus" verstand.

Alle interpretieren *Marx* und *Engels* anders. Die Marx-Exegese (lat. = Auslegung, Interpretation) ist unübersehbar und noch immer ist kein Ende der Publikationsflut abzusehen. Dabei sind die Schriften von *Marx* schwer verständlich, auch für die Sprache des vorletzten Jahrhunderts stilistisch nicht leicht, und die Neigung von *Marx/Engels*, mit denselben Begriffen Unterschiedliches zu meinen oder dasselbe mit verschiedenen Begriffen zu belegen, ist für das Verstehen wenig hilfreich. Nicht einmal über einen so relativ einfachen Begriff wie „Existenzminimum" kann aus dem Werk selbst letzte Klarheit gewonnen werden. Ist nun das kulturelle oder das biologische Existenzminimum gemeint?

www.marx-forum.de

Von *Georg Wilhelm Friedrich Hegel* (1770–1831) übernahm *Marx* den dialektischen Denkansatz. Danach enthält jedes Ding, jede Erscheinung als **These** bereits das Gegenteil in sich, die Nega-

These

Antithese
Synthese

tion als **Antithese**. Der Widerspruch wird in der **Synthese** als Negation der Negation wieder aufgehoben, die wiederum eine neue These bildet, zu der eine Gegenthese entsteht.

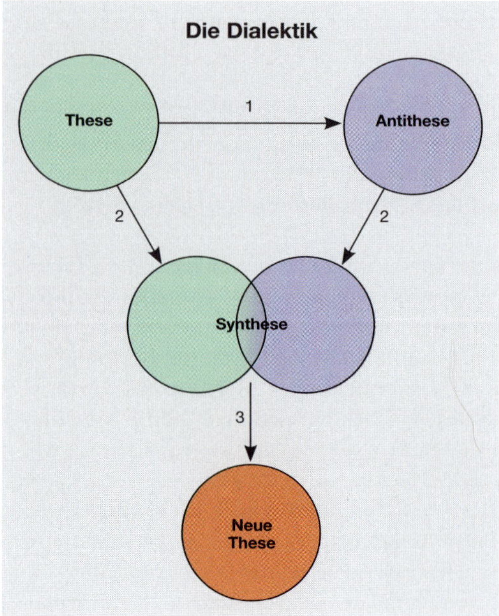

Beispiel einer marxistisch-dialektischen Interpretation: Aus dem Feudalsystem (These) entwickelte sich die Parole der Gleichheitsforderung der Französischen Revolution (Antithese), sie verschmolz zur Synthese des Kapitalismus, der als neue These „in seinem Schoß" bereits den Keim der Vernichtung durch den Sozialismus als (neue) Antithese enthält.

Idealismus
Dialektik

Während allerdings *Hegel* die Philosophie des **Idealismus** vertrat, nach der Ideen die treibende Kraft der Geschichte sind, stellte *Marx* dessen **Dialektik** (griech: Kunst der Unterredung) „auf den Kopf" und sah in der Materie die Grundlage für alle Ideen: „Die Menschen müssen erst essen, trinken und wohnen, ehe sie Politik, Wissenschaft und Kunst betreiben können."

Materialistische Geschichtsauffassung
Basis
Überbau

Der Kernsatz der **materialistischen Geschichtsauffassung** lautet: „Es ist nicht das Bewusstsein der Menschen, das ihr Sein, sondern ihr gesellschaftliches Sein, das ihr Bewusstsein bestimmt." Alle menschlichen Bereiche fußen auf einer **Basis**. Für die Gesellschaft sind dies die materiellen Produktivkräfte wie Boden, Maschinen, Werkzeuge, über die sich der gesellschaftliche **Überbau** wölbt, in Gestalt des Wirtschaftssystems, Staates, Rechts, der Moral und Religion. Zum Wirtschaftssystem gehören die Produktionsverhältnisse, z. B. handwerkliche Produktion oder kapitalistische Produktion mit Maschinen.

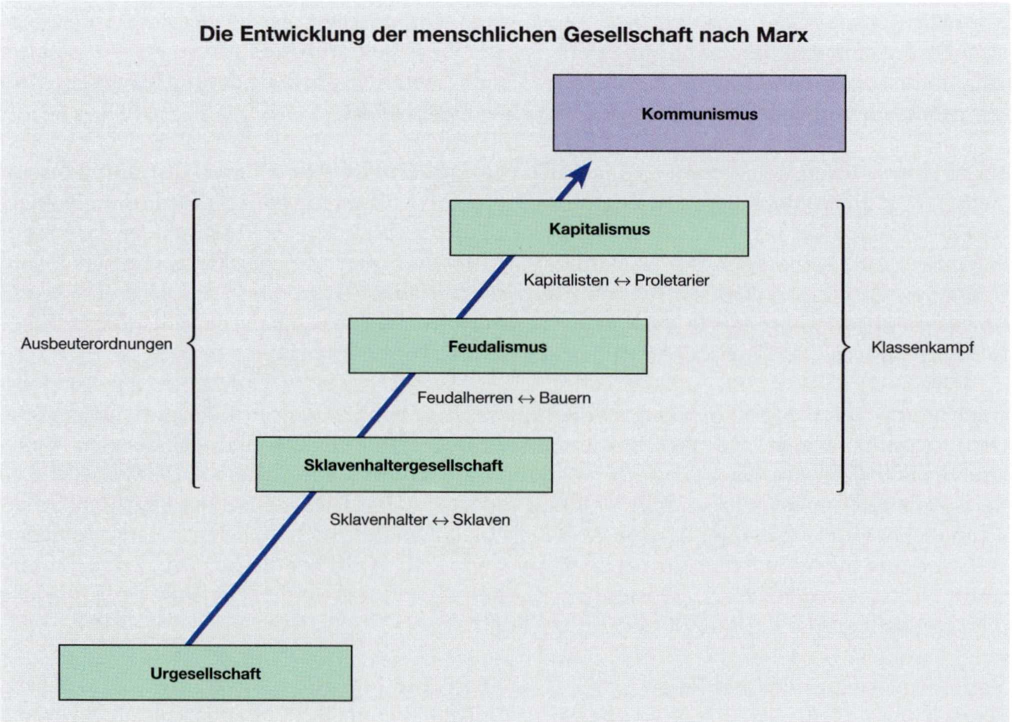

Nach *Marx* gehen die Menschen aufgrund der gegebenen materiell-ökonomischen Umstände „von ihrem Willen unabhängige Produktionsverhältnisse" ein. Diese bestimmen, welcher **Klasse** der einzelne Mensch angehört. Die Interessen der Klassen stehen sich diametral (= entgegengesetzt) gegenüber, sodass die „Geschichte aller bisherigen Gesellschaft die Geschichte von Klassenkämpfen" ist.

Klasse

Im **Kapitalismus** sind dies die Klassen der Kapitalisten und der (ausgebeuteten) Proletarier. Der Staat ist im Besitz der „herrschenden Klasse", die diesen als Unterdrückungsinstrument benutzt. Die Kapitalismuskritik von *Marx* basiert im Wesentlichen auf folgenden Elementen:

Kapitalismus

- **Entfremdung** und Selbstentfremdung, d.h. sich der eigenen Tätigkeit zu entfremden, sie nicht mehr als die eigene verstehen zu können, sind Folgen der Arbeitsteilung, die wiederum eine Folge der Eigentumsordnung, sprich Privateigentum an Produktionsmitteln ist. *Marx* glaubte nun, dass mit der Aufhebung des Privateigentums (an Produktionsmitteln) auch die Entfremdung beseitigt würde.

Entfremdung

- Das **Wertgesetz** bildet die Grundlage seiner Kapitalismuskritik. Der Wert einer Ware bestimmt sich nach der zu ihrer Herstellung „gesellschaftlich notwendigen Arbeitszeit", sodass allein die Arbeit wertbildend ist. Nun ist auch die Arbeitskraft eine vom Kapitalisten erkaufte Ware, sodass sich ihr Wert nach der zu ihrer Erhaltung und „Reproduktion" (gemeint ist: Fortpflanzung) erforderlichen „Subsistenzmittel" bestimmt.

Wertgesetz

- Der **Mehrwert** gibt – als Teil des Produktwertes – den Grad der Ausbeutung an. *Marx* versteht darunter jenen Teil, der über den Wert zur Erhaltung der Arbeitskraft, den der Arbeiter in Form von Lohn bekommt, hinausgeht. Er fließt dem Kapitalisten als Profit zu.

Mehrwert

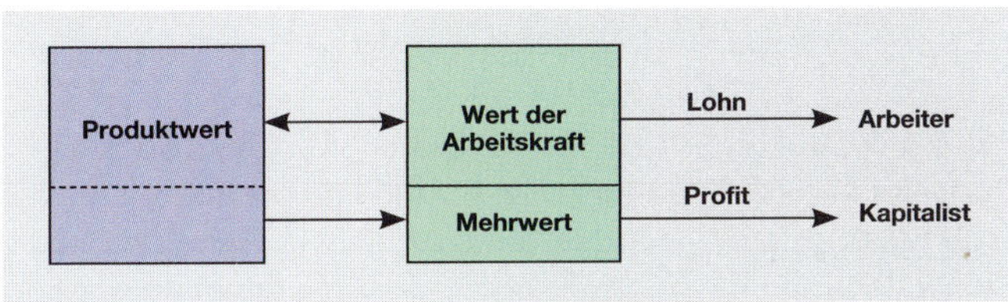

Die Mehrwerttheorie

Diesen **Profit** investiert der Kapitalist in – wie *Marx* es nennt – „konstantes" Kapital, das seinen Anteil zulasten des „variablen" Kapitels ständig vergrößert. Aus diesem variablen Kapitalteil werden die Arbeitskräfte entlohnt. Da nur diese Mehrwert erzeugen, ihr Anteil am Produktionsprozess infolge Technisierung und Maschinisierung fortlaufend zurückgeht, sinkt die Profitrate, d.h. der Prozentsatz des Gewinns vom Gesamtkapital. *Marx* nennt diesen Vorgang das Gesetz der fallenden Profitrate. Dieses „Gesetz" in Verbindung mit der Konkurrenz zwingt den Kapitalisten, immer größere Kapitalien zu akkumulieren (= anzuhäufen), um den Gesamtgewinn absolut zu halten.

Profit

- Mit **Akkumulation** und dem Gesetz der **Konzentration** beschreibt *Marx* den Vorgang der zunehmenden Kapitalballung: Die großen Kapitalisten fressen die kleinen auf.

Akkumulation
Konzentration

- Die **Verelendung** ist eine Folge der wachsenden Ausbeutung, insbesondere aber der fortlaufenden Ersetzung des Arbeiters durch Maschinen. Die industrielle „Reservearmee" verkörpert das Heer der entrechteten und leidenden Arbeitslosen.

Verelendung

- Die **Krise** ist das zwangsläufige und völlig unvermeidliche Ergebnis des kapitalistischen Produktionsprozesses. – Der Arbeiter erhält nicht den ihm eigentlich zustehenden Lohn. Er bekommt einen geringeren Wert, als er selbst produziert und hat deshalb nicht genügend Kaufkraft, die von ihm gesellschaftlich erzeugten Produkte zu kaufen.

Krise

- Der **Zusammenbruch** muss gleichfalls „wie ein Naturgesetz" erfolgen. Der Kapitalismus „erstickt" an seiner eigenen Warenfülle, die unabsetzbar ist. Die Massen werden sich erheben und in einem gewaltsamen Akt der Revolution den Sprung vom „Reich der Notwendigkeit in das Reich der Freiheit" vollziehen.

Zusammenbruch

Friedrich Engels schreibt 1884 im „Ursprung der Familie": „Wir nähern uns jetzt mit raschen Schritten einer Entwicklungsstufe, auf der das Dasein der Klassen aufgehört hat, eine Notwendigkeit zu sein. [...] Die Gesellschaft, die die Produktion auf Grundlage freier und gleicher Assoziation der Produzenten neu organisiert, versetzt die ganze Staatsmaschine dahin, wohin sie dann gehören wird: ins Museum der Altertümer, neben das Spinnrad und die bronzene Axt."

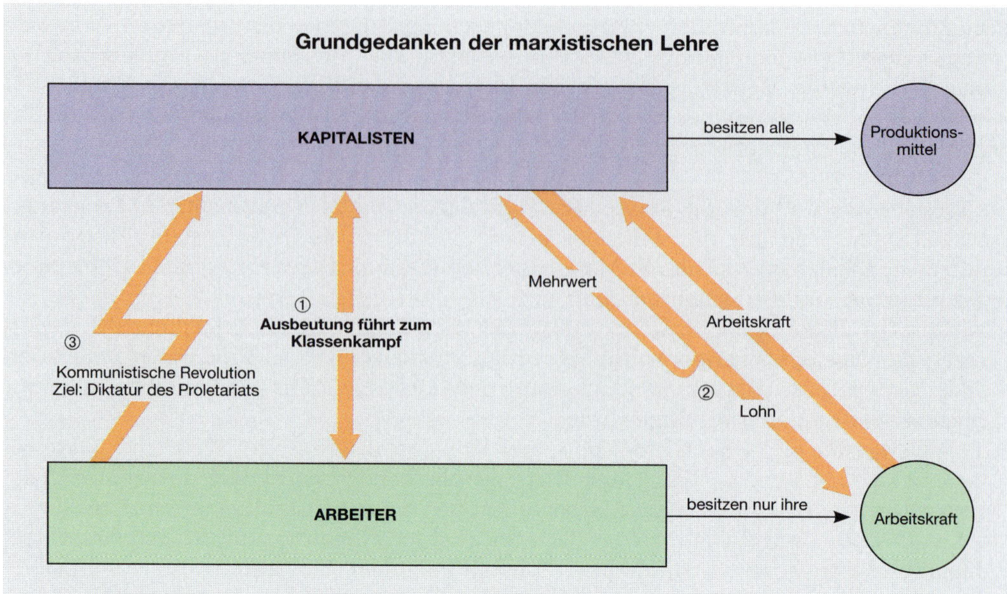

① Klassenkampftheorie ② Mehrwerttheorie ③ Revolutionstheorie

Nicht alle Analysen und theoretischen Ansätze von *Marx* können von vornherein als falsch betrachtet werden, so hat er z. B. die Konzentrationstendenz der kapitalistischen Wirtschaft früh erkannt, auch wenn er die Ursachen dafür verkannte. Aber alle entscheidenden Thesen, die letztlich die Faszination seines Gedankengebäudes gerade für Intellektuelle ausübten, sind theoretisch und vor allem von der Geschichte widerlegt. Nicht der entwickelte und „sozial gezähmte" Kapitalismus, in Deutschland als **soziale Marktwirtschaft** bezeichnet, ist zusammengebrochen, sondern das sozialistische System, gleich welcher Varianz. Die Annahme, im Sozialismus sterbe der Staat ab, ist geradezu ins Gegenteil gekehrt worden. Der Sozialismus ist eben nicht die logische Höherentwicklung der Menschheitsgeschichte, sondern erwies sich als rückschrittlich.

Soziale Marktwirtschaft

Die wichtigsten Einwände gegen *Marx* lassen sich folgendermaßen kurz zusammenfassen:

- Das dialektische Denken ist eine Methode zur Erklärung gesellschaftlicher Veränderungen, aber es ist kein Gesetz und die geschichtliche Entwicklung musste nicht zwangsläufig so erfolgen, wie sie im Nachhinein erklärt wird.
- Zweifellos sind materiell-ökonomische Faktoren oft entscheidende Ursachen beispielsweise für Kriege und Revolutionen gewesen. Aber Konflikte können auch andere Gründe haben, z. B. religiöse, weltanschauliche, machtpolitische.
- *Marx'* Wertlehre steht theoretisch auf schwachen Füßen. „Die Arbeit in Wertgestalt [...] ist eine metaphysische Realität, [...] sie ist ein pures Glaubensprodukt" *(Werner Becker)*. Vor allem aber unterliegt *Marx* bei seiner Arbeitswertlehre einem Zirkelschluss. Er erklärt den Wert der Arbeit aus den Subsistenzmitteln, die zur Erhaltung der Arbeitskraft notwendig sind, die aber wiederum ihren Wert aus der zu ihrer Erzeugung notwendigen Arbeitszeit, also der darin aufgewandten Arbeitskraft erhalten.
- Der Grund für die fortschreitende Umwandlung von variablem in fixes Kapital erscheint wenig plausibel. Wenn die Kapitalisten nur die Menschen ausbeuten, da doch nur diese produktiv sind, müssten sie möglichst viele Arbeiter einstellen, also Maschinen durch Arbeitskraft ersetzen. *Marx* sagt: Der Konkurrenzkampf zwingt sie zur Ersetzung des Menschen durch die Maschine. Aber warum ersetzt die Konkurrenz den Menschen durch Maschinen?
- Die Lehre von der Krise mit anschließendem Zusammenbruch hat sich historisch nicht bewahrheitet. Die fortschreitende Verelendung der Massen ist gerade in den entwickelten kapitalistischen Ländern eben nicht eingetreten.

- Eng damit hängt die erstaunliche Feststellung zusammen – möglicherweise der entscheidende Einwand gegen *Marx'* gesamte Geschichtsauffassung –, dass der Übergang zum Sozialismus weltweit, soweit er nicht von außen erzwungen wurde, in noch nicht oder nur schwach kapitalistischen Staaten entstand. Das steht aber der Prognose von *Marx* entgegen, nach der jede Gesellschaft zwangsläufig erst die Stufe des Hoch- und Spätkapitalismus durchlaufen muss, ehe sie in dessen „Schoß" den Sozialismus reifen lassen kann.
- Und schließlich ist der Staat nicht einfach ein Herrschaftsmittel der besitzenden Klasse, sonst würden in den Demokratien nicht so viele Gesetze verabschiedet, die den Kapitalisten durchaus nicht behagen. Und er stirbt eben nicht ab, wie *Engels* geglaubt hat, wenn die Klassengesellschaft überwunden wird.
- Am stärksten aber ist *Marx* von der Wirklichkeit falsifiziert (= als falsch erwiesen) worden, die doch nach seinen eigenen Worten der Prüfstein für die Richtigkeit seiner Lehre sein sollte. Selten ist in der Geschichte eine Idee von der Praxis so widerlegt worden wie die des Marxismus.

Marx hat sich auffallend zurückgehalten, wenn es galt, Möglichkeiten zu nutzen, um seine Lehren in die politische Praxis umzusetzen. Er wäre als Politiker wohl gescheitert. Soweit Marxisten politisch erfolgreich waren, waren sie es eben deshalb, weil sie die Lehre von *Marx* nicht anwandten.

2.2.3 Die soziale Frage und ihre Lösungsversuche

Das Überangebot an arbeitswilligen Industriearbeitern und im Verhältnis dazu die relativ geringe, wenngleich auch ständig wachsende Nachfrage ermöglichten eine rücksichtslose Ausbeutung. Dies führte zur Massenarmut und Verelendung vieler Arbeiterfamilien. Die **soziale Frage** bestand zwar in erster Linie darin, wie diese materiell besser gestellt werden könnten, zugleich aber machten sich viele gesellschaftliche Gruppen Gedanken um die politische und

Soziale Frage

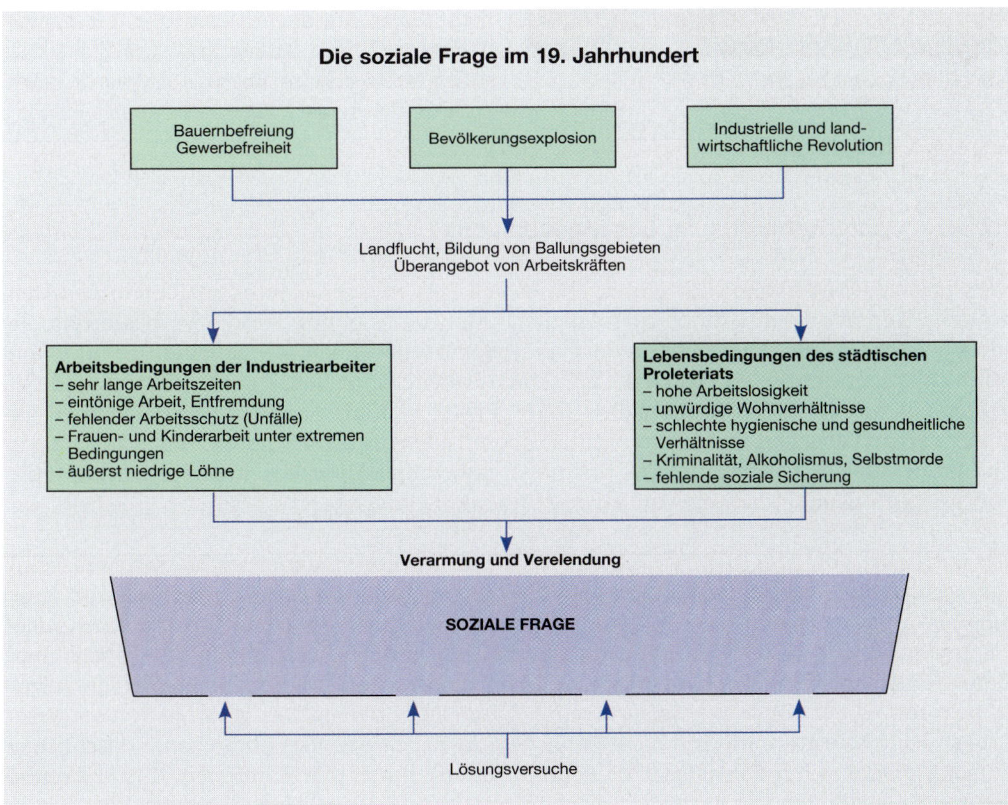

rechtliche Zukunft des Proletariats. Am Arbeitsplatz waren die Arbeiter nämlich völlig rechtlos: Ein Streikrecht war unbekannt, das staatliche Koalitionsverbot unterband zudem die Gründung von Gewerkschaften.

Das bürgerlich-liberale Ideal von der Freiheit des Einzelnen und seiner Fähigkeit, sein Schicksal selbstverantwortlich in die eigene Hand zu nehmen, musste auf den Arbeiter wie blanker Hohn wirken, gab man ihm doch praktisch keine Chance, seine Interessen auch gegen Unternehmerwillkür durchzusetzen. Nur wenn er sich in Solidarität mit seinen Kollegen zusammenschloss, konnte er hoffen, seine Lage zu verbessern oder wenigstens erträglicher zu gestalten.

Gewerkschaften
Arbeitervereine

Arbeiterwohnquartiere im Armenviertel von London um 1870

Trotz zahlreicher Verbote und Einschränkungen gründeten fortschrittliche Bürger schon bald nach Beginn der Industrialisierung **Gewerkschaften** und **Arbeitervereine**. Auch Kirchen und einzelne Unternehmer suchten, wenn auch aus unterschiedlichen Motiven, nach Ansätzen zur Lösung der sozialen Frage. Die Hochindustrialisierung in der zweiten Hälfte des 19. Jahrhunderts mit ihren Auswirkungen zwang fast alle gesellschaftlichen Gruppen und Parteien, sich mit der sozialen Frage zu beschäftigen.

Es lassen sich fünf verschiedene Ansätze zur Lösung der sozialen Frage unterscheiden. Der von *Marx* braucht hier nicht weiter erörtert zu werden, denn streng genommen wollte er diese Frage im Rahmen des Systems gar nicht lösen. Mit der Abschaffung des Kapitalismus und dem „Absterbens des Staates" – so meinte *Friedrich Engels* – würde es keine zu lösende soziale Frage mehr geben.

2.2.3.1 Unternehmerische Lösungsversuche

▶ Q. 7

Die Personalpolitik zahlreicher Unternehmer ließ sich mit dem Motto umschreiben: „Alles für den Arbeiter – nichts durch den Arbeiter." Man beabsichtigte, durch Verbesserung der wirtschaftlichen Lage den Arbeiter von politischen Forderungen fernzuhalten. *Alfred Krupp* (1812–1887) entwickelte ein Konzept, das seinen Arbeitern im Betriebsleben Schutz und Geborgenheit wie in einer Familie geben sollte. Er sah sich als Familienvater, der innerhalb dieses **patriarchalischen Systems** seinen „Kindern" alle zum Leben notwendigen Leistungen und Einrichtungen gewähren wollte, dafür aber unbedingte Disziplin, widerspruchslosen Gehorsam und völlige Enthaltung von jeder politischen Betätigung erwartete.

Patriarchalisches System

Trucksystem

Das anfänglich von *Krupp* und vielen anderen Unternehmern praktizierte **Trucksystem** (engl. = Tauschhandel) – in Deutschland ab 1855 verboten – wurde von den Arbeitern als unzumutbare Bevormundung empfunden, denn ein erheblicher Teil ihres Lohnes wurde ihnen nicht zur freien Verfügung in bar ausgezahlt, sondern sie erhielten Gutscheine für Lebens- und Genussmittel, die sie nur in firmeneigenen Läden eintauschen konnten. So wurden die Arbeiter gezwungen, oft minderwertige und teure Waren zu beziehen. Das gesamte System dieser Art von Patriarchentum mit seiner tatsächlichen oder auch nur vermeintlichen menschlichen Fürsorge erwies sich bald als überholt, denn in Unternehmen mit Hunderten, ja bald Tausenden von Beschäftigten war es unmöglich, familienähnliche Beziehungen herzustellen.

Werner von Siemens (1816–1892) trachtete vor allem danach, die Arbeiter an sein Unternehmen zu binden, indem er ihnen Anrechte auf eine betriebliche Alters- und Invaliditätskasse gewährte. Ihm schwebte ein „freudiges, selbsttätiges Zusammenwirken aller Mitarbeiter" vor, die sich vorbehaltlos mit den Interessen seiner Firma identifizieren sollten. Verließ ein Arbeiter freiwillig oder gezwungen das Unternehmen, verlor er alle bisher erworbenen Ansprüche. So war es dem Betriebsinhaber leicht, ihn zu Gehorsam und Disziplin zu bringen. Diese protektorale Form der **Betriebsverfassung** scheiterte jedoch. Die Arbeiterschaft wurde zunehmend mobil und suchte sich günstige Arbeitsplätze; zudem verschärfte sich der außerbetriebliche Kampf um gesellschaftliche Anerkennung und Mitbestimmung.

Betriebsverfassung

Bis zum heutigen Tag sind zum Beispiel in weiten Teilen Japans die alten Vorstellungen der Betriebsbindung lebendig. Sie führen zu einer lebenslänglichen Treue zur Firma. Selbst das Privatleben wird oft noch den Firmeninteressen untergeordnet, sodass z. B. für eine Heirat vielfach nur ein Partner infrage kommt, der im selben Unternehmen beschäftigt ist.

Erst seit 1985 gilt in der Bundesrepublik Deutschland, dass Anwartschaften auf die betriebliche Altersversorgung auch bei Firmenwechsel nicht verfallen. Auf diese Weise soll dem Arbeitnehmer die Freiheit, den Arbeitsplatz nach Belieben zu wählen und zu wechseln, wirtschaftlich möglich werden.

Das radikalste Konzept unternehmerischer Sozialpolitik legte *Ernst Abbe* (1840–1905) vor. Zusammen mit *Carl Zeiss* und *Otto Schott* hatte er die optischen Werkstätten in Jena gegründet. Nach dem Tode von *Carl Zeiss* 1889 brachte er seinen „Besitz von Produktionsmitteln vor strenger Sitte als öffentliches Gut betrachtend" in eine Stiftung ein, die er nach *Carl Zeiss* benannte. *Abbe* war nun nicht mehr Eigentümer des Werkes, sondern nur noch Mitglied der Geschäftsleitung: Er hatte seine Produktionsmittel freiwillig vergesellschaftet. *Abbes* Stiftung ließ das Interesse der Arbeiter am Werk steigen, Gewinnbeteiligung, bezahlter Urlaub und garantierte Tariflöhne taten ein Übriges, die Firma aufblühen zu lassen. Die **Carl-Zeiss-Stiftung** war eine sozialpolitische Leistung ersten Ranges, die allerdings nur wenig Nachahmer fand.

Zu den Unternehmern, die sich sozial verpflichtet fühlten, gehörte auch der Stuttgarter *Robert Bosch* (1861–1942). Er gründete 1886 eine „Werkstatt für Feinmechanik und Elektrotechnik". Von Anfang an kümmerte sich *Bosch* um die Aus- und Weiterbildung seiner Arbeiter und Angestellten. Bereits 1906 führte er als einer der ersten in Deutschland die achtstündige Arbeitszeit ein – bei natürlich sechs Werktagen einschließlich Samstag. Das brachte ihm in Anspielung an die Farbgebung der Sozialisten den – je nach politischem Standpunkt – kritischen oder anerkennenden Beinamen „der rote *Bosch*" ein.

Robert Bosch (1861–1942)

Der Erfolg der meisten unternehmerischen Versuche zur Lösung der sozialen Frage blieb bescheiden. Die Ansätze fanden keine oder nur wenig Nachahmer, und das Selbstbewusstsein der Arbeiter wuchs: Sie wollten sich nicht auf Dauer mit der Gewährung von „Almosen" zufrieden geben. Die Verhältnisse in den Betrieben spiegelten die Machtverhältnisse in Staat und Gesellschaft wider, und hier wie dort strebte die Arbeiterschaft danach, Mitbestimmung und Gleichberechtigung durchzusetzen.

www.unternehmensgeschichte.de

www.zeiss.de

2.2.3.2 Kirchliche Bemühungen

Elend und menschenunwürdige Verhältnisse, in denen die Arbeiter leben mussten, riefen bald auch die **christlichen Kirchen** auf den Plan. Die katholische und die evangelische Kirche sowie die ihnen nahe stehenden politischen Parteien nahmen sich der sozialen Frage an.

Christliche Kirchen

Der Mainzer Bischof *Wilhelm Emmanuel von Ketteler* (1811–1877) sah in der Arbeiterfrage zunächst „die Ernährungsfrage für den weitaus größten Teil aller Menschen". Wie Spötter meinten, sei demnach das soziale Problem eine „Magenfrage". Um die Ernährung und darüber hinaus die gesamte materielle Situation der Arbeiter zu verbessern, schlug er vor, dem Arbeiter neben dem Arbeitslohn auch eine angemessene Gewinnbeteiligung auszuzahlen. Zudem sollte ihm die Möglichkeit eingeräumt werden, selbst „Geschäftseigentümer“ zu werden. Um dies zu erleichtern, „soll der Staat dem Arbeiterstande zu Hilfe eilen und ihm die zum Geschäfte nötigen Kapitalien leihen oder schenken“. *Ketteler* gilt als Initiator und Repräsentant einer gewandelten Einstellung der katholischen Kirche, lehnte diese doch zunächst jeden Eingriff des Staates ab, da die christliche Pflicht zu Barmherzigkeit und praktischer Nächstenliebe dem Einzelnen nicht vom Staat abgenommen werden dürfte.

Kolpingfamilien

Die Vorschläge *Kettelers* wurden als sehr theoretisch und wenig praktikabel angesehen, im Gegensatz zu den sozialreformerischen Ideen, die *Adolph Kolping* (1813–1865) entwickelte. Er schloss die umherziehenden Gesellen in katholischen Gesellenvereinen zusammen, aus denen die sogenannten **Kolpingfamilien** hervorgingen, wie sich die örtlichen Unterabteilungen immer noch nennen. Religiöse Erziehung sowie berufliche und politische Bildung stehen auch heute noch im Mittelpunkt des Kolpingwerkes, das allein in Deutschland 275 000 Mitglieder (2004) zählt.

www. kolping.de

▶ Q. 8

Auch der Papst schaltete sich in die Debatte um die soziale Frage ein. *Leo XIII.* nahm in der Enzyklika „Rerum novarum“ (1891) Stellung und verurteilte den Klassenkampf, den er durch die „wunderbaren und vielgestaltigen Kräfte“ des Christentums beseitigen wollte. Ihm ging es um die Versöhnung zwischen Reichen und Armen. Die Besitzenden sollten zu ihren Pflichten gegenüber den Besitzlosen angehalten werden, die dafür auf Kampfmaßnahmen verzichteten. Diese Enzyklika prägte Programm und politisches Handeln der Zentrumspartei, aber das Entstehen der christlichen Gewerkschaften ab 1890 zeigte die sich wandelnde Einstellung vieler Katholiken.

Die Haltung der katholischen Kirche gegenüber sozialen Spannungen ist im Kern bis heute unverändert geblieben. Papst *Pius XI.* ließ 40 Jahre später eine zweite Enzyklika folgen, „Quadragesimo anno“ (1931), die auf den Grundsätzen *Leos XIII.* aufbaute und die Einzelheiten der katholischen Soziallehre darlegte. *Johannes XXIII.* erkannte in seiner Enzyklika „Mater et magistra“ (1961) die Lehren seiner Vorgänger an und forderte aus dem Geist sittlich-sozialen Handelns zur Umverteilung des Eigentums auf. Doch Klassenkampf oder gar bewaffnete Auseinandersetzung werden bis heute abgelehnt.

So verurteilt Papst *Benedikt XVI.* auch heute noch die von südamerikanischen Geistlichen vertretene „Theologie der Befreiung“, die den Gegensatz zwischen Arm und Reich als unüberbrückbar bezeichnet und radikale soziale Reformen fordert.

Innere Mission

Auf protestantischer Seite war der Begründer der **Inneren Mission** in Deutschland, *Johann Hinrich Wichern* (1808–1881), maßgebend. Sozialismus und Kommunismus waren für ihn nur die „frühreife, monströse Carricatur des wirksamen christlichen Sozialismus“, den er in der Armenpflege verwirklicht sah. Für *Wichern* hing die materielle Not ursächlich mit der „sittlichen Noth“ zusammen, und Voraussetzung zur Lösung der sozialen Frage schien ihm die „christliche Restituierung des verwilderten Familienlebens“.

Johann Hinrich Wichern (1808–1881)

Wichern hatte als Sonntagsschullehrer das Elend in den Hamburger Armutsvierteln kennengelernt. Es gelang ihm, Hamburger Politiker und Kaufleute der Hansestadt davon zu überzeugen, dass straffällig gewordene und sozial gefährdete Kinder und Jugendliche nur in einem anderen Umfeld zu rechtschaffenen Bürgern heranwachsen können. So gründete er 1833 die Stiftung „Rauhes Haus“, in der solche junge Menschen eine Heimstatt fanden, in der sie gleichzeitig einen handwerklichen Beruf erlernen konnten. Die Versorgung und Ausbildung erfolgte in „Familien“, die aus einem Betreuer, der zugleich beruflicher Ausbilder war, und höchstens zwölf Jugendlichen bestanden. Heute wird das „Rauhe Haus“ von der evangelischen Diakonie betrieben.

Arbeiterkolonien

Ebenso wie *Wichern* wollte auch *Friedrich von Bodelschwingh* (1831–1910) die Arbeiterfrage vom christlichen Standpunkt aus lösen. Er forderte deshalb die Unternehmer nachhaltig auf, sich ihrer christlichen Verantwortung bewusst zu werden und sich nicht nur um Maschinen, sondern auch um die Menschen zu kümmern. Ab 1882 schuf *Bodelschwingh* sogenannte **Arbeiter-**

kolonien, die bis in die Gegenwart Bedeutung haben. Die nach ihm benannten Anstalten in Bethel (= das Haus Gottes) bei Bielefeld wurden 1873 gegründet. Ihr Name übertrug sich von einem Krankenhaus auf die gesamte Siedlung.

Auch den christlich-kirchlichen Initiativen war kein durchschlagender Erfolg beschieden. Weite Teile der Gesellschaft nahmen davon keine Notiz, und die Arbeiterschaft mit ihren Führern blieb skeptisch, sah sie doch zu oft die Zusammenarbeit der Kirche mit der Bourgeoisie. Der meist missverstandene Satz von *Marx* „Religion ist das Opium des Volkes" wurde die Grundlage für die Auffassung: „Uns von dem Elend zu erlösen, das müssen wir schon selber tun".

2.2.3.3 Der sozialistisch-politische Ansatz

Die erste Reaktion auf Verelendung und Rechtlosigkeit entlud sich teilweise in einer Zerstörung der Maschinen (**Maschinenstürmertum**), die man als Ursache allen Übels betrachtete. Doch konnte dies selbstverständlich die industrielle Entwicklung nicht aufhalten. Die einzige Möglichkeit, aus eigener Kraft die soziale Frage zu lösen, bestand in der Gründung von Selbsthilfeorganisationen. Zu den bescheidenen Anfängen der Arbeiterbewegung gehörte die 1840 erhobene Forderung der Leipziger Buchdrucker nach einer tariflichen Regelung der Löhne und Arbeitsbedingungen. Im August 1848 tagte in Berlin ein Arbeiterkongress, auf dem die **Allgemeine Deutsche Arbeiterverbrüderung** gegründet wurde. Aber die politische Entwicklung nach 1848 mit dem Sieg der Reaktion beendete diese Anfänge der **Arbeiterbewegung**, und auch die nationalen Zentralverbände der Buchdrucker und Zigarrenarbeiter wurden wieder aufgelöst.

Maschinenstürmertum

Allgemeine Deutsche Arbeiterverbrüderung

Arbeiterbewegung

Die ab 1850 rasch fortschreitende Industrialisierung mit ihrer wachsenden Zahl von Industriearbeitern veranlasste Vertreter des liberalen Bürgertums, **Arbeiterbildungsvereine** zu gründen. Die Arbeiter sollten zu einer höheren beruflichen Qualifikation geführt und für die politischen und wirtschaftlichen Überzeugungen des Bürgertums gewonnen werden. Aus der kritischen Auseinandersetzung innerhalb der Arbeiterbildungsvereine entstand 1863 der **Allgemeine Deutsche Arbeiterverein**. Seine Gründung durch *Ferdinand Lassalle* (1825–1864) gilt als die Geburtsstunde der SPD. *Lassalle* sah in der Erringung des allgemeinen und gleichen Wahlrechts „das einzige Mittel, die materielle Lage des Arbeiterstandes zu verbessern". Zwar hielt er die Arbeiterbildungsvereine der Liberalen nicht für die geeignete Form, die ökonomischen und politischen Forderungen der Arbeiter durchzusetzen. Insgesamt vertrat *Lassalle* einen a-revolutionären, gemäßigten Standpunkt. Die Arbeiterschaft sollte auf legalem Wege mithilfe demokratischer Mehrheiten die Macht im Staat erringen und danach Wirtschaft und Gesellschaft in einem allmählichen Prozess verändern. Wesentlich radikaler trat dagegen die 1869 von *August Bebel* (1840–1913) und *Wilhelm Liebknecht* (1826–1900) gegründete **Sozialdemokratische Arbeiterpartei** auf. Sie proklamierte konsequent den **Klassenkampf** und lehnte die Zusammenarbeit mit staatlichen Organen und deren Repräsentanten ab. „Diesem Staat keinen Mann und keinen Groschen", erklärte *Bebel* einmal in einer Reichstagsrede zur Wehrvorlage. Die Schriften von *Marx* und *Engels* schufen die ideologische Grundlage dieser Partei. Auf dem **Vereinigungsparteitag** von 1875 in Gotha schlossen sich die beiden Parteien zur **Sozialistischen Arbeiterpartei Deutschlands** zusammen.

Arbeiterbildungsvereine

Allgemeiner Deutscher Arbeiterverein

Sozialdemokratische Arbeiterpartei

Klassenkampf

Vereinigungsparteitag

Sozialistischen Arbeiterpartei Deutschlands

▶ Q. 9

Die neue Partei verstand sich als ein politisches Sammelbecken für alle Arbeiter mit ihren Interessen. Doch diese organisierten sich nicht nur in der Partei, sondern auch in Gewerkschaften, die zwar zum Teil mit der Sozialistischen Arbeiterpartei eng verbunden waren, aber mehr um die Durchsetzung praktischer materieller Interessen als politischer Forderungen bemüht waren. Nachdem das **Sozialistengesetz** 1890 nicht mehr verlängert wurde, benannte sich die Partei um in **Sozialdemokratische Partei Deutschlands** (SPD), einen Namen, den sie bis heute unverändert beibehielt, gab sich in Erfurt 1891 ein neues Programm und nennt sich mit berechtigtem Stolz die älteste Partei Deutschlands.

Sozialistengesetz

Sozialdemokratische Partei Deutschlands

▶ Q. 10

Während sich in den sozialistischen, den „freien Gewerkschaften" die stillschweigende Anerkennung von Staat und gesellschaftlicher Ordnung fast unmerklich durchsetzte, wurden die

Revisionisten
Orthodoxer Flügel

Spannungen innerhalb der SPD immer größer. Zwischen den **Revisionisten** um *Eduard Bernstein* (1850–1932) („Der Weg ist alles, das Ziel ist nichts") und dem **orthodoxen Flügel** um *Wilhelm Liebknecht* und *August Bebel* kam es wiederholt zu heftigen Auseinandersetzungen. Diese endeten mit einem stillschweigenden Übereinkommen: Das Vokabular der SPD blieb bis 1914 revolutionär, während die Praxis längst reformerisch war. Der österreichische Sozialist *Karl Kautsky* (1854–1938) hat dies auf die Formel gebracht, dass die SPD eine „revolutionäre, aber nicht Revolution machende Partei" sei.

Noch schärfer pointierte diese Haltung der Schriftsteller *Kurt Tucholsky* 1930 in einer Glosse über die Wahlentscheidung zugunsten der SPD: „Man tut wat für die Revolutzjon, aber man weeß janz jenau: mit diese Partei kommt se nich."

Flügelkämpfe

Flügelkämpfe gibt es in der SPD, wie auch bei anderen großen Volksparteien, bis zum heutigen Tag. Immer wieder brechen zwischen den Pragmatikern und den eher fundamentalen Veränderern, verkürzend als „rechte" und „linke" Sozialdemokraten kategorisiert, heftige Meinungsverschiedenheiten auf.

2.2.3.4 Der pragmatische Weg der Gewerkschaften

▶ Q. 11

Hirsch-Dunckersche Gewerkvereine

Die Liberalen *Max Hirsch* (1832–1905) und *Franz Duncker* (1822–1888) waren davon überzeugt, dass das Elend der Arbeiter nur eine vorübergehende Erscheinung sei, die mit dem Ausbau der industriellen Produktion von selbst verschwinde. Die von ihnen 1868 gegründeten **Hirsch-Dunckerschen Gewerkvereine** sollten deshalb auf Ausgleich bedacht sein und die Arbeiterinteressen nicht mit Kampfmaßnahmen durchsetzen.

Streikbrecher unter Polizeischutz beim Hamburger Hafenarbeiterstreik 1867 (satirische Zeichnung im „Wahren" Jacob)

Die sozialistischen Gewerkschaften organisierten sich nach lokalen und berufsständischen Gesichtspunkten, und innerhalb einzelner Berufszweige gab es oft zwei oder drei rivalisierende Gewerkschaftsrichtungen. Die rund 50 000 Gewerkschaftsmitglieder waren 1877 in etwa dreißig, teilweise nur in einigen Orten existierende Verbände und in mehr als einhundert lokale Berufsorganisationen zersplittert. Diese Zersplitterung sollte 1878 auf einem Gewerkschaftskongress beendet werden. Und wie es 1875 in Gotha gelungen war, eine sozialistische Partei zu gründen, sollte zudem auch eine einheitliche, starke sozialistische Gewerkschaft ins Leben gerufen werden. Doch das „Gesetz gegen die gemeingefährlichen Bestrebungen der Sozialdemokratie" (Sozialistengesetz) zerschlug diese Absicht und ließ nur noch die Hirsch-Dunckerschen Gewerkvereine zu. Alle Verbände und die meisten lokalen Berufsorganisationen wurden verboten.

Erst nach dem Zweiten Weltkrieg konnte der Gedanke einer Einheitsgewerkschaft (DGB) konsequent verwirklicht werden.

Fachvereine

Die Arbeiter hielten jedoch Kontakt untereinander oder schlossen sich in örtlich begrenzten **Fachvereinen** wieder zusammen. Zunächst ging es ihnen nur um Verbesserung der materiellen Lage, bald jedoch begannen sie, auch gewerkschaftliche und parteipolitische Strategien zu diskutieren. Im Jahre 1886 waren über 80 000 Arbeiter in solchen Fachvereinen zusammengeschlossen. Vom Januar 1889 bis zum 1. April 1890 kam es zu 1131 kollektiven Arbeitsniederlegungen, an denen sich fast 400 000 Beschäftigte beteiligten. Der Bergarbeiterstreik von 1889, der in allen deutschen Fördergebieten ausgerufen wurde, gilt als die größte Streikaktion des 19. Jahrhunderts und führte 1891 zur Gründung des Bergarbeiterverbandes mit mehr als 50 000 Mitgliedern.

Der langjährige Vorsitzende der von den Gewerkschaftsmitgliedern gewählten „Generalkommission der freien Gewerkschaften Deutschlands", der Drechsler *Carl Legien* (1861–1920), strebte nach ideologischer und organisatorischer Unabhängigkeit von der SPD und forderte die Gewerkschaften auf, sich auf Belange der wirtschaftlichen und betrieblichen Interessen zu beschränken. Dieser **Revisionismus** innerhalb der sozialistischen Gewerkschaftsbewegung, der zunächst auf Ablehnung stieß, führte letztlich zu einer Gewerkschaftsbewegung mit weitgehender parteipolitischer Neutralität, ein Prinzip, dem sich auch die Hirsch-Dunckerschen Gewerkvereine anschlossen, nachdem sie bis 1902 von ihren Mitgliedern noch ausdrücklich eine Erklärung gegen die Sozialdemokratie verlangt hatten.

Revisionismus

Etwa ab 1894 entstanden auch **christliche Gewerkschaften**, die Monarchie und kapitalistische Ordnung grundsätzlich bejahten und enge Verbindung zum Zentrum pflegten. Doch ihre zahlenmäßige Bedeutung sank ebenso wie die der Gewerkvereine von *Hirsch-Duncker*. Mit der parteipolitischen Neutralitätserklärung zogen die freien Gewerkschaften, wie sie sich jetzt nannten, von den liberalen und konfessionellen Gewerkschaften immer mehr Mitglieder ab. Mit rund 2,5 Millionen Organisierten war 1913 der Durchbruch zur gewerkschaftlichen Massenorganisation vollzogen, während z. B. die liberalen Gewerkvereine 1914 nur noch 78 000 Mitglieder hatten. Allerdings darf der **Organisationsgrad** nicht überschätzt werden: 1885 waren nur 4 % der Arbeiter Mitglied einer Gewerkschaft, und selbst 1913 waren es erst 12 %. Obwohl also nur eine Minderheit der Lohnarbeiter Gewerkschaftsbeiträge zahlte, war der Einfluss der Arbeitnehmerorganisation beträchtlich. Die mit den Unternehmern ausgehandelten Tarifverträge garantierten Mindestlöhne, setzten Höchstarbeitszeiten fest und sicherten Unfallschutz und Versorgungsansprüche.

Christliche Gewerkschaften

Organisationsgrad

Immer häufiger gelang es den Arbeitern mithilfe ihrer Gewerkschaften, Forderungen durch **Streik** durchzusetzen. Die Auszahlungen für Streikunterstützung belegen zumindest die Streikbereitschaft: 1898 waren es rund eine Million Reichsmark, 1907 betrug die Hilfe aus der Streikkasse etwa 13 Millionen, und 1910 erhöhte sich dieser Betrag auf mehr als 19 Millionen Goldmark.

Streik

www.dgb.de

2.2.3.5 Die staatliche Sozialgesetzgebung

Nach der hektischen Neugründung vieler Unternehmen kam es im neuen Kaiserreich bereits 1873/74 zu einer Wirtschaftskrise, auch **Gründerkrise** genannt.

Gründerkrise

Die öffentliche Meinung wandte sich vom unbeschränkten Wirtschaftsliberalismus ab. Zu deutlich zeigte sich, dass der Wirtschaftsablauf nicht sich selbst überlassen bleiben kann. Konkurse und Massenentlassungen waren oft das Ende hoffnungsvoll begonnener Betriebsgründungen. Der Ruf nach einer staatlichen Sozialpolitik wurde lauter. Die Ära des bis heute anhaltenden **Interventionismus** in Gestalt vielfältiger wirtschaftspolitischer Eingriffe begann. Gelehrte, vor allem an den Universitäten, und sozial eingestellte Unternehmer schlossen sich im „Verein für Socialpolitik" zusammen und waren davon überzeugt, dass nur der Staat der wirtschaftlichen Ausbeutung der Arbeiter ein Ende bereiten konnte. Auch *Otto von Bismarck* fing an, diesen „Kathedersozialisten", wie sie spöttisch genannt wurden, Beachtung zu schenken. Als Reichskanzler war er zwar als entschiedener Gegner aller sozialistischen Forderungen bekannt, aber andererseits konnte er sich den sozialpolitischen Erfordernissen seiner Zeit nicht entziehen und war bald davon überzeugt, dass der Staat korrigierend und helfend eingreifen müsse.

Interventionismus

Für *Bismarck* hatte dabei der Wunsch Vorrang, die Sozialdemokratie nicht nur zu schwächen, sondern zu zerschlagen. Die Zahl der Arbeiter wuchs, und sie sollten nicht zum Machtinstrument einer gegen den Staat gerichteten Politik werden. Zwei Attentate am 11. und 31. Mai

1878 gegen Kaiser *Wilhelm I.* gaben ihm den geeigneten Vorwand, das „Gesetz gegen die gemeingefährlichen Bestrebungen der Sozialdemokratie", das **Sozialistengesetz**, vom Reichstag verabschieden zu lassen. Das Gesetz war vor allem gegen die SPD gerichtet, obwohl sie mit den Anschlägen nichts zu tun hatte. Aber der Versuch *Bismarcks,* die Arbeiter ihrer sozialistischen Bewegung zu entfremden, schlug fehl. Im Gegenteil: Als das Sozialistengesetz nach zwölf Jahren aufgehoben wurde, erwies sich die SPD stärker als je zuvor. Ihre Solidarität war gestärkt. In **Tarnorganisationen** wie Sport- und Arbeiterbildungsvereinen hatten die Mitglieder den Zusammenhalt gewahrt.

Sozialistengesetz

Tarnorganisationen

Wer heute etwa bei einem Fußballclub auf den Namen „ABV 1884" (Allgemeiner Bildungsverein) stößt, kann fast sicher sein, dass dieser als Tarnorganisation zur Zeit des Sozialistengesetzes von früheren SPD-Mitgliedern gegründet wurde.

Nach der Machtübernahme *Hitlers* im Jahre 1933 (siehe Kapitel 4.2) trachtete die SPD wieder danach, den Zusammenhalt im illegalen Untergrund zu wahren. Von einzelnen Splittergruppen abgesehen, misslang der Versuch jedoch. Die Geheime Staatspolizei des Dritten Reiches (die Gestapo) überwachte ungleich schärfer und bekämpfte brutaler den Gruppenzusammenhalt, als es die Polizei des kaiserlichen Deutschlands je getan und gewollt hat.

Kaiserliche Botschaft

Sozialversicherung

▶ Q. 12

Erst die **Kaiserliche Botschaft** von 1881 leitete eine Wende zu einer helfenden Gesetzgebung ein. Mit der **Sozialversicherung**, wie sie in den nächsten Jahren in Kraft trat, eilte Deutschland allen anderen Industrienationen voraus und wurde zum Vorbild für viele Staaten. Kein anderes Land hat sich bereits im 19. Jahrhundert zu solchen, von der Idee her fast revolutionär wirkenden Sozialgesetzen entschließen können.

So kennen die USA nicht einmal heute jene umfassende staatliche Sozialgesetzgebung, wie sie das kaiserliche Deutschland vor über einhundert Jahren begann.

Krankenversicherungsgesetz

Im Jahre 1883 wurde mit dem **Krankenversicherungsgesetz** der Anfang gemacht. Das Gesetz sah die Schaffung von Krankenkassen vor, wie sie in ähnlicher Form auch gegenwärtig noch

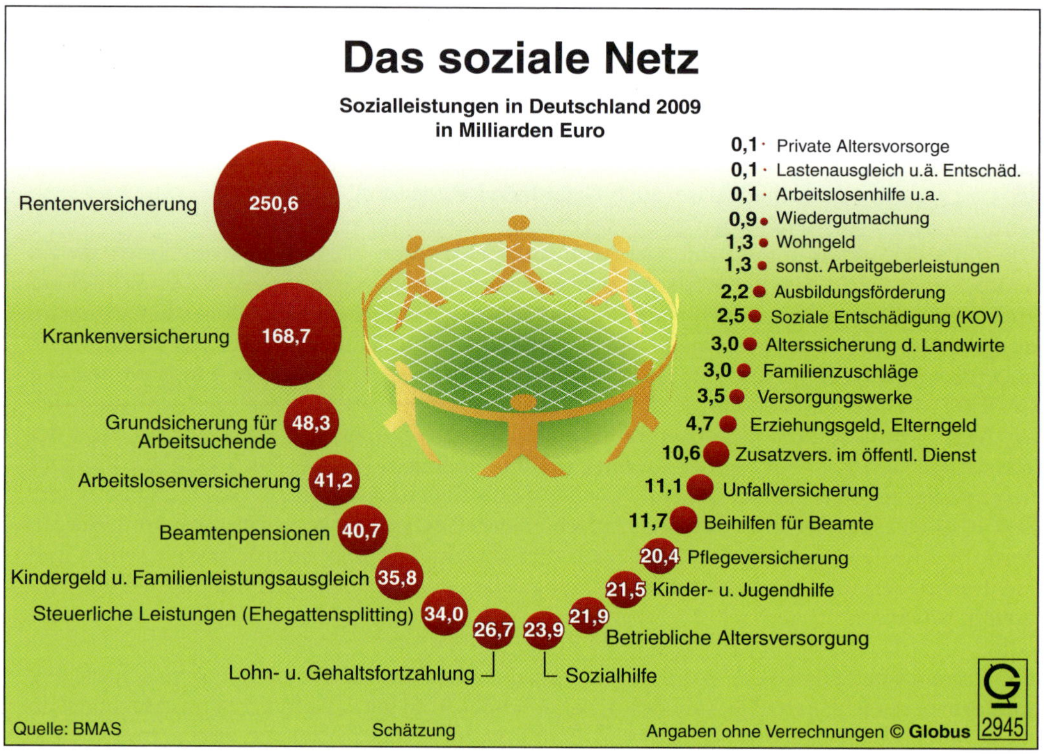

bestehen, z. B. die AOK. Ein Jahr später folgte das **Unfallversicherungsgesetz**. Der Arbeiter, für den diese Gesetze zunächst ausschließlich galten, war nun gegen Krankheit und Unfall zwangsversichert, sodass er und seine Familie bei Arbeitsunfähigkeit vor der größten Not bewahrt werden konnten.

Unfallversicherungsgesetz

Bei beiden Gesetzen handelte es sich um **Pflichtversicherungen**. Die Beiträge waren je zur Hälfte vom Versicherten und dem Arbeitgeber aufzubringen bzw. bei der Unfallversicherung vom Arbeitgeber allein. Träger dieser Sozialversicherung wurden öffentlich-rechtliche Körperschaften, die sogenannten Versicherungsträger, die ihre Geschäfte nach dem Prinzip der Selbstverwaltung unter staatlicher Aufsicht führten. Ehrenamtliche Vertreter der Versicherten und der beteiligten Arbeitgeber sind dabei tätig. Gleiches gilt auch für die 1889 verkündete **Invaliditäts- und Altersversicherung**, die 1891 in Kraft trat, und bei der vom Staat ein Zuschuss gezahlt wird.

Pflichtversicherung

Invaliditäts- und Altersversicherung

Mit all diesen Gesetzen verfolgte *Bismarck* zwei Ziele: Zum einen war er, nicht zuletzt aus christlich-humanitären Motiven, durchaus ernsthaft bemüht, die soziale Frage zu entschärfen. Zum anderen wollte er über die Sozialversicherung die Arbeiter an den Staat binden, lag es doch auch in seinem Interesse, wenn die Arbeiter sich der gesellschaftlichen Ordnung anpassten.

Die „Aussöhnung des Arbeiters mit dem Staat" misslang – zunächst. Die Arbeiterschaft empfand die Leistungen der Sozialversicherung als Almosen – sie waren in der Tat am Anfang sehr gering – und die kaum besser verdienende Angestelltenschaft war davon ausgeschlossen. Außerdem sah die Arbeiterbewegung darin den Versuch, von ihren politischen und wirtschaftlichen Forderungen abzulenken.

Die noch unter *Bismarcks* Kanzlerschaft verabschiedeten Gesetze wurden 1911 in der **Reichsversicherungsordnung** zusammengefasst, zu der nun auch die Angestelltenversicherung kam. Die Weimarer Republik ergänzte 1923 wegen der besonderen Bedingungen der Bergleute den Versicherungsschutz durch die Knappschaftsversicherung und erließ 1927 das Gesetz über **Arbeitsvermittlung** und **Arbeitslosenversicherung** (heute: Arbeitsförderungsgesetz).

Reichsversicherungsordnung

Gesetz über Arbeitsvermittlung Arbeitslosenversicherung

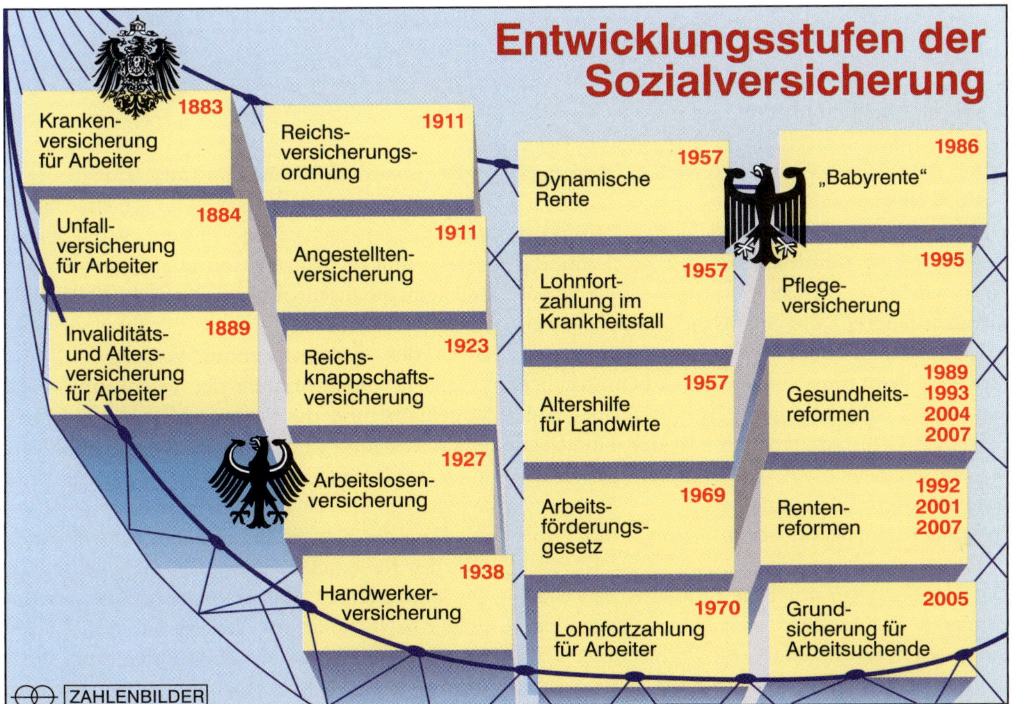

Mit der Gründung der Bundesrepublik Deutschland wurde der soziale Schutz fortlaufend ausgebaut und verbessert, gemäß den Art. 20 und 28 des Grundgesetzes, nach denen „die Bundesrepublik Deutschland [...] ein demokratischer und sozialer Bundesstaat" ist, dessen verfassungsmäßige Ordnung „den Grundsätzen des sozialen Rechtsstaats" entsprechen muss. Nicht mehr zu überblicken sind die Verknüpfungen des sozialen Netzes, sodass man fast ohne zu übertreiben sagen kann, dass der Bürger der Bundesrepublik gegen praktisch jedes Risiko auf irgendeine Weise finanziell abgesichert ist. Völlig ausgeschlossen ist es, dass jemand im Wortsinne „nichts" erhält.

Arbeiterschutzkonferenz

Nach *Bismarcks* Sturz im Jahre 1890, nicht zuletzt eine Folge der Auseinandersetzung mit Kaiser *Wilhelm II.* über die Sozialpolitik, verstärkten sich die Kräfte der Sozialreformer auch innerhalb der Reichsregierung. Im März 1890 trat unter dem Vorsitz des preußischen Handelsministers *Hans Hermann von Berlepsch* in Berlin die erste internationale **Arbeiterschutzkonferenz** zusammen. Fast alle europäischen Staaten griffen gesetzgeberisch in das Wirtschaftsleben ein und erließen z. B. Verbote für die Nachtarbeit von Kindern, ein Arbeitsverbot für Frauen „unter Tage" im Bergwerk, ein Beschäftigungsverbot für Wöchnerinnen usw. Der Konservative *Berlepsch* trieb die arbeiterfreundliche Sozialpolitik weiter voran. Auch er erhoffte sich davon eine Abkehr der Arbeitnehmer von der SPD und den freien Gewerkschaften, doch er erreichte sein Ziel ebenfalls nicht. Mit seinem Rücktritt im Jahre 1896 trat sogar ein gewisser Stillstand in der Entwicklung der Sozialpolitik ein.

Auch wenn diese Politik bis zum Ersten Weltkrieg Stückwerk blieb, so verdient doch festgehalten zu werden, dass kein europäischer Industriestaat so massiv die negativen sozialen Auswirkungen der Industrialisierung bekämpft und abzuschwächen versucht hat wie das Deutsche Reich. Die soziale Frage war damit zwar nicht gelöst, aber doch entschärft. Zwar blieb die Arbeiterschaft ihren Gewerkschaften und der SPD treu, was sich nicht zuletzt darin zeigte, dass die Sozialdemokraten 1912 bei den Wahlen zum Reichstag mit 110 Mandaten stärkste Fraktion wurden. Aber die Hinwendung zum kaiserlichen Deutschland wurde 1914 offenbar, als sich gerade auch die Arbeiter zu Hunderttausenden freiwillig zum Kriegsdienst meldeten, und die SPD-Reichstagsfraktion fast einstimmig den vom Kaiser beantragten Kriegskrediten zustimmte. Wie auch immer man diesen Vorgang bewerten mag, er zeigt, dass von der öffentlichen Meinung kaum bemerkt und vielleicht nicht einmal den Arbeitern selbst bewusst, diese längst weitgehend ihren Frieden mit dem bestehenden System geschlossen hatten. Insofern hatten *Bismarck* und seine Nachfolger ihr Ziel doch noch erreicht.

▶ QUELLE 1 Stimmen zur Eisenbahn

a) Aus dem Gutachten des bayerischen Obermedizinalkollegiums 1838

Die schnelle Bewegung muss bei den Reisenden unfehlbar eine Gehirnkrankheit, eine besondere Art des delirium furiosum erzeugen. Wollen aber dennoch Reisende dieser grässlichen Gefahr trotzen, so muss der Staat wenigstens die Zuschauer schützen, denn sonst verfallen diese beim Anblick des schnell dahinfahrenden Dampfwagens genau derselben Gehirnkrankheit. Es ist daher notwendig, die Bahnstelle auf beiden Seiten mit einem hohen Bretterzaun einzufassen.

b) Aus der „Magdeburgischen Zeitung" vom 3. Juli 1833

Der Eisenbahnbau muss die Landwirtschaft völlig ruinieren. Der Landwirt wird höhere Zinsen zahlen müssen; er wird, wenn die Pferde außer Kurs kommen, weil wir mit Dampf fahren, keinen Hafer mehr bauen können.

c) Der preußische Generalpostmeister 1838

Was sollen wir mit der Eisenbahn? Ich lasse täglich verschiedene sechssitzige Posten nach Potsdam gehen, und die Wagen sind nur selten voll. Was soll denn die Eisenbahn dann befördern? Berlin ist doch nicht Paris!

d) Aus der „Leipziger Zeitung" von 1847

[...] Es ist die Erfindung der Eisenbahn-Dampfwagenfahrt und der Dampfschifffahrt. Sie bildet einen Abschnitt in unserer Kulturgeschichte nach allen ihren Verzweigungen. Ein Herkules in der Wiege, sagt Fr. List, der die Völker erlösen will von der Plage des Krieges, der Teuerung und Hungersnot, des Nationalhasses und der Arbeitslosigkeit, der Unwissenheit und des Schlendrians; der ihre Felder befruchten, ihre Werkstätten und Schächte beleben und auch den Niedrigsten unter ihnen Kraft verleihen wird, sich durch den Besuch fremder Länder zu bilden, in entfernten Gegenden Arbeit und an seinen Hilfsquellen und Seegestaden Wiederherstellung ihrer Gesundheit zu suchen. Wie der Transport von Personen und Sachen auf Eisenbahnen den Handel und Verkehr mit den Früchten des Bodens und Klimas aller Zonen, mit den Erzeugnissen unseres Kunstfleißes, unserer Landwirtschaft, unserer Fabriken, unserer Industrie und unserer Gewerbe mit Riesenkräften emporhub und endlich den wahren Lebensbaum der Völker zur herrlichen Blüte entwickelte: so hat er nicht minder unsere sozialen, politischen und staatlichen Verhältnisse in ihren Fugen erschüttert, und der letzte Stoß wird nicht auf sich warten lassen.

(Wilhelm Treue/Herbert Pönicke/Karl Heinz Manegold (Hrsg.): Quellen zur Geschichte der Industriellen Revolution. Verlag Musterschmidt, Göttingen 1966, S. 78 f.)

1. **Stellen Sie die Argumente zusammen, die für bzw. gegen die Eisenbahn vorgebracht werden.**
2. **Welche Argumente sind heute noch überzeugend, welche nicht?**

▶ QUELLE 2

Ein zeitgenössischer Beobachter über die Wohnverhältnisse in Berlin um die Jahrhundertwende

In Berlin waren 1900 43 Prozent aller Haushaltungen in einräumigen, 28 Prozent in zweiräumigen Wohnungen untergebracht. Es wurden 1955 Haushaltungen gezählt, die in einem einzigen Raume Eltern, Kinder (unter 15 Jahre) und Schlafleute bis zu 10 Köpfen, in 48 sogar Schlafleute verschiedenen Geschlechts beherbergten. Solche grauenhaften Zustände bestehen aber nicht bloß in Berlin. In Wohnungen mit nur einem Zimmer (mit oder ohne Zubehör) wohnten von je 100 Bewohnern in Barmen 55, Königsberg 54, Rixdorf 54, Magdeburg 46, Posen 45, Görlitz 45, Berlin 44, Halle a. d. S. 43, Breslau 41. Die Überfüllung dieser einzimmrigen Wohnungen erhellt aus der erschütternden Tatsache, dass von diesen mehr als sechs Personen beherbergten in Königsberg 26 Prozent, Posen 24, Barmen 22, Halle a. d. S. 20, Hannover 18, Magdeburg 17, Altona 15, Breslau 15, Kiel 14, Rixdorf 14, Charlottenburg 13, Berlin 12, Schöneberg 12.

(Peter Brandt (Hrsg.): Preußen. Zur Sozialgeschichte eines Staates. Band 3 des Katalogs zur Ausstellung Preußen. Versuch einer Bilanz. Rowohlt Verlag, Reinbek 1981, S. 250.)

1. **Berechnen Sie, wie viel Prozent der Gesamtbevölkerung der angeführten Städte zusammen mit mindestens fünf anderen Personen in einem Zimmer leben mussten.**
2. **Stellen Sie die aufgeführten Zahlen mit Hilfe eines Balkendiagramms dar.**

▶ QUELLE 3

Bericht der Arbeiterin Ottilie Bader (um 1870)

Wir hatten von dicken Wolltupfen dünnere Stränge zu spinnen. Wenn nun die Wolle schleuderte und Schlingen warf, die wieder in Ordnung gebracht werden mussten, durfte nicht etwa die Maschine angehalten werden, sondern wir mussten in das laufende Getriebe hineinfassen, in aller Geschwindigkeit die dicken Stellen herausnehmen, die Fäden wieder zusammenwirbeln und -knoten, damit sie durch die Öse gingen. Das gab zerschundene Hände und Knie. Schlimm war hier so manches. Die Aborte lagen neben dem Arbeitssaal. Da noch alle Kanalisation fehlte, kam es nicht eben selten vor, dass sie überliefen und im Arbeitsaal eine kaum zu ertragende Luft verbreiteten. In dieser Luft mussten junge Menschen Tag für Tag arbeiten. Dann musste sehr oft nachts gearbeitet werden. Das geschah in der Weise, dass gewöhnlich die Nacht vom Freitag auf den Sonnabend eingelegt wurde. Der Sonnabend war dann aber nicht etwa frei, sondern musste ebenso durchgearbeitet werden wie alle anderen Tage. Das heißt also, es waren drei Tagesschichten hintereinander, ohne nennenswerte Pausen dazwischen. In der Nacht gab es eine Tasse Kaffee, d.h. dicke Zichorienbrühe, die ich nicht herunterbringen konnte. Ich war damals so elend, dass ich wohl wie eine halbe Leiche an der Maschine stand. Das fiel sogar dem Chef auf. Ich höre noch, wie er zu dem Werkführer sagte: „Wie sieht denn die aus? Die ist wohl krank?“ – „Ja“, sagte der Werkführer, „die kann das Nachtarbeiten eben nicht vertragen. Das ist auch zuviel für ein ordentliches Mädchen“ [...]

(Peter Brandt, (Hrsg.) Preußen. Zur Sozialgeschichte eines Staates. Band 3 des Kataloges zur Ausstellung Preußens. Versuch einer Bilanz. Rowohlt Verlag, Reinbek 1981, S. 243 f.)

1. **Stellen Sie die Arbeitsbedingungen der Arbeiterin stichwortartig zusammen.**
2. **Welche der genannten Missstände sind in Deutschland inzwischen durch Gesetz abgeschafft worden?**

▶ QUELLE 4 Fabrikordnung der Berliner Kattunfabrik von C. F. Oppen

1.
Die Arbeitszeit in den Wochentagen soll vom 1. April bis zum 1. Oktober (als die Sommerzeit) des Morgens um 6 Uhr ihren Anfang nehmen und bis um 7 Uhr des Abends dauern. Vom 1. Oktober bis zum 1. April (als die Winterzeit) so früh und des Abends so spät, als es der Tag erlaubt, wo ein jeder hinter einander, ordentlich, ruhig und stille fortarbeitet: – die erhaltenen Waren stets mit allem Fleiß und Akkuratesse und ohne Fehler zu drucken, im entgegengesetzten Falle, wird nach Beschaffenheit der Fehler, der Drucklohn abgezogen, und der verursachte Schaden nach Beschaffenheit der Fehler, noch ohnedem in Rechnung gebracht. [...]

6.
Das Zusammentreten an andere Tische in den Arbeitsstunden, so wie das Tabakrauchen, Saufereien, Singen, und andere dergleichen Gegenstände, welche Störung hervorbringen, und jedem ordnungsliebenden Mann zuwider sein müssen, wird durchaus nicht erlaubt: wer dagegen handelt, wird als Ruhestörer der Arbeit sofort entlassen.

7.
Es ist unter keiner Bedingung erlaubt, für sich oder andere Sachen oder Kleider zu drucken; demjenigen, so dabei betroffen wird, werden die Sachen abgenommen, und fällt außerdem in fünf Taler Courant unerlässliche Strafe.

8.
Laut Abkommen findet die gesetzliche Kündigung weiter nicht statt, als dass der Drucker verpflichtet ist, jede in Arbeit habende Ware fertig zu drucken und fehlerfrei abzuliefern, wo es ihm dann frei steht, seine Entlassung zu verlangen; dem Fabrikherren oder Vorsteher bleibt es aber unbenommen, wenn Ursache oder andere Gegenstände ihn veranlassen, den Drucker zu jeder Zeit und ohne weitere Entschädigung zu entlassen. [...]

11.
Noch ist nachträglich zu bemerken, dass dem, in den Druckstuben angehefteten Druckerei-Reglement genau nachgelebt werden muss, und keine Entschuldigung, solches nicht gelesen zu haben, statt findet; auch versteht es sich von selbst, dass für fehlerhaft gedruckte Waren nicht allein der ganze Drucklohn, sondern nach Beschaffenheit der ganze Betrag der Ware pr. Elle berechnet, in Abzug gebracht wird.

Berlin, den 1. Januar 1843
gez. C. F. Oppen
Es folgen die Unterschriften der Drucker

(Peter Brandt (Hrsg.), Preußen. Zur Sozialgeschichte eines Staates. Band 3 des Kataloges zur Ausstellung Preußens Versuch einer Bilanz, Rowohlt Verlag, Reinbek 1981, S. 245 f.)

Vergleichen Sie die Arbeitsbedingungen von 1843 mit denen von heute. Berücksichtigen Sie dabei:
– Arbeitszeit (täglich, wöchentlich),
– Kündigungsschutz und
– Haftung für Fehler bei der Arbeit.

▶ QUELLE 5 Adam Smith: Untersuchungen über Natur und Ursache des Wohlstandes der Nationen

[...] Da nun aber der Zweck jeder Kapitalanlage Gewinnerzielung ist, so wenden sich die Kapitalien den rentabelsten Anlagen zu, d.h. denjenigen, in denen die höchsten Gewinne erzielt werden. Indirekt wird aber auf diese Weise auch die Produktivität der Volkswirtschaft am besten gefördert. Jeder glaubt nur sein eigenes Interesse im Auge zu haben, tatsächlich aber erfährt so indirekt auch das Gesamtwohl der Volkswirtschaft die beste Förderung. [...] Welche Kapitalanlage wirklich die vorteilhafteste ist, das kann jeder einzelne besser beurteilen als etwa der Staat oder eine sonstwie übergeordnete Instanz.

[...] Der Jahresertrag einer Volkswirtschaft ist höher, wenn sie sich auf die Erzeugung derjenigen Waren beschränkt, in denen sie vor anderen Ländern Kostenvorteile voraus hat, und sie ihrerseits von anderen Ländern diejenigen Waren kauft, die dort billiger sind. Die Regelung dieser Austauschverhältnisse aber muss dem freien Spiel der wirtschaftlichen Kräfte überlassen bleiben. Es ist zwar möglich, dass durch wirtschaftspolitische Maßnahmen, vor allem durch Einfuhrverbote und hohe Zölle auf fremdländischen Waren, sich im Lande selbst eine Industrie entwickelt oder schneller entwickelt, als es ohne solche staatliche Maßnahmen der Fall gewesen wäre; es ist sogar möglich, dass die betreffende Ware nach gewisser Zeit im Inland ebenso billig hergestellt werden kann, aber es folgt daraus keineswegs, dass die Gesamtsumme der gewerblichen Produktion oder des Volkseinkommens des betreffenden Landes durch solche Eingriffe vermehrt werden kann. Die Industrie eines Landes kann sich nur in dem Maße vermehren, als das Kapital zunimmt, und das Kapital nimmt nur in dem Maße zu, als nach und nach aus dem Einkommen gespart wird. Kapitalbildung und Industrieentfaltung müssen in einem Lande dem natürlichen Gang der Entwicklung überlassen bleiben. Jede künstliche wirtschaftspolitische Maßnahme lenkt die produktiven Kräfte der Arbeit und auch die Kapitalien in eine falsche Richtung.

(Wilhelm Treue/Herbert Pönicke/Karl Heinz Manegold (Hrsg.): Quellen zur Geschichte der Industriellen Revolution. Verlag Musterschmidt, Göttingen 1966, S. 104)

1. **Welche Rolle weist Smith dem Staat in wirtschaftlichen Fragen zu?**
2. **Erläutern Sie den Zusammenhang zwischen Kapitalbildung und Industrieentfaltung, wie ihn Smith darstellt.**

Marx/Engels: Manifest der Kommunistischen Partei (Auszug)

▶ QUELLE 6

1. Bourgeois und Proletarier

Die Geschichte aller bisherigen Gesellschaft ist die Geschichte von Klassenkämpfen. Freier und Sklave, Patrizier und Plebejer, Baron und Leibeigener, Zunftbürger und Gesell, kurz, Unterdrücker und Unterdrückte standen in stetem Gegensatz zueinander, führten einen ununterbrochenen, bald versteckten, bald offenen Kampf, einen Kampf, der jedesmal mit einer revolutionären Umgestaltung der ganzen Gesellschaft endete oder mit dem gemeinsamen Untergang der kämpfenden Klassen.

In den früheren Epochen der Geschichte finden wir fast überall eine vollständige Gliederung der Gesellschaft in verschiedene Stände, eine mannigfaltige Abstufung der gesellschaftlichen Stellungen. Im alten Rom haben wir Patrizier, Ritter, Plebejer, Sklaven; im Mittelalter Feudalherren, Vasallen, Zunftbürger, Gesellen, Leibeigene und noch dazu in fast jeder dieser Klassen wieder besondere Abstufungen.

Die aus dem Untergang der feudalen Gesellschaft hervorgegangene moderne bürgerliche Gesellschaft hat die Klassengegensätze nicht aufgehoben. Sie hat nur neue Klassen, neue Bedingungen der Unterdrückung, neue Gestaltungen des Kampfes an die Stelle der alten gesetzt. Unsere Epoche, die Epoche der Bourgeoisie, zeichnet sich jedoch dadurch aus, dass sie die Klassengegensätze vereinfacht hat. Die ganze Gesellschaft spaltet sich mehr und mehr in zwei große feindliche Lager, in zwei große, einander direkt gegenüberstehende Klassen: Bourgeoisie und Proletariat.

(Karl Marx/Friedrich Engels: Manifest der Kommunistischen Partei [1848]. Reclam, Stuttgart 1969, S. 23 f.)

1. **Erklären Sie die Begriffe „Bourgeois“ und „Proletarier“.**
2. **Worin unterscheidet sich nach Marx die Gesellschaft zur Zeit der Industrialisierung von allen vorhergehenden Gesellschaften?**
3. **Wie vollzieht sich der Übergang von einer Gesellschaft zur anderen?**

Aus einer Rede Alfred Krupps an seine Arbeiter (1877)

▶ QUELLE 7

[...] Ich habe den Mut gehabt, für die Verbesserung der Lage der Arbeiter Wohnungen zu bauen, worin bereits 20 000 Seelen untergebracht sind, ihnen Schulen zu gründen und Einrichtungen zu treffen zur billigeren Beschaffung von allem Bedarf. Ich habe mich dadurch in eine Schuldenlast gesetzt, die abgetragen werden muss. Damit dies geschehen kann, muss jeder seine Schuldigkeit tun in Friede und Eintracht und in Übereinstimmung mit unseren Vorschriften. [...]

Genießet, was Euch beschieden ist. Nach getaner Arbeit verbleibt im Kreise der Eurigen, bei den Eltern, bei der Frau und den Kindern und sinnt über Haushalt und Erziehung. Das sei Eure Politik, dabei werdet Ihr frohe Stunden erleben. Aber für die große Landespolitik erspart Euch die Aufregung. Höhere Politik treiben erfordert mehr freie Zeit und Einblick in die Verhältnisse, als dem Arbeiter verliehen ist. Ihr tut Eure Schuldigkeit, wenn Ihr durch Vertrauenspersonen empfohlene Leute erwählt. Ihr erreicht aber sicher nichts als Schaden, wenn Ihr eingreifen wollt in das Ruder der gesetzlichen Ordnung. Das Politisieren in der Kneipe ist nebenbei sehr teuer, dafür kann man im Hause Besseres haben. [...]

(Alfred Krupp: Briefe 1826–1887. Hobbing, Berlin 1928, S. 343 ff.)

1. **Wie begründet Krupp seine Forderung nach der Einhaltung der von ihm erlassenen Vorschriften?**
2. **Warum sollen sich die Arbeiter von der Politik fernhalten?**
3. **Wer ist nach Krupps Meinung allein befugt, sich um Politik zu kümmern?**
4. **Welches unternehmerische Selbstverständnis wird aus Krupps Worten deutlich?**

▶ QUELLE 8 Aus der Enzyklika „Rerum novarum“ (1891)

Ein Grundfehler in der Behandlung der sozialen Frage ist auch der, dass man das gegenseitige Verhältnis zwischen der besitzenden und der unvermögenden, arbeitenden Klasse so darstellt, als ob zwischen ihnen von Natur ein unversöhnlicher Gegensatz Platz griffe, der sie zum Kampf aufrufe. Ganz das Gegenteil ist wahr. Die Natur hat vielmehr alles zur Eintracht, zur gegenseitigen Harmonie hingeordnet, und so wie im menschlichen Leben bei aller Verschiedenheit der Glieder im wechselseitigen Verhältnis Einklang und Gleichmaß vorhanden ist, so hat auch die Natur gewollt, dass im Körper der Gesellschaft jene beiden Klassen in einträchtiger Beziehung zueinander stehen und ein gewisses Gleichgewicht darstellen. Die eine hat die andere durchaus nötig. Der Besitz ist auf Arbeit angewiesen und die Arbeit auf den Besitz. Zur Beseitigung des Kampfes aber und selbst zur Ausrottung seiner Ursachen besitzt das Christentum wunderbare und vielgestaltige Kräfte. [...] Von diesen Pflichten berühren folgende die arbeitenden Stände: Vollständig und treu die Arbeitsleistung zu verrichten, zu welcher sie sich frei und mit gerechtem Vertrag verbunden haben; den Arbeitgebern weder an der Hab noch an der Person Schaden zuzufügen, in der Wahrung ihrer Interessen sich der Gewalttätigkeit zu enthalten und in keinem Falle Auflehnung zu stiften; nicht Verbindung zu unterhalten mit Übelgesinnten, die ihnen trügerische Hoffnungen vorspiegeln und nur bittere Enttäuschung und Ruin zurücklassen. Die Pflichten, die hinwieder die Besitzenden angehen, sind die nachstehenden: die Arbeiter dürfen nicht wie Sklaven angesehen und behandelt werden; ihre Würde, welche geadelt ist durch ihre Würde als Christen, werde stets heiliggehalten; Arbeit und Erwerbssorgen erniedrigen sie nicht, vielmehr muss, wer vernünftig und christlich denkt, es ihnen als Ehre anrechnen, dass sie selbständig ihr Leben unter Mühe und Anstrengung erhalten; unehrenvoll dagegen und unwürdig ist es, Menschen bloß zu eigenem Gewinn auszubeuten und sie nur so hoch anzuschlagen, als ihre Arbeitskräfte reichen. Es ist ungerecht, sie mit mehr Arbeit zu beschweren, als ihre Kräfte tragen können. Vor allem aber ist es Pflicht der Arbeitsherren, den Grundsatz: Jedem das Seine stets vor Augen zu behalten. Dieser Grundsatz sollte auch unparteiisch auf die Höhe des Lohnes Anwendung finden, ohne dass die verschiedenen, für die Billigkeit des Lohnes mit zu berücksichtigenden Momente übersehen werden.

(Leo XIII.: Enzyklika Rerum novarum 1891. Abschn. 27–29)

1. **Worin sieht Papst Leo den „Grundfehler in der Behandlung der sozialen Frage“?**
2. **Wer ist mit den „Übelgesinnten“ gemeint?**
3. **Konnte diese Enzyklika zur Lösung der sozialen Frage beitragen? Begründen Sie Ihre Meinung.**

▶ QUELLE 9 Aus dem Gothaer Programm der Sozialistischen Arbeiterpartei (1875)

I. Die Arbeit ist die Quelle alles Reichtums und aller Kultur, und da allgemein nutzbringende Arbeit nur durch die Gesellschaft möglich ist, so gehört der Gesellschaft, das heißt allen ihren Gliedern, das gesamte Arbeitsprodukt, bei allgemeiner Arbeitspflicht, nach gleichem Recht, jedem nach seinen vernunftsgemäßen Bedürfnissen. In der heutigen Gesellschaft sind die Arbeitsmittel Monopol der Kapitalistenklasse; die hierdurch bedingte Abhängigkeit der Arbeiterklasse ist die Ursache des Elends und der Knechtschaft in allen Formen. Die Befreiung der Arbeit erfordert die Verwandlung der Arbeitsmittel in Gemeingut der Gesellschaft und die genossenschaftliche Regelung der Gesamtarbeit mit gemeinnütziger Verwendung und gerechter Verteilung des Arbeitsertrags.

II. Die Sozialistische Arbeiterpartei Deutschlands fordert, um die Lösung der sozialen Frage anzubahnen, die Errichtung von sozialistischen Produktivgenossenschaften mit Staatshilfe unter der demokratischen Kontrolle des arbeitenden Volkes.

(Dieter Fricke: Die deutsche Arbeiterbewegung 1869–1914. Dietz-Verlag, Berlin [Ost] 1976, S. 204)

1. **Welche Bedeutung hat die Arbeit für die Gesellschaft?**
2. **Welche Bedingungen werden durch die „Befreiung der Arbeit“ geschaffen?**
3. **Welche Forderungen zur Lösung der sozialen Frage werden erhoben?**

Aus dem Erfurter Programm der SPD (1891)

▶ QUELLE 10

Nur die Verwandlung des kapitalistischen Privateigentums an Produktionsmitteln – Grund und Boden, Gruben und Bergwerke, Rohstoffe, Werkzeuge, Maschinen, Verkehrsmittel – in gesellschaftliches Eigentum und die Umwandlung der Warenproduktion in sozialistische, für und durch die Gesellschaft betriebene Produktion kann es bewirken, dass der Großbetrieb und die stets wachsende Ertragsfähigkeit der gesellschaftlichen Arbeit für die bisher ausgebeuteten Klassen aus einer Quelle des Elends und der Unterdrückung zu einer Quelle der höchsten Wohlfahrt und allseitiger, harmonischer Vervollkommnung werde. [...] Die Sozialdemokratische Partei Deutschlands kämpft also nicht für neue Klassenprivilegien und Vorrechte, sondern für die Abschaffung der Klassenherrschaft und der Klassen selbst und für gleiche Rechte und gleiche Pflichten aller ohne Unterschied des Geschlechts und der Abstammung. Von diesen Anschauungen ausgehend, bekämpft sie in der heutigen Gesellschaft nicht bloß die Ausbeutung und Unterdrückung der Lohnarbeiter, sondern jede Art der Ausbeutung und Unterdrückung, richtet sie sich gegen eine Klasse, eine Partei, ein Geschlecht oder eine Rasse.

Ausgehend von diesen Grundsätzen, fordert die Sozialdemokratische Partei Deutschlands zunächst:

1. Allgemeines, gleiches, direktes Wahl- und Stimmrecht mit geheimer Stimmabgabe aller über 20 Jahre alten Reichsangehörigen ohne Unterschied des Geschlechts für alle Wahlen und Abstimmungen. [...]
2. Direkte Gesetzgebung durch das Volk vermittelst des Vorschlags- und Verwerfungsrechts. [...]
3. Erziehung zur allgemeinen Wehrhaftigkeit. Volkswehr an Stelle der stehenden Heere. [...]
4. Abschaffung aller Gesetze, welche die freie Meinungsäußerung und das Recht der Vereinigung und Versammlung einschränken oder unterdrücken.
5. Abschaffung aller Gesetze, welche die Frau in öffentlich- und privatrechtlicher Beziehung gegenüber dem Manne benachteiligen.

(Dieter Fricke, die deutsche Arbeiterbewegung 1869–1914. Dietz-Verlag, Berlin [Ost] 1978, S. 172 ff.)

1. **Welche Forderungen werden für die Bereiche Produktion und Produktionsmittel erhoben?**
2. **Wie werden diese Forderungen begründet?**
3. **Welche gesellschaftlichen Forderungen werden erhoben?**
4. **Inwiefern berücksichtigen sie die Gleichberechtigung der Frau?**

Auszug aus dem „Arbeitsstatut" der Wuppertaler Färbergesellen-Innung, 4.6.1848

▶ QUELLE 11

Viele vereinzelt
Bezwecken nicht viel
Wenige zusammen
Erreichen das Ziel

Art. 1. Das Pensions- und Unterstützungs-Statut kann nur durch die Einführung eines Gesetzlichen Arbeits-Statuts ausführbar gemacht werden. Deshalb muss die [...] Verkürzung der Arbeitszeit, nämlich von 6 bis 12 Uhr morgens und von ein bis sieben Uhr nachmittags, allgemein und für immer gesetzlich eingeführt werden, denn die Verrichtungen und Arbeiten sämtlicher Färber sind so angreifend, dass diese Arbeitsstunden selbst den stärksten Mann erschöpfen.

Art. 2. Der Sonntag und der allgemeine Feiertag soll ohne Abzug des Wochenlohnes wie auch ohne Ausnahme ein Tag der Ruhe sein [...], auch die Nachtarbeiter müssen die siebente Nacht zur Ruhe haben, oder wo nur ein Mann die Wache hat, demselben die siebente Nacht vergütet werden muss.

(Wolfgang Köllmann: Die industrielle Revolution. Ernst-Klett-Verlag, Stuttgart 1987, S. 105)

1. **Ermitteln Sie aus der Quelle die wöchentliche Arbeitszeit. – Bedenken Sie dabei, dass der Samstag ein regulärer Arbeitstag war.**
2. **Welche Zeit wurde – dieser Forderung gemäß – nicht vergütet?**

▶ QUELLE 12 Kaiserliche Botschaft zur Eröffnung des Reichstags, 1881

Wir, Wilhelm, von Gottes Gnaden Deutscher Kaiser, König von Preußen etc., tun kund und fügen hiermit zu wissen: [...] Schon im Februar dieses Jahres haben wir unsere Überzeugung aussprechen lassen, dass die Heilung der sozialen Schäden nicht ausschließlich im Wege der Repression sozialdemokratischer Ausschreitungen, sondern gleichmäßig auf dem der positiven Förderung des Wohles der Arbeiter zu suchen sein werde. Wir halten es für unsere Kaiserliche Pflicht, dem Reichstage diese Aufgabe von neuem ans Herz zu legen und würden Wir mit um so größerer Befriedigung auf alle Erfolge, mit denen Gott Unsere Regierung sichtlich gesegnet hat, zurückblicken, wenn es Uns gelänge, dereinst das Bewusstsein mitzunehmen, dem Vaterland neue und dauernde Bürgschaften seines inneren Friedens und den Hilfsbedürftigen größere Sicherheit und Ergiebigkeit des Beistandes, auf den sie Anspruch haben, zu hinterlassen. [...]

In diesem Sinne wird zunächst der [...] vorgelegte Entwurf eines Gesetzes über die Versicherung der Arbeiter gegen Betriebsunfälle mit Rücksicht auf die im Reichstag stattgehabten Verhandlungen über denselben einer Umarbeitung unterzogen, um eine erneute Beratung desselben vorzubereiten. Ergänzend wird ihm die Vorlage zur Seite treten, welche sich eine gleichmäßige Organisation des gewerblichen Krankenkassenwesens zur Aufgabe stellt. Aber auch diejenigen, welche durch Alter und Invalidität erwerbsunfähig werden, haben der Gesamtheit gegenüber einen begründeten Anspruch auf ein höheres Maß an staatlicher Fürsorge, als ihnen bisher zuteil werden konnte.

(Wolfgang K. Wöllmann: Die industrielle Revolution. Ernst-Klett-Verlag, Stuttgart 1987, S. 125 f.)

1. Welche der heutigen Versicherungszweige werden angesprochen?
2. Aus welchen Formulierungen wird erkennbar, dass ein Rechtsanspruch anstelle der (freiwilligen) Almosenspenden begründet werden soll?
3. Versuchen Sie Sprachunterschiede zu einer modernen Regierungserklärung aufzuzeigen.

Aufgabenvorschläge

1. Beschreiben Sie die Veränderungen, die sich aufgrund der industriellen Revolution in Ihrer näheren Umgebung ergaben. Informieren Sie sich in der Stadtbibliothek und/oder im Internet.
2. Stellen Sie die industrielle Revolution und die sich daraus ergebenden Probleme und Ereignisse in Form einer Mindmap dar.
3. Vergleichen Sie den Arbeitsalltag und Lebensstandard eines Arbeiters vor hundert Jahren mit dem eines Beschäftigten von heute und stellen Sie die Unterschiede fest. Besichtigen Sie zu diesem Zweck einen modernen Industriebetrieb, etwa ein Automobilwerk.
4. Beschreiben Sie in Ihren Worten die Arbeitswelt im 19. Jahrhundert. Beschaffen Sie Texte, Bilder und andere geeignete Medien und gestalten Sie eine Collage zu diesem Thema.
5. Befragen Sie möglichst ältere Mitmenschen (Zeitzeugenbefragung) über die Arbeitswelt ihrer Jugend. Welche Einsichten gewinnen Sie?
6. Warum erfolgte die Industrialisierung in Deutschland später als in England?
7. Welche gesellschaftlichen und politischen Gruppen bemühten sich um die Lösung der sozialen Frage? Stellen Sie Lösungsansätze in einer Übersicht zusammen.
8. Diskutieren Sie die Frage, ob und wenn ja, welche Bedeutung der Marxismus in der heutigen Zeit noch hat.
9. Diskutieren Sie darüber, ob sich die in Quelle 1 geäußerte Skepsis gegen neue Technologien auf die Gegenwart übertragen lässt – Stichwort: Kernkraft, Handy, neue Medien.
10. Suchen Sie in einer seriösen Tageszeitung nach Belegen für liberales und antiliberales Denken.
11. Warum wurde Ihrer Meinung nach die klassische soziale Frage in allen entwickelten Gesellschaften Europas über die staatliche Sozialversicherung gelöst?

12. *Ludwig Erhard*, der Vater des „Wirtschaftswunders", war der Meinung, dass mit zunehmendem Wohlstand die staatliche soziale Absicherung weitgehend abgebaut werden könnte, weil – von Ausnahmen abgesehen – jeder selbst für die Wechselfälle des Lebens wie Krankheit und Unfall und für den vorhersehbaren Altersfall vorsorgen kann. – Die tatsächliche Entwicklung des Sozialstaates hat den genau entgegengesetzten Verlauf genommen. Worin sehen Sie die Ursachen?
13. Versuchen Sie durch Befragung von Gewerkschaftsmitgliedern und Parteimitgliedern der SPD, der Grünen und der Linken herauszufinden, ob nur Verbesserungen angestrebt oder die bestehende Wirtschaftsordnung völlig umgebaut werden soll.
14. Bilden Sie sich eine differenzierte Meinung zu den Thesen: Es gibt in Deutschland zunehmend soziale Not. Die Reichen werden immer reicher und die Armen immer ärmer.

2.3 Die nachindustrielle Gesellschaft

Die **postindustrielle Gesellschaft** in Deutschland, aber auch in anderen europäischen Ländern, ist durch einige typische, neue Merkmale charakterisiert:

Postindustrielle Gesellschaft

Diese Merkmale sind:

- Der weltweite Handel, den es im Warenverkehr im Prinzip bereits seit Jahrhunderten gab, ist zur Globalisierung geworden, bei der Güter, Dienste, Wissen und Arbeitskräfte auf einem **Weltmarkt** angeboten und nachgefragt werden, auf dem es Gewinner und Verlierer gibt.
- Die Gesellschaft ist eine **Wissens- und Informationsgesellschaft** geworden. Angewandte Wissenschaft und IT (= Informations-Technologie) bestimmen immer mehr auch den Lebensalltag. Dieses Wissen verdoppelt sich nach einschlägigen Studien alle vier Jahre, im EDV-Bereich schon in 1,5 Jahren.
- Die Gesellschaft wandelt sich zur **Dienstleistungsgesellschaft** mit einer ständig wachsenden Zahl von Service-Unternehmen, von den Call-Center angefangen über Physiotherapeuten und mobile Altenbetreuung bis zu Lehrern im Bereich der Freizeitgestaltung.
- Der in der Bundesrepublik bereits seit 1972 einsetzende, zunehmend rasante Rückgang der Geburtenzahl führt zu einem historisch erst- und einmaligen **demografischen Wandel**, auch Kollaps genannt, dessen gravierende Auswirkungen kaum hoch genug veranschlagt werden können.

Weltmarkt

Wissens- und Informationsgesellschaft

Dienstleistungsgesellschaft

Demografischer Wandel

2.3.1 Die Globalisierung

Nach dem Wort des Soziologen *Ulrich Beck* ist Globalisierung das „am meisten missbrauchte und am seltensten definierte Streitwort". Möglicherweise erzeugt gerade die Unbestimmtheit des Begriffs die vielfachen Ängste, Widerstände, Sorgen und teilweise irrationalen Reflexe.

▶ Q. 1

Die **Globalisierung** ist Fakt; eine Tatsache, die so wenig zu verhindern ist wie die jeweilige Jahreszeit. Wer gegen sie kämpft, wird im Grundsätzlichen scheitern, beziehungsweise hat bereits verloren.

Globalisierung
www.imf.org

Es kann lediglich darum gehen, Wege und Methoden der Globalisierung möglichst fair zu gestalten und sozial abzufedern. Denn Globalisierung, das muss man sich immer wieder bewusst machen, ist weder etwas völlig Neues noch Ausfluss einer Amerikanisierung der Welt. Seit über eintausend Jahren entwickelten sich die Verbindungen zwischen Ländern und Völ-

www.attac.org

kern durch Handel, Entdeckungsreisen, Wanderungsbewegungen sowie kulturellen Austausch. Jahrhunderte lang führte ein Karawanenweg, die berühmte **Seidenstraße**, vom östlichen China bis nach Syrien mit Abzweigungen – noch vor der Nutzung des Seeweges – nach Indien und Europa.

Seidenstraße

Diesen Seeweg entdeckte, woran *Kolumbus* gescheitert war, 1498 der Seefahrer *Vasco da Gama*. Von einer späteren, weiteren Reise brachte er 1700 Tonnen indische Gewürze mit, die er mit 400 % Gewinn verkaufte. Er war sozusagen der erste „Global Player" der Menschheitsgeschichte.

Know-how

Zunehmend wurden auch wissenschaftliche Erkenntnisse und technisches **Know-how** ausgetauscht. Schon vor weit über einhundert Jahren agierten Coca-Cola und Heinz (Ketchup) weltweit, aber auch *Singer* mit seinen Nähmaschinen und die deutschen Traditionsfirmen *Siemens* und AEG. Ende des 19. Jahrhunderts traten bereits schon Globalisierungsgegner auf, ohne dass sie sich so nannten. Damals wetterten Europäer gegen den Import billigen US-Weizens. Doch der – mehr oder weniger – freie Welthandel war immer schon global.

Neu an diesem Prozess ist seine Dynamisierung durch die elektronische Kommunikation. So werden täglich Billionen Dollar in Sekundenbruchteilen um den gesamten Erdball transferiert, von denen höchstens 10 % der Bezahlung eines realen Geschäftes dienen. Der überwiegende Teil ist Finanzkapital, das auf der Suche nach möglichst ertragreichen Anlagen unter Berücksichtigung der wirtschaftlichen Sicherheit ist. Der **Finanz- oder Turbokapitalismus**, auch „Casinokapitalismus" genannt (*Helmut Schmidt*) zeigt hier mit seinen „Heuschrecken" – gemeint sind die Investoren – sein für den Außenstehenden hässliches Gesicht.

Finanz- oder Turbokapitalismus

▶ Q. 2 und 3

Ohne auf die problematischen Details (s. Kapitel 2.3.7) dieser oft nur kurzfristigen Investitionen einzugehen, sei angemerkt, dass hinter den Managern solcher Fonds (Private Equity), die täglich Milliarden bewegen, häufig Millionen kleiner Sparer stecken, Rentner z. B., die ihre Altersvorsorge und ihre Ersparnisse möglichst rentabel und sicher angelegt wissen wollen.

Globalization

Die Globalisierung ist so umfassend, dass es keine allgemein gültige und anerkannte Definition gibt. Der Begriff **„Globalization"** tauchte erstmals 1961 in einem englischsprachigen Lexikon auf. Geprägt wurde er von dem deutschen Emigranten und Professor an der Harvard Business School *Theodore Levitt* (1925–2006).

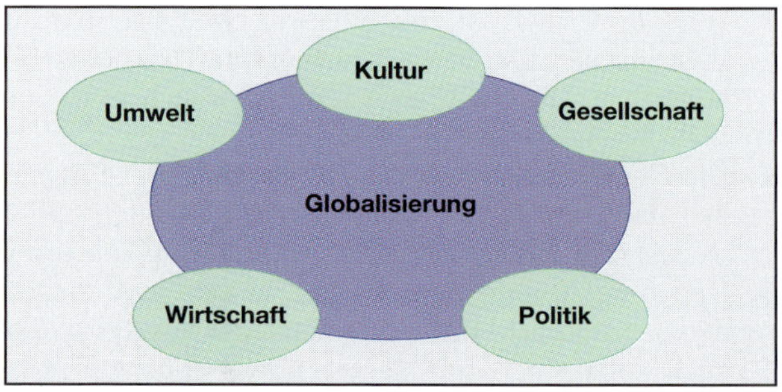

Bereiche der Globalisierung

Generell wird Globalisierung als ein Prozess der wachsenden internationalen Verflechtung in allen Bereichen der Wirtschaft, Politik, Kultur, Umwelt, Kommunikation usw. verstanden.

Die Globalisierung erstreckt sich weltweit auf fünf Bereiche.

Wirtschaft
Arbeitsteilung

Wirtschaft. Die schon vorher praktizierte – aber erst mit *Adam Smith* seit dem 18. Jahrhundert als solche erkannte – **Arbeitsteilung** in einer Volkswirtschaft gilt nunmehr weltweit. Das bedeutet sehr konkret, dass ein deutsches Unternehmen nicht nur gegen andere deutsche oder innerhalb der EU gegen europäische Betriebe konkurrieren muss, sondern vor allem auch gegen solche aus Asien. – Für den Arbeitnehmer heißt es: Nicht der Türke aus Anatolien ist es, der ihm seinen Arbeitsplatz „beim Daimler" streitig machen könnte, sondern der sehr viel billigere Arbeiter in Peking oder Seoul.

Gesellschaft

Gesellschaft. Die Migration – also die Ein- und Auswanderung – nimmt weltweit zu. Die Gesellschaften werden – ob sie es wollen oder nicht – ethnisch zunehmend durchmischt. Inzwischen leben in Deutschland mehr oder weniger dauerhaft (also nicht als Touristen) Menschen aus über 150 Staaten dieser Erde.

Kultur
Welteinheitskultur

Kultur. Schon vor vierzig Jahren erkannte der 1927 geborene deutsche Philosoph *Günter Rohrmoser* die Welt auf dem Weg zu einer **Welteinheitskultur**. Der Modetrend zieht sich durch alle entwickelten Gesellschaften. Jeans tragen nicht nur Mädchen und Jungen in den USA und ganz Europa, sondern auch in Asien, Afrika und Lateinamerika. Bei Massenprodukten werden Informationen in zehn und mehr Sprachen mitgegeben. Es gibt (fast) kein Erzeugnis aus Übersee, das nicht auch hier erworben werden kann – und umgekehrt. Das reicht vom Schnitzel aus australischem Kängurufleisch in Frankfurt/Main bis zur Achterbahnfahrt in China auf einer in Ulm gebauten Bahn. Und weltweit sind dank der „Downloads" dieselben Hits „in".

Sprachdurchmischung

Zur Universalisierung gehört auch die **Sprachdurchmischung**. „Denglisch" – wie deutsche Sprachkritiker die Vermischung von Deutsch und Englisch kritisch nennen – prägt insbesondere den Werbealltag bis hin zur Unverständlichkeit. Weiß jeder, dass sich hinter „McClean" ein ganz gewöhnliches Bahnhofs-WC verbirgt? Erkennt man in dem Werbespruch „Come in and find out", dass damit nicht gemeint ist, man soll reinkommen und dann sehen, wie man wieder herausfindet? Ob ältere Herren, die nicht mehr hüpfen wollen, mit „Hosen for Springtime" gewonnen werden können, dürfte mindestens fraglich sein.

Eine besondere Skurrilität haben sich die Werbetexter mit dem „Handy" ausgedacht. Dies vermeintlich englische Wort gibt es in dieser Sprache gar nicht. Der Apparat heißt in den angelsächsischen Ländern „mobile phone" oder einfach auch nur „mobile" wie im Französischen oder „móvile" im Spanischen.

Eine Filiale von McDonald's in Istanbul, Türkei

Politik

Politik. Kaum ein Bürger weiß, dass 80 % der gesamten Gesetze durch Richtlinien und Entscheidungen der EU bestimmt werden. Die nationale Gesetzgebung füllt zumeist nur noch den von Brüssel bereits vorgegebenen Rahmen aus (siehe Kapitel 5.2.3). Die deutsche Politik ist also auf der europäischen Ebene längst internationalisiert. Aber auch sonst gibt es so gut wie keine außenpolitische Abschottung mehr, weshalb zunehmend von einer **Weltinnenpolitik** gesprochen wird.

Weltinnenpolitik

Ein gutes Beispiel dafür ist die Bekämpfung der global agierenden Terrornetzwerke. Nur in Zusammenarbeit mit allen gefährdeten Staaten ist die Verhütung von Anschlägen und Verfolgung der Täter überhaupt denkbar.

Umwelt

Umwelt. Das Abholzen der Regenwälder Brasiliens verändert das Klima nicht nur in Südamerika, sondern weltweit. Dieser Klimawandel betrifft alle Länder, auch wenn seine Auswirkungen im einzelnen unterschiedlich ausfallen. Vergiftete Flüsse respektieren die Staatsgrenzen so wenig wie die radioaktiven Wolken nach der Reaktorkatastrophe im ukrainischen Tschernobyl (1986). Wirksam können deshalb nur international gültige Umweltschutzbestimmungen sein.

Ursachen der Globalisierung

Als wesentliche **Ursachen der Globalisierung** gelten der technische Fortschritt infolge der digitalen Revolution, neue und damit billigere Transporttechniken, z. B. Containerschiffe von über 330 m Länge und die zunehmende Liberalisierung des Welthandels, sowie die weltumspannenden Kommunikationsmöglichkeiten zur Übermittlung von Informationen bis hin zu kompletten Bauplänen.

Textilfabrik in China

Es mutet wie ein schlechter Scherz an, doch mindestens ist es wieder ein Beispiel für die Ironie der Geschichte: Globalisierungsgegner in Europa treten lautstark und zum Teil gewalttätig gegen Konferenzen zum Thema Globalisierung an. Und was tragen sie bei ihren Demonstrationen? Preiswerte Kleidung „Made in China“. Wie koordinieren sie ihre Protestaktionen? Mit billigen „Handys“ – „Made in Hongkong“.

Wie die Industrialisierung im 19. Jahrhundert Gewinner und Verlierer kannte – man denke nur an das Schicksal der schlesischen Weber (siehe Kapitel 2.2) – so kennt auch die Globalisierung „Winner and Loser“.

2.3.2 Die Folgen der Globalisierung

Seit 1948 stieg der Welthandel fast auf das Dreißigfache an, während die Gesamtgüterproduktion „nur“ um etwas mehr als das Achtfache wuchs.

Entwickelte Industriestaaten

Die **entwickelten Industriestaaten** mit ihren relativ hohen Arbeitskosten (Löhne und Nebenkosten zur Sozialversicherung) können nur dann der verschärften internationalen Konkurrenz standhalten, wenn sie qualitativ besser sind, sodass der höhere Preis vom Markt, sprich vom Verbraucher angenommen wird. Wer da nicht mithalten kann und den Anschluss verliert, wird gnadenlos abgehängt und verliert seine Existenz.

Weltmarkt

Moderne Industrieunternehmen benötigen für ihre hoch spezialisierten Produkte einen großen, die Stückkosten senkenden Absatzmarkt. Den können sie allein auf dem Binnenmarkt nicht finden. Der **Weltmarkt** eröffnet ihnen neue Absatzchancen. Deutschland als Exportweltmeister ist so stark wie kein anderes Land auf den möglichst ungehinderten Welthandel angewiesen.

Zwei Beispiele für die Tiefe der Verflechtung: Wer am berühmten „Fisherman's Wharf“ einen „San-Francisco-Kaffeebecher“ als Souvenir kauft, erhält diesen als „Made in China“.
In Ellington, einem Städtchen im US-Bundesstaat Missouri, arbeitet ein auf die Forstwirtschaft spezialisierter Maschinenbauer mit Trumpf-Werkzeugmaschinen aus dem schwäbischen Ditzingen.

www.un.org

Global Player

Viele Industrieunternehmen, die **Global Players,** produzieren weltweit und haben dadurch die Möglichkeit, sich die günstigsten Standorte mit Vorteilen bei Löhnen, Steuern und sonstigen Bedingungen auszusuchen. So werden Arbeitsplätze in die „Billiglohnländer“ verlagert (outsourcing).

Die Kritik daran ist verständlich, weil sie zur Arbeitslosigkeit auf dem heimischen Markt führen kann. Der kapitalistische Unternehmer lässt sich nicht von Patriotismus leiten, der Konsument aber auch nicht. Wer Geiz als „geil“ empfindet, kauft in aller Regel ein Produkt „Made in ...“ – nur nicht in Deutschland.

www.worldbank.org

Wenn über die Hälfte der Vorprodukte eines deutschen Automobils nicht mehr im Inland hergestellt, sondern aus dem Ausland bezogen werden, ist es nur konsequent, wenn die Unternehmen nicht mehr das Herkunftsland als Produktionsort angeben, sondern den Firmennamen einsetzen wie etwa „Smart – engineered by Mercedes-Benz“.

Mitarbeiter von Morgan Grenfell, einem Investmenthaus der Deutschen Bank, an ihren Arbeitsplätzen in Singapur

Entwicklung von Bevölkerung und Bruttoinlandsprodukt

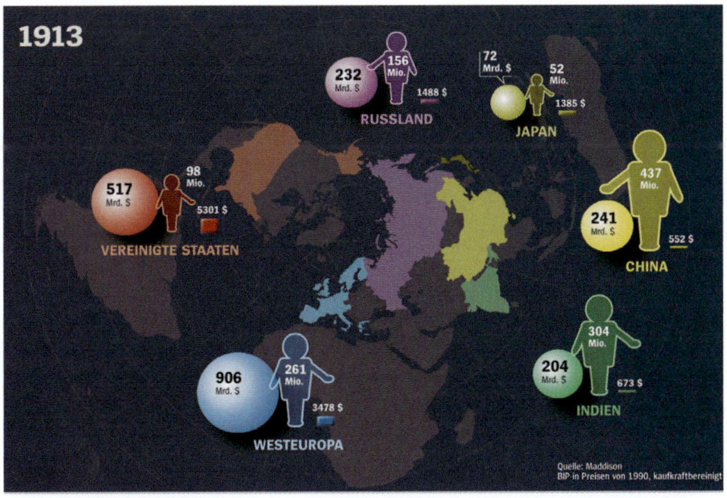

Das europäische Zeitalter

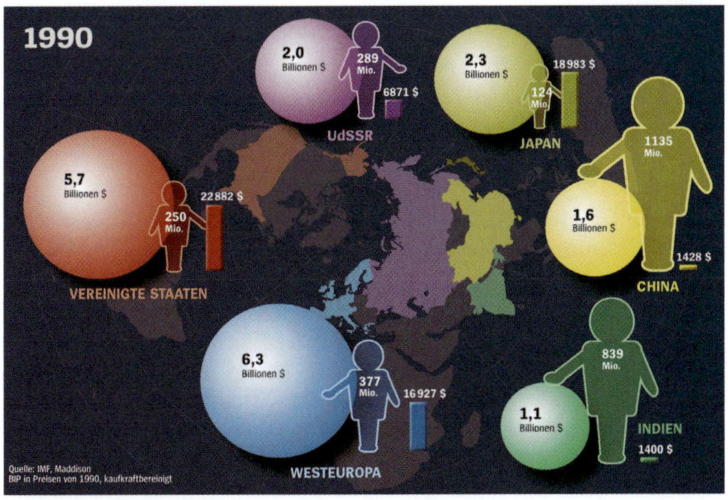

Der Westen dominiert die übrige Welt

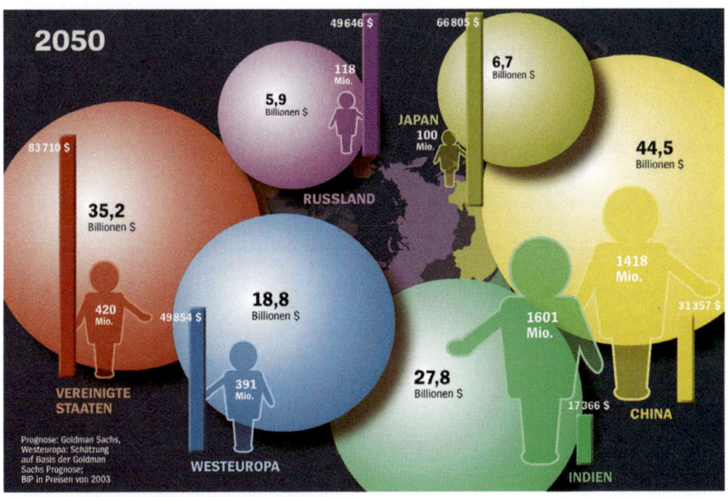

Prognose der Investmentbank Goldman Sachs

Es gibt nicht nur einen Wettbewerb der Produzenten um Kunden, sondern auch einen zwischen den Ländern, Regionen und Gemeinden im Bemühen, möglichst günstige Bedingungen für ausländische Investoren und Kapitalgeber zu schaffen. Wer hier mit guten Standortbedingungen – niedrige Steuerlasten, billige Arbeitskräfte, mäßige Sozialabgaben – Unternehmen ins Land locken kann, fördert dort den Wohlstand für alle. Bei den sogenannten **weichen Standortfaktoren** wie Rechtssicherheit, Fachwissen, ausgebildete Arbeitnehmerschaft, zuverlässig arbeitende Bürokratie hat Deutschland immer noch beträchtliche Vorteile aufzuweisen.

Weiche Standortfaktoren

▶ Q. 4

Schwellenländer (zum Begriff siehe Kapitel 6.2) haben mit ihren niedrigen Löhnen gute Chancen, den Anschluss an den Welthandel zu finden.

Schwellenländer

www.wto.org
Entwicklungsländer

Dagegen werden besonders rückständige **Entwicklungsländer** (s. Kap. 6.2) häufig vom Globalisierungsprozess ausgeschlossen, weil fehlende Infrastruktur und Rechtsunsicherheit trotz sehr niedriger Löhne keine Auslandsinvestitionen anlocken.

Weltnetz

Das **Weltnetz** (www = world wide web) hat zu einer noch vor Jahrzehnten für unvorstellbar gehaltenen Flut von Daten (= Informationen) geführt.

Jeder kann die Probe aufs Exempel machen: Er gebe z. B. bei einer Suchmaschine einmal das Stichwort „Globalisierung" ein – und er erhält in weniger als einer Sekunde fast vier Millionen „Treffer"! Das Wissens- und Lernproblem der Zukunft wird das der Selektion aus dem Ozean der zur Verfügung stehenden Datenmassen sein.

Internet

Diese Revolution in der Informations- und Kommunikationstechnik hat das Zusammenwachsen vor allem der Finanz- und Dienstleistungsbereiche vorangetrieben. Satellitentechnik, Fax, Glasfaserkabel, Laptop, Mobiltelefone und vor allem das **Internet** sorgen dafür, dass praktisch jede Information an jedem Punkt der Erde jederzeit verfügbar sein kann. Der alte Traum ist rein technisch wahr geworden: Im Prinzip kann jeder Mensch mit jedem anderen zu jedem Zeitpunkt in „real time" kommunizieren.

2.3.3 Die Arbeitslosigkeit

www.arbeitsagentur.de
Quote

Kaum eine Wirtschaftsstatistik erhält so viel Aufmerksamkeit wie die der Arbeitslosigkeit. Als **Quote** wird sie berechnet in Prozent der Erwerbspersonen, das sind alle Erwerbstätigen (ohne Wehr- und Zivildienstleistende), zuzüglich Arbeitslose.

Automobilproduktion in menschenleerer Fabrikhalle

Dennoch hat diese Statistik nur einen begrenzten Aussagewert, insbesondere für internationale Vergleiche, weil die Erhebungs- und Berechnungsmethoden sehr unterschiedlich sind.

Beispiele: Nach wie viel Tagen Arbeitslosigkeit wird der Stellungsuchende als „arbeitslos" gezählt? Werden auch ausländische Arbeitsuchende mitgezählt (in der Schweiz zum Beispiel nicht)? Wie wird mit Saisonarbeitern verfahren? Wie viele Wochenstunden musste ein Arbeitnehmer gearbeitet haben, um nach Verlust seiner Stellung als arbeitslos zu gelten?

In Deutschland gilt jeder statistisch als arbeitslos, der willens und fähig ist, irgendeine Arbeit auszuüben, dem deutschen Arbeitsmarkt zur Verfügung steht, sich also z. B. nicht dauerhaft im Ausland aufhält und weniger als wöchentlich 15 Stunden erwerbstätig ist. Der Arbeitslose muss im Prinzip täglich erreichbar sein und ist zu einer Eigeninitiative bei der Beschäftigungssuche verpflichtet.

Jahresdurchschnitt	Arbeitslose in Tausenden	Arbeitslosenquote	Kurzarbeiter in Tausenden
1950	1580	10,4	116
1955	928	5,2	24
1960	271	1,3	3
1965	147	0,7	1
1970	149	0,7	10
1975	1074	4,7	773
1980	889	3,8	173
1990	1883	7,2	56

Jahresdurch-schnitt	Arbeitslose in Tausenden		Arbeitslosenquote		Kurzarbeiter in Tausenden	
	West	Ost	West	Ost	West	Ost
1992	1 808	1 170	6,6	14,8	283	370
1994	2 556	1 142	8,2	15,2	275	97
1996	2 796	1 169	10,1	15,7	206	71
1998	2 905	1 375	9,4	18,2	81	34
1999	2 756	1 344	8,8	17,6	92	27
2000	2 529	1 359	7,8	17,4	62	24
2001	2 320	1 532	7,2	17,3	94	29
2002	2 498	1 536	7,7	17,7	162	45
2003	2 753	1 623	8,4	18,5	16,0	35
2004	2 783	1 599	8,5	18,5	122	29
2005	3 246	1 617	9,9	18,4	101	25
2006	3 007	1 480	9,1	17,3	54	13
2007	2 486	1 291	7,5	15,1	52	16
2008	2 105	1 480	6,4	13,1	80	21

(Eigene Zusammenstellung nach diversen Monatsberichten der Deutschen Bundesbank. Frankfurt a. M.)

Die deutsche **Arbeitslosenstatistik** weist auf der einen Seite einen zu hohen, auf der anderen Seite einen zu niedrigen Stand aus.

Arbeitslosenstatistik

Zu hoch sind die Zahlen, weil

- manche Stellungsuchende an einer Arbeitsaufnahme nicht ernsthaft interessiert sind und dies auch mehr oder weniger offen beim Bewerbungsgespräch erkennen lassen;
- die Arbeitsagentur nur selten von der **Zumutbarkeitsregel** Gebrauch macht, einem Arbeitnehmer auch eine völlig andere, vor allem erheblich schlechter bezahlte Tätigkeit als bisher anzubieten, z. B. einem Büroangestellten eine Stelle in der Pfandflaschenrückgabe eines Supermarktes. Ein Wohnungswechsel wird sowieso keinem Arbeitslosen zugemutet.
- nicht wenige in die Schwarz- und Schattenwirtschaft abwandern, also in Wirklichkeit sehr wohl Arbeit haben. – Die Schätzungen, wie hoch dieser Anteil ist, reichen von 3 % als Untergrenze (so die Gewerkschaften) bis zu 25 % (nach Arbeitgebermeinung).

Zumutbarkeitsregel

Zu niedrig sind die statistischen Angaben, weil

- viele Arbeitsuchende sich gar nicht bei der Arbeitsagentur melden, weil sie keine Hoffnung haben, die von ihnen gewünschte Stellung zu erhalten;
- in Beschäftigungsgesellschaften tätige und ausgebildete Arbeitnehmer nicht mitgezählt werden, obwohl sie keine reguläre und dauerhafte Beschäftigung ausüben. Diese Gesellschaften, auch Qualifizierungsgesellschaften genannt, werden für Arbeitnehmer gebildet, die nach Firmenauflösung oder -aufkäufen arbeitslos werden. In diesen Gesellschaften werden sie zeitlich befristet nach Möglichkeit mit Unterstützung durch die staatlichen Arbeitsagenturen auch beschäftigt.

▶ Q. 5

www.destatis.de

2.3.4 Die „neue Armut"

www.bmas.bund.de

Ausgangssituation:
Ein Student nimmt in seinem Kleinwagen seinen alten Professor eine Wegstrecke mit. Nach einer Weile bemerkt dieser:
„Ihr Studenten seid doch heute alle reich."

„Nein", protestiert der Student entschieden, „ich bin zum Beispiel sehr arm".
Wer hat Recht? Antwort: Beide. Es kommt nämlich darauf an, welchen Armutsbegriff man zugrunde legt.

Es gibt fünf verschiedene Armutsbegriffe:

Einkommensarmut

1. **Einkommensarmut.** Dieser Armutsbegriff wird in Deutschland gesetzlich definiert. Danach gilt automatisch jeder als absolut arm, der im Jahr weniger als 60 % des Einkommensdurchschnitts verdient, und jeder gilt als relativ arm, der weniger als 75 % erhält. Diese Armutsdefinition ist fragwürdig, denn bei dieser Berechnung wird man immer Arme haben, da stets Gruppen unter dem Durchschnitt liegen werden. Man braucht sich nur einmal vorzustellen, dass – annähernde Preisstabilität unterstellt – bis zum Jahre 2020 das jährliche Durchschnittseinkommen auf eine Million EUR ansteigt, dann gilt jeder als arm, der „nur" eine halbe Million EUR verdient. Oder: Wenn sich über Nacht alle Einkommen verdoppeln würden, gäbe es am nächsten Morgen dennoch genauso viele „Arme" wie zuvor, eben weil der Armutsbegriff bezogen auf das Durchschnittseinkommen ein relativer ist.

Vermögensarmut

2. **Vermögensarmut.** Wer außer den persönlichen Gebrauchsgütern, Auto eingerechnet, kein Grund- oder Geldvermögen hat, gilt demnach als arm. Der flott lebende Yuppie, der sein monatliches Nettoeinkommen von 8 000 EUR für maßgeschneiderte Anzüge, Abenteuerurlaub, kostspielige Hotels und sonstige Lebensgenüsse ausgibt, würde demnach als arm gelten.

Intergesellschaftliche Armut

3. **Intergesellschaftliche Armut.** Dies ist ebenfalls ein Begriff der relativen Armut und vergleicht Armut in verschiedenen Gesellschaften und Regionen. So verdient ein Universitätsprofessor in Taschkent (Usbekistan) etwa 15 % dessen, was in Deutschland ein Sozialhilfeempfänger erhält. Selbst wenn man die wesentlich niedrigeren Lebenshaltungskosten Mittelasiens berücksichtigt, klafft eine gewaltige Spanne. Der Professor dort ist gemessen an mitteleuropäischem Standard bettelarm, der Sozialhilfeempfänger, also der hiesige offizielle Arme, ist mit dort verglichen relativ reich.

Intragesellschaftliche Armut

4. **Intragesellschaftliche Armut.** Sie beschreibt die vergleichsweise, also wiederum die relative Armut innerhalb einer Gesellschaft. So gesehen dürften mindestens die Studenten, die mit dem (selbst höchsten) Regelsatz des BAFÖG auskommen müssen, als arm bezeichnet werden, deshalb hat der eingangs erwähnte studentische Autobesitzer wahrscheinlich Recht.

Intergenerative Armut

Armut in Deutschland

5. **Intergenerative Armut.** Diese relative Armut bezieht sich auf Armutsvergleiche zwischen den Generationen. Die Großeltern, zumindest aber die Urgroßeltern der heutigen Schülergeneration waren vor allem in ihren jüngeren Jahren am heutigen Standard gemessen arm. So verdiente etwa ein Grundschullehrer vor dem Ersten Weltkrieg monatlich achtzig Reichsmark. Berücksichtigt man den Wertverfall der Währung bis heute, so muss man diesen Betrag vervierfachen, das wären heute etwa 320 EUR; immer noch weniger als der Mindestsatz der Sozialhilfe mit 345 EUR (Stand: 2008), zu der zusätzlich Miet- und Heizzuschüsse und weitere Hilfen gewährt werden können. Er wäre also mit heutigen Maßstäben gemessen sehr arm. Und deshalb hat auch der Professor recht, wenn er generell von den Studenten in Deutschland behauptet, sie seien reich.

Die Ursachen der in Deutschland grassierenden relativen Armut sind so vielfältig wie das Leben selbst. Zu den wichtigsten Gründen gehört der Kinderreichtum, der allerdings heute schon bei drei Kindern anfängt, die langfristige Arbeitslosigkeit oder Erwerbsunfähigkeit durch Krankheit und Alter, die Überschuldung infolge leichtfertiger Ratenkäufe einschließlich eines fast nur kreditär finanzierten Hausbaus oder -kaufs, bei dem nach ein paar Jahren wegen rückständiger Zins- und Tilgungszahlungen die Zwangsversteigerung eingeleitet wird. Zu den Armen zählen auch fast alle Asylbewerber.

Versteckte Armut

Keinem Zweifel unterliegt, dass es in Deutschland wirklich Arme gibt, auch wenn Armut keine Massenerscheinung ist. Denn zu der offiziell ausgewiesenen Armutsstatistik gibt es noch eine **versteckte Armut.** Vor allem ältere Frauen, die der Kinder wegen nur wenige Jahre arbeiteten und zumeist nur schlecht bezahlt waren, leiden unter dieser Armut. Sie scheuen sich, zum Sozialamt zu gehen und Hilfe zu beantragen. Geschätzt wird, dass es fast drei Millionen „verdeckte Arme" gibt.

▶ Q. 10

Nur sehr unzulänglich geben die amtlichen Statistiken Auskunft über die Einkommens- und

Vermögensverteilung in der Bundesrepublik Deutschland. Nach den letzten Erhebungen der Prognos AG (Schweiz) aus dem Jahre 2002 besaßen die reichsten 10% der Inländer etwa die Hälfte des Gesamtvermögens bestehend aus Barvermögen, Spareinlagen, Aktien- und Immobilienbesitz. Für 1998 schätzte die Deutsche Bundesbank, dass 20% der Haushalte 71% des Bruttovermögens (also ohne Abzug von darauf lastenden Schulden) in den Händen hielten.

Das DIW (Deutsches Institut für Wirtschaft) gibt diesen Anteil noch höher an, nämlich dass 20% rund 80% des Gesamtvermögens besitzen. Zwei Drittel der Bevölkerung haben kein oder nur ein geringes Vermögen, die Hälfte der Bundesbürger lebt unmittelbar nur vom Einkommen.

Einkommens- und Vermögensverteilung

Eine völlig gleiche **Einkommens- und Vermögensverteilung**, die sogenannte kommunistische Verteilung, ist unmöglich und wäre nicht einmal wünschenswert, weil dann alle Leistungs- und Sparanreize entfielen. Aber nicht zu Unrecht ist der Eindruck entstanden, dass sich die Schere zwischen Arm und Reich in Deutschland in den letzten Jahren weiter geöffnet hat. Spitzenmanager, die Bescheidenheit bei Lohnforderungen anmahnen, um die globale Wettbewerbsfähigkeit nicht zu gefährden, bedienen sich selbst ungeniert mit Zustimmung des Aufsichtsrates mit satten Gehaltsaufbesserungen in zweistelligen Prozentsätzen. Der größte Unmut erwächst daraus, dass diese Einkommenssteigerungen eben nicht nur gezahlt werden, wenn das Unternehmen erfolgreich ist, sondern auch dann, wenn der gescheiterte Manager beim Abgang mit einem vergoldeten Handschlag bedient wird. – Solche Auswüchse haben sogar den Bundespräsidenten schon zu kritischen und mahnenden Worten veranlasst.

Als Beispiel kann man den ehemaligen Daimler-Chef *Jürgen Schrempp* nennen. Nachdem er durch seine Fehlentscheidungen – Einstieg bei Chrysler – Milliarden an Aktienkapital vernichtet hatte, profitierte er genau davon. Wegen des Investitionsdesasters in den USA waren die Börsenkurse der Daimler-AG stark gefallen. Zu diesen niedrigen Kursen hatte *Schrempp* Aktienoptionen (= Anrechte auf Kauf zu diesen Kursen) erworben. Als nun der Börsenkurs von Daimler nach seinem erzwungenen Ausscheiden nach oben schnellte, nutzte er diese Optionen und verkaufte die Daimler-Aktien mit einem Millionengewinn. So zog er gerade aus dem Schaden, den er selbst dem Traditionswerk und den anderen Aktionären zugefügt hatte, noch einen großen persönlichen Nutzen.

In der öffentlichen Kritik stehen auch die üppigen Altersabfindungen. So schied z.B. der Chef des süddeutschen Energieversorgers EnBW, *Utz Claassen*, im Alter von 44 nach nur vier Jahren aus, und erhält eine jährliche Vergütung von 400 000 EUR – bis zum 63. Lebensjahr.

Fiskus

Einschränkend muss man freilich vermerken, dass rund 40 % solcher Einkommen an den **Fiskus**, das ist der Staat in seiner Eigenschaft als Steuereinnehmer, gehen.

2.3.5 Herausforderungen für die Politik

Es sind vor allem vier Bereiche, bei denen sich die Politik vor große Probleme gestellt sieht.

Sozialstaat

Der **Sozialstaat** ist in seiner heutigen Gestalt schon mittelfristig unbezahlbar geworden. Er leidet – und das ist typisch für eine Gesellschaft, die sich verpflichtet sieht, die Wohlfahrt aller zu fördern – daran, dass alle unzufrieden sind: die Empfänger sozialer Leistungen, weil sie ihrer Meinung nach zu wenig erhalten, und die Abgabenverpflichteten stöhnen über die angeblich oder tatsächlich zu hohen Lasten.

▶ Q. 6

www.bmas-bund.de

Sozialbudget

Das Widersprüchliche daran ist, dass 1950 das **Sozialbudget**, also die Gesamtheit aller sozialen Leistungen, 8% des Bruttoinlandsprodukts betrug und heute, trotz einer Vervielfachung der wirtschaftlichen Leistungen, rund 30% davon verschlingt, und das bei erheblich gestiegenem Lebensstandard. Ein Grund für diese widersprüchliche Entwicklung dürfte sein, dass fast jeder davon zu profitieren scheint, weil so gut wie alle irgendwie irgendwas bekommen: Der kinderlose und gut verdienende „Häuslebauer“ ebenso wie die kinderreiche Familie, der Stu-

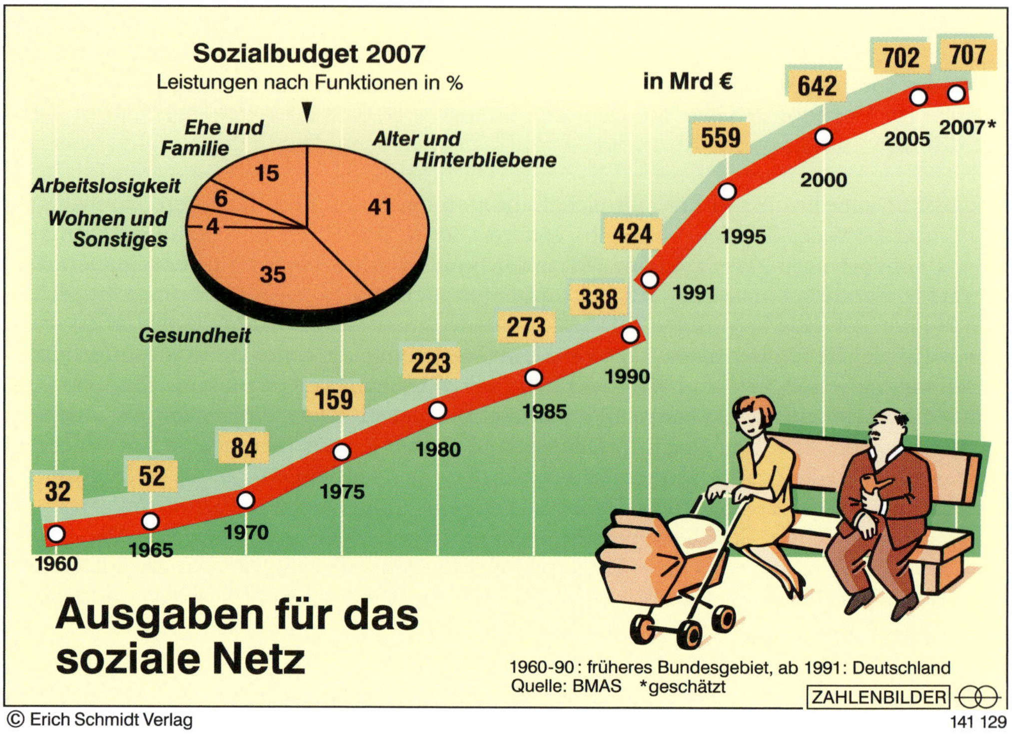

dent und der Arbeitslose, der Rentner und die Ministerin für ihren Reha-Aufenthalt, und den Mindestsatz der Sozialhilfe (+ Zuschüsse) erhält auch, wer niemals gearbeitet hat. Niemand kann zur Arbeit gezwungen werden und da der moderne Wohlfahrtsstaat auch schuldhaft Verarmte nicht einfach verhungern lässt, kann jemand in Deutschland jahrzehntelang – oft schon in zweiter und dritter Generation – nur von der „Stütze", also dem vom Staat gezahlten Transfereinkommen leben. Diese Schicht wird als das moderne **Prekariat** bezeichnet.

Prekariat

www.deutsche-rentenversicherung-bund.de

In Deutschland weiß niemand mehr genau, wie viele soziale Leistungen gewährt werden, denn schon ein verbilligter Museumsbesuch für Studenten, Schüler, Auszubildende und Rentner ist letztlich eine von der Gesamtheit zu tragende Vergünstigung. Als halbwegs gesicherte Erkenntnis kann gelten: Für etwa 60 % der Bevölkerung ist das System der gigantischen Umverteilung günstigstenfalls ein Nullsummenspiel, d.h. sie bekommen in irgendeiner Weise nach Abzug der Verwaltungskosten zurück, was ihnen zuvor an Steuern und Sozialbeiträgen genommen wurde. Für etwa 20 % dürfte der Saldo negativ sein, vor allem für jene 5 % der Bürger, die 43 % des Einkommensteueraufkommens zahlen. Für die restlichen 20 %, die Ärmsten, könnte die Bilanz positiv aussehen, also für Bürger, die keine Lohn- und Einkommensteuer an das Finanzamt abzuführen brauchen.

Finanzierungskrise

Von den fünf sozialen Sicherungssystemen – Renten-, Unfall-, Kranken-, Arbeitslosen- und Pflegeversicherung – sind insbesondere die Renten- und Krankenversicherung und neuerdings auch die Pflegeversicherung in eine schwere **Finanzierungskrise** geraten. Für alle drei Versicherungszweige sind die Ursachen nahezu identisch:

Überalterung

Rentenbezugsdauer

1. Die **Überalterung** der Bevölkerung oder ihre „Unterjüngung", lässt die Zahl der Rentner unablässig wachsen. Müssen derzeit 100 Erwerbstätige für 41 Rentner aufkommen, so steigt der Rentneranteil ab dem Jahre 2010 kontinuierlich an und erreicht 2050 fast 100.
2. Der demografische Kollaps wird noch verschärft durch die ständig wachsende Lebenserwartung. Die **Rentenbezugsdauer**, also die Zahl der Jahre, in der ein Rentner Leistungen aus der gesetzlichen Rentenversicherung erhält, stieg von 1960 bis zum Ende des Jahrtausends von 10 Jahren bei Männern auf 14 und bei Frauen sogar auf 18 Jahre.
3. Mehrere Jahre Wachstumsschwäche der deutschen Wirtschaft in Verbindung mit der

auch daraus resultierenden verfestigten **Langzeitarbeitslosigkeit** verschärfen das Problem, denn Arbeitslose können keine Beiträge zur Renten- und Krankenversicherung leisten. Nicht wenige Wissenschaftler und politisch Verantwortliche sehen einen Grund dafür in der fehlenden Kinderzahl. Für arme Länder gilt, dass viele Kinder eine Last sind, aber ein reiches Land, und das ist Deutschland immer noch, wird durch zu wenige Kinder arm. Es fehlt an binnenländischer Nachfrage. Wenn die jährlich fehlenden 350 000 Kinder geboren würden, gäbe es genug Arbeit, behauptet eine vom Ministerium gestützte Studie, nach der Kinderlosigkeit der Grund für den anhaltenden wirtschaftlichen Stillstand in Deutschland sein soll. Gesicherte Erkenntnis ist, dass **Nachwuchsmangel** für jede Gesellschaft langfristig auch Mangel an Innovationskraft, an neuen Impulsen, an künstlerischer Kreativität und jugendlicher Dynamik bedeutet. Die Gesellschaft und ihre Wirtschaft vergreisen.

Langzeitarbeitslosigkeit

Nachwuchsmangel

4. Ein weiterer Faktor ist der **späte Berufseintritt**. Er erfolgt im Durchschnitt erst mit 25 Jahren, bei Universitätsabsolventen sogar erst mit 28 Jahren. Gleichzeitig waren im Jahre 2001 nur noch 37 % aller Erwerbsfähigen zwischen 55 und 64 Jahren berufstätig. Bis ins 21. Jahrhundert hinein hatten wir in Deutschland die ältesten Studenten und die jüngsten Rentner. Überspitzt konnte die Situation wie folgt gekennzeichnet werden: vom BAföG in die Rente.

Später Berufseintritt

5. Der an sich erfreuliche medizinische Fortschritt lässt die **Gesundheitskosten** geradezu explodieren. Hinzu kommt, dass für die meisten Menschen der größte Teil ihrer Ausgaben für Arztbesuche, Medikamente und Krankenhausaufenthalte erst im Alter anfällt. Die verlängerte Lebensdauer ist gleichzeitig eine Verlängerung der Krankheitsanfälligkeit und damit wesentlicher Faktor des Kostenanstieges.

Gesundheitskosten

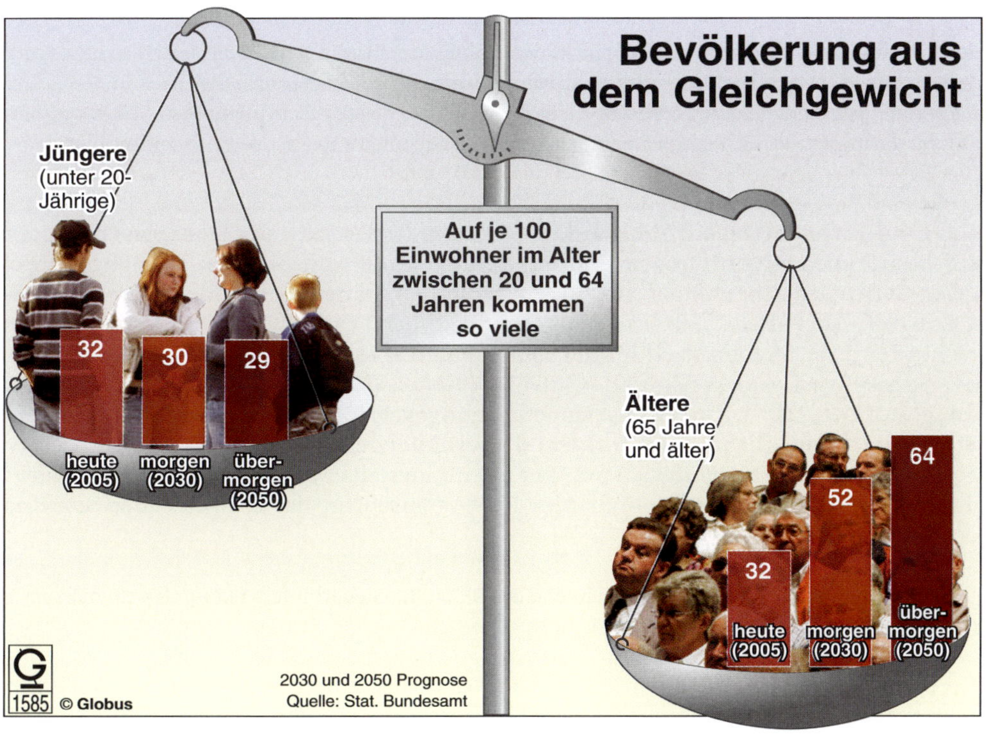

An Kommissionsvorschlägen zur Lösung dieser unausweichlich sich von Jahr zu Jahr verschärfenden Problematik mangelt es nicht; einiges ist bereits auf den Weg gebracht. Ein demografischer Faktor, von der damaligen Bundesregierung 1998 abgeschafft und als Nachhaltigkeitsfaktor vier Jahre später wieder eingeführt, koppelt die Renten von der Einkommensentwicklung ab, d.h. die Renten wachsen künftig langsamer als die Einkommen der Berufstätigen. Auf diese Weise sollen die zunehmenden Lasten der Überalterung nicht nur von der erwerbstätigen Bevölkerung getragen werden, sondern auch von den Älteren. Die Pensionsansprüche der Beamten werden gleichermaßen nach und nach reduziert, diese bekommen statt bisher im Regelfall 75 % der zuletzt erhaltenen Bezüge nur noch 71,4 %. Eine zweite Möglichkeit, die Rentenlast zu lindern, ist das **Kapitaldeckungsverfahren**. Die Erwerbstätigen sparen einen Teil ihrer Einkommen, aus denen sie dann im Alter eine Zusatzrente beziehen können – die sogenannte „Riester-Rente".

Kapitaldeckungsverfahren

Bei der Krankenversicherung wird eine zunehmende Eigenbeteiligung verlangt, insbesondere beim Krankengeld, Zahnersatz und bei Seh- und Hörhilfen.

Es bleibt abzuwarten, ob die jetzt beschlossenen Maßnahmen ausreichend sind und sich nicht in wenigen Jahren schon wieder als unzureichend erweisen werden, so wie dies bei der Pflegeversicherung schon jetzt der Fall ist: Sie wird schon bald ihre Beiträge erhöhen oder drastische Einschnitte erfahren müssen.

▶ Q. 7 und 8

2.3.5.1 Der Steuerstaat

Steuerquote

Seit ihrer Geburt gilt für die Bundesrepublik Deutschland der eherne Grundsatz von den „wachsenden Staatsauf- und -ausgaben". Die **Steuerquote** (= Anteil des Steueraufkommens am Bruttoinlandsprodukt ohne Sozialabgaben) betrug im Jahre 2007 21 % (1950: 10 %) und liegt damit sogar noch unter dem europäischen Durchschnitt.

▶ Q. 9

Bisher hat noch kein Politiker einen Ausweg aus diesem fast naturgesetzlichen Anstieg gefunden oder die von der Wissenschaft gebotenen Lösungswege genutzt.

Die Bürger sind an dieser Entwicklung nicht unschuldig. Unablässig fordern die verschiedenen Gruppen mehr finanzielle staatliche Zuwendungen, jede einzelne von ihnen mag sich durchaus im Recht fühlen, insgesamt aber ergibt dies Anforderungen an den Staat, die dieser nur mit erhöhten Steuerforderungen erfüllen kann. Bei staatlichen Sparvorhaben zeichnet sich ein zur Realsatire gerinnendes Bild: Alle sind für Sparen, aber bitte: nicht bei mir oder bei unserer Gruppe!

Steuergesetze

Steuervermeidung

Steuerhinterziehung

Niemand, nicht einmal ein Steuerberater, vermag das Dickicht der **Steuergesetze**, ihre darauf basierenden Verordnungen und die Zehntausende von Erlassen zuzüglich einschlägiger Gerichtsentscheidungen noch ganz zu durchschauen. Schon der römische Senator *Cicero* (106–43) wusste: „Summum ius summa iniuria" (= Größtes Recht ist höchste Ungerechtigkeit). Im Streben nach immer mehr (Fall-)Einzelgerechtigkeit bleibt das Recht auf der Strecke, weil es den Begüterten mehr Optionen (= Möglichkeiten) der **Steuervermeidung** eröffnet. Das Dickicht des Steuerdschungels in Verbindung mit einer sinkenden Steuermoral ermöglicht und verursacht **Steuerhinterziehung**. Der Umfang kann nur vage geschätzt werden. Er beläuft sich pro Jahr auf mindestens 20 Milliarden EUR und wird von der Steuergewerkschaft auf 75 Milliarden EUR veranschlagt, das entspricht den Soziallasten des Bundes.

Der bisher (Stand: Frühjahr 2009) bedeutendste Fall ist die Steuerhinterziehung des ehemaligen Postchefs *Klaus Zumwinkel* über eine Stiftung in Liechtenstein.

Der renommierte Steuerrechtler *Paul Kirchhof* sieht die Steuergesetzgebung als Teil einer bürokratischen Hydra (mythisches Geschöpf mit mehreren Köpfen), die zur Politikverdrossenheit führt: Das Steuerrecht wird von 50 000 (!) Paragraphen bestimmt, die Gesetzestexte zur Gesundheitsreform füllen 536 Seiten. Haben alle Abgeordneten, die dieser Reform zustimmten, sie auch gelesen und gar verstanden?

Der ehemalige CSU-Vorsitzende *Erwin Huber* bemerkte hierzu einmal: „Der Satz des *Pythagoras* umfasst 24 Worte, das Archimedische Prinzip 67, die Zehn Gebote 179, die amerikanische Unabhängigkeitserklärung 300 – und allein der Paragraph 19a des deutschen Einkommensteuergesetzes 1862 Worte!

Verrechtlichung

Die **Verrechtlichung**, also die Normenflut, erstreckt sich auch auf andere Bereiche: So müssen sich zum Beispiel die Geschichtslehrer in Nordrhein-Westfalen an 363 Seiten Vorschriften orientieren, um ihren Unterricht zu gestalten.

2.3.5.2 Der Schuldenstaat

Staatsverschuldung

Die Bundesrepublik lebt seit Jahrzehnten über ihre Verhältnisse, d. h. sie leistet sich mehr, als sie sich aufgrund ihrer wirtschaftlichen Leistung eigentlich leisten könnte. Dafür gibt es ein ganz einfaches Indiz: die **Staatsverschuldung**.

Eine Staatsschuld ist nicht von vornherein negativ zu bewerten. Es ist durchaus gerecht, dass eine künftige Generation einen Teil der Lasten trägt, welche die gegenwärtige durch Zukunftsinvestitionen auf sich nimmt. Kritisch wird die Schuldenentwicklung in zwei Fällen:

Neukreditaufnahme

- Die Schuld wächst permanent rascher als die gesamtwirtschaftliche Leistung;
- die **Neukreditaufnahme** deckt nicht einmal mehr die Last der Zinszahlungen, d. h., die neuen Kredite können insgesamt gesehen nicht investiv zur produktiven Verwendung bestimmt verwendet werden, sie dienen nur noch dem Schuldendienst und vermögen selbst diesen nicht mehr ganz zu erfüllen. Die Schuldenfalle ist zugeschnappt.

www.steuerzahler.de

▶ Q. 10

Für den 25. Februar 2009 (ein Aschermittwoch!) hatte der Bund der Steuerzahler in EUR errechnet:
Staatliche Gesamtverschuldung: 1,536 Billionen
Schuld je Kopf: 18 721
Schuldzuwachs je Sekunde: 4 439

Staatliche Alterslasten

Selbst diese exorbitanten Zahlen zeigen noch nicht einmal die gesamten Finanzverpflichtungen der öffentlichen Hand. Rechnet man zu der explizit ausgewiesenen Schuld von 1,5 Billionen Euro noch die **staatlichen Alterslasten** wie Pensions- und Rentenansprüche hinzu, dann liegt die gesamte Staatsschuld noch viermal höher, nämlich bei 270 % statt bei 67 % des Bruttoinlandsproduktes.

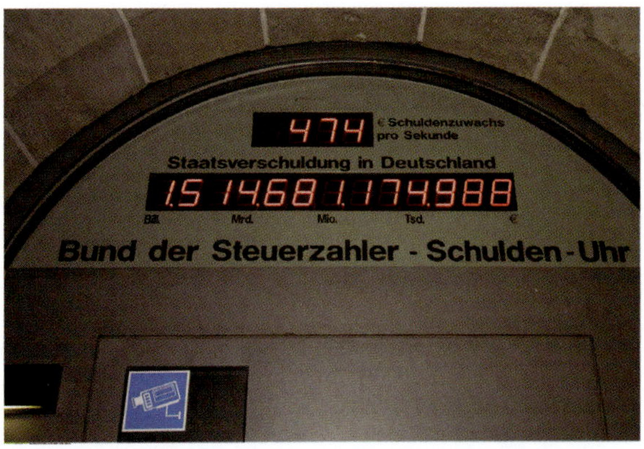

Schuldenuhr in Berlin, Stand 31. Oktober 2008

Zinslast

Man kann hochrechnen, wie groß der Schuldenstand in den nächsten Jahren sein wird. Man muss aber beachten, dass jede Neuverschuldung durch die wachsende **Zinslast** den Schuldzuwachs ebenso beschleunigt wie ein zwischenzeitlich steigender Zinssatz. Ein sinkender Zinssatz oder gar eine Nettotilgung, eine allerdings ganz und gar unrealistische Annahme, würde dagegen den Zuwachs wenigstens mindern.

Niemand vermag sich einen Betrag von 1,5 Billionen (= 1 500 000 000 000) konkret vorzustellen. Deshalb hat die Frankfurter Allgemeine Zeitung zusammen mit dem Bund der Steuerzahler aufgrund von Informationen der Deutschen Bundesbank einmal folgende Vergleiche angestellt:

Bei der Stückelung der Banknoten ist die 500-EUR-Note die größte. Um die genannte Schuld in dieser Banknote zu begleichen, brauchte man 2,9 Milliarden Scheine, die nebeneinandergelegt achtmal um den Äquator reichen würden. Übereinandergestapelt bildeten sie eine Höhe von 291 km. Nähme man statt der 500-EUR-Note die zur Barzahlung üblichen 50-EUR-Scheine, reichten diese zweimal für die mittlere Entfernung Erde–Mond (= 1,6 Millionen km). Diese Scheine wögen 6,2 Millionen Tonnen, für de-

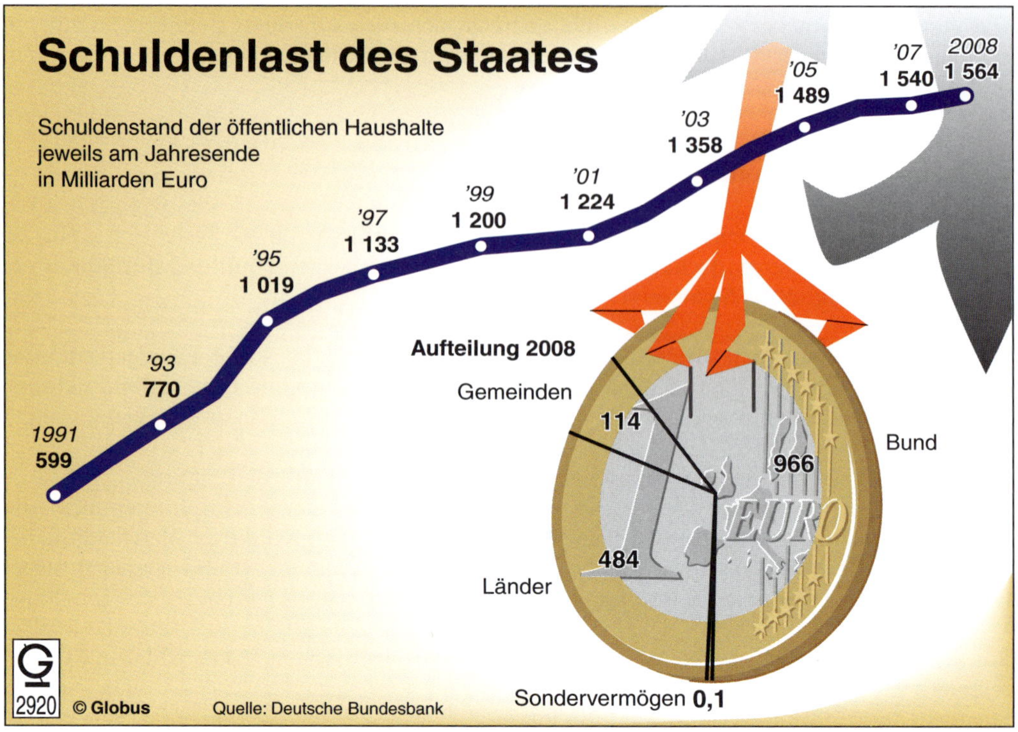

ren Transport man einen Güterzug mit einer Länge von 2 033 km, also von Nürnberg bis Madrid benötigte.

Neuverschuldung

Inzwischen wird in einigen Ländern und Gemeinden wenigstens die **Neuverschuldung**, d. h. der Zuwachs der Gesamtverschuldung abzüglich Tilgung alter Schulden, zurückgefahren; aber die Schuldenlast steigt damit immer noch. Einige Städte – Dresden und Düsseldorf z. B.

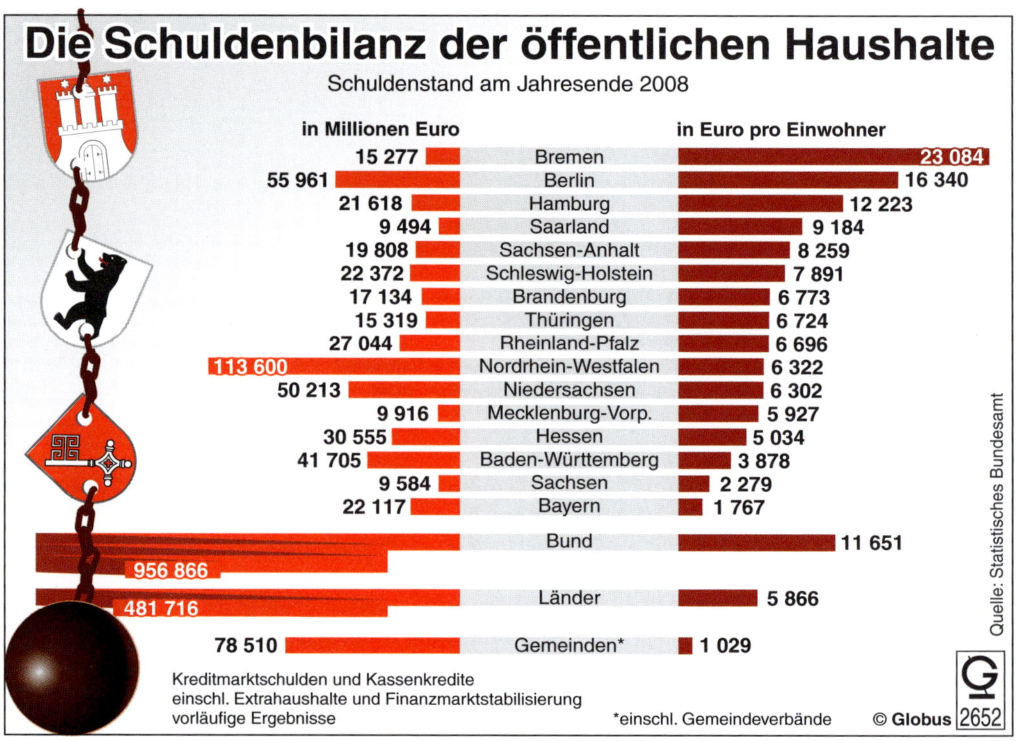

– sind nach Verkauf von Immobilien sogar schon schuldenfrei. Andere Länder planen – allen voran Bayern und Baden-Württemberg – die **Nettoverschuldung** im Jahre 2010 auf Null zu bringen. – Der Bund aber nimmt trotz der aufgrund der guten Konjunktur und höheren Steuern – die Umsatzsteuer wurde von 16 % auf 19 % angehoben – sprudelnden Steuereinnahmen auch 2008 neue Schulden auf, wenngleich weniger als in den Vorjahren.

Nettoverschuldung

Man muss aber genau hinschauen, wenn Politiker vom „Sparen" reden. Wenn ein Bankschuldner in einem Jahr weniger Kredite aufnimmt als im vorherigen, dann spart er nicht, sondern erhöht Zins- und Tilgungslast. Vom staatlichen Sparen kann korrekterweise erst dann gesprochen werden, wenn alte Schulden ohne Neuverschuldung getilgt oder gar Reserven für Notzeiten angelegt werden. – Doch davon sind Bund und die meisten Bundesländer noch sehr weit entfernt.

2.3.5.3 Der Umweltschutzstaat

Im Umweltschutz darf sich die Bundesrepublik Deutschland als Pionier betrachten. Sie hat fraglos ungeschadet parteipolitischer Differenzen unter jeder Bundesregierung gerade auch international eine Vorreiterrolle übernommen. Aber alle Bemühungen, vor allem auch die globalen, reichen noch lange nicht aus, um den drohenden **Klimawandel** zu stoppen – vorausgesetzt, dass er tatsächlich von Menschen verursacht wird.

Klimawandel

Die Politik, eine lebenswerte Umwelt zu erhalten – in manchen Landesverfassungen Deutschlands ist dies eine Staatszielbestimmung – erstreckt sich auf drei Bereiche:

1. Private Initiative

Aufklärung und **moralischer Druck** können viel bewirken. Fast uferlos sind die Möglichkeiten, wie der Einzelne wenigstens einen bescheidenen Teil dazu beitragen kann, die Umwelt sauberer zu halten. Und es ist eine unzulässige Bequemlichkeit zu sagen: „Auf das bisschen kommt es nicht an" oder „Die anderen tun's auch". Jeder kann tagtäglich zur Verringerung der Umweltbelastung beitragen: Weder braucht man Tüten und Zigarettenschachteln in den Straßengraben zu werfen, noch ist es nötig, den Motor „warmlaufen" zu lassen, solange man auf den Mitfahrer wartet. Das sind nur zwei Beispiele von vielen.

Moralischer Druck

2. Gesellschaftliche Maßnahmen

Mit wachsendem Umweltbewusstsein sind Schutzvereinigungen und einschlägige Bürgerinitiativen entstanden. Außerdem mehren sich die Überlegungen, ob Umweltschutz nicht auch wirtschaftlich „lohnend" sein kann. Ein Stichwort dazu ist das sogenannte **Recycling**, d. h. die Wiederverwendung von Abfallstoffen.

Recycling

Technische Innovationen (Verbesserungen, Erfindungen) sollen Ersatz für die knapper werdenden fossilen Energieträger geben. Dazu gehören sogenannte **„sanfte Technologien"** wie Windkrafträder, Sonnenkollektoren, Erdwärmepumpen und anderes. Ihre Anwendung scheitert oft noch an den teilweise zu hohen Kosten. Je knapper freilich (und damit teurer) die Ursprungsstoffe werden, desto schneller geraten die neuen Energiequellen in die Rentabilitätszone.

Sanfte Technologien

3. Staatliche Regeln und Hilfen

Allgemein anerkannt ist das sogenannte **Verursacherprinzip.** Das bedeutet, wer Umweltschäden – gleich welcher Art – verursacht, hat für die Folgen und deren Beseitigung finanziell einzustehen.

Verursacherprinzip

So einleuchtend dieses Prinzip erscheint, in der Praxis stößt die Durchsetzung auf eine Vielzahl von Schwierigkeiten. Das hängt vor allem damit zusammen, dass auf eine ganz bestimmte Ursache zurückzuführende oder einem bestimmten Verursacher (z. B. einer Fabrik) anlastbare Schädigungen im Allgemeinen kaum einwandfrei beweisbar sind. Tatsächlich ist die Störung des ökologischen Gleichgewichts mit seinen negativen Folgen ein äußerst komplizierter, in vielen Fällen erst teilweise exakt erforschter Vorgang.

Anreize zur umweltfreundlichen Produktion können mithilfe staatlicher Subventionen oder Steuererleichterungen gegeben werden.

Gebots- und Verbotsgesetzgebung

Als schärfstes Instrument steht dem Staat die **Gebots- und Verbotsgesetzgebung** mit entsprechenden Strafmöglichkeiten zur Verfügung. Auf folgenden Gebieten hat die Bundesrepublik inzwischen eine Vielzahl von Gesetzen erlassen, die alle eine Verhinderung und Beseitigung von Umweltschäden anstreben und Gesundheits- und Naturschutz gewährleisten sollen:

- Natur- und Landschaftsschutz, z. B. Bundesnaturschutzgesetz;
- Abfallbeseitigung, z. B. Altölgesetz;
- Luftreinhaltung, z. B. Bundesimmissionsschutzgesetz (Immission = Einwirkung von Schadstoffen auf Lebewesen und Gegenstände);
- Gewässerschutz, z. B. Abwasserabgabegesetz;
- Lärmschutz, z. B. Verkehrslärmschutzgesetz;
- Kreislaufwirtschaftsgesetz von 1996, das eine Rangfolge zum Abfall vorschreibt: Vermeiden – Verwerten – Beseitigen.

Immissionsschutzgesetz

Die Wirksamkeit dieser Gesetze ist umstritten. Immerhin ist es mithilfe des **Immissionsschutzgesetzes** gelungen, den Staubgehalt der Luft auf die Hälfte der Verunreinigungswerte von 1970 zu senken. Auch auf dem Gebiet des Gewässerschutzes sind Erfolge erzielt worden; dass aber kein wirklich durchschlagender Wandel eingetreten ist, beweisen uns die regelmäßig in der Presse nachzulesenden Meldungen über Verseuchungen im Wasserversorgungsnetz dieser und jener Gemeinde (Eindringen von Giftstoffen in den Grundwasserspiegel), über Fischsterben in diesem und jenem Fluss, über Vernichtung der natürlich ausgewogenen Wasserflora in diesem und jenem Binnensee (Ableitung ungenügend gefilterter Abwässer aus chemotechnischen Produktionen und/oder unverträglich hohe Temperaturen dieser Abwässer).

Viele Umweltpolitiker verweisen auf das gute Abschneiden der Bundesrepublik im europäischen Vergleich. Tatsächlich sind Industrieländer wie Frankreich, England oder Italien

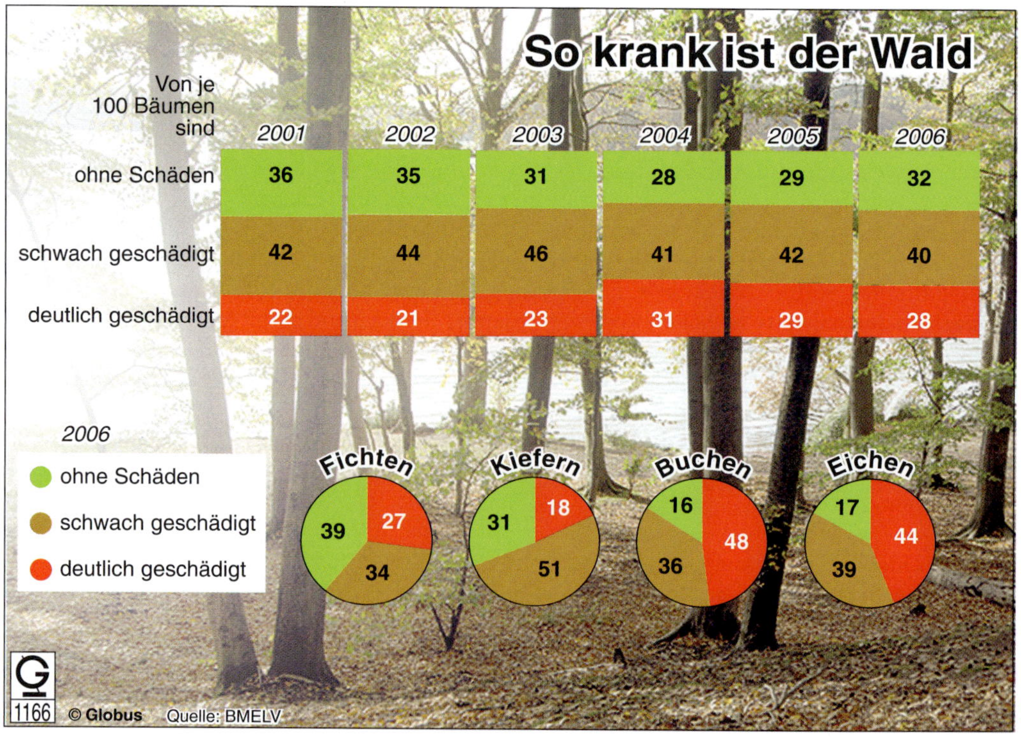

(man erinnere sich an die stinkenden Müllberge in Neapel) weit bedenkenloser gegenüber ökologischen Gefährdungen aller Art, erst recht dann, wenn man auch noch die zweifelhaften Vorschriften dieser Länder über Betrieb und Entsorgung der Atomkraftwerke hinzunimmt. Aber grobe Missstände und schwere Unzulänglichkeiten in anderen Staaten dürfen keine Entschuldigung oder gar Rechtfertigung sein, mögliche Umweltschutzmaßnahmen zu verzögern oder gar zu verhindern.

www.bundesumweltamt.de

2.3.5.4 Der Einwandererstaat

Sehr lange, wohl zu lange hat sich die Bundesrepublik dagegen gewehrt, anzuerkennen, was sie faktisch bereits seit 1955 mit den ersten „Gastarbeitern" war: ein **Einwandererland.**

Einwandererland

Das 20. Jahrhundert kann in die Geschichte als das „Jahrhundert der Flüchtlinge" eingehen. Auf über 40 Millionen wird ihre Zahl allein für die durch den Zweiten Weltkrieg ausgelöste Fluchtwelle bis 1957 geschätzt. Bis 1960 sank die Zahl der Flüchtlinge pro Jahr auf rund 1,5 Millionen, überschritt aber Anfang der 90er-Jahre die 20-Millionen-Grenze. Die 1949 von der UNO gegründete Organisation United Nations High Commissioner for Refugees (UNHCR), das Hochkommissariat für Flüchtlinge in Genf, betreut Flüchtlinge in fast 150 Staaten.

Die Ursachen der weltweiten internen und internationalen Migration (= Wanderung) sind vielfältig. Dabei wird zwischen zwei Hauptursachen unterschieden:

- Die **Schubkräfte**: Zu ihnen zählen Lebensumstände, die als bedrohlich empfunden werden, wie Kriege, Bürgerkriege, Terrorismus oder nachteilige Lebenschancen wegen Arbeitslosigkeit, Umweltzerstörung mit der Folge von Wasserknappheit oder Überbevölkerung.
- Die **Zugkräfte**: Diese Migrationsentscheidung beruht – ob berechtigt oder nicht – auf der Hoffnung, woanders bessere Lebensbedingungen als in der Heimat vorzufinden, wie persönliche Freiheit und Sicherheit, Beschäftigung, höhere Einkommen und Aufstiegsmöglichkeiten.

Schubkräfte

Zugkräfte

Von den Flüchtlingen stellen die „politisch Verfolgten" eine besondere Kategorie dar. Der Begriff ist missverständlich, er muss sehr weit ausgelegt werden. Als „politisch verfolgt" gilt jeder, der aus Gründen der Rasse, Religionszugehörigkeit, als Teil einer sozialen, ethnischen, nationalen Gruppe oder seiner politischen Überzeugung wegen von Gefahr für Leib und Leben bedroht ist. Unter Verfolgung sind alle Maßnahmen zu verstehen, die mit rechtsstaatlichen Prinzipien unvereinbar sind, das kann bis zur Verweigerung der Zulassung zum Hochschulstudium wegen Zugehörigkeit zu einer bestimmten Schicht gehen. Eine Einberufung zum Wehrdienst ist allerdings keine politische Verfolgung.

Das **Zuwanderungsgesetz** von 2006 – auch jetzt wurde wieder der Begriff „Einwanderung" gemieden – reformierte das **Ausländerrecht**. Es sieht unter anderem eine Neuregelung der Einbürgerung vor, zu der auch Grundkenntnisse der Verfassung und Rechtsordnung gehören. Für den Familiennachzug aus Nicht-EU-Staaten gibt es Einschränkungen.

Zuwanderungsgesetz
Ausländerrecht

Mit diesem Gesetz hat Deutschland erstmals amtlich anerkannt, ein **Immigrationsland** zu sein. Aber es ist weit davon entfernt, die restriktiven Regeln der klassischen Einwanderungsländer wie USA, Kanada und Australien anzuwenden. In diesen Staaten werden für die Immigranten Höchstquoten nach Herkunftsland, Geschlecht, Ausbildung usw. festgelegt. Diese scharfen Einwanderungsgesetze erlauben es, die Aufnahme von Alten und Kranken abzulehnen, und selbstverständlich wird bei der Aufnahme nach Vorstrafen geforscht.

Immigrationsland

2.3.6 Der demografische Wandel

Die Entwicklung Deutschlands zu einem Staat der Greise stellt mindestens mittelfristig das größte Problem für die gesamte Gesellschaft dar.

www.bundesregierung.de

Gern wird als Gegenargument der Hinweis gebracht, dass es weltweit immer noch ein Bevölkerungswachstum gibt. Aber so lange die sozialen Sicherungssysteme national organisiert und finanziert werden, hilft es dem deutschen Rentner wenig, dass es in Uganda genügend Kinder gibt. Sie werden auch künftig zu seiner Rente nichts beisteuern können.

Deutschland altert – und zwar auf zweifache Weise:

- Es werden seit 1972 nicht genug Kinder geboren. Zur Bestandserhaltung eines Volkes oder einer Gesellschaft sind im Durchschnitt je Frau im gebärfähigen Alter (Fruktifikationsalter) 2,1 Kinder notwendig; diese Zahl lag Mitte 2008 bei 1,4.
- Immer mehr Menschen leben dank medizinischen Fortschritts und gesünderer Lebensweise immer länger.

Somit steigt das schon jetzt hohe Durchschnittsalter (Medianalter) der Bevölkerung in Deutschland von 42,2 im Jahre 2007 (m: 40,9; w: 43,5) auf 46,7 im Jahr 2020.

Nettozuwanderung

Dabei wird eine jährliche **Nettozuwanderung** (Gesamtimmigration abzüglich Auswanderung) von 100 000 Menschen unterstellt.

Medianwähler

Der deutsche **Medianwähler**, also das Durchschnittsalter eines Wählers, wird von derzeit 47 Jahren in 20 Jahren auf 54 Jahre steigen. – Dies wird auch Folgen für parteipolitische Präferenzen und damit für die Wahlentscheidungen haben. Eine „Herrschaft der Greise“ oder eine „Rentnerdemokratie“ (*Roman Herzog*) scheint in Sicht zu sein.

Demografie
Altenquotient

Die **Demografie** arbeitet, um künftige Rentenbelastungen zu zeigen, mit dem Begriff **„Altenquotient“**. Er gibt das Verhältnis der nicht mehr Erwerbstätigen zu den Erwerbsfähigen an. In der Regel wird die Altersgruppe über 65 Jahre zu der von 15–65 Jahren ins Verhältnis gesetzt; also

$$\text{Altenquotient} = \frac{\text{Bevölkerung ab 65 J.} \times 100}{\text{Bevölkerung 15–65 J.}}$$

Beispiel: 20 (Ältere) × 100 geteilt durch 50 (Jüngere) = 40. Das entspricht einer Relation von 1:4.

Dieser Quotient wird sich von derzeit 32,6 auf 54,5 bis 2050 erhöhen.

Beiläufig sei vermerkt, dass die Prognosen der Demografie zu den zuverlässigsten der Sozialstatistik gehören.

Vergreisung
Unterjüngung

Im Zusammenhang mit der zunehmenden **Vergreisung** der Bevölkerung wird auch von der **Unterjüngung** der Gesellschaft gesprochen. Denn die demografische Alterung beruht in wesentlich stärkerem Maße auf der niedrigen Geburtenrate als auf der Zunahme der Lebenserwartung, für die bis 2050 mit einem Plus von sechs Jahren gerechnet wird.

Familie

Familie ist da, „wo Kinder sind“, heißt es lapidar in einer halbamtlichen Erklärung der Bundesregierung. Kinderlose Ehepaare sind also nach dieser Definition keine Familie, sondern führen nur eine Ehe, während Alleinerziehende mit Kindern in einer Familie leben.

▶ Q. 11
Single

Historisch betrachtet hat sich das Familienbild gewaltig gewandelt. Überwog in Europa bis zur Mitte des 19. Jahrhunderts noch die agrarische Mehrgenerationenfamilie mit drei Generationen, so entwickelte sich mit der Industrialisierung der Typ der bürgerlichen Klein- oder Kernfamilie, die nur noch aus zwei Generationen besteht, den Eltern und ihren Kindern. Aber auch diese Mehrkinderfamilie wird zunehmend abgelöst von der Einkindfamilie. Parallel dazu nimmt die Zahl der unvollständigen Familien zu, d. h. immer mehr Kinder wachsen nur mit einem Elternteil auf, sei es nach Scheidungen oder als Abkömmlinge von Menschen, die bewusst als **Single** leben wollen, dennoch auf wenigstens ein Kind nicht verzichten möchten.

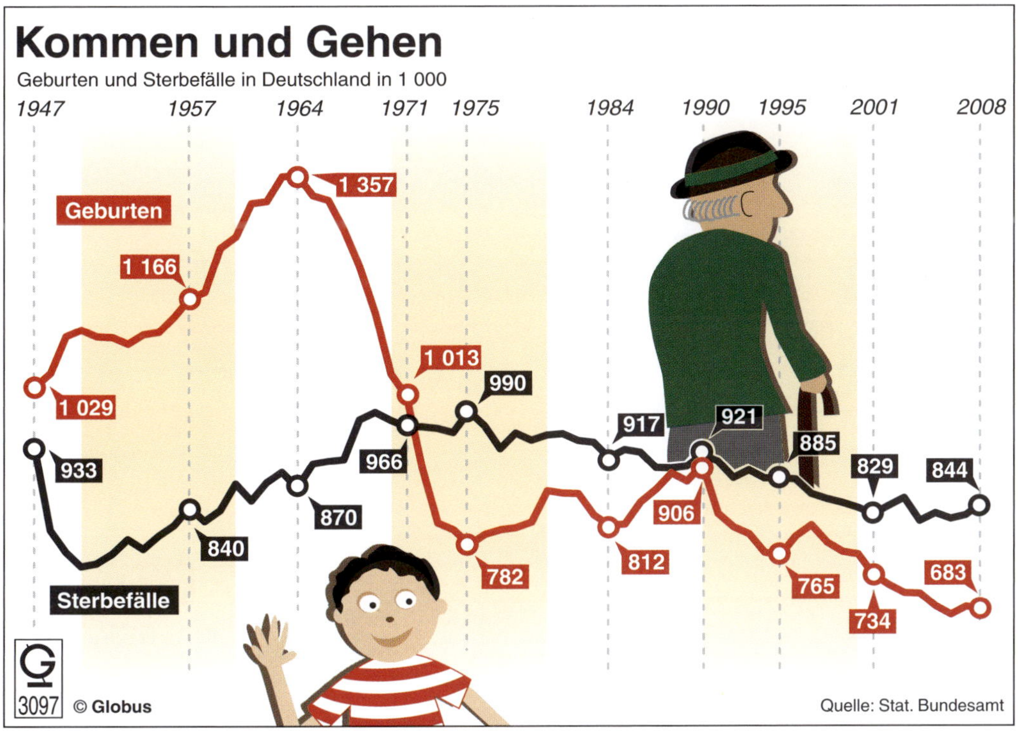

Die **klassische Familie** – Vater als Alleinverdiener, Mutter kümmert sich vor allem um die Kinder – stirbt aus. Auch von politischer Seite wird zunehmend die Vereinbarkeit von Beruf und Kindern für beide Elternteile nach dem gelungenen Beispiel Frankreichs gefordert und vielfach praktiziert. Dadurch kommt es immer häufiger zu einer Art Renaissance der Großfamilie: Die Großeltern, insbesondere die **Großmütter**, so sie am Ort des jungen berufstätigen Ehepaares wohnen, übernehmen immer mehr Pflege- und Erziehungsaufgaben gegenüber den Enkeln und begnügen sich nicht mehr mit dem gelegentlichen Babysitten.

Klassische Familie

Großmütter

„Am Fronleichnamsmorgen" von Ferdinand Georg Waldmüller, 1857 (Österreichische Staatsgalerie, Wien)

Eine weitere – allerdings noch seltene – Variante im ständig sich wandelnden Familienbild ist das Auftreten der „**Neuen Väter**", wie sie die Soziologie genannt hat. Bewusst und gewollt, d. h. nicht nur als Notlösung, verzichten Männer auf Beruf und Karriere und überlassen beides ihrer darin zumeist recht erfolgreichen Partnerin. Stattdessen übernehmen sie die herkömmliche Mutterrolle. Mit größter Selbstverständlichkeit füttern, waschen und wickeln sie die Kleinen und schieben den Kinderwagen zum nächsten Kinderspielplatz – ein noch vor 50 Jahren fast unvorstellbares Bild.

Neue Väter

Die klassisch-bürgerliche Familie als Gefühlsgemeinschaft aus Eltern und Kindern und die lebenslängliche Ehe verlieren zunehmend an Bedeutung und werden abgelöst durch Partner-

Die neue Rolle der Väter

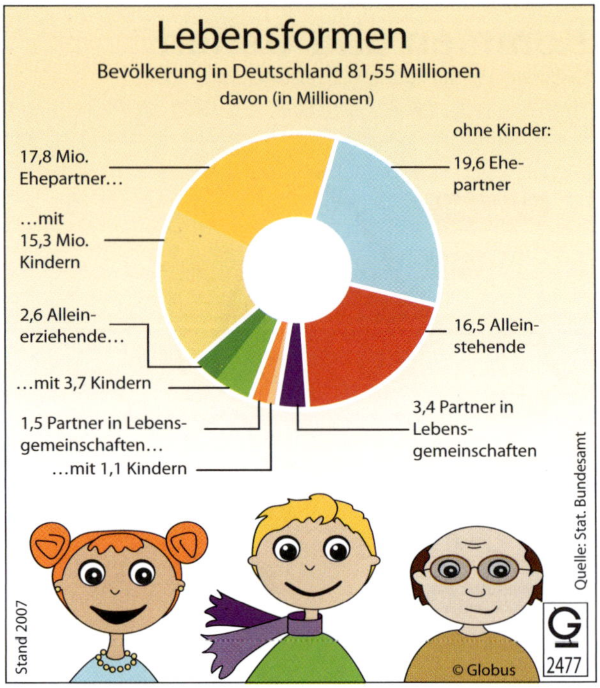

schaften dauerhafter oder auch nur zeitweiliger Art, in der beide in der Regel berufstätige Teile in ökonomischer Unabhängigkeit voneinander leben wollen.

Der Gesetzgeber hat eine weiter gehende juristische Konsequenz aus dieser Entwicklung gezogen. Mit dem im Jahre 2002 in Kraft getretenen „Gesetz zur Beendigung der Diskriminierung gleichgeschlechtlicher Gemeinschaften: Lebenspartnerschaften" können auch gleichgeschlechtlich veranlagte Partner ihre Beziehung rechtlich absichern lassen. Kritiker dieses **Lebenspartnerschaftsgesetzes** fürchten, dass damit der Abstand zur herkömmlichen Ehe, die nach Art. 6 des Grundgesetzes unter dem besonderen Schutz des Staates steht, nicht genügend gewahrt ist.

Lebenspartnerschaftsgesetz

„Deutschland stirbt aus", „Kindergärten werden mangels Kindern geschlossen", „Schulklassen zusammengelegt", „Ein Dorf in Brandenburg spendet jeder neuen Familie ein Einfamilienhaus, um das Aussterben zu verhindern", „Die demografische Zeitbombe tickt", „Der Klapperstorch wird müde", so oder ähnlich lauten fast täglich die Schlagzeilen. In der Tat ist der Befund erschreckend.

Geburtenschwund

Vergreisung

Der **Geburtenschwund** ist historisch erst- und einmalig. Noch niemals ist ein Volk ohne externe Einwirkungen wie Krieg, Pandemie (eine Epidemie großen Ausmaßes wie Pest oder Cholera) oder durch Naturkatastrophen freiwillig derartig geschrumpft. Die Folgen sind immer noch unabsehbar, auch wenn sich erste Anzeichen der **Vergreisung** – Konjunkturabschwächung, geringe Innovationskraft, politische Erstarrung – mehren.

Demografische Rekorde

Bevölkerungsschrumpfung

Geburtenrate

Deutschland hält drei **demografische Rekorde**:

- Es ist das Land, in dem die **Bevölkerungsschrumpfung** am frühesten begann, nämlich 1972.
- Es hat mit einer **Geburtenrate** von 1,4 Kindern je Frau im fortpflanzungsfähigen Alter eine der niedrigsten der Welt, vor allem aber deshalb, weil der Anteil der Frauen und Männer, die zeitlebens kinderlos bleiben, mit einem Drittel am höchsten ist. – Und rund ein Drittel der nachwachsenden Generation fehlt.
- Fehlende Geburten werden durch (weitgehend unkontrollierte) **Zuwanderung** ersetzt. In Deutschland wanderten pro 100 000 Einwohner in den 80er-Jahren 1022 Menschen zu. – Zum Vergleich: In den klassischen Einwanderungsländern wie den USA waren es 245, in Kanada 479 und in Australien 694. – Im Jahresdurchschnitt kamen 800 000 Menschen nach Deutschland. Vergleicht man diese Zahl mit den rund 700 000 Geburten, so wird deutlich, dass die Geburtenzahl unter der Zuwandererzahl liegt.

Zuwanderung

Kinderlosigkeit

Für keine Gesellschaft, keinen Staat, keine Partei kann **Kinderlosigkeit** Programm und Zukunftsvorstellung sein. Eine Gemeinschaft, in der alle auf Kinder gewollt verzichten, stirbt

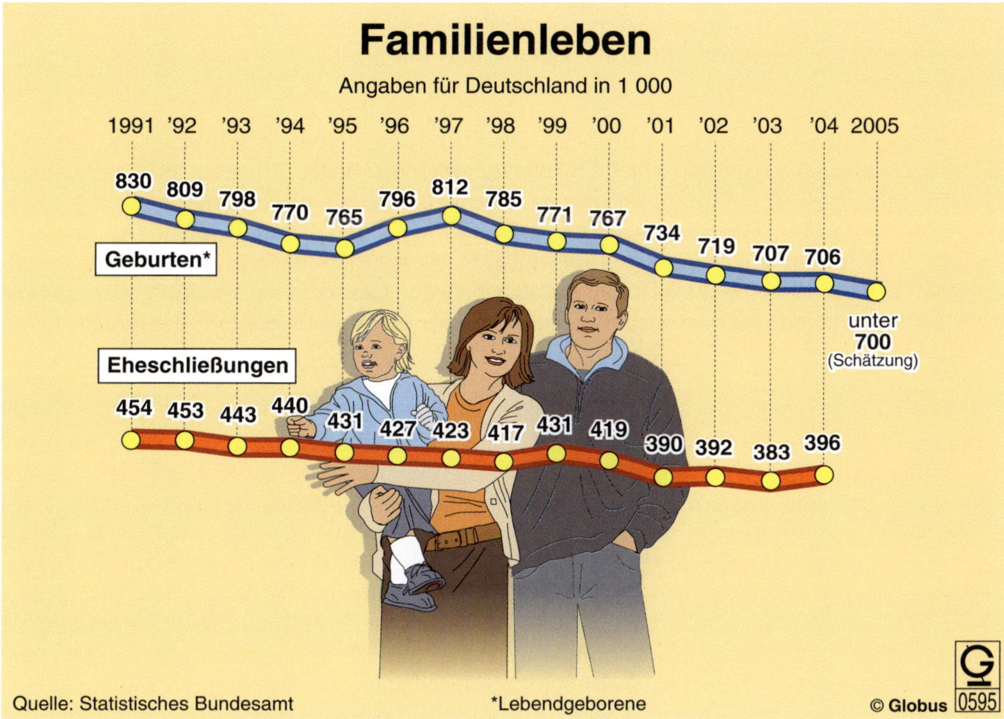

Betriebskindergarten

binnen weniger Generationen zwangsläufig aus. Allein schon der **Generationenvertrag** zur Alterssicherung basiert stillschweigend auf der Annahme, dass aus Ehen und heterosexuellen Lebensgemeinschaften Kinder hervorgehen. Die ältere, nicht mehr berufstätige Generation lebt von der erwerbstätigen Nachfolgegeneration. Unmissverständlich hat das Bundesverfassungsgericht festgestellt, dass Kinderlose voll und Kinderarme (Paare mit nur einem Kind) im Alter teilweise auf Kosten und zu Lasten der Nachkommen leben, für die andere Paare Mühe und nahezu allein den Aufwand der Erziehung getragen haben. Kurz formuliert: Die **Erziehungskosten** sind weitgehend privatisiert, ihr Ertrag wird sozialisiert.

Generationenvertrag

Erziehungskosten

Noch provokativer formuliert es der renommierte Bevölkerungswissenschaftler *Herwig Birg:* „Von Kindern profitiert, wer keine hat."

Für den Bundesverfassungsrichter *Udo Di Fabio* ist es unbegreiflich, wie sehr Staat und Gesellschaft es in den letzten dreißig Jahren versäumt haben, Rahmenbedingungen zu schaffen, die den Fortbestand der Gesellschaft sichern.

Eine weitere Ungerechtigkeit besteht zweifellos darin, dass kinderlose, voll berufstätige Ehepaare überproportionale **Rentenansprüche** erwerben, weil sie nie aus Rücksicht auf die Kinder eine Berufsunterbrechung oder einen Karriereknick hinnehmen mussten. Dagegen erhalten etwa kinderreiche Mütter eine **Minirente** oder eine schmale Witwenrente, obwohl sie zur Alterssicherung ihrer Generation sehr viel beigetragen haben.

Rentenansprüche

Minirente

Um diese Ungerechtigkeit zu beseitigen, wird beispielsweise gefordert, dass die Rente nach der Kinderzahl geleistet werden solle. Wer keine Kinder in die Welt setzt und großzieht, soll nur die Hälfte der Rente erhalten.

▶ Q. 12

www.profamilia.de

In einer freien Gesellschaft kann und darf der Staat niemandem vorschreiben, ob und wie viele Nachkommen er haben will. Selbstverständlich hat jeder Einzelne das individuelle Grundrecht zur Selbstentfaltung, welches das Recht einschließt, bewusst und gewollt auf Kinder zu verzichten. Das Grundrecht auf „freie Entfaltung seiner Persönlichkeit" (Art. 2 Abs. 1 Grundgesetz) erlaubt jedermann, sich selbstständig zu entscheiden, wie er sein Leben gestalten will. Dies Menschenrecht gestattet im Rahmen der Gesetze ebenso eine konsumorientierte, völlig am Eigeninteresse ausgerichtete Daseinsentfaltung wie die Entscheidung für eine Großfamilie.

Einer der Gründe, aber nicht der einzige, doch wahrscheinlich der Hauptgrund für den Geburtenknick seit 1972 liegt darin, dass sich Frauen oft zwischen Kindern und Beruf alternativ entscheiden müssen. – Über ein Drittel aller Frauen mit akademischem Abschluss hat oder will keine Kinder, ein Phänomen, das als **Bildungsparadoxon** bezeichnet wird. Ihre gute Ausbildung gibt ihnen interessante und vor allem auch gut bezahlte Arbeitsplätze. An „Kinderarmut" würde ihr Nachwuchs nicht leiden. Aber die **Opportunitätskosten** sind (zu) hoch. Darunter versteht man die entgangenen Chancen auf eine sie erfüllende Berufstätigkeit, eine Karriere, Einkommenssteigerungen und nicht zuletzt die erstrebte Selbstverwirklichung. Oft hat Kinderlosigkeit auch andere Hintergründe als materielle. Medizinische Ursachen, wie eine festgestellte Sterilität (Unfruchtbarkeit) beim Mann oder Frau, können einen Kinderwunsch verhindern. In einigen (wenigen) Fällen verhindert die eigene Lebensplanung Nachwuchs, z. B. bei Priestern oder Nonnen. Schließlich führt auch die sexuelle Ausrichtung von Schwulen und Lesben zur Kinderlosigkeit, zumal die Adoption durch solche zusammenlebenden Paare bisher nicht gestattet ist.

Bildungsparadoxon

Opportunitätskosten

Für eine schlecht bezahlte Verkäuferin in einer Bäckereifiliale oder eine Friseurin ist die Verzichtleistung relativ gering, wenn sie ihrer Kinder zuliebe den Job aufgibt, um „nur" Hausfrau und Mutter zu sein. Zudem kann sie relativ problemlos ihre Tätigkeit ein paar Jahre später wieder aufnehmen, wenn die Kinder „aus dem Gröbsten" heraus sind. Aber für die hoch bezahlte, promovierte Rechtsanwältin, betraut mit spannenden Rechtsfällen, ist der Verzicht auf Berufsausübung, selbst wenn er nur vorübergehend ist, ein einschneidender und unter Umständen irreversibler Bruch in ihrer Berufslaufbahn.

▶ Q. 13 und 14

Die relativ hohe Kinderlosigkeit der Akademikerinnen hat noch andere Gründe: viele finden keinen geeigneten Mann bzw. Vater für ihre Kinder, weil Frauen in Deutschland immer noch äußerst selten unter ihrem Bildungs-, Berufs- und Karriere-Niveau heiraten. Da die Frauen aber – zumindest von ihren Abschlüssen her – immer stärker auf- und z. T. ihre männlichen Alterskollegen bereits überholen, wird es für sie zunehmend schwierig, den passenden Partner zu finden.

Der Wunsch, Familie und Beruf vereinbaren zu können, ist verständlich und legitim. Deshalb können Ganztagsschulen, Teilzeitarbeitsangebote für Frauen, weitgehend materielle Unterstützung durch den Staat helfen, das Problem zu lösen. Andererseits dürfen Mütter und Väter, die sich aus freien Stücken für Kinder entscheiden und dafür auf Beruf und Laufbahn verzichten, nicht benachteiligt werden.

Alterssicherung

Die **Alterssicherung** nur nach dem herkömmlichen Umlageverfahren ist nicht mehr zeitgemäß.

steigende Lebenserwartung

Die **steigende Lebenserwartung** in Verbindung mit der demografischen Verringerung bewirkt, dass der Anteil der Alten, also der über 60-Jährigen, von gegenwärtig 22 % auf fast 40 % wachsen wird. Im Jahre 2004 mussten knapp drei Erwerbstätige für den Unterhalt eines Älteren aufkommen, im Jahre 2050 trägt beinahe jeder einzelne Erwerbstätige die finanzielle Last für einen Rentner. Formelhaft gesagt: Immer weniger Menschen in Deutschland finanzieren immer länger den Unterhalt für immer mehr Ältere.

In diesem Zusammenhang wird gern vom Generationenkonflikt gesprochen, also einem Konflikt zwischen der alten und der noch erwerbstätigen Generation. Der Begriff vernebelt die wahre Konfliktlage, sie besteht vielmehr zwischen den Alten und Jungen mit Kindern und denen ohne Kinder.

Moderne Kleinfamilie

Eigenversorgung

Auch eine kapitalgedeckte **Eigenversorgung** kann dieses Grundproblem nur zum Teil lösen. Was nutzen z. B. Alterssicherungen in Form von Immobilien, wenn keine arbeitende Generation darin lebt und Mieten zahlt? Im Jahre 1957 formulierte der deutsche Nationalökonom *Gerhard Mackenroth:* „Es gibt keine Ansammlung von Fonds, keine Übertragung von Einkommensteilen von Periode zu Periode, kein Sparen im privatwirtschaftlichem Sinne – es gibt gar nichts anderes als das laufende Volkseinkommen als Quelle für den Sozialaufwand." Einfacher formuliert: Im Alter verzehrt der Rentner nicht seine lebenslänglich gezahlten Rentenbeiträge, sondern nur das, was ihm von der arbeitenden Generation aus laufenden Einkommen zur Verfügung gestellt wird.

Demografischer Kollaps

Fertilitätsalter

Weit verbreitet ist die Annahme, man könne den **demografischen Kollaps** – auch „demografischer Wandel" genannt – verlangsamen oder gar stoppen, wenn ab morgen jede Frau im **Fertilitätsalter** (Alter der Fruchtbarkeit, etwa von 15 bis 45 Jahre) im Durchschnitt die zur Bestandserhaltung notwendige Kinderzahl von rund 2,1 Kindern zur Welt bringen würde. Von der Illusion einer solchen Hoffnung einmal ganz abgesehen, ist dies ein besonders schwerwiegender Irrtum: Es dauert nach übereinstimmender Erkenntnis der Demografie ein Dreivierteljahrhundert, um ein Vierteljahrhundert Schrumpfung zu stoppen, und zwar aus einem simplen Grund: Es fehlen inzwischen Generationen von Kindern, die wiederum keine Kinder haben werden. Einfacher formuliert: Nichtgeborene zeugen und gebären keine Kinder.

Einwanderung

Bleibt die Hoffnung auf **Einwanderung**, die aber nur Erfolg verspricht, wenn die Integration der neuen Bürger nicht nur in die Gesellschaft, sondern auch in den Arbeitsmarkt gelingt und nicht nur eine in die sozialen Sicherungssysteme ist.

Vielfach wird der demografische Wandel auch als Herausforderung, als Chance betrachtet. So sollen und können ältere Menschen länger als bisher einer kreativen Tätigkeit nachgehen. Nur ändert das am Kernproblem nichts, denn mit der längeren Lebenserwartung bleibt die Zahl der Jahre, in denen sie von der Leistung der jüngeren Generation leben, annähernd konstant.

Elternrente

Die Politik versucht, durch Schaffung von mehr Krippenplätzen für Kleinstkinder die Vereinbarkeit von Beruf und Mutterschaft zu fördern. Eltern, die stattdessen ihre Kinder lieber zu Hause betreuen wollen, erhalten dafür eine entsprechende finanzielle Zuwendung (**Elternrente**), damit alle Eltern eine echte Wahlfreiheit zwischen Krippe und Hausbetreuung haben.

Die schweren Meinungsverschiedenheiten, welche Betreuung für ein Kind besser ist, die der Mutter – die vielen als „unersetzbar" gilt – oder einer professionellen Erzieherin, bestehen fort. Eine allgemeine Antwort lässt sich kaum geben. In intakten Familien mit gesicherten Auskommen dürfte die elterliche Sorge gerade der Kleinsten wohl die beste sein, aber im „Prekariat" (*Kurt Beck*), für Familien also, in denen beide Elternteile etwa dauerhaft von der Sozialhilfe leben, fällt das Urteil wohl etwas anders aus.

▶ Q. 15

Doch allen Bedenken und Einwendungen gegen eigenen Nachwuchs zum Trotz: Kinder können auch ein Quell der Freude, der Beglückung und Lebenserfüllung sein. In jedem Fall aber ist eine Welt ohne Kinder eine geistig und seelisch arme – und zum Aussterben verdammt. Denn „eine Absage an Kinder ist eine Absage an das Leben" (*Otto Schily*).

2.3.7 Die Finanz- und Wirtschaftskrise

Weltwirtschaftskrise

Anfang Oktober 2008 erschütterte eine Finanzkrise die internationale Weltwirtschaft in einem bisher noch nicht gekannten Ausmaß. Die Parallelen zu der großen **Weltwirtschaftskrise** von 1929 waren unverkennbar. Wieder nahm die diesmal wahrhaft globale Krise, die also nicht wie 90 Jahre zuvor fast ausschließlich die USA und Europa traf, ihren Ursprung in den USA.

Die Spekulationsblase

Importüberschüsse

Was war geschehen? Die amerikanische Bevölkerung hatte, angelockt durch aggressive Werbung der Banken in Verbindung mit einer „Politik des billigen Geldes" zunehmend auch andere als die alltäglichen Konsumgüter mit Kreditkarten gekauft. Kreditkartenkauf war in den USA seit jeher üblich. Ohne Übertreibung lässt sich sagen, dass die amerikanische Gesellschaft eine Gesellschaft auf Pump ist. Das gilt für die Privathaushalte ebenso wie für den hochdefizitären Staatshaushalt wie für den Außenhandel mit seinen gewaltigen **Importüberschüssen**. Doch so lange das Vertrauen in die US-Wirtschaft anhielt, floss Auslandskapital in die USA und finanzierte ihre Schulden einschließlich der Kriege in Irak und Afghanistan.

Sparquote

Immer mehr Privatkunden begannen, größere Anschaffungen mit Krediten zu finanzieren, z. B. wurden Autos im Wert von 50 000 $ (ca. 40 000 EUR) ohne einen Cent Eigenleistung erworben, wie überhaupt die amerikanische **Sparquote** mit rund 2 % (zum Vergleich: Deutschland rd. 11 %) eine der niedrigsten in der Welt der entwickelten Länder ist.

Schneeballsystem

Der Traum vom Eigenheim wurde gefördert durch niedrige Zinsen (< 2 %) der US-Zentralnotenbank (FED). Das veranlasste Privatpersonen, auch Häuser ausschließlich mit Hypotheken ohne jedes Eigenkapital zu kaufen. Da die Nachfrage nach Häusern kontinuierlich stieg, wuchs ihr Marktwert. Ein Haus im Wert von 100 000 $, beliehen mit 80 000 $, konnte oft schon nach vier Jahren zum doppelten Preis wieder verkauft werden, sodass die Tilgung der Hypothekenschuld leichtfiel. Die Situation eskalierte, als die Immobilien zu Spekulationsobjekten wurden und Wertsteigerungen fernab jeder ökonomischen Realität erlebten. Nach und nach wurden schon Kredite auf erwartete Wertsteigerungen nachgefragt, also im genannten Beispiel etwa eine Hypothek von 200 000 $ gegeben, obwohl das Haus zum Zeitpunkt der Kreditvergabe nur die Hälfte wert war. Gleich einem **Schneeballsystem** oder einem Glückskettenbrief geht das so lange gut, wie sich immer wieder „dumme" Käufer finden, die bereit sind, die weit überteuerten Häuser wiederum auf Kredit in Erwartung weiterer Wertsteigerung zu kaufen. Es entwickelt sich nunmehr die allen Börsianern bekannte „Blase". Eine solche Blase ist nichts anderes als eine spekulativ aufgeblähte Wertsteigerung, der real nichts oder kaum mehr ein echter Wert zugrunde liegt.

Wie jede Spekulationsblase musste auch diese einmal platzen. Als die Immobilien so teuer geworden waren, dass sich keine neuen Käufer fanden und ihnen das Kreditrisiko zu hoch erschien, sank die Nachfrage rapide, die Preise fielen drastisch, der Markt brach zusammen. Nur mit hohen Verlusten ließen sich die Wohnungen noch verkaufen. Die Erwerber konnten nunmehr ihre aufgenommenen Hypothekendarlehen nicht mehr tilgen und die Banken mussten Milliarden uneinbringlicher Forderungen abschreiben, d. h. als uneinbringlich aus den Aktiva ihrer Bilanzen löschen. Allein die Dimension ist erschreckend und fast unvorstellbar hoch. Es stehen 11 Billionen Dollar (1 Billion = Zahl mit 12 Nullen) Immobilienkredite aus 18 Millionen Eigenheimen und Eigentumswohnungen an. Das entspricht fast dem amerikanischen Jahresbruttoinlandsprodukt.

Deutsche Banken als Mitspieler

Derivate

Wie wirkte sich diese Entwicklung nun auf das europäische und damit auch auf das deutsche Finanzsystem aus? Deutsche Banken gaben amerikanischen Kredite, in einer verflochtenen Weltwirtschaft ein durchaus übliches Verfahren. Dafür erhielten sie sogenannte **Derivate** (= von anderen Wertpapieren abgeleitete Wertpapiere, z. B. von Hypothekenbriefen). Aber diesen lag gar kein realer Wert mehr zugrunde. Gekauft wurden Papiere in der Erwartung, dass ihr Kurs (= Preis) wie bisher ständig weiter steigt und damit satte Gewinne eingestrichen werden können. Die Bankiers, normalerweise dem soliden Bankgeschäft verpflichtet, Kredite gegen Sicherheiten zu vergeben, schlossen sozusagen Wetten ab und handelten wie Glücksspieler, ein Verhalten, das selbst den Bundespräsidenten *Horst Köhler* zu ungewöhnlich scharfer Kritik in einer Rede im November 2008 vor den Spitzenmanagern der deutschen Bankwirtschaft veranlasste. Er forderte die Finanzmanager zu mehr Verantwortung auf, was ja im Umkehrschluss nur bedeuten kann, dass sie bisher vielfach ohne genügend Verantwortungsbewusstsein, ja verantwortungslos gehandelt haben.

▶ Q. 16

Das Finanzvolumen der Derivate, mit denen weltweit auf Aktien-, Zins- und Kreditrisiken schlicht gewettet worden ist, belief sich Ende 2007 auf fast 600 Billionen Dollar. Mit den Bank-zu-Bank-Krediten schufen sich die Banken ein selbstfinanziertes Kreditsystem auf Schuldenbasis, fernab jeder realwirtschaftlichen Grundlage ohne Begrenzung und staatlicher Kontrolle.
Als auch deutsche Banken mit dem Ziel der Gewinnmaximierung Derivate von US-Banken erwarben, stiegen sie voll in das Risikogeschäft des Schneeballsystems ein. In dem Augenblick, als amerikanische Banken reihenweise zusammenbrachen – den Anfang machte die dadurch berüchtigt gewordene Investmentbank *Lehmann Brothers* –, wurde auch das deutsche Bankensystem, wie viele andere in Europa auch, mit in den Abwärtsstrudel gerissen.

Leerverkäufe

Besonders verhängnisvoll erwies sich bei dieser Spekulationswelle die Möglichkeit der **Leerverkäufe**. Vereinfacht formuliert sind dies Verkäufe von Wertpapieren, die man gar nicht besitzt. Das geschieht in der Hoffnung auf einen Verkaufspreis, der über dem Kurs liegt, zu dem diese Papiere später gekauft werden können, wenn ihre Rückgabe an den Eigentümer terminlich fällig wird.

Fiktives Rechenbeispiel:
10. Februar: Leerverkauf von 1 000 Stück eines Papiers zum Kurs von 150 EUR.
20. April desselben Jahres: Liefertermin, Ankaufskurs liegt bei 120 EUR.
Gewinn (ohne Berücksichtigung der Spesen): 30 EUR × 1 000 = 30 000 EUR.
Hätte der Ankaufskurs am 20.04. bei 180 EUR gelegen, würde dem Spekulanten in derselben Höhe ein Verlust entstanden sein.

Diese Leerverkäufe verbinden höchste Gewinnchancen mit maximalen Risiken. Durch solche Leerverkäufe sollen einzelne Banken, Fonds usw. bis zu mehreren Milliarden Euro verloren haben.

Die folgende Skizze gibt (vereinfacht) das System des aufgeblähten Kreditvolumens wieder. Spekulant in dieser Skizze kann eine einzelne Person, eine Bank, eine Industriefirma, z. B. Porsche sein, kurzum jeder, der bereit ist, gegen hohes Risiko eine fette Rendite zu suchen.

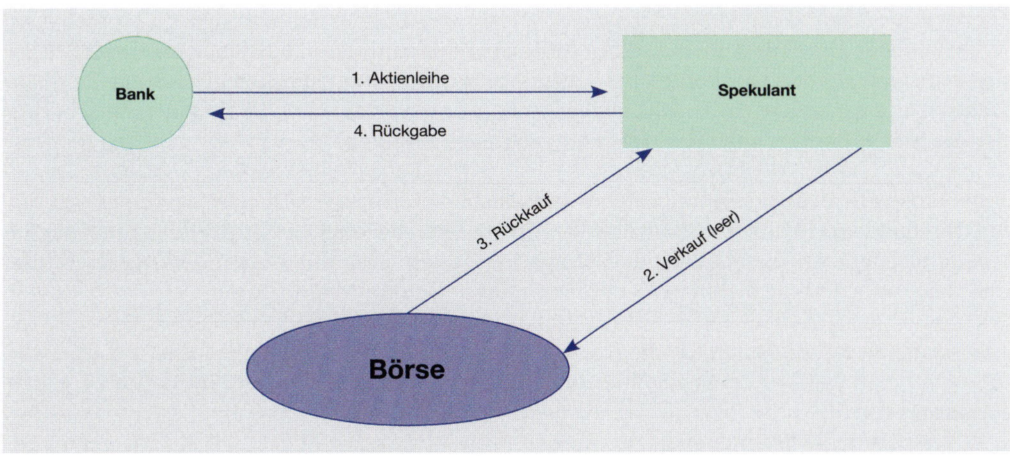

Private Equity

Den Begriff „Monster" verwandte Bundespräsident *Horst Köhler* für **Private Equity** (Equity = Kapital). Das ist eine außerbörsliche Kapitalbeteiligungsgesellschaft. Ihre Anteile werden also nicht wie z. B. Aktien an der Börse gehandelt. Kapitalgeber können institutionelle Anleger wie Banken und Versicherungen, aber auch vermögende Privatpersonen sein.

Kennzeichen und kritisches Merkmal, weshalb sie auch schon als „Heuschrecken" (*Franz Müntefering*) bezeichnet wurden, ist, dass sie sich nur kurz- bis mittelfristig (maximal bis fünf Jahre) bei einer Firma mit Kapital engagieren. Diese Gesellschaften haben sich in der Vergangenheit einen schlechten Ruf erworben, da sie in einigen Fällen die besonders ertragreichen Teile eines Unternehmens herausgelöst, diese auf neue Unternehmen übertragen oder sie in bestehende andere überführt haben. Die Schulden verbleiben bei dem alten, das dadurch in erhöhte Insolvenzgefahr gerät. Auf diese Weise erzielen die Kapitalbeteiligungsgesellschaften wenigstens vorübergehend Renditen von 30 % bis 40 %.

Hedgefonds
Spekulanten

Hedgefonds spielten bei der Entwicklung der Finanzkrise eine besondere Rolle. Sie sind reine **Spekulanten**, sie wetten auf die Entwicklung der Warenpreise, Börsenkurse, Immobilienwerte, Wechselkurse u. a. Am bekanntesten wurde der US-Spekulant *Geoge Soros.*

Hedge bedeutet ursprünglich Einfrieden, also eine Schutzumrandung, geschaffen durch Hecke und Zaun. Das Hedging entstand bereits nach 1870 als Folge des zunehmenden Welthandels im Zusammenhang mit der Industrialisierung. Das Hedging war zunächst nichts anderes als eine Versicherung gegen Wechselkursschwankungen und Währungsrisiken. Die gegen eine Prämie abgeschlossene Versicherung garantierte dem Exporteur, den vereinbarten Kaufpreis in seiner Landeswährung zu erhalten. Den Importeur schützte sie vor einer Preiserhöhung, wenn zwischen Vertragsabschluss und Lieferung seine Währung abgewertet werden sollte.

Damit haben die heutigen Hedgefonds kaum mehr etwas zu tun. Sie handeln nahezu ausschließlich mit Finanzpapieren, vor allem Derivaten. Dabei wurden ständig neue Finanzkonstruktionen entwickelt. Es gab Erwerbsrechte auf Derivate, die wiederum auf anderen Derivaten fußten. „Faule" Kreditforderungen wurden mit relativ sicheren Hypothekenansprüchen vermischt. Das wurde zuletzt so verschachtelt kompliziert, dass selbst Bankvorstände gestanden, nicht mehr alle Papiere zu verstehen, die in dem Bestand der Bank liegen.

Der Staat als Retter des Finanzkapitalismus

Börsencrash

Als Reaktion auf die Krise wurden in den USA und Europa staatliche Hilfspakete geschnürt, worin übrigens der entscheidende Unterschied zum New Yorker **Börsencrash** von 1929 liegt. Doch ausgerechnet jene Finanzkapitalisten, die sich sonst strikt jede staatliche Einmischung verbitten, weil sie die freien Marktkräfte störe, wurden nun zu Bittstellern bei eben diesem Staat. Die Furcht ging um, dass die Sparer nun in Panik zu den Banken strömen würden, um ihre Ersparnisse abzuheben. In einem dramatischen öffentlichen Appell im Fernsehen versicherte Bundeskanzlerin *Angela Merkel* im Beisein von Bundesfinanzminister *Peer Steinbrück* am 7. Oktober 2008, dass niemand um seine Spar-, Termin-, und Festeinlagen einschließlich der Guthaben auf den Girokonten bei deutschen Banken fürchten müsse. Die Bundesrepublik Deutschland garantiere dafür, falls andere Sicherungssysteme wie z. B. die Einlagensicherung der deutschen Banken ausfallen oder nicht ausreichen sollten.

Eine solche Erklärung kann und sollte vertrauensbildend wirken, juristisch ist sie bedeutungslos. Niemand könnte im Ernstfall sein von den Banken verspieltes Geld bei der Bundesregierung einklagen. Außerdem sind die infrage stehenden Gesamtsummen derartig hoch, dass der Staat finanziell gar nicht in der Lage wäre, diese Beträge aufzubringen.

Finanzmarktstabilisierung

Der staatliche Rettungsplan für die Banken als entscheidendes Bindeglied für eine arbeitsteilige Wirtschaft sieht mit einen Sonderfonds **Finanzmarktstabilisierung (SoFFin)** kurz gefasst Folgendes vor:

1. Bürgschaften für Kreditausfälle in Höhe von 400 Mrd. Euro.

2. Rücklage für den einkalkulierten Garantiefall mit 20 Mrd. Euro.
3. Eigenkapitalhilfe, z. B. Erwerb von Anteilen, Aktien durch diesen SoFFin mit maximal 80 Mrd. Euro.

Neben der Garantie für die Einlagensicherung gelten neue Bilanzregeln für alle Banken, die staatliche Hilfe in irgendeiner Form in Anspruch nehmen. Dazu gehört unter anderem, dass keine Bonuszahlungen (Gewinnbeteiligungen) mehr gezahlt werden und die Jahresgehälter der Vorstandsmitglieder im Regelfall 600 000 Euro (brutto) nicht überschreiten sollen.

Die Konjunkturpläne der Bundesregierung

Mit Konjunkturpaketen in einem Umfang, wie sie bisher in der Geschichte der Bundesrepublik unbekannt waren, versucht die Bundesregierung, den Sturz in die möglicherweise schwerste Nachkriegskrise zu verhindern oder wenigstens abzumildern.

Anfang Januar 2009 wurde ein erstes Konjunkturpaket mit 15 verschiedenen Maßnahmen und einem Gesamtvolumen von 31 Mrd. EUR aufgelegt. Sie reichten von Subventionen für das Handwerk über das Aussetzen der Kfz-Steuer bei Neuwagen für ein Jahr und besseren Abschreibungsmöglichkeiten zur Investitionsförderung bis zu Arbeitsmarkthilfen. Dieses „Sammelsurium" (Sachverständigenrat) von zusammenhanglosen und wenig strukturierten Einzelmaßnahmen wurde von Anfang an als zu dürftig angesehen, als dass es den Abschwung bremsen könnte. Fast alle Staaten der EU – von den USA ganz zu schweigen – planten wesentlich größere Konjunkturhilfen.

So beschloss die Bundesregierung ein zweites Konjunkturpaket, das im März 2009 in Kraft trat. Diesmal wurde nicht mehr „gekleckert" sondern „geklotzt" (*Guderian*). Rund 50 Mrd. EUR sollen bis 2010 von Bund, Ländern und Gemeinden ausgegeben werden. Darunter sind die größten Ausgabeposten Investitionen im Bereich der Bildung. Familien erhalten ein erhöhtes Kindergeld und eine Einmalzahlung je Kind von 100 EUR. Für die Besitzer von neun Jahre alten Autos gibt es beim Kauf eines Neuwagens eine **Abwrackprämie** von 2 500 EUR. Abwrackprämie

Diese massiven Staatsausgaben können selbstverständlich nicht mit den normalen Steuereinnahmen bezahlt werden, also werden die Gesamtschulden des Staates drastisch erhöht, höher als je zuvor. Allein die **Bundesschuld** – ohne Länder und Gemeinden – steigt auf über eine Billion Euro an. Das für 2011 anvisierte Ziel, endlich einen ausgeglichenen Staatshaushalt ohne **Neuverschuldung** vorlegen zu können, ist damit in weite Ferne gerückt. Nun rächt es sich bitter, dass der Staat in den letzten Jahren bis 2009 trotz – dank kräftiger Steuererhöhungen – sprudelnder Einnahmen nicht nur alte Schulden nicht getilgt, sondern immer noch – wenn auch im verminderten Umfang – neue Schulden aufgenommen hat. Bundesschuld Neuverschuldung

Die Schuldenbremse

Mitte 2009 wurde die Verfassung (abermals) geändert und in das Grungesetz eine sogenannte **Schuldenbremse** eingebaut. Danach darf sich der Bund ab 2016 nur noch in Höhe von maximal 0,35 % des **Bruttoinlandsproduktes** neu verschulden. Die Bundesländer sollen ab 2020 überhaupt keine Kredite mehr aufnehmen. Ausnahmen sind bei „Notsituationen" wie z. B. Naturkatastrophen zulässig. (Zur Staatsverschuldung siehe auch Kap. 2.3.5.2) Schuldenbremse

▶ QUELLE 1 Das Alte und das politisch Neue an der Globalisierung

„ [...] was aber ist neu an der gegenwärtigen Globalisierung? Beträchtliche Kapitalexporte, ein expandierender Welthandel, transnationale Unternehmen und Bankhäuser, weltumspannende Finanzkrisen und Migrationsströme sind für die Wirtschaftshistoriker gewiss keine neuen Erscheinungen. Seit Ferdinand Braudels Geschichte des Alltagslebens im historischen Kapitalismus ist bekannt, wie die weltweite Arbeitsteilung seit Jahrhunderten auf die Ernährung, Bekleidung und Technologien der europäischen Gesellschaften einwirkte. Bereits Karl Marx erhoffte sich von der Einführung des Telegraphen und dem Ausbau von Eisenbahnen und ozeanischer Dampfschifffahrt eine Überwindung gesellschaftlicher Rückständigkeit.

Die signifikanten Unterschiede zwischen früheren und der gegenwärtigen Globalisierungswelle liegen in den politischen Innovationen des 20. Jahrhunderts [...]: in der Universalität von Demokratie zum einzig noch tragfähigen Prinzip legitimer Herrschaft und in der Etablierung eines Systems internationaler Institutionen mit universaler Mitgliedschaft. Dass Globalisierung heute als Bedrohung von Demokratie wahrgenommen wird, zeugt von dem [...] Dilemma: Einerseits besteht die reale Gefahr, dass Demokratie durch die „Tyrannei der Finanzmärkte“ (Barry Eichengreen) [...] ausgehöhlt wird. Andererseits ist die Globalisierung, anders als vor einem Jahrhundert, prinzipiell legitimationsbedürftig: Die jüngste Welle der Globalisierung wird von einer beispiellosen Ausbreitung demokratischer Prinzipien begleitet, sodass die Politik weltweit einem verstärkten Legitimationsdruck ausgesetzt ist.

(Klaus Müller: Globalisierung. Campus Fachbuch-Verlag, Bonn 2002, S. 16 f.)

1. **Worin sieht der Autor das gegenüber früher Andersartige?**
2. **Was oder wen könnte er mit den „internationalen Institutionen“ (Z. 22) gemeint haben?**

▶ QUELLE 2 Pro Globalisierung

Jede Volkswirtschaft kann durch den internationalen Güteraustausch gewinnen. [...] Die internationale Arbeitsteilung ist kein Nullsummenspiel, bei dem das eine Land lediglich dann einen Nutzenzuwachs erfährt, wenn das andere Land verliert. Sie ist vielmehr ein Positivsummenspiel, bei dem alle Volkswirtschaften Vorteile haben. [...] Zwar ist es richtig, dass Wohlstandsgewinne für ein Land nicht implizieren, dass sämtliche Produktionsfaktoren Vorteile haben. Und es ist auch richtig, dass im Gedankenexperiment das Arbeitsangebot steigt; stellt man sich einen Weltarbeitsmarkt vor, so nimmt mit der Integration Chinas das Arbeitsangebot der Welt um ein Fünftel zu. Aber: Der Produktionsfaktor Arbeit ist in der Realität anders als im Modell nicht homogen. Die Arbeitnehmer in den Industrieländern sind mit besserer Technologie und höherwertigem Sachkapital ausgestattet, und sie sind besser qualifiziert, sodass sie über eine deutlich höhere Produktivität verfügen. Unterscheidet man traditionelle Arbeit und qualifiziertes Humankapital, so nimmt die Realentlohnung des Humankapitals in den Industrienationen aufgrund der verstärkten internationalen Arbeitsteilung zu, denn humankapitalintensive Produkte werden dort vermehrt hergestellt und exportiert. Es kommt hinzu, dass der Reallohn deshalb steigt, weil Importgüter günstiger zu haben sind, der Nominallohn in realer Rechnung also mehr wert ist.

(Horst Siebert: in: Frankfurter Allgemeine Zeitung, Nr. 196 vom 24.08.2002, S. 13)

1. **Was wird nach Meinung des Autors durch die Globalisierung fort- und weiterentwickelt?**
2. **Klären Sie die Begriffe „Reallohn“ und „Nominallohn“. Warum steigt der Reallohn trotz gleich bleibendem Nominallohn?**
3. **Was ist mit dem Begriff „Humankapital“ (Z. 22) gemeint, und wie empfinden Sie diesen Begriff?**

▶ QUELLE 3 Kontra Globalisierung

Als Hauptkritikpunkte an der Methode Globalisierung gelten:

- Die Spielregeln der Globalisierung sind unfair, da sie auf die spezifischen Interessen der fortgeschrittenen Industrieländer zugeschnitten sind. Tatsächlich sind einige neuere Veränderungen so unfair, dass sie einige der ärmsten Länder noch ärmer gemacht haben.

- Die Globalisierung stellt materielle Werte über andere Werte wie etwa die Sorge um die Erhaltung der Umwelt oder um den Schutz des Lebens selbst.
- Die Instanzen, die die Globalisierung maßgeblich gestalten, haben den Entwicklungsländern einen Großteil ihrer Hoheitsbefugnisse genommen, sodass sie in Schlüsselbereichen, die das Wohl ihrer Bürger beeinflussen, keine selbständigen Entscheidungen mehr treffen können.
- Während die Befürworter der Globalisierung behaupten, alle Menschen würden wirtschaftlich profitieren, finden sich in den Entwicklungs- wie in den Industrieländern zahlreiche Belege dafür, dass es viele Verlierer gibt.
- Der vielleicht wichtigste Punkt: Das Wirtschaftssystem, das den Entwicklungsländern aufgenötigt – in einigen Fällen sogar regelrecht aufgezwungen – wurde, ist unangemessen und oftmals äußerst schädlich. Globalisierung sollte nicht gleichbedeutend sein mit Amerikanisierung der Wirtschaftspolitik oder der Kultur, aber genau dies ist oft der Fall und sorgt für erheblichen Unmut.

(Joseph Stiglitz: Die Chancen der Globalisierung. Aus dem Amerikanischen von Thorsten Schmidt. Siedler Verlag, Berlin 2006, S. 27 f.)

Fassen Sie die Kritikpunkte schlagwortartig zusammen.

Europäer und die Globalisierung

▶ QUELLE 4

Im globalen Miteinander der Völker und Kontinente waren die Europäer über Generationen hinweg Spielmacher und Schiedsrichter in einem. Diese Rolle haben sie genossen. Aber sie ist ausgespielt. [...] Löhne wie in Indien, so protestieren sie lautstark, seien ihnen nicht zuzumuten. Warum eigentlich nicht? Wer oder was kann ihre hohen Einkommen sichern, sollten sie nicht dauerhaft mehr leisten? – und zwar sehr viel mehr als ihre indischen Kollegen? Die ehrliche Antwort: auf Dauer niemand und nichts. Dass ihr Einkommensniveau sinkt, dafür sorgen nicht irgendwelche perfiden Unternehmer, sondern die [...] Arbeitnehmer in den Niedriglohnländern. Diese Lektion ist für die Europäer bitter. Aber sie werden sie mit jedem verlorenen Arbeitsplatz und mit jeder Betriebsschließung tiefer verinnerlichen.

Gewiss ist, dass ohne das Wirtschaften in Niedriglohnländern viele Waren und Dienstleistungen weltweit teurer wären, als sie derzeit sind. [...] Wer aufgrund der Globalisierung seinen Arbeitsplatz verliert und nur noch über ein Existenzminimum verfügt, für den ist es ziemlich gleichgültig, ob die in den Niedriglohnländern hergestellten Schuhe oder Fernsehgeräte billiger oder teurer sind. Sein Lebensstandard wird in jedem Fall sinken – einmal weniger und einmal mehr.

Arbeitsplätze gehen nur dann nicht verloren, wenn sich die Erwerbstätigen überall [...] den Bedingungen des Weltarbeitsmarktes unterwerfen. Wer dies nicht oder nicht ausreichend tut, wird gnadenlos vom Markt weggefegt. Auch dafür haben die Befürworter der Globalisierung ein eindrucksvolles Beispiel parat: Während bei den flexiblen US-Amerikanern neun exportierte Arbeitsplätze durch zehn einheimische ersetzt werden, stehen in Deutschland fünf exportierte Arbeitsplätze nur vier im Inland neu geschaffene gegenüber – ein Minus von zwanzig Prozent. Die lapidare Begründung: unzureichende Flexibilität.

(Meinhard Miegel: Epochenwende. Propyläen, Berlin 2005, S. 30 und S. 78 f.)

1. **Worin sieht Miegel die „Epochenwende"?**
2. **Welche Lektion haben die Europäer zu lernen?**
3. **Wie kann die Antwort auf den global zunehmenden Wettbewerb lauten?**

Arbeitslosigkeit als Folge der Globalisierung

▶ QUELLE 5

Arbeitslosigkeit ist in Wahrheit die brutalste und dennoch in Europa die gebräuchlichste Form der Lohnangleichung nach unten.

Es werden vor allem Menschen auf den unteren Lohnstufen aus dem Markt gedrängt. Die meisten davon dürften Zeit ihres Lebens kein Büro und keine Werkshalle mehr von innen sehen. Das Gespenst der Nutzlosigkeit [...] begleitet sie auf ihrem weiteren Lebensweg, der in aller Regel ein Weg nach unten ist. Anfang der 70er-Jahre, der Weltarbeitsmarkt war ein nahezu hermetisch abgeschlossener Westarbeitsmarkt, herrschte fast überall Vollbeschäftigung. Arbeiter mussten aus Anatolien angeheuert werden, weil es in Deutschland keine Arbeitskräfte mehr gab.

Auf dem Weltarbeitsmarkt herrscht Arbeiterüberschuss. Mittlerweile sind 18 Millionen Europäer von Arbeitslosigkeit betroffen. Rechnet man dazu die ins Privatleben abgedrängten Frauen und die Älteren dazu, die man gegen ihren Willen in den Ruhestand schickte, sind mehr als 30 Millionen arbeitslos. Dieses europäische Heer der Stillgelegten entspricht der Einwohnerschaft von Berlin, Paris, London, Madrid, Brüssel, Rom, Lissabon und Athen. Ulrich Beck (ein Soziologe – d. Verf.) nennt diese Menschen die „strukturell Überflüssigen".

(Gabor Steingart: Weltkrieg um Wohlstand – Wie Macht und Reichtum neu verteilt werden. Piper Verlag, München 2006, S. 181)

1. Was meint der Autor mit „Weltarbeitsmarkt"?
2. Welche Arbeitskräfte sind besonders gefährdet, arbeitslos zu werden und warum?

▶ QUELLE 6 Zur Krise des Sozialstaates

Die spannende Frage ist, weshalb der europäische Sozialstaat auf einem selbstzerstörerischen Trip ist. Es gibt dafür mehrere Gründe. Die eigentlichen Probleme des Sozialstaates, die er ohne marktliche Hilfe (gemeint sind die Anwendung marktwirtschaftlicher Prinzipien, d. Verf.) nicht in den Griff bekommt, sind das „moral hazard"- und das „Trittbrettfahrer"-Verhalten seiner Mitglieder. Dabei ist mit „moral hazard" das Risiko gemeint, dass die Menschen genau das tun, was man von ihnen befürchtet. Die bloße Existenz von Versicherungsverträgen verändert das Verhalten der Versicherungsnehmer. In der Arbeitslosenversicherung äußert es sich darin, dass die Lasten der Anpassung nicht von den Akteuren auf den Arbeitsmärkten direkt getragen, sondern auf die Arbeitslosenversicherung abgewälzt werden. Das individuelle Arbeitsangebot wird verringert, Unternehmen greifen schneller zum Instrument der Entlassung, die Tarifvertragsparteien orientieren sich bei der Lohnfindung nur bedingt an den tatsächlichen Gegebenheiten auf den Arbeitsmärkten. [...]

In den umlagefinanzierten Systemen der Alterssicherung zeigt sich das Problem des „moral hazard" und des Trittbrettfahrerverhaltens in mehreren Facetten. Die traditionelle Form offenbart sich in der großen Zahl von Berufs- und Erwerbsunfähigkeitsrenten. Die Alterssicherungssysteme werden nicht nur individuell von den Arbeitnehmern, sondern auch kollektiv durch die Tarifvertragsparteien zweckentfremdet. Die Tarifpartner nutzen mit staatlicher Hilfe die Alterssicherung, um Anpassungslasten auf Dritte abzuwälzen. Eine besondere Spielart von „moral hazard" tritt auf, weil die erwerbstätige Generation zu wenig Kinder in die Welt setzt. Wenn die Renten im Alter über eine Umlage unter den Erwerbstätigen finanziert werden, sind die finanziellen Anreize relativ gering, Kinder aufzuziehen, um für das Alter vorzusorgen. Da aber die Sicherheit der Renten auch von der Zahl der Erwerbstätigen in der Zukunft abhängt, verhalten sich zumindest jene, die keine Kinder haben, wie Trittbrettfahrer. Die Folge sind steigende finanzielle Ungleichgewichte, höhere Beiträge und eine steigende Arbeitslosigkeit.

(Norbert Berthold/Cornelia Schmid: in: Aus Politik und Zeitgeschichte. Nr. 48–49 vom 21.11.1997, S. 5 f.)

1. Was versteht man unter „moral hazard" und „Trittbrettfahrermentalität"?
2. Warum führen diese Verhaltensweisen zur Zerstörung des Sozialstaates?
3. Auf welche Weise wird das Alterssicherungssystem auch kollektiv missbraucht?
4. Wodurch wird es den Tarifparteien erleichtert, die Verantwortung für Arbeitslosigkeit abzuwälzen?

▶ QUELLE 7 Kosten im Gesundheitswesen

Und weil wir nicht wollen, dass jeder nur so viel Gesundheit bekommt, wie er Geld zur Verfügung hat, haben wir die Gesetze der Marktwirtschaft außer Kraft gesetzt. Die Gesundheitsbranche funktioniert über weite Strecken nach den Regeln einer Planwirtschaft. Die Preise für ärztliche Leistungen entstehen nicht durch das freie Spiel von Angebot und Nachfrage, sie werden kartelliert zwischen Krankenkassen und Kassenärztlichen Vereinigungen ausgehandelt. Was die Behandlung eines einzelnen Patienten kostet, erfährt weder seine Kasse noch er selbst.

So viel Intransparenz muss zu Ineffizienz führen. Tatsächlich ist neben der Unterversorgung auch die Überversorgung ein Problem. [...] Das erstaunliche Ergebnis der „Befragung" von Ärzten über jedes Jahr tausendfach vorgenommene Eingriffe wie Entfernungen gutartiger Geschwülste, Bandscheiben- und Bypass-Operationen lautete: „Über die Hälfte der Ärzte hätten bei sich selbst auf Bandscheiben- und Bypass-Operationen verzichtet. [...] Die Studie lässt die Schlussfolgerung zu, dass Mediziner bei ihren Patienten großzügiger schneiden, als sie das am eigenen Leibe dulden würden."

(Jutta Hoffritz: Gesundheit – kein Produkt wie jedes andere, in: Aus Politik und Zeitgeschichte, Nr. B 33–34, 2003, S. 4 f.)

1. **Welche Eigenarten des deutschen Gesundheitssystems verstoßen gegen marktwirtschaftliche Prinzipien?**
2. **Was meint die Autorin mit „Intransparenz" (Z. 13)?**
3. **Wieso führt diese zur Ineffizienz?**
4. **Worin liegt eine Ursache für die Kostensteigerungen im Gesundheitswesen?**

Der frühere sächsische Ministerpräsident Kurt Biedenkopf (CDU) über die Politik der Rentensicherung

▶ QUELLE 8

Obwohl man schon 1957 den Zusammenhang zwischen den beiden Aufgaben der arbeitenden Generation – das Alter zu sichern und für Nachkommen zu sorgen – kannte, zog die damalige Rentenreform daraus nur unzureichende Konsequenzen. So entstand die bis heute gültige Praxis, die Lasten der Kinder zu privatisieren und den Nutzen der Kinder für die Alterssicherung zu sozialisieren. Eine Zeitlang lässt sich mit einem solchen Widerspruch leben. Auf Dauer muss er den Zusammenhalt der Generationen gefährden. [...]
Zu Recht stellte der Sachverständigenrat zur Begutachtung der gesamtwirtschaftlichen Entwicklung deshalb schon in seinem Jahresgutachten 1980/81 fest, die Rentenfinanzierung werde durch die demografische Entwicklung auf lange Zeit so wesentlich belastet, dass wohl nichts anderes mehr in Betracht komme als sowohl eine Erhöhung der Abgabenlast wie auch eine Einschränkung der Leistungsansprüche „und zwar beides in massiver Form". Würden weitere Leistungsverbesserungen (für die Rentner; d. Verf.) beschlossen, so sei von vornherein klar, dass sie durch die Angehörigen einer Generation zu finanzieren seien, die selbst nicht in den Genuss dieser Verbesserungen kommen könne. Mit einem fairen Solidarausgleich zwischen den Generationen hätte dies wenig zu tun.

(Kurt Biedenkopf: Die Ausbeutung der Enkel. List-Verlag, Berlin 2006, S. 212 f.)

1. **Inwiefern werden die Lasten der Kinder privatisiert, der Nutzen aber sozialisiert?**
2. **Wodurch wird die Generationengerechtigkeit infrage gestellt?**
3. **Warum kann die heutige arbeitende Generation nicht mehr mit so guten und sicheren Renten rechnen wie ihre Eltern und Großeltern?**

Zur Notwendigkeit einer großen Steuerreform

▶ QUELLE 9

Die allmähliche und zuletzt zunehmende Erosion der Steuerbasis belegt das Dilemma einer Steuerpolitik, die die Last hoher Steuersätze mit einer weder überschaubaren noch in ihrem Einfluss auf das Steueraufkommen einschätzbaren Vielzahl von Vergünstigungen zu mildern versucht. Am Ende kann das Ergebnis hoher Steuersätze und einer gesunkenen Steuerquote nicht mehr überraschen. Aus dieser Sackgasse kann nur eine umfassende „große" Steuerreform herausführen. In deren Mittelpunkt müsste die grundlegende Reform der Einkommensbesteuerung stehen, die eine starke Verringerung der tariflichen Sätze mit einem möglichst umfassenden Abbau bisheriger steuerlicher Ausnahmetatbestände und Sondervergünstigungen verbindet. Damit wären auch die Voraussetzungen für ein Steuersystem geschaffen, das transparenter und einfacher wäre, die wirtschaftlichen Dispositionen weniger verzerren würde und Strategien der Steuervermeidung unattraktiver werden ließe. Einen wichtigen Baustein einer solchen großen Reform stellt eine gewisse Verlagerung der Abgabenlast von den Einkommen zum Verbrauch dar. Der Vorwurf, die Verteilungsgerechtigkeit bliebe dabei auf der Strecke, ist bei ökonomischer Betrachtung nicht gerechtfertigt. Zum einen begünstigt das bisherige, in seiner Inzidenz (= Umstand, dass öffentliche Subventionen oder Steuern nicht die Wirtschaftssubjekte begünstigen oder belasten, denen sie vom Gesetzgeber zugedacht sind; die Verf.) kaum überschaubare System gerade die zur Steuervermeidung besonders Befähigten. Zum anderen verbessert ein gesamtwirtschaftlich effizientes Steuersystem die Allokation (= Zuweisung von finanziellen Mitteln, Produktivkräften und Material; die Verf.) der Produktionsfaktoren, schafft Anreize zur wirtschaftlichen Leistung und wirkt damit wachstumsfördernd. Am Ende stehen nicht zuletzt mehr Arbeitsplätze und geringere Arbeitslosigkeit.

(Monatsbericht der Deutschen Bundesbank vom August 1997, S. 97)

1. **Was fordert die Bundesbank am nachdrücklichsten? Warum?**
2. **Aus welchem Grund empfiehlt die Bundesbank ein einfacheres Steuersystem?**
3. **Warum muss eine Senkung der Steuersätze nicht im Widerspruch zur Forderung nach „Verteilungsgerechtigkeit" (Z. 28) stehen?**

▶ QUELLE 10 Die gespaltene Gesellschaft

So entsteht eine Republik der Gegensätze: Die oben verdienen oft doppelt gut – im Job und an der Börse. Die in der Mitte schuften auch – aber für einen Lohn, mit dem sich zuweilen nur schwer die gewohnte Lebensführung bestreiten lässt. [...] Die Politik scheint unfähig, den Reichen einen gerechteren Anteil abzuverlangen. Die Steuersätze sind zwar hoch – sogar zu hoch –, aber vielfältig sind die Schlupflöcher, die es gerade Gutbetuchten ermöglichen, den staatlichen Abgaben zu entfliehen.

Normalverdiener haben diese Möglichkeit nicht. Sie zahlen immer mehr: Steuern und all die Abgaben, die auf immer weniger Arbeitsplatzbesitzer verteilt werden.

Längst hat die ungleiche Verteilung von Arbeit und Vermögen das Gesicht des Landes verändert. In den Zentren locken immer neue Edelboutiquen, draußen am Stadtrand rutschen ganze Trabanten-Viertel in die Armut. Auf den großen Alleen der Stadt fahren die Cabrios der Gewinner dicht an dicht, untendrunter verkommt so manche U-Bahn-Linie zum Spielfeld der Ausgestoßenen. Selbst in Stadtvierteln, die früher als gutbürgerlich galten, findet ein Szenenwechsel statt. Vor der Kulisse schmucker Wohnhäuser schleichen immer mehr Menschen durch die Straßen, deren Hab und Gut in zwei Plastiktüten passt.

(Der Spiegel, Nr. 40/1997, S. 87)

1. **Worin erblickt der Autor die „gespaltene Gesellschaft"?**
2. **Welche Ursache glaubt er dafür zu erkennen?**
3. **Deckt sich das gezeichnete Bild mit Ihrem persönlichen Eindruck? Begründen Sie Ihre Meinung.**

▶ QUELLE 11 Singles

Die sich ausbreitende Tendenz zum Alleinleben ist vor allem ein Resultat der längeren Ausbildungszeiten, der generell gesunkenen Heiratsbereitschaft und der hohen Scheidungsziffern. Im Zuge der wachsenden Hochschätzung individualistischer Wertorientierungen werden die Alleinlebenden in der Bundesrepublik Deutschland – häufig pauschal und undifferenziert – als „Singles" bezeichnet. Das früher zumeist eher negativ etikettierte Single-Dasein hat in den letzten Jahren einen enormen Prestigezuwachs erfahren. Der unmittelbare Bedeutungsgehalt des Begriffs charakterisiert aber eigentlich nur die begrenzte Zahl der mehr oder weniger bewusst Alleinlebenden. Es kann jedoch davon ausgegangen werden, dass sich hinter dem viel diskutierten Phänomen der Single-Haushalte häufig nicht alleinlebende Personen, sondern Beziehungen ohne gemeinsamen Haushalt („living apart together") verbergen. [...]

Insgesamt deuten alle Befunde darauf hin, dass das Single-Dasein eine biografische Übergangsphase darstellt, die aber als solche zweifellos an gesellschaftlicher Bedeutung gewonnen hat. Die Mehrheit der Singles ist jedoch prinzipiell positiv gegenüber einer Partnerschaft eingestellt und lediglich eine Minderheit will definitiv auf eine feste Partnerschaft verzichten. Wenig spricht dafür, dass der Wunsch nach Intimität, Nähe und Partnerschaft an Attraktivität verloren hat.

(Rainer Geißler: Die Sozialstruktur Deutschlands, Bundeszentrale für politische Bildung, Bonn 1996, S. 325 f.)

1. **Warum kann der Begriff „Single" als undifferenziert bezeichnet werden?**
2. **Teilen Sie die Ansicht des Autors, dass es sich dabei um eine „biografische Übergangsphase" (Z. 21) handelt?**
3. **Warum wird die Zahl der Single-Haushalte vermutlich weiter wachsen?**

Christa Müller (Die Linke) zur „Ausbeutung der Familien"

▶ QUELLE 12

Die Deutschen sind nicht familienmüde. Die Familie hat in allen Generationen einen hohen Stellenwert. Aber die Politik tut seit Jahrzehnten alles, um die Lebensbedingungen der Familien zu verschlechtern.

Die Ausbeutung der Familie begann in den fünfziger Jahren. Damals lehnte Bundeskanzler Adenauer eine Staffelung der Beitragszahlungen in der Rentenversicherung nach der Zahl der Kinder angeblich mit den Worten ab: „Kinder kriegen die Leute immer." Wie wir inzwischen wissen, bekommen sie aber zu wenige. Ein Grund dafür ist die finanzielle Ausbeutung der Kinder durch das Rentensystem. Wie das ifo-Institut in München errechnet hat, zahlen die Familien und ihre Kinder im Laufe ihres Lebens 77 000 Euro pro Kind mehr in das Steuer- und Sozialsystem ein, als sie jemals vom Staat zurückerhalten. Das bedeutet, dass in Deutschland die Familien in beträchtlicher Höhe Kinderlose subventionieren.

(Christa Müller, in: Frankfurter Allgemeine Zeitung, Nr. 278 vom 29.11.2007, S. 10)

Auf welche systembedingte Weise können die Kinderlosen – ohne ihren Willen und eigenes Zutun – die Eltern und ihre Kinder ausbeuten?

Vom Nutzen der Kinder

▶ QUELLE 13

„Nutzen" stiften Kinder ihren Eltern heute überwiegend immateriell. Die Liebe zu Kindern ist für viele ein starkes Motiv. Es macht Freude und stolz, die Kinder aufwachsen und gedeihen zu sehen. Hingegen ist der ökonomische Nutzen von Kindern für ihre Eltern, der einst beträchtlich war, heute kaum noch auszumachen – weder helfen sie, wie früher üblich, bei der Feldarbeit oder in der Werkstatt, noch ist eine zahlreiche Nachkommenschaft für eine Versorgung im Alter notwendig.

Das übernimmt heute in Deutschland das kollektive Rentensystem. Vor dessen Einführung durch Bismarck war klar, dass nur, wer Kinder hat, im Alter auskömmlich leben konnte. Durch die Umlagefinanzierung findet sogar ein starker Transfer von den Familien mit Kindern zu den Kinderlosen statt: Während die Kosten der Kindererziehung und der „Humankapitalbildung" trotz mancher staatlicher Zuschüsse überwiegend doch noch die Eltern tragen, werden die materiellen „Erträge" der Kinder kollektiv vereinnahmt und sozialisiert. Das staatliche Rententransfersystem hat einen erheblichen – negativen – Einfluss auf die demographische Entwicklung.

(Frankfurter Allgemeine Sonntagszeitung, Nr. 19 vom 11.05.2008, S. 36)

1. **Was ist mit „Humankapitalbildung" (Z. 18) gemeint?**
2. **Was sind „Erträge" (Z. 20) der Kinder?**
3. **Auf welche Weise werden diese Erträge kollektiv vereinnahmt?**

Der Soziologe Franz-Xaver Kaufmann zum Generationenvertrag

▶ QUELLE 14

Es führt kein Weg an der Erkenntnis vorbei, dass im Hinblick auf eine dauerhafte Nachwuchssicherung viel zu wenig Kinder geboren werden. Das ist vermutlich die folgenreichste Verletzung der Generationengerechtigkeit...

Es ist vordergründig, allein von einem Verteilungs-

konflikt zwischen den Generationen zu sprechen; dahinter verbergen sich mindestens zwei weitere Verteilungskonflikte, nämlich derjenige zwischen den Geschlechtern und derjenige zwischen Eltern und Kinderlosen.
Man kann niemandem vorwerfen, dass er keine Kinder aufzieht und bekanntlich gibt es nicht wenige Menschen, für die Kinderlosigkeit eine persönliche Tragödie ist. Das Problem sind die institutionellen Regelungen, also die Folgen unserer Gesetzgebung. Sie bringen den Kinderlosen Vorteile und den Eltern Nachteile.

(Franz-Xaver Kaufmann, in: Frankfurter Allgemeine Zeitung, Nr. 159 vom 12.07.2004, S. 7)

1. Welche Arten von Generationenkonflikt unterscheidet der Verfasser?
2. Was meint er mit Generationengerechtigkeit?
3. Wieso spricht er auch von einem Verteilungskonflikt zwischen den Geschlechtern? Hinweis: Es gibt mehr Frauen, die den Kindern zuliebe auf Berufstätigkeit verzichten als Männer.

▶ QUELLE 15 Gründe für Kinderlosigkeit

ICH muss erst mal zu mir selber finden.
ICH habe doch studiert. Ich will erst Geld verdienen.
ICH habe keine Lust auf Kinder.
WIR sind uns so genug.
ICH muss erst mein Examen machen.
ICH habe den Richtigen noch nicht gefunden.
KARRIERE geht vor. Später ja, das kann ich mir dann vorstellen.
ICH habe mit mir genug zu tun.
ICH befürchte, kein eigenes Leben mehr zu haben, nur noch für das Kind dazusein.
Wo sich so viele scheiden lassen.
ICH will meine Ruhe haben. STATT Kindern habe ich viel Spaß.
ICH will mich noch im Beruf beweisen.
DAS ist noch so weit weg.
DAS Kind könnte meinen Wünschen nicht entsprechen.
ICH möchte arbeiten und für die Welt interessant sein.
DANN kann ich mir nichts kaufen und keinen Urlaub machen.
MEINE jetzige Freundin wollte auch jahrelang nicht, und jetzt ist es zu spät.
KINDER, das können andere machen.

(Frankfurter Allgemeine Zeitung, Nr. 134 vom 13.06.2005, S. 7)

Nehmen Sie Stellung zu den formulierten Thesen zur Rechtfertigung beziehungsweise Begründung der Kinderlosigkeit.

▶ QUELLE 16 Rede von Bundespräsident Horst Köhler bei der Eröffnung des „European Banking Congress" am 21.11.2008 in Frankfurt/Main

Wir sollten dabei nicht vergessen: Die Verursacher der Krise sitzen in den Hauptstädten und Finanzzentren der Industrienationen – bei uns. Sie vertreten Finanzinstitutionen, Prüfer und Berater, Regierungen, Aufsichtsbehörden und Notenbanken. Die Kette des Versagens schließt viele ein. [...]
Die Finanzbranche sollte sich schon aus Eigeninteresse selbst unangenehme Fragen stellen. Es sind Fragen nach der Verantwortung der Akteure, der Vorgesetzten der Akteure und derer, die die Vorgesetzten zu beaufsichtigen haben. Es sind Fragen nach der Kompetenz, nach Vergütungssystemen, die Kurzfrist-Denken und Herdenverhalten verstärkt haben. Und es sind Fragen nach den Renditen, an denen sich eine ganze Branche offenbar so berauscht hat, dass sie blind wurde für die Risiken – oder sie bewusst ignoriert hat. Solide kaufmännische Grundregeln wurden missachtet; Teile der Finanzbranche koppelten sich ab von der Realwirtschaft.
Ich glaube, wir brauchen eine grundlegende Erneuerung des Bankgewerbes. Die Banken müssen sich bewusst machen: Zuallererst sind sie Treuhänder derer, die ihnen ihr Erspartes anvertraut haben.

Horst Köhler, unter: www.bundespraesident.de/dokumente/-,2.650794/Rede/dokument.htm, Zugriff: 7.4.2009 (Auszug)

1. Wen benennt der Bundespräsident als Verursacher der Finanzkrise?
2. Wer könnte mit den Akteuren gemeint sein?
3. Welchen Appell richtet er an die Bankiers?

Aufgabenvorschläge

1. Als Konrad Adenauer bei der Einführung der sogenannten dynamischen Rente 1957 einen Mitarbeiter besorgt fragte: „Und was ist, wenn nun mal nicht genug Kinder geboren werden?", antwortete dieser: „Dann sind Sie nicht mehr Bundeskanzler." – Deuten Sie den mehrfachen Sinn dieser Antwort.

2. Organisieren Sie ein Rollenspiel zwischen Arbeitgeber und Betriebsrat wegen der Verlagerung der Produktion ins Ausland. Gehen Sie dabei auch der Frage nach, welche Möglichkeiten der Betriebsrat hat, diese Entscheidung zu beeinflussen. Informationen zu dieser und anderen Fragen finden Sie im Betriebsverfassungsgesetz.

3. Beschreiben Sie die gegenwärtige Familienstruktur in Deutschland und vergleichen Sie diese mit der Darstellung in den Medien: Wählen Sie einen beliebigen Werktag und kopieren Sie das Fernsehprogramm. Verteilen Sie die einzelnen „Sendungen" untereinander und untersuchen Sie, welche Familienstrukturen vorkommen. Erarbeiten Sie einen Fragekatalog mit genau festgelegten Kriterien.

4. Nennen und erläutern Sie mögliche Gründe für Geburtenrückgang und die Überalterung der deutschen Gesellschaft.

5. Entwickeln Sie ein Szenario: Globalisierung der Wirtschaft und ihre Folgen in den nächsten fünfzig Jahren für Sprache, Kultur, Musik, Mode, ...

6. Beschaffen Sie sich Informationen zu internationalen Umweltschutz-Abkommen. Diskutieren Sie über Sinn und Wirksamkeit solcher Abkommen. Führen Sie ein Rollenspiel durch: Vertreter hoch industrialisierter Staaten (z. B. USA oder Deutschland), Schwellenländer (z. B. Argentinien) und Entwicklungsländer (z. B. Uganda, Peru) diskutieren über diese Frage und ihre Bereitschaft zum Engagement.

7. Organisieren Sie eine amerikanische Debatte: Ökonomie versus Ökologie. Veranstalten Sie dazu auch ein Rollenspiel mit folgenden Rollen: Umweltschützer/Chemie-Arbeitgeber/Chemie-Betriebsrat/ ...

8. Besuchen Sie das nächstgelegene Heimatmuseum und betrachten Sie die dort ausgestellten Exponate. Welche Erkenntnisse können Sie im Hinblick auf wirtschaftliche, soziale, kulturelle und politische Veränderungen seit der Industrialisierung gewinnen?

9. Befragen Sie möglichst ältere Mitmenschen (Zeitzeugenbefragung) über die Arbeitswelt ihrer Jugend. Welche Einsichten können Sie gewinnen?

10. Erstellen Sie anhand Ihnen zugänglicher statistischer Materialien einschließlich Internet tabellarische oder lineare Übersichten über den Berufs- und Beschäftigungswandel im 20. Jahrhundert.

11. Entwickeln Sie Szenarien über die Arbeitswelt um die Mitte des 21. Jahrhunderts.

3 Partizipation an der Herrschaft

„Etwas ist nicht Recht, weil es Gesetz ist, sondern es muss Gesetz sein, weil es Recht ist!“
(Charles de Montesquieu, 1689–1755)

3.1 Der Konflikt – Wesensmerkmal des Politischen

Noch nie hat es eine konfliktfreie Gesellschaft gegeben, und es wird sie auf dieser Welt auch nicht geben können. Das Paradies auf Erden zu schaffen ist einer der illusionären Wunschträume z. B. des Kommunismus gewesen.

Pluralistische Gesellschaft

Einige Liberale wie Lord *Ralf Dahrendorf* meinen sogar, dass man den Konflikt geradezu erfinden müsste, wenn es ihn nicht gäbe. Denn nur eine **Pluralistische Gesellschaft** mit den unterschiedlichen und widersprüchlichen Interessen ihrer Gruppen kann eine freie Gesellschaft sein. Eine völlig harmonische Gesellschaft, in die sich jeder widerspruchsfrei einfügt, nicht einmal versteckt Eigeninteressen verfolgt, muss notwendigerweise eine totalitär unfreie sein.

▶ Q. 1

Gesellschaften unterscheiden sich nicht dadurch, dass sie Konflikte haben oder nicht, sondern nur darin, auf welche Weise diese ausgetragen werden. Selbstverständlich kann eine Diktatur die latenten (= verborgenen) Konflikte so unterdrücken, dass sie nicht offen ausgetragen werden können, aber deshalb sind sie nicht weniger vorhanden.

Konfliktebenen

Die **Konfliktebenen** sind so zahlreich wie die Rollen, die der einzelne Mensch im Laufe seines Lebens spielt. Der erste Konflikt, den jedes Kind erlebt, ist der mit den Eltern. Schon das schreiende Kleinkind, das seinen Willen gegen den der Eltern durchzusetzen versucht, löst einen Konflikt aus. Später kommen Streitigkeiten mit den Spielkameraden hinzu, dann die vielfältigen Auseinandersetzungen in der Schule mit Lehrkräften und Mitschülern. Nach Schulabschluss und Studium beginnt die schier unendliche Zahl von Konflikten mit Vorgesetzten, Mitarbeitern oder Kollegen. Sie können von kleinen Sticheleien bis hin zu Verdächtigungen, Lügen und Intrigen reichen. Wenn sich ein Berufstätiger systematischen Anfeindungen und Angriffen ausgesetzt sieht, er sozusagen „hinausgeekelt“ werden soll, spricht man auch von **Mobbing**.

Mobbing

Unvermeidbar in einer vom Leistungsdruck geprägten Konkurrenzgesellschaft sind die Wettbewerbsrivalitäten um die regelmäßig knappen Beförderungsstellen und Aufstiegschancen.

Chancengleichheit

Dabei muss beachtet werden, dass das demokratische Ideal der **Chancengleichheit**, vor allem für die lange Zeit benachteiligten Frauen, den Konkurrenzkampf abermals verschärft hat. Die Chancengleichheit kann aus vielfältigen Gründen, z. B. wegen unterschiedlicher Gesundheit, Intelligenz, Energie und Willenskraft und nicht zuletzt wegen des stark differierenden sozialen Umfelds (Familie) nur höchst unterschiedlich genutzt werden. Die Folge der Chancengleichheit ist zwangsläufig **Ergebnisungleichheit.**

Ergebnisungleichheit

Mitte 1947 legten ca. 3 % eines Geburtsjahrgangs das Abitur ab, heute sind das rund 40 %. Man braucht nicht lange zu grübeln, um zu erkennen, wie unterschiedlich sich die Chancen zur Berufswahl eines Studenten von damals bis heute entwickelt haben. Lapidar kann formuliert werden: (Fast) alle haben heute in Deutschland annähernd gleiche Chancen; aber für alle sind die Berufschancen schwerer wahrzunehmen. So viele Stellen z. B. im höheren Dienst vermag der Staat schon aus Kostengründen gar nicht zu schaffen, um alle Aspiranten aufzunehmen, die nach Studienabschluss solche Positionen besetzen könnten.

Doch noch mehr Konflikte als im Konkurrenzkampf um Stellung und Positionen – in der Politik auch „Pöstchenjägerei" genannt – spielen sich im privaten Bereich ab. Fast die Hälfte aller vor den Zivilgerichten ausgetragenen Streitigkeiten sind **Nachbarschaftszwist** und Auseinandersetzungen zwischen Vermietern und Mietern.

Nachbarschaftszwist

Fast jede zweite heute geschlossene Ehe hält nicht, „bis dass der Tod Euch scheidet", sondern endet irgendwann vor dem Scheidungsrichter, ein Zeichen dafür, wie stark das Konfliktpotenzial selbst innerhalb der engsten menschlichen Gemeinschaft sein kann – oder auch gerade in ihr.

Eine Bundestagsdebatte als Beispiel für legitime Konfliktaustragung

Gewalttätige Angriffe von Demonstranten gegen die Polizei auf dem G-8-Gipfel in Heiligendamm 2007

Und selbstverständlich ist der gesamte Sport ein nach bestimmten Regeln ausgetragener Konflikt. Gewalttätige Ausschreitungen, sei es bei einzelnen Sportveranstaltungen wie gelegentlich beim Fußball oder bei Demonstrationen, sind eben keine in einer demokratischen Zivilgesellschaft zulässigen Methoden der Konfliktaustragung.

Konflikte können vielfältige **Ursachen** haben. Die wichtigsten sind:

Ursachen

- wirtschaftliche, die mindestens in modernen Gesellschaften die häufigsten sind. Die Durchökonomisierung der gesamten Gesellschaft, nicht zuletzt auch beim Sport mit Werbe- und Siegprämien, führt zwangsläufig dazu, dass stets auch wirtschaftliche Interessengegensätze eine Rolle spielen. Die „klassischen" Konflikte zwischen Arbeitnehmer- und Arbeitgeberverbänden sind hier ebenso zu nennen wie die Konkurrenzkämpfe zwischen Produzenten und Händlern um den Absatz und die Konflikte um „feindliche" Übernahme der einen Kapitalgesellschaft durch die andere.
- Kampf um die öffentliche Meinungs- und Willensbildung. Medien und sogenannte Meinungsführer streiten um das **„Definitionsmonopol"**, d.h. darum, welche Themen die Gesellschaft angeblich als wichtig zu betrachten hat. Dabei spielt der „Kampf um die Quoten" eine zunehmend bedeutsamere Rolle, sodass Presseerzeugnisse sich immer mehr an das Sensationsbedürfnis der Konsumenten wenden und seriöse Berichterstattung ins Hintertreffen gerät.

Definitionsmonopol

- Machtgewinnung und Machterhaltung. Dieser Grund spielt in der Innenpolitik die entscheidende Rolle, vor allem bei Wahlkämpfen. In der Außenpolitik als Konflikt zwischen den Staaten oder terroristischen Gruppen kann er täglich erlebt werden und reicht von kontrovers diskutierenden Konferenzen über Sanktionen (z.B. Ölembargo) bis hin zum Krieg. Seit Jahrzehnten üben z.B. die USA gegen Kuba ein **Wirtschaftsembargo** aus. Das bedeutet, es gibt keine Wirtschaftsbeziehungen, insbesondere keinen Außenhandel.

Wirtschaftsembargo

- Prestigegewinn, der eng mit Macht verbunden ist. Diplomatische Protokollstreitigkeiten: Wer wird wann und wohin eingeladen und sitzt oder steht neben dem VIP (very important person). Die Nähe der Mächtigen verheißt stets auch Ansehen.
- Emotionen, gefühlsmäßige Abneigungen, weil die „Chemie nicht stimmt", man kann, wie der Volksmund treffend sagt, „sich nicht riechen". Es gibt Unverträglichkeiten zwischen Menschen, die charakterbedingt sind. Werden diese Menschen gezwungen zusammenzuarbeiten, ist der Konflikt fast schon vorprogrammiert.

Lösung von Konflikten

Zur Regelung und **Lösung von Konflikten** gibt es grundsätzlich sieben Möglichkeiten, die auch in Mischform auftreten können:

Gewaltanwendung

1. Die **Gewaltanwendung**: Der Gegner wird physisch vernichtet oder konfliktunfähig gemacht, z. B. Krieg.

Isolation

2. Die **Isolation**: Der Gegner wird ausgegrenzt, sodass er keine Möglichkeit mehr hat, den Konflikt auszutragen, z. B. die Isolierung der DDR bis 1970.

Ausklammerung

3. Die **Ausklammerung**: Man einigt sich darauf, ein bestimmtes Problem nicht zu lösen, weil es gegenwärtig nicht lösbar erscheint.
   Beispiel: Der Grundlagenvertrag zwischen der BRD und der DDR von 1972 klammerte die Frage der Wiederherstellung der deutschen Einheit ausdrücklich aus.

Einbindung

4. Die **Einbindung**: „If you can't beat them, join them". Das deutsche Betriebsverfassungsgesetz kann als ein solcher im Ganzen gelungener Versuch gelten, Betriebskonflikte zu vermeiden, indem man über die Arbeitnehmervertretungen der Belegschaft Mitverantwortung überträgt.
   Zur traurigen Berühmtheit gelangte das „System VW". Der Betriebsratsvorsitzende erhielt jahrelang umfangreiche, gesetzlich unzulässige und sehr persönliche Vergünstigungen (z. B. „Lustreisen"), damit er auf die Belegschaft im Sinne der Unternehmensleitung einwirkte.

Vertagung

5. Die **Vertagung** ist genau genommen keine Konfliktregelung, schon gar keine Lösung. Der Lösungsversuch wird auf einen späteren Zeitpunkt verlegt, für den sich mindestens eine Seite eine bessere Position verspricht, um ihre Interessen durchzusetzen. Vertagungen gibt es beispielsweise sehr häufig bei Lohnverhandlungen.

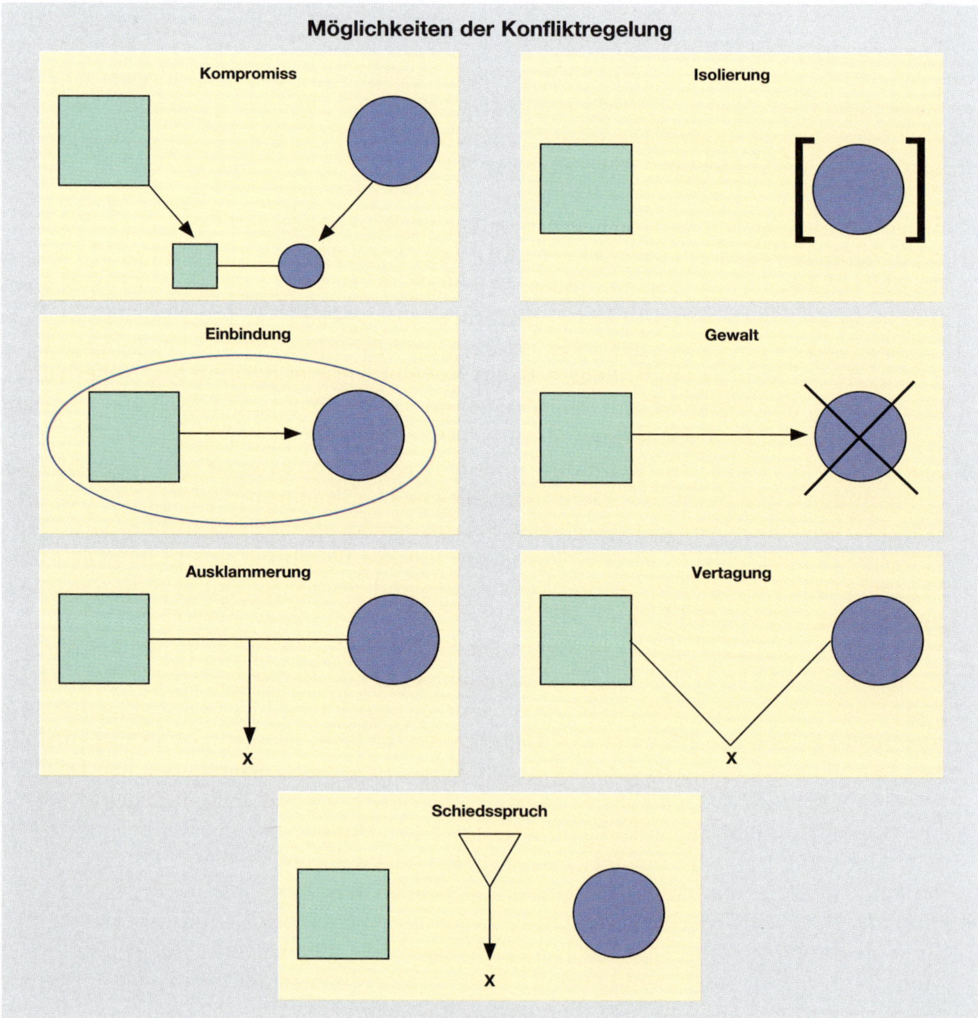

6. Der **Kompromiss** ist die in der Demokratie wohl häufigste Form der Konfliktbeilegung. Beide Parteien geben etwas nach und erhalten etwas.
7. Der **Schiedsspruch**: Die Kontrahenten unterwerfen sich freiwillig dem Urteil eines Dritten, der über den Konflikt entscheidet, oder werden vom Gesetz dazu gezwungen. Dies ist regelmäßig bei Urteilen der Zivilgerichte der Fall, in denen z. B. über Streitigkeiten zwischen Handwerker und Kunde entschieden wird. In der Mehrzahl der Fälle endet das Verfahren mit einem Kompromiss (Fall 6), auch wenn die Vorteilsgewichte dabei ungleich verteilt sein können.
   Auch Tarifparteien – Arbeitgeber und Gewerkschaften – können vereinbaren, sich dem Schiedsspruch eines neutralen Schlichters zu unterwerfen, wenn sie sich z. B. bei einem Lohnkonflikt nicht selbst einigen können.

Kompromiss

Schiedsspruch

3.1.1 Die politische Meinungs- und Willensbildung

An der Bildung des **Gemeinwillens** (*Rousseau*) nehmen im Grunde alle Bürger teil, jeder, der in der Familie, im Freundeskreis oder am Arbeitsplatz eine Meinung äußert, die über das rein persönliche Umfeld hinausgeht, wie z. B. die Mitteilung über die Geburt eines Kindes, übt in aller Regel unwillentlich und unwissentlich einen Einfluss auf die allgemeine Meinung aus, und sei dieser noch so gering. Allerdings darf dieser Einfluss nicht generell als sehr niedrig eingeschätzt werden. Die Gewinnung der „Stammtischhoheit" kann wahlentscheidend sein, denn mehr noch als durch Politikeransprachen oder gar austauschbare Wahlparolen sind es die einem am nächsten stehenden „Opinion Leaders", die Meinung „machen" und damit zur Willensbildung beitragen: der Freund, der Kollege, die Familie.

Gemeinwillen

Zu den sozusagen professionellen „Machern" **politischer Willensbildung** zählen in einer Demokratie vor allem:

- die **Parteien**. Sie sind dazu gemäß Art. 21 Abs. 1 des Grundgesetzes ausdrücklich berufen. Ausführliches dazu vgl. Kapitel 3.2.2
- die **Verbände**, die nahezu alle – allerdings mit höchst unterschiedlichem Erfolg – versuchen, auf den politischen Willen des Volkes einzuwirken.
- **Bürgerinitiativen**, gleichgültig ob es Verhinderungsinitiativen, z. B. „Kein Atommüll nach Gorleben", sind oder Forderungsinitiativen, wie etwa „Ausbau der B 31 – sofort!"
- **Einzelpersönlichkeiten**, die ein besonders hohes Ansehen genießen, das in ihrer Person oder in ihrem Amt begründet liegt, z. B. ein Nobelpreisträger oder ein Staatsoberhaupt.
- die **Medien**, die nicht einfach nur als Transporteure von Nachrichten („facts") verstanden werden dürfen, sondern allein schon durch die Auswahl der Nachrichten zur Meinungs- und Willensbildung beitragen, von den Kommentatoren und Leitartiklern ganz zu schweigen. – Jeder, der auf diese Meinungs- und Willensbildung einwirken will, vom Leserbriefschreiber bis zum Bundespräsidenten mit seiner Neujahrsansprache, bedient sich der Massenmedien. Bisweilen will es die Ironie, dass man sogar das Instrument nutzen muss, das man ablehnt, so wenn z. B. ein Nobelpreisträger sich ablehnend über das Fernsehen äußert – im Fernsehen.

Politische Willensbildung

Parteien

Verbände

Bürgerinitiativen

Einzelpersönlichkeiten

Medien

In einer Gesellschaft hat der Einzelne auf sich selbst gestellt kaum Möglichkeiten, seine Wünsche durchzusetzen. Nur in Verbindung mit Gleichgesinnten oder Menschen mit ähnlichen Interessenlagen hat er eine Chance, sie zu verwirklichen und seinen Überzeugungen Gehör zu verschaffen. Kennzeichen jeder geordneten Gesellschaft sind die organisierten Interessen. In Deutschland werden diese wahrgenommen von den Verbänden, den Bürgerinitiativen und vor allem von den politischen Parteien.

3.1.1.1 Verbände

„Alle Deutschen haben das Recht, Vereine und Gesellschaften zu bilden" (Art. 9 Abs. 1 GG). Von diesem Recht machen sie lebhaften Gebrauch. Niemand weiß genau, wie viele Interessenvereinigungen, Verbände, enge und lockere Gruppierungen es in der Bundesrepublik Deutschland gibt. Praktisch kennt die Spannweite der vielen großen und kleinen **Zusammenschlüsse** keine Grenzen. Sie reicht vom Verein der Kakteenzüchter in Klein-Zillersdorf bis zum mächtigen Bundesverband der Deutschen Industrie (BDI), vom ADAC mit seinen über 15 Millionen Mitgliedern bis zum Skatclub „Gut Blatt", dem nur eine kleine Runde angehört. Ebenso unterschiedlich können die **Ziele** sein. Sie erstrecken sich von der Bürgerinitiative zur Erhaltung einer Gartenwirtschaft über den Bundeswehrverband als Interessenvertretung der Reservisten bis hin zum Verein mit dem Ziel der „Förderung des Weltfriedens".

Zusammenschlüsse

Ziele

Fachleute schätzen, dass es in der Bundesrepublik bis zu 10 000 fest angemeldete Vereine und Verbände gibt, dazu kommen noch etwa 50 000 bis 60 000 Bürgerinitiativen aller Art. Niemand kennt ihre genaue Zahl. Unbekannt sind ihre Namen und ihre Ziele, denn die Bildung dieser Gruppen ist „frei".

Die Interessenvertretungen – diese Bezeichnung wird als Oberbegriff gewählt – lassen sich nach ihrer Zielsetzung unterteilen, wobei es Überschneidungen gibt, denn selbstverständlich verfolgt etwa der „Bund der Schlesier" nicht nur politische, sondern auch ideelle Ziele, wie etwa die Pflege des heimatlichen Brauchtums.

Für Interessenvertretungen wird auch der aus dem US-Amerikanischen kommende Begriff der **„Pressure-Groups"** verwendet. – Inhaltlich sind seine Funktionen dieselben. Ähnliches gilt für den Begriff **„Lobby"**. Ursprünglich war damit die Wandelhalle des britischen und amerikanischen Parlamentsgebäudes gemeint. Heute bezeichnet man damit die Vertreter der verschiedenen Interessengruppen, die direkt auf die Entscheidungen der Abgeordneten Einfluss zu nehmen suchen. Es ist schon vorgekommen, dass einzelnen Bundestagsabgeordneten von den **Lobbyisten** fertige Gesetzesvorschläge in die Hand gedrückt wurden, mit denen sie in die Ausschussberatung gehen sollten.

Pressure-Group

Lobby

Lobbyisten

Interessenvereinigungen aller Arten bündeln die Einzelinteressen, integrieren sie und machen sie dadurch durchsetzungsfähiger. – Die Gefahr der Verbände liegt in dem unkontrollierbaren, nicht durch ausreichende Gegenkräfte gebändigten Einfluss. Darin liegt die Furcht vor dem **Verbandsstaat** begründet: Wie kann verhindert werden, dass die Sonderinteressen sich gegen das Allgemeininteresse durchsetzen?

Verbandsstaat

Auf der anderen Seite muss erkannt werden, dass eben dieses Allgemeininteresse nicht bestimmbar ist, dass erst im Konkurrenzkampf der Interessen und Gruppen sich herausschält, was als Gemeinwohlentscheidung gilt oder gelten soll. Das ist sicherlich nicht immer das „Richtige" oder „Vernünftige", aber das einzig politisch Mögliche, das durchsetzungsfähig und zumutbar ist und von einer Mehrheit akzeptiert werden kann. Wer die pluralistische Gesellschaft als einen Garanten einer freiheitlichen Ordnung betrachtet, muss Interessenvertretungen aller Art als den legitimen Preis dafür betrachten.

▶ Q. 2

Es lassen sich folgende Arten von Interessenorganisationen unterscheiden:

www.dab.de
www.dgb.de

1. Wirtschaftliche Interessenorganisationen
   Beispiele: Etwa 35 Branchenverbände mit über 400 Fachverbänden wie der Verband der Automobilindustrie (VdA).
   Zu diesen gehören auch die Arbeitgeber- und Arbeitnehmerorganisationen wie etwa der Deutsche Gewerkschaftsbund (DGB) mit seinen acht Einzelgewerkschaften und insgesamt 6,5 Millionen Mitgliedern (Stand: 2009). – Erwähnt seien auch die verschiedenen Verbraucherverbände.

www.drk.de

2. Soziale Verbände
   Dazu zählen die Wohlfahrtsverbände wie das Deutsche Rote Kreuz (DRK), die Kriegsopferverbände wie Volksbund Deutscher Kriegsgräberfürsorge und sonstige, z. B. der Deutsche Mieterbund.

3. Freizeitvereinigungen
Rund ein Drittel aller Bundesbürger treiben in irgendeiner Weise Sport. So ist es kein Wunder, dass der Deutsche Sportbund (DSB) mit 87 000 angeschlossenen Sport- und Turnvereinen und rund 27 Millionen Mitgliedern (Stand: 2009) die größte Freizeitvereinigung ist. Der zahlenmäßig stärkste Einzelsportverband der Welt ist übrigens der Deutsche Fußball-Bund (DFB) mit rund sechs Millionen Mitgliedern.

www.dfb.de

www.amnesty.de
www.bund.net
▶ Q. 3

4. Ideelle Vereinigungen
Beispiele: Natur- und Tierschutzvereinigungen, Gefangenenhilfsorganisationen, z. B. amnesty international (ai) und Umweltschutzgruppen wie der Bund für Umwelt- und Naturschutz Deutschland (BUND) und Greenpeace.

3.1.1.2 Bürgerinitiativen

Unabhängig von Verbänden und politischen Parteien schließen sich gleichgesinnte Bürger auch in **Bürgerinitiativen** zusammen. Diese werden zumeist aus einem konkreten Anlass heraus gegründet, um tatsächlichen oder vermeintlichen Missständen zu begegnen und Fehlentwicklungen abzuwenden.

Eine Bürgerinitiative veranstaltet einen „Sonntagsspaziergang" in Ahaus gegen Atommüll-Transporte.

In der Bundesrepublik Deutschland entstanden Bürgerinitiativen seit Mitte der 1960er-Jahre. Bestimmte politische und gesellschaftliche Erscheinungen begünstigten ihre Entwicklung. Ein Grund war z. B. die Bildung der Großen Koalition zwischen CDU/CSU und SPD im Dezember 1966. Die FDP als kleinste Fraktion stand allein in der parlamentarischen Opposition, sodass sich viele Bürger in ihren Interessen gegenüber der mächtigen Regierung nicht mehr ausreichend vertreten fühlten. Es entwickelte sich eine außerparlamentarische Opposition, die **APO**, vorwiegend getragen und vorangetrieben von Studenten. Deswegen wurde sie auch als Studentenbewegung bezeichnet. Der studentische Protest erreichte immerhin erhebliche Reformen des herkömmlichen Schul- und Bildungsbetriebes. Die APO selbst versandete bald, wie vor ihr schon andere außerparlamentarische Protestbewegungen, z. B. die Ostermarschbewegung der 1950er-Jahre gegen atomare Waffen. Aber zurück blieb die Erkenntnis, dass es möglich ist, durch außerparlamentarische Aktivitäten Interessen durchzusetzen.

APO

Die meisten nun rasch entstehenden Bürgerinitiativen konzentrierten sich auf regionale und lokale Probleme. Den meisten Zulauf erhielten sie infolge des wachsenden Problembewusstseins in allen Bereichen des **Umweltschutzes.**

Umweltschutz

Der Umweltschutz ist ein Beispiel dafür, dass Menschen sich einer Frage erst annehmen, wenn ihnen diese bewusst wird, auch wenn das Problem selbst schon früher bestand. Die Vergiftung der Gewässer in der Bundesrepublik Deutschland, die Abgase in der Luft, die Gefährdung von Fauna und Flora waren Ende der 1950er-Jahre kaum weniger groß, dennoch war damals nicht einmal das Wort „Umwelt" geläufig, geschweige denn irgendeine Aktivität zu erkennen, der drohenden Gefahr einer Zerstörung der natürlichen Lebensgrundlagen entgegenzuwirken.

Zunehmend entwickelten sich aus den örtlichen Initiativen gegen Atomkraftwerke, Großflughäfen, Industrieprojekte, Autobahnschneisen u. a. überregionale Verbände, die z. T. mit spektakulären Aktionen Aufsehen erregten und Beachtung fanden. Zu ihnen gehören etwa der Bundesverband der Bürgerinitiativen Umweltschutz, Greenpeace und Robin Wood.

Selbstverständlich wäre es ein Irrtum anzunehmen, dass Bürgerinitiativen in ihrem Anliegen grundsätzlich als positiv, da umweltfreundlich, anzusehen sind. Längst gibt es solche Initiativen auch in entgegengesetzter Richtung. So hat zum Beispiel eine hessische Bürgerinitiative 1997 erfolgreich die Einrichtung eines Nationalparks im Landkreis Waldeck (Edersee) verhindert.

Bürgerinitiativen lassen sich im Grobraster nach ihrer Dauer einteilen. Gruppen, die sich langfristige Ziele gesetzt haben, sind auf „ewig" angelegt. Zu ihnen gehören beispielsweise die Initiative „Ärzte gegen Tierversuche" oder die Gründung des Instituts für angewandte Ökologie in Freiburg.

Die häufigere Form allerdings ist freilich die **Ad-hoc-Initiative.** Sie erstrebt etwa einen neuen Kinderspielplatz oder die Erhaltung eines Baudenkmals, sie versucht, den Bau einer bestimmten Straße oder den Verkauf eines Ackergeländes zum Bau einer Automobil-Versuchsstrecke zu verhindern. Nicht selten entstehen dabei gegeneinander konkurrierende Initiativen, die jeweils das Gegenteil der anderen anstreben.

Ad-hoc-Initiative

Die Anhänger einer kurzfristigen Bürgerinitiative lassen sich in drei Gruppen unterteilen:

- Zum **Führungskreis** gehören die Initiatoren und besonders engagiert auftretende Mitglieder.
- Der **Verfügungskreis** umfasst jene, die nach Aufruf bereit sind, an Demonstrationen, bei Informationsständen oder Leserbriefaktionen mitzuwirken.
- Der größte Teil gehört zum weiteren Umfeld, zum **Sympathisantenkreis**, der sich nur sporadisch betätigt, oftmals auch nur eine Unterschrift leistet oder einen kleinen Geldbeitrag spendet.

Führungskreis

Verfügungskreis

Sympathisantenkreis

In den letzten Jahren sind einige Demonstrationen von Bürgerinitiativen, die grundrechtlich geschützt sind (Art. 8 GG), zur **Gewaltanwendung** missbraucht worden. Gruppen von sogenannten Chaoten, „Berufsprotestierern" oder auch vorwiegend junge Menschen, die „Rabatz machen wollen", haben zunehmend Gewalt gegen Sachen und Personen – vor allem gegen Polizisten – angewandt. Damit haben sie die Grenze von der erlaubten „friedlichen" Versammlung zur illegalen, gewalttätigen Protestaktion überschritten. Auch eine noch so (vermeintlich) gesicherte Ansicht und die beste Absicht rechtfertigen keine Gewaltanwendung.

Gewaltanwendung

Eine weitere Grenze liegt in der Respektierung der Mehrheitsentscheidung. So zulässig es ist zu versuchen, diese Entscheidung zu revidieren, so unzulässig ist die Weigerung, dem rechtmäßig zustandegekommenen Beschluss Folge zu leisten.

Häufig glauben insbesondere gewaltbereite Demonstranten ihr Handeln mit dem Satz rechtfertigen zu können „Wo Recht Unrecht ist, wird Widerstand zur Pflicht." – Aber die entscheidende Frage bleibt damit unbeantwortet: Wer entscheidet, ob und wann Unrecht vorliegt?!

3.1.2 Einflussnahme und Entscheidungsfindung

Die Bundesrepublik Deutschland wird zunehmend vom **Korporatismus** geprägt, darunter versteht man ein Zusammenwirken – auch **konzertierte Aktion** genannt – von Verbänden, Parteien, Parlament und Regierung.

Korporatismus
Konzertierte Aktion

Nicht nur der anscheinend unaufhaltsame Verbandseinfluss, sondern auch die **Verbandsfärbung**, worunter die Verbandszugehörigkeit der Parlamentarier in Bund und Ländern zu verstehen ist, lässt es zu, von Deutschland als einem korporativen Staat zu sprechen. Möglichst viele Teile der Gesellschaft, genauer: ihrer Repräsentanten, sollen in den Prozess der Entscheidungsfindung mit einbezogen werden.

Verbandsfärbung

Schon die alte Bundesrepublik (1949–1990) war seit vielen Jahren auf dem Weg zur – so von den Verfassungsvätern und -müttern nicht gewollten – **Konsensdemokratie**. Eine Vielzahl formeller und informeller Gremien bereitet die Entscheidungsfindung vor und versucht, bereits vor der parlamentarischen Debatte und Abstimmung eine mehrheitsfähige Übereinstimmung zu finden.

Konsensdemokratie

Wieweit insgesamt der Verbandseinfluss reicht, ist schwer abzuschätzen. Ein Indiz könnte die Zugehörigkeit der Parlamentarier zu Verbänden sein, kann man doch annehmen, dass sich der Bundestagsabgeordnete seinem Verband auch ohne Einwirkung von außen innerlich verpflichtet fühlt.

Die Einflussnahme der Verbände konzentriert sich vor allem auf vier Bereiche:

Parlament
- das **Parlament**. In Deutschland ist das der Bundestag, als wichtigstes gesetzgeberisches Organ.

Regierung
- die **Regierung**. Die Verbände versuchen nicht einmal in erster Linie auf die Volksvertretung, also das Parlament, Einfluss zu nehmen. Ihr wichtigster Adressat ist vielmehr die Regierung mit ihrem Regierungsapparat. Das geschieht in aller Regel völlig legal. Die Ministerialbürokratie kommt gar nicht umhin, sich bei Gesetzesvorbereitungen des speziellen Sachverstandes und Expertenwissens der Verbandsvertreter zu bedienen, weil die zu behandelnde Materie zu komplex ist. Der Paragraph 23 der Gemeinsamen Geschäftsordnung der Bundesministerien hat ausdrücklich gestattet, dass „für die Vorbereitung von Gesetzen ... die Vertretungen der beteiligten Fachkreise herangezogen werden ...“ können. Die Verbandsvertreter werden also versuchen, schon im Vorbereitungsstadium, beim sogenannten Referentenentwurf eines Gesetzes, Einfluss zu nehmen.

Parteien
- die **Parteien**. Die Einflussnahme auf die Parteien erfolgt zunächst einmal durch die bereits erwähnte Verbandsfärbung. Wer als Verbandsvertreter Mitglied des Bundestages (MdB) ist, hat in seiner Partei zugleich Ansehen und damit Macht und Einfluss.

Geldmittel

Die zweite Form der Einflussnahme ist die Zuweisung (oder Sperrung) von **Geldmitteln**, besonders in Wahlkampfzeiten. Die finanzielle Hilfe braucht nicht offen zu erfolgen. Sie

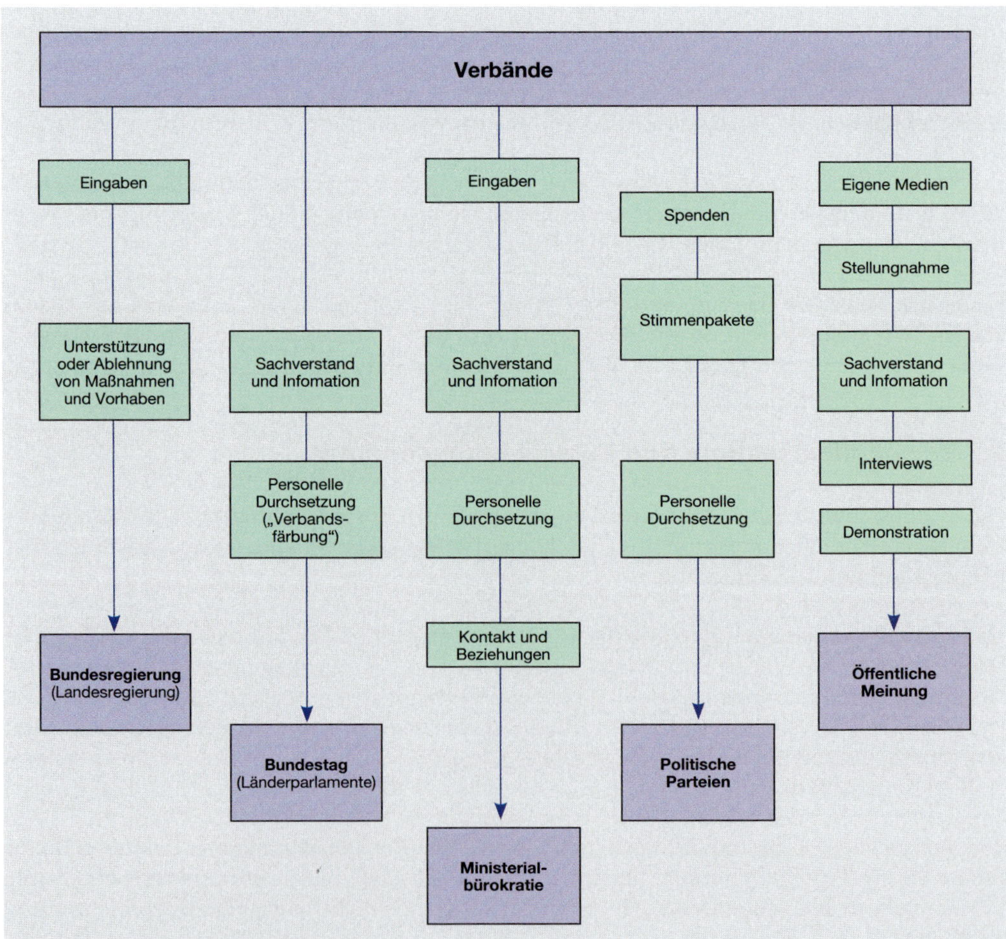

Mittel und Adressaten des Verbandseinflusses

kann z. B. durch eine Anzeige in beliebigen Tageszeitungen zugunsten eines Abgeordneten geschehen, die von einem Verband finanziert wird.

Regelmäßig erhielt etwa das offizielle Parteiorgan der SPD, der inzwischen eingestellte „Vorwärts", großformatige Anzeigen von Gewerkschaften zwecks Mitgliederwerbung, obwohl innerhalb des Leserkreises kaum ein zusätzliches Gewerkschaftsmitglied gewonnen werden konnte. Die Anzeige war eine verdeckte Wahlkampfhilfe. Andere Parteien verfahren ähnlich.

Die dritte Möglichkeit ist der Versuch, der aber nur bei mitgliederstarken Verbänden Erfolg verspricht, das **Wahlverhalten** der Mitglieder zu steuern, indem offen oder verdeckt dazu aufgerufen wird, nur bestimmte Parteien oder Kandidaten zu wählen.

Wahlverhalten

Beispiele: Die Fragen der sogenannten Wahlprüfsteine des DGB sind so formuliert, dass sie fast nur von SPD-Kandidaten positiv beantwortet werden können. – Die Aufforderung von Kirchenvertretern, nur „christlichen Kandidaten" die Stimme zu geben, zielt ebenso unmissverständlich auf die CDU wie der Wahlaufruf von Vertriebenenverbänden, nur Parteien zu wählen, die sich für das „Recht auf Heimat" einsetzen.

- die **öffentliche Meinung.** Viele Verbände treiben eine Imagepflege, stecken Geld und Kraft in die Öffentlichkeitsarbeit. Ziel ist es, die öffentliche Meinung so zu beeinflussen, dass ein spezielles Verbandsinteresse als übereinstimmend mit dem Gemeinwohl betrachtet wird. Dabei ist wichtig, dass die Sonderinteressen in der öffentlichen Werbung nicht oder nicht sofort als solche entlarvt werden können.

Öffentliche Meinung

Beispiele: Der Bauernverband spricht von „Landwirtschaft dient uns allen", wenn er weiterhin weit über dem Weltmarktpreis liegende Erzeugerpreise für sich beansprucht. Und die Ärzte reden nicht von Honoraren, wenn versucht wird, die wuchernden Krankheitskosten zu dämpfen, sondern sie sprechen von der „Gefährdung der Volksgesundheit".

3.1.2.1 Macht und Grenzen des Verbandseinflusses

Nachweislich ist es falsch anzunehmen, dass noch so große und mächtige Verbände alle ihre Interessen durchsetzen können. Viele Gesetze sind gegen den erklärten Willen einflussreicher Verbände ergangen. So sind z. B. die Bestimmungen des Ladenschlusses gegen ver.di, der Nichtraucherschutz gegen die Tabak-Lobby, Arbeitsmarktreformen gegen den DGB und viele andere sozial- und steuerrechtliche Regelungen gegen starke Verbandswünsche durchgesetzt worden. Auch ist die Vorstellung nur bedingt richtig, dass ein Minister oder Parlamentarier sich bei seinen Entscheidungen in erster Linie von den Interessen „seines" Verbandes leiten lässt.

Folgende Faktoren bestimmen Macht und Grenzen des Einflusses einer Interessenvertretung:

- **Mitgliedsstärke** und die Bereitschaft der Mitglieder, sich für die Verbandsinteressen einzusetzen.
  Beispiele: Die Streikbereitschaft ist bei allen Einzelgewerkschaften in der Regel sehr hoch, dagegen kann kaum erwartet werden, dass die Mitglieder des ADAC für eine Clubforderung „auf die Straße gehen".
- **Finanzkraft**, die vor allem bei den ideellen Verbänden zumeist niedrig ist.
- **Organisationsfähigkeit**, die sich im **Organisationsgrad** ausdrückt. Sie ist z. B. bei der IG Bergbau, Chemie und Energie mit über 90 % sehr hoch, bei den Hausfrauenverbänden liegt sie weit unter 10 %.
- **Konfliktfähigkeit.** Darunter wird die Druckkraft von Aktionen verstanden. Je größer die Konfliktfähigkeit ist, desto mehr leidet die Öffentlichkeit unter den Verbandsmaßnahmen und dem Verhalten der Mitglieder.
  Beispiele: So ist ein „Vorlesungsstreik", ausgerufen von einer studentischen Vereinigung, selbst wenn er befolgt wird, für das öffentliche Leben und das Wohlergehen des Einzelnen praktisch bedeutungs-

Mitgliedsstärke

Finanzkraft

Organisationsfähigkeit

Organisationsgrad

Konfliktfähigkeit

los. Aber höchst empfindlich reagieren Bürger und Stadtverwaltung, wenn die Müllabfuhr streikt. Arbeitnehmer in bestimmten Schlüsselpositionen, z. B. Fluglotsen, haben deshalb große Chancen, öffentlichen Druck auszuüben.

Homogenität
- **Homogenität**, d. h. ein möglichst hohes Gleichmaß der Interessen der Verbandsmitglieder, verstärkt die Durchsetzungskraft. Wenn in der ver.di-Gewerkschaft der Ministerialdirektor ebenso organisiert sein kann wie der arbeitslose Gemeindearbeiter, so kann kaum mehr von einem Gleichklang der wirtschaftlichen Interessen gesprochen werden.

Bündnisfähigkeit
- **Bündnisfähigkeit**, worunter die Möglichkeit zu verstehen ist, auch andere Interessengruppen für die eigenen Ziele zu gewinnen. Sie ist ein weiterer Faktor für die Durchsetzungsfähigkeit.

Gemeinwohlbedeutung
- **Gemeinwohlbedeutung** in dem Sinne, inwieweit die Verbandsinteressen tatsächlich oder vermeintlich mit dem Allgemeininteresse übereinstimmen, auch wenn der Begriff des „Gemeinwohls" eine nicht konkret fassliche Größe bleibt.

3.1.2.2 Die moderne Gewaltenteilung

Die politische Willensbildung zwischen Parlament und Regierung vollzieht sich vor allem in der Bundesrepublik Deutschland nicht mehr nach dem überkommenen Schema, dass sich Regierung und Parlament als Kontrahenten gegenüberstehen, sondern erfolgt im Konsens zwischen Regierung und Teilen des Parlaments.

Gewaltenverschränkung

Ein Grund für die Abstimmung zwischen den Fraktionsspitzen und der Koalitionsregierung liegt darin, dass sich in der modernen parlamentarischen Demokratie, insbesondere der Bundesrepublik Deutschland, nicht mehr Regierung und Parlament, sondern Regierungskoalition und Opposition gegenüberstehen. Die klassische Gewaltenteilung ist in der Verfassungswirklichkeit der **Gewaltenverschränkung** gewichen.

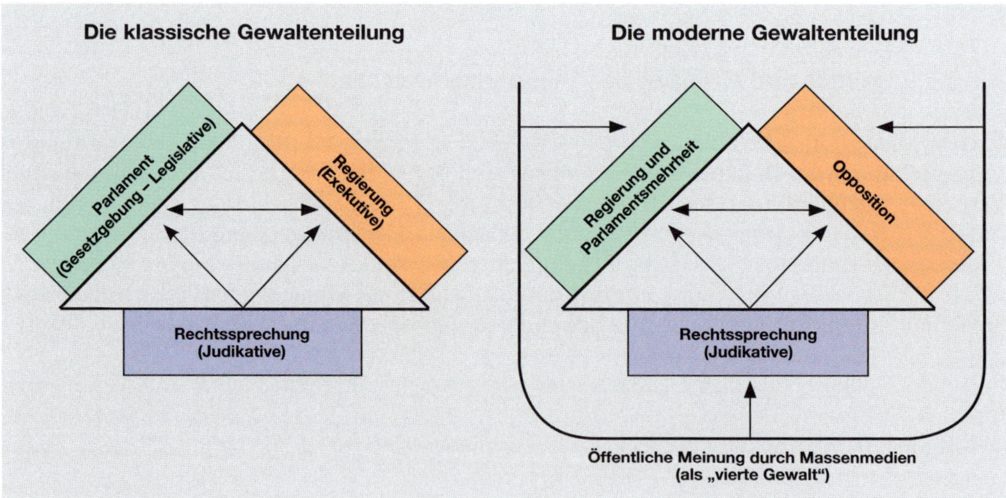

Der vom Bundestag mit Mehrheit gewählte Kanzler bestellt Minister, die wiederum in ihrer Mehrheit aus dem Parlament kommen. Die Regierung stellt eine Art Parlamentsausschuss dar, freilich einen, der nicht nach dem Fraktionsproporz zusammengesetzt ist.

Parlamentsmehrheit
Regierung

Die Richter des höchsten Gerichts werden von der Legislative gewählt, die auf diese Weise zumindest einen personellen Einfluss auf die Rechtsprechung ausüben kann. Vor allem aber ist das politische Schicksal der **Parlamentsmehrheit** mit der **Regierung** verknüpft, ihre Erfolge und Misserfolge schlagen auf die Wahlchancen der Regierungspartei(en) durch, die wiederum für Partei- und Beamtenkarrieren entscheidend sein können. Es kann also kaum erwartet werden, dass die Parlamentsmehrheit „ihrer" Regierung in aller Öffentlichkeit widerspricht oder sie in scharfer Form kritisiert.

3.1.3 Der Kampf um die Macht

Macht und Einfluss und damit Anerkennung zu gewinnen, ist für die meisten Menschen ein erstrebenswertes Ziel, oft noch wichtiger als ein hohes Einkommen, obwohl auch dies öffentliches Ansehen signalisieren kann. Hinzu kommt, dass die „Droge“ Macht niemals einen Sättigungsgrad erreicht, im Gegensatz zu anderen „Süchten“ wie etwa Alkohol, Kokain usw., die wenigstens vorübergehend gestillt werden können. Wer **Macht** besitzt, kämpft ständig um ihre Erhaltung und möglichst um Erweiterung.

Macht

Man darf beim Stichwort „Macht“ nicht nur an die „Großen“ in Politik und Wirtschaft denken, die allein schon mit einem kritischen Blick oder einer hochgezogenen Augenbraue einen Vorschlag zu Fall bringen können. Jeder Polizist übt Macht aus, schon der Parkwächter hat in ganz kleinem Rahmen eine gewisse Macht, nämlich dem Autofahrer einen Platz zuzuweisen. Selbstverständlich besitzt auch der Lehrer die (hoheitliche) Macht, im Rahmen der Landesgesetze und -verordnungen Zensuren und Noten zu erteilen, damit sogar Berufs- und Lebensschicksale zu prägen. Und der Leiter einer Schule ist der Disziplinarvorgesetzte seiner Lehrer, was ihm innerhalb seiner Zuständigkeit Macht verleiht, z. B. bei der Zuteilung von Unterrichtszeiten und Klassen.

Wer politisch gestalten will und soll, muss Macht besitzen. Macht ist die Möglichkeit, seinen eigenen Willen gegen den der anderen durchzusetzen. Das kann – selbstverständlich im Normalfall rechtswidrig – durch Gewaltanwendung geschehen; in modernen Demokratien erfolgt die **Machtdurchsetzung** regelmäßig durch ein in einem streng regulierten Verfahren beschlossenes Gesetz, z. B. wenn die Laufzeit von Atomreaktoren geregelt wird.

Machtdurchsetzung

Die Parlamentsmehrheit mit der von ihr getragenen Regierung übt die ihr verliehene Macht aus. Sie verabschiedet Gesetze, die tief in das persönliche Leben eingreifen können; mit am schmerzhaftesten spürbar ist dies bei der Steuergesetzgebung.

Die demokratische Rechtfertigung zur **Machtausübung** ergibt sich im Idealfall von unten nach oben aus der Legitimationsableitung:

Machtausübung

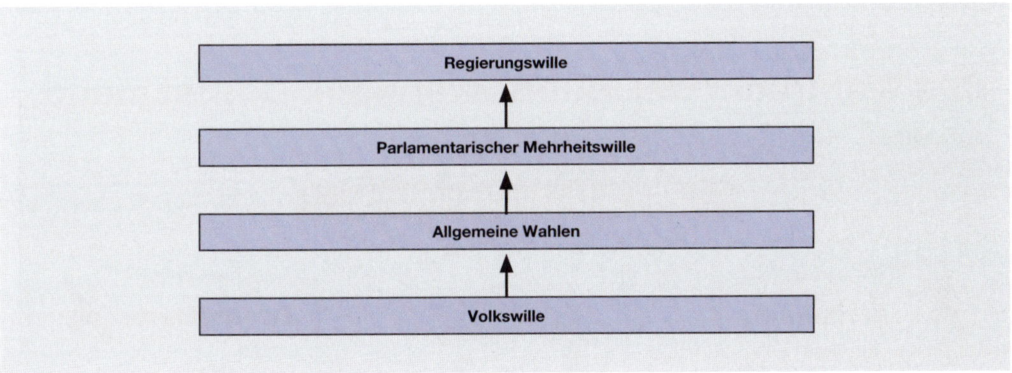

Von den seltenen Ausnahmen abgesehen – etwa Vereinigung von Bundesländern zu einem neuen Bundesland (**Volksabstimmung** nach Art. 29 GG) – ist die Bundesrepublik eine (fast) lupenreine **Repräsentativdemokratie**, d. h. das **deutsche Volk** als Alleininhaber der Staatsgewalt übt sein Recht im Bund, über sein Schicksal selbst zu entscheiden nahezu ausschließlich über „besondere Organe der Gesetzgebung, der vollziehenden Gewalt und der Rechtsprechung“ aus (Art. 20 Abs. 2 GG).

▶ Q. 4
Volksabstimmung
Repräsentativdemokratie
Deutsches Volk

Die Verfassung, also das Grundgesetz, kennt den im Alltag ständig gebrauchten Begriff der „Gesellschaft“ nicht; sie spricht stets nur vom Volk. Gemeint ist damit das **Staatsvolk** und zu ihm gehört nur, wer die deutsche Staatsangehörigkeit besitzt.

Staatsvolk

Allgemeine Wahlen

Damit sind die **allgemeinen Wahlen** die praktisch einzige Möglichkeit, um im Bund und in den Ländern den Volkswillen zur Geltung zu bringen.

Mehrheitswahl
Verhältniswahl

Im Prinzip gibt es zwei Wahlsysteme: Die **Mehrheitswahl** und die **Verhältniswahl**. Beide haben ihre speziellen Vor- und Nachteile.

Personalisierte
Verhältniswahl

Das Wahlgesetz zum Deutschen Bundestag versucht, mit der **personalisierten Verhältniswahl**

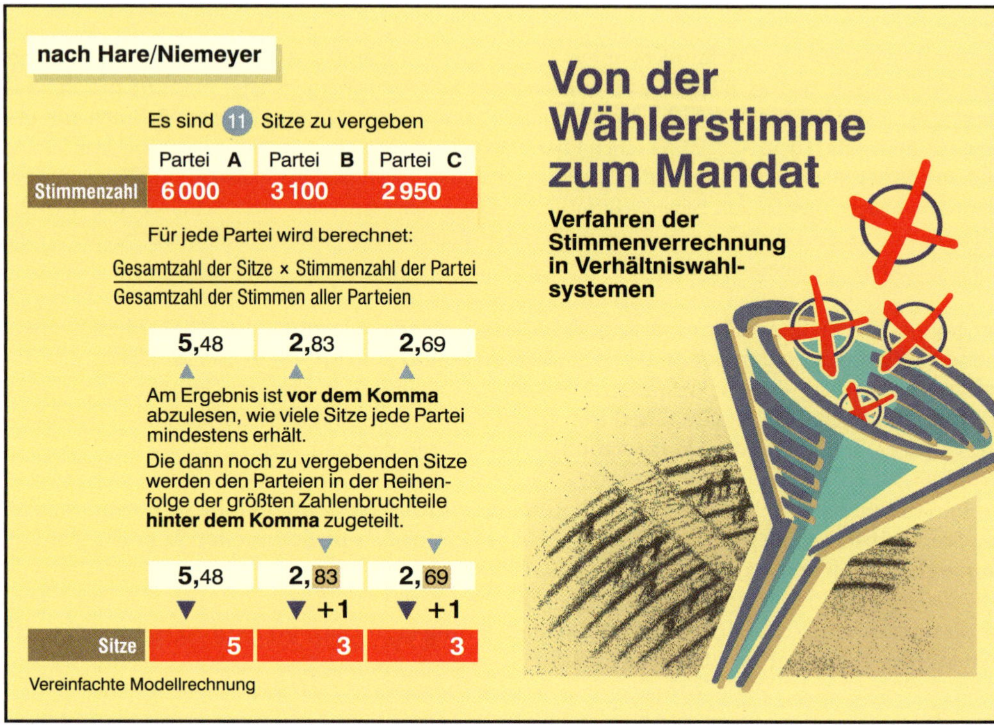

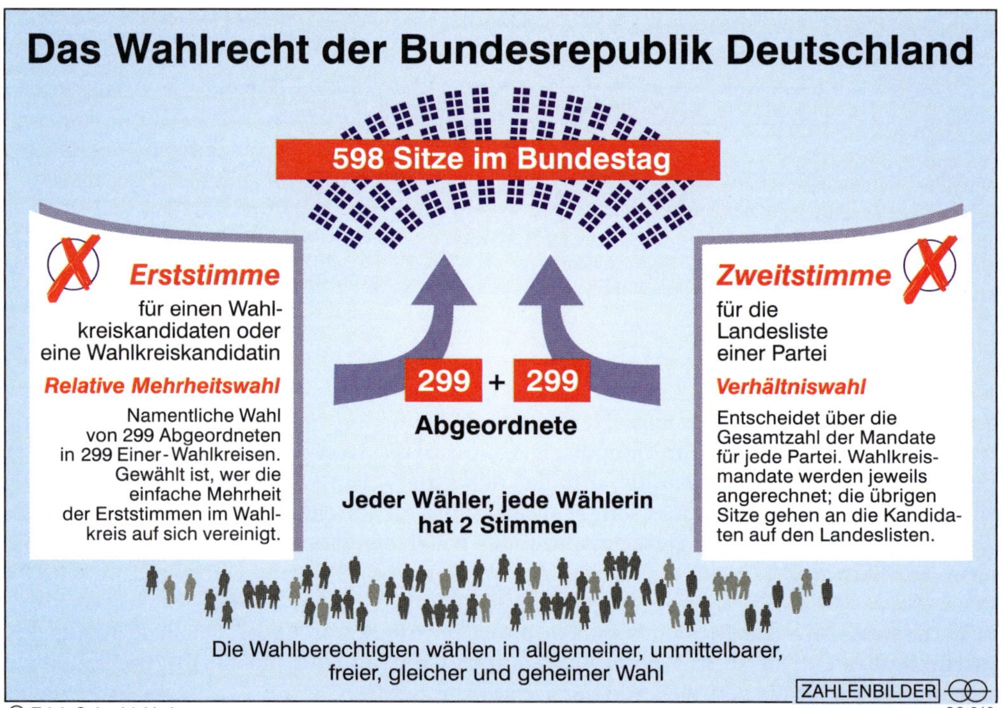

die Vorteile beider Systeme ohne ihre jeweiligen Schwächen zu vereinen, was verständlicherweise nie ganz gelingen kann.

Wahlkreise
Erststimme
Zweitstimme

Zu diesem Zweck wird das Bundesgebiet in 299 **Wahlkreise** eingeteilt. Wer in ihnen die relative Mehrheit der **Erststimmen** gewinnt, wird Abgeordneter. Eine gleich große Anzahl von Kandidaten (299) wird über Landeslisten der Parteien gewählt, für die der Wähler seine **Zweitstimme** abgibt. Ausschließlich nach diesem Stimmergebnis richtet sich die Sitzstärke der Fraktionen. Die direkt gewonnenen Mandate werden von den Sitzen wieder abgezogen, die der Partei aufgrund des Stimmenverhältnisses zustehen.

Mischwahlsystem

Das Bundestagswahlsystem ist ein **Mischwahlsystem**, denn jeder Wähler hat zwei Stimmen. Im Ergebnis läuft es auf ein (fast) reines Verhältniswahlsystem hinaus. Dies gilt allerdings nur mit einer Einschränkung:

Fünfprozentklausel

Die **Fünfprozentklausel** besagt, dass nur die Parteien bei der Mandatsverteilung berücksichtigt werden, die wenigstens fünf Prozent der abgegebenen gültigen Zweitstimmen erhalten.

Die für kleine Parteien praktisch bedeutungslose Möglichkeit, stattdessen drei Wahlkreise zu erobern und damit im Prozentsatz ihrer Gesamtstimmenzahl im Parlament vertreten zu sein, konnte bisher vernachlässigt werden. Erst die PDS mit ihren einzelnen Hochburgen in Ostberlin und Brandenburg hat diese Möglichkeit nutzen können.

Überhangmandate

Überhangmandate können das Prinzip der Proportionalität relativieren. Gewinnt eine Partei über die direkt gewählten Wahlkreiskandidaten mehr Mandate, als ihr nach dem Zweitstimmenergebnis zustehen, so behält sie diese Sitze. Auf diese Weise konnte die SPD bei der Bundestagswahl von 2005 neun, die CDU sieben Sitze zusätzlich gewinnen. Die Zahl der Bundestagsabgeordneten erhöhte sich dadurch um 16 auf insgesamt 614.
Das System der getrennten Überhangmandate je Landesliste hat zu Verzerrungen im Wahlergebnis geführt. Dies veranlasste das Bundesverfassungsgericht dazu, dem Gesetzgeber aufzutragen, bis zum 30. Juni 2010 ein neues Wahlgesetz zu schaffen.

Sitzverteilung

Die Berechnung der **Sitzverteilung** erfolgt nach dem Verfahren *Hare-Niemeyer*. Das vorstehende Zahlenbeispiel zeigt die Berechnungsmethode; bedeutsam ist diese Verteilungsrechnung allerdings nur für die letzten zu vergebenden Sitze, ansonsten entspricht sie im Ergebnis dem Proportionalsystem (= Verhältniswahlsystem).

3.1.3.1 Kandidatur und Wahlkampf

Wahlkampf
Kandidatenaufstellung

Der **Wahlkampf** und damit der Kampf um politischen Einfluss, Macht und Machtteilhabe beginnt mit der **Kandidatenaufstellung**.

Primaries

Die Kandidatenaufstellung ist ein Monopol der Parteien. Sogenannte **Primaries** (Vorwahlen, vgl. Kapitel 3.3.2) wie in einigen Staaten der USA, bei denen auch Wähler darüber entscheiden können, wer kandidieren soll, kennt die Bundesrepublik Deutschland nicht. Die gewählten Delegierten (Vertreter) der einzelnen Landesverbände stimmen darüber ab, wer welchen Wahlkreis als Bewerber erhält, wobei selbstverständlich die „sicheren“ Wahlkreise am begehrtesten sind. Sie verbleiben allerdings zumeist im „Besitz“ des Wahlkreisinhabers, bis dieser seinen Platz räumt.

Landeslisten

Besonders umkämpft sind die (vorderen) Plätze der **Landeslisten**.

Kandidaten mit unsicheren oder gar für ihre Partei aussichtslosen Wahlkreisen streben nach „Absicherung". Erst recht versuchen Kandidaten, die keinen eigenen Wahlkreis zugeteilt bekamen, eine gute Platznummer zu ergattern, um dennoch die Chance zu wahren, in den Bundestag gewählt zu werden. Den Delegierten unliebsame Kandidaten erhalten einen aussichtslosen hinteren Listenplatz und werden damit politisch „kaltgestellt". Im Grunde treffen die zuständigen Parteigremien bereits eine Vorentscheidung über die künftige Zusammensetzung ihrer Parlamentsfraktion.

Wahlkampf

Die Formen des **Wahlkampfes** werden seit Jahren immer vielseitiger. Zu den traditionellen Methoden der Wahlkampfveranstaltung mit Redner und Diskussion, dem Plakatanschlag und der Kundgebung unter freiem Himmel kommen Werbespots in Kino und Fernsehen, Wahlsonderzüge, Hausfrauennachmittage mit freiem Kaffee und Kuchen. Prominente und solche, die sich dafür halten, inserieren in Zeitungen mit dem Ratschlag, die Partei X zu wählen, und kleine Wahlgeschenke, wie Kugelschreiber, Biergläser u. v. m., sollen die „Freundschaft" zu einer bestimmten Partei und ihrem Kandidaten wecken bzw. erhalten. Zunehmend wird auch das Internet zur Wahlwerbung eingesetzt, nachdem US-Präsident *Barack Obama* in seinem Wahlkampf 2008 damit sehr erfolgreich war.

Volksparteien

Es fällt schwer, angesichts der „Waschmittelwerbung" der politischen Parteien noch vom „mündigen Bürger" zu sprechen. Zum Verwechseln ähnlich sind die beliebig austauschbaren, häufig nichtssagenden Parolen, sogenannte Leerformeln. Gerade **Volksparteien** mit ihren weit gespannten Flügeln müssen versuchen, möglichst jedem Wähler etwas zu bieten.

Hier eine kleine Auswahl von Wahlparolen. Versuchen Sie, diese einer Partei zuzuordnen (die Lösung finden Sie auf der nächsten Seite):

1. Es geht um Deutschland
2. Wir schaffen das moderne Deutschland
3. Sie können Deutschland verändern
4. Wir haben die richtigen Männer
5. Der Beste für Deutschland
6. Weiter so, Deutschland
7. Leistung wählen
8. Auf den Kanzler kommt es an
9. Deutsche, wir können stolz sein auf unser Land
10. Arbeitsplätze mit Zukunft
11. Damit es weiter aufwärts geht
12. Du bist gemeint
13. Vertrauen in Deutschland

Der Preis der Massendemokratie scheint die Massenwerbung zu sein, die den Gesetzen der Werbepsychologie zu folgen hat.

Wahlkampfführung

Wie hoch die Bedeutung der **Wahlkampfführung** eingeschätzt wird, zeigt die Äußerung eines Wahlkampfleiters einer großen Partei im November 1986, der öffentlich erklärte, dass das Ergebnis der Wahl natürlich „auch" (sic!) ein Urteil des Wählers über die Politik der Partei sei.

Zielgruppen

Die Werbung der Parteien richtet sich an vier **Zielgruppen**:

Stammwähler

- Die **Stammwähler** sollen mobilisiert werden. Gehen sie zur Wahlurne, ist der Partei ihre Stimme sicher. Die aussichtsreiche Partei muss fürchten, dass ihre Wähler nach dem Motto „Die gewinnen sowieso" zu Hause bleiben; die weniger chancenreiche bangt um denselben Effekt nach der Parole „Es lohnt nicht, die verlieren eh'".

Wechselwähler

- Der **Wechselwähler** ist der besonders umkämpfte Wähler. Er ist im Prinzip bereit, einer anderen Partei als bei der letzten Wahl seine Stimme zu geben. Sein Votum kann den Regierungswechsel bewirken, die „Wende" zu einer anderen Politik einleiten. Bestimmte Bevölkerungsgruppen, denen man eine hohe Flexibilität und Mobilität attestiert, wie etwa Aufsteiger oder Intellektuelle sind deshalb besonders umworben.

- **Jungwähler** als zum ersten Mal Wahlberechtigte sollen gewonnen werden, um diese als mögliche Stammwähler frühzeitig an eine bestimmte Partei zu binden – Parteipräferenz. Jungwähler
- **Nichtwähler**, die schon wahlberechtigt waren, bisher aber nicht zur Wahl gegangen sind, sollen mobilisiert werden. Eine hohe Wahlbeteiligung kann jedoch für kleinere Parteien nachteilig sein, weil es für sie dann schwieriger wird, die Fünfprozenthürde zu überspringen. Nichtwähler

Auflösung der Wahlparolen:
1: CDU 1965, 2: SPD 1969, 3: FDP 1972, 4: SPD 1969, 5: SPD 1987, 6: CDU 1987, 7: FDP 1976, 8: CDU 1969, 9: SPD 1972,10: SPD 2002, 11: CDU 1998, 12: PDS 1998, 13: SPD 2005

▶ Q. 5

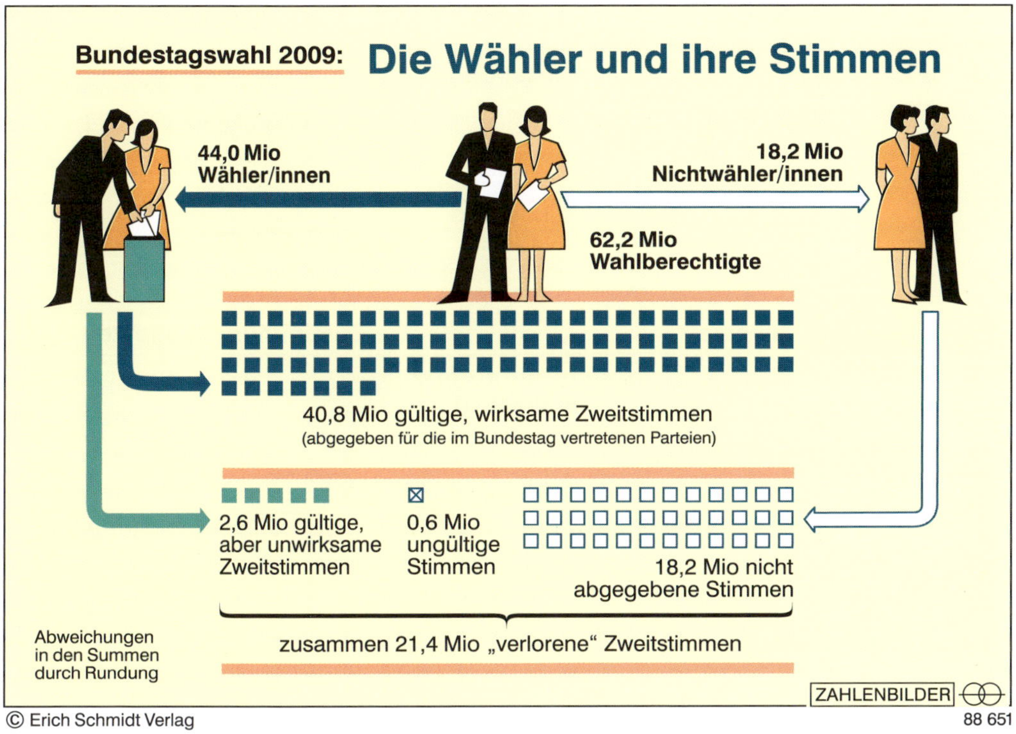

„Verlorene Stimmen“ sind solche, die nicht die Sitzverteilung der Mandate beeinflussen.

SPD-Kanzlerkandidat Steinmeier (li) und der bayrische SPD-Spitzenkandidat Maget bei einer Wahlkampfkundgebung im September 2008

3.1.3.2 Das Gesetzgebungsverfahren

Deutscher Bundestag

Im Gegensatz zur französischen Nationalversammlung oder dem britischen Unterhaus, die sich als Debattenparlamente verstehen und deshalb damit begnügen, die großen Linien der Politik zu diskutieren und Gesetzesvorschläge von Präsident und Regierung anzunehmen oder abzulehnen, ist der **Deutsche Bundestag** in erster Linie ein Arbeitsparlament. „Bienen-

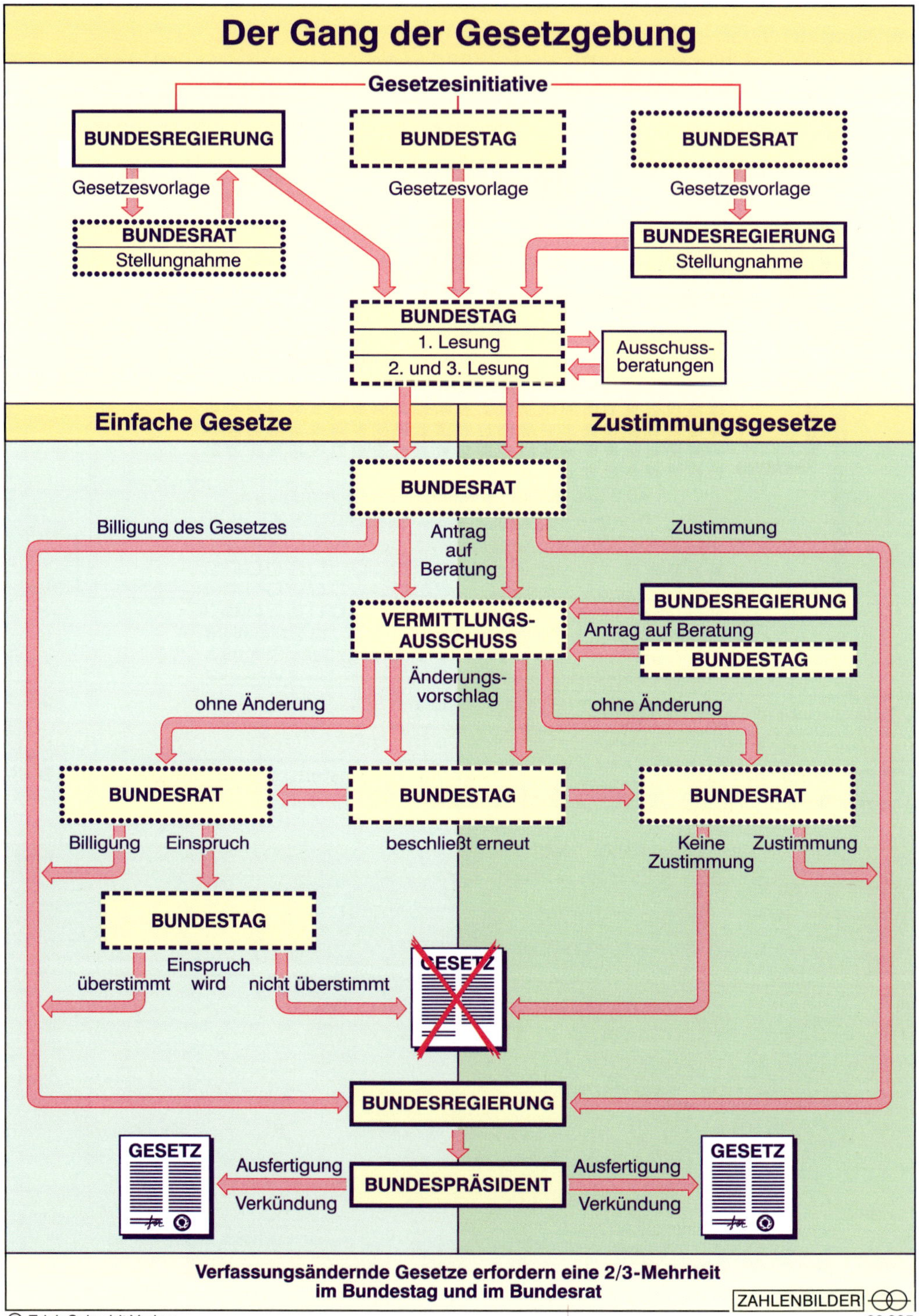

fleißig" ist er schon genannt worden, auch wenn der Blick auf die leeren Bänke während einer Plenarsitzung oftmals den gegenteiligen Eindruck erweckt. Der wesentliche und entscheidende Teil erfolgt in der Ausschussarbeit.

Ausschüsse

Der Bundestag leistet den größten Teil seiner Arbeit in den **Ausschüssen**. In den Fachausschüssen findet die Einzelberatung der Gesetze und Gesetzesänderungen statt. Ein Ausschuss kann, um Detailfragen zu klären, Sonderausschüsse (Unterausschüsse) bilden. Sind mehrere Ausschüsse mit einem Komplex befasst, was bei allen größeren Vorhaben regelmäßig zutrifft, wird ein federführender Ausschuss bestimmt, der die Arbeit koordiniert. Die Zahl und Einteilung der Ausschüsse entspricht im Großen und Ganzen der Einteilung der Regierung in die Aufgabenbereiche der Ministerien. Die Ausschüsse sind gewissermaßen ein verkleinertes Spiegelbild des Parlaments, ihre parteiliche Zusammensetzung entspricht (gerundet) dem **Fraktionsproporz**, d.h. dem prozentualen Stärkeverhältnis der Fraktionen. Die Ausschüsse haben das Recht, Sachverständige zu befragen und Hearings (öffentliche Anhörung, Befragung) durchzuführen, obwohl sie in der Regel unter Ausschluss der Öffentlichkeit tagen.

Fraktionsproporz

Verteidigungsausschuss

Eine Besonderheit stellt der **Verteidigungsausschuss** dar. Gemäß Art. 45a Abs. 2 des Grundgesetzes kann er sich selbst zum Untersuchungsausschuss konstituieren (= hier sinngemäß: ernennen), z.B. zur Untersuchung tatsächlicher oder angeblicher rechtsextremistischer Umtriebe in der Bundeswehr.

Die kritischen Fragen gegenüber der Ausschussarbeit lauten:
1. Über 75% der erfolgreichen Gesetzesinitiativen gehen von der Regierung aus. Sind somit nicht die Abgeordneten sehr stark von der Zuarbeit der Regierungsfachleute abhängig? Und eng damit zusammen hängt die Frage:
2. Dominiert nicht die Ministerial- und Verbandsbürokratie in den Ausschüssen, deren spezielle Sachkenntnisse ja ausdrücklich verwertet werden sollen?
3. Wie stark ist der Einfluss eines einzelnen unbekannten Abgeordneten, eines „Hinterbänklers", der sich freuen muss, wie es einmal ein frustriertes MdB gesagt hat, wenn er in einem Gesetzesvorschlag aus einem „und" ein „oder" machen konnte?

Gesetzesvorlage
Gesetzesinitiative

Gesetzesvorlagen (Art. 76 GG) – also Vorschläge, was Gesetz werden soll, auch **Gesetzesinitiative** genannt – können eingebracht werden:
- von der Bundesregierung. Von ihr stammen die meisten Entwürfe.
- „aus der Mitte des Bundestages". Dieses **Initiativrecht** kann nur ausgeübt werden, wenn die Vorlage von wenigstens einer Fraktion oder von mindestens 5% der Mitglieder des Bundestages unterzeichnet ist.
- vom Bundesrat.

Initiativrecht

Für die Beratung und Abstimmung sind drei Gesetzesarten zu unterscheiden:
- **Einfache Gesetze**, gegen die der Bundesrat Einspruch einlegen kann. Sein Einspruch kann aber mehrheitlich vom Bundestag zurückgewiesen werden.
- **Zustimmungsgesetze**, die nur gültig werden können, wenn der Bundesrat ausdrücklich zustimmt. Zustimmungsgesetze berühren regelmäßig die Interessen der Länder, z.B. weil sie diese kostenträchtig ausführen müssen wie etwa die Erhebung der Einkommensteuer.
- **Verfassungsändernde Gesetze** bedürfen grundsätzlich der ausdrücklichen Zustimmung von zwei Dritteln der Mitglieder des Bundestages und mit derselben Mehrheit der Stimmen des Bundesrates.

Einfache Gesetze

Zustimmungsgesetze

Verfassungsändernde Gesetze

3.1.3.3 Die Rolle des Bundesrates

Nach Art. 50 GG „wirken die Länder bei der Gesetzgebung und Verwaltung des Bundes mit". Der Bundesrat ist Ausdruck der bundesstaatlichen Ordnung und hat verfassungsgeschichtlich eine lange Tradition. Seine Vorläufer waren der Bundesrat von 1871 und der Reichsrat von 1919.

Alle „Räte" haben drei gemeinsame Merkmale:

- Sie vertreten die Regierung der Gliedstaaten, nicht deren Parlamente oder gar deren Wähler; daraus folgt:
- Sie geben ihre Stimme jeweils einheitlich ab.
- Einwohner- und Stimmenzahl der Teilstaaten stehen in einem bestimmten, wenn auch nicht proportionalen Verhältnis zueinander, sogenannte **abgeschwächte Proportionalität.** Danach hat jedes Land unabhängig von der Einwohnerzahl (nicht Zahl der Staatsbürger!) mindestens drei Stimmen, Länder mit mehr als zwei Millionen haben vier, Länder mit mehr als sechs Millionen Einwohnern bekommen fünf Stimmen und die bevölkerungsreichsten Länder mit über sieben Millionen Einwohner erhalten sechs Stimmen im Bundesrat.

Abgeschwächte Proportionalität

In seiner verfassungsrechtlichen Machtkompetenz steht der heutige Bundesrat zwischen seinen beiden Vorgängern: Er ist „schwächer" als der Bundesrat von 1871, aber „stärker" als der Reichsrat von 1919.

Der Bundesrat soll die Interessen der Bundesländer vertreten und damit das föderative (bundesgemäß) Element in der Verfassung verkörpern. Seine Mitglieder werden nicht gewählt, sondern von den jeweiligen Landesregierungen bestimmt, an deren Weisungen sie gebunden sind. Ein Bundesratsmitglied hat – im Gegensatz zum Bundestagsabgeordneten – also kein freies Mandat. Bei wichtigen Beratungen sind die Fachminister der Länder, manchmal sogar die Regierungschefs selbst, anwesend, in den Ausschüssen arbeiten dagegen nur die Beamten der Länder. Der in einem festgelegten Turnus gewählte **Bundesratspräsident** ist zugleich Vertreter des Bundespräsidenten.

Bundesratspräsident

Im Gegensatz zum Bundestag ist der Bundesrat zu zügiger Behandlung der Gesetzesvorlagen verpflichtet. Nur sechs Wochen bleiben ihm – bei eilbedürftigen Gesetzen sogar nur drei –, um einen Gesetzentwurf zu beraten und in nur einer Lesung zu verabschieden bzw. abzulehnen.

Vermittlungsausschuss

Dem **Vermittlungsausschuss** kann zur Beschlussfassung eine entscheidende Bedeutung zukommen. Er ist ein permanentes Gremium, das vom Bundesrat angerufen wird, wenn er Ein-

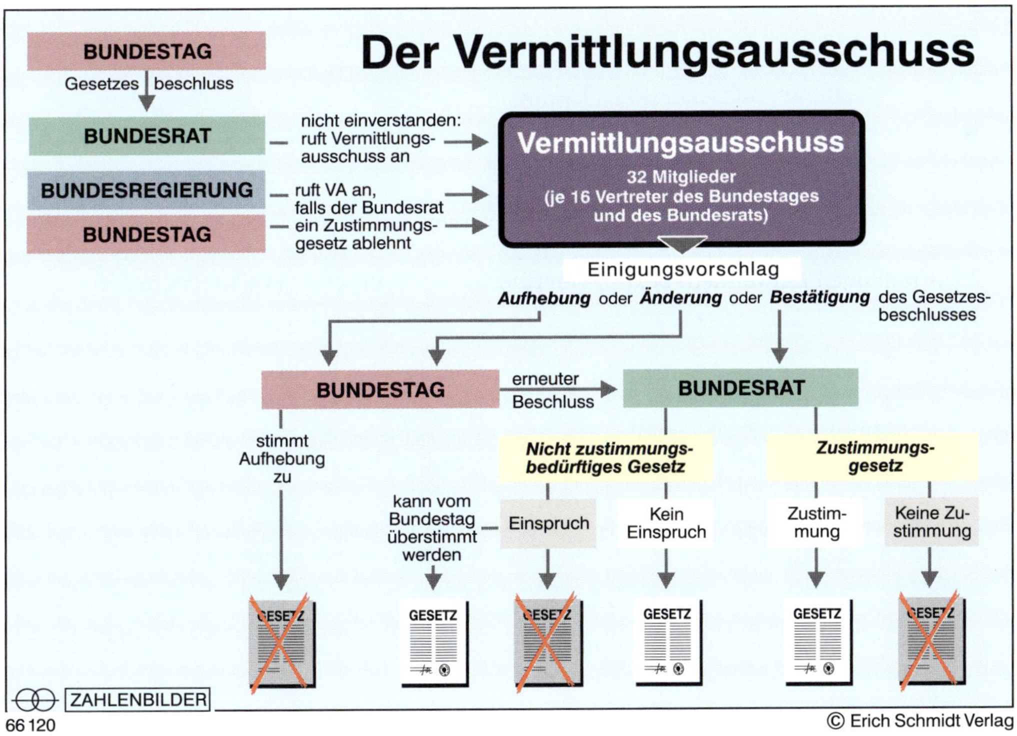

wendungen gegen ein Gesetz erhebt. Pragmatisch orientieren sich die 32 Mitglieder (aus jedem Bundesland eines und 16 Bundestagsabgeordnete) an dem, was politisch in der jeweiligen Kammer möglich und damit durchsetzbar ist. Ohne Kompromissbereitschaft auf beiden Seiten bliebe viel Gesetzesarbeit auf der Strecke.

www.bundesrat.de
Föderalismusreform

Nach der ersten **Föderalismusreform** von 2006 ist die Zahl der Gesetze, die der Zustimmung des Bundesrates bedürfen – sogenannte Zustimmungsgesetze – stark gesunken.

Zum Ausgleich wurden den Ländern mehr Kompetenzen zugestanden, z. B. die gesetzgeberische Zuständigkeit für das Gaststättenwesen.

Gesetzgebungskompetenz
Nichtraucherschutz

Der Nachteil der für die Länder erweiterten **Gesetzgebungskompetenz** zeigte sich bei der Regelung des **Nichtraucherschutzes** in den Jahren 2007/2008. In jedem Bundesland gelten inzwischen andere Regeln.

3.1.4 Machtkontrolle und Machtbegrenzung

Nach dem berühmten Wort des englischen Historikers Lord *John Dalberg-Acton* (1834–1902) gilt: „Macht korrumpiert, absolute Macht korrumpiert absolut". Deshalb muss gerade staatliche Macht durch Verfassungsnormen und Gesetze begrenzt und fortlaufend kontrolliert werden.

Herrschaft

Seit Menschen zusammenleben, wird Macht ausgeübt, und sei es auch nur durch größere physische Kraft. Die Quellen der Macht und ihrer Anwendung können außer der primitiven körperlichen Überlegenheit subtile, fast versteckte sein. Sobald sie nicht nur für den Augenblick, sondern auf Dauer angelegt ist, gerinnt die Macht zur **Herrschaft**, unabhängig davon, ob sie demokratisch legitimiert ist oder nicht.

Es lassen sich folgende wichtige Merkmale der längerfristigen Machtausübung unterscheiden:

Charisma
Personenautorität
Amtsautorität
Gesetz

- das **Charisma** (Ausstrahlungskraft) eines Menschen, z. B. eines „Führers".
- Eng damit verwandt ist die **Personenautorität**, bei der jemand einfach kraft seiner persönlich integeren und der geistigen Überlegenheit mächtig sein kann; sein Wort wird gehört, z. B. galt das für einige Bundespräsidenten.
- Kraft **Amtsautorität** kann geherrscht werden. Jeder Bundeskanzler hat zum Beispiel – unabhängig von seinem persönlichen Ansehen – als Inhaber des mächtigsten Staatsamtes Herrschaftsfunktion (Richtlinienkompetenz).
- Macht und Herrschaft durch **Gesetz**. Sie ist in zivilisierten Gesellschaften die Normalform ihrer Ausübung. Jeder Lehrer besitzt im Rahmen des Gesetzes und der Verwaltungsvorschriften die Macht der Noten- und Zensurengebung mit oftmals schicksalhaften Auswirkungen.

Machtmissbrauch

Wo und wann immer Macht ausgeübt wird, besteht die Gefahr ihres **Missbrauchs**. Fast verzweifelt muten in der Geschichte die immer wieder neuen Versuche an, diesen Missbrauch zu verhindern und der Machtausübung Grenzen zu setzen – ein nie endender Prozess, weil immer wieder die Menschen der Versuchung erliegen, errungene Macht zu missbrauchen.

Vor einem Missverständnis sei gewarnt: Nicht jede Gewaltanwendung ist bereits Machtmissbrauch. Die gewaltsame Abwehr eines rechtswidrigen Angriffs (Notwehr) ist rechtens. Im Völkerrecht gilt seit alters her das Recht auf einen Verteidigungskrieg („gerechter Krieg"). Im Kosovo-Konflikt von 1999 ist neues Völkerrecht geschaffen worden, nämlich das Recht zum gewaltsamen Eingriff in die Souveränität eines Staates, wenn dessen Regierung Teile der eigenen Bevölkerung – schönfärberisch „ethnische Säuberung" genannt – vertreibt oder gar tötet.

3.1.4.1 Die Kontrollfunktion des Bundestages

Verfassungsrechtlich und nach der Geschäftsordnung des Deutschen Bundestages besitzt das Parlament der Bundesrepublik Deutschland ein reichhaltiges Instrumentarium, die Exekutive zu kontrollieren und zu überwachen. Dabei muss allerdings stets bedacht werden, dass in der

Verfassungswirklichkeit sich nicht Bundesregierung und Bundestag als Kontrahenten gegenüberstehen, sondern die Regierung mit der sie tragenden Parlamentsmehrheit und die Opposition. An formellen, also rechtlich festgelegten **Kontrollmöglichkeiten** stehen folgende zur Verfügung:

Kontrollmöglichkeiten

- **Große Anfragen** schließen eine Plenumsdebatte ein; oftmals nutzt die Regierungskoalition dieses Instrument, das an sich als Kontrollmittel gedacht ist, um eine Gelegenheit zu erhalten, die Regierungspolitik ausführlich einer breiten Öffentlichkeit vorzutragen. (Große Anfrage)
- **Kleine Anfragen** werden von der Regierung zumeist schriftlich beantwortet, in der Regel findet über die Antwort keine Aussprache im Plenum statt. (Kleine Anfrage)
- **Mündliche Anfragen** werden in der **Fragestunde** vorgebracht. Alle Anfragen müssen mindestens von so viel Mitgliedern unterzeichnet werden wie einer Fraktionsstärke entsprechen, zurzeit (Stand: 2009) also 31 Abgeordnete. (Mündliche Anfrage, Fragestunde)
- In **Aktuellen Stunden** debattiert das Plenum über ein zeitnahes Problem von allgemeinem Interesse; dabei hat jeder Abgeordnete i. d. R. nur fünf Minuten Redezeit. (Aktuelle Stunde)
- Regierungsmitglieder können während der Plenardebatte herbeigerufen werden.
- Einbringen des **konstruktiven Misstrauensvotums**, um die Regierung zu stürzen.
- Ersuchen an den Kanzler, die **Vertrauensfrage** zu stellen (Art. 68 GG), der allerdings diesem Gesuch nicht nachkommen muss.
- Das **Budgetrecht** (Art. 110 GG) gibt dem Bundestag die Möglichkeit, den Gesamthaushalt oder Teile davon abzulehnen. – Dieses Recht ist in der Parlamentsgeschichte der westlichen Demokratien eines der ältesten.
- Die Geschäftsordnung erlaubt ferner die Einsetzung einer **Enquete-Kommission** (Untersuchung eines komplexen Sachverhalts mit wissenschaftlichen Methoden) und die bereits genannten Hearings.
- Der **Wehrbeauftragte** ist das Kontrollorgan des Bundestages gegenüber der Bundeswehr.
- Schließlich bleibt dem Bundestag und den Abgeordneten noch die Möglichkeit, das Bundesverfassungsgericht anzurufen.

Der CDU-Fraktionsvorsitzende Rainer Barzel gratuliert Bundeskanzler Willy Brandt zum Sieg nach dem gescheiterten konstruktiven Misstrauensvotum 1972.

- Eines der schärfsten Kontrollinstrumente ist dem Bundestag mit der Einsetzung eines **Untersuchungsausschusses** an die Hand gegeben, wobei es freilich auch bei ihm zu bedenken gilt, dass er mehrheitlich aus den Mitgliedern der Regierungskoalition gebildet wird. Der Bundestag ist grundsätzlich frei, darüber zu entscheiden, welche öffentlichen Angelegenheiten er zum Gegenstand seiner Untersuchungen machen will. Für die Beweiserhebung wendet der Untersuchungsausschuss die Vorschriften der Strafprozessordnung sinngemäß an. (Untersuchungsausschuss)

Zu den mehr **informellen Kontrollmöglichkeiten** zählen die Beratungen in den Ausschüssen, in denen insbesondere die Abgeordneten der Opposition die Regierungstätigkeit auf Schwachstellen und Angriffspunkte untersuchen. Ferner gehören die persönlichen Kontakte der Abgeordneten mit Regierungsmitgliedern und der Ministerialbürokratie, die Beeinflussung von Verbänden und Wählern und nicht zuletzt die **Öffentlichkeit** der Plenarsitzungen dazu.

Informelle Kontrollmöglichkeit

Öffentlichkeit

Grundsätzlich wird die zeitliche Dauer einer Plenardebatte vom **Ältestenrat** festgelegt und nach dem Fraktionsproporz auf die Fraktionen verteilt, die bestimmen, wer die Ansicht der Fraktion vorträgt. Einzelne Abgeordnete können darüber hinaus nur Redezeit zur Abgabe einer „persönlichen Erklärung" beanspruchen.

Ältestenrat

▶ Q. 6

www.bundestag.de

3.1.4.2 Das Wächteramt des Bundesverfassungsgerichts

Verfassungsorgane

Am 7. September 1951 wurde das Bundesverfassungsgericht als das höchste der **Verfassungsorgane** errichtet. Bewusst wurde als Amtssitz ein Ort abseits der Bundeshauptstadt gewählt – Karlsruhe. Die geografische Distanz sollte seine Unabhängigkeit von den übrigen Staatsgewalten betonen. Das **Bundesverfassungsgericht** (BVerfG) „ist ein allen übrigen Verfassungsorganen gegenüber selbstständiger und unabhängiger Gerichtshof des Bundes" (§ 1 des Gesetzes über das Bundesverfassungsgericht). Es ist einerseits als Teil der Judikative ein Gericht und andererseits ein Verfassungsorgan. Seine Urteile binden nicht nur alle nachgeordneten Gerichte, sondern auch die Exekutive und sogar den Gesetzgeber, also Bundestag und Bundesrat. Der Gefahr, dass das BVerfG dadurch zu einer Art **„Übergesetzgeber"** wird, ist es auch nach Meinung seiner ihm wohlwollenden Kritiker nicht immer entronnen.

Bundesverfassungsgericht

▶ Q. 7 und 8

Übergesetzgeber

www.bundesverfassungsgericht.de

Dessen ungeachtet erfreut sich das Bundesverfassungsgericht eines hohen Prestiges. Sein Ansehen in weiten Teilen der Öffentlichkeit ist höher als das der Verfassungsorgane Bundesregierung und Bundestag, von anderen politischen Akteuren wie den Parteien ganz zu schweigen.

Sehr missverständlich wird das höchste deutsche Gericht auch „Hüter der Verfassung" genannt. Das aber ist es nicht, denn auch dieses Gericht ist selbstverständlich an Verfassung und Recht gebunden. Besser wäre die Bezeichnung **„Wächter der Verfassung"**.

Wächter der Verfassung

Karlsruher Verfassungsrichter

Das BVerfG ist als Zwillingsgericht organisiert, denn es besteht aus zwei Senaten mit jeweils acht Richtern. Von Anbeginn gilt bei der Wahl der Verfassungsrichter der Parteiproporz; d. h. eine Partei, die einen Richterstuhl „besitzt", erhält ihn wieder für einen der ihren, sobald dieser frei wird. Ein zwölfköpfiges Wahlmännergremium des Bundestages wählt mit Zweidrittelmehrheit die Hälfte der Richter, und mit derselben Mehrheit wird die andere Hälfte vom Bundesrat gewählt. Der Parteiproporz bewirkt, dass gegenseitig Absprachen erfolgen, und die **qualifizierte Mehrheit** verhindert, dass eine Partei „ihren" Mann gegen die Anspruchsberechtigung der anderen durchsetzt.

Der Präsident des Bundesverfassungsgerichts und sein Stellvertreter werden wechselweise vom Bundestag und Bundesrat gewählt.

Findungskommission

Praktisch maßgebend für die Bestellung sind **Findungskommissionen** der politischen Parteien, die jeweils mit der anderen Seite verhandeln. Die erforderliche Zweidrittelmehrheit zwingt zum Kompromiss. Das Vorschlagsrecht wird abwechselnd ausgeübt. Kritiker fragen, ob darin nicht die Gefahr liege, einen „Kuhhandel" zu schließen nach dem Motto: Wählst du diesmal „meinen" Richter, wähle ich, wenn du vorschlagen kannst, „deinen"? Könnten auf diese Weise nicht auch ungeeignete Persönlichkeiten zum Zuge kommen?

Trotz dieser kritischen Fragen wäre es zu einfach, in Verfassungsrichtern „Parteihandlanger" zu sehen. Parteipolitische Überlegungen spielen nach übereinstimmendem Urteil keine erkennbare Rolle bei der Urteilsfindung. Der Beschlussfassung gehen intensive, kollegiale Beratungen voraus. Wer dabei parteipolitische Überlegungen auch nur verdeckt ins Spiel bringen wollte, hätte einen schweren Stand. Zudem ist jeder Richter – auch der Verfassungsrichter – angehalten, neutral und unparteiisch zu urteilen. Die Wahl zum Verfassungsrichter auf zwölf Jahre steht in aller Regel am Ende der beruflichen Laufbahn, sodass kein Richter aus persönlichen Gründen irgendeine politische Rücksichtnahme zu üben braucht.

Das Bundesverfassungsgericht hat folgende Aufgaben:

1. Regelung von **Verfassungsstreitigkeiten** (Kompetenzkonflikte) zwischen obersten Bundes- und Landesorganen – Art. 93 Abs. 1; 84 Abs. 4 u. 99 GG.

Verfassungsstreitigkeiten

2. **Normenkontrolle**, d.h. Entscheidung darüber, ob ein Gesetz mit dem Grundgesetz übereinstimmt. Dabei wird unterschieden zwischen:
   - Konkreter Normenkontrolle, bei der in einem bestimmten Fall geprüft wird, ob das dabei angewandte Gesetz verfassungskonform ist.
     Beispiel: Ein Steuerpflichtiger hält das auf ihn angewandte Einkommensteuergesetz für verfassungswidrig – Art. 100 u. 126 GG.
   - Abstrakte Normenkontrolle, bei der geprüft wird, ob ein Gesetz oder ein Vertrag mit einem anderen Staat mit dem Grundgesetz in Einklang zu bringen ist.
     Bekanntes Beispiel: Das Urteil des BVerfG von 1973, das den Grundlagenvertrag mit der DDR entgegen dem Antrag des Landes Bayern nicht im Widerspruch zur Verfassung sah – Art. 93 Abs. 1 u. 126 GG.

Normenkontrolle

3. **Sicherung des demokratischen Rechtsstaates:**
   - Verbot verfassungswidriger Parteien – Art. 21 GG
   - Verwirkung der Grundrechte – Art. 18 GG
   - Präsidentenanklage – Art. 61 GG
   - Richteranklage – Art. 98 Abs. 2 GG
   - Wahlprüfung – Art. 41 Abs. 2 GG

Sicherung des demokratischen Rechtsstaates

4. **Verfassungsbeschwerde** bei Grundrechtsverletzungen – Art. 93 Abs. 1 GG. Die Verfassungsbeschwerde ist ein **Jedermannsrecht**. Dieses Recht kann also auch von Ausländern genutzt werden, selbst wenn sie sich nur vorübergehend z. B. als Touristen im Bundesgebiet aufhalten. Es kann aber nur ausgeübt werden, wenn zuvor der normale Rechtsweg – ordentliche Gerichte, Verwaltungsgerichte – „erschöpft" ist.

Verfassungsbeschwerde
Jedermannsrecht

Eine tatsächliche Verletzung eines Grundrechts durch ein Staatsorgan, etwa durch die Polizei oder einen Beamten, ist in der Praxis sehr viel seltener als der Laie ahnt. Von den jährlich über 5000 Beschwerden, die in Karlsruhe eingehen, werden mehr als 95% wegen offenkundiger Aussichtslosigkeit gar nicht erst zur Entscheidung angenommen. Erfolgreich im Sinne der Antragsteller sind weniger als 3%.

Beispiel: Die Verfassungsbeschwerde eines Cannabiskonsumenten, der ein „Recht auf Rausch" einforderte, wurde bereits in der **Vorprüfung** abgewiesen, weil ein „Sichberauschen" nicht „zum Kernbereich privater Lebensgestaltung" gehört.

Vorprüfung

Das Bundesverfassungsgericht kann eine Strafgebühr von bis zu 2500 EUR verhängen, wenn das Recht zur Verfassungsbeschwerde missbräuchlich genutzt wird. Es macht aber von diesem Recht, eine **Missbrauchsgebühr** zu erheben, nur selten Gebrauch. Es wird jährlich nicht einmal in 0,4% aller Fälle angewandt; darunter fallen oft nur Kleinbeträge zwischen 50 bis 150 EUR.

Missbrauchsgebühr

3.1.5 Der Bundespräsident

Der Bundespräsident wird von der **Bundesversammlung** ohne Aussprache in geheimer Abstimmung gewählt. Es ist das einzige Verfassungsorgan, das nur eine einzige Aufgabe hat und normalerweise auch nur alle fünf Jahre einmal in Berlin zusammentritt, um das **Staatsoberhaupt** zu wählen.

Bundesversammlung
Staatsoberhaupt

Die Versammlung besteht aus allen Abgeordneten des Bundestages und einer gleichen Anzahl von Mitgliedern, die von den Länderparlamenten gewählt werden. Das müssen nicht Politiker oder gar Parlamentarier sein, es können auch andere bekannte oder anerkannte Bürger

Bundespräsident Horst Köhler bei der Eröffnung der Ausstellung „Flagge zeigen – Die Deutschen und ihre Nationalsymbole"

– Wissenschaftler, Schriftsteller und dergleichen – sein, sofern sie im Besitz der deutschen Staatsbürgerschaft sind.

Mit formalen Verfassungsrechten ist der Bundespräsident nach den leidvollen Erfahrungen mit dem „Ersatzkaiser" der Weimarer Republik (siehe Kap. 4.1) von den Verfassern des Grundgesetzes fast stiefmütterlich ausgestattet worden. Aus eigenem Entschluss kann das Staatsoberhaupt nur in wenigen Fällen unmittelbar entscheidend in die Politik eingreifen. Ansonsten wird der Präsident erst auf Vorschlag und Antrag ernennend, beglaubigend und ausfertigend tätig (vgl. Art. 64 Abs. 1, 59, 60 und 82 Abs. 1 GG). Seine Wirkung liegt im Ansehen, welches ihm sein Auftreten und seine repräsentative Funktion verleiht. Er kann Populäres einfordern oder kaum Bestreitbares moralisch anmahnen, ohne für Verwirklichung und Folgen verantwortlich zu sein. Auf diese Weise vermag er auch die öffentliche Meinung zu beeinflussen und damit politische Tendenzen zu verstärken oder abzuschwächen.

Er muss sich allerdings mit gezielten, parteipolitisch gefärbten Meinungen zurückhalten, damit er nicht in innenpolitische Auseinandersetzungen hineingezogen wird und damit seine Kraft zur Integration verliert.

Zurückhaltungspflicht

Äußerungen ehemaliger Bundespräsidenten, z. B. *Heinrich Lübkes* offene Favorisierung einer Großen Koalition oder *Gustav Heinemanns* Wort vom „Machtwechsel" zur SPD/FDP, von dem seine eigene Wahl ein Teil sei, tangieren u. U. diese **Zurückhaltungspflicht**.

▶ Q. 9

Fast alle bisherigen Bundespräsidenten haben einen hohen Beliebtheitsgrad bei der Bevölkerung erreicht und damit die integrierende Kraft eines Staatsoberhauptes entfalten können.

www.bundespraesident.de

Dazu hat sicherlich auch beigetragen, dass bisher kein Bundespräsident nach Ausscheiden aus dem Amt in die aktive Politik zurückgekehrt ist.

Staatsoberhaupt

Das Amt des deutschen **Staatsoberhauptes** bekleideten seit Gründung der Bundesrepublik Deutschland:

Jede Gesellschaft ist eine Konfliktgesellschaft

▶ QUELLE 1

Wo immer es menschliches Leben in Gesellschaft gibt, gibt es auch Konflikt. Gesellschaften unterscheiden sich nicht darin, dass es in einigen Konflikten gibt und in anderen nicht; Gesellschaften und soziale Einheiten [z.B. Familien; d. Verf.] unterscheiden sich in der Gewaltsamkeit und der Intensität von Konflikten. Aber während dieses soziologische Gesetz [...] den Schluss nahelegen würde, die skizzierte [...] Haltung zu Konflikten als die einzige realistische, vielleicht sogar [...] die einzige „wissenschaftliche" zu bezeichnen, hat die Geschichte der Menschheit dieses Gesetz sehr viel häufiger verletzt als anerkannt gesehen. Techniken, die der Unterdrückung sozialer Konflikte dienen, sind weit älter als das Wort „totalitär", mit dem wir sie heute beschreiben; und zumindest dem Anschein nach sind diese Techniken auch sehr viel erfolgreicher, als unser Gesetz es erlauben würde.

(Ralf Dahrendorf: Gesellschaft und Demokratie in Deutschland, Deutscher Bücherbund, München 1968, S. 171)

1. Was meint Dahrendorf mit dem Begriff „soziologisches Gesetz"? (Z. 8)
2. Worin unterscheiden sich Gesellschaften?
3. Was könnte der Verfasser mit der „Unterdrückung sozialer Konflikte" (Z. 14) gemeint haben?

Pluralismus und Demokratie

▶ QUELLE 2

Indem in der Bundesrepublik als westlicher Demokratie der Einfluss einer Vielfalt frei organisierter Gruppen auf staatliche Willensbildung als legitim akzeptiert wird, lässt sich auch von einer pluralistischen Demokratie sprechen. In ihr gilt Gemeinwohl nicht als vorgegeben und durch eine Staatsführung (bzw. Parteiführung) erkannt, sondern pragmatisch als jeweilige „Resultante" von Gruppenauseinandersetzungen, sofern diese nur sozial- und rechtsstaatlichen Mindestanforderungen gerecht wird.

Die Aktivität organisierter Interessen ist in einem solchen politischen System ein geradezu notwendiges und stabilisierendes Element:

- Die freie Artikulation von Interessen stärkt die demokratische Legitimität der Entscheidungen. Sie erleichtert es, gesellschaftliche Bedürfnisse wahrzunehmen und auf sie zu reagieren. [...]
- Die Aggregierung von Interessen, d.h. die Bündelung und Umformung spezieller Interessen durch größere Interessenorganisationen, dient zwar zunächst der größeren Durchsetzungsfähigkeit, bedeutet aber zugleich für das politische System eine Komplexitätsreduktion, welche die Interessen überschaubar und damit verarbeitbar macht; verbunden hiermit ist auch eine Entlastung von Einzelkonflikten, welche bereits innerhalb von Interessenverbänden ausgetragen werden können.
- Indem Interessenorganisationen an Entscheidungen beteiligt sind, veranlasst sie dies – wollen sie künftig wieder als Verhandlungspartner Berücksichtigung finden – zu einem integrativ-befriedenden Verhalten. [...]

Dem stehen kritische Fragen zum Interessenpluralismus gegenüber: Wieweit ihn nicht faktische Ungleichheit der Organisier- und Durchsetzbarkeit von Interessen delegitimiere, [und] ob nicht die Macht von Interessenverbänden den parlamentarisch-demokratischen Prozess dominiere.

(Wolfgang Rudzio: Das politische System der Bundesrepublik Deutschland. 3. Auflage, UTB, Stuttgart 1991, S. 57 f.)

1. Worin sieht der Verfasser die Funktion der Verbände?
2. Welche Vorteile bieten Interessenverbände?
3. Wo liegen die Gefahren bzw. Nachteile der Interessenorganisationen?
4. Versuchen Sie, zu den Thesen Rudzios Beispiele zu finden.

Organisationsprobleme der Verbände

▶ QUELLE 3

Dabei dürfen die Organisationsschwächen [...] nicht überraschen. Jedes Individuum nämlich besitzt in zahlreichen Lebenszusammenhängen Interessen, die prinzipiell in ebenso viele Interessenorganisationen führen könnten. Dies aber stößt auf Zeit- und Kostengrenzen. Hinzu kommt die Überlegung, dass Verbesserungen, – Lohnerhöhungen, Steuererleichterungen, günstigere Verkehrsverbindungen usw. – die ein Verband erringen mag, meist aus sachlichen oder rechtlichen Gründen auch Nichtverbandsmitgliedern zugute kommen, was die Rolle des keinen Mitgliedsbeitrag zahlenden Trittbrettfahrers vorteilhaft erscheinen lässt. Neben diesen allgemeinen Barrieren gegen eine *Organisierung* wirken vielfach spezifische: bei nur vorübergehenden Interessenlagen der Gedanke, dass ein Einsatz zu spät Früchte trägt, [...]

(Wolfgang Rudzio: Das politische System der Bundesrepublik Deutschland. 3. Auflage, UTB, Stuttgart 1991, S. 70)

1. **Woher kommt der Begriff „Trittbrettfahrer?" – Was ist damit gemeint?**
2. **Welchen Interessenorganisationen könnten Sie Ihrer Neigung nach beitreten?**
3. **Welche Grenzen verhindern nach Ansicht des Autors, dass sich Menschen in vielen Interessengruppen organisieren?**

▶ QUELLE 4 Zum Legitimationsproblem in der Demokratie

In der Demokratie stellt sich die Legitimationsfrage für die Inhaber und Anwärter politischer Mandate und Ämter auf eine neue Weise und sehr viel dringlicher als in den vordemokratischen Systemen. Heute stehen politische Konkurrenten vor der Aufgabe, beinahe täglich um die ungewisse Zustimmung des Publikums zu ringen. Die Inszenierungen politischen Handelns müssen für die politischen Akteure zu einer jederzeit bedachten Kommunikationsstrategie werden, mit der sich ein Massenpublikum erreichen lässt. Da in der Demokratie in einem prinzipiell offenen Wettbewerb eine Vielzahl politischer Inhaber und Aspiranten öffentlicher Spitzenämter um die Gunst des Publikums ringen, entsteht ein erhöhter Druck reflexiver Selbstpräsentation der Politikerinnen und Politiker sowohl im Verhältnis zu allen anderen Mitbewerbern wie auch zum Publikum.

(Thomas Meyer: Die Theatralisierung der Politik in der Mediendemokratie. In: Aus Politik und Zeitgeschichte, B53/2003, S. 12)

1. **Was könnte konkret mit „reflexiver Selbstpräsentation" (Z. 16) gemeint sein?**
2. **Wodurch verschärft sich der Konkurrenzkampf um Ämter und Positionen?**

▶ QUELLE 5 Die modernen Parteien als Wahlkampfparteien

So verschieden die innere Struktur der deutschen Parteien ist, so sind doch hier wie überall Bürokratisierung und rationale Finanzwirtschaft Begleiterscheinungen der Demokratisierung. Dies bedingt aber ein weit kontinuierlicheres und angespannteres Arbeiten für die Stimmwerbung, als bei den alten Honoratiorenparteien je bekannt war. Die Zahl der Wahlreden, die ein Kandidat heute, tunlichst in jedem kleinen Ort seines Bezirks, halten muss, seine Besuche und Rechenschaftsberichte dort, der Bedarf nach Parteikorrespondenz und Klischees für die [...]presse und nach Reklamen aller Art steigert sich ständig. Ebenso die Schärfe und Rücksichtslosigkeit der Kampfmittel. Dies ist oft beklagt worden und als Besonderheit der Parteien ihnen zur Last gelegt worden. Allein nicht nur die Parteiapparate, sondern ganz ebenso der im Besitz der Macht befindliche Apparat der Regierung nimmt daran teil.

(Max Weber [1864–1920]: Politik und Gesellschaft. Zweitausendeins, Frankfurt/Main 2006, S. 415 f.)

1. **Der Text wurde vor fast 100 Jahren geschrieben. – Welche der Aussagen sind heute noch aktuell?**
2. **Was ist mit „Apparaten" (Z. 17 f.) gemeint?**

▶ QUELLE 6 Zur Öffentlichkeitswirkung und Kontrollfunktion des Bundestages

Die geringe Kontrolltätigkeit des Parlaments wird auch erkennbar an der Art und Weise, in der es über politische Entscheidungen der Regierung informiert wird.

Das Parlament als Ganzes ist heute normalerweise nicht der erste Adressat von politisch bedeutsamen Informationen der Regierung. Die spezifischen Kontrollinstrumente verlieren darum durch mangelnde Aktualität an Wirkung. Die meisten Fragestunden und Debatten über politische Vorgänge haben den Charakter von Nachhutgefechten, denn die eigentliche politische Auseinandersetzung ist in der politischen Öffentlichkeit schon lange vorher geführt worden. Damit wird, unterstützt durch die heutigen Formen und Medien der Massenkommunikation, dem Parlament eine wichtige Funktion genommen, nämlich das Forum zu sein, auf dem wesentliche Entscheidungen zuerst debattiert werden.

(Kurt Sontheimer: Grundzüge des politischen Systems der Bundesrepublik Deutschland. Piper Verlag, München 1993, S. 260)

1. Warum ist das Parlament nicht mehr Zentrum der politischen Diskussion?
2. Wodurch ist die Kontrollfunktion des Parlaments beeinträchtigt?

▶ QUELLE 7

Das Bundesverfassungsgericht

Das Bundesverfassungsgericht ist von allen übrigen Gerichtszweigen getrennt, aber trotzdem ein Teil der rechtsprechenden Gewalt, ein Gericht. Wie andere Gerichte befindet es mit unabhängigen Richtern anhand rechtlicher Normen darüber, was Rechtens ist. Es handelt im Rahmen genau umschriebener Zuständigkeiten und Verfahrensarten; es kann nur auf Antrag tätig werden; seine Urteile sind Rechtsentscheidungen.
Die Besonderheiten seiner rechtsprechenden Tätigkeit liegen in der Eigenart der rechtlichen Maßstäbe, die es anzuwenden hat, nämlich des Verfassungsrechts. Zwar haben alle rechtlichen Regelungen mit „Politik" zu tun, weil sie allgemein das Ergebnis politischer Entscheidungen sind und weil sie politische Wirkungen haben. Aber das Verfassungsrecht ist in besonderem Maße das Recht für das Politische selbst. Die Wirkung verfassungsgerichtlicher Entscheidungen betrifft nicht „das Detail gesetzlich normierter Lebensverhältnisse, sondern den verfassungsrechtlich geordneten Bereich politischer Einheitsbildung, politischer Gesamtleitung und politischer Willensbildung." (Konrad Hesse)
Die Entscheidungen des Bundesverfassungsgerichts sind für alle anderen Staatsgewalten (Verfassungsorgane des Bundes und der Länder, Gerichte und Behörden) verbindlich; in bestimmten Fällen haben sie sogar Gesetzeskraft. Neben seiner Eigenschaft als Gericht ist das Bundesverfassungsgericht daher zugleich auch ein Verfassungsorgan: Durch seine Tätigkeit hat es Anteil an der obersten Staatsleitung; es ist keinem anderen Staatorgan untergeordnet, sondern es steht zu den übrigen Verfassungsorganen (Bundestag, Bundesrat, Bundesregierung, Bundespräsident) in einer Beziehung der Gleichordnung.

(Wolfgang Horn: Informationen zur politischen Bildung, Heft 200/1983, S. 14)

1. Worin liegt die Hauptaufgabe des Bundesverfassungsgerichtes?
2. Wer ist an seine Entscheidungen gebunden?

▶ QUELLE 8

Zur Kritik am Bundesverfassungsgericht

Alles in allem: eine ebenso überzeugende wie stolze Bilanz der bisherigen Rechtsprechung des Bundesverfassungsgerichts. [...]
Dennoch hatte und hat das Bundesverfassungsgericht stets die Grenzen gegenüber eigenständiger Verfassungs- und Gesetzgebungspolitik einzuhalten. [...] Dies ist dem Bundesverfassungsgericht sicherlich in der Mehrzahl seiner Entscheidungen auch stets bewusst gewesen; und dennoch sind viele [...] Kritiken durchaus berechtigt, hat das Bundesverfassungsgericht die Grenze zur (eigenständigen) Verfassungspolitik bzw. gar Ersatzgesetzgeberschaft mitunter überschritten. Das Bundesverfassungsgericht ist tatsächlich zum vielfältigen Ersatzgesetzgeber geworden, und es hat auch in vielen Entscheidungen seine Zuständigkeit im Verhältnis zu den Fachgerichtsbarkeiten übermäßig strapaziert; das Bundesverfassungsgericht ist mit anderen Worten gerade im Verhältnis zu den Fachgerichtsbarkeiten [gemeint sind vor allem die Zivil- und Strafgerichte – d. Verf.] vielfältig zur „Superrevisionsinstanz" geworden, wie dies keineswegs Aufgabe der Verfassungsgerichtsbarkeit ist und wie dies in aller Regel nur zu einer [...] konfligierenden Überlastung des Bundesverfassungsgerichts einerseits und Entmündigung der Fachgerichtsbarkeiten andererseits führen kann. Nur allzu oft ist man [...] auch in Tatsachenprüfungen eingetreten, die alles andere als Aufgabe eines Verfassungsgerichts sind.

(Rupert Scholz: „Das Bundesverfassungsgericht: Hüter der Verfassung oder Ersatzgesetzgeber?". In: Aus Politik und Zeitgeschichte, Nr. 16/1999, S. 7)

1. Welche Vorwürfe erhebt der Autor gegenüber dem Bundesverfassungsgericht?
2. Welche Kompetenzen hat es sich nach seiner Meinung zu Unrecht angemaßt?
3. Welche Gefahren könnten daraus erwachsen?

▶ QUELLE 9 Die Stellung des Bundespräsidenten

Die Institution, die vom Misstrauen des Bonner Verfassungsgebers gegen bestimmte Züge der Weimarer Konstitution am stärksten betroffen wurde, war die des Staatsoberhauptes [...] darum konzipierte das Grundgesetz die Stellung des Bundespräsidenten im großen und ganzen entsprechend der Funktion, die der Monarch im britischen Regierungssystem wahrnimmt.

Die Bonner Verfassung beschränkt den Präsidenten fast vollständig auf die Funktion des obersten Repräsentanten des Staates. Der Bundespräsident ist dem parteipolitischen Kampf und der machtpolitischen Auseinandersetzung entzogen – in seiner Person soll sich die Einheit des Staates symbolisieren. Die ihm verbliebenen politischen Funktionen sind weitgehend formaler Natur. Sie werden allenfalls in kritischen Situationen des Verfassungslebens politisch bedeutsam. [...]

Der Bundespräsident wird [...] auf diskretes Vorgehen verwiesen; er kann warnen und raten, er kann nicht selbst politisch handeln, und er muss das meiste hinter den Kulissen tun oder in öffentlicher Rede zu wirken versuchen.

(Kurt Sontheimer: Grundzüge des politischen Systems der neuen Bundesrepublik Deutschland. Piper Verlag, München 1993, S. 279 f.)

1. **Inwiefern kann die Stellung des Bundespräsidenten mit der des britischen Monarchen verglichen werden?**
2. **Auf welche Weise vermag der Bundespräsident (nicht) Einfluss zu nehmen?**

Aufgabenvorschläge

1. Bilden Sie Beispiele für Konflikte aus Ihrem täglichen Leben.
2. Konstruieren Sie einen Konflikt oder nehmen Sie eine konkrete Auseinandersetzung in Ihrer Klasse und zeigen Sie in einem Rollenspiel, wie der Konflikt gelöst werden kann.
3. Diskutieren Sie darüber, welche Gefahren von zu großem Verbandseinfluss ausgehen können.
4. Berichten Sie, welche Fälle von Machtmissbrauch Sie persönlich bereits selbst erlebt haben. Erarbeiten Sie Vorschläge, wie solchem Missbrauch begegnet werden kann.

3.2 Chancen und Risiken der freiheitlich-demokratischen Grundordnung

Wegweiser zum Parlamentarischen Rat, Bonn 1948

Die deutsche Verfassung ist das **Grundgesetz**. Es wurde am 8. Mai 1949 vom **Parlamentarischen Rat** in Bonn verabschiedet und trat am 23. Mai 1949 in Kraft. Der Tag gilt als **Gründungstag** der **Bundesrepublik Deutschland** und das Grundgesetz ist seine Geburtsurkunde. Sie basiert auf einem Entwurf, den ein „Ausschuss von Sachverständigen für Verfassungsfragen", in die Geschichte eingegangen als **Herrenchiemseer Verfassungskonvent**, in der Zeit vom 10. bis 23. August 1948 anfertigte.

Grundgesetz
Parlamentarischer Rat
Herrenchiemseer Verfassungskonvent

Den Namen erhielt der Konvent, weil er in Klausur und bei strengster Abschirmung gegen alle Einflussnahmen auf der Insel Herrenchiemsee im Chiemsee (Bayern) tagte. Damals konnte auf diese Weise noch strikte Geheimhaltung erreicht werden.

Die **demokratische Grundordnung** darf nicht mit dem Grundgesetz und seinen vielen Einzelbestimmungen gleichgesetzt werden. Seit seinem Inkrafttreten wurde diese Verfassung bis Ende 2008 über fünfzigmal geändert. Die Änderungen betrafen über 200 Einzelbestimmungen. Bezieht man auch geringfügige und unbedeutende Änderungen ein, so sind weit über die Hälfte aller Verfassungsbestimmungen neu formuliert, ergänzt oder gestrichen worden.

Demokratische Grundordnung

Eine **Verfassungsänderung** ist jede Aufhebung, Hinzufügung und Abänderung von Textteilen des Grundgesetzes.

Verfassungsänderung

Schon 1952 hat das **Bundesverfassungsgericht** (BVerfG) in einem grundlegenden Urteil den Kernbestand der **freiheitlich-demokratischen Grundordnung** bestimmt, der mit einer „Ewigkeitsgarantie" (Art. 79 Abs. 3 GG) ausgestattet ist und niemals geändert werden darf.

Bundesverfassungsgericht
Freiheitlich-demokratische Grundordnung

Zu diesem Kernbestand gehören:
- Das **Recht der Persönlichkeit** auf Leben und freie Entfaltung und die in Art. 1–20 enthaltenen Grundsätze;
- die **Volkssouveränität** (Art. 20 Abs. 2 GG), nach der das Volk der alleinige Inhaber der staatlichen Gewalt ist;

Recht der Persönlichkeit
Volkssouveränität

Grundsatz der Gewaltenteilung
- der im selben Artikel festgelegte **Grundsatz der Gewaltenteilung**, nach dem die staatliche Gewaltausübung von besonderen Organen der Gesetzgebung, der vollziehenden Gewalt und der Rechtsprechung ausgeübt wird;

Regierungsverantwortlichkeit
- die **Regierungsverantwortlichkeit**, d.h. Übernahme der Verantwortung für politische Entscheidungen mit ihren u. U. schwerwiegenden Folgen (Art. 65 GG):

Gesetzmäßigkeit
- die **Gesetzmäßigkeit** der Verwaltung, nach der die Exekutive nur im Rahmen und auf der Grundlage eines Gesetzes tätig werden darf und muss (Art. 20 Abs. 3 GG);

Unabhängigkeit
- die **Unabhängigkeit** der Gerichte, die frei von Weisungen sein müssen (Art. 97 GG);

Mehrparteiensystem
- das **Mehrparteiensystem** – ein Grundsatz, der eine Einparteienherrschaft wie in der DDR verbietet;

Chancengleichheit
- die formale **Chancengleichheit** aller Parteien (Art. 21 Abs. 1 GG);

Recht auf Opposition
- das **Recht auf Opposition.**

Der Rahmen dieser Grundordnung ist weit gefasst. Kritik, selbst in schärfster Form an Regierung und der sie tragenden Parteien ist zulässig, etwa „Nieder mit dem Kanzler – Weg mit der korrupten XY-Partei“, nicht dagegen ein Aufruf „Alle Macht den Räten“, weil eine solche Diktatur unvereinbar ist mit dem Prinzip der Gewaltenteilung.

3.2.1 Die Grundrechte – Norm und Wirklichkeit

Menschenrechte

Mit dem Grundgesetz werden die unverletzlichen und unveräußerlichen **Menschenrechte** zu verfassungsrechtlichen Grundrechten.

Verfassungsgeber
Staatsvolk
Naturrecht

Der **Verfassungsgeber** – in höchster Instanz das **Staatsvolk** – erkennt damit eine vorstaatliche Verpflichtung an. Grundrechte sind dem Menschen durch **Naturrecht** angeboren und damit eben nicht Ergebnis eines staatlichen Hoheitsaktes – wie sie die DDR verstand.

Grundrechtsträger

Deshalb wurden sie von den Verfassungsvätern und -müttern bewusst und gewollt an den Anfang des Grundgesetzes gestellt. Sie binden alle Staatsgewalten und sind zugleich die wichtigsten Rechte, die jeder Staatsbürger als **Grundrechtsträger** kennen sollte. Sie gewähren Schutz, verleihen Ansprüche und Teilhaberechte.

Grundrechtsverpflichteter

Der Staat als **Grundrechtsverpflichteter** hat die Aufgabe, diese Rechte des Individuums zu schützen und durchzusetzen.

Unveräußerlichkeit bedeutet, dass sie unverzichtbar und untrennbar mit dem Individuum verbunden sind. Kein Mensch kann sie – nicht einmal freiwillig – ablegen, sich also beispielsweise nicht gewollt als Sklave verdingen. Ein dazu in beiderseitigem Einverständnis abgeschlossener Vertrag wäre von Anfang an ungültig (nichtig).

3.2.1.1 Charakteristika der Grundrechte

Abwehrrecht

Die historisch herkömmliche Funktion der Grundrechte ist die des **Abwehrrechts**, das dem Menschen einen staatsfreien Raum sichern soll. Lapidar und prägnant formulierte das einmal 1973 der Kanzleramtsminister *Horst Ehmke* (SPD) anlässlich der Bundestagsdebatte um die Reform des Sexualstrafrechts: „In den Schlafzimmern seiner Bürger hat der Staat nichts zu suchen.“

Wie lebensnah und praktisch die Grundrechte sein können, möge folgendes Beispiel zeigen: Ein Postzusteller darf einem Ehemann nicht einmal sagen: „Wissen Sie eigentlich, dass Ihre Gattin seit ihrem letzten Urlaub auf Mallorca ständig Briefe aus Spanien bekommt?“ – Das bereits wäre eine Verletzung des Briefgeheimnisses (Art. 10 Abs. 1 GG).

Objektive Wertordnung

Grundrechte sind jedoch mehr als nur Abwehrrechte gegen den Staat. Sie sind „wertentscheidende Grundsatznormen“ (BVerfG) und spiegeln als solche eine **objektive Wertordnung**

Glastafel mit den Grundrechten (Art. 1–19 GG) am Jakob-Kaiser-Haus im Berliner Regierungsviertel

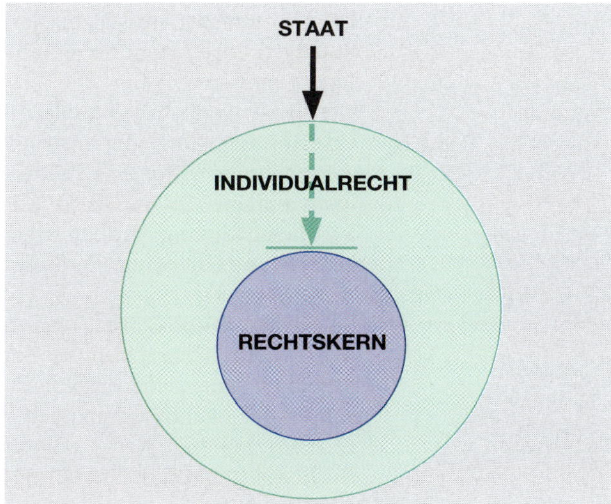

Grundrecht als subjektives Abwehrrecht

wider. Der Artikel 1 des Grundgesetzes beginnt mit einem Satz klassischer Einfachheit: „Die Würde des Menschen ist unantastbar." Damit ist die **Menschenwürde** als höchster Wert festgelegt.

Menschenwürde

Grundrechte geben ferner eine sogenannte **Institutsgarantie**, zum Beispiel das Institut von „Ehe und Familie" (Art. 6 GG).

Institutsgarantie

Schließlich wird die herausragende Stellung der Grundrechte noch durch die bereits erwähnte **Ewigkeitsklausel** (Art. 79 Abs. 3 GG) betont. Die in Artikel 1 und 20 niedergelegten Grundsätze – im Streitfall vom BVerfG näher präzisiert – dürfen nicht tangiert werden. Der **Verfassungsgesetzgeber** – das sind Bundestag und Bundesrat – hat sich damit selbst gebunden und auf einen Teil seines Rechtes, nämlich das Grundgesetz zu ändern, verzichtet.

Ewigkeitsklausel
Verfassungsgesetzgeber

3.2.1.2 Einteilung der Grundrechte

Die einzelnen Grundrechte sind im Grunde nichts anderes als Ausfächerung und Präzisierung des übergeordneten Grundrechts der Menschenwürde. Sie schließt das Recht auf Leben, Freiheit, Gleichberechtigung und die anderen selbstverständlich ein.

Menschenwürde (Art. 1 GG)		
Freiheitsrechte	**Unverletzlichkeitsrechte**	**Gleichberechtigung**
Persönlichkeitsentfaltung (2)	Postgeheimnis (10)	Gleichberechtigung (3)
Glaubens- und Bekenntnisfreiheit (4)	Wohnungsunverletzlichkeit (13)	Ehe- und Familienschutz (6)
Meinungsfreiheit (5)	Eigentums- und Erbrechtschutz (14)	Ausbildungs- und Berufswahl (12)
Versammlungsfreiheit (8)	Staatsangehörigkeitsrechte (16)	Asylrecht (16a)
Vereinigungsfreiheit (9)		Petitionsrecht (17)
Freizügigkeit (11)		Justizielle Grundrechte (101–104)

Abwägung

Die Grundrechte sind nicht gleichwertig. Das Recht auf Leben steht höher als das Recht auf Eigentumsschutz. Bei der Frage nach der Gleichwertigkeit bzw. Ungleichwertigkeit ist eine **Abwägung** er widerstreitenden Interessen vorzunehmen sowie eine Prüfung der Verhältnismäßigkeit. So darf also z. B. die Polizei Sachbeschädigung verüben, wenn dies zur Lebensrettung einer Geisel erforderlich ist.

So hat das BVerfG im Zusammenhang mit dem Nichtraucherschutz in Gaststätten ausdrücklich festgestellt, dass dem Gesundheitsschutz der Nichtraucher nach Art. 2 Abs. 2 GG ein höherer Rang zukommt als dem Recht auf freie Berufsausübung (Art. 12 GG).

Mit eingeschränkten Grundrechten: Weibliche Strafgefangene der JVA Halle I

Werthierarchie

Mögliche **Werthierarchie** der Grundrechte:

Menschenwürde
Recht auf Leben
Persönlichkeitsentfaltung
Meinungsfreiheit
Glaubensfreiheit
Versammlungsfreiheit
Berufsfreiheit
Eigentumsschutz

Kein Grundrecht gilt schrankenlos. Ein Beispiel für eine (erlaubte!) Grundrechtseinschränkung ist etwa der Freiheitsentzug für Strafgefangene.

3.2.1.3 Grundrechte in der Verfassungswirklichkeit

Verfassungsnorm
Verfassungswirklichkeit

In keinem Staat der Erde, vor allem nicht in Diktaturen, werden Recht und Gesetz nach Sinn und Wortlaut getreu eingehalten. Das Staatsrecht nennt diese Diskrepanz die Kluft zwischen **Verfassungsnorm** und **Verfassungswirklichkeit**.

Die Gründe für solche Diskrepanzen sind vielseitig. Die wichtigsten liegen wohl in der menschlichen Unzulänglichkeit selbst.

Fehlentscheidungen

- Menschen müssen über Menschen und ihre Probleme entscheiden und urteilen: der Finanzbeamte über die Höhe der Steuernachzahlung, der Lehrer über die Note, der Richter über das Strafmaß. Für ein geordnetes Gemeinwesen ist das alles unverzichtbar. Und dabei kommt es rechts- und gesetzwidrig zu **Fehlentscheidungen**, in seltenen Fällen absichtsvoll, häufiger wohl durch Fahrlässigkeit. Meistens liegt jedoch ein Irrtum vor, eben weil Menschen irren können.

- Die Versuchung, um des eigenen Vorteils willen das Gesetz zu umgehen, mit dem Recht „nicht pingelig" (*Konrad Adenauer*) zu sein, ist angesichts der Durchrechtlichung des gesamten Lebens übermächtig. Wer ist nicht schon einmal verbotswidrig zu schnell gefahren, welcher Einkommensteuerpflichtige hat korrekt stets alle Einnahmen versteuert? Und selbst ein verdienstvoller ehemaliger Bundeskanzler (*Helmut Kohl*) musste öffentlich eingestehen, wissentlich gegen das Parteienfinanzierungsgesetz verstoßen zu haben.
- Die wirtschaftlichen, gesellschaftlichen und vor allem die technischen Entwicklungen verlaufen rasanter als die Rechtsordnung, die stets etwas Statisches hat. So durchlöchern beispielsweise elektronische Medien den Datenschutz. Und als die **Verfassungsväter** und **-mütter** die Ehe und Familie unter den besonderen Schutz des Staates stellten (Art. 6), lag es wahrscheinlich außerhalb ihrer Vorstellungswelt, dass auch einmal gleichgeschlechtliche lebenslängliche Partnerschaften als eine Art Ehe verstanden werden könnten.
- Verfassung und Gesetz sind unterschiedlich auslegbar und damit interpretierungsbedürftig. Nicht selten kommt es auch zu Kollisionen verschiedener Rechtsgrundsätze.
  Beispiel: Verstößt die Verurteilung der für die fast 1 000 Todesfälle an der ehemaligen innerdeutschen Grenze Verantwortlichen, *Egon Krenz* und Genossen, gegen das prinzipielle Rückwirkungsverbot? Denn zum Zeitpunkt der Tat hat das DDR-Recht die „Vernichtung" des Republikflüchtlings erlaubt. Oder gilt nicht das übergeordnete Menschenrecht, dem sich auch die DDR und ihre politischen Führer unterwerfen mussten?

Verfassungsväter und -mütter

Verfassungsrechtlich verankerte Grundrechte sind nicht ein für alle Mal gesichert; sie müssen sozusagen täglich neu erkämpft werden. Jedermann ist aufgerufen, sich mit allen rechtlichen Mitteln dagegen zu wehren, wenn er Grundrechte bei sich und anderen verletzt sieht.

3.2.2 Repräsentative Demokratie – direkte Demokratie

Die Bundesrepublik Deutschland ist eine (fast) lupenreine **Repräsentativdemokratie**. Das Volk, von dem „alle Staatsgewalt" ausgeht (Art. 20 Abs. 2 GG), lässt diese von Gewählten und den von ihnen bestimmten Staatsorganen, z. B. der Regierung, ausüben. In Deutschland sind die Volksvertreter, also die Abgeordneten in den Parlamenten, die Repräsentanten des Wahlvolkes.

Repräsentativdemokratie

Die Repräsentanz kann nicht nur wie in der Bundesrepublik vor allem durch das Parlament erfolgen, sondern auch durch einen vom Volk gewählten Präsidenten, wie in Frankreich und den USA. Dann spricht man statt von einer **parlamentarischen Demokratie** von einer **präsidialen Demokratie.** In der politischen Wirklichkeit überwiegen die Mischformen. So hat die Bundesrepublik Deutschland zwar als höchsten Repräsentanten auch einen Präsidenten, der aber nicht direkt, sondern „nur" von der Bundesversammlung gewählt wird.

Parlamentarische Demokratie

Präsidiale Demokratie

Die Verfassungsväter und -mütter fürchteten, geprägt von den Erfahrungen im „Dritten Reich", dass das Volk (griech.: demos) leicht wieder einem **Demagogen** (Volksverführer) zum Opfer fallen könnte.

Demagogen

Die direkte Demokratie basiert auf der Überzeugung, dass es eine grundsätzliche Übereinstimmung vom Willen der Regierenden und Regierten geben kann. Das Volk habe die Fähigkeit und den Willen, jederzeit über seine Angelegenheiten selbst zu entscheiden; es vermöge sich sozusagen selbst zu regieren in Basisgruppen wie Wohngemeinschaften, innerhalb von Nachbarschaften und Arbeitsstätten.

Soweit erforderlich sollen jederzeit abrufbare und an detaillierte Einzelanweisungen der Basisgruppen gebundene Beauftragte, sogenannte **Räte**, fallweise mit den zu lösenden Aufgaben betraut werden.

Räte

Die Modelle der **Repräsentativdemokratie** und der **direkten Demokratie** lassen sich idealtypisch so gegenüberstellen:

Repräsentativdemokratie
Direkte Demokratie

Repräsentationsdemokratie	Direkte Demokratie
Vertretung „im Namen des Volkes“	keine Vertretung
freies Mandat, nicht weisungsgebunden	imperatives Mandat, strikt gebunden
Parlamentarismus	Plebiszit (= Volksbeschluss, -entscheid), direkte Abstimmung
Interessenkonkurrenz, Pluralismus	Gemeinwille, Homogenität
Kampf um Gemeinwohlbestimmung durch Mehrheitsentscheidung	vorgegebenes Gemeinwohl
Festlegung demokratischer Spielregeln	Inhalts- und Zielbestimmung

Auch in der repräsentativen Demokratie kann Homogenität vorhanden sein, sodass sich eine Mehrheitsentscheidung erübrigt; dieser Fall ist aber eher theoretischer Natur.

Polis Vorbild aller Anhänger der Direktdemokratie sind die **Polis** im antiken Griechenland (siehe Kapitel 1.1).

Demokratie im antiken Athen, Redner auf der Agora, Perikleisches Zeitalter (etwa 450 v. Chr.)

Räteprinzip Noch niemals ist das **Räteprinzip** auf Dauer verwirklicht worden. Alle Versuche dazu brachen schon nach wenigen Wochen zusammen. Die direkte Demokratie kann allenfalls in kleinen Gemeinden mit überschaubaren Problemfeldern funktionieren. Die wichtigsten Einwände gegen das Modell sind:

1. Die Komplexität der in einem modernen Gemeinwesen zu regelnden Sachverhalte ist so groß, dass schon rein zeitlich die Bürger überfordert sind, sich in die jeweils höchst unterschiedlichen Problemkreise einzuarbeiten, um sich sachkundig zu machen.

2. Räte sind entscheidungsunfähig; denn sie müssten bei jeder neu auftauchenden Frage erst die Weisungen ihrer Auftragsgruppe einholen.
3. Das Modell der direkten Demokratie überschätzt die Neigung der Bürger, sich fortlaufend um die öffentlichen Angelegenheiten zu kümmern.
4. Es gibt keine persönliche Verantwortlichkeit für Entscheidungen. Wen wollte man zur Rechenschaft ziehen, wenn sich diese als völlig falsch herausstellen?! Die Räte folgten doch nur den Weisungen des Volkes, in dem der Einzelne anonym bleibt.

Elemente direkter Demokratie gibt es aber inzwischen in allen Bundesländern und Gemeinden wie z. B. die direkte Wahl der Bürgermeister und teilweise auch der Landräte. Alle Landesverfassungen sehen inzwischen Volksbeteiligungen in unterschiedlicher Form vor.

Die Formen der direkten Einflussnahme (Plebiszit) – also nicht indirekt über die gewählten Abgeordneten – sind grundsätzlich:

Volksbefragung

Volksbefragung: Diese kann unverbindlich sein, das heißt, das Parlament nimmt die Mehrheitsmeinung des Wahlvolkes zur Kenntnis, braucht sich aber nicht danach zu richten oder es besteht allenfalls eine Pflicht, darüber zu beraten.

Volksbegehren
Volksinitiative

Volksbegehren, auch **Volksinitiative** genannt: In einigen Bundesländern muss dem Begehren ein fertig ausgearbeiteter Gesetzesvorschlag zugrunde liegen, andere verpflichten den Landtag lediglich dazu, sich mit dem Verlangen „zu befassen".

Volksabstimmung

Volksabstimmung: Dabei stimmt das Wahlvolk unmittelbar und in der Regel verbindlich über eine Gesetzesvorlage ab.

Quoren

Alle diese plebiszitären Formen sehen sogenannte **Quoren** vor, das sind quantitative Untergrenzen für die Beteiligung, z. B. 5 % aller Wahlberechtigten müssen ein Volksbegehren mit ihrer Unterschrift unterstützen, sonst ist es ungültig. Die Regel dient dazu, Missbrauch zu verhindern. Es können auch doppelte Quoren festgelegt werden.

Beispiel: Die Verfassung des Landes Sachsen-Anhalt kann durch Volksbegehren nur geändert werden, wenn zwei Drittel der abgegebenen gültigen Stimmen, die aber mindestens der Hälfte aller Wahlberechtigten entsprechen müssen, der Änderung zustimmen.

Plebiszit

Regelmäßig werden Steuergesetze, Abgabenbestimmungen und Besoldungsordnungen für die Landesbediensteten von jeder Art **Plebiszit** ausgenommen.

Überlegenswert ist aber, in die Verfassung der Repräsentativdemokratien plebiszitäre Elemente einzubauen, wie sie wohl am stärksten die Schweiz vorgesehen hat.

3.2.3 Parteien – von der Machtteilhabe zum Quasimachtmonopol

▶ Q. 1

Politische Parteien sind – in Anlehnung an eine Begriffsbestimmung des Bundesverfassungsgerichts – frei gebildete, miteinander konkurrierende Vereinigungen von Bürgern, die mit eigenen Zielvorstellungen und Wünschen auf die politische Meinungs- und Willensbildung Einfluss nehmen möchten. Rein rechtlich sind sie nicht verpflichtet, dem Gemeinwohl zu dienen. Sie müssen aber eine gewisse Beständigkeit aufweisen und nach Mitgliederzahl und Programm die Ernsthaftigkeit ihres Bemühens zeigen.

Partei

Bereits in der Antike schlossen sich Menschen mit gemeinsamen sozialen Interessen und gleichen politischen Überzeugungen zu Gruppen zusammen, aus denen sich das Wort **Partei** als pars (lat.: Teil, Anteil) ableitet. Aber diese Gruppierungen dürfen nicht mit modernen politischen Parteien gleichgesetzt werden, die ihre charakteristischen Merkmale erst mit der Durchsetzung der parlamentarischen Demokratie im Verlauf des 19. Jahrhunderts ausbildeten.

www.bundeswahlleiter.de

3.2.3.1 Merkmale und Aufgaben der Parteien

Die Merkmale sind:
- Gliederung in regionale Teilverbände und bürokratische Organisation,
- Streben nach politischer Macht,
- Teilhabe am politischen Willensbildungsprozess des Volkes und an der staatlichen Entscheidung,
- Permanenz der Existenz, d.h., eine politische Partei will nicht nur kurzfristig, sondern dauerhaft bestehen.

Dauerhaftigkeit

Ein entscheidender Unterschied zwischen Parteien und Verbänden besteht im Ziel einer direkten Teilhabe an der politischen Macht in allen politischen Bereichen. Ihre **Dauerhaftigkeit** grenzt sie gegenüber Bürgerinitiativen ab, die sich oft mit dem Erreichen des selbst gesteckten Zieles oder nach dem Scheitern ihres Anliegens auflösen.

Das Grundgesetz formuliert in Artikel 21 Abs. 1 die Rolle der Parteien zurückhaltend: „Die Parteien wirken bei der politischen Willensbildung mit.“ Sie haben also ein verfassungsrechtliches Mitwirkungsrecht, ihre Gründung ist frei, ihre „innere Ordnung muss demokratischen Grundsätzen entsprechen“ und sie sollen über ihre finanziellen Mittel Rechenschaft geben.

Parteiengesetz
Parteienstaat

Aus dem Mitwirkungsrecht hat das erst 1967 ergangene „Gesetz über die politischen Parteien“ (**Parteiengesetz**) umfassende Teilhabe am politischen Meinungs- und Willensbildungsprozess formuliert. Die Bundesrepublik Deutschland hat sich zu einem **Parteienstaat** *(Wilhelm Hennis)* entwickelt, in dem die Parteien praktisch das gesamte öffentliche Leben durchdringen. Es dürfte schwer fallen, auch nur ein bedeutsames Feld der Gesellschaft zu benennen, in dem die Parteien nicht direkt oder indirekt (über ihre Mitglieder) Einfluss suchen und erhalten.

Honoratioren

Die Bundesrepublik Deutschland ist so ein „massendemokratischer Parteienstaat“ geworden. Im „liberal-repräsentativen Parlamentarismus“ des 19. bis zu Anfang des 20. Jahrhunderts besorgten einige, zumeist wohlhabende **Honoratioren** das „Geschäft der Politik“. Sie wurden auf Grund ihres Ansehens und ihres Bekanntheitsgrades gewählt und brauchten, um ein Mandat zu erringen, kaum die Unterstützung einer Partei, auch wenn sie einer solchen angehörten.

Wahlwerbung der großen Parteien zur Bundestagswahl 2005

Im modernen Parteienstaat, wie er sich besonders in Deutschland ausgebildet hat, sind die Parteien und nicht Einzelpersönlichkeiten Träger und Gestalter des Volkswillens. Damit werden die Parteien zu Quasi-Verfassungsorganen, mit deren Hilfe das Volk die ihm obliegende Staatsgewalt ausüben lässt. Von hier bis zur staatlichen Parteifinanzierung ist es nur ein kleiner, aber konsequenter Schritt.

▶ Q. 2

Parteiensystem

Das **Parteiensystem** ist wohl in keiner Demokratie so ausgeprägt wie in der Bundesrepublik Deutschland. Hier haben sich aus den grundgesetzlichen Mitwirkungsrechten der Parteien „bei der politischen Willensbildung des Volkes“ **Approbationsparteien** (vereinfacht: Beuteparteien) entwickelt mit einer Machtstellung, die selbst ein früherer Bundespräsident (*Richard von Weizsäcker*) als „Machtversessenheit“ kritisierte.

Approbationsparteien

Die praktisch alle gesellschaftlichen Bereiche umfassende Einflussnahme der Parteien kontrastiert eigentümlich – oder ist möglicherweise eine Folge davon –, mit der Tatsache, dass sie und ihre Repräsentanten nur ein geringes öffentliches Ansehen genießen. Nur rund 10 % der Bürgerschaft vertrauen ihnen und ihren Aussagen; dagegen haben – zum Vergleich – mehr als 70 % Vertrauen in die Polizei.

▶ Q. 3

Die Parteien beherrschen die staatlichen Gewalten, sie bestimmen die Amtsinhaber, geben damit eine Grundorientierung vor und wirken nicht nur bei der Ernennung „politischer Beamter“, also z. B. von Staatssekretären, mit. Alle regierenden Parteien lassen Tendenzen zur „Parteibuchwirtschaft“ *(Hans Herbert von Arnim)* erkennen, vor allem, wenn sie sehr lange hintereinander in einem Bundesland regieren. **Parteibuchwirtschaft** bedeutet, dass Ämter nach Parteizugehörigkeit und nicht, wie das Grundgesetz in Art. 33 Abs. 2 ausdrücklich vorschreibt, nur nach „Eignung, Befähigung und sachlicher Leistung“ vergeben werden.

Parteibuchwirtschaft

Parteienkartell

Besonders verhängnisvoll ist die Bildung des **Parteienkartells**. Kern eines demokratischen Parteiensystems ist, dass die Parteien als Konkurrenzparteien auftreten, die gegeneinander um die Macht im Staat ringen. Wenn sie aber in informellen Gruppen Absprachen treffen, sich gegenseitig zugunsten ihrer „verdienten“ Mitglieder Pfründe und Versorgungsposten zuschanzen, z. B. die Stellung eines Direktors der Totogesellschaft, dann wird die gegenseitige Kontrolle ausgehebelt. Dann entsteht der berühmtberüchtigte „Kölsche Klüngel“, der nach Ansicht des Staatsrechtlers *Erwin K. Scheuch* als durchaus repräsentativ für die Bundesrepublik gelten kann.

Es mag zynisch klingen, aber im Grunde müsste man einem jungen Menschen, wenn er eine staatliche Karriere machen will, empfehlen, einer der Parteien beizutreten, wobei es wegen der internen „Kartellabsprachen“ um Ämterteilhabe nur von sekundärer Bedeutung ist, welcher.

Die Bundesrepublik als Parteienstaat zeigt sich auch an den repräsentativen Parteizentralen wie hier bei der CDU.

Die Parteienkritik lässt sich in folgenden Punkten zusammenfassen:

1. Die Parteien erfüllen ihre Aufgaben, die Bürgerwünsche in politikfähige Forderungen umzusetzen, nur unzureichend.
2. Die Parteien sind nicht mehr repräsentative Transmissionsriemen, kapseln sich ab von der Willensbildung des Volkes und zerstören das Gleichgewicht der Staatsgewalten.
3. Die Parteien verlieren ihre Fähigkeit zur Interessenbündelung und können sich dadurch nicht mehr Problemen annehmen, die von „Ein-Themen-Bewegungen", z. B. Bürgerinitiativen, aufgegriffen werden.
4. Die Parteien schotten sich in ihrer Willensbildung von der Öffentlichkeit ab und werden dadurch zu undurchdringlichen Organisationen.
5. Parteien richten sich in erster Linie an den Möglichkeiten ihrer Vermittlung über die Medien aus, wodurch es zu einer Vorherrschaft symbolischer Politik kommt.
   Ein Beispiel ist das Auftreten von Spitzenpolitikern in Talk-Shows, welche die Bedeutung der Parlamentsdebatte verdrängen.

▶ Q. 4

6. Nicht einmal 2 % der Wahlberechtigten gehören einer Partei an.

3.2.3.2 Zur Notwendigkeit von Parteien

Parteienwesen

Unbeschadet der zum erheblichen Teil wohl berechtigten Kritik am überbordenden deutschen **Parteienwesen** erfüllen sie wichtige Aufgaben:

1. Sie bündeln divergierende Interessen zu einem Gesamtpaket. – Wollte man jedes unterschiedliche Einzelinteresse durchsetzen, müsste es theoretisch so viele Parteien wie Wahlbürger geben.
2. Sie vermögen auch eine unter Umständen notwendige Politik durchzusetzen, die in weiten Teilen der Wahlbevölkerung auf Ablehnung stößt. Es genügt, wenn langfristig eine Mehrheit – wenn auch zähneknirschend – zustimmt.
3. Zumindest große Parteien müssen, wenn sie auf lange Sicht erfolgreich sein wollen, stets auch das **Gemeinwohl** im Auge behalten und können sich nicht wie Verbände lediglich auf Teilinteressen konzentrieren. (Gemeinwohl)
4. Parteien leisten über ihre parteinahen **Stiftungen** einen – wenn auch im Einzelfall umstrittenen – Beitrag zur politischen Bildung. (Stiftungen)

Die Friedrich-Ebert-Stiftung ist die größte und älteste parteinahe Stiftung in Deutschland.

Repräsentativdemokratie

Ohne Parteien kann eine parlamentarische **Repräsentativdemokratie** nicht funktionieren, da gerade sie der Ausdruck von verschiedenen Meinungen sind. Deshalb gibt es ja auch keinen demokratischen Staat ohne Parteien. Parteien mögen als Übel betrachtet werden, aber sie sind ein unverzichtbar notwendiges!

3.2.3.3 Das Parteienprivileg

Alle Parteien genießen einen besonderen verfassungsrechtlichen **Schutz**. Schutz

Das bedeutet:
1. Im Gegensatz zu Vereinen, die bei Verfassungswidrigkeit bereits auf Weisung des Innenministers eines Landes oder des Bundes aufgelöst und verboten werden können, ist dies bei Parteien nur durch ein Urteil des Bundesverfassungsgerichtes möglich.
2. Ein solches Urteil kann ausschließlich auf Antrag erfolgen; antragsberechtigt sind ausschließlich Bundestag, Bundesrat und die Bundesregierung.

Parteiverbote

Die Geschichte der Bundesrepublik Deutschland kennt bisher zwei **Parteiverbote**. Im Jahre 1952 wurde die Sozialistische Reichspartei (SRP) durch Verfassungsgerichtsurteil aufgelöst, weil ihre innere Ordnung nach dem Führerprinzip aufgebaut war und die Partei nationalsozialistisches Gedankengut verbreitete. Im Jahre 1956 entschied das Bundesverfassungsgericht, ebenfalls auf Antrag der Bundesregierung, dass die – moskautreue – Kommunistische Partei Deutschlands (KPD) Ziele verfolge, die mit der freiheitlich-demokratischen Grundordnung unvereinbar seien, und verbot deshalb diese Partei.

Verfassungsfeindliche Parteien

Dem Einzelnen oder den konkurrierenden Gruppen bleibt es unbenommen, bestimmte Parteien für **verfassungsfeindlich** zu halten und dies auch öffentlich zu bekunden. Das mag für die NPD eventuell sogar zutreffen und gilt vielleicht auch für Teile der Republikaner und der Linken. Aber so lange sie nicht (auf Antrag) vom Bundesverfassungsgericht verboten sind, genießen sie alle (Vor-)Rechte einer politischen Partei. Deshalb scheitern vor Gericht aufgrund des Gleichheitsgrundsatzes die Versuche der Gemeinden, etwa der NPD die Stadthalle für einen Parteitag nicht zur Verfügung zu stellen.

Um zu einer Wahl zugelassen zu werden, sind die rein formalen Anforderungen gering. Es genügt z. B. als „Parteiprogramm" eine halbe DIN-A4-Seite.

Satzung

Die **Satzung** muss als Mindestanforderung für die Eintragung in das Parteienregister enthalten:
- Name und Sitz der Partei
- Ziel und Zweck
- Protokoll über die Gründung mit Vorstandswahl
- Rechte und Pflichten der Parteimitglieder, z. B. Beiträge

Die Anforderungen werden jedoch sehr großzügig gehandhabt.

Zu der Wahl zum 17. Deutschen Bundestag im September 2009 traten insgesamt 25 Parteien an. Einige von ihnen, z. B. die Tierschutzpartei, hatten nicht in allen Ländern Kandidaten präsentiert. Die Namen vieler dieser Kleinstparteien sind teilweise so kurios wie ihre Chancen gegen Null gehen, z. B. „PBC – Partei bibeltreuer Christen" oder „Die Violetten".

3.2.3.4 Arten der Parteien

Parteien lassen sich nach verschiedenen Gesichtspunkten einteilen. Die wichtigsten sind:

1. Größe
- Bei **Mitgliederparteien** sind zumeist die Stammwähler auch Mitglieder der Partei. Mitgliederpartei
- **Wählerparteien** haben dagegen im Vergleich zu ihren Wählern nur einen geringen Mitgliederstamm und einen schwachen Parteiapparat. Wählerpartei

2. Mitgliederzusammensetzung
- Die **Honoratiorenpartei**, die aus wenigen Angehörigen zumeist der Oberschicht oder höheren Mittelschicht besteht. Honoratiorenpartei
- Der **Patronagepartei** geht es um die Besetzung von Ämtern durch ihre Mitglieder. Patronagepartei

Persönlichkeitspartei

- Als **Persönlichkeitspartei** wird eine Partei bezeichnet, die eine bestimmte Persönlichkeit zwecks Wahl unterstützt. Typisches Beispiel sind die Parteien in den USA.

3. Interessenvertretung

Volkspartei

- Vor allem CDU und SPD verstehen sich als **Volksparteien**, die in allen Schichten Anhänger finden. Am ehesten trifft diese Bezeichnung noch auf die CSU zu, die sowohl bei den Mitgliedern wie den Stammwählern in allen Volksschichten Bayerns verankert ist. Auch ist die CSU die einzige Partei, die in den letzten Jahren einen Nettozuwachs an Mitgliedern verbuchen konnte.

Interessenpartei

- Die **Interessenpartei** ist dagegen in der Bundesrepublik Deutschland praktisch ausgestorben, am ehesten kam der BHE (Block der Heimatvertriebenen und Entrechteten) in den 1950er-Jahren diesem Typ nahe, weil diese Partei vor allem die Interessen der Flüchtlinge und Vertriebenen vertrat.

Klassenpartei

- Auch den in der Weimarer Republik häufigen Typ der **Klassenpartei** bzw. Milieupartei und der

Weltanschauungspartei

- **Weltanschauungspartei** kennt die Berliner Republik nicht mehr. Für den ersten Typ kann die alte KPD genannt werden, während das (katholische) Zentrum als Partei mit eindeutig konfessioneller Ausrichtung gelten konnte.

4. Politische Richtung

Links- und Rechtsparteien

Dies ist die wichtigste Unterscheidung. Die einfachste, aber zugleich auch ungenaueste ist die in **Links- und Rechtsparteien**, entsprechend der klassischen Sitzordnung – übernommen von der französischen Nationalversammlung 1789 – in der Volksvertretung, vom Präsidentenstuhl aus gesehen.

Differenziert man das Spektrum von rechts nach links genauer aus, so lässt sich – mit einschränkendem Vorbehalt – folgende Einteilung vornehmen:

Konservative Parteien

- **Konservative Parteien** wollen das Bewährte erhalten und sind allenfalls für bedächtige und langsame Veränderungen zu gewinnen. Zu den Konservativen zählen in der Regel auch die nationalen Parteien, die insbesondere das nationalstaatliche Interesse betonen.

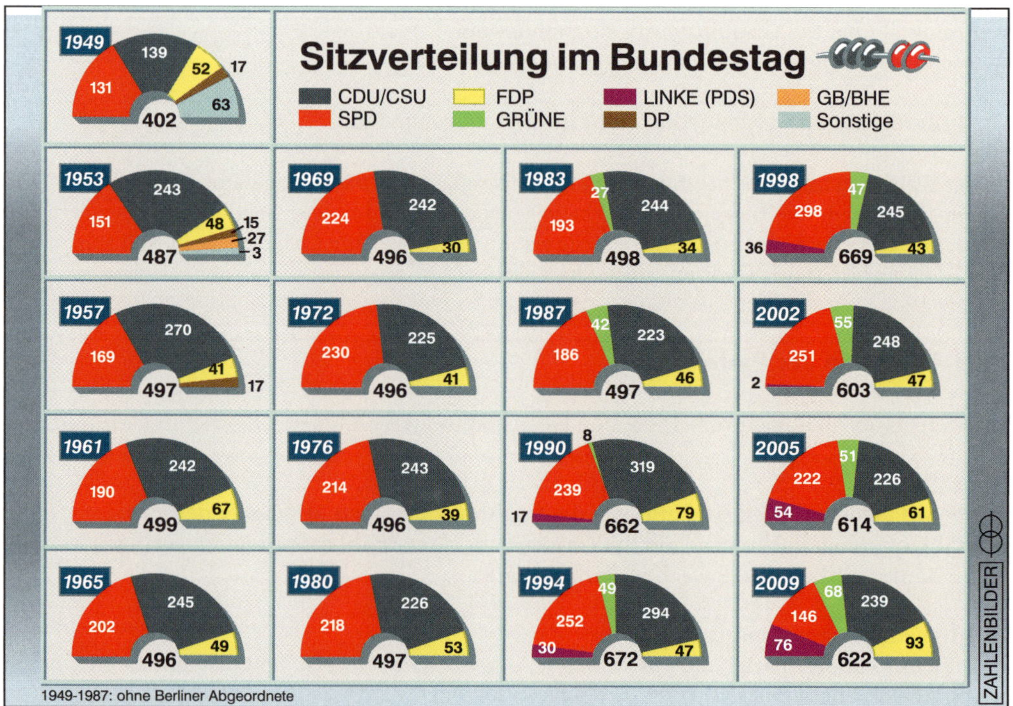

 88 501

- **Liberale Parteien** betonen dagegen den Schutz des Einzelnen vor dem Staat, sie wünschen vor allem die Freiheit des Individuums zu sichern, das sich politisch und wirtschaftlich entfalten und wenig staatliche Bevormundung erfahren soll. Liberale Parteien
- **Sozialistische Parteien** sehen ihr Ziel in der Schaffung von mehr sozialer Gerechtigkeit und sozialer Gleichheit. Im Allgemeinen stehen sie den Gewerkschaften nahe und wünschen stärkere Eingriffe in das Wirtschaftsleben. Sozialistische Parteien

3.2.3.5 Parteiprogramme

In der nachfolgenden Tabelle sind die wichtigsten **Hauptziele** der im Bundestag vertretenen Parteien in Form einer Synopse (= vergleichende Übersicht) zusammengestellt. Auf den ersten Blick könnte es scheinen, als seien die Unterschiede der Programme minimal bzw. gar nicht vorhanden, und zweifellos sind sie dies in vielen Fällen nicht – besonders nicht zwischen den beiden großen Volksparteien CDU/CSU und der SPD. Das ergibt sich zunächst daraus, dass die jeweilige **Programmatik** schlagwortartig komprimiert und damit nur verkürzt dargestellt werden kann. Zum anderen sind die Parteien in ihren großen, langfristigen Zielen wie Friedenssicherung, soziale Gerechtigkeit, Wohlstandswachstum, Umweltschutz auch tatsächlich deckungsgleich.

Hauptziele

Programmatik

Parteien unterscheiden sich nicht so sehr in ihren Zielsetzungen als vielmehr in den **Methoden und Mitteln**, mit denen sie diese Ziele zu erreichen trachten. Das wirtschaftspolitische Instrumentarium, das die CDU/CSU einsetzen möchte, weicht erheblich von dem ab, was die SPD angesichts ihrer traditionellen Verbundenheit mit den Gewerkschaften verwenden will. Kann der Frieden besser durch eine Wehrpflicht- oder durch eine professionelle Berufsarmee gesichert werden? Und brauchen wir die Bundeswehr überhaupt zur Friedenserhaltung? Und wie wird z. B. soziale Gerechtigkeit konkret definiert? In diesen Fragen können die Differenzen erheblich sein.

Methoden und Mittel

Schließlich spielt auch eine Rolle, in welcher Rangfolge die Ziele im Parteiprogramm genannt sind, weil grundsätzlich die wichtigste Zielsetzung an erster Stelle steht.

Synoptische Übersicht der Parteiprogramme der im 17. Bundestag vertretenen Fraktionen (in Stichworten)

Partei/ Programm	CDU/CSU	SPD	GRÜNE	FDP	Die Linke
Grundwerte	Christliches Menschenbild, Bekenntnis zur Familie, demokratischer Patriotismus	Solidarität und Gerechtigkeit, Bändigung und Kontrolle von Macht und Einfluss	Mensch als Teil der Natur, Unantastbarkeit der Menschenwürde, Selbstbestimmung	eigenverantwortlicher Mensch, mehr Freiheit für den Einzelnen und weniger staatliche Bevormundung	Grundrecht auf würdige Arbeit für alle, mehr direkte Demokratie
Wirtschaft	Arbeitsmarkt deregulieren, Förderung der Selbstständigkeit, Abbau der Bürokratie	Förderung des Wachstums, Qualifizierungsmöglichkeiten für Arbeitslose, Anspruch der Frauen auf Erwerbstätigkeit	Qualifizierung von Arbeitskräften, Senkung der Lohnnebenkosten, Investitionen in Arbeit	Beseitigung der Hemmnisse für Innovationen, drastische Steuersenkungen	Steuerlast von unten nach oben umverteilen, Globalisierung gerecht gestalten

www.cdu.de
www.csu.de
www.spd.de
www.fdp.de
www.gruene.de
www.dielinke.de

Partei/ Programm	CDU/CSU	SPD	GRÜNE	FDP	Die Linke
Bildung	gegliedertes Schulsystem, Bildung muss auch Erziehung sein	umfassende Chancengleichheit, keine Studiengebühren	Bildungsreform, flächendeckende Ganztagsschulen	Eigenverantwortung und Wettbewerb aller Bildungseinrichtungen	Einheitsschule, völlige Lehr- und Lernmittelfreiheit, keine Studiengebühren
Sozialsystem	Subsidiarität, Erhalt der Privatversicherung	Bürgerversicherung	Bürgerversicherung, Grundeinkommen	mehr Eigenverantwortung des Einzelnen durch Selbstvorsorge und Kostenbeteiligung	Grundeinkommen und Grundrente, gesetzlicher Mindestlohn, Abschaffung von Hartz IV
Innere Sicherheit	mehr Opfer- als Täterschutz, schärfere Strafverfolgung	Bekämpfung der Kriminalität mit Besonnenheit und Augenmaß	soziale Prävention, liberale Drogenpolitik, Humanisierung des Strafrechts	oberste Aufgabe ist Freiheitssicherung, Sicherheit nicht als Selbstzweck	Gleiche Rechte für alle, D als großzügiges Einwanderungsland, gegen Abschiebehaft
Äußere Sicherheit	Solidarität im westlichen Bündnis, Modernisierung der Bundeswehr	militärische Einsätze nur nach Ausschöpfung aller anderen Möglichkeiten, Wehrpflicht bleibt	Abschaffung der Wehrpflicht, Militäreinsatz nur als Ausnahme	Aussetzung der Wehrpflicht, aber modern ausgerüstete Bundeswehr für UN-Einsätze	Kollektive Kriegsdienstverweigerung, keine Auslandseinsätze der Bundeswehr, Verkleinerung auf 100 000 Mann

3.2.3.6 Die Parteifinanzierung

Rechenschaft

In Artikel 21 Abs. I S. 4 GG heißt es über die Aufgaben der Parteien: „Sie müssen über die Herkunft und Verwendung ihrer Mittel sowie über ihr Vermögen öffentlich **Rechenschaft** geben."

Parteiengesetz

Diese Verfassungsbestimmung wurde erst sehr spät – 18 Jahre nach Inkrafttreten des Grundgesetzes – mit dem **Parteiengesetz** von 1967 konkretisiert; eine Neufassung erfolgte 1994.

Steuermittel

Die Materie ist allerdings bereits vom Ansatz her kompliziert:
Werden die Parteien nur aus öffentlichen Mitteln finanziert, so können sie sich, da sie die Höhe ihrer Zuwendungen durch Gesetz selbst bestimmen können, recht üppig aus den **Steuermitteln** bedienen und den Steuerzahler zwingen, auch jene Parteien mitzufinanzieren, die er ablehnt, ja bekämpft.

Mitgliedsbeiträge

Spenden

Eine rein private Finanzierung durch **Mitgliedsbeiträge** wäre die „sauberste" Lösung. Sie würde jedoch Parteien mit zahlungskräftigen Mitgliedern begünstigen, ganz abgesehen davon, dass diese Beiträge selbst zuzüglich **Spenden** nicht ausreichen würden, die Aufgaben der Parteien zu bezahlen.

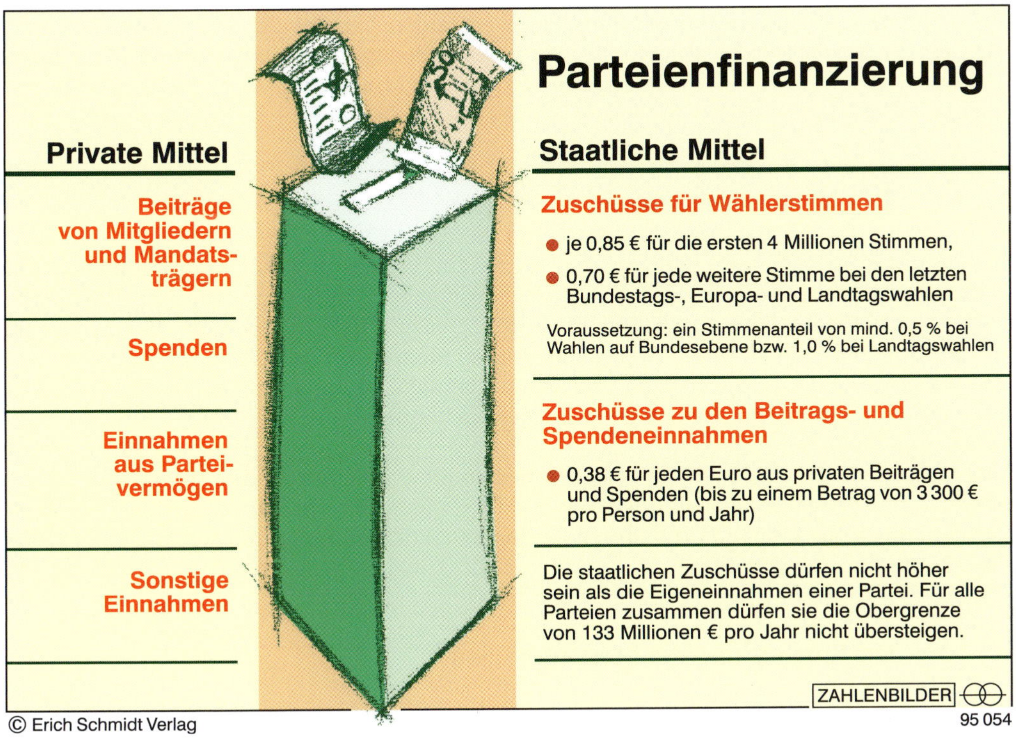

© Erich Schmidt Verlag

Mischfinanzierung

Zurzeit (Stand 2009) gilt in Deutschland eine Regelung, die als **Mischfinanzierung** bezeichnet werden kann:

Rechenschaftslegung

Nach Verfassung (Art. 21 Abs. 1 GG) und Gesetz unterliegen die Parteien einer Pflicht zur **Rechenschaftslegung**, in der sie über ihre Einnahmen und Ausgaben sowie ihr Vermögen Auskunft geben müssen. Verstöße gegen die Finanzierungsbestimmungen werden zwar nicht nach den Strafgesetzen geahndet, können aber die Parteien teuer zu stehen kommen. Sie verlieren in Höhe des Zweifachen des rechtswidrig erlangten oder verschleierten Betrages den Anspruch auf staatliche Mittel. Außerdem müssen sie diese unzulässigen Spenden an das Präsidium des Deutschen Bundestages abführen.

Einzelspenden
Rechenschaftsbericht
Spendensplitting

Einzelspenden – etwa von namhaften Firmen – müssen ab 20 000 EUR aufwärts im **Rechenschaftsbericht** namentlich aufgelistet werden. Doch die gewieften Schatzmeister der Parteien wären schlechte Finanzjongleure, wenn sie nicht auch da einen Ausweg wüssten: Sie lassen die Großspende splitten, sogenanntes **Spendensplitting.** Der Spender überweist dann z. B. statt einer deklarationspflichtigen Spende von 100 000 EUR fünfmal Kleinbeträge von jeweils EUR 19 999,99 – und schon braucht nur noch anonym die Gesamtspendensumme veröffentlicht zu werden.

Die Fraktionen dürfen zwar ihren Parteien aus den staatlichen Fraktionsmitteln keine Spenden leisten, aber niemand kann einem Abgeordneten verwehren, seiner Partei eine Geldzuwendung zukommen zu lassen.

Parteien müssen keine Steuern zahlen. Es lohnt sich deshalb für sie nicht, Gelder in anderen Staaten mit niedrigeren Kapitalsteuern als in Deutschland anzulegen, wie z. B. Schweiz, Luxemburg oder Liechtenstein.

Eine Parteispende der besonderen Art: Bratwürste, vom Metzger für ein Sommerfest der örtlichen Parteigruppe kostenlos zur Verfügung gestellt.

Wenn Spender auf Auslandskonten einer Partei einzahlen, kann es sich nur um nicht versteuerte Gelder („Schwarzgeld") handeln. Bei versteuerten Beträgen wäre ja die Offenlegung durch Überweisung auf ein Konto in Deutschland wegen der Minderung seiner Steuerlast für den Spender lohnender.

3.2.4 Die Massenmedien

Individualkommunikation
Internet

Massenmedien sind gesellschaftliche Agenturen zur Verbreitung von Kommunikation mit technischen Mitteln an einen nach Art und Zahl weitgehend unbestimmten Empfängerkreis. Gegensatz: **Individualkommunikation**. Die Grenze dazu ist allerdings durch die technische Entwicklung fließend geworden, weil Blogs, Bilder, Meinungen usw. auch von Einzelnen ins **Internet** eingestellt werden können und damit ebenfalls einem anonymen und theoretisch sehr großen Leserkreis zugänglich gemacht werden können.

▶ Q. 5

Traditionellerweise gehören zu den Massenmedien die Presse mit ihren Zeitungen und Zeitschriften, Illustrierten, regionalen Wochen- und Anzeigenblättern, Rundfunk und Fernsehen und neuerdings auch das Internet durch Online-Redaktionen und schon seit langem im weiteren Sinne auch der Kinofilm.

3.2.4.1 Die Entwicklung der Massenmedien

Buchdruck
Alphabetisierung

Die Erfindung des **Buchdrucks** um das Jahr 1500 herum markiert den Beginn der Massenmedien. Weil nur wenige Menschen lesen konnten, wurden die gedruckten Bücher, Flugblätter und Plakate zumeist in der Gemeinschaft konsumiert, d.h. einer las vor und viele hörten zu. Erst die zunehmende **Alphabetisierung** führte dazu, dass das gedruckte Medium zwar in Massen hergestellt, aber zumeist individuell gelesen wurde.

Zeitungen

Mit den ersten **Zeitungen** – in Deutschland bereits zu Beginn des 17. Jahrhunderts – und dank der technischen Verbesserungen wie Rotations- und Setzmaschinen, die eine schnellere und vor allem kostengünstigere Herstellung ermöglichten, wurde ein Massenmedium für jedermann geschaffen. Die Zeitung wurde zur „vierten Gewalt". Sie ermöglichte die unmittelbare Kontrolle der Herrschenden und wurde deshalb zu allen Zeiten und in allen Staaten häufig unter Druck gesetzt, mit Zensur bedroht oder schlicht verboten.

Auch im 20. Jahrhundert waren die Druckmedien noch von großer Bedeutung – und werden es vermutlich auch weiterhin bleiben. Aber mit den neuen, den elektronischen Medien beschleunigten und vervielfachten sich Informationsübermittlung und vor allem die Informationsmenge.

Rundfunk

Das begann bereits mit der Einführung des **Rundfunks**, dessen Einsatz als Propagandainstrument sich z.B. die Nationalsozialisten in Deutschland zunutze machten. Gezielt wurde die Verbreitung der sogenannten „Volksempfänger" vom Staat gefördert, um eine möglichst große Zahl von Menschen möglichst rasch zu informieren und natürlich auch zu beeinflussen.

(Kino-)Film

Auch der **(Kino-)Film**, dessen Geburtsstunde 1895 schlug, als die Brüder *Lumière* die erste öffentliche Vorführung in Paris veranstalteten, wurde – und wird – zu politischen Zwecken eingesetzt. Die Unterhaltungsfilme, die noch in den letzten Monaten des Zweiten Weltkrieges produziert wurden, z.B. der Film „Kolberg", hatten nur eine Aufgabe: die kriegsmüde deutsche Bevölkerung zum „letzten Kampf" zu ermuntern und von ihrer verzweifelten Lage abzulenken.

Fernsehen

Das Massenmedium mit der größten Reichweite ist in unseren Tagen zweifellos das **Fernsehen**. Das erste Fernsehprogramm wurde in Deutschland bereits 1935 ausgestrahlt. In **„Fern-**

seh-Stuben“ konnte das Programm verfolgt werden. Erster Höhepunkt der neuen Technik waren (teilweise schon Live-)Übertragungen von den Olympischen Spielen 1936. Der Zweite Weltkrieg beendete zunächst diese Entwicklung, und während im Jahre 1950 in den USA schon über zehn Millionen Fernsehapparate gezählt wurden, war der Bestand in Deutschland zu diesem Zeitpunkt praktisch null.

Fernseh-Stuben

Doch der Rückstand war bald aufgeholt: 1952 strahlte die neu gegründete „Arbeitsgemeinschaft der öffentlich-rechtlichen Rundfunkanstalten der Bundesrepublik Deutschland“ (**ARD**) ihre ersten Programme aus, 1961 wurde das „Zweite Deutsche Fernsehen“ (**ZDF**) gegründet, und mit der Gründungswelle privater Fernsehanstalten ab 1985 ist Fernsehen rund um die Uhr in einer unüberschaubaren Vielfalt möglich. Das Satellitenfernsehen ermöglicht den Empfang von bis zu 400 (!) Programmen aus der ganzen Welt.

ARD
ZDF

Heute (2009) steht praktisch in jedem Haushalt mindestens ein Fernsehgerät. Die tägliche Zeit, die ein Durchschnittsbürger vor dem Fernseher verbringt, beträgt mehr als drei Stunden. Einige, sogenannte **Vielseher**, häufig gekennzeichnet durch niedrigen Bildungsstand, kleines Einkommen oder wenig Sozialkontakte, z. B. durch Verlust des Partners, nutzen das Medium im Durchschnitt sogar sechseinhalb Stunden am Tag.

Vielseher

3.2.4.2 Die Aufgaben der Massenmedien

Die Freiheit der Medien, sie gehört zur aktiven **Meinungsfreiheit**, ist in Deutschland verfassungsrechtlich stark gesichert. Das Bundesverfassungsgericht hat wiederholt die Meinungsfreiheit (Art. 5 GG) als Kommunikationsgrundrecht zu den „vornehmsten Menschenrechten überhaupt“ gezählt und als grundlegend für eine freiheitliche Demokratie bezeichnet. Der Begriff „Meinung“ ist weit gefasst. Zu ihr gehören sowohl Tatsachenbehauptungen als auch Werturteile (= Meinungen im engeren Sinne). Meinungen sind stets subjektiv, Tatsachen objektiv. Eine erwiesene oder bewusst falsche Tatsachenbehauptung genießt jedoch keinen Grundrechtsschutz, z. B. eine wahrheitswidrige statistische Angabe. Gedeckt durch Art. 5 GG ist allerdings eine irrtümliche Tatsachenbehauptung. Nahezu alle Meinungen fußen auf der

Meinungsfreiheit

531 510

Vermutungsregel

Grundlage von zumindest vermuteten Tatsachen (sogenannten **Vermutungsregeln**), sodass praktisch jede Äußerung unter dem Schutz des Grundgesetzes steht.

Innere Pressefreiheit

Neben der verfassungsrechtlich gesicherten Presse- und Meinungsfreiheit gilt zusätzlich auch noch die sogenannte **innere Pressefreiheit**. Der Eigentümer eines Verlagshauses etwa hat das Recht, den Redakteur im Anstellungsvertrag z. B. auf die Einhaltung von Richtlinien für die grundsätzlich marktwirtschaftliche Orientierung der Zeitung zu verpflichten. Das würde dem Redakteur in unserem Beispiel etwa verbieten, einen Leitartikel zu bringen, in dem für die Einführung einer sozialistischen Planwirtschaft plädiert wird. Innerhalb dieser normalerweise weit gefassten Richtlinien sind die Redakteure frei zu schreiben was und wie sie wollen; doch werden sich Grenzfälle nicht vermeiden lassen.

In unterschiedlicher Ausprägung und Gewichtung erfüllen die Massenmedien folgende Funktionen:

Information

- **Information**
  Möglichst wahrheitsgetreue Berichte und Erläuterungen zu Ereignissen, die den Bürger in die Lage versetzen sollen, am politischen, wirtschaftlichen, sozialen und kulturellen Leben der Gesellschaft wenigstens passiv teilzunehmen, die handelnden Personen kennenzulernen, ihre Absichten zu erkennen und sich ein Urteil zu bilden.

Artikulation

- **Artikulation**
  Leitartikler und Kommentatoren vor allem im Fernsehen verbreiten ihre Meinung, die dann fälschlich oftmals als die Meinung der XYZ-Zeitung oder als Ansicht der ARD aufgefasst wird. Damit tragen die Medien zur öffentlichen Meinungsbildung bei, können sie beeinflussen bis hin zur Manipulation.

Kontrolle

- **Kontrolle**
  Vor allem die Amtsinhaber politischer Macht unterliegen einer permanenten Beobachtung durch die Medien, in denen sie beispielsweise mit ihren widersprüchlichen Aussagen vor und nach der Wahl konfrontiert werden.
  Auf solche Widersprüche hingewiesen, entgegnete einmal ein Minister unter großem Gelächter der Bundespressekonferenz, dass es unfair sei, eine Regierungserklärung an dem Wahlprogramm zu messen.

Kritik

- **Kritik**
  Dies ist in einer freien Gesellschaft die vielleicht wichtigste Funktion. Die Massenmedien übernehmen in Verbindung mit ihrer Kontrollaufgabe die Rolle einer Art außerparlamentarischen Opposition, weshalb sie auch schon als „vierte Gewalt" bezeichnet wurden.

Bildung

- **Bildung**
  Sowohl die Printmedien als auch die elektronischen können einen Beitrag zur Bildung leisten. Ein Beispiel dafür sind die Dokumentarfilme im Fernsehen.

Unterhaltung

- **Unterhaltung**
  Schließlich erfüllen die Massenmedien die wohl für viele Bürger wichtigste Aufgabe: Spaßverbreitung, Zerstreuung, Ablenkung. – Die Palette der Möglichkeiten ist breit gefächert. Sie reicht von den Skandal- und Klatschgeschichten in der „Regenbogenpresse" bis zu den seichten Shows insbesondere der privaten Fernsehanstalten. Dabei werden die Grenzen zunehmend fließend. In einer politischen Talkshow beispielsweise kann nicht mehr scharf un-

Zeitungskiosk am Flughafen

terschieden werden, was ist noch Information, wo beginnt die Meinungsbeeinflussung und was ist Unterhaltung pur, wenn sich die Kontrahenten gegenseitig kritisieren oder gar beschimpfen. Kritiker bezeichnen diese Entwicklung mit den Kunstwörtern „**Infotainment**" und „**Politainment**", zusammengesetzt aus Information bzw. Politik und dem entertainment (engl.)

Infotainment
Politainment

Die Bürger schenken den verschiedenen Medien ein durchaus differenziertes **Vertrauen**. 60 % halten die Informationen ihrer Regionalzeitungen für grundsätzlich seriös, den öffentlich-rechtlichen Rundfunk- und Fernsehanstalten vertraut die Hälfte (Privatfernsehen nur rund 25 %), die Zeitschriften gelten nur einem guten Drittel als zuverlässig, womit sicherlich in erster Linie an Illustrierte gedacht ist. Dagegen trauen nur 20 % den Informationen im Internet.

Vertrauen

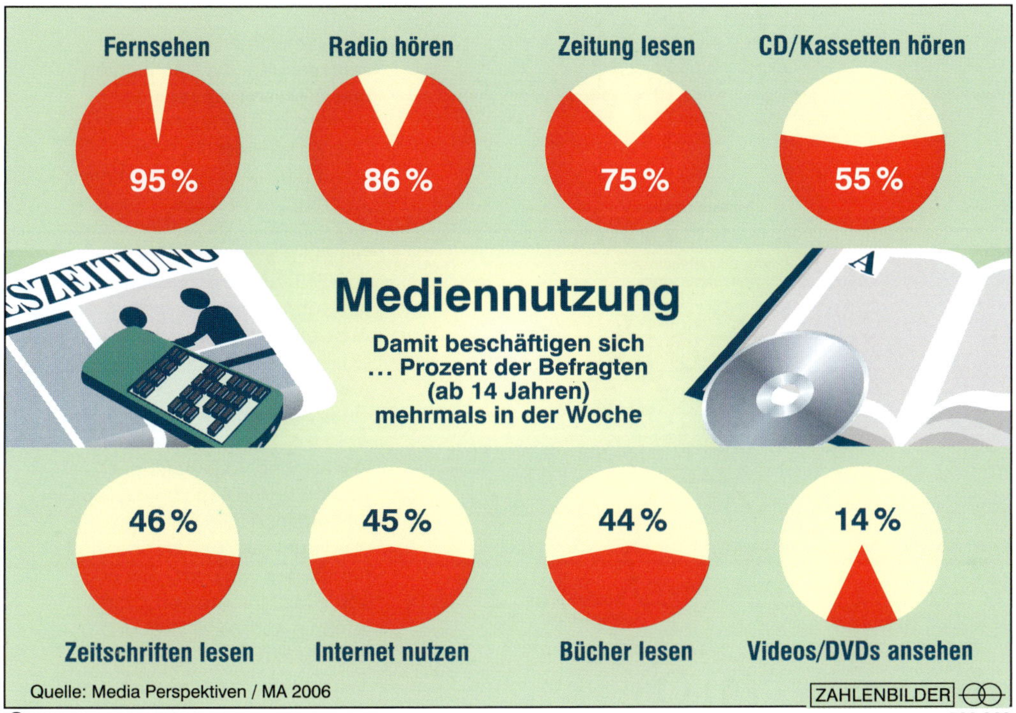

© Erich Schmidt Verlag 530 060

3.2.4.3 Mögliche Gefahren der Massenmedien

Die Menschen unserer Zeit sind einer fast unvorstellbaren **Informationsflut** ausgesetzt. Die Medien sind unser „Fenster zur Welt", die allerdings nach Ansicht des kanadischen Medienwissenschaftlers *Marshall McLuhan* schon lange zum „globalen Dorf" geworden ist.

Informationsflut

Der allergrößte Teil unseres Wissens von der Welt rührt nicht aus eigener Anschauung, sondern wurde uns von den Medien vermittelt. Es ist also nicht übertrieben zu sagen, dass unser **Weltbild** durch Medien geprägt wird, gleichzeitig gilt aber auch, dass diese Medien die Welt nur lückenhaft und häufig verzerrt darstellen. Dazu kommt, dass die moderne digitale Technik es erlaubt, auch Fotos beliebig zu manipulieren. Der Satz „Bilder lügen nicht" hat seine Gültigkeit verloren.

Weltbild

Die wohl größte Gefahr geht von der **manipulativen Berichterstattung** aus, die von der feinsten, kaum wahrnehmbaren Dosierung bis hin zur grob irreführenden Falschmeldung reicht.

Manipulative Berichterstattung

Sieht man einmal von vorsätzlichen Fälschungen ab, die selbstverständlich mit der journalistischen Berufsehre unvereinbar sind und vom Deutschen Presserat als Verstoß gegen publi-

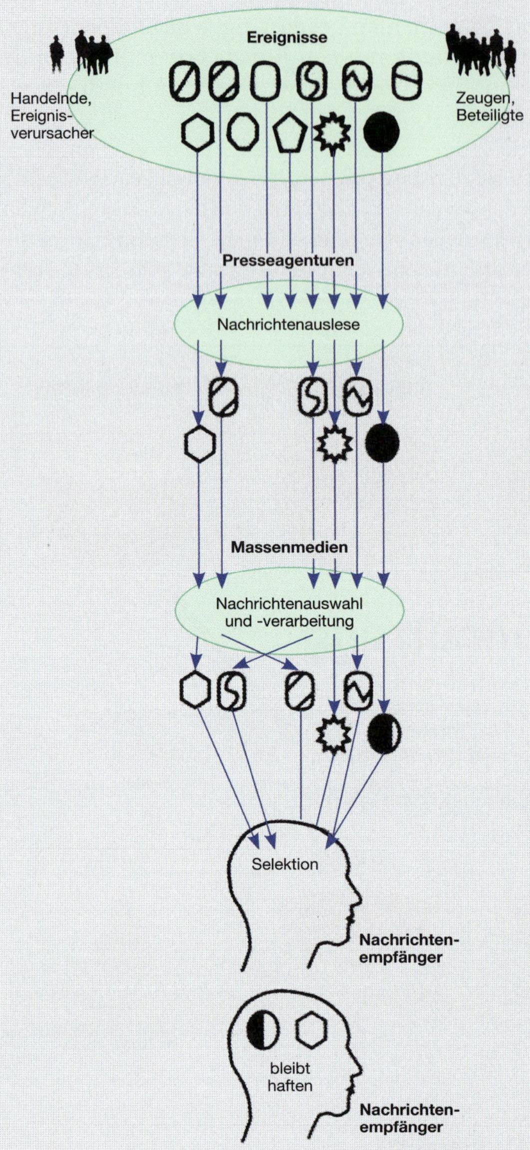

Die ersten Zeugen eines Ereignisses oder einer Meldung wählen bereits aus, was in welcher Form weitergegeben wird. Regierung, Parteien, Verbände usw. versuchen bestimmte Ereignisse „als nicht stattgefunden“ vom Informationsfluss fernzuhalten.

Die Nachrichtensammler, insbesondere die Nachrichten- und Presseagenturen und Berichterstatter suchen aus der überwältigenden Flut der Meldungen jene aus, die ihnen „wichtig“ zu sein scheinen.

Die Massenmedien sind schon aus Zeit- und Platzmangel gezwungen, eine weitere Auswahl zu treffen. Art und Qualität der Meldung geben oft Aufschluss über die Tendenz eines Mediums.

Der Nachrichtenempfänger wählt aus den ihm zugänglich gewordenen Informationen wiederum aus. Er liest oder hört nur einiges von dem, was er von einem Informationsträger erfahren könnte. Er liest und hört selektiv.

Von den empfangenen Informationen schließlich wird der größte Teil rasch vergessen. Nur ganz weniges bleibt haften und vermag zur Aktion und Reaktion zu veranlassen.

zistische Grundsätze (Pressekodex) öffentlich gerügt werden, so gibt es eine Vielfalt von offenen und versteckten, zum Teil unvermeidbaren **Beeinflussungsmöglichkeiten**:

Beeinflussungsmöglichkeiten

- Von den täglich bei der dominierenden Deutsche Presseagentur (dpa) eingehenden Meldungen wird weniger als die Hälfte an den Basisdienst weitergereicht, den praktisch alle Zeitungen, Fernseh- und Rundfunkanstalten beziehen. Von diesen Nachrichten kann allein schon aus Zeit- und Platzgründen nur ein kleiner Bruchteil veröffentlicht werden.
- Der zeitliche Druck, unter dem gerade der Journalist einer Tageszeitung oder die Redaktion einer aktuellen Nachrichtensendung steht, lässt eine sorgfältige **Recherche** gar nicht zu, wie sie der Pressekodex im Grundsatz vorschreibt: „Zur Veröffentlichung bestimmte Nachrichten und Informationen (...) sind mit der nach den Umständen gebotenen Sorgfalt auf ihren Wahrheitsgehalt zu prüfen. (...) Unbestätigte Meldungen, Gerüchte, und Vermutungen sind als solche kenntlich zu machen.“

Recherche

- Für das Verstehen des Zeitgeschehens wichtige Meldungen werden zeitlich ungünstig, z. B. erst in der Spätausgabe der Tagesschau, gesendet oder schlecht platziert, etwa unter „Vermischtes“ auf Seite 4 der Tageszeitung, womöglich noch im Kleindruck.
- Nachrichten werden, wiederum nahezu unvermeidbar, so stark verkürzt wiedergegeben, dass der Leser ihre Bedeutung leicht übersieht.
- Tatsachenbehauptung und Wertung werden bis zur Unkenntlichkeit miteinander vermischt, z. B. „Der Minister ist untätig.“ Dies ist ein von der Meinungsfreiheit gedecktes Werturteil. Aber: „Der Minister sitzt täglich nur von 10:00 bis 11:00 Uhr an seinem Schreibtisch“, ist eine Behauptung, für die der Minister eine Gegendarstellung erzwingen kann, wenn sie beweisbar nicht der Wahrheit entspricht. Was aber ist mit der Meldung: „Der Minister arbeitet täglich nur so kurze Zeit am Schreibtisch, dass Zweifel an seinem Fleiß erlaubt sind“?
- Die an sich nicht wahrheitswidrige Meldung wird in einen fragenden und zweifelnden Zusammenhang gestellt. Beispiel: Im Groß- und Fettdruck erscheint als Überschrift „War der Kanzler bestechlich?“. Die nachfolgende Meldung gibt korrekt den Sachstand wieder, dass bis jetzt kein Bestechungsvorwurf bewiesen werden konnte. Beim Leser bleibt aber der fragende Zweifel haften.

Die Bedeutung einer freien Medienlandschaft für das demokratische Gemeinwesen kann gar nicht hoch genug veranschlagt werden. Solange noch öffentlich kritisiert und kontrolliert werden kann, solange noch Missstände, Skandale, Machtmissbräuche, Korruptionen aufgedeckt und namentlich benannt werden können, besteht die Chance, dass sie bekämpft werden können. Erst wenn ihre Veröffentlichung unterbunden wird, ist das demokratische Gemeinwesen in seiner Substanz gefährdet.

Wie hoch die Bedeutung der Massenmedien gerade auch von Politikern eingeschätzt wird, illustriert ein – sicherlich von ihm kabarettistisch leicht übertriebenes – Wort eines früheren Bundeskanzlers *(Gerhard Schröder)*: „Zum Regieren brauche ich nur BILD und Glotze.“

3.2.5 Sonderfall: Schweiz

Die Schweiz – die amtliche Bezeichnung lautet **Schweizerische Eidgenossenschaft** (lateinisch: Confoederatio Helvetia – CH) – ist eine halbdirekte Demokratie. Das politische System basiert auf einer Mischung aus repräsentativen und plebiszitären Elementen. Charakteristisch für die spezielle Eigenart des politischen Systems der Schweiz ist die stark föderalistische Struktur mit 26 Kantonen als Gliedstaaten, die aber wegen ihrer großen Selbständigkeit den Bundesländern in Deutschland kaum ähnlich sind.

Schweizerische Eidgenossenschaft

Gesetzesvorlagen des Bundesparlaments, also der Bundesversammlung in der Landeshauptstadt Bern, die aus zwei Kammern besteht, können einer Volksabstimmung unterworfen werden. Voraussetzung dafür ist, dass innerhalb von 100 Tagen insgesamt 50 000 Stimmberechtigte mit ihrer Unterschrift ein solches **fakultatives Referendum** (Volksabstimmung, -entscheid) fordern. Es entscheidet die einfache Mehrheit.

Fakultatives Referendum

Ein **obligatorisches Referendum**, das also zwingend vorgeschrieben ist, wird durchgeführt bei Verfassungsänderungen, dem Beitritt zu einer Organisation für kollektive Sicherheit, z. B. der UNO, oder dem Beitritt zu einer supranationalen Gemeinschaft, wie sie etwa die EU ist. Für die Annahme ist eine doppelte Mehrheit erforderlich, die des Stimmvolkes und der im Ständerat vertretenen Kantone.

Obligatorisches Referendum

Neben dem **Volksentscheid**, kennt das politische System der Schweiz auch noch die **Volksinitiative**. Gelingt es einem Initiativ-Komitee innerhalb von 18 Monaten 100 000 Unterschriften für eine Verfassungsänderung zu sammeln, kommt es darüber zu einer Volksabstimmung. Diese Initiativen können nicht vom Parlament oder der Regierung, dem Bundesrat, angeregt werden, sind aber auf kommunaler und kantonaler Ebene möglich.

Volksentscheid
Volksinitiative

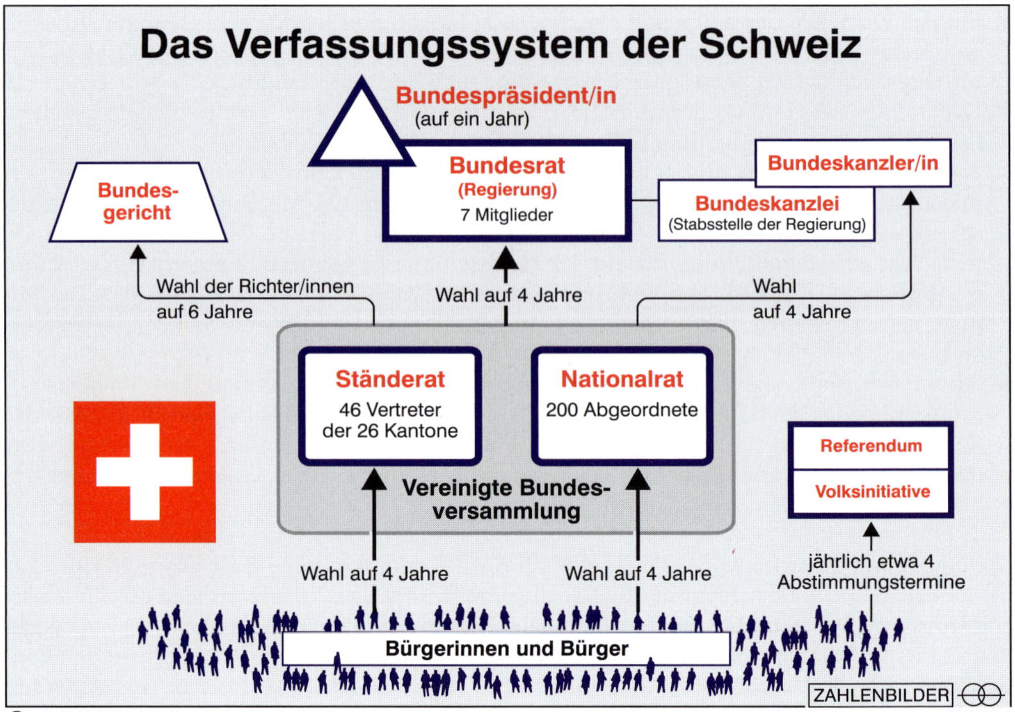

In den Städten und Gemeinden der einzelnen Kantone wird zudem auch über den Haushalt abgestimmt, was auf eidgenössischer Ebene nicht möglich ist.

Souverän

▶ Q. 6

Bei der Bekanntgabe des Ergebnisses einer Volksabstimmung heißt es regelmäßig: Der **Souverän** hat entschieden. Darin schwingt ein gewisser Stolz mit, weil auf diese Weise noch einmal kundgetan wird, dass das Volk der Souverän ist und niemand anderes.

Halbdirektdemokratie

Man sollte allerdings das System der schweizerischen **Halbdirektdemokratie** nicht idealisieren. Der Schweizer Stimmbürger wird u. U. bis zu zwanzigmal im Jahr zur Stimmabgabe gerufen. An einem einzigen Abstimmungswochenende muss er oft rund zehn Entscheidungen treffen. Entsprechend niedrig ist die durchschnittliche Abstimmungsbeteiligung, sie liegt zumeist bei unter 50 %. Oft geben nicht einmal ein Drittel der Stimmberechtigten ihre Stimme ab. So nimmt die Mehrheit der Bürger die Rechte und Möglichkeiten der direkten Demokratie oft gar nicht in Anspruch.

Frauenwahlrecht

Der Halbkanton Appenzell lehnte noch 1990 die Einführung des **Frauenwahlrechtes** auf Kantonsebene ab. – Die Entscheidung wurde vom Bundesgericht kassiert. Seit 1970 sind Frauen auf der eidgenössischen Ebene politisch gleichberechtigt.

3.2.6 Plebiszite auch ins Grundgesetz?

Schon seit Jahrzehnten flackert immer wieder die Diskussion darüber auf, ob beim Bund nicht wenigstens durch die unmittelbare Wahl des Staatsoberhauptes die direkte Demokratie verstärkt werden könnte. Die früher einmal geäußerte Befürchtung, dass dann Stars des Showgeschäftes und Medienrummels zum Bundespräsidenten gewählt werden, ist wohl gering zu veranschlagen. Aber zu bedenken gilt es, dass sich die verfassungsmäßigen Gewichte verschöben: Auch wenn sich an der Rechtsstellung des Bundespräsidenten nichts änderte, so wäre das Gewicht seiner Stimme stärker, wenn er direkt vom Volk und nicht von der Bundesversammlung, also praktisch von den im Bund und den Ländern vertretenen Parteien, gewählt werden würde.

Der Nutzen von Plebisziten ist jedoch umstritten. So begrüßenswert einerseits eine stärkere direkte Beteiligung der Bevölkerung am politischen Gemeinwesen ist, so problematisch kann diese Mitwirkung werden. Die Gefahr der „Stimmungsdemokratie", dass z. B. Referenden Augenblicksmeinungen widerspiegeln, oder der Demagogie sind nicht von der Hand zu weisen. Zudem besteht das Problem, dass dem Volk jede Entscheidung nur in einer einfachen Alternative vorgelegt werden kann. Es kann immer nur mit „ja" oder „nein" abgestimmt werden, Differenzierungen, Kompromisslösungen haben dabei keinen Platz.

▶ Q. 7

Eine Variante direkter Demokratie ist die innerparteiliche: Parteien können die Parteimitglieder – und nur diese sind dabei stimmberechtigt – darüber entscheiden lassen, wer ihr Vorsitzender und damit unter Umständen der Kanzlerkandidat sein soll.

Urwahl

Die SPD hat bisher als einzige Partei und erst ein einziges Mal von der Möglichkeit der **Urwahl** Gebrauch gemacht. 1993 wählte sie *Rudolf Scharping* zu ihrem Vorsitzenden. Einer seiner Konkurrenten war der spätere Bundeskanzler *Gerhard Schröder*. Als Kanzlerkandidat unterlag *Scharping* aber bei der Bundestagswahl von 1994 *Helmut Kohl* (CDU).

Bürgerbeteiligung

Die politisch-praktische Bedeutung allgemeiner **Bürgerbeteiligung** ist in den Bundesländern bisher außerordentlich gering. Oft brachten die Initiatoren nicht einmal die für eine Volksinitiative erforderliche Zahl von Unterschriften zusammen. Dann wieder beteiligte sich überhaupt nur ein gutes Drittel der Wahlberechtigten an der Abstimmung, womit diese rechtlich bedeutungslos wurde. Auch die **Direktwahl** der Gemeindeoberhäupter findet keinen großen Anklang. Oft liegt die Wahlbeteiligung bei unter 50 %.

Direktwahl

In Bund und Ländern bleibt es jedenfalls auch künftig überwiegend bei dem insgesamt bewährten Prinzip der Repräsentation.

3.2.7 Die Chancen der Demokratie

Nach einem berühmten Wort des britischen Premierministers *Winston Churchill* (1874–1965) ist Demokratie die schlechteste Regierungsform – mit Ausnahme aller übrigen. Und tatsächlich erweist sich das demokratische Prinzip in Verbindung mit individuellen Menschenrechten als noch am ehesten geeignet, das Zusammenleben der Menschen in einer Gesellschaft – und um nichts anderes geht es in der Politik – so erträglich wie möglich zu machen. Die Demokratie vermag kein Glück zu spenden, das verspricht auch nicht die US-Verfassung wie vielfach missverständlich behauptet wird. Sie kann nur die Chancen schaffen, dass jeder versuchen darf, sein individuelles **Glück** zu finden, ohne dabei die Rechte anderer Menschen zu verletzen.

Glück

Ungerechtigkeit

Mindestens subjektiv als Unrecht Empfundenes gibt es zuhauf. Es beginnt bei der **Ungerechtigkeit**, dass auch bewusst Kinderlose im Alter ungekürzte Ruhestandsgelder erhalten, die von den Kindern anderer aufgebracht werden müssen, während die Eltern die Kosten und Mühen für Erziehung und Ausbildung weitgehend allein zu tragen haben. Das undurchschaubare Dickicht des Steuerrechts, das größtmögliches Recht schaffen soll, ist längst „höchstes Unrecht" geworden, weil nur der Vermögende die (legalen – von den illegalen ganz zu schweigen) Schlupflöcher zur Ersparnis nutzen kann. Die Einkommens- und Vermögensverteilung driftet ständig weiter auseinander; die Armen werden real noch ärmer, während sich eine Spitzengruppe stark wachsender Einkommen erfreuen kann.

Und ist es etwa gerecht, dass ein Beamter des einfachen Dienstes nach 40-jähriger, dem Staat treu geleisteter Dienste eine Pension erhält, die nur gering über dem Sozialhilfebetrag (Hartz IV) liegt, den ein 65-Jähriger bezieht, der gewollt und bewusst niemals gearbeitet hat?!

Die Beispiele – und jeder kennt andere – ließen sich praktisch unendlich fortsetzen. Aber wir müssen auch erkennen, dass der Wunsch, eine gerechtere Gesellschaftsordnung zu schaffen, an menschliche Grenzen stößt. Dem Menschen als Gattung scheint es nicht gegeben zu sein, eine völlig friedfertige und von Unrecht freie Ordnung zu schaffen, ganz abgesehen von der Kernfrage: Was ist gerecht?

Der frühere Bundeskanzler *Helmut Schmidt (SPD)* hat einmal gesagt: „Großes Unrecht soll man versuchen zu beseitigen, mit kleinen Ungerechtigkeiten muss man zu leben lernen."

Verfassungswirklichkeit

Die Mängel und Schwächen der **Verfassungswirklichkeit** lassen sich nicht übersehen. Aber die freiheitliche Grundordnung gibt auch die Möglichkeit, Fehlentwicklungen zu bremsen und aufzuheben, darin liegt die Chance. Keine Verfassung der Welt kann sich aus sich selbst heraus schützen, die Mehrheit der Bürger muss bereit sein, ihre „Spielregeln" zu akzeptieren und ihre Normen zu befolgen. Dazu gehören vor allem:

Gemeinwohlentscheidung

- Anerkennung der Mehrheitsentscheidung der gewählten Organe als **Gemeinwohlentscheidung**, weil anders in einer parlamentarischen Demokratie das Gemeinwohl nicht festgestellt werden kann;

Gehorsam

- Respektierung dieser Entscheidung bis hin zum **Gehorsam** gegenüber dem Gesetz, solange dieses gilt, unbeschadet des Rechts, sich auch weiterhin mit allen legitimen Mitteln für eine andere Entscheidung einzusetzen;

Minderheitenschutz

- Wahrung der Möglichkeit, dass die Meinung der unterlegenen Minderheit zur Mehrheitsmeinung werden kann und damit eine Entscheidungsänderung erlaubt (**Minderheitenschutz**);

Amtsprinzip

- Legitimation der demokratisch bevollmächtigten Amtsträger – **Amtsprinzip** – für andere verbindlich zu entscheiden.

Beispiele:

1. Es ist demokratisch zulässig, den Kampfeinsatz der Bundeswehr in Afghanistan für falsch zu halten und mit allen zulässigen Mitteln dagegen anzugehen, etwa durch Wahl einer Partei, die diesen Krieg ablehnt. Aber nicht erlaubt ist es, die dort stationierten Soldaten zur Gehorsamsverweigerung und damit zum ungesetzlichen Handeln aufzurufen.

2. Es gibt gute Gründe, gegen Atomkraftwerke zu protestieren. Aber ungesetzlich ist es, in Form von Verkehrsbehinderung – etwa Selbstankettung auf Schienen – den Atommülltransport zu behindern und zu erschweren und dabei andere (und sich selbst) in Lebensgefahr zu bringen.

3. Man mag Gipfeltreffen der höchsten Staats- und Regierungschefs der ökonomisch stärksten Länder der Welt (G8) für Geld- und Zeitverschwendung halten. Aber niemand hat das Recht, Polizisten, die diese demokratisch legitimierten Repräsentanten schützen sollen, tätlich anzugreifen und zum Teil schwer zu verletzen.

Reform

Terrorismus

▶ Q. 8

Die Bundesrepublik erscheint derzeit wie eine einzige Baustelle von Reformen. Unter **Reform** versteht man eine evolutionäre (= allmähliche, in Phasen und Stufen vollzogene) Umgestaltung dringend verbesserungsbedürftiger Einrichtungen der Gesellschaft. So müssen laufend die Gesetze der sich rasch verändernden technischen Entwicklung angepasst werden, z. B. bei der computergestützten Kriminalität. Der global agierende **Terrorismus** erfordert neue Grundlagen und Mittel zu seiner Bekämpfung. Der Klimawandel „schreit" nach neuen Umweltschutzbestimmungen (CO_2-Ausstoß) usw. – Alles Reformen. Doch wer verändern will, muss zunächst das Bestehende kennen und etwas von den Grenzen der Veränderbarkeit wissen.

▶ Q. 9 und 10

In der öffentlichen Kritik, dem Rechtsschutz vor staatlichen Übergriffen und in freien Wahlen konkurrierender Parteien liegen die Chancen der Veränderung zum Besseren. Und darauf basiert die Überlegenheit einer freiheitlichen Demokratie wie derjenigen der Bundesrepublik Deutschland gegenüber jeder diktatorisch oder gar totalitär verfassten Ordnung.

Vielfalt der heutigen Gesellschaft

Auszug aus dem Gesetz über die politischen Parteien (Parteiengesetz)

▶ QUELLE 1

§ 1 Verfassungsrechtliche Stellung und Aufgaben der Parteien

(1) Die Parteien sind ein verfassungsrechtlich notwendiger Bestandteil der freiheitlichen demokratischen Grundordnung. Sie erfüllen mit ihrer freien, dauernden Mitwirkung an der politischen Willensbildung des Volkes eine ihnen nach dem Grundgesetz obliegende und von ihm verbürgte öffentliche Aufgabe.

(2) Die Parteien wirken an der Bildung des politischen Willens des Volkes auf allen Gebieten des öffentlichen Lebens mit, indem sie insbesondere auf die Gestaltung der öffentlichen Meinung Einfluss nehmen, die politische Bildung anregen und vertiefen, die aktive Teilnahme der Bürger am politischen Leben fördern, zur Übernahme öffentlicher Verantwortung befähigte Bürger heranbilden, sich durch Aufstellung von Bewerbern an den Wahlen in Bund, Ländern und Gemeinden beteiligen, auf die politische Entwicklung in Parlament und Regierung Einfluss nehmen, die von ihnen erarbeiteten politischen Ziele in den Prozess der staatlichen Willensbildung einführen und für eine ständige lebendige Verbindung zwischen dem Volk und den Staatsorganen sorgen.

(3) Die Parteien legen ihre Ziele in politischen Programmen nieder.

(4) Die Parteien verwenden ihre Mittel ausschließlich für die ihnen nach dem Grundgesetz und diesem Gesetz obliegenden Aufgaben.

§ 2 Begriff der Partei

(1) Parteien sind Vereinigungen von Bürgern, die dauernd oder für längere Zeit für den Bereich des Bundes oder eines Landes auf die politische Willensbildung Einfluss nehmen und an der Vertretung des Volkes im Deutschen Bundestag oder einem Landtag mitwirken wollen, wenn sie nach dem Gesamtbild der tatsächlichen Verhältnisse, insbesondere nach Umfang und Festigkeit ihrer Organisation, nach der Zahl ihrer Mitglieder und nach ihrem Hervortreten in der Öffentlichkeit eine ausreichende Gewähr für die Ernsthaftigkeit dieser Zielsetzung bieten. Mitglieder einer Partei können nur natürliche Personen sein.

(2) Eine Vereinigung verliert ihre Rechtsstellung als Partei, wenn sie sechs Jahre lang weder an einer Bundestagswahl noch an einer Landtagswahl mit eigenen Wahlvorschlägen teilgenommen hat.

(3) Politische Vereinigungen sind nicht Parteien, wenn

1. ihre Mitglieder oder die Mitglieder ihres Vorstands in der Mehrheit Ausländer sind oder
2. ihr Sitz oder ihre Geschäftsleitung sich außerhalb des Geltungsbereichs dieses Gesetzes befindet.

§ 6 Satzung und Programm

(1) Die Partei muss eine schriftliche Satzung und ein schriftliches Programm haben. Die Gebietsverbände regeln ihre Angelegenheiten durch eigene Satzungen, soweit die Satzung des jeweils nächst höheren Gebietsverbandes hierüber keine Vorschriften enthält.

(2) Die Satzungen müssen Bestimmungen enthalten über

1. Namen sowie Kurzbezeichnung, sofern eine solche verwandt wird, Sitz und Tätigkeitsgebiet der Partei,
2. Aufnahme und Austritt der Mitglieder,
3. Rechte und Pflichten der Mitglieder,
4. zulässige Ordnungsmaßnahmen gegen Mitglie-

der und ihren Ausschluss (§ 10 Abs. 3 bis 5),

5. zulässige Ordnungsmaßnahmen gegen Gebietsverbände,
6. allgemeine Gliederung der Partei,
7. Zusammensetzung und Befugnisse des Vorstands und der übrigen Organe,
8. der Beschlussfassung durch die Mitglieder- und Vertreterversammlungen nach § 9 vorbehaltene Angelegenheiten,
9. Voraussetzung, Form und Frist der Einberufung der Mitglieder- und Vertreterversammlungen sowie Beurkundung der Beschlüsse,
10. Gebietsverbände und Organe, die zur Einreichung (Unterzeichnung) von Wahlvorschlägen für Wahlen zu Volksvertretungen befugt sind, soweit hierüber keine gesetzlichen Vorschriften bestehen,
11. eine Urabstimmung der Mitglieder und das Verfahren, wenn der Parteitag die Auflösung der Partei oder des Gebietsverbandes oder die Verschmelzung mit anderen Parteien nach § 9 Abs. 3 beschlossen hat. Der Beschluss gilt nach dem Ergebnis der Urabstimmung als bestätigt, geändert oder aufgehoben.

(3) Der Vorstand hat dem Bundeswahlleiter

1. Satzung und Programm der Partei,
2. Namen der Vorstandsmitglieder der Partei und der Landesverbände mit Angabe ihrer Funktionen,
3. Auflösung der Partei oder eines Landesverbandes mitzuteilen [...]

(Beck'sche Textausgabe des Grundgesetzes mit Anhängen. 42. Aufl. Beck, München 1972, S. 29 f.) (Parteiengesetz im BGBl. I S. 142 vom 28. Januar 1994)

1. **Welche Merkmale sind an den Begriff „Partei" geknüpft?**
2. **Auf welche Weise soll sichergestellt werden, dass eine Partei ernsthaft und dauerhaft die politische Machtteilhabe (wozu bereits die Opposition gehört) anstrebt?**
3. **Auf welche Weise soll sichergestellt werden, dass die innere Ordnung der Partei demokratischen Grundsätzen entspricht?**
4. **Welche Mindestvoraussetzungen müssen erfüllt sein, um sich beim Bundeswahlleiter als Partei mit allen Rechten registrieren zu lassen?**

▶ QUELLE 2 Zum Einfluss der Parteien

Die politischen Parteien durchdringen die Staatsorgane der Bundesrepublik. Sie bestimmen deren personelle Zusammensetzung und grundsätzliche Orientierung; hinter den Staatsorganen erscheinen sie als die eigentlichen Beweger der Politik. Abgeschwächt erreicht die parteipolitische Durchdringung auch den öffentlichen Dienst. Bei der Ernennung „politischer Beamter", aber auch höherer Richter, Krankenhausdirektoren, Behörden- und Schulleiter sowie leitender Journalisten im öffentlich-rechtlichen Rundfunkbereich spielen parteipolitische Überlegungen eine Rolle, getragen teils von politischen Einflussbedürfnissen, teils vom Drang zur Versorgung verdienter Parteimitglieder. [...] Die Folgen: nicht selten eine Verfilzung lang regierender Parteien mit dem öffentlichen Dienst, ihr soziale Stabilisierung als „etablierte" Parteien, auch ein Vordringen bewusst „politischer Bürokratie" zumindest in der Ministerialverwaltung. Jene Durchdringung impliziert, dass politische Gewalteilung weniger durch die Trennung von Institutionen als durch Pluralität der Parteien gewährleistet wird – eine Machtteilung, die dann versagt, wenn die Parteien Gründe haben, einander nicht wehzutun. In den von der Parteiprotektion durchsäuerten Bereichen, so meinen Kritiker, bereitet sich parteibezogene Loyalität und Mittelmäßigkeit leitender Stelleninhaber aus.

(Wolfgang Rudzio: Das politische System der Bundesrepublik Deutschland. UTB, Stuttgart 1991, S. 99 f.)

1. **Auf welche Weise „durchdringen" die Parteien die Staatsorgane?**
2. **Welche Folgen hat das?**
3. **Was versteht man unter „Parteipfründen" und „Parteiversorgung"?**
4. **Worauf führen Sie selbst den Ansehensverlust der Parteipolitiker zurück?**

▶ QUELLE 3 Zur Parteienkritik

Was gegen die Parteien vorgebracht wird, läuft doch im Kern darauf hinaus, dass sie das öffentliche Leben dominieren, dass ihre Beutelust vor nichts mehr Halt macht, dass sie ihre durchaus eigennützigen Interessen höher stellen als die Wohlfahrt des Ganzen, dass sie sich also,

um es kurz zu machen, mit dem Staat verwechseln.
Das Grundgesetz trägt daran keine Schuld. Sein 21. Artikel lädt die Parteien dazu ein, an der politischen Willensbildung mitzuwirken; mehr nicht. Von einem Privileg ist die unschuldige Formulierung [...] himmelweit entfernt. Aber gerade dazu, zu einem veritablen Ermächtigungs-Paragraphen mit allen Vor- und Sonderrechten haben die Parteien [...] diesen Artikel aufgeblasen. Ihre gemeinsame Interpretationskunst brachte das Parteiengesetz von 1967 hervor.
Inzwischen ist diese Entwicklung weitgehend abgeschlossen, kein Winkel ist vor dem Zugriff der Parteien sicher. Ihr Herrschaftsbereich reicht von der Spitze des Parlaments bis in die Flachlandschaften der deutschen Karnevalsvereine, und so wie der Kaiser seinerzeit keine Parteien mehr kannte, sondern nur noch Deutsche, kennt der Politiker von heute im Zweifel keine Bürger mehr, sondern nur noch Parteien.

(Konrad Adam, in: Frankfurter Allgemeine Zeitung, Nr. 205 vom 03.09.1992, S. 33)

1. **Was wirft der Verfasser den Parteien vor?**
2. **Nennen Sie aus Ihrem persönlichen Umfeld Beispiele dafür, in welche gesellschaftlichen Bereiche die Parteien eindringen.**

▶ QUELLE 4

Die Ämterpatronage

Das Zuschanzen von Stellen im Öffentlichen Dienst an Parteigenossen im Wege der Ämterpatronage ist wohl die schlimmste Form der Ausbeutung des Staates durch die politischen Parteien, ein fortschreitendes Krebsgeschwür im Körper von Staat und Verwaltung. [...]
Patronagebestrebungen der politischen Parteien beruhen zu einem guten Teil auf dem Wunsch, nicht nur die Mehrheit im Parlament zu erringen und zu behalten und die Regierung zu stellen, sondern ihre Macht auf alle Bereiche auszudehnen. (Eschenburg: „Herrschaftspatronage"). Darüber hinaus sollen verdiente Parteiangehörige versorgt („Versorgungspatronage") und dadurch neue Mitglieder angelockt werden. Das ist das ewige Gesetz der Macht, dass sie danach strebt, sich immer weiter auszudehnen, solange sie nicht auf Grenzen stößt. Wer Macht hat, will mehr Macht. [...] Ämterpatronage fördert die Tendenz zur Aufblähung des öffentlichen Dienstes. Der Wunsch, Parteileute unterzubringen, kann dazu führen, dass mehr Stellen geschaffen (oder aufrechterhalten) werden [...] „Ein Teufelskreis: Ämterpatronage nährt Ämterpatronage." (M. Kloepfer)
(Hans Herbert von Arnim: Staat ohne Diener. Kindler Verlag, Berlin 1995, S. 135–138)

1. **Beschreiben Sie die verschiedenen Formen der Patronage.**
2. **Wie lautet der Teufelskreis der Patronage?**
3. **Wie verstärkt sich die Tendenz zur Bürokratie?**

▶ QUELLE 5

Die neue Qualität der Massenmedien

Entscheidender für die neue Qualität und die neuen Wirkungsdimensionen politischer Inszenierung sind allerdings die technischen Veränderungen im Bereich der Massenmedien. Mit dem Fernsehen steht nämlich erstmals in der Geschichte ein Massenmedium zur Verfügung, das einerseits alle Grenzen von Raum und Zeit überwindet, in spezifischer Weise die Gesamtheit der handelnden Personen wahrnehmen und diese Wahrnehmungen an ein breites Publikum vermitteln kann und das darüber hinaus durch seine medialen Qualitäten und seine Allgegenwart in den häuslichen Lebenswelten der Menschen fortwährend dichteste Realitätsillusionen erzeugt. Da das Fernsehen als kulturelles Leitmedium auf sein Publikum, jedenfalls den größten Teil, entscheidenden Einfluss hat und darüber hinaus wegen seiner unübertroffenen Reichweite eine gewisse Vorbild- und Schrittmacherfunktion ausübt, nimmt es im System der Politikvermittlung eine Schlüsselstellung ein.
(Thomas Meyer: Die Theatralik der Politik in der Mediendemokratie, in: Aus Politik und Zeitgeschichte, Heft B53/2003, S. 14)

1. **Was ist eine „politische Inszenierung"?**
2. **Was könnte mit „Realitätsillusionen" (Z. 14) gemeint sein?**
3. **Warum misst der Autor dem Fernsehen eine besondere Bedeutung zu?**

▶ QUELLE 6 Auszug aus der Verfassung des Landes Baden-Württemberg

Artikel 59

(1) Gesetzesvorlagen werden von der Regierung, von Abgeordneten oder vom Volk durch Volksbegehren eingebracht.

(2) Dem Volksbegehren muss ein ausgearbeiteter und mit Gründen versehener Gesetzesentwurf zugrunde liegen. Das Volksbegehren ist zustande gekommen, wenn es von mindestens einem Sechstel der Wahlberechtigten gestellt wird. Das Volksbegehren ist von der Regierung mit ihrer Stellungsnahme unverzüglich dem Landtag zu unterbreiten.

(3) Die Gesetze werden vom Landtag oder durch Volksabstimmung beschlossen.

Artikel 60

(1) Eine durch ein Volksbegehren eingebrachte Gesetzesvorlage ist zur Volksabstimmung zu bringen, wenn der Landtag der Gesetzesvorlage nicht unverändert zustimmt. In diesem Fall kann der Landtag dem Volk einen eigenen Gesetzesentwurf zur Entscheidung vorlegen.

(2) Die Regierung kann ein vom Landtag beschlossenes Gesetz vor seiner Verkündung zur Volksabstimmung bringen, wenn ein Drittel der Mitglieder des Landtags es beantragt. Die angeordnete Volksabstimmung unterbleibt, wenn der Landtag mit Zweidrittelmehrheit ein Gesetz erneut beschließt.

(3) Wenn ein Drittel der Mitglieder des Landtags es beantragt, kann die Regierung eine von ihr eingebrachte, aber vom Landtag abgelehnte Gesetzesvorlage zur Volksabstimmung bringen.

(4) Der Antrag nach Absatz 2 und Absatz 3 ist innerhalb von zwei Wochen nach der Schlussabstimmung zu stellen. Die Regierung hat sich innerhalb von zehn Tagen nach Eingang des Antrags zu entscheiden, ob sie die Volksabstimmung anordnen will.

(5) Bei einer Volksabstimmung entscheidet die Mehrheit der abgegebenen gültigen Stimmen. Das Gesetz ist beschlossen, wenn mindestens ein Drittel der Stimmberechtigten zustimmt.

(6) Über Abgabengesetze, Besoldungsgesetze und das Staatshaushaltsgesetz findet keine Volksabstimmung statt.

1. **Welches sind die Voraussetzungen für eine Volksabstimmung?**
2. **Was bedeutet im Zusammenhang mit diesen Verfassungsartikeln die mehrmalige „Kannbestimmung"?**
3. **Worin besteht das doppelte Quorum bei der Volksabstimmung?**

▶ QUELLE 7 Plebiszite in das Grundgesetz?

Die Befürworter der Volksgesetzgebung meinen: Im Parlament setze sich die Lobby der Wirtschaft, der Verbände und der Parteien durch; es bedürfe des Korrektivs der Volksgesetzgebung, um Gesichtspunkte des Gemeinwohls und der Moral zur Geltung zu bringen. Die Wirklichkeit ist wohl so, dass beide Modelle [...] gelinde gesagt etwas einseitig sind. Hier wie dort gibt es ernsthaften moralischen Willen, aber auch interessengesteuerte Verteilungskämpfe. Das Parlament denkt so verantwortlich und so interessenorientiert wie das Volk und repräsentiert es auch in diesem Sinne.
Gleichwohl ist die Chance verantwortlicher Gesetze im parlamentarischen Verfahren höher als im Verfahren der Volksgesetzgebung – nicht weil die Parlamentarier bessere Menschen wären, sondern weil die Verfahrensbedingungen und Verantwortlichkeiten ihres Amtes sie zur Rechenschaft zwingen. Einseitig orientierte Vorschläge sehen sich der parlamentsinternen Kritik ausgesetzt und müssen mit Sachargumenten verteidigt werden. Erweist sich der Beschluss als verhängnisvoll, so kann sich das auf die Wiederwahl auswirken.
Das Volk braucht demgegenüber zu einem Gesetzesvorschlag nur ja oder nein zu sagen. Es braucht nichts zu begründen und nichts zu rechtfertigen und steht in keiner besonderen Verantwortung. Erweist sich der Beschluss als verhängnisvoll, so finden sich immer Wege, den Unmut auf andere zu lenken und diesen die Verantwortung zuzuschieben.

(Martin Kriele, in: Frankfurter Allgemeine Zeitung, Nr. 262 vom 10.11.1992, S. 12)

1. **Welche Gefahr sieht der Staatsrechtler in Plebisziten?**
2. **Warum erscheint ihm das Parlament im Umgang mit Gesetzesvorschlägen verantwortungsbewusster als das Volk?**

3. Wen können Sie wie zur Rechenschaft ziehen, wenn sich ein Gesetz als falsch erweist, das
a) vom Parlament oder
b) vom Volk beschlossen wurde?

Eschenburg: „Wer verändern oder bewahren will, muss das Bestehende kennen“.

▶ QUELLE 8

Die Übersetzung des Wortes „Demokratie“ mit Volksherrschaft ist sprachlich richtig, politisch und verfassungsrechtlich falsch. „Alle Staatsgewalt geht vom Volke aus“, heißt es in Artikel 20 GG. Man braucht diese Worte nicht zu strapazieren, um zu erkennen, dass alle Staatsgewalt vom Volk, von Abstimmungsentscheidungen der Wählerschaft hergeleitet wird. Es heißt nicht, dass das Volk die Staatsgewalt ausübt. Der Staat steht nicht einfach zur Disposition des Volkes. Zu der Herleitung bedarf es ununterbrochener, wenn auch langer, manchmal schwer übersehbarer „Legitimationsketten“. Man denke nur an den Polizeibeamten, der einen Beschuldigten gefesselt vor ein Gericht führt oder einen rechtswidrig parkenden Kraftwagen abschleppt. Man überlege sich, dass das Bundesverfassungsgericht, dessen Mitglieder von Ausschüssen des Bundestages und des Bundesrates gewählt werden, Gesetzesentscheidungen des Bundestages, der als höchstrangiges Verfassungsorgan gilt, wegen Grundgesetzwidrigkeit verwerfen kann. Das Grundgesetz enthält auch monokratische und oligarchische Elemente, um nur einige Beispiele anzudeuten: Monokratisch ist die Befugnis des Bundeskanzlers, Regierungsmitglieder zu benennen oder abzuberufen, und ebenso dessen Richtlinienkompetenz. Oligarchische Gremien sind die Bundesregierung und das Bundesverfassungsgericht. Wie kommen diese Fremdkörper in das Grundgesetz? Nicht durch Ideologien oder Interessen, sondern um der Funktionsfähigkeit des Staates willen. Wir haben eine „gemischte Verfassung“ mit demokratischem Schwergewicht. Das gilt als Binsenweisheit oder -wahrheit. Wenn dem nur so wäre! Den Prozess der Innovation muss der Unterricht aufzeigen, nicht aber deren gewünschten Inhalt. Zur Wandlung können Parteien- und Richtungsschulen anleiten. Die jetzige Ordnung ist nicht für alle Zeiten vorgesehen. Um sie zu erhalten oder zu verändern, auch auf Teilgebieten, muss über begründete Kenntnisse des Bestehenden verfügt werden können.

(Theodor Eschenburg, in: Der Bürger im Staat, Heft 3/1986)

1. Aus welchem Grund hält Eschenburg das Grundgesetz für eine Mischverfassung?
2. Was versteht man unter einer Legitimationskette?
3. Worauf beruht das Recht, die Staatsgewalt im Namen des Volkes auszuüben?

Demokratische Grundwahrheiten

▶ QUELLE 9

Eine solche grundlegende und einfache Wahrheit lautet: Die Regierenden in den westlichen Demokratien können durch ein Votum der Bürger ihr Amt und ihre Macht verlieren. Dieses Bürgervotum, durch das Regierungen und gesetzgebende Parlamentsmehrheiten bestätigt oder abberufen werden, ist keineswegs nur ein Votum über Personen [...]

Eine zweite grundlegende und einfache Wahrheit heißt: Es gibt in den westlichen Demokratien das Forum einer freien Öffentlichkeit, auf dem die Angelegenheiten des Gemeinwesens kontrovers erörtert werden. Es ist wahr, die Bürger der Vereinigten Staaten haben keinen großen Einfluss auf die Entscheidungen der Regierenden gehabt, die das Land Schritt für Schritt in den Vietnamkrieg hineinführten. Aber es ist auch wahr, dass es der jahrelange leidenschaftliche öffentliche Streit über das vietnamesische Engagement gewesen ist, der schließlich den Rückzug erzwang. Für den sowjetischen Krieg in Afghanistan [...] gelten andere Gesetze.

Noch eine dritte dieser grundlegenden und einfachen Wahrheiten ist anzuführen: Es gibt in den westlichen Demokratien unabhängige Gerichte, die dem Bürger auch gegen den Staat selbst Schutz gewähren. [...]

(Peter Graf Kielmannsegg, in: Die Zeit vom 25.07.1986)

1. Wieso sind Wahlentscheidungen über Personen auch Sachentscheidungen?
2. Auf welche Weise können die Wahlbürger eine politische Richtungsänderung herbeiführen?
3. Was versteht der Autor unter den drei demokratischen Grundwahrheiten?

▶ QUELLE 10

Soziale Gerechtigkeit

Man könnte sagen, dass Gerechtigkeit auf dreierlei zielt: auf Identität, auf Fairness und auf Gleichheit. Gerechtigkeit als Identität, das bedeutet den fundamentalen Anspruch, man selbst sein zu können, seine soziale und kulturelle Identität zu verwirklichen und ein Leben ohne Zwang und Entfremdung führen zu können [...] Dieser Aspekt lässt sich auch als eine Dimension der Freiheit deuten. [...]
Gerechtigkeit als Fairness bedeutet, so behandelt zu werden, wie man es verdient hat: gemessen an ethischen Maßstäben oder politischen Übereinkünften, die gleichermaßen aushandlungsbedürftig sind. Während es bei der Fairness darum geht, verschiedene Fälle auch verschieden sein zu lassen, lautet das Minimalkriterium bei der Fairness, gleiche (bzw. vergleichbare) Fälle auch gleich zu behandeln. Die Gleichheit vor dem Gesetz und der Grundsatz „ohne Ansehen der Person" beurteilt, nötigenfalls auch gerichtet zu werden, ist ein wichtiger Teil davon. [...]
Schließlich richtet sich die Frage der Gerechtigkeit, drittens, auf den Maßstab der Gleichheit. Damit kann eine Gleichheit der Chancen ebenso gemeint sein wie eine Gleichheit der materiellen Ausstattung. [...] Wenn wir in einer arbeitsteilig differenzierten, das Privateigentum schützenden Gesellschaft unterschiedlichen Wohlstand und Status haben (und vererben), dann ist doch unverdiente oder ungerechtfertigte Ungleichheit auch (moralisch) ungerecht. [...]

(Paul Nolte: Soziale Gerechtigkeit in neuen Spannungslinien. In: Aus Politik und Zeitgeschichte, Heft 37/2005, S. 19)

1. **Welche Aspekte der Gerechtigkeit unterscheidet der Autor?**
2. **Versuchen Sie zu jedem dieser Aspekte ein konkretes Beispiel zu geben.**

Aufgabenvorschläge

1. Stellen Sie eine Liste mit Themen zusammen, über die – Ihrer Meinung nach – durch Volksabstimmung entschieden werden könnte bzw. sollte. Formulieren Sie jeweils die Fragestellung.
2. Legen Sie in Stichworten Vor- und Nachteile organisierter Interessen dar.
3. Erläutern Sie die Problematik der Arten der Parteifinanzierung.
4. Lesen Sie anhand des Grundgesetzes – am besten in einem Kurzkommentar – die im Darstellungsteil genannten Artikel und stellen Sie sie in einer Übersicht zusammen.
5. Listen Sie Kritikschwerpunkte an den Parteien auf.
6. Werden Sie selbst einmal einer Partei beitreten? Begründen Sie Ihre zustimmende oder ablehnende Meinung.
7. Stellen Sie in Ihrer Klasse die „Sonntagsfrage": Wen würden Sie wählen, wenn am nächsten Sonntag Bundestagswahlen wären? – Stimmen Sie darüber geheim ab und werten Sie das Ergebnis in Prozenten aus.
8. Stellen Sie fest, mit welchen und wie vielen Programmpunkten verschiedener Parteien Sie (nicht) übereinstimmen.
9. Diskutieren Sie anhand eines konkreten Beispiels in ihrer Klasse die Frage: Was ist gerecht?
10. Stellen Sie in einer Tabelle die Stärken und Schwächen eines demokratischen Systems gegenüber.
11. Stellen Sie die entscheidenden Vorzüge einer Demokratie einer Diktatur oder einem totalitären System gegenüber.
12. Bilden Sie sich zu folgender Meinung eine eigene und erläutern Sie, welche Folgerungen Sie daraus ziehen: „Die Zahl der Anhänger, nicht der sachliche Gehalt einer politischen Auffassung entscheidet über die Führung im Staat, weil keine Auffassung beweisbar, keine widerlegbar ist." (Gustav Radbruch [1878–1949], Justizpolitiker der SPD)

3.3 Das politische System der Bundesrepublik im Vergleich

3.3.1 Vorüberlegungen zum Systemvergleich

Systemvergleiche nach der Methode der sogenannten **historischen Komparatistik** (= geschichtlicher Vergleich) gehören zu den anspruchsvollsten Themen der Politikwissenschaft. Warum? Wie oft hört man im Volksmund den Satz: Aber das und das kann man doch nicht vergleichen, so wie man Äpfel und Birnen nicht vergleichen kann. Genau das aber kann man nicht nur, sondern muss es sogar, wenn man Unterschiede und Ähnliches feststellen will. **Vergleichen** heißt ja nicht **Gleichsetzen** – das darf man allerdings bei den genannten Früchten so wenig wie bei den politischen Systemen.

Historische Komparatistik

Zunächst ist innerhalb eines Staatswesens zwischen der **Verfassungsnorm** und der **Verfassungswirklichkeit** zu unterscheiden. Die Norm gibt an, wie der Name schon sagt, was gelten soll und im Idealfall auch gilt. Die Realität zeigt dagegen, inwieweit die Wirklichkeit in der Staatsordnung von der geltenden Norm abweicht.

Verfassungsnorm
Verfassungswirklichkeit

Nach Artikel 33 Absatz 2 der deutschen Verfassung, dem Grundgesetz, hat jeder Deutsche und natürlich auch jede Deutsche gleichen Zugang „nach seiner Eignung, Befähigung und fachlichen Leistung" zu jedem öffentlichen Amt. Aber jedermann weiß, dass solche Ämter – angefangen von Bundesverfassungsrichtern und manchmal sogar bis zu Schulleitern – mindestens auch nach parteipolitischen, landsmannschaftlichen, konfessionellen und neuerdings auch geschlechtlichen (Frauenquote) Gesichtspunkten besetzt werden.

Keinem Staat der Welt gelingt es oder ist es je gelungen, das geltende Recht lupenrein und lückenlos durchzusetzen. Das liegt zum einen daran, dass die Anspruchsnorm oft so hoch angesetzt ist, dass sie in der Lebenspraxis unerfüllbar bleibt. So dürfte es beispielsweise keinen Menschen geben, der stets das Gebot der Wahrheitsaussage erfüllt hat. Zum anderen verstoßen immer wieder Menschen aus vielerlei Gründen gegen die Regeln der Verfassung und der Gesetze.

Der frühere Präsident des Bundesverfassungsgerichtes, *Roman Herzog*, hat einmal halb scherzhaft gesagt: „Ich habe nach Gesprächen in meinem Freundes- und Bekanntenkreis manchmal den Eindruck, als sei ich der einzige, der ehrlich seine Steuern bezahlt."

Die nachstehende Skizze zeigt, welche Vergleiche zwischen zwei **Systemen** angestellt werden können:

Systemvergleich

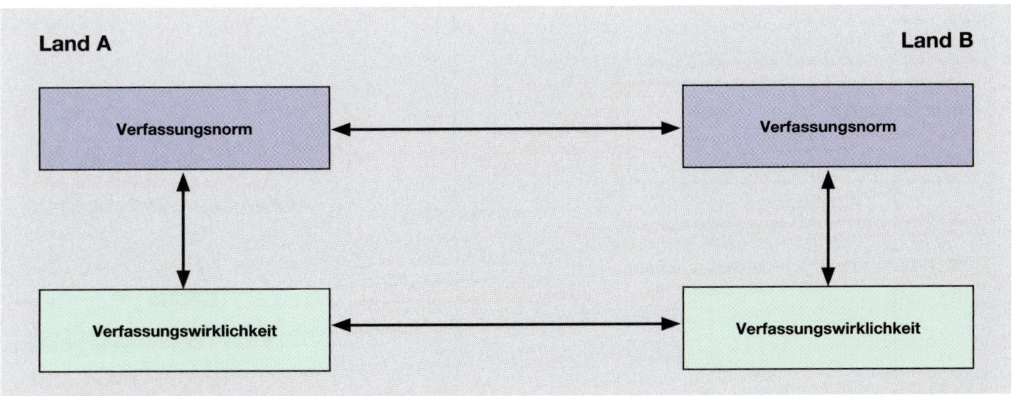

1. Vergleich der Norm mit der Wirklichkeit. So kann geprüft werden, inwieweit der Verfassungsauftrag des Grundgesetzes, etwa die Gleichstellung von Männern und Frauen (Art. 3 Abs. 2 GG), bereits erreicht ist und welche Lücken noch zu schließen sind.

2. Vergleich der Verfassungswirklichkeiten, das praktisch-politische Leben in der einen Gesellschaft mit der anderen.
3. Vergleich der Normen, also der Verfassungsbestimmungen beider Seiten.

Alle diese Vergleiche sind wissenschaftlich korrekt. Sehr unseriös aber wäre es, wenn der Idealzustand der Norm im Land A mit der zumeist tristeren Lebenswirklichkeit im Land B verglichen würde. Wer so vergleicht, irrt von Anfang an.

3.3.2 Die Vereinigten Staaten von Amerika

3.3.2.1 Die Verfassung

Amendments

Die Verfassung der USA von 1787 ist mit bald 225 Jahren die älteste geschriebene (!) und noch immer gültige Verfassung der Welt. Geändert wurde sie nie, sondern nur ergänzt durch bisher 26 **Amendments** (Zusätze, Erweiterungen). Die ersten zehn Ergänzungen erfolgten bereits 1791 durch den Einbau der „Bill of Rights“ von 1776. Die bisher letzte Ergänzung wurde 1971 angehängt, durch die alle US-Bürger und Bürgerinnen das Wahlrecht bereits ab dem 18. Lebensjahr erhielten.

Kodifizierung

Das nur rund 60 Jahre alte Grundgesetz, also die deutsche Verfassung, wurde bisher mehr als fünfzigmal geändert. Der Grund für diesen krass unterschiedlichen Umgang mit der Geburtsurkunde des Staates liegt in Folgendem: Die US-Verfassung ermöglicht es, auch erhebliche gesellschaftliche Veränderungen noch abdecken zu können, gegebenenfalls durch Interpretationen des höchsten Gerichtes. Dagegen erstrebt das Grundgesetz – deutscher Rechtstradition folgend – eine möglichst umfassende, genaue **Kodifizierung** (systematische Erfassung) aller vielleicht möglichen, irgendwann eintretenden Ereignisse.

Verteidigungsfall

Typisch ist dafür die umfangreiche rechtliche Regelung des **Verteidigungsfalles** in den Art. 115 a bis 115 l GG. Allein schon die Buchstabenanhängung (Folge von Verfassungsänderungen) zeigt das Bemühen, jeden Fall im Voraus rechtlich zu normieren.

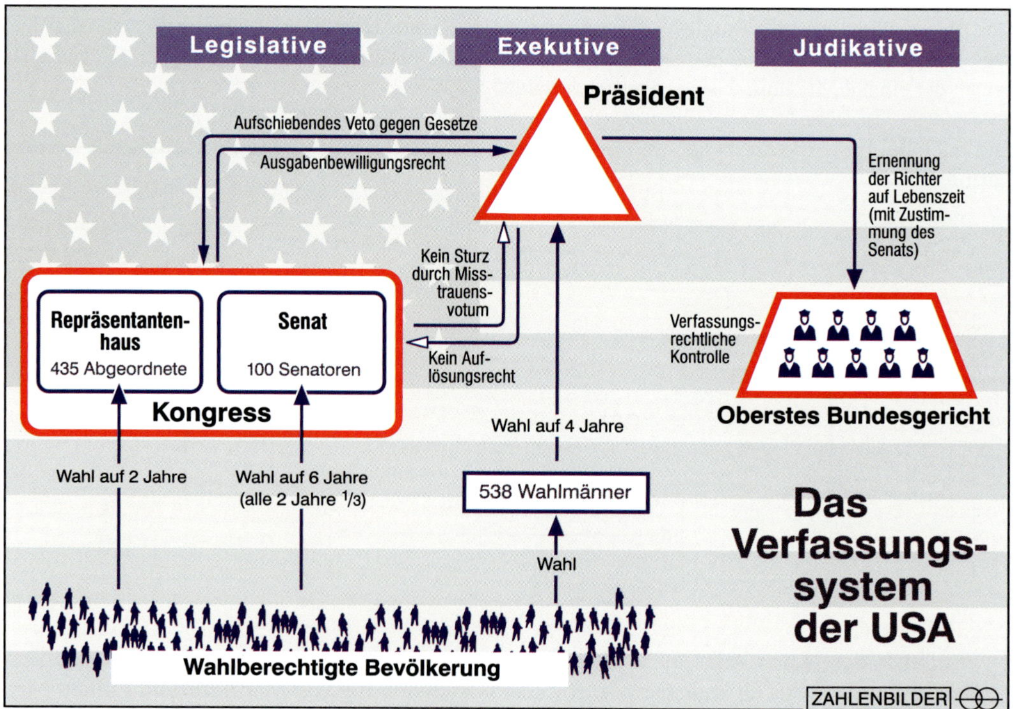

© Erich Schmidt Verlag
854 511

Charakteristisch ist für das Grundgesetz – im Gegensatz zur US-Constitution – auch, dass derselbe Tatbestand mehrfach geregelt wird, um jeden Irrtum auszuschließen. So begnügt sich die Verfassungsbestimmung „Gleichheit vor dem Gesetz" nicht mit Art. 3 Abs. 1 GG „Alle Menschen sind vor dem Gesetz gleich". Im zweiten Absatz heißt es völlig unnötig „Männer und Frauen sind gleichberechtigt", als ob irgendjemand zweifeln könnte, dass nicht nur Männer, sondern auch Frauen Menschen sind. Daher ist dieser Zusatz aus der damaligen Zeit zu betrachten.

Der US-Verfassung ist solche Detailverliebtheit völlig fremd. Undenkbar etwa, dass in ihrer Verfassung z. B. der Tierschutz als neue Staatszielbestimmung (Art. 20 a GG) gesondert aufgenommen wird.

Präsidialdemokratie
Parlamentarische Demokratie

Das amerikanische Regierungssystem ist eine **Präsidialdemokratie**, im Gegensatz zu dem im westlichen Europa vorherrschenden Typ der **parlamentarischen Demokratie** (Ausnahme: Frankreich). Die drei Staatsgewalten, geteilt nach dem Prinzip von *Montesquieu*, sind in einem System von Machtgleichgewichten gegenseitiger Hemmungen und Kontrolle miteinander verbunden, das mit dem Begriff **„checks and balances"** umschrieben wird. Gewaltentrennung und Gewaltenverschränkung sollen einerseits Machtkonzentration und damit der Gefahr des Machtmissbrauchs vorbeugen, andererseits eine effiziente Regierungsarbeit ermöglichen.

checks and balances

▶ Q. 1

Föderalismus
Staatenbund
Bundesstaat

Der **Föderalismus** ist in den USA stärker ausgeprägt als in Deutschland. Das zeigen schon die Begriffe: **Staatenbund** und **Bundesstaat**. Der amerikanische Staatenbund besteht aus 50 Einzelstaaten und dem District Columbia, der lediglich die Hauptstadt Washington umfasst.

Governor

An der Spitze dieser Staaten steht der auf zwei bis vier Jahre vom Volk gewählte **Governor**. Er ist zwar Befehlshaber der den Bundesstaaten unterstehenden Nationalgarde, Chef der Exekutive, und besitzt gegenüber den Länderparlamenten ein aufschiebendes Veto, dennoch täuscht sein prestigeträchtiger Titel über seine Machtbefugnisse hinweg, die geringer sind als die deutscher Ministerpräsidenten, die über den Bundesrat unmittelbar Einfluss auf Gesetzgebung und Verwaltung des Bundes nehmen können. Er besitzt keine Richtlinienkompetenz, und wegen der vielen plebiszitären Elemente in den Einzelstaaten, z. B. Wahl der Spitzenbeamten und Regierungsmitglieder durch das Volk selbst, sind seine Weisungsmöglichkeiten beschränkt.

Todesstrafe

Wie unterschiedlich – anders als in den deutschen Bundesländern – auch die Rechtslage in den Einzelstaaten Amerikas ist, kann man allein schon daraus erkennen, dass die meisten Staaten in den USA die **Todesstrafe** entweder ganz abgeschafft haben oder nicht mehr anwenden. Dagegen verhängen und vollstrecken sie andere – allen internationalen Protesten zum Trotz, allen voran Texas.

3.3.2.2 Das Staatsoberhaupt

Präsidialdemokratie

Parlamentarische Demokratie

In der Stellung des Staatsoberhauptes wird erkennbar, dass die USA eine **Präsidialdemokratie** sind, ähnlich wie Frankreich, aber noch ausgeprägter. Die Bundesrepublik verkörpert dagegen den Typ der **parlamentarischen Demokratie**.

Präsident

Der **Präsident** der USA ist oberster Dienstherr der gesamten Bundesexekutive. In seiner Person vereinigen sich die Funktionen eines Staatsoberhauptes, Regierungschefs und des Oberbefehlshabers aller Streitkräfte. Seine Macht wird dadurch legitimiert (gerechtfertigt), dass er als Einziger von der Gesamtnation gewählt wird, während alle anderen Wahlbeamten und Abgeordneten nur in den Einzelstaaten durch Wahl bestimmt werden.

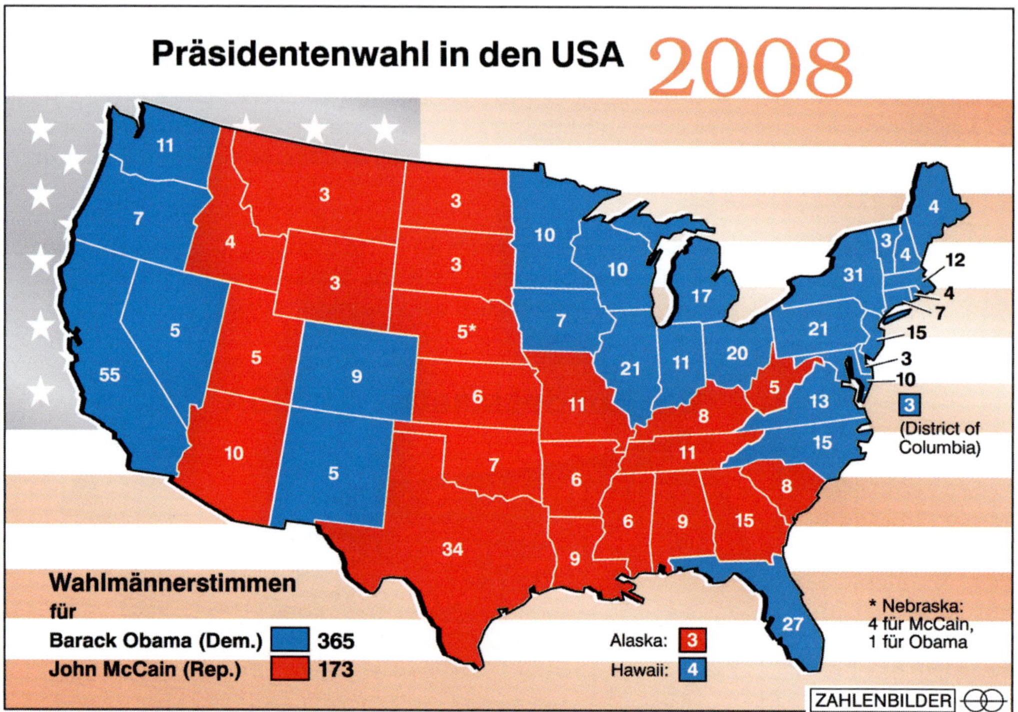

© Erich Schmidt Verlag 855 214

Wahlmänner

Die Präsidentenwahl erfolgt allerdings nicht direkt, sondern indirekt über 538 **Wahlmänner** – auch Elektoren genannt. Bei der nur noch formellen Wahl in Washington sind sie zwar gesetzlich nicht verpflichtet, für einen bestimmten Kandidaten zu votieren, aber traditionell geben sie ihre Stimme ausnahmslos dem Mann der Partei, der sie selbst angehören. Die Stimmenmehrheit in einem Staat entscheidet dann darüber, welche Partei die Wahlmänner stellt.

Winner-Takes-All-rule

Allen 50 Staaten und dem das Gebiet von Washington umfassenden District of Columbia (Washington D. C.) steht eine bestimmte Anzahl von Wahlmännern proportional zur Einwohnerzahl zu. Ihre parteiliche Zusammensetzung je Einzelstaat entspricht aber nicht dem Verhältnis der für die konkurrierenden Kandidaten abgegebenen Stimmen, sondern es gilt die **„Winner-Takes-All-Rule"**. Alle Stimmen der Wahlmänner „gehören" dem Präsidentschaftsbewerber, der in einem Staat die meisten Wählerstimmen errungen hat (einfache Mehrheit). So ist beispielsweise im Jahre 1936 *Franklin D. Roosevelt* mit 523 gegen 8 Wahlmännerstimmen in seinem Amt bestätigt worden, obwohl er nur 28 gegen 17 Millionen Wählerstimmen auf sich vereinen konnte. Und im Jahr 2000 wurde *George W. Bush* aufgrund dieses Wahlmännersystems zum Präsidenten gewählt, obwohl er rund 370 000 Wählerstimmen weniger hatte als sein Kontrahent *Al Gore*.

Verständlicherweise konzentrieren die Bewerber ihre Anstrengungen um das höchste Amt der USA auf zwei Staatengruppen:

- Staaten mit hoher Bevölkerungszahl und damit einer großen Anzahl von Wahlmännern und
- Staaten, bei denen die Entscheidung erfahrungsgemäß knapp ausfallen kann.

Primaries

Der Prozess der Kandidatenaufstellung vollzieht sich in den einzelnen Staaten der USA auf höchst unterschiedliche Weise. In den meisten Staaten finden sogenannte **Primaries** (Vorwahlen) statt, in den anderen Gebieten entfallen sie. Bei diesen Vorwahlen können die Abstimmungsberechtigten entscheiden, wer von den Bewerbern als Präsidentschaftskandidat von einer Partei nominiert werden soll. Der Wähler kann also seine Meinung über die Kandidatur kundtun.

Doch diese Vorwahlen unterliegen wiederum für Deutsche fast befremdlich zu nennenden, verschiedenen Prozeduren:

- In einigen Staaten sind alle Wähler berechtigt, sich an den Primaries zu beteiligen.
- In anderen wiederum nur jene, die sich in entsprechende Wählerlisten eintragen lassen.
- In einigen weiteren Staaten können nur Mitglieder einer Partei darüber befinden, wer aufgestellt werden soll.
- Während bei den **Republikanern** wie bei der Präsidentenwahl selbst die „Winner-Takes-All-Rule" gilt, haben sich die **Demokraten** für das Proportionalsystem entschieden. Entsprechend der Stimmanteile entsenden sie Delegierte, die dann auf dem Wahlkongress ihrer Partei ihren **Präsidentschaftskandidaten** wählen. Bei den Republikanern stimmen dagegen alle Delegierten eines Staates für den, der in diesem die Mehrheit errungen hat, so knapp die auch ausgefallen sein mag. So kommt es bei den Demokraten auf jede Stimme an, während es dem republikanischen Bewerber genügt, die Staaten zu erobern, welche die meisten Delegierten stellen.
- Eine weitere Besonderheit des verwirrenden Systems dieser Präsidentschaftsvorwahlen sind die **Superdelegierten** bei den Demokraten und die **nicht verpflichteten Delegierten.** Diese Gruppen sind nicht gewählt, sondern kraft Amtes automatisch nominiert und können sich frei für einen Parteibewerber entscheiden.

Republikaner
Demokraten

Präsidentschaftskandidat

Superdelegierte
Nicht verpflichtete Delegierte

Bewerben kann sich praktisch jedermann. Er muss allerdings in den USA geboren sein und beträchtliche finanzielle Wahlkampfmittel aufbringen, will er auch nur den Hauch einer Chance haben. Die Parteikongresse entscheiden mit Mehrheit über die Aufstellung des Kandidaten und können auch für einen Außenseiter votieren. Dennoch ist der Ausgang der Vorwahlen ein wichtiges Stimmungsbarometer, das die Popularität und damit die Wahlchancen eines Kandidaten anzeigt.

Auf den Politikwissenschaftler *Hartmut Wasser* wirkt das „System" der Vorwahlen so, „als würden die Favoriten für die Präsidentschaft mithilfe einer Kombination von Poker, Schach und Roulette ermittelt".

Gleichwohl ist das Prinzip der Vorwahlen nicht von vornherein abzulehnen, und es wurde auch schon für die Bundesrepublik Deutschland diskutiert. Es gäbe dem Wähler z. B. die Chance, schon bei der Auswahl des Spitzenkandidaten und damit des Kanzlerkandidaten mitzubestimmen und diese nicht nur den Parteigremien zu überlassen.
Der schließlich gewählte „mächtigste Mann der freien Welt" hat damit zugleich

US-Wahlkampf – Barack Obama in Virginia

Barack Obama wurde im November 2008 zum 44. US-Präsidenten gewählt.

auch ihren „schwersten Job" übernommen. Seine Macht, aber auch seine weitgehende Verantwortlichkeit sind in der westlichen Welt ohne Beispiel. Überspitzt formuliert: Der Präsident kann sogar noch für die Anschaffung eines Computers einer untersten Bundesbehörde zur Rechenschaft gezogen werden.

Diese Konzentration der Verantwortung auf eine Person ist historisch begründet. Die „United States" brauchten nach ihrer Gründung 1776 einen Mann, auf den die Zentralgewalt des Staatenbundes zulief. Er sollte die Klammer der Einzelstaaten sein. Auch die Bestellung durch Wahlmänner ist geschichtlich bedingt. Der Farmer um die Wende des 18. zum 19. Jahrhundert konnte die Präsidentschaftskandidaten in aller Regel nie kennenlernen, wusste nicht einmal, wie sie aussahen. Er wählte Männer, denen er das Urteil über den „Richtigen" zutraute. Die Konstruktion der US-Verfassung war ursprünglich zwar auf ein großes Gebiet, aber für nicht einmal drei Millionen Einwohner (1790) zugeschnitten.

Die herausgehobene Verantwortung des Präsidenten in seiner Eigenschaft als Chef einer Regierung zeigt sich auch darin, dass er keinem Kabinett von **Ministern** vorsteht, die ihren Geschäftsbereich in eigener Verantwortung leiten. Es gilt somit nicht das Kollegialprinzip einer kollektiven Regierungsverantwortung, sondern dem Präsidenten unterstehen Staatssekretäre, deren Aufgaben und politisches Gewicht von ihm bestimmt werden.

Staatssekretäre

Zwar erfüllen diese **Staatssekretäre** in der Verfassungswirklichkeit ministerähnliche Funktionen, aber die Vertrauten und die Berater in unmittelbarer Umgebung des Präsidenten – das sogenannte Küchenkabinett – haben mindestens den gleichen, wenn nicht gar den stärkeren Einfluss auf ihn. Sie sind es, die am ehesten den Zugang zum „Ohr des Mächtigen" haben. Das **White House Office** und das **Executive Office** umfassen mehr als tausend Beschäftigte, die dem Präsidenten zuarbeiten.

White House Office
Executive Office

Das „Weiße Haus" in Washington D.C. ist der Amtssitz und die offizielle Residenz des Präsidenten der Vereinigten Staaten.

Vergleicht man die Stellung des US-Präsidenten mit den entsprechenden Amtsinhabern in der Bundesrepublik, so muss man zwei Staatsämter hinzuziehen, das des **Bundespräsidenten** und des **Bundeskanzlers**.

Bundespräsident
Bundeskanzler

Von den Rechten, die dem amerikanischen Präsidenten zu Eigen sind, hat das deutsche Staatsoberhaupt fast keine. Schon seine Amtseinsetzung ist weniger basisdemokratisch und damit nicht so stark wie die des direkt gewählten Präsidenten. Der deutsche Bundespräsident wird von der **Bundesversammlung** gewählt, die alle fünf Jahre nur zu diesem Zweck zusammentritt und deshalb weitgehend unbekannt ist.

Bundesversammlung

Der Bundespräsident fertigt zwar als formellen Akt die Gesetze mit seiner Unterschrift aus, die erst danach in Kraft treten können, aber er hat kein **Vetorecht**, wie es der amerikanische Präsident besitzt und gar nicht selten auch nutzt. Nur bei schwerwiegenden, verfassungsrechtlichen Bedenken kann das deutsche Staatsoberhaupt seine Unterschrift verweigern. Chef der Exekutive ist jedoch der Bundeskanzler, und selbstverständlich ist der Bundespräsident nicht **Oberbefehlshaber** der Bundeswehr. Das ist in Friedenszeiten der Bundesverteidigungsminister und im Verteidigungsfall der Bundeskanzler.

Vetorecht

Oberbefehlshaber

Im Vergleich zum US-Präsidenten hat der Bundespräsident im Wesentlichen nur repräsentative Funktionen, nämlich die Vertretung der Bundesrepublik Deutschland nach innen und außen. Aus eigener Entscheidung kann er nur selten aktiv in die Politik eingreifen; aber er kann – nach einem tiefgründig doppeldeutigen Wort des ersten Bundespräsidenten *Theodor Heuss* „reden, so viel er will."

3.3.2.3 Der Kongress

Senat
Repräsentantenhaus
Kongress

Die legislative Gewalt wird von zwei Kammern wahrgenommen: **Senat** und **Repräsentantenhaus**. Beide zusammen bilden den **Kongress**.

Jeder Einzelstaat entsendet – unabhängig von der sehr unterschiedlichen Einwohnerzahl – zwei vom Volk gewählte Vertreter in den Senat, deren Amtszeit sechs Jahre beträgt. Alle zwei Jahre wird ein Drittel der Senatssitze neu- oder wiederbesetzt. Auf diese Weise verfügt der Senat stets über eine stattliche Zahl erfahrener Senatoren, sodass eine kontinuierliche Arbeit gewährleistet ist. Einige Senatoren werden immer wieder gewählt und erlangen auf diese Weise einen großen Bekanntheitsgrad mit erheblichem politischem Einfluss.

Das Kapitol ist der Sitz des Kongresses, der Legislative der Vereinigten Staaten von Amerika.

Im Gegensatz zu den meist hohes Ansehen genießenden **Senatoren** sind die **Abgeordneten** des Repräsentantenhauses weithin unbekannt. Allein ihre kurze Amtszeit von nur zwei Jahren erlaubt es ihnen kaum, politisches Profil zu gewinnen, es sei denn, sie gewinnen ihr Mandat mehrmals. Die insgesamt 435 Abgeordneten werden in den Einzelstaaten entsprechend dem Bevölkerungsanteil gewählt.

Der Kongress, für dessen Beschlüsse i. d. R. die Zustimmung *beider* Kammern erforderlich ist, hat vor allem folgende Befugnisse:

Gesetzgebungsrecht
Budgetrecht
Ratifizierung
Amtsenthebung

1. das **Gesetzgebungsrecht**;
2. das **Budgetrecht** mit scharfer Budgetkontrolle (damit besteht etwa die Möglichkeit, ein kostspieliges Rüstungsprogramm zu blockieren);
3. **Ratifizierung** (Anerkennung) auswärtiger Verträge (Zweidrittelmehrheit des Senats notwendig);
   Beispiel: So verweigerte der Kongress die Genehmigung des von Präsident *Carter* mit der UdSSR ausgehandelten Salt-II-Abkommens.
4. **Amtsenthebung** (Impeachment) des Präsidenten nach Anklageerhebung durch das Repräsentantenhaus und Urteil des Senats mit Zweidrittelmehrheit. Dieser Sturz des Präsidenten ist nur bei schweren Verfassungs- und Rechtsverstößen möglich und wurde bisher erst zweimal versucht: *Andrew Johnson* wurde 1868 freigesprochen, *Bill Clinton* wurde 1998 angeklagt und ein Jahr später entlastet. *Richard Nixon* kam dem bereits eingeleiteten Verfahren 1974 durch seinen Rücktritt zuvor.

Veto

Ein Misstrauensvotum wie in Deutschland ist in der Verfassung nicht vorgesehen, der Präsident ist also während seiner Amtszeit von vier Jahren – einmalige Wiederwahl ist möglich – ein unabsetzbarer Regierungschef. Gegen Gesetze des Kongresses kann der Präsident ein suspensives (aufschiebendes) **Veto** einlegen, das nur mit einer Zweidrittelmehrheit beider Häuser „überritten“ werden kann. In der heutigen politischen Praxis kommt das im Verhältnis zu dem von früheren Präsidenten der letzten Jahrzehnte häufig genutzten Vetorecht weniger vor.

Zweikammersystem
Bundestag
Bundesrat
Einspruchsgesetze

Im Gegensatz zu den USA kennt die Bundesrepublik kein echtes **Zweikammersystem**. Die Gesetzgebung des Bundes liegt überwiegend beim **Bundestag** (Näheres s. Kap. 3.1). Die Mitwirkung der Länder über den **Bundesrat** ist begrenzt. Rund ein Drittel aller Bundesgesetze bedürfen gar keiner Zustimmung des Bundesrates. Dieser kann zwar gegen ein Gesetz Einspruch erheben (sogenannte **Einspruchsgesetze**), der aber vom Bundestag zurückgewiesen werden kann.

Zustimmungsgesetze

Nur der Rest der Gesetze bedarf der Zustimmung des Bundesrates. Sie werden deshalb auch **Zustimmungsgesetze** genannt. Sie sind also zustimmungsbedürftig, nicht aber wie missverständlich oft gesagt wird, zustimmungspflichtig, denn es gibt keine Pflicht des Bundesrates, irgendeinem Gesetz zuzustimmen. Er kann ein Gesetz nach Kenntnisnahme auch einfach ohne formellen Beschluss passieren lassen, also „durchwinken“.

Fraktionsdisziplin
Fraktionszwang

Bemerkenswert ist auch der Unterschied in der parlamentarischen Alltagsarbeit. **Fraktionsdisziplin** oder gar **Fraktionszwang** (den es nach dem Grundgesetz eigentlich nicht geben darf), sind dem Kongress völlig fremd. Es ist fast schon eine Regel, dass bei jeder Abstimmung einige Republikaner oder Demokraten auch für die Vorlage des Präsidenten stimmen, gegen den die Mehrheit der eigenen Fraktion votiert. Der Präsident kann sich also niemals – im Gegensatz zum Bundeskanzler – auf eine parlamentarische Mehrheit verlassen, sondern muss immer wieder fallweise Mehrheiten mithilfe auch der gegnerischen Partei „zusammenbringen“.

3.3.2.4 Der Oberste Gerichtshof

Supreme Court
dissenting vote

Der **Supreme Court** in den USA besteht aus neun Richtern, die vom Präsidenten mit Zustimmung des Senats auf Lebenszeit ernannt werden. In diesem Ernennungsprivileg könnte eine Verletzung des Gleichgewichtssystems gesehen werden, indem ein Präsident sich willfährige Richter sucht. Dieser Annahme widerspricht jedoch die Verfassungswirklichkeit. Das Recht auf Veröffentlichung der „**dissenting vote**“, also der abweichenden und überstimmten Meinung bei einem Gerichtsbeschluss, erlaubt eine fortlaufende kritische Verfassungsdiskussion. Außerdem hat der Oberste Gerichtshof wiederholt Urteile gefällt, deren liberaler Inhalt den Auffassungen konservativer Präsidenten widersprach.

Der Oberste Gerichtshof entscheidet vor allem über die Verfassungskonformität der Bundesgesetze (Normenkontrolle) und über Kompetenzkonflikte zwischen Bund und den Einzelstaaten.

Der Oberste Gerichtshof ist das oberste rechtsprechende Staatsorgan der Vereinigten Staaten.

Der Gerichtshof ist als **Verfassungsorgan** noch am ehesten mit der Stellung des **Bundesverfassungsgerichts** in Karlsruhe gleichzusetzen, obwohl dessen Machtstellung noch stärker ist. Alle Urteile des höchsten deutschen Gerichtes (BVerfG) binden unmittelbar sämtliche Staatsgewalten, auch den Gesetzgeber. Bundestag und Bundesrat dürfen keine Beschlüsse fassen, die gegen Urteile des Verfassungsgerichtes verstoßen, weil diese **Verfassungsrang** haben! Doch während sich der amerikanische Supreme Court in weiser Selbstbeschränkung übt (sogenannte „self restraint"), trifft das deutsche oberste Gericht Entscheidungen, die in demokratischen Staaten normalerweise dem Gesetzgeber obliegen, z. B. die Festsetzung der Höhe des Existenzminimums.

Verfassungsorgan
Bundesverfassungsgericht

Verfassungsrang

3.3.2.5 Das Parteiensystem

So groß die Unterschiede zwischen dem präsidialen Regierungssystem der USA und dem parlamentarischen der Bundesrepublik Deutschland auch sein mögen, sie sind gering im Vergleich zu den geradezu verblüffenden Differenzen im jeweiligen Parteiensystem.

Die USA haben seit Beginn ihrer politischen Geschichte ein **Zweiparteiensystem**. Die beiden großen Parteien – es gibt noch ein paar völlig bedeutungslose Splitterparteien, unter ihnen auch eine Kommunistische Partei –, die Republikaner und die Demokraten, konkurrieren zwar gegeneinander. Ihre programmatischen Ziele aber sind weitgehend gleich. Lediglich bei den vorgeschlagenen Methoden lassen sich in der politischen Auseinandersetzung größere Meinungsverschiedenheiten ausmachen. Entstanden sind diese Gruppen als **Patronageparteien**, die ihr Ziel in der Versorgung der Parteimitglieder mit Ämtern und Staatsaufträgen sahen.

Zweiparteiensystem

Patronagepartei

So gilt es bis in die Gegenwart als völlig legitim, dass ein republikanischer Präsident den Regierungsapparat von den Anhängern seines demokratischen Vorgängers „säubert" und mit „seinen" Leuten besetzt. Und selbstverständlich handelt jeder demokratische Präsident genauso.

Mit allem Vorbehalt kann das **Wählerprofil** der Parteien folgendermaßen beschrieben werden:

Wählerprofil

Die älteste Partei ist die der **Demokraten**, die unter dem dritten Präsidenten *Thomas Jefferson* (1743–1826) ins Leben gerufen wurde. Sie vertritt traditionell die Interessen des Südens. Die Demokraten gelten als die Partei der Gewerkschaften, der Armen, der kleinen Farmer und der großstädtischen Arbeiter. Obwohl sie im Sezessionskrieg (1861–1865, auch „Sklavenkrieg" genannt) die Interessen der Südstaaten vertrat, wird sie heute von der Mehrzahl der Farbigen

Demokraten

gewählt. Auch die Mehrheit der „Intellektuellen", wie schwer die Gruppe auch abzugrenzen ist, scheint ihr zuzuneigen.

Republikaner

Die **Republikaner** gingen unter Präsident *Abraham Lincoln* (1808–1865) aus der liberalen Whigpartei hervor. Sie war von Anfang an die Partei der Geschäftsleute, des Handels und der späteren Großindustrie. Ihre Wähler wohnen in den reichen Vororten und sind besonders stark im Mittleren Westen vertreten. Sie hat unter ihren Anhängern einen überproportionalen Anteil weißer Protestanten angelsächsischer Herkunft.

Wollte man die beiden amerikanischen Parteien in das übliche Parteienspektrum einreihen, so könnte man die Demokratische Partei als mehr links und liberal bezeichnen, während die Republikanische Partei als rechtsstehend und konservativ gelten kann.

Bei dieser Kategorisierung ist äußerste Vorsicht geboten: Schon der Begriff „Soziale Marktwirtschaft", das Markenzeichen der CDU, gilt in den USA als ein Stück Sozialismus, mithin als links.

Die Grenzen zwischen den Parteien sind fließend. Es kommt häufig vor, dass z. B. bei einem Rassenproblem die Süd-Republikaner mit den Süd-Demokraten gemeinsam gegen den fortschrittlichen Norden abstimmen.

▶ Q. 2

Wahlkampfvereine

Heute sind die Parteien in erster Linie **Wahlkampfvereine**, die nur im Jahr einer Präsidentschaftswahl überregional wirken, ansonsten kaum über lokale Bedeutung hinausreichen.

Eine durchgängige Parteienlandschaft wie in Deutschland kennen die USA nicht. In der Bundesrepublik sind von den Gemeinden über die Länder bis zum Bund alle politisch einflussreichen Positionen von Parteimitgliedern besetzt. Es gibt fast keinen parteilosen Bürgermeister und selbstverständlich sind so gut wie immer alle Mitglieder einer Landes- oder Bundesregierung auch Parteimitglied. Zudem prägen die deutschen Parteien permanent die politische Willensbildung im Lande – **Parteiisierung** der Politik – und werden wie in den USA eben nicht nur zu Wahlkampfzeiten aktiv.

Parteiisierung

Tabellarische Vergleichsübersicht

Funktion	USA	BRD
Staatsoberhaupt	Präsident, gewählt auf vier Jahre vom Volk über Wahlmänner	Bundespräsident, gewählt auf fünf Jahre von der Bundesversammlung
Legislative Gewalt	Kongress, bestehend aus zwei Kammern: Repräsentantenhaus und Senat	Bundestag unter (beschränkter) Mitwirkung des Bundesrats
Exekutive Gewalt	Präsident und Staatssekretäre	Bundeskanzler und Minister (Bundesregierung)
Judikative Gewalt	Oberster Gerichtshof	Bundesverfassungsgericht
Staatsorganisation	Staatenbund	Bundesstaat (Föderalismus)
Parteiensystem	Zweiparteiensystem, vorwiegend „Wahlkampfvereine"	Mindestens fünf in Parlamenten vertretene Parteien; durchgängige Parteienlandschaft; Parteiendemokratie
Demokratietyp	Präsidialdemokratie	Parlamentarische Demokratie
Machtkonzentration und -kontrolle	„Checks and balances", Amtsenthebung des Präsidenten möglich	Horizontale und vertikale Gewaltenteilung; konstruktives Misstrauensvotum gegen den Bundeskanzler

3.3.3 Die Deutsche Demokratische Republik (DDR)

3.3.3.1 Vorüberlegungen

Theoretisch lassen sich drei Diktaturformen unterscheiden. In der historisch-politischen Wirklichkeit treten sie aber regelmäßig als Mischformen auf:

- **Einfache Diktatur:** Der Herrscher oder die Herrschaftsclique bedient sich einfach nur der vorhandenen Machtmittel (Armee, Polizei), um die politische Macht zu behalten. Einfache Diktatur
  Beispiel: Viele Diktaturen in Afrika
- **Cäsaristische Diktatur:** Die Herrschaftsmacht ist auf den Machtinhaber als Person zugeschnitten, um den ein entsprechender Personenkult geübt wird. Cäsaristische Diktatur
  Beispiele: Nordkorea, historisch: *Hitler, Stalin* oder *Mao Tse Tung*
- **Totalitäre Diktatur:** Die Herrschaft umfasst nahezu alle gesellschaftlichen Bereiche. Totalitäre Diktatur
  Beispiele: Nationalsozialismus, Kommunismus

Die **totalitäre Diktatur** strebt zwar eine breite Unterstützung aller Bevölkerungsschichten an. Ihr Ziel aber ist, jede Ungleichheit in der Gesellschaft zu beseitigen und die Trennung von Staat und Gesellschaft aufzuheben.

Die Merkmale einer totalitären Herrschaft sind (vgl. auch Kap. 4.2):

1. Eine staatliche **Ideologie**, die offizielle „Lehre", die auf alle Bereiche des gesellschaftlichen Lebens angewandt und nach Möglichkeit praktiziert wird;
2. eine **Massenpartei**, die untrennbar mit dem Staatsapparat verflochten ist bzw. ihn beherrscht;
3. eine **Geheimpolizei**, auch wenn jedermann von ihrer Existenz weiß, die politische Gegner versteckt bekämpft und auf verschiedene Weise „ausschaltet";
4. das **Nachrichtenmonopol**, das sämtliche Massenmedien – Rundfunk, Fernsehen, Zeitungen – in ihrem Meinungsbild lenkt;
5. eine **Planwirtschaft**, die auf die politischen Ziele abgestellt ist und sich nicht primär nach den Bedürfnissen der Konsumenten richtet.

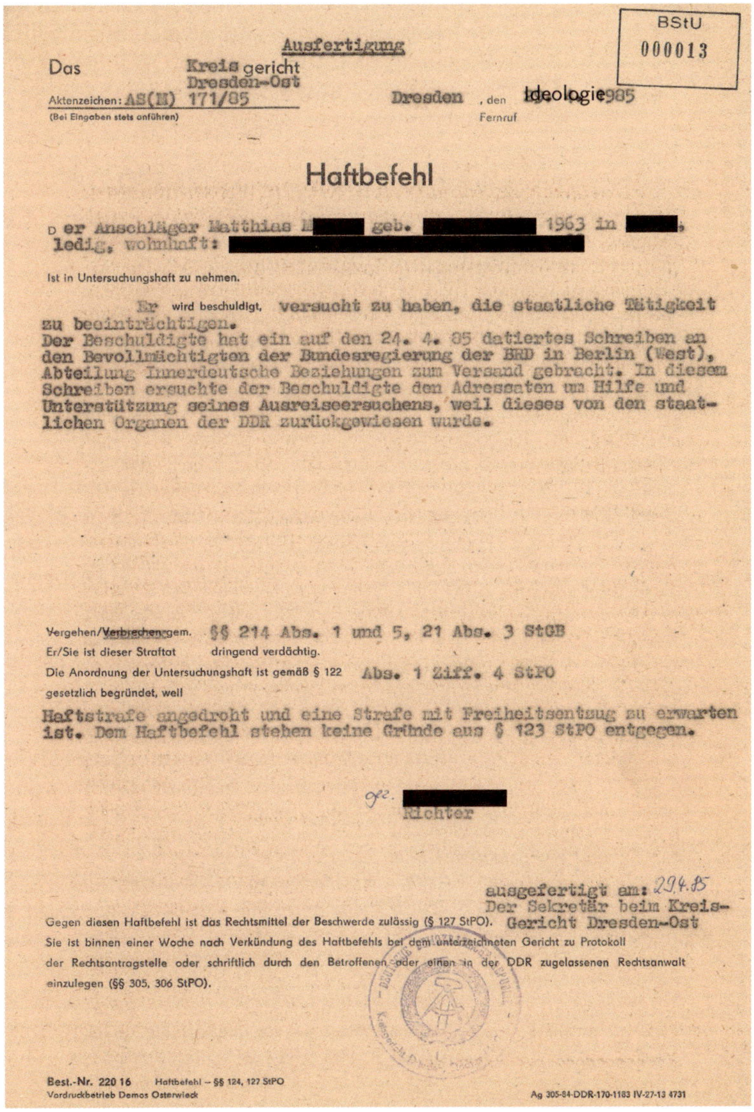

BStU
000013

Ausfertigung

Das Kreisgericht Dresden-Ost
Aktenzeichen: AS(H) 171/85
(Bei Eingaben stets anführen)

Dresden, den Ideologie985
Fernruf

Haftbefehl

Der Anschläger Matthias [redacted] geb. [redacted] 1963 in [redacted], ledig, wohnhaft: [redacted]

Ist in Untersuchungshaft zu nehmen.

Er wird beschuldigt, versucht zu haben, die staatliche Tätigkeit zu beeinträchtigen.
Der Beschuldigte hat ein auf den 24. 4. 85 datiertes Schreiben an den Bevollmächtigten der Bundesregierung der BRD in Berlin (West), Abteilung Innerdeutsche Beziehungen zum Versand gebracht. In diesem Schreiben ersuchte der Beschuldigte den Adressaten um Hilfe und Unterstützung seines Ausreiseersuchens, weil dieses von den staatlichen Organen der DDR zurückgewiesen wurde.

Vergehen/~~Verbrechen~~ gem. §§ 214 Abs. 1 und 5, 21 Abs. 3 StGB
Er/Sie ist dieser Straftat dringend verdächtig.
Die Anordnung der Untersuchungshaft ist gemäß § 122 Abs. 1 Ziff. 4 StPO
gesetzlich begründet, weil
Haftstrafe angedroht und eine Strafe mit Freiheitsentzug zu erwarten ist. Dem Haftbefehl stehen keine Gründe aus § 123 StPO entgegen.

gez. [redacted]
Richter

ausgefertigt am: 29.4.85
Der Sekretär beim Kreisgericht Dresden-Ost

Gegen diesen Haftbefehl ist das Rechtsmittel der Beschwerde zulässig (§ 127 StPO). Sie ist binnen einer Woche nach Verkündung des Haftbefehls bei dem unterzeichneten Gericht zu Protokoll der Rechtsantragstelle oder schriftlich durch den Betroffenen oder einen in der DDR zugelassenen Rechtsanwalt einzulegen (§§ 305, 306 StPO).

Best.-Nr. 220 16 Haftbefehl – §§ 124, 127 StPO
Vordruckbetrieb Demos Osterwieck
Ag 305-84-DDR-170-1183 IV-27-13 4731

Haftbefehl aus der DDR: der „Anschläger" hatte den Bevollmächtigten der Bundesregierung in West-Berlin um Unterstützung für seinen abgelehnten Ausreiseantrag gebeten.

3.3.3.2 Die Form der Herrschaft

Legt man diese Kriterien an die Herrschaftsausübung in der DDR (1949–1990) an, dann war diese fraglos eine totalitäre. Aber sie war eine vergleichsweise „sanfte" Diktatur. Die beiden größten Verbrechen des Dritten Reiches hat sie nicht begangen, konnte sie auch gar nicht verüben, selbst wenn das Regime es gewollt hätte:

- Judenvernichtung und Ausrottung ethnischer Minderheiten wie Sinti und Roma;
- Beginn eines Angriffskrieges, der wohl nur von Moskau hätte befohlen werden können.

Vasallenstaat

Und obwohl die DDR ein **Vasallenstaat** der Sowjetunion war, hat sie die stalinistischen Methoden der physischen Ausrottung der politischen Gegner nicht mitgemacht. Sie „begnügte" sich mit Berufsverboten, Schikanen im Arbeitsleben und äußerstenfalls jahrelanger Haft für Regimekritiker und -gegner.

Menschenrechte
Staatspartei SED

In der DDR wurden die **Menschenrechte** als vorgegebene, vorstaatliche Rechte missachtet. Es gab keine Gewaltenteilung. Die **Staatspartei SED** besaß das Macht- und offizielle Meinungsmonopol. Die Wahlen waren weder frei noch geheim, und die Bevölkerung wurde flächendeckend von speziellen Staatsorganen überwacht.

Stasi
IM

In der DDR war dafür das Ministerium für Staatssicherheit (MfS) zuständig, im Volksmund abgekürzt **Stasi** genannt. In der bombastischen und sich selbst beweihräuchernden Sprache nannten es ihre leitenden Funktionäre „Schild und Schwert der Partei". Am Ende der DDR beschäftigte das MfS über 90 000 hauptamtliche und fast 175 000 inoffizielle oder informelle Mitarbeiter (**IM**). Dabei gilt es freilich zu differenzieren: Als IM konnte schon geführt werden, wer gelegentlich über die Stimmungslage berichtete, ohne irgendeine Person namentlich zu nennen. Die Behauptung, die Deutschen in der DDR seien massenhaft Denunzianten gewesen, ist beweisbar falsch: Über 98 % haben niemals in irgendeiner Form mit dem MfS zusammengearbeitet. Das Ausmaß der Bespitzelung ist freilich fast unvorstellbar: Über jeden 20. Westdeutschen und jeden 4. Ostdeutschen wurde eine Akte angelegt, diese Akten ergeben aneinandergereiht eine Länge von 180 km.

3.3.3.3 Die Staatspartei SED

Die Sozialistische Einheitspartei Deutschlands war 1946 aus einer von der sowjetischen Militäradministration erzwungenen Vereinigung aus KPD und SPD hervorgegangen, gegen die sich der erste Vorsitzende der westdeutschen SPD, *Kurt Schumacher*, ebenso verzweifelt wie vergeblich gewehrt hatte.

Demokratischer Zentralismus

Die SED ist jedoch eine Partei von völlig anderer Art als jede andere Partei in irgendeinem demokratischen Land. Sie verstand sich selbst als „Partei neuen Typs", was besagt, dass sie sich an dem Organisationsprinzip der sowjetischen KPdSU, wie es Lenin geschaffen hatte, orientierte. Ihr Aufbau beruhte auf dem Prinzip des **demokratischen Zentralismus**. Die Partei galt als die Führungsspitze der Arbeiterklasse, und diese Führungsrolle war ausdrücklich verfassungsrechtlich statuiert. Charakteristisch war die enge Verzahnung der SED mit dem Staatsaufbau, sie war selbst ein Staatsorgan. Sicheres Indiz dafür war die personelle Verflechtung durch vielfältige Doppelmitgliedschaften in höchsten Partei- und Staatsorganen.

Von Parteien westlicher Demokratien unterschied sich die SED insbesondere durch folgende Merkmale:

Kaderpartei

1. Die SED war eine **Kaderpartei**.
   Nicht jedermann konnte ohne weiteres Mitglied werden, wie das etwa für die Parteien der Bundesrepublik Deutschland gilt. Wer die Mitgliedschaft beantragte, wurde zunächst Kandidat, und nach einer Wartezeit i. d. R. von einem Jahr, in der seine ideologische Lauterkeit geprüft wurde, konnte er aufgenommen werden.
   Private „Westkontakte" waren beispielsweise SED-Mitgliedern untersagt, ein „Partei-Kandidat" mit solchen Kontakten hätte keine Chance gehabt, Mitglied zu werden.

Weltanschauungspartei

2. Die SED war eine **Weltanschauungspartei**.
   Sie verfügte über eine geschlossene Ideologie, die des Marxismus-Leninismus, die zugleich verbindliches Leitbild für alle Mitglieder war.

Parteitag

3. Der **Parteitag**, nach der Satzung formell das höchste Organ, wählte grundsätzlich nur einstimmig und stimmte „einmütig" ab.

Der Grund dafür lag in einer ideologisch konstruierten Interessenidentität, nach der es undenkbar war, dass die Beschlüsse des Politbüros nicht mit den Interessen des Volkes übereinstimmen. Diese **Interessenidentität** lässt sich wie eine mathematische Gleichung ausdrücken.

Interessenidentität

© Erich Schmidt Verlag 555 410

Politbüro formuliert Leitlinie
= Interesse der Partei als Avantgarde,
= Interesse der Arbeiterklasse,
= Interesse des werktätigen Volkes,
= Interesse des Gesamtvolkes,
= Interesse der Menschheit.

Erstaunlich erscheint immer wieder, warum auf Parteitagen keine Kontroversen ausgetragen wurden, warum um Parteipositionen nicht mehrere Bewerber konkurrierten. Der Grund liegt in der strikten **Parteidisziplin**, durch die die Beschlüsse des Politbüros für alle nachgeordneten Parteiinstanzen verbindlich waren. Bis hinunter zu den Grundorganisationen waren alle Mitgliederversammlungen für die Durchführung der Beschlüsse des Zentralkomitees und damit des Politbüros verantwortlich. Unter der Führung der Partei der Arbeiterklasse – und das hieß konkret des Politbüros – wurde die sozialistische Demokratie verwirklicht.

Parteidisziplin
▶ Q. 3

Die SED besaß ein in der Verfassung verankertes Führungsrecht, nach dem der sozialistische Staat der Arbeiter und Bauern „unter Führung der Arbeiterklasse und ihrer marxistisch-leninistischen Partei“ steht (Artikel 1 der DDR-Verfassung).

Rein formal existierten jedoch auch andere Parteien: CDU, LDPD (liberal-demokratisch), NDPD (national-demokratisch) und die DBD (Deutsche Bauernpartei). Sie wurden **Blockparteien** genannt, weil sie „en bloc“ zusammen mit der SED „gewählt“ wurden. Doch sie waren kaum mehr als Dekor, anerkannten sie doch das Herrschaftsmonopol der SED. Sie standen weder in der täglichen Öffentlichkeitsarbeit noch im Wahlkampf oder gar in der „Volkskammer“, die zu Unrecht ein Parlament genannt wird, in Opposition zur SED.

Blockparteien

3.3.3.4 Die Massenmedien

Im Vergleich zur Bundesrepublik Deutschland hatten die Massenmedien in der DDR eine völlig andere Aufgabe.

Das Bild vom „Transmissionsriemen“ zur Übersetzung des Willens der SED galt auch für die Medien in der DDR. *Erich Honecker*: „Massenmedien sind ideologische Kampfinstrumente in den Händen der Arbeiter- und Bauernmacht“. Mit folgenden Methoden versuchte die SED dies zu garantieren:

1. Der Allgemeine Deutsche Nachrichtendienst (ADN) besaß ein umfassendes Monopol der Nachrichtenverbreitung. Nur was von ihm kam, durfte gedruckt werden.
2. Die Anleitung zur Aufmachung und die Leitlinien der Kommentierung wurden vom Politbüro, Sekretariatsbereich **Agitation und Propaganda**, gegeben.
3. Einer Vorzensur bedurfte es nicht, da Nachzensur und Selbstzensur ausreichten. Jeder Chefredakteur einer Zeitung oder Zeitschrift „haftete für die Linie“.
4. Alle Druckerzeugnisse unterlagen einer **Lizenzpflicht**; sie wurde für „politisch schädliche Publikationen“ nicht erteilt.
5. Der Staat entschied durch Plandirektiven über die Materialzuteilung (Papier) und vermochte damit die Höhe der Auflage zu bestimmen.

Agitation und Propaganda

Lizenzpflicht

6. Für „staatsfeindliche Hetze“ bestand Strafandrohung.
7. Sämtliche Massenmedien befanden sich im gesellschaftlichen Eigentum der Partei und der SED-gelenkten Massenorganisationen.

3.3.3.5 Die „Wahlen“ in der DDR

Es lässt sich bei keinem anderen politischen Vorgang als bei den Wahlen besser erkennen, wie völlig anders – bei gleicher Bezeichnung „Wahlen“ – deren Wesen und Funktion im Vergleich zur Bundesrepublik Deutschland waren.

In allen westlichen Demokratien sind die Parlamentswahlen
1. mehrheitliche Richtungsentscheidungen;
2. Spiegelbild der politischen Meinungen;
3. Kontrolle und eventuell Abwahl der Amtsinhaber;
4. Instrument der Herrschaftsbestellung;
5. Legitimation zur Machtausübung bzw. Machtteilhabe.

Volkskammer

Nicht eine einzige dieser Funktionen traf auf die Volkskammerwahlen zu. Formell war die **Volkskammer** nach Art. 48 Abs. 1 der DDR-Verfassung (DDRV) das „oberste staatliche Machtorgan“, tatsächlich war ihr Einfluss aber äußerst schwach. Allein die geringe Zahl der Sitzungen im Jahr zeigt die Bedeutungslosigkeit dieses Organs. Das Mandat galt als „Ehrenamt“, das ohne Unterbrechung der Berufstätigkeit ausgeübt wurde.

Konsequenterweise zählten die Mandatsinhaber auch nicht zur politischen Elite der DDR.

Akklamationsfunktion

Warum wurde angesichts der Funktionslosigkeit der Volkskammer in der DDR überhaupt gewählt? Die Bedeutung lag in der **Akklamationsfunktion**, d.h. die Wahlen sollten zeigen, dass die politische Führung in völliger Übereinstimmung mit dem Willen der überwältigenden Bevölkerungsmehrheit handelt. Nur folgerichtig war es daher, dass im „Wahlkampf“, der keine andere Aufgabe hatte, als die Wähler zur – zumeist – offenen Stimmabgabe zu bewegen, Plakate kündeten: „Dank Dir, Partei!“

Nationale Front

Die Wahlen sollten ferner als Zeichen einer Gesellschaft verstanden werden, die nicht mehr in „antagonistische (gegensätzliche) Klassen gespalten“ ist. Der „Grundwiderspruch“ der kapitalistischen Produktionsweise (gesellschaftliche Produktion bei privater Aneignung) ist in der „entwickelten sozialistischen Gesellschaft“ überwunden. Folglich braucht diese auch keine konkurrierenden Parteien, die in den kapitalistischen Gesellschaften nichts anderes als Ausdruck und Instrument des Klassenkampfes sind. Es gibt – immer im Selbstverständnis der SED – keine grundlegenden Interessengegensätze mehr, und deshalb werden alle Parteien und Massenorganisationen, die zur Wahl antreten, in einer Einheitsliste der **Nationalen Front** zusammengefasst, wobei die Mandatsverteilung im Voraus seit vielen Jahren gesetzlich festgesetzt ist. Der Wähler hat nur die Möglichkeit, und mehr braucht er nach der ideologischen Doktrin der DDR-Führung auch nicht zu tun, mit „ja“ oder „nein“ zu stimmen.

In den Wahllokalen war zwar hinter einem Vorhang eine geheime Stimmabgabe im Prinzip möglich, doch wurde davon praktisch kein Gebrauch gemacht. Wozu auch? Es würde sich am Ergebnis nichts ändern. Außerdem wurde im „Wahllokal“ ein erheblicher psychologischer Druck auf jene Bürger ausgeübt, die ihr Recht der geheimen Stimmabgabe nutzen wollten. „Sie ham' wohl was zu verbergen?“ wurde der Wähler unverhohlen gefragt.

3.3.3.6 Der Staatsaufbau

Generalsekretär

Charakteristisch war die enge Verzahnung von SED und Staatsstruktur, was sich nicht zuletzt auch in der personellen Verflechtung zeigte. Seit 1976 war *Erich Honecker* neben seinem Amt als **Generalsekretär** auch Vorsitzender des Staatsrates.

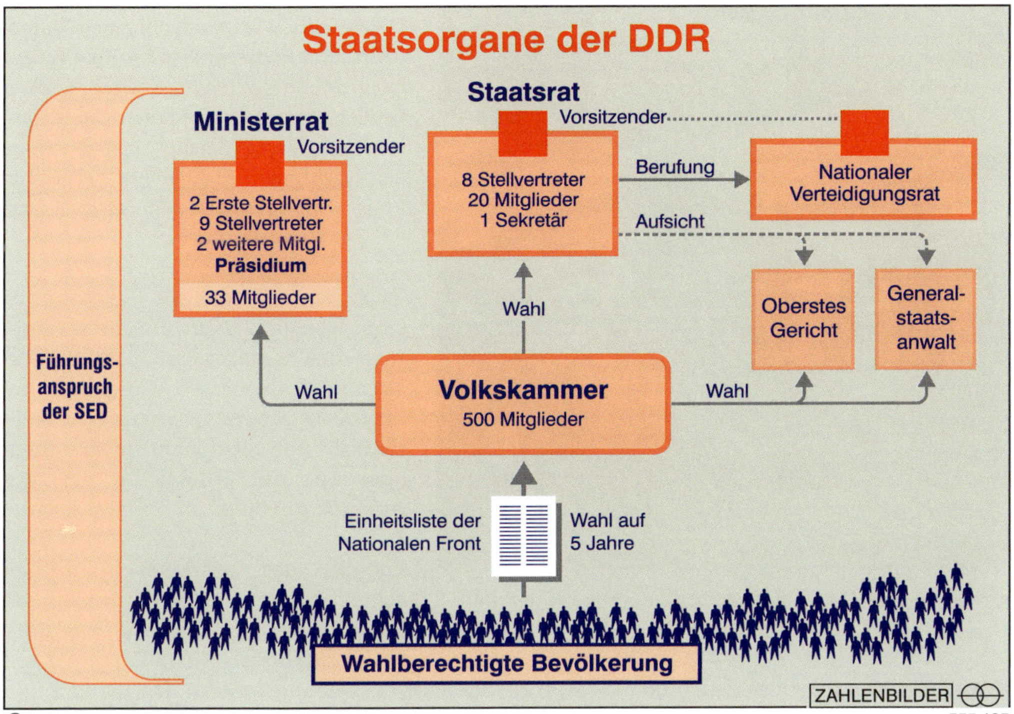

 555 125

Staatsrat

Der **Staatsrat** kann als eine Art kollektives Staatsoberhaupt verstanden werden, jedenfalls nahm er u. a. auch dessen Aufgaben wahr, wie z. B. die völkerrechtliche Vertretung der DDR. In zunehmendem Maße hat der Staatsrat auch Regierungsfunktionen übernommen, sodass demgegenüber die eigentliche Regierung, der Ministerrat, an Bedeutung verlor.

Gewaltenverbindung
Gewalteneinheit

Gewaltenverbindung und **Gewalteneinheit** sind die Begriffe, mit denen der staatliche Aufbau gekennzeichnet werden kann. Denn die für westliche Demokratien so charakteristische Gewaltenteilung wird abgelehnt. Im Art. 48 Abs. 2 der Verfassung der DDR heißt es ausdrücklich: „Die Volkskammer verwirklicht in ihrer Tätigkeit den Grundsatz der Einheit von Beschlussfassung und Durchführung".

3.3.3.7 Die Wirtschaftsordnung

Jede Wirtschaftsordnung – ganz gleich, welche modelltheoretische Grundlage sie hat – muss folgende ökonomische Grundfragen beantworten:

1. Wer entscheidet über Art, Menge, Qualität der zu produzierenden Güter?
2. Wer setzt fest bzw. wie bilden sich die Preise der Produktionsfaktoren (Kosten)?
3. Wer entscheidet, wie das gemeinsam erstellte Sozialprodukt auf die Mitglieder der Gesellschaft zu verteilen ist?

Bürokratisierung

Sämtliche Entscheidungen dieser Art wurden grundsätzlich von einer staatlichen Zentrale gefällt. Die damit für alle Planwirtschaftssysteme unvermeidliche **Bürokratisierung** prägte selbstverständlich auch den ökonomischen Entscheidungsprozess in der DDR. Preise und Löhne waren nicht das Ergebnis des Marktes mit Angebot und Nachfrage, sondern wurden nach „volkswirtschaftlicher Nutzenschätzung" festgesetzt. Das Preis- und Lohnsystem in der DDR hatte also keine Signalfunktion für Hersteller und Verbraucher, vermochte nicht anzuzeigen, welche Waren knapp und welche überschüssig vorhanden waren. Die Preise waren nicht reagibel (anpassungsfähig), wie der Wirtschaftswissenschaftler sagt.

Schlangestehen nach Obst und Gemüse an einem Stand auf dem Alexanderplatz in Ost-Berlin um 1984.

Die Begriffe Warenknappheit und Warenüberschuss müssen stets im Zusammenhang mit den geltenden Preisen gesehen werden. In einem absoluten Sinne sind stets alle Waren „knapp“; erst die Höhe der Nachfrage – bei einem gegebenen Preis! – im Verhältnis zum Angebot zeigt ein Zuwenig oder Zuviel.

Zwar bemühte sich die Plankommission, Konsumentenwünsche im Rahmen des Gesamtplanes zu berücksichtigen; aber rasch wandelnde Bedürfnisse, Modeschwankungen, Weltmarkttrends vermochte sie sich nicht oder nur mit erheblicher Verzögerung anzupassen.

Gemäß der marxistisch-leninistischen Programmatik gab es in der DDR im Prinzip kein Privateigentum an Produktionsmitteln. Diese Art von Privateigentum existierte nur noch als Rest bei kleinen Einzelhandwerkern, im Handel und bei Gaststätten. Privateigentum im Sinne der westlichen Rechtsordnung gab es im Wesentlichen nur als Eigentum an Ge- und Verbrauchsgütern des Konsums.

3.3.3.8 Systematischer Vergleich DDR – BRD

Systematischer Vergleich der politischen Ordnungen BRD – DDR

Merkmal	DDR	BRD
Staatsgewalt	Gewaltenkonzentration; Machtmonopol der SED	Gewaltenteilung und Gewaltenverschränkung
Wirtschaft	Sozialistische Plan- und Befehlswirtschaft	Soziale Marktwirtschaft; gebändigter Kapitalismus
Gesellschaft	Soziale Gleichheit → „Gerechtigkeit“ = Einheitlichkeit, Gesellschaft der „Gleichen“	Chancengleichheit → Ergebnisungleichheit, Konfliktpluralismus
Herrschaftsbestellung	Ergebnis vorab fixiert; keine Kontrolle	Ergebnisoffene Aus- und Abwahl
Parteiensystem	Faktisches Einparteiensystem: Führungs- und Vorherrschaft einer Staatspartei – SED	Gleichberechtigte Konkurrenzparteien
Grundrechte	Staatlich gegebene Rechte, Teil „sozialistischer Gesetzlichkeit“	Vorstaatliche, individuelle Menschenrechte
Herrschende Lehre	Verbindliche Weltanschauung – „wissenschaftlicher“ Monismus (Lehre vom einheitlichen Prinzip)	Theorien- und Meinungsvielfalt (Pluralismus), zukunftsoffen

Systematischer Vergleich der Wirtschaftsordnungen		
Wirtschaftssystem	**Sozialistische Planwirtschaft**	**Soziale Markwirtschaft**
Menschenbild	Grundsatz: Gemeinnutz Sozialistische Grundrechte Identität von Einzel- und Gesellschaftsinteresse	Grundsatz: Eigennutz vorstaatliche Individualrechte Spannungsverhältnis: Individuum ↔ Gesellschaft
Eigentumsordnung	Staatliches und gesellschaftliches Produktionsmitteleigentum Enteignung/Zwangskollektivierung	Privateigentum auch an Produktionsmitteln Sozialpflichtigkeit des Verfügungsrechtes (Art. 14 Abs. 1 GG)
Binnenwirtschaft	Grundsatz: Plandeterminierte Sollerstellung Zentrale Rohstoff- und Kapitallenkung Staatliches Investitions-Monopol Zentralnotenbank untersteht der Regierung Staatliche Lohn- und Preisfestsetzung	Grundsatz: Markt regelt Produktion nach Angebot und Nachfrage Wettbewerbsordnung mit (zunehmenden) staatlichen Eingriffen unabhängige Zentralnotenbank (EZB) Tarifautonomie zur Lohnfindung, gebunden an staatliche Vorgaben
Außenwirtschaft	Grundsatz: Staatliches Handelsmonopol Devisenbewirtschaftung staatlich festgesetzte Wechselkurse	Grundsatz: Freihandel freie Austauschbarkeit aller Währungen

James Madison, vierter Präsident der Vereinigten Staaten von 1809–1817 über das Prinzip der „checks and balances"

▶ QUELLE 1

Zu den Haupteinwänden, welche die achtenswerten Gegner der Verfassung vorbringen, gehört die ihr angelastete Verletzung jenes politischen Grundsatzes, der besagt, dass die gesetzgebende, die vollziehende und die richterliche Gewalt deutlich voneinander getrennt sein müssen. Es wird behauptet, dass diese für die Freiheit wesentliche Vorsichtsmaßregel beim Aufbau der Zentralregierung nicht berücksichtigt worden sei. Die verschiedenen Machtbefugnisse seien in einer Weise verteilt und miteinander vermischt, die nicht nur jede Symmetrie und Schönheit der Form zerstöre, sondern auch die Gefahr heraufbeschwöre, dass wichtige Teile des Gebäudes unter dem Übergewicht anderer Teile zusammenbrechen können. [...] Keiner anderen politischen Wahrheit wohnt ein so hoher Wert inne und keine wird von der Autorität so erlauchter Verteidiger der Freiheit unterstützt wie die, auf der jener Einwand beruht. Die Vereinigung aller Gewalten, der gesetzgebenden, vollziehenden und richterlichen, in den gleichen Händen, mögen es die Hände eines einzelnen oder einiger weniger oder vieler sein, und mag ihnen die Macht im Erbgang, durch Selbsternennung oder durch Wahl zugefallen sein, kann mit vollem Recht als das Musterbild der Tyrannei bezeichnet werden. Könnte der vorgeschlagenen Verfassung der berechtigte Vorwurf gemacht werden, dass sie eine solche Vereinigung der Gewalten oder auch nur eine Vereinigung der Machtbefugnisse, die zu einer solchen Vereinigung führen könnte, begünstige, so wäre kein weiteres Argument nötig, um ihre allgemeine Ablehnung zu rechtfertigen. Meiner Überzeugung nach wird es jedoch jedermann sehr bald klar werden, dass dieser Vorwurf nicht aufrecht erhalten werden kann und dass der Grundsatz, auf den er sich bezieht, völlig missverstanden und falsch ausgelegt wurde. Wenn Montesquieu sagt, es kann keine Freiheit geben, wo gesetzgebende und vollziehende Gewalt in ein und derselben Person oder in ein und derselben Körperschaft vereinigt sind, oder, wo die richterliche Gewalt nicht von der gesetzgebenden und von der vollziehenden Gewalt getrennt ist, so meint er damit keineswegs, dass die drei Zweige der Regierung untereinander auf ihre spezifische Tätigkeit nicht ein gewisses Maß von Einfluss ausüben oder einander nicht wechselseitig kontrollieren sollten.

(Aus den „Federalist Papers". Übersetzt von Felix Ermacora. Zit. nach Informationen zur politischen Bildung, Heft 199/1983, S. 8 f.)

1. **Welche Argumente bringen die Kritiker der amerikanischen Verfassung vor?**
2. **Was versteht Madison unter dem „Musterbild einer Tyrannei" (Z. 25 f.)?**
3. **Warum wird das von Madison verteidigte Verfassungsmodell der USA mit dem Begriffspaar „checks and balances" charakterisiert?**

▶ QUELLE 2 Die Parteien in den USA

Herr A. mag sich für einen Demokraten halten und auch als solcher gelten; Herr B. für einen Republikaner und Herr C. für einen Sozialisten, und häufig wird darunter verstanden, dass sie „Mitglieder" der betreffenden Partei seien. Für die meisten Leute ist Mitgliedschaft in einer Partei jedoch ein reichlich vager und schwer definierbarer Begriff. Wenn eine Person irgendeiner anderen Organisation angehört – einer Kirche, einer Loge oder einer Berufsorganisation –, dann geht man davon aus, dass sie ihr durch irgendeinen positiven Akt beigetreten ist, dass sie Beiträge zahlt oder sonstige Zuwendungen macht, möglicherweise in einem Ausschuss tätig ist, ein Amt bekleidet oder anderweitig am inneren Verbandsleben aktiven Anteil nimmt. [...] Bei den großen politischen Parteien kann nichts Derartiges mit Sicherheit angenommen werden. Es bestehen keine Verfahrensregeln oder Zeremonien für den Beitritt. [...] es gibt in der Regel keine Mitgliedschaft. [...] Die Partei erhält keine schriftliche Verpflichtung, die ein Bekenntnis zu dem Parteiprogramm enthält, sie erhebt keine Beiträge (obgleich gelegentlich Anstrengungen gemacht worden sind, ein System regelmäßiger Beitragszahlungen einzuführen), sie hat keine Statuten, die sie durchzusetzen in der Lage ist und keine Mittel, ein Mitglied zu maßregeln, außer, dass es die Partei ablehnt, ihn zu unterstützen, wenn er sich um ein öffentliches Amt bewirbt. [...] Man ist ein Demokrat oder ein Republikaner, wenn man dies von sich behauptet [...] jedenfalls, wenn man ständig der einen oder anderen Partei bei den Wahlen seine Unterstützung gibt. Und das ist alles, was hierüber zu sagen ist. Außerdem kann man seine Meinung und seine Parteitreue so oft ändern, wie es einem passt. Es bleibt jedermann überlassen, sich den Kopf darüber zu zerbrechen, wie viele Mitglieder eine Partei besitzt, und dies gilt auch dann, wenn es zuverlässigere Kriterien darüber gäbe, wer als Parteimitglied angesehen werden kann und auf wen dies nicht zutrifft.

(William H. Young: Ogg and Ray's Introduction to American Government. 1948, S. 211 ff. Übersetzt von Franz Greß. Zit. nach Informationen zur politischen Bildung, Heft 199/1983, S. 22)

1. **Worin unterscheidet sich die Parteienlandschaft der USA von der Parteienwelt der Bundesrepublik Deutschland?**
2. **Worin unterscheidet sich die Mitgliedschaft in einer amerikanischen Partei von der Mitgliedschaft in anderen Organisationen?**

▶ QUELLE 3 Das Wesen sozialistischer Demokratie

Das Wesen der sozialistischen Demokratie besteht darin, dass die werktätigen Klassen und Schichten auf der Grundlage der politischen Macht der Arbeiterklasse und des sozialistischen gesellschaftlichen Eigentums an den Produktionsmitteln ihre Schöpferkräfte unter Führung der Arbeiterklasse und ihrer marxistisch-leninistischen Partei frei von kapitalistischer Unterdrückung entwickeln und für die revolutionäre Umwälzung aller gesellschaftlichen Verhältnisse, für die Verwirklichung des Sozialismus und später des Kommunismus organisiert und in zunehmendem Maße bewusst einsetzen. Das Anliegen der sozialistischen Demokratie besteht nicht nur in der gesetzlichen Deklaration von Grundrechten und -pflichten. Ihr Anliegen ist vielmehr, reale Bedingungen und Voraussetzungen dafür zu schaffen und ständig zu erweitern, dass die Werktätigen ihre grundlegenden sozialen Interessen in Übereinstimmung mit den objektiven Gesetzmäßigkeiten der gesellschaft-

lichen Entwicklung durch ihr eigenes bewusstes und schöpferisches Handeln unter der Führung der Arbeiterklasse verwirklichen, die Ausbeutung des Menschen durch den Menschen beseitigen und den Sozialismus und Kommunismus aufbauen.
Mit der marxistisch-leninistischen Theorie verfügt die Arbeiterklasse in Gestalt ihrer marxistisch-leninistischen Partei über einen sicheren Kompass zur ständigen Aufdeckung der objektiven Gesetze der gesellschaftlichen Entwicklung, zur Herausarbeitung der notwendigen Aufgaben für die planmäßige Gestaltung und Verwirklichung des gesellschaftlichen Fortschritts.
In der revolutionären marxistisch-leninistischen Partei vereinigen sich die wissenschaftliche Erkenntnis über die Gesetzmäßigkeiten des gesellschaftlichen Fortschritts mit der praktischen Erfahrung, der praktischen gesellschaftsgestaltenden Tätigkeit der gesamten Arbeiterklasse und aller anderen Werktätigen.
Die führende Rolle der Arbeiterklasse und ihrer marxistisch-leninistischen Partei verleiht der sozialistischen Demokratie Zielstrebigkeit und Bewusstheit ihres gesellschaftlichen Wirkens. Sie qualifiziert die sozialistische Demokratie in besonderem Maße als das bewusste und planmäßige Zusammenwirken aller gesellschaftlichen Kräfte der Werktätigen und ihrer Organisationen zur Verwirklichung des gesellschaftlichen Fortschritts.
(Marxistisch-leninistische Staats- und Rechtstheorie. Lehrbuch. Staatsvertrag der Deutschen Demokratischen Republik, Berlin (Ost) 1975, S. 293 f.)

1. **Welches sind die Merkmale der „sozialistischen Demokratie“?**
2. **Wie wird die Führungsrolle der SED gerechtfertigt?**

Aus dem Bericht des Zentralkomitees der SED zu ihrem IX. Parteitag (18.–22. Mai 1976)

▶ QUELLE 4

Unser neues Programm geht aus von der Anerkennung der allgemeingültigen Gesetzmäßigkeiten beim Aufbau der sozialistischen Gesellschaft. Es ist durchdrungen für den für jeden Kommunisten heiligen Ideen des proletarischen Internationalismus. In unserer Politik sind Nationales und Internationales, Patriotismus und proletarischer Internationalismus unlösbar miteinander verbunden. Stets ist sich unsere Partei der Verantwortung vor dem eigenen Volk ebenso wie vor der internationalen Arbeiterklasse bewusst. Alles, was wir für den Aufbau der sozialistischen Gesellschaft in der DDR tun, das tun wir zugleich für die weitere Stärkung der sozialistischen Gemeinschaft und der revolutionären Weltbewegung.
Das Programm der Sozialistischen Einheitspartei Deutschlands, der führenden Kraft der Deutschen Demokratischen Republik, des ersten Staates der Arbeiter und Bauern auf deutschem Boden, bringt alle Interessen der Arbeiterklasse und aller Werktätigen zum Ausdruck. Es ist ein Wegweiser für das ganze Volk, ein großangelegter Plan für die Meisterung der sozialistischen Gegenwart und der kommunistischen Zukunft unseres Volkes.
(In: Protokoll des IX. Parteitages der Sozialistischen Einheitspartei Deutschlands. Berlin 1976)

1. **Welches ist die nationale und internationale Zielsetzung der SED?**
2. **An welchen Stellen wird ihr Führungsanspruch erkennbar?**
3. **Welcher Begriff ist für eine a-religiöse Partei wie die SED zumindest befremdlich?**

Aufgabenvorschläge

1. Versuchen Sie anhand von Ereignissen des Weltgeschehens herauszufinden, wie unterschiedlich die politischen Repräsentanten in den USA und Deutschland darauf reagieren.
2. Oft wird der US-Präsident der „mächtigste Mann der Welt“ genannt. – Warum?
3. Unternehmen Sie eine Reise in die neuen Bundesländer und unterhalten Sie sich mit möglichst vor 1975 geborenen Bürgern als Zeitzeugen über ihre Erfahrungen und Erlebnisse in der DDR. Werten Sie diese Ergebnisse systematisch aus.
4. Versuchen Sie zu entdecken, ob es im Verhalten der dortigen Deutschen noch etwas gibt, was auf die Prägungen durch eine 40-jährige (unfreiwillige!) Diktatur zurückzuführen sein könnte. – Beachten Sie aber, dass nicht jeder Unterschied politische Gründe haben muss; es gibt auch solche z. B. zwischen Bayern und Württembergern, zwischen Friesen und Rheinländern.

4 Demokratie und Diktatur in Deutschland

„Demokratie ist die schlechteste Regierungsform – mit Ausnahme aller übrigen."
Winston Churchill (1874–1965)

4.1 Demokratische Traditionen in Deutschland

SCHLÜSSELDATEN

1814/15	Wiener Kongress; Gründung des Deutschen Bundes
1817	Wartburgfest
1819	Karlsbader Beschlüsse
1830	Julirevolution in Frankreich
1832	Hambacher Fest
1848	März: Revolution in Deutschland
	18. Mai: Nationalversammlung in der Paulskirche in Frankfurt/Main
	27. Dezember: Grundrechte des Deutschen Volkes
1849	April: Ablehnung der Kaiserkrone durch den preußischen König *Friedrich Wilhelm IV.*
1871	18. Januar: Reichseinigung – Kaiserproklamation
1914	1. August: Beginn des Ersten Weltkrieges
1918	9. November: Ausrufung der „Deutschen Republik" in Berlin
1919	11. August: Inkrafttreten der Weimarer Verfassung
1933	30. Januar: *Hitler* wird Reichskanzler

Der Beginn des 19. Jahrhunderts stand ganz im Zeichen einer Persönlichkeit: *Napoleon Bonaparte*, seit 1804 Kaiser der Franzosen. Er war Auslöser nicht nur einer grundlegenden territorialen Neuordnung Deutschlands, sondern auch eines deutschen Nationalbewusstseins, das es davor nicht gegeben hatte. Für ihre Heeresfolge an der Seite *Napoleons* wurden deutsche Herrscher wie der Herzog von Württemberg und der Markgraf von Baden mit Gebietserweiterungen und Standeserhöhungen zum König bzw. Großherzog belohnt. Gleichwohl formierte sich Widerstand gegen den französischen Imperator, dessen ständige Kriege das Land ausbluteten – von den fast 60 000 Württembergern, die mit *Napoleon* 1812 nach Russland zogen, kamen nur ungefähr dreihundert zurück – und dessen Fremdherrschaft im Volk verhasst war.

Befreiungskriege

In den **Befreiungskriegen** schlossen sich auch die ehemals Verbündeten Württemberg und Baden der unter anderem von Preußen geführten Koalition gegen *Napoleon* an, der in der Völkerschlacht bei Leipzig im Oktober 1813 vernichtend geschlagen wurde. An den Kämpfen nahmen auch viele Freiwillige teil, darunter patriotisch gesinnte Studenten, die sich als Konsequenz aus der gemeinsamen Erhebung gegen *Napoleon* die Schaffung eines einheitlichen deutschen Nationalstaats erhofften.

Wiener Kongress

Deutscher Bund

Diese Hoffnungen wurden bitter enttäuscht, als 1814/15 auf dem **Wiener Kongress**, der die territoriale und politische Neuordnung Europas nach *Napoleon* regelte, statt eines deutschen Einheitsstaats der **Deutsche Bund** gegründet wurde, ein lockerer Staatenbund aus 34 souveränen Fürstentümern und vier freien Städten ohne gemeinsames Staatsoberhaupt, aber mit einem ständigen Gesandtenkongress in Frankfurt/Main: dem Bundestag.

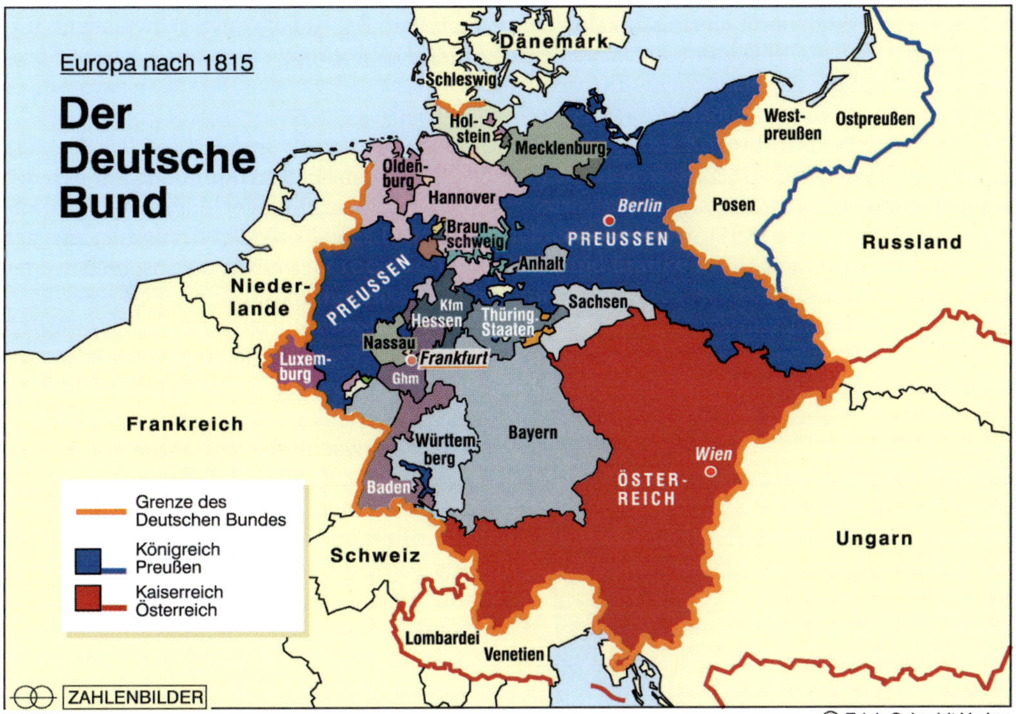

50 039 © Erich Schmidt Verlag

Auch die von der studentischen Jugend und dem fortschrittlichen Bürgertum vorgebrachten freiheitlichen Forderungen nach „landständischen **Verfassungen**", wie sie in der Wiener Kongressakte verbrieft worden waren, und nach Länderparlamenten wurden nur zögerlich und von vielen deutschen Staaten bis 1848 überhaupt nicht umgesetzt. Der Südwesten war hier verhältnismäßig fortschrittlich. Baden und Württemberg erhielten schon 1818 bzw. 1819 Verfassungen sowie Landtage, in deren zweite Kammern – wenn auch nach abgestuftem, an den Besitz gebundenen Wahlrecht – Abgeordnete gewählt werden konnten.

Verfassungen

Die größten deutschen Einzelstaaten Österreich und Preußen blieben im **Vormärz** – also der Zeit vom Wiener Kongress bis zur Märzrevolution 1848 – ohne Verfassung und Landesparlament. Lediglich auf der Ebene der Provinzen gab es seit 1823 in Preußen Provinziallandtage als Ständevertretungen adliger und nichtadeliger Grundbesitzer, die – mit Abstrichen – ebenfalls als Vorläufer der parlamentarischen Demokratie in Deutschland betrachtet werden können.

Vormärz

An den Befreiungskriegen gegen *Napoleon* hatten zusammen mit anderen Freiwilligen im Freikorps „Lützower Jäger" auch Studenten aus Jena gekämpft. Sie wollten neben der Beseitigung der napoleonischen Herrschaft die staatliche Neuordnung Deutschlands und das Ende der „Kleinstaaterei". Diese Studenten gründeten nach dem Wiener Kongress die „Jenaer Burschenschaft" und wählten – so die gängigste Herleitung – als ihre Verbindungsfarben die der „Lützower Jäger", die schwarze Uniformen mit roten Aufschlägen und messinggoldenen Knöpfen trugen.

Diese Farben **Schwarz-Rot-Gold** wurden zu Symbolen im Kampf gegen Fürstenherrschaft und für nationale Einheit und Freiheit. Mit der Parole „Ehre, Freiheit, Vaterland" stritten die Burschenschaften für ein einiges und freies deutsches Reich. Mit unserer **Nationalflagge** wird an diese freiheitliche Tradition erinnert.

Schwarz-Rot-Gold

Nationalflagge

Aus Anlass der dreihundertsten Wiederkehr der Reformation und des vierten Jahrestags der Völkerschlacht bei Leipzig hatten die mitteldeutschen Burschenschaften zu einem Treffen auf die Wartburg bei Eisenach eingeladen. In mehreren, in Inhalt und Ton moderaten Reden, wurde die Forderung nach **nationaler Einheit** erhoben, ein Gedanke, der besonders die gebildeten Stände in Deutschland begeisterte.

Wartburgfest

Nationaler Einheit

Je länger das Fest dauerte, desto radikaler klangen die Parolen, freilich auch schwülstiger, unbestimmter und gefühlsbetonter. Die Rede des Studenten *Heinrich Riemann* gibt das Stimmungsbild und die damals übliche Rhetorik wieder. ▶ Q. 1

Preußen, Russland und vor allem Österreich protestierten beim Weimarer Hof, der das Fest genehmigt hatte; aber erst das tödliche Attentat des Burschenschafters *Karl Sand* auf den der Spionage und antidemokratischer Haltung verdächtigten Lustspieldichter *August von Kotzebue* am 23. März 1819 gab Fürst *Metternich* in Wien den Anlass und die Rechtfertigung, mit der sogenannten **Demagogenverfolgung** zu beginnen. Auf sein Betreiben verabschiedete der Frankfurter Bundestag die **Karlsbader Beschlüsse** vom August 1819.

Demagogenverfolgung
Karlsbader Beschlüsse

Der „Denker-Club", zeitgenössische Karrikatur (um 1820/30)

Sie enthielten vor allem

- das Verbot der deutschen Burschenschaften;
- die Überwachung der Universitäten, vor allem der Lehrveranstaltungen;
- die Vorzensur aller Zeitungen und Zeitschriften sowie aller Bücher mit weniger als 20 Bogen (320 Seiten) Umfang;
- die Einrichtung einer zentralen Kommission in Mainz zur Untersuchung der „revolutionären Umtriebe und demagogischen Verbindungen".

Diese Beschlüsse galten schon damals als reaktionär.

Der Begriff „reaktionär" wurde in der damaligen Zeit zum ersten Mal in der noch heute gültigen, abwertenden Weise für die Bezeichnung einer Politik verwendet, die als rückschrittlich gilt.

Julirevolution

Im Juli 1830 zwang das Volk von Paris nach dreitägigen Straßenkämpfen den französischen König zur Abdankung. Mit dieser **Julirevolution** gab Frankreich abermals ein Signal für ganz Europa. In Warschau erhoben sich polnische Patrioten gegen die russische Vorherrschaft, und Belgien löste sich von den Niederlanden und wurde ein eigener Nationalstaat.

Erhebungen

Der revolutionäre Funke sprang auch auf Deutschland über. Unruhen brachen aus. So stürmten Braunschweiger Bürger im September 1830 das Schloss des verhassten Herzogs und zündeten es an. Auch in Sachsen rebellierten die Menschen. Als Folge der **Erhebungen** wurden in diesen und weiteren deutschen Staaten Verfassungen gewährt.

Hambacher Fest
Republik

Zu einer großen politischen Demonstration wurde das **Hambacher Fest**, das vom 27. bis 30. Mai 1832 von 30 000 Menschen aus vielen Bevölkerungsschichten besucht wurde. Einer der Organisatoren, der Publizist und Jurist *Johann Wirth*, stellte die damals kühne Forderung nach einer **Republik** auf.

Deutscher Bund

Der österreichische Staatskanzler Fürst *Metternich*, der die herkömmliche monarchische Ordnung erhalten wollte, war beunruhigt. Er suchte unter den Mitgliedern des **Deutschen Bundes**, die mit ihm die freiheitlichen Strömungen unterdrücken wollten, Verbündete.

Demagogenverfolgung

Da stürmten junge Radikale im April 1833 die Frankfurter Hauptwache und versuchten mit der Entwaffnung der Stadtsoldaten ein Signal für einen allgemeinen Aufstand zu setzen. Das gab Metternich den Anlass, eine weitere **Demagogenverfolgung** einzuleiten.

Das junge Deutschland

Viele Deutsche verließen aus Furcht vor Verhaftung ihre Heimat. Eine Gruppe, die sich **„Das junge Deutschland"** nannte, wanderte aus, zumeist nach Paris. Zu ihr zählten so bedeutende Schriftsteller und Dichter wie *Heinrich Heine, Ludwig Börne* und *Georg Büchner*.

Das Hambacher Fest 1832

Als in Hannover 1837 König *August* gekrönt wurde, kam es zu weiteren Unruhen. Eine seiner ersten Amtshandlungen war die Ungültigkeitserklärung der erst 1833 erlassenen Verfassung. Dagegen protestierten sieben international anerkannte Professoren, die sogenannten **Göttinger Sieben**, unter ihnen die Germanisten *Jacob* und *Wilhelm Grimm*. Sie wurden aus dem Staatsdienst entlassen, vier von ihnen sogar des Landes verwiesen.

Göttinger Sieben

Nach 1840 verstärkte sich das Streben nach **Freiheit** und nationaler **Einheit** noch.

Freiheit, Einheit

In dieser Zeit entstand das „Lied der Deutschen", die spätere **Nationalhymne**, zu einer Melodie des österreichischen Komponisten *Joseph Haydn* (1732–1809). Der Text stammt von *Hoffmann von Fallersleben* (1798–1874), der damit als liberaler und nationaler Demokrat seine Abneigung gegen die zahllosen Fürstenstaaten ausdrückte. Er erhoffte sich Deutschland als großen Nationalstaat. Deutschland bedeutete ihm mehr als die Summe der Kleinstaaten des Deutschen Bundes; er stellte es somit „über alles".

Nationalhymne

Das **Deutschlandlied** mit allen drei Strophen wurde vom ersten Reichspräsidenten *Friedrich Ebert* 1922 zur Nationalhymne erklärt. Es wurde 1952 wieder eingeführt, aber mit der Einschränkung, dass bei offiziellen Anlässen nur die dritte Strophe gesungen werden soll, um Missdeutungen der ersten, „Deutschland, Deutschland über alles ...", vorzubeugen. Seit 1991 ist nur die dritte Strophe des Deutschlandliedes Nationalhymne.

Deutschlandlied

4.1.1 Die Revolution von 1848/49

Wieder ging die Initialzündung von Frankreich aus. Im Februar 1848 (**Februarrevolution**) erhoben sich Pariser Bürger gegen die bestehende Monarchie.

Februarrevolution

Nach den Wirren der Revolution von 1830 hatte sich Frankreich für die Beibehaltung der Monarchie, allerdings mit einem von der (beschränkt gewählten) Pariser Kammer bestimmten König, dem „Bürgerkönig" *Louis Philippe* entschieden.

Barrikadenkampf auf dem Berliner Alexanderplatz am 18. März 1848

Abermals pflanzte sich der revolutionäre Impuls fort. In Süddeutschland wurden die **Märzforderungen** veröffentlicht, die Pressefreiheit, Verfassungen für alle Einzelstaaten und die Einberufung eines deutschen Parlaments vorsahen. Fast alle herrschenden Fürsten gaben nach, bewilligten einige der Forderungen und ernannten liberale Minister (sogenannte **Märzregierungen)** um einem gewaltsamen Aufstand zuvorzukommen.

Anders entwickelte sich die Lage in den Hauptstädten der beiden Großmächte, Berlin und Wien. Im *Metternich*'schen Polizei- und Überwachungsstaat hatte sich das Gefühl der Ohnmacht in Zorn und Aufsässigkeit verwandelt. Als das Militär gegen Demonstranten eingesetzt wurde, leisteten vor allem die Studenten bei Schießereien und Barrikadenkämpfen heftigen Widerstand. Staatskanzler Fürst *Metternich* musste zwar zurücktreten, aber noch einmal konnte sich die Monarchie durchsetzen. Ende Oktober waren alle revolutionären Strömungen in Österreich militärisch unterdrückt.

Märzforderungen
Märzregierungen

Barrikadenkämpfen

Auch in Berlin, der Hauptstadt Preußens, kam es zu **Barrikadenkämpfen**, als am 18. März 1848 eine Massenversammlung von königlichen Truppen umstellt wurde. Die Gewalttätigkeit wurde ausgelöst durch einen einzigen Schuss, von dem nicht einmal sicher ist, welche Seite ihn abgegeben hat. Er genügte als Fanal für die Aufständischen, die fürchteten, vom Militär niedergeschossen zu werden.

Vorparlament
Nationalversammlung
Frankfurter Paulskirche

Um weitere Gewalttaten zu verhindern, ließ *Friedrich Wilhelm IV.* schließlich ein liberales Ministerium bilden und verneigte sich auf Verlangen der Revolutionäre vor den in den Straßenkämpfen Gefallenen, den sog. März-Gefallenen, die vor dem königlichen Schloss aufgebahrt wurden. Er versprach, sich an die Spitze der Revolution in Deutschland zu setzen und sagte wörtlich: „Preußen geht fortan in Deutschland auf." Erst Ende 1848 vermochte *Friedrich Wilhelm IV.* seine monarchische Autorität wiederherzustellen.

Einzug der Mitglieder des Vorparlaments in die Paulskirche am 30. März 1848

Allmählich versandete auch in anderen Einzelstaaten der revolutionäre Schwung. Eines aber wurde erreicht: Am 31. März 1848 traten in Frankfurt am Main über fünfhundert Vertreter der revolutionären Bewegung zusammen, bildeten ein **Vorparlament** und setzten durch, dass in allen deutschen Staaten freie Wahlen für eine verfassungsgebende **Nationalversammlung** durchgeführt wurden. Am 18. Mai 1848 begaben sich die ersten in allen deutschen Landesteilen frei gewählten Abgeordneten in einer feierlichen Prozession in die **Frankfurter Paulskirche**, den künftigen Tagungsort der Versammlung.

Die Paulskirche war gewählt worden, weil dies der einzige größere Versammlungsraum in Frankfurt war; die alte Kaiserstadt und Sitz des Deutschen Bundes stellte geografisch und vor allem verkehrsmäßig eine Art Mittelpunkt dar. Die Paulskirche wurde im Zweiten Weltkrieg zerstört, aber danach originalgetreu wieder aufgebaut und mit einer Feierstunde am 18. Mai 1948 zur Einhundertjahrfeier ihrer neuen Bestimmung übergeben, eine Stätte nationaler Besinnung zu sein. Die Paulskirche mit ihrem großen Versammlungsraum, der heute als Tagungssaal bei feierlichen Anlässen dient, z. B. bei der Verleihung des Friedenspreises des Deutschen Buchhandels, kann besichtigt werden. In einer Dauerausstellung sind Originaldokumente zur 48er-Revolution zu besichtigen.

Die Nationalversammlung stand 1848 vor zwei großen Aufgaben:

- der Schaffung eines Nationalstaates und
- der Ausarbeitung einer Verfassung für diesen Staat.

Honoratiorenparlament

Die Versammlung der Paulskirche war auf geradezu klassische Weise ein **Honoratiorenparlament**, kein Professorenparlament, wie fälschlich oft behauptet wird. Juristen, Schriftsteller, Gelehrte und Beamte stellten zwei Drittel der Mitglieder. Als einziger Handwerker saß der Schlossermeister *Ferdinand Nägele* aus Murrhardt im Parlament. Es gab nur einen Bauern, Arbeiter fehlten völlig. Gemeinsam war allen der ehrliche Wille, einen demokratischen Nationalstaat zu schaffen.

Die Paulskirchenversammlung wird als das edelste Parlament der deutschen Verfassungsgeschichte angesehen. Ihm gehörten die gelehrtesten Köpfe Deutschlands an, zu denen z. B. die Süddeutschen *Heinrich von Gagern* und *Ludwig Uhland* gehörten. Alle Abgeordneten hatten etwas gemeinsam: Sie besaßen wenig oder keine politische Erfahrung, es fehlte ihnen taktisches Geschick, vor allem hatten sie kein machtpolitisches Gespür, aber sie waren beseelt von dem Wunsch, die Einheit Deutschlands in Freiheit zu schaffen.

Die Zusammensetzung der Nationalversammlung entsprach in keiner Weise der Schichtung der Bevölkerung. Nur darf dabei nicht übersehen werden, dass auch die modernen Parlamente kein repräsentatives Spiegelbild des Wählervolkes sind. Beamte, vor allem Lehrer, sind beispielsweise in den Länderparlamenten wie im Bundestag ebenso überrepräsentiert wie Juristen und Absolventen eines Politologie- und Soziologiestudiums. In die Paulskirche wurden herausragende Persönlichkeiten gewählt, denen man die große Aufgabe, eine Verfassung auszuarbeiten zutraute. Zudem existierten noch keine Parteien, die Kandidaten hätten aufstellen können. Deshalb formierten sich die Abgeordneten zu politischen Gruppierungen, deren Namen sich nach den Tagungsgasthäusern richtete. Die konservative Rechte traf sich im Café Milani. Die liberale Mitte wurde gebildet aus dem rechtsliberalen Casino und dem linksliberalen Württemberger Hof. Die demokratische Linke tagte im Deutschen Hof und im Donnersberg. Die Fraktionen blieben nicht starr, die Grenzen zwischen ihnen waren fließend, feste Programme gab es nicht und auch keinen Fraktionszwang, höchstens eine freiwillige Fraktionsdisziplin.

Kleindeutsche

Großdeutsche

Sitzung der Nationalversammlung in der Paulskirche

Von Anbeginn standen sich zwei Lager gegenüber:

- Die **Kleindeutschen** plädierten für einen deutschen Nationalstaats unter preußischer Führung – und unter Ausschluss Österreichs.
- Die **Großdeutschen** forderten dagegen die Einbeziehung der deutschen Teile Österreichs, was eine Auflösung der Donaumonarchie bedeutet hätte.

Vor allem in Süddeutschland war die großdeutsche Lösung populärer, fühlte man sich doch den – ka-

Die Grundrechte des deutschen Volkes: 1848 proklamiert die deutsche Nationalversammlung den bürgerlichen Rechtsstaat. Nach dem Scheitern der Revolution 1849 werden die Grundrechte wieder aufgehoben, Lithografie von Adolf Schrödter, 1849

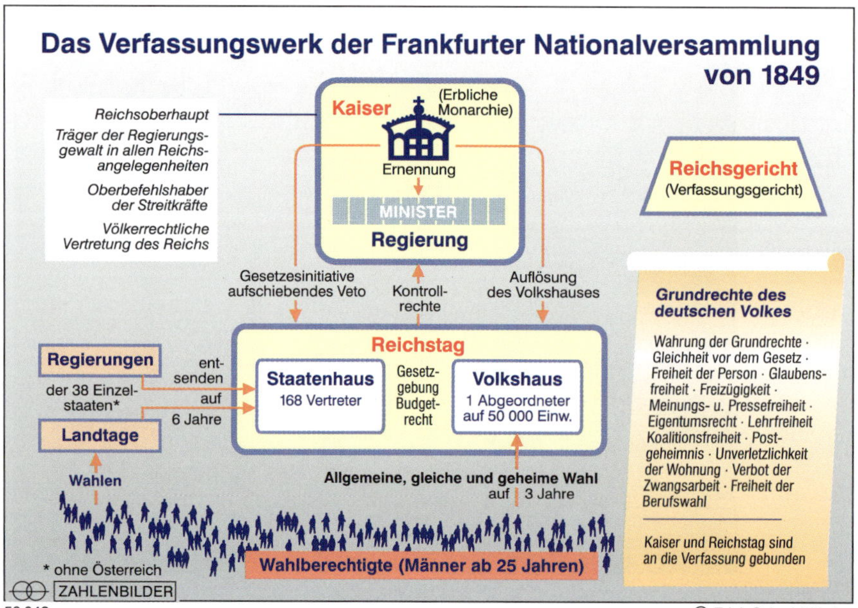

50 042 © Erich Schmidt Verlag

tholischen – Österreichern nicht nur geografisch, sondern auch von der Mentalität her näher als den protestantischen Preußen.

Wie kaum anders erwartet werden konnte, lehnte Österreich diesen zweiten Weg ab, und die **kleindeutsche Lösung** mit der Vormachtstellung Preußens setzte sich durch.

Am 27. März 1849 konnte die **Reichsverfassung** verkündet werden. Die Einzelstaaten sollten unter einer starken Zentralgewalt zu einem Bundesstaat zusammengefasst und der preußische König zum kaiserlichen Staatsoberhaupt dieser konstitutionellen Monarchie gewählt werden. Aufgenommen wurden erstmals in eine deutsche Verfassung die **„Grundrechte des Deutschen Volkes“**, die bereits im Dezember 1848 vorab verabschiedet worden waren. (▶ Q. 2)

Doch *Friedrich Wilhelm IV.*, der Romantiker auf dem Thron, lehnte die angebotene Kaiserkrone ab, weil er sie nicht aus den Händen gewählter Abgeordneter empfangen wollte, sondern nur von „Seinesgleichen“ als Akt des Gottesgnadentums. In einem Brief spricht er von der Kaiserkrone als einem „imaginären Reif, aus Dreck und Letten gebacken, […] verunehrt mit ihrem Ludergeruch der Revolution“. Gegenüber den Abgesandten der Paulskirche begründete er seine Ablehnung freilich anders. (▶ Q. 3)

Damit stürzte das kunstvoll errichtete Verfassungsgebäude in sich zusammen. Auch die Verfassung selbst lehnte der preußische König ab, obwohl sie bereits von zahlreichen deutschen Einzelstaaten, darunter Württemberg, angenommen worden war. Inzwischen war die fürstliche Macht wieder erstarkt, sodass fast alle Regierungen das Werk der Paulskirche zurückweisen konnten.

Viele Abgeordnete verließen die Nationalversammlung; nur ungefähr hundert von ursprünglich rund 500 Abgeordneten traten im Mai 1849 in Stuttgart zum, wie ihre Gegner sagten, „Rumpfparlament“ zusammen. Am 18. Juni wurde die Versammlung unter dem Druck württembergischer Soldaten aufgelöst. Preußische Truppen schlugen in der

Pfalz und in Baden Aufstände für die Reichsverfassung blutig nieder. Die Revolution war damit gescheitert, die Verfassung blieb ein theoretischer Entwurf, und bei den Liberalen und Demokraten machte die hochgespannte Erwartung einer tiefen Hoffnungslosigkeit Platz.

4.1.2 Die erste deutsche Republik

4.1.2.1 Die letzte deutsche Monarchie: Das Kaiserreich

Das Hauptziel der 48er Revolution wurde 1871 erreicht: die **Reichseinigung**. Drei Kriege schufen dafür die Voraussetzungen:

Reichseinigung

- 1864 – Deutsch-Dänischer Krieg: Preußen und Österreich gegen Dänemark;
- 1866 – Deutscher Krieg: Preußen mit den norddeutschen Staaten gegen Österreich und seine süddeutschen Verbündeten, darunter Württemberg;
- 1870/71 – Deutsch-Französischer Krieg.

Sie gingen in die Geschichtsschreibung als „Einigungskriege" ein. Am 18. Januar 1871, Frankreich stand kurz vor der endgültigen militärischen Niederlage, erfolgte die Ausrufung des preußischen Königs *Wilhelm I.* zum **Deutschen Kaiser** im Spiegelsaal von Versailles, eine zusätzliche Demütigung Frankreichs.

Deutschen Kaiser
www.bismarck-stiftung.de

Der preußische Ministerpräsident Fürst *Otto von Bismarck* (1815–1898) gilt als der Gründer des neuen **Deutschen Reiches**. Er war zudem sein erster **Reichskanzler**. Dieser Staat war als Bundesstaat organisiert, dem 25 deutsche Einzelstaaten angehörten. Von ihnen war Preußen politisch und wirtschaftlich gewichtiger als alle anderen zusammen. Die „Verpreußung" Deutschlands war dadurch unvermeidlich, auch wenn sich einzelne Länder, vor allem Bayern und Württemberg einige Eigenständigkeiten bewahren konnten.

Deutsches Reich
Reichskanzler

Dieses letzte deutsche **Kaiserreich** kann als eine „Demokratie zweiter Klasse" mit begrenzter Gewaltenteilung bezeichnet werden. Der nach demokratischen Grundsätzen – mit allge-

Kaiserreich

Anton von Werner: Ausrufung König Wilhelms I. von Preußen zum deutschen Kaiser am 18. Januar 1871 im Spiegelsaal des Schlosses von Versailles (1885)

Reichstag
Legislative

meinem (Männer-)Wahlrecht – gewählte **Reichstag** bildete die **Legislative.** Die Justiz galt zwar wegen der konservativ gesonnenen Richterschaft als politisch etwas einäugig, war aber unabhängig. Die 1848 proklamierten Grundrechte für die Staatsbürger waren gewährleistet, auch wenn sie in der geschriebenen Verfassung nicht fixiert waren; und wegen der gesicherten Meinungsfreiheit gab es eine bunte Presselandschaft. Sieht man einmal von dem „Gesetz gegen die gemeingefährlichen Bestrebungen der Sozialdemokratie" von 1878 bis 1890 (**Sozialistengesetz** – siehe Kapitel 2.2) ab, dann war die Bildung der politischen Parteien frei. Immerhin konnten Vertreter der SPD, die sich immer wieder gegen das Kaisertum aussprachen, auch während dieser Zeit gewählt werden. Ab 1912 stellte die SPD sogar die stärkste Reichstagsfraktion.

Sozialistengesetz

Exekutive
Unverantwortlichkeit
Budgetrecht

Aber die **Exekutive** war stark. Der unabsetzbare Kaiser ernannte und entließ ohne Parlamentsbeschluss nach Gutdünken den Reichskanzler und hatte den Oberbefehl über alle Streitkräfte. Kanzler und Minister, diese hießen damals Staatssekretäre (wie heute in den USA), waren dem Parlament nicht verantwortlich, (sogenannte **Unverantwortlichkeit** der Minister). Ja, sie waren dem Reichstag gegenüber nicht einmal rechenschaftspflichtig, weil dieser kein Kontrollrecht besaß. Allerdings genoss er das wichtige **Budgetrecht**, d. h. er bewilligte oder verwarf die Einnahmen- und Ausgabenpläne der Regierung.

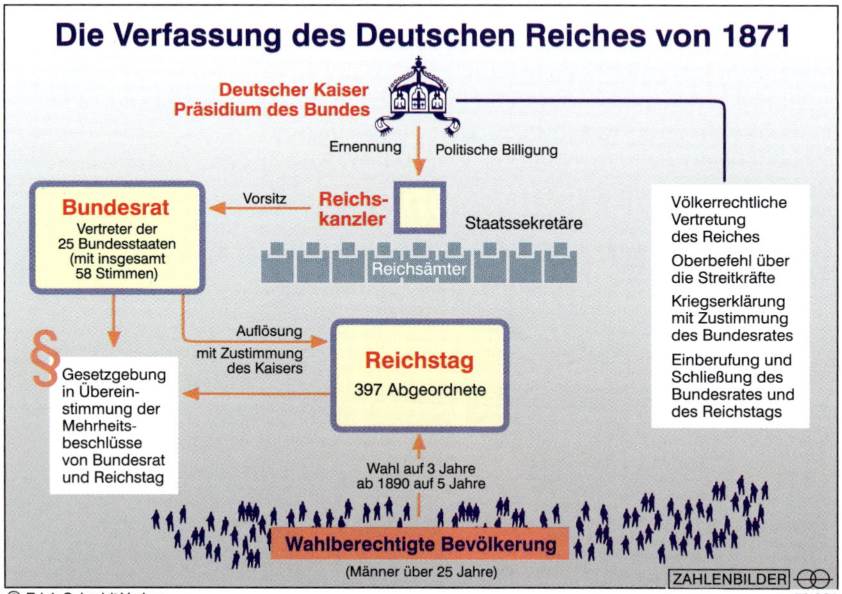

© Erich Schmidt Verlag 50 060

Nach dem Machtantritt Kaiser *Wilhelms II.* 1888 zeichnete sich eine zunehmende außenpolitische Isolierung Deutschlands ab. Sie wurde von der patriotischen Geschichtsschreibung als „Einkreisung" bezeichnet, war aber wohl mehr eine Auskreisung, welche die deutsche Politik besonders nach dem Rücktritt *Bismarcks* 1890 selbst zu verantworten hatte.

Alleinschuld
Erster Weltkrieg

Dennoch ist die These von der **Alleinschuld** Deutschlands am **Ersten Weltkrieg** historisch kaum haltbar. Ob alle Krieg führenden Mächte am 1. August 1914 nur „hineingeschlittert" sind, ist ebenso fraglich. Die wahrscheinlichste Annahme ist wohl, dass zwar kaum jemand einen großen, zum Weltkrieg sich entwickelnden Krieg wirklich gewollt hat, aber die verfeindeten Mächte – Frankreich, Großbritannien und Russland auf der einen und Deutschland mit Österreich-Ungarn auf der anderen Seite – taten allesamt zu wenig, um ihn zu verhindern. Mehr oder weniger hielten sie den Kriegsausbruch für unvermeidbar, auch wenn sie ihn nicht direkt anstrebten. Ein gewisser Automatismus im Zeitplan zur Mobilisierung der Massenheere trug dazu bei.

Weimarer Republik

Doch ohne den Ersten Weltkrieg, der mit der Niederlage Deutschlands endete, wäre die erste deutsche Republik, die **Weimarer Republik**, kaum entstanden. Sie ist „als Tochter der Niederlage geboren und später als Kind der Schande durch die Gassen gehetzt worden", sagte der Historiker *Michael Freund* 1960.

4.1.2.2 Die Ausrufung der Republik

Ab Juli 1918 zeichnete sich die unvermeidbare Niederlage ab. Am 28. September 1918 verlangte der Chef des Generalstabes *Erich Ludendorff* von der deutschen Reichsregierung ultima-

Waffenstillstandsverhandlungen

tiv die sofortige Einleitung von **Waffenstillstandsverhandlungen**: „Noch hält die Front, aber jeder Tag kostet tausenden von tapferen deutschen Soldaten das Leben." Bis auf eine „unentschieden" ausgegangene Seeschlacht am Skagerrak (Nordsee bei Norwegen) – für England wie Deutschland für den Kriegsverlauf gleichermaßen unbedeutend – war die teure deutsche Hochseeflotte während des gesamten Krieges untätig in den Häfen geblieben.

Flotte

Nun sollte die **Flotte** noch einmal auslaufen, „Waffenruhm" wollten einige Admirale an die Reichskriegsflagge heften und den Engländern eine Entscheidungsschlacht liefern. Als Vorwand für dieses Unternehmen galt die „Entlastung des Westheeres", ein Argument, das nicht einmal die Generalität des Heeres überzeugte.

Meuterei

Arbeiter- und Soldatenräte

Abdankung

Die Matrosen erkannten jedoch die Sinnlosigkeit, ahnten, dass sie „verheizt" werden sollten und entfesselten eine **Meuterei**, als die Flotte am 29. Oktober 1918 die Häfen verlassen sollte. Der Aufstandsfunke sprang rasch auf die Garnisonen des Heimatheeres über. Nach russischem Vorbild wurden in ganz Deutschland **Arbeiter- und Soldatenräte** gebildet, und am 7. November hatte der Aufruhr ein solches Ausmaß angenommen, dass sogar im deutschen Hauptquartier in Spa (Belgien) Soldatenräte gewählt wurden. Die Stellung der alten Herrschaftskreise wurde unhaltbar. Fürsten und Könige verloren ihre Throne, und selbst der Kaiser konnte nicht riskieren, von Spa, wohin er sich begeben hatte, nach Deutschland zurückzukehren. Er sträubte sich abzudanken. Erst als der Reichskanzler Prinz *Max von Baden* aus eigenem Entschluss die **Abdankung** des Kaisers bekannt gab, um einen Bürgerkrieg zu vermeiden, entsagte *Wilhelm II.* dem Thron. Nicht gerade würdevoll floh der letzte deutsche Kaiser in der Nacht vom 10. auf den 11. November über die Grenze nach Holland ins Exil.

Am 9. November 1918 hatte eine SPD-Delegation unter Führung *Friedrich Eberts* (1871–1925) vom Reichskanzler verlangt, „... dass die Regierungsgewalt an Männer übergeht, die das volle Vertrauen des Volkes besitzen". Prinz *Max von Baden* willigte in die Reichskanzlerschaft *Eberts* ein. Sofort fuhr *Philipp Scheidemann* (SPD) zum Reichstagsgebäude und rief vom Balkon die „Deutsche Republik" aus.

Wenige Stunden später proklamierte *Karl Liebknecht* vom linken Flügel der Unabhängigen Sozialdemokratischen Partei (USPD) die „Sozialistische Republik Deutschlands" nach sowjetischem Vorbild. Der Kampf zwischen der demokratisch orientierten Mehrheits-**SPD** und der sozialistischen **USPD** um die Macht hatte begonnen.

Die revolutionären Ereignisse schwächten die Verhandlungsposition der deutschen Waffenstillstandskommission unter Führung des aus dem schwäbischen Buttenhausen stammenden Zentrumsabgeordneten *Matthias Erzberger*. Am 11. November 1918 wurde im Wald von Compiègne – heute eine nationale Gedenkstätte Frankreichs – ein Waffenstillstand unterzeichnet, der praktisch einer bedingungslosen **Kapitulation** Deutschlands gleichkam. *Erzberger* blieb keine andere Wahl als zu unterzeichnen, da das Reich

Kundgebung
des
neuen Reichskanzlers Ebert

Mahnung
zur
Ruhe und Ordnung!

Mitbürger! Der bisherige Reichskanzler, Prinz Max von Baden, hat mir unter Zustimmung sämtlicher Staatssekretäre die Wahrnehmung der Geschäfte des Reichskanzlers übertragen. Ich bin im Begriffe, die neue Regierung im Einvernehmen mit den Parteien zu bilden und werde über das Ergebnis der Öffentlichkeit in Kürze berichten. Die neue Regierung wird eine Volksregierung sein. Ihr Bestreben wird sein müssen, dem deutschen Volke den Frieden schnellstens zu bringen und die Freiheit, die es errungen hat, zu befestigen. Mitbürger! Ich bitte Euch alle um Eure Unterstützung bei der schweren Arbeit, die unserer harrt. Ihr wißt, wie schwer der Krieg die Ernährung des Volkes, die erste Voraussetzung des politischen Lebens, bedroht. Die politische Umwälzung darf die Ernährung der Bevölkerung nicht stören, es muß erste Pflicht aller in Stadt und Land bleiben, die Produktion von Nahrungsmitteln und ihre Zufuhr in die Städte nicht zu verhindern, sondern zu fördern. Nahrungsmittelnot bedeutet Plünderung und Not mit Elend für Alle. Die Ärmsten würden am schwersten leiden, die Industriearbeiter am bittersten betroffen werden. Wer sich an Nahrungsmitteln oder sonstigen Bedarfsgegenständen oder an den für ihre Verteilung benötigten Verkehrsmitteln vergreift, versündigt sich auf das Schwerste an der Gesamtheit. Mitbürger! Ich bitte Euch alle dringend, verlaßt die Straßen! Sorgt für Ruhe und Ordnung.

Berlin, den 9. November 1918.

Der Reichskanzler
Ebert.

Kundgebung des neuen Reichskanzlers Ebert

keinen militärischen Widerstand mehr leisten konnte. Doch noch standen die deutschen Truppen tief in Frankreich, praktisch kein Meter deutschen Bodens war von den Alliierten besetzt.

www.hdgbw.de/erzberger.html
Dolchstoßlegende

So ließen die hohen Militärs den Eindruck entstehen, der schmähliche Waffenstillstand sei das Werk vaterlandsloser Zivilisten, während das deutsche Heer „im Felde unbesiegt" geblieben sei. Auf diesem Nährboden erwuchs die berüchtigte **Dolchstoßlegende** (siehe Kapitel 4.1.2.5).

4.1.2.3 Alternative Gestaltungsversuche der Demokratie

Reformpartei

Die SPD hatte sich schon weit in der Vorkriegszeit von einer revolutionären Partei, auch wenn sie deren Pathos noch lange beibehielt, zu einer **Reformpartei** entwickelt, was sie bis zum heutigen Tag geblieben ist.

Der SPD-Vorsitzende *Friedrich Ebert* wollte keine Revolution und wurde von den umstürzlerischen Ereignissen selbst überrascht. Doch nun sah die SPD ihre wichtigste Aufgabe darin, eine parlamentarische Demokratie nach westlichem Vorbild einzuführen. Deshalb forderte sie die Einberufung einer verfassungsgebenden Versammlung, gewählt nach den Grundsätzen des allgemeinen, gleichen, direkten und geheimen Wahlrechts. Mit diesem Lösungsvorschlag wussten sich *Ebert* und seine Freunde mit dem Großteil ihrer Partei zu einigen.

Die von der SPD während des Krieges abgespaltene Unabhängige Sozialdemokratische Partei (USPD) lehnte diese Zielvorstellung jedoch ab.

Spartakusbund
Rätediktatur
Parlamentarische Demokratie

Sie wurde darin vom **Spartakusbund** unterstützt, einer Gruppe radikaler Marxisten, die wiederum von der USPD abgesplittert war. Diese Kreise waren „entschlossen, mit dem demokratischen Staatsplunder Schluss zu machen und eine Räterepublik nach russischem Muster aufzubauen" (*Gerhard Schulz*). Die Entscheidung der Alternative – **Rätediktatur** oder **parlamentarische Demokratie** – wurde vom Rat der Volksbeauftragten, einer Übergangsregierung aus jeweils drei Vertretern von SPD und USPD, zunächst vertagt. Andere Aufgaben erschienen dringender und harrten einer sofortigen Lösung, wie die Rückführung der noch in Feindesland stehenden Truppen. *Friedrich Ebert* entschloss sich daher, ein Angebot des Generals *Wilhelm Groener* zur Zusammenarbeit anzunehmen, um sich so die Mitarbeit der Offiziere und Beamten des alten Regimes zu sichern.

Kämpfende Spartakisten im Zeitungsviertel von Berlin

Schon wenige Tage nach diesem Beschluss entstanden in Berlin schwere Unruhen, der Spartakusaufstand begann. *Friedrich Ebert* beauftragte seinen Parteigenossen *Gustav Noske*, für die Regierung eine zuverlässige Truppe zur Bekämpfung des Aufstandes zu gewinnen. *Noske* nahm den Auftrag mit den Worten an: „Einer muss schließlich den Bluthund machen" und organisierte Freikorps, die, von monarchisch gesinnten Offizieren geführt, den Aufstand blutig niederschlugen. Von da an war *Eberts* Ansehen auch in den eigenen Reihen lädiert. Die Freikorps setzten sich zum größten Teil aus konterrevolutionären Gruppen zusammen, die mehr an der Weisung des jeweiligen Offiziers als an den Idealen der neuen Republik orientiert waren. *Ebert* aber hatte gar keine andere Wahl, als die illegalen Putschversuche zu unterdrücken.

Dieselben militärischen Mittel setzte er ein, als *Karl Liebknecht* und *Wilhelm Pieck*, der spätere erste Staatspräsident der DDR, am 5. Januar 1919 die Absetzung der Regierung *Ebert* verkündeten.

Freikorps

Im Verlauf der blutigen Kämpfe in Berlin wurden am 15. Januar 1919 *Liebknecht* und die auch bei den Sozialdemokraten hoch angesehene *Rosa Luxemburg* von Freikorpssoldaten entführt und hinterrücks ermordet. Nicht nur die Kommunisten waren darüber empört. Radikalisierung und Verschärfung der schon bestehenden Gegensätze waren die Folge.

Die Berliner Unruhen griffen auf weite Teile Deutschlands über, wurden aber überall gleichermaßen niedergeschlagen. Am 19. Januar 1919 konnten die Wahlen zur **Nationalversammlung** stattfinden. Es stellten sich Parteien auf, die auch schon im Kaiserreich kandidiert hatten.

Nationalversammlung

Wegen der Unruhen fürchteten die Initiatoren, dass die Nationalversammlung in Berlin nicht störungsfrei tagen könnte, deshalb wurde sie nach Weimar in Thüringen einberufen. Dieser Tagungsort gab auch der Republik ihren Namen: **Weimarer Republik.**

Weimar

Die „Väter und Mütter" des Grundgesetzes, der Parlamentarische Rat, tagten 1948/49 in **Bonn**. Daher wird die Verfassung auch als „Bonner Grundgesetz" bezeichnet. Dagegen war die Titulierung „Bonner Republik" wohl mehr auf die Wahl Bonns als – wie es 1949 hieß: provisorische – Bundeshauptstadt zurückzuführen. Für die erste deutsche Republik blieb Berlin Hauptstadt, dennoch hat sich bis heute die Bezeichnung Weimarer Republik für sie erhalten.

Bonn

Die Wahl Weimars als Tagungsort hatte auch eine symbolische Bedeutung: Die Ideen des Humanismus und der deutschen Klassik, wie sie die Stadt *Goethes* und *Schillers* ausstrahlte, sollten den militärischen Geist Potsdams, der das Kaiserreich geprägt hatte, verdrängen.

Friedrich Ebert wurde zum vorläufigen **Präsidenten der Republik** gewählt. Die drei stimmenstärksten Parteien (SPD, Zentrum und DDP) bildeten die erste **Weimarer Koalition.**

Präsident der Republik
Weimarer Koalition

Die Reichsregierung unter *Philipp Scheidemann* wurde von *Ebert* am 13. Februar 1919 ernannt. Hinter dieser Koalition standen über 75 Prozent der Wähler, eine Mehrheit, die nie wieder erreicht wurde.

Vorbehaltlos staatstragend als Stütze und Verteidiger der Republik waren am Anfang nur die SPD, das Zentrum und die Deutsche Demokratische Partei (DDP).

Die Sozialdemokratische Partei Deutschlands (**SPD**) konnte sich während der gesamten Republikzeit auf die Mehrheit in der Arbeiterschaft stützen. Sie setzte die schon in der Vorkriegszeit begonnene Politik der sozialen Demokratie fort und sah im Bündnis mit den gemäßigten bürgerlichen Parteien eine Möglichkeit, die Republik zu sichern.

SPD

Das **Zentrum** war die politische Interessenvertretung des katholischen Bevölkerungsteils und wurde vorwiegend getragen von Teilen des Kleinbürgertums und den christlichen Gewerkschaften.

Zentrum

Die liberale Deutsche Demokratische Partei (**DDP**) setzte sich sowohl für individuelle Freiheit wie soziale Verantwortung ein und strebte einen Interessensausgleich zwischen Bürgertum und Arbeiterschaft an. Sie war zwar eine bürgerliche Partei, konnte sich aber auf keine Stammwählerschaft stützen, weshalb sie von 1919 bis zur letzten Wahl kontinuierlich schrumpfte. Im letzten Reichstag saßen nur noch fünf Abgeordnete dieser Partei, unter ihnen der spätere erste Bundespräsident *Theodor Heuss.*

DDP

Die rechtsliberale **DVP** (Deutsche Volkspartei) stand anfangs der Republik skeptisch gegenüber, unter dem Einfluss ihres Vorsitzenden *Gustav Stresemann* (1878–1929), dem hoch angesehenen späteren Außenminister, neigte sie immer mehr der Demokratie zu.

DVP

Wahlen zur Nationalversammlung und zum Deutschen Reichstag 1919–1933
Angabe der Stimmanteile in % und der daraus errechneten Reichstagsmandate

	19.1.1919		6.6.1920		4.5.1924		7.12.1924		20.5.1928		14.9.1930		31.7.1932		6.11.1932		5.3.1933	
NSDAP	–	–	–	–	6,5	32	2,9	14	2,6	12	18,3	107	37,2	230	33,0	196	43,9	288
Deutschnationale Volkspartei	10,3	44	15,0	71	18,4	95	20,4	103	14,2	73	7,0	41	5,9	37	7,2	52	8,0	52
Deutsche Volkspartei	4,4	19	13,9	65	9,2	45	10,6	51	8,7	35	4,5	30	1,1	7	1,7	11	1,0	2
Deutschsoziale Partei	–	–	–	–	1,1	4	0,5	0	–	–	–	–	–	–	–	–	–	–
Deutsches Landvolk	–	–	–	–	–	–	–	–	1,8	10	3,1	19	0,2	1	0,1	0	–	–
Deutsche Bauernpartei	–	–	–	–	–	–	–	–	1,5	8	0,8	6	0,3	2	0,4	3	0,2	1
Landbund	–	–	–	–	1,9	10	1,6	8	0,6	3	0,5	3	0,2	2	0,2	2	0,2	1
Wirtschaftspartei	0,9	4	0,8	4	2,3	10	3,3	17	4,5	23	3,9	23	0,3	2	0,3	1	–	–
Deutsch-Hannoversche Partei	0,2	1	1,1	5	1,0	5	0,8	4	0,6	3	0,4	3	0,1	0	0,1	1	0,1	0
Zentrum	19,7	91	13,6	64	13,3	65	13,5	69	11,9	62	11,7	68	12,4	75	11,9	70	11,2	74
Bayerische Volkspartei	–	–	4,1	21	3,2	16	3,7	19	3,9	16	3,0	19	3,2	22	2,9	20	2,7	18
Christliche Volkspartei	–	–	0,2	0	–	–	–	–	–	–	–	–	–	–	–	–	–	–
Deutsche Demokratische Partei	18,5	71	8,2	39	5,3	28	6,3	32	4,9	25	3,7	20	1,0	4	0,9	2	0,8	5
SPD	37,9	163	21,7	102	23,9	100	26,0	131	28,7	153	24,5	143	21,5	133	20,4	121	18,3	120
USPD	7,6	22	17,8	84	0,7	0	0,3	0	–	–	–	–	–	–	—	–	–	–
KPD	–	–	2,0	4	12,5	62	8,9	45	10,6	54	13,1	77	14,2	89	16,8	100	12,3	81
Andere Parteien	0,5	2	1,6	0	0,7	0	1,2	0	5,5	4	5,5	18	2,4	4	4,1	5	1,2	4

DNVP
Die **DNVP** (Deutschnationale Volkspartei) basierte auf einem festen Stamm konservativ gesonnener Wähler aus Adelskreisen, dem Großbürgertum und dem ehemaligen Offizierskorps. Sie strebte unverhohlen die Rückkehr zur Monarchie an.

KPD
Die **KPD** (Kommunistische Partei Deutschlands) ging im Wesentlichen aus dem linksradikalen Spartakusbund hervor. Sie strebte klar eine Rätediktatur nach sowjetischem Muster an.

NSDAP
Die **NSDAP** (Nationalsozialistische Deutsche Arbeiterpartei) bekämpfte die Weimarer Republik als Staats- und Regierungsform fundamental. Offen bekannte sie, dass es ihr nicht darum

ging, irgendwelche Mängel und Schwächen dieser Republik zu beseitigen, sondern dass sie das gesamte „System“ – der Begriff wurde von ihr bewusst in herabsetzender Weise benutzt – ablehnte und stürzen wollte.

Nachdem es der NSDAP gelungen war, bei den Reichstagswahlen 1930 die Zahl ihrer Mandate schlagartig von 12 auf 107 (siehe nebenstehende Tabelle) zu erhöhen, wurde die labile Demokratie sozusagen von zwei Seiten in die Zange genommen: von den Nationalsozialisten und den Kommunisten. Beide nutzten alle demokratischen Rechte, ihre Abgeordneten genossen sämtliche üblichen Privilegien, wie **Immunität** und **Indemnität**, also den Schutz vor Strafverfolgung bzw. vor dienstlicher oder gerichtlicher Verfolgung wegen Äußerungen im Parlament, wie sie auch heute den Abgeordneten gewährt werden, obwohl sie diese Demokratie, die ihnen das gewährte, vernichten wollten.

Immunität
Indemnität

Das war die bittere Lehre, aus der die Schöpfer des Grundgesetzes die Folgerungen zogen: Keine Freiheit für die Feinde der Freiheit, keine demokratischen Rechte für die Gegner der Demokratie. Die Bundesrepublik Deutschland verstand sich von Anfang an als **wehrhafte Demokratie**, womit zunächst nur die Wehrhaftigkeit gegen ihre inneren Feinde gemeint war (Art. 18 GG). Sie wollte nicht grenzenlos tolerant sein wie es Weimar war. **Toleranz** soll nur dem gewährt werden, der seinerseits gewillt ist, Toleranz gegenüber Andersdenkenden zu üben. Diesem Grundsatz folgend können Parteien, die nicht auf dem Boden unserer freiheitlich-demokratischen Verfassung stehen, vom Bundesverfassungsgericht verboten werden.

Wehrhafte Demokratie
Toleranz

4.1.2.4 Die Verfassung

Bereits im November 1918 hatte *Friedrich Ebert* den Berliner Staatsrechtler *Hugo Preuß* (DDP) mit der Ausarbeitung eines Verfassungsentwurfes beauftragt. Die Nationalversammlung übernahm davon alle wesentlichen Teile und verabschiedete die **Weimarer Verfassung** am 31. Juli 1919. Sie trat am 11. August 1919 in Kraft.

Weimarer Verfassung

Die Reichsverfassung begann im ersten Hauptteil nicht wie das Bonner Grundgesetz mit den Grundrechten, sondern mit „Aufbau und Aufgaben des Reiches“. Darin werden die Kompetenzen der höchsten Staatsorgane beschrieben:

Der Reichstag war das zentrale Organ des Parlamentarismus und mit allen Rechten einer demokratischen Volksvertretung ausgestattet. **Reichskanzler** und **Reichsregierung** benötigten das Vertrauen des Reichstages. Sie konnten jederzeit, auch einzeln, durch einfache Mehrheit gestürzt werden, ohne dass der Reichstag verpflichtet war, einen neuen Reichskanzler zu wählen **(destruktives Misstrauensvotum)**. Ganz anders geartet ist demgegenüber die Verfassungskonstruktion des Grundgesetzes (s. Art. 67 GG).

Reichskanzler
Reichsregierung
Destruktives Misstrauensvotum

Die Abgeordneten genossen alle Rechte, wie sie heute auch die Mitglieder des Bundestages haben, und wurden nach demokratischen Grundsätzen aufgrund eines reinen **Verhältniswahlsystems** (Listenwahl) gewählt.

Verhältniswahlsystem

Der **Reichsrat** war als Nachfolger des Bundesrates in der Verfassung von 1871 konzipiert, ohne dessen Kompetenzen zu besitzen. Einsprüche des Reichsrates konnten sogar vom Reichstag mit Zweidrittelmehrheit zurückgewiesen werden.

Reichsrat

Eine herausragende Machtstellung besaß der **Reichspräsident**, der eine Art „Ersatzkaiser“ war. Er sollte in Zukunft direkt vom Volk auf sieben Jahre gewählt werden – *Ebert* war noch von der Nationalversammlung bestimmt worden – und diese Legitimation sicherte ihm Autorität und Unabhängigkeit gegenüber den anderen Staatsorganen. Seine wichtigsten Verfassungsrechte waren:

Reichspräsident

- Völkerrechtliche Vertretung des Reiches als Staatsoberhaupt;
- Oberbefehl über die Reichswehr in Krieg und Frieden;

- Ernennung und Entlassung von Reichskanzler und Reichsministern.
  Das war im Gegensatz zu Art. 64 GG nicht nur ein formales Recht. Das Staatsoberhaupt konnte jederzeit einen Kanzler ohne Zustimmung des Reichstages ernennen oder entlassen. Sprach dieser der Regierung das Misstrauen aus, so hatte der Reichspräsident das
- Recht zur Auflösung des Reichstages (mit anschließenden Neuwahlen), „jedoch nur einmal aus dem gleichen Anlass" (Art. 25 der Weimarer Verfassung).
- Mit dem Recht zur Ernennung und Entlassung des Reichskanzlers einerseits und dem Auflösungsrecht andererseits war dem Präsidenten ein Druckmittel gegen den Reichstag in die Hand gegeben, dessen Gefährlichkeit die Verfassungsväter vermutlich übersehen hatten: Der Präsident konnte so auch dem Reichstag nicht genehme Kanzler durchsetzen, indem er mit der Auflösung drohte – eine sogenannte Zangenpolitik.

Notverordnungsrecht

- **Notverordnungsrecht** gemäß Art. 48 der Reichsverfassung. Diese Bestimmung sollte sich als besonders verhängnisvoll erweisen. Der Reichspräsident konnte, „wenn im Deutschen Reiche die öffentliche Sicherheit und Ordnung erheblich gestört oder gefährdet wird", Grundrechte außer Kraft setzen und Anordnungen mit Gesetzeskraft erlassen.
  Damit war er in der Lage, am „Reichstag vorbei" Gesetzesfunktionen auszuüben. Zwar mussten auf Verlangen des Reichstages die „nötigen Maßnahmen" wieder aufgehoben werden, aber dagegen blieb dem Präsidenten immer noch die Drohung mit der Auflösung des Reichstages. Der Parlamentarische Rat, das verfassungsgebende Organ der Bundesrepublik Deutschland, hat diese Konstruktion nicht in das Grundgesetz übernommen und die Machtstellung des Staatsoberhauptes sehr geschwächt.

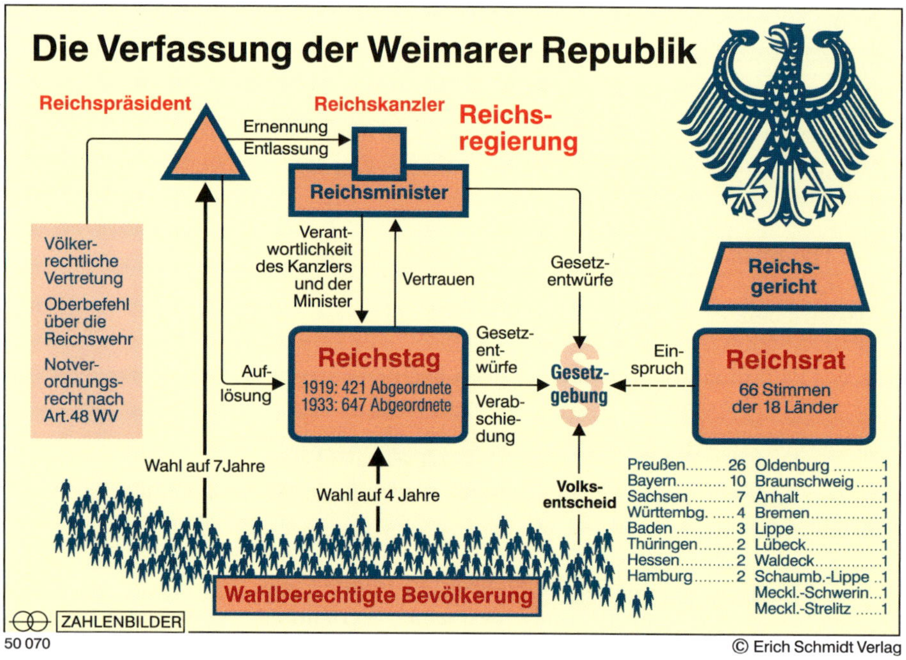

Der zweite Hauptteil der Verfassung beschreibt die „Grundrechte und Grundpflichten der Deutschen". Vor allem die weit gehenden Rechte ohne jede Loyalitätsverpflichtung gegenüber der Verfassung und der Republik begründeten den Ruf der „freiesten Verfassung der Welt".

Weimar gab tatsächlich auch den Verfassungsfeinden volle Freiheit, sogar das Recht, sie zu beseitigen (vgl. dagegen Art. 18 GG). – Die Grundrechte waren keine subjektiven einklagbaren Rechte und zumeist nur Staatsbürgerrechte, d.h. sie galten nur für Deutsche und nicht für jedermann als Menschenrechte.

▶ Q. 4

www.verfassungen.de

Man hat die Weimarer Verfassung auch als „Schönwetterverfassung" bezeichnet. Sie funktionierte gut, solange keine politischen Stürme auftraten. Zum Kampf gegen die Feinde der Republik, zur Verteidigung der demokratischen Grundordnung erwies sie sich als wenig tauglich. – Die Ansichten darüber sind geteilt, der Vergleich mit Bonn bzw. Berlin ist fragwürdig. Die Bundesrepublik Deutschland wurde bisher niemals von solchen wirtschaftlichen, sozialen und politischen Krisen geschüttelt wie die erste deutsche Republik. Ganz gewiss aber war Weimar keine „streitbare" Demokratie wie die Bonner bzw. Berliner Republik, die sich gegen die inneren Feinde der Demokratie zu wehren vermag.

Systematischer Verfassungsvergleich

	Weimarer Verfassung	Bonner Grundgesetz
Reichs-/Bundespräsident Amtsdauer Wahl	 7 Jahre Volkswahl (Art. 41)	 5 Jahre Bundesversammlung (Art. 54)
Ernennung u. Entlassung des Kanzlers	ohne Mitwirkung des Parlaments (Art. 53)	Ernennung nach Wahl durch Bundestag (Art. 63 Abs. 2); Entlassung nach Wahl des Nachfolgers (Art. 64 Abs. 1)
Streitkräfte	Oberbefehl (Art. 47)	kein Oberbefehl
Ausnahmezustand / Gesetzgebungsnotstand	Art. 48,2 Notverordnungen nach Art. 48	nur zusammen mit Bundesregierung u. -rat (Art. 81)
Parlamentsauflösung	Art. 25	nur beschränkt (Art. 63 Abs. 4); bei gescheiterter Vertrauensfrage (Art. 68)
Gesetzgebung	aufschiebendes Veto (Art. 73)	kann in Ausnahmefällen die Unterschrift für ein Gesetz verweigern
Reichskanzler/Bundeskanzler Kanzlerwahl Richtlinienkompetenz Misstrauensvotum	 --- --- Art. 54: destruktiv	 Art. 63 (durch Bundestag) Art. 65 Art. 67: konstruktiv
Volksentscheid	gegen Reichstagsbeschluss (Art. 75); Verfassungsänderung; Gesetzgebungsmittel (Art. 76, 73–74)	nur zur Neugliederung des Bundesgebietes (Art. 29)
Parteien	---	Organe der politischen Willensbildung (Art. 21)
Verfassungsschutz bzw. -widrigkeit	---	Treue zur Verfassung (Art. 18); Verbot verfassungsfeindlicher Parteien (Art. 21 Abs. 2); Bundesverfassungsgericht (Art. 93)
Wahlrecht	reines Verhältniswahlrecht (Art. 22)	kombiniertes Verhältnis- u. Mehrheitswahlrecht (personalisiertes Verhältniswahlrecht) mit 5%-Klausel
Merkmale des demokratischen Rechtsstaates Volkssouveränität Sozialstaat Gewaltenteilung	 Nur Art. 1 Satz 2 --- ---	 Art. 20 Abs. 2 Art. 20 Art. 20 Abs. 2
Grundrechte Einschränkung Verwirkung	 Notverordnungen (Art. 48) ---	 durch Notstandsgesetze; durch Bundesverfassungsgericht bei Verletzung der Grundrechte zum Schaden der Demokratie (Art. 18)

4.1.2.5 Die Hypotheken

Von Anbeginn trug die Weimarer Republik an politischen, wirtschaftlichen und psychologischen Lasten unterschiedlicher Art, die alle zusammen zu ihrem geringen Ansehen und der schwachen Verankerung im Volk beitrugen.

4.1.2.5.1 Die Dolchstoßlegende

Vor dem Untersuchungsausschuss der Nationalversammlung, der die Ursachen für die Niederlage im Weltkrieg erforschen sollte, hatte der kaiserliche Generalfeldmarschall *Paul von Hindenburg*, der als „Sieger von Tannenberg“ (August 1914) ein hohes Ansehen in allen Bevölkerungskreisen genoss, im März 1919 als Zeuge ausgesagt, dass die revolutionären Kräfte die Kampfkraft in Marine und Heer planmäßig zerstört hätten. Im Gegensatz zu der Forderung am 29. September 1918 nach sofortigem **Waffenstillstand** behauptete er nun, dass das ungeschlagene deutsche Heer noch zur Fortsetzung des Kampfes fähig gewesen und nur durch **Verrat** in der Heimat von hinten „erdolcht“ worden sei, wie z. B. durch den Streik in den Rüstungsfabriken in Berlin im Januar 1918, an dem auch *Friedrich Ebert* führend beteiligt war. Obwohl sämtliche historischen Belege gegen diese Legende sprachen, wurde sie in Deutschland nur zu gern geglaubt und stellte von Anfang an eine schwere psychologische Belastung für die neuen demokratischen Kräfte dar.

Waffenstillstand

Verrat

Wahlplakat der DNVP von 1924

1945 beugten die Alliierten der Entstehung einer neuen Legende vor. Auch die Bewohner des entlegensten Bauernhofes sollten Truppen der Besatzungsmächte sehen, damit kein Deutscher noch einmal die Illusion hegen konnte, eigentlich rein militärisch doch nicht besiegt worden zu sein.

4.1.2.5.2 Der Versailler Friedensvertrag

www.versailler-vertrag.de

Seit dem 11. November 1918 schwiegen an allen Fronten die Waffen. Am 18. Januar 1919 begann in Paris eine Konferenz zur Ausarbeitung eines Friedensvertrages, an der 32 Staaten teilnahmen – Deutschland blieb ausgeschlossen. Die entscheidenden Meinungsführer dieser Konferenz waren der amerikanische Präsident *Woodrow Wilson*, der englische Premierminister *David Lloyd George* und der französische Ministerpräsident *George Clemenceau*, dessen deutschenfeindliche Haltung besonders ausgeprägt war. Am 7. Mai 1919 wurde der deutschen Delegation in Versailles der fertige Vertragstext überreicht, dessen Inhalt selbst die schlimmsten Befürchtungen übertraf.

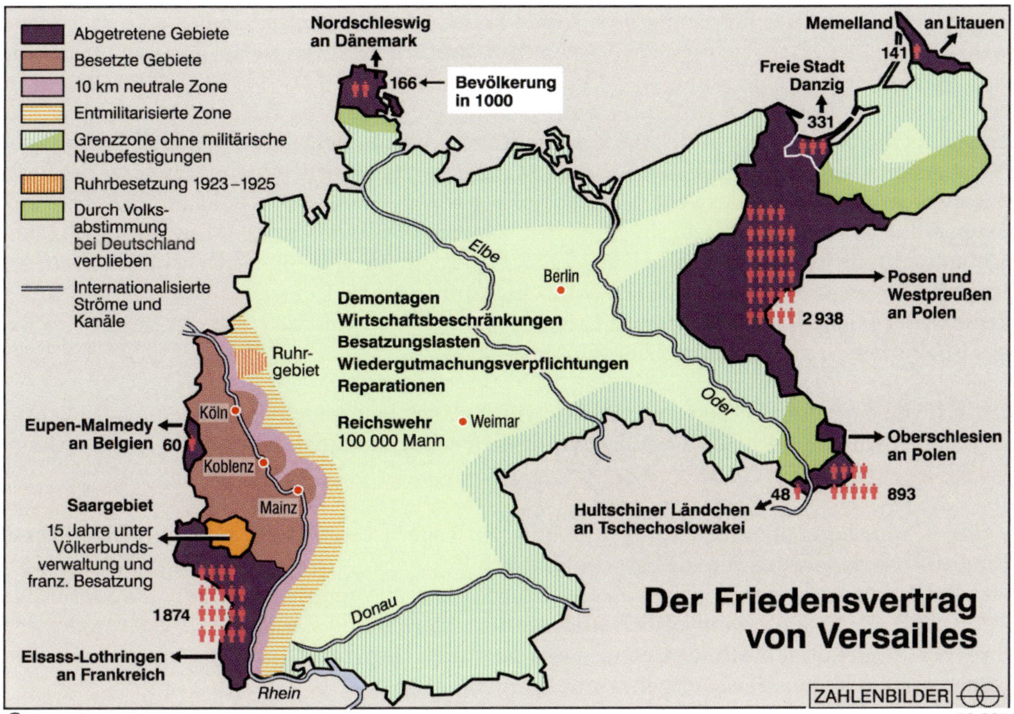

© Erich Schmidt Verlag 50 067

Etwas mehr als einhundert Jahre früher hatte eine andere Konferenz der Welt gezeigt, dass ein dauerhaftes Friedenswerk nur mit dem Verlierer, aber nicht gegen ihn errichtet werden kann: der Wiener Kongress.

Territoriale Verluste

Das Deutsche Reich musste erhebliche **territoriale Verluste** hinnehmen, insgesamt verlor es ein Siebtel seines Gebietes und ein Zehntel seiner Bevölkerung.

Polnischer Korridor

Besonders die Abtrennung Ostpreußens vom Gesamtreich durch den **„polnischen Korridor"** hatte verhängnisvolle Folgen: Revanchistische Kreise fanden mit ihrer Forderung nach Rückeroberung dieses alten deutschen Gebietes in weiten Teilen der Bevölkerung Zustimmung.

Reparationen

Wirtschaftlich schwer wog auch die Abtretung Elsass-Lothringens mit seinen Industriegebieten, die französische Besetzung und Ausbeutung des Saarlandes für 15 Jahre und der Verlust Oberschlesiens. Trotz dieser ökonomischen Schwächung sollte Deutschland im Rahmen der allgemeinen Wiedergutmachung u.a. jährlich 25 Millionen Tonnen Kohle an Frankreich liefern. Außerdem sollte Deutschland noch eine Kriegsentschädigung auferlegt werden, für die zunächst keine feste Summe benannt wurde. Gerade die umstrittene Frage der **Reparationen** wurde zu einer ständigen Quelle der Unruhe und verhinderte eine rasche Aussöhnung.

Demonstration in Berlin gegen den Versailler Vertrag

Deutschland verlor sämtliche Kolonien und musste seine Handelsflotte den Siegermächten ausliefern.

Von den deutschen Zeitgenossen wurde der Verlust der Kolonien als besonders schmerzlich und schmählich empfunden. Langfristig aber wirkte sich dies zum Vorteil aus. Kein europäisches Land konnte aus der Kolonialherrschaft nach dem Ersten Weltkrieg noch einen nennenswerten Nutzen ziehen, politisch aber war der Kolonialbesitz spätestens nach 1945 nur noch eine Belastung.

Wehrpflicht

Einschneidend waren auch die militärischen Bestimmungen: Es durfte keine **Wehrpflicht** mehr geben, das Heer wurde auf 100 000 Mann, die Marine auf 15 000 Matrosen begrenzt (zum Vergleich: Die Bundeswehr umfasst Anfang 2009 etwa 250 000 Soldaten.) Diese kleine Truppe durfte keine Panzer besitzen, kaum schwere Artillerie, keine Luftwaffe. Die Hochseeflotte musste an Großbritannien ausgeliefert werden. Sie versenkte sich aber selbst am 21. Juni 1919 in Scapa Flow bei den Orkney-Inseln. Künftig durfte Deutschland nur wenige Großkampfschiffe halten, vor allem keine U-Boote mehr. Ein 50 Kilometer breiter Streifen rechts des Rheins wurde zur entmilitarisierten Zone erklärt.

Entwaffnung

Die fast völlige **Entwaffnung** Deutschlands wurde damit begründet, dass sie ein erster Schritt zu einer allgemeinen Rüstungsbeschränkung sein sollte, bald jedoch versandeten die anfänglichen, zögerlichen Versuche.

Kriegsschuldartikel

Keine Bestimmung aber löste in allen politischen Lagern Deutschlands so einhellige Empörung aus wie der sogenannte **Kriegsschuldartikel.** Der Artikel 231 des Versailler Vertrages lautet: „Deutschland erkennt an, dass Deutschland und seine Verbündeten als Urheber für alle Verluste und Schäden verantwortlich sind, die die alliierten und assoziierten Regierungen und ihre Staatsangehörigen infolge des Krieges, der ihnen durch den Angriff Deutschlands und seiner Verbündeten aufgezwungen wurde, erlitten haben."

Diktat

Gerade diese Bestimmung ließ den Vertrag in den Augen der meisten Deutschen nicht als Vertrag, sondern als **Diktat** erscheinen. Die Siegermächte hatten die psychologisch-politische Wirkung des Art. 231 offensichtlich nicht vorausgesehen. Es ging ihnen dabei nicht in erster Linie um eine moralische Verdammung der Deutschen, dann hätte diese Bestimmung an den Anfang des Vertragswerkes gehört. Aber ein Artikel, der bei vierhundert anderen erst an 231. Stelle auftaucht, sollte im Zusammenhang mit den benachbarten Texten vor allem eine Rechtfertigung für die laufenden und künftigen Reparationsforderungen geben und eine Legitimationsgrundlage für wirtschaftliche und politische Maßnahmen gegen Deutschland liefern.

Das deutsche Volk aber sah darin, in seltener Übereinstimmung, nur ein Verdammungsurteil, das zu dem Empfinden kontrastierte, einen Krieg zur eigenen Verteidigung geführt zu haben.

Vertragsunterzeichnung

Philipp Scheidemann (SPD) lehnte die **Vertragsunterzeichnung** mit den Worten ab, dass die Hand verdorren müsse, die dies Diktat unterschreibe. Am 20. Juni trat er mit seinem Kabinett zurück. Sein Parteifreund *Gustav Bauer* übernahm die undankbare Aufgabe einer Regierungsumbildung. Obwohl die Nationalversammlung gleichfalls heftig gegen den Vertrag protestierte, wurden der neue Außenminister *Hermann Müller* (SPD) und der Verkehrsminister *Johannes Bell* (Zentrum) beauftragt zu unterschreiben. Es blieb keine andere Wahl. Militärischer Widerstand war unmöglich, die Nichtunterzeichnung hätte wahrscheinlich den Einmarsch der alliierten Truppen zur Folge gehabt.

Auch wenn der Versailler Vertrag Deutschland insgesamt hart traf, so ist er nicht zu vergleichen mit den Bestimmungen am Ende des Zweiten Weltkriegs. Denn Deutschland behielt seine staatliche Souveränität, es gab keine fremden Besatzungstruppen, welche über die an Kriegsverbrechen Beteiligten zu Gericht saßen und Recht sprachen oder überhaupt die inneren Angelegenheiten regelten und es gab auch keine Vertreibungen von so ungeheuren Ausmaßen wie 1945.

4.1.2.5.3 Ruhrkampf und Inflation

Londoner Konferenz

Die Siegermächte hatten auf der **Londoner Konferenz** von 1921 die Höhe der Gesamtreparationen auf die für die damalige Zeit unvorstellbare Summe von 132 Milliarden Goldmark festge-

Französische Truppen während der Rheinlandbesetzung 1923

Aufruf zum passiven Widerstand im besetzten Ruhrgebiet 1923

setzt. Widerspruch gegen diesen selbst von alliierten Wirtschaftssachverständigen *(John Maynard Keynes)* für unerfüllbar gehaltenen Beschluss war nicht möglich. Deutschland blieb nichts anderes übrig, als ihn soweit wie möglich zu befolgen.

Goldzahlungen

Bis 1922 erfüllte das Reich die baren **Goldzahlungen**, geriet aber in Verzug mit einigen Lieferungen von Holz, Kohle und Telegrafenstangen. Frankreich und Belgien nahmen diesen Rückstand sofort zum Anlass, das Rheinland und das Ruhrgebiet zu besetzen, um die Reparationsleistungen zu sichern. Die Reichsregierung reagierte auf diese von ihr als überzogen betrachtete Maßnahme mit Empörung. Sie stellte ab sofort alle Lieferungen an Frankreich und Belgien ein. Die staatlichen Beamten und Angestellten wurden angewiesen, den Besatzern jede Unterstützung zu versagen, die Arbeiter aufgefordert zu streiken und die Bevölkerung aufgerufen, keine französischen und belgischen Waren mehr zu kaufen.

Passiver Widerstand

Ruhrkampf

Einmütig leistete das gesamte Ruhrgebiet **passiven Widerstand**. Zwar wurde das Ziel nicht erreicht, die Lieferungen an Frankreich und Belgien zu stoppen. Die Besatzungsmächte holten eigene Ingenieure und ausländische Arbeiter ins Ruhrgebiet, die Produktion und Transport der Reparationsleistungen wieder ankurbelten. Dennoch verhalf der **Ruhrkampf** der Republik zu einigem Ansehen und nötigte sogar den Siegermächten einen gewissen Respekt ab.

Haushaltsdefizit

Doch der moralische Erfolg wurde teuer erkauft. Die streikenden und passiven Widerstand leistenden Arbeiter, Angestellten und Beamten mussten vom Reich finanziell unterstützt werden. Schrumpfende Steuereinnahmen auf der einen Seite und wachsende Ausgaben auf der anderen vergrößerten täglich das **Haushaltsdefizit**. Um die benötigten Beträge aufzubringen, setzte die Regierung die Notenpresse in Gang, immer schneller wurde Papiergeld gedruckt, immer höher lautete der Nominalwert (= Nennwert; aufgedruckter Wert) auf den Scheinen, und damit sank der Geldwert immer tiefer.

Verschuldung

Schon die Kriegskosten hatten den Staatshaushalt übermäßig belastet. Bis 1919 stieg die **Verschuldung** des Reiches auf 156 Milliarden Mark, das entsprach dem Dreifachen des Volkseinkommens der Vorkriegszeit, und die Kaufkraft der Mark sank bis Ende dieses Jahres auf ein Achtel des Wertes vom August 1914.

Im Oktober 1923 kostete eine einzige Briefmarke sechs Milliarden Mark!

Inflation

Hauptleidtragende der galoppierenden **Inflation** waren die Gläubiger von Geldforderungen, vor allem also der „kleine Mann“, der seine Ersparnisse zur Sparkasse bringt. Er verlor nicht nur seine Rücklagen, sondern als Folge seiner Erfahrungen auch sein Vertrauen in die Republik, weil er nicht das Kaiserreich und den verlorenen Krieg, sondern den neuen Staat dafür verantwortlich machte.

Sachwertbesitzer

Die in jahrelangem Verzicht zurückgelegten Kleinstbeträge – als gedachtes Zubrot zur Altersversorgung – reichten nun gerade noch aus, einen halben Liter Milch zu kaufen. Andererseits profitierten von der Inflation alle **Sachwertbesitzer**, Fabrikeigner, Hauseigentümer u. a., weil ihre Schulden real zu einem Nichts schrumpften. Unbeirrbar hielt das Reichsgericht an seiner Rechtsprechung „Mark = Mark“ fest, sodass selbst Schulden in Millionenhöhe, vor dem Krieg aufgenommen, mit dem Geldwert eines Kilo Brotes getilgt werden konnten. Das Reich aber war seine inneren Kriegsschulden los: 156 Milliarden Mark waren am Ende der Inflation von 1923 genau noch 15,4 Pfennig wert!

Preise in den Berliner Markthallen am 9. Juni 1923

		Mark
1 Pfund	Rindfleisch	8 500 – 12 000
1 Pfund	Kalbfleisch	6 800 – 10 000
1 Pfund	Hammelfleisch	7 000 – 9 000
1 Pfund	Schweinefleisch	9 000 – 10 500
1 Pfund	Molkereibutter	13 000 – 15 000
1 Pfund	Margarine	7 600 – 9 600
1 Pfund	Schmalz	12 000 – 12 400
1 Pfund	Rindertalg, ausg.	9 200 – 10 000
1 Pfund	Pflanzenfett, lose	9 000 – 9 500
1 Pfund	Speisekartoffeln	112 – 130
1 Pfund	Kaffee, geröstet	26 000 – 36 000
1 Pfund	Tee	30 000 – 48 000
1 Pfund	Kakao	7 500 – 14 000
1 Pfund	Zucker	1 400 – 1 550
1 Pfund	Weizenmehl	1 900 – 2 600
1 Pfund	Kl. Steinbutten	4 000 – 5 000
1 Pfund	Plötzen	5 000
1 Pfund	Grüne Heringe	2 500
1 Pfund	Kuttelfleck	4 500
1 Pfund	Berliner Bratenschmalz	13 000
1 Pfund	Linsen	10 000 – 11 000
1 Pfund	Neue Kartoffeln	2 200 – 2 500
1 Pfund	Sauerampfer	500 – 600
1 Pfund	Blaubeeren	8 000
1 Bund	Kohlrabi	5 000 – 6 000
1 Ei		800 – 810

Dollarnotierungen 1914–1923

	Mark
Juli 1914	4,2
Januar 1919	8,9
Juli 1919	14,0
Januar 1920	64,8
Juli 1920	39,5
Januar 1921	64,9
Juli 1921	76,7
Januar 1922	191,8
Juli 1922	493,2
Januar 1923	17 972,0
Juli 1923	353 412,0
August 1923	4 620 455,0
September 1923	98 860 000,0
Oktober 1923	25 260 208 000,0
15. November 1923	4 200 000 000 000,0

Geldentwertung

Diese schlimmste Inflation in der deutschen Währungsgeschichte bietet gutes Anschauungsmaterial dafür, dass gerade der kleine Mann die größten Opfer bei jeder **Geldentwertung** bringt. Wer statt „im Strumpf“ oder auf dem Sparbuch oder in festverzinslichen Wertpapieren zu sparen, sein Geld in Häusern, Grundstücken, Fabriken usw. anlegt, gewinnt real. Jede Geldentwertung, so hat es der frühere Bundesbankpräsident *Blessing* einmal formuliert, ist eine Wohlstandsverschiebung von den Armen zu den Reichen.

Am 26. September stand die Regierung finanziell endgültig vor dem Ruin. Die Inflation hatte sich in einem derartigen Tempo beschleunigt, dass die Notenpresse in Berlin nicht einmal mit dem Druck neuer Banknoten nachkam, obwohl sie Tag und Nacht arbeitete. Die Reichsregierung erließ einen Aufruf, den Ruhrkampf abzubrechen.

Am 15. November 1923 führte die Regierung eine **Währungsreform** durch. Dem Reichsbankpräsidenten *Hjalmar Schacht* gelang das „Wunder der Rentenmark". Zum Umrechnungskurs von 1 000 Milliarden Mark gab es eine Rentenmark. Die neue Währung wurde „gedeckt" durch eine Grundschuld auf landwirtschaftlichen und industriellen Grundbesitz. Ihre Besitzer erhielten dafür zinstragende **Rentenbankbriefe**, daher der Name der neuen Währung.

Währungsreform

Rentenbankbriefe

Diese angebliche „Gelddeckung" war nichts weiter als ein psychologischer Kunstgriff, um Vertrauen in die **Rentenmark** zu wecken. Niemals hätte sie gegen diese vermeintliche Deckung eingelöst werden können. Und der Erfolg der Währung war natürlich auch kein „Wunder", sondern ein Ergebnis der Geldpolitik, die Geldmenge knapp zu halten und die Kreditaufnahme zu beschränken. Der Wert einer Währung resultiert nicht aus irgendeiner „Deckung", worin sie auch immer bestehen mag, sondern nur aus ihrer Kaufmacht und Kaufkraft. **Kaufmacht** bezeichnet den Grad der Fähigkeit des Geldes, jederzeit und überall als Tauschmittel akzeptiert zu werden. Die **Kaufkraft** gibt an, wie viel an Waren und Diensten für eine Geldeinheit erworben werden kann.

Rentenmark

Kaufmacht

Kaufkraft

Bei der Währungsreform vom 20. Juni 1948 – Ersatz der durch den Krieg völlig entwerteten Reichsmark (RM) durch die Deutsche Mark (DM) – wurde auf solche psychologischen Tricks ganz verzichtet. Das Vertrauen in die neue Währung entstand, weil allein die rasch wachsende Wirtschaftsleistung (Stichwort: „Wirtschaftswunder") den realen Wert der DM durch das zunehmende Warenangebot verbürgte, die Kaufkraft eben.

Keine Währungsreform war dagegen die **Umstellung** der DM auf den Euro (EUR) im Jahre 1999. – Der Noten- und Münzenumlauf des EUR begann erst drei Jahre später. – Bei dieser Umstellung wurde ein Kurs zugrunde gelegt, der dem damaligen Realwert entsprach: 1 EUR = 1,95583 DM, also rund zwei DM für einen Euro.

Umstellung

4.1.2.5.4 Demokratie ohne Demokraten

Für die erste deutsche Republik wurden insbesondere wegen ihres Scheiterns viele griffige sprachliche Wendungen gefunden. Sie reichen von der „Republik, die keiner wollte" über die „ungeliebte Republik" bis zur „verratenen Republik". Uneingeschränkt haben nur die Sozialdemokratie, die DDP und das Zentrum diese Republik bis zum Ende verteidigt. Doch nachdem die erste Euphorie verflogen war, vor allem nach der großen Inflation von 1923, die das Kleinbürgertum um seine Ersparnisse brachte, lehnte die Mehrheit des Volkes diese Staatsform ab oder stand ihr bestenfalls gleichgültig und desinteressiert gegenüber. Selbst führende Sozialdemokratien seufzten, dass man zwar nicht zurück nach Potsdam wolle, also eine Wiedererrichtung der monarchischen Herrschaft wollte, aber Weimar eben auch nicht mochte.

Folgt man den Ausführungen des Politologen *Kurt Sontheimer*, der 1988 über die „Politische Kultur der Weimarer Republik" schrieb, so lassen sich außerhalb der Fundamentalgegner der KPD und NSDAP oder der monarchisch gesinnten alten Eliten, vor allem in der DNVP, aber auch in Militär und Justiz folgende Gruppen von **Nicht- und Halbdemokraten**, auch als „Halbjungfrauen der Demokratie" *(Ignazio Silone)* verspottet, unterscheiden:

Nicht- und Halbdemokraten

- Enttäuschte **Linke**, die anfangs die Republikgründung enthusiastisch begrüßt hatten, sich aber bald resigniert abwandten, weil vieles von dem, was sie in überspannten Erwartungen erhofft hatten, nicht erfüllt wurde und wegen der Umstände auch nicht erfüllt werden konnte.
- Die zweite Gruppe war die zahlenmäßig schwache Schar der Gemäßigten und **Liberalen**, die im Prinzip in der Republik schon das Richtige sahen, aber zum Schluss einfach meinten, das deutsche Volk sei noch nicht reif für die Demokratie.

Linke

Liberale

Bürgerliche

- Die gebildeten **Bürgerlichen**, viele von ihnen saßen in den Redaktionsstuben der meinungsbildenden Presse, wie etwa der „Frankfurter Zeitung“, verkannten als „Vernunftrepublikaner“ die Macht des Irrationalen. Ihre Mittel waren die des Kopfes. Sie besaßen kein Gespür dafür, dass ein Volk mehr braucht als eine sachgemäße Erklärung der Verfassung und ihrer Wirkung. Der „Verfassungstag“ – Inkrafttreten der Weimarer Verfassung am 11. August 1919 – wurde zwar jährlich bei abnehmender Teilnehmerzahl gefeiert, aber es sprang kein emotionaler Funke über. Sie wandten sich zwar angewidert von Nationalsozialisten und Kommunisten ab, aber sie liebten die Republik nicht, sondern verhielten sich abwartend.
- Schließlich gab es wiederum auch im gebildeten Bürgertum ab Ende der zwanziger Jahre eine wachsende Anzahl von Bürgern, die weder willens noch fähig war, ihren Frieden mit der bestehenden Republik zu machen. Zu ihnen gehörten deutsche Professoren, große Teile der akademischen Jugend, die keine Kriegserfahrungen mehr hatten, die Mehrheit der protestantischen Pfarrer und viele Gymnasiallehrer. In den deutschen Universitäten und höheren Schulen herrschte durchweg eine **deutschnationale** Stimmung.

Deutschnationale

4.1.2.6 Die Scheinblüte

Kredite

Wirtschaftsbelebung

Mithilfe amerikanischer **Kredite** für die deutsche Wirtschaft versuchte der damalige Reichskanzler *Stresemann*, eine wirtschaftliche Konsolidierung zu erreichen. Der *Dawes*-Plan von 1924 legte Art, Zeitpunkt und Höhe der deutschen Reparationsleistungen – in einer der deutschen Zahlungsfähigkeit besser angepassten Weise – neu fest, ohne allerdings eine Endfrist dafür zu nennen. Die Verpflichtungen konnten aber nur erfüllt werden, wenn die deutsche Wirtschaft einen Aufschwung nahm. Dem dienten die Kredite, die tatsächlich zu einer **Wirtschaftsbelebung** führten.

Die Wahlen vom Dezember 1924 zeigten die ersten Erfolge der Stabilisierung: Die extreme Linke und Rechte verloren erheblich an Stimmen, doch Regierungsbildungen aus mehreren Parteien blieben weiterhin schwierig. Nach Abspaltung des antisemitischen radikalen Flügels steuerte die DNVP zwar einen gemäßigteren Kurs, aber mit über zwanzig Prozent der Stimmen war sie als zweitstärkste Partei ein Sammelbecken von Kräften geworden, die der Re-

Reichspräsidentenwahl 1925

1. Wahlgang (29. März 1925)			2. Wahlgang (26. April 1925)		
	in 1 000	v. H.		in 1 000	v. H.
Stimmberechtigte	39 226,1	100		39 414,3	100
Wahlbeteiligung	27 016,8	68,9		30 567,9	77,6
gültige Stimmen	26 866,1	100		30 351,8	100
davon entfielen auf:					
Jarres (DVP)	10 416,6	38,8	Hindenburg	14 655,6	48,3
Held (BVP)	1 007,5	3,7			
Ludendorff (NSDAP)	285,5	1,1			
Braun (SPD)	7 802,5	29			
Marx (Z)	3 887,7	14,5		13 751,6	45,3
Hellpach (DDP)	1 568,4	5,8		1 931,2	6,4
Thälmann (KPD)	1 871,8	7			
Verschiedene	25,8	0,1		13,4	0

publik zumindest nicht freundlich gesonnen waren, auch wenn sie mehr auf kritische Distanz denn Bekämpfung gingen.

www.fes.de

Am 28. Februar 1925 verstarb Reichspräsident *Friedrich Ebert,* nicht zuletzt zermürbt von der kaum erträglichen, jahrelangen Hetzkampagne gegen seine persönliche Ehre, vor deren Verletzung ihn die Gerichte nur unzureichend schützten.

Oftmals wurden selbst schwere Beleidigungen des „verräterischen Sattlergesellen" mit so lächerlich niedrigen Geldstrafen „geahndet", dass dies eher einer neuen Beleidigung gleichkam. Die Verletzung der Ehre des Staatsoberhauptes „kostete" bei vielen Gerichten nur ein paar Mark.

Reichspräsidentenwahl

Am 26. April wurde der populäre Feldmarschall des Ersten Weltkrieges, *Paul von Hindenburg* (1847–1934), der erst im zweiten Wahlgang kandidierte, vom deutschen Volk als Nachfolger *Eberts* gewählt. Die Wahl hatte auch eine symbolische Bedeutung. Die alten Kräfte gewannen wieder verstärkten Einfluss, hatte doch der kaiserliche Marschall den Kandidaten der Republikaner, den Zentrumsabgeordneten *Wilhelm Marx* geschlagen.

Entgegen den Erwartungen seiner „rechten" Anhänger und zur Überraschung seiner Gegner fühlte sich der neue Reichspräsident streng an seinen auf die Verfassung abgelegten Amtseid gebunden, und die relative politische Stabilität hielt an. Der Reichstag wurde nicht vor Ende der Legislaturperiode aufgelöst, die Zahl der Kabinette blieb zwischen 1925 und 1929 mit fünf verschiedenen Koalitionen verhältnismäßig gering; darunter erreichte die Regierung *Hermann Müller* (SPD) mit 636 Tagen die längste Regierungszeit.

Im Vergleich mit der Amtszeit der Bundesregierung ist auch dies wenig. – Von 1949 bis 2009 hatte die Bundesrepublik Deutschland nicht mehr als acht Kanzler, in knapp sechzig Jahren nur sechs verschiedene Koalitionen in fünfzehn Regierungen gebildet.

Nach wie vor stand die deutsche Wirtschaft auf schwachen Füßen; der Aufschwung war „gepumpt", auch *Stresemann* erkannte die Gefahr, wenn die amerikanischen Kredite plötzlich abgerufen werden sollten.

Reparationsbelastung

Vor allem aber erwies sich die **Reparationsbelastung** als zu hoch, eine Revision des *Dawes*-Plans erschien unumgänglich. Der amerikanische Bankier *Owen Young* entwickelte 1929 einen Plan, nach dem Deutschland 59 Jahre lang, das war bis zum Jahre 1988 (!), jährlich 2,05 Milliarden Goldmark aufbringen sollte. Obwohl diese Leistung die Wirtschaftskraft Deutschlands damals nicht überstieg, sprachen rechtsradikale Kreise von einer „Versklavung" Deutschlands für viele Generationen. Ein Volksbegehren konnte einen **Volksentscheid** über den Plan durchsetzen, doch die erforderliche Mehrheit zur Ablehnung wurde nicht erreicht.

Volksentscheid

Doch bevor noch die ersten Zahlungen nach dem *Young*-Plan geleistet wurden, brach das Vertragsgebäude zusammen. An der New Yorker Börse fielen vom 23. bis 29. Oktober 1929 („Schwarzer Freitag") die Wertpapierkurse dramatisch. Banken und Wertpapierbesitzer riefen die Deutschland auf kurze Laufzeit gewährten Kredite ab, um wieder liquide (flüssig, zahlungsfähig) zu werden. Die **Weltwirtschaftskrise** begann.

Weltwirtschaftskrise

Nach dem Zweiten Weltkrieg bestand die US-Hilfe daher nicht aus Krediten, sondern der US-Marshallplan, das **Europäische Wiederaufbauprogramm,** (siehe Kapitel 5.1) sah Finanzleistungen ohne Rückforderungsrecht vor.

Europäisches Wiederaufbauprogramm

Die in langfristigen Anlagen investierten kurzfristigen Kredite konnten nicht schnell genug frei gemacht werden. Firmen und Banken meldeten Zahlungsunfähigkeit, in deren Gefolge immer mehr Unternehmen den Gang zum Konkursrichter antreten mussten. Rasch stiegen die Arbeitslosigkeit und damit die innenpolitische Radikalisierung.

Bisher gab es keinen vergleichbaren Kurssturz mehr, selbst der sogenannte „Schwarze Montag" vom

19. Oktober 1987 hatte nicht annähernd die negativen Auswirkungen wie der Börsenkrach 1929. Und auch die dramatischen Kursstürze im Jahr 2000 beendeten lediglich den Traum von ewigem Wachstum und Wohlstand der „New Economy“. Die Finanz- und Wirtschaftskrise von 2008/09 scheint die Weltwirtschaftskrise von 1929 allerdings in ihren negativen Auswirkungen zu übertreffen (s. Kap. 2.3.7).

Die letzte vom parlamentarischen Vertrauen getragene Regierung unter Führung von Reichskanzler *Hermann Müller* (SPD) trat am 27. März 1930 zurück. Sie stürzte über einen fast banalen Anlass: Eine notwendige, geringfügige Erhöhung der Beiträge zur Arbeitslosenversicherung wollte die sozialdemokratische Fraktion nicht mehr mittragen.

Als Bundeskanzler *Helmut Schmidt* seine SPD-Fraktion 1982 beschwor, weiterhin die SPD-FDP-Koalition zu stützen, erinnerte er ausdrücklich an diesen historischen Vorgang.

4.1.2.7 Die Außenpolitik Stresemanns

Der auch außerhalb seiner Partei (DVP) angesehene Politiker *Gustav Stresemann* war vom November 1923 bis zu seinem frühen Tod 1929 in acht verschiedenen Regierungen der verantwortliche Außenminister.

Er garantierte damit eine Kontinuität in der Außenpolitik, die Deutschlands Stellung in der Welt langsam, aber stetig kräftigte. Einer seiner Vorgänger, der am 24. Juni 1922 heimtückisch ermordete *Walter Rathenau* (DDP), hatte bereits am 16. April 1922 in Rapallo einen deutsch-russischen Vertrag unterzeichnet (**Rapallo-Vertrag**). Deutschland erkannte darin die Sowjetregierung als einzige legitime Vertretung Russlands an und verzichtete auf alle aus dem Krieg herrührenden Forderungen.

Rapallo-Vertrag

Besonders den rechts stehenden Gruppen galt der Vertrag als geschickter Schachzug. Er sollte einerseits die Westmächte zu größerer Nachgiebigkeit bringen, wenn sie verhindern wollten, dass Deutschland sich noch mehr an Russland anlehnte. Andererseits eröffnete er Möglichkeiten, mithilfe der UdSSR Polen erneut zu zerschlagen. General *Johannes von Seeckt* nahm in einer Stellungnahme zu Rapallo die Ereignisse vorweg, die später so viele Menschenleben fordern sollten.

Aussöhnung

Doch *Stresemann* war trotz Rapallo bemüht, die **Aussöhnung** mit Frankreich zu betreiben. Zusammen mit seinem französischen Amtskollegen *Aristide Briand*, der ebenfalls die Versöhnung der ehemaligen Kriegsgegner anstrebte, ging *Stresemann* ans Werk. Im Juli 1924 konnte unter seiner Leitung eine deutsche Delegation an der Londoner Konferenz, die den *Dawes*-Plan ausarbeitete, teilnehmen. *Stresemann* erhielt die Zusicherung Frankreichs, das Ruhrgebiet binnen Jahresfrist zu räumen, eine Zusage, die tatsächlich bis zum Juli 1925 erfüllt wurde. Dies war eine erste bescheidene Anerkennung Deutschlands als Verhandlungspartner des Westens.

Verträge von Locarno

▶ Q. 7

Den „Durchbruch“ zu internationaler Anerkennung und Wertschätzung schaffte *Stresemann* in seiner Außenpolitik mit den **Verträgen von Locarno.** Sie enthielten vor allem eine gegenseitige Anerkennung der Westgrenzen und damit die territoriale Unverletzbarkeit.

Die ehemaligen westlichen Kriegsgegner bezeichneten Locarno als einen „Wendepunkt in der europäischen Geschichte“. Der Botschafter Großbritanniens in Berlin sah den wichtigsten Gewinn darin, dass der Vertrag die „Kriegsentente gegen Deutschland beendet. Er bringt Deutschland in das europäische Konsortium der Westmächte ...“ *Stresemann* selbst knüpfte große Hoffnungen an den „Geist von Locarno“ und bezeichnete ihn als „den Silberstreifen am Horizont“. Doch die radikalen Gruppen von links und rechts lehnten seine Politik ab: *Stresemann* wurde verächtlich als „Versöhnler“ abgetan.

▶ Q. 8

Die neue Orientierung nach Westen drohte die begonnene Zusammenarbeit mit der Sowjetunion zu gefährden. Deshalb schloss *Stresemann* am 24. April 1924 in Berlin einen **deutsch-**

russischen Freundschaftsvertrag. Russland sollte nicht befürchten müssen, in der „West-Bindung“ einen gegen Osten gerichteten Akt zu sehen.

Deutsch-russischer Freundschaftsvertrag

Eine Neuauflage dieser so pauschal bezeichneten Rapallo-Politik hat es nach 1945 nicht mehr gegeben. Im Gegenteil: Der erste Kanzler der Bundesrepublik Deutschland, *Konrad Adenauer,* geißelte gerade Rapallo als ein Beispiel verhängnisvoller „Schaukelpolitik“. Nur ein eindeutiges und schwankungsfreies Verhältnis zum Westen – die **Westbindung** – könne der Bundesrepublik Deutschland auf Dauer Frieden und Freiheit sichern.

Westbindung

Höhepunkt und Krönung seiner Außenpolitik erlebte *Stresemann* mit der feierlichen Aufnahme Deutschlands in den **Völkerbund**, den Vorläufer der Vereinten Nationen, am 10. September 1926. Im gleichen Jahr erhielt er den Friedensnobelpreis, den er sich mit *Aristide Briand,* dem französischen Ministerpräsidenten, teilte.

Völkerbund

Es gehört zur menschlichen Tragik der verantwortlichen Männer der Außenpolitik Deutschlands und Frankreichs, dass beide die Aussöhnung rascher vorantreiben wollten, aber Rücksicht auf die nationalistischen Kreise in ihren Ländern nehmen mussten.

Im Gegensatz dazu brauchte *Konrad Adenauer,* gestützt auf innenpolitische Autorität und internationales Ansehen, keine Rücksicht auf nationalistische oder gar revanchistische Kreise zu nehmen, abgesehen davon, dass sie nennenswert nicht existierten. So konnte er – in Übereinstimmung mit weitblickenden französischen Staatsmännern, z. B. *Robert Schuman* – die deutsch-französische Aussöhnung nach 1950 vorantreiben und mit dem „Vertrag über die deutsch-französische Zusammenarbeit“, dem Elysée-Vertrag von 1963, besiegeln.

www.norwegen.no/policy/peace/price

Die letzte große außenpolitische Leistung *Stresemanns* bestand im Beitritt Deutschlands zum **Briand-Kellogg-Pakt**, der aus einer gemeinsamen Initiative *Briands* und des amerikanischen Staatssekretärs *Frank Billings Kellogg* hervorgegangen war. Dieser Kriegsächtungspakt wurde am 27. August 1928 von fünfzehn Staaten unterzeichnet und erklärte den Angriffskrieg zu einem internationalen Verbrechen.

Briand-Kellogg-Pakt

Kurz vor seinem Tode erreichte *Stresemann,* dass auch die teilweise noch besetzten Rheinlande endgültig bis spätestens 30. Juli 1930 geräumt werden sollten.
Trotz seiner Erfolge äußerte sich *Stresemann* wenige Tage vor seinem Tod gegenüber einem englischen Journalisten resigniert, ja fast verbittert: „Ich habe gegeben, gegeben und immer gegeben, bis sich meine Landsleute gegen mich gewandt haben. Hätte ich nach Locarno ein einziges Zugeständnis erhalten, so würde ich mein Volk überzeugt haben ... Die Jugend Deutschlands, die wir für den Frieden und für das neue Europa gewinnen konnten, haben wir beide verloren“ (gemeint sind *Stresemann* und *Briand*).

Aus diesem Vorwurf, dass die ehemaligen Siegermächte ein größeres Entgegenkommen gegenüber Deutschland hätten zeigen können, ziehen einige Zeithistoriker der Bundesrepublik Deutschland die Folgerung, dass auch die Westmächte eine Mitverantwortung (nicht Mitschuld!) am Aufstieg *Hitlers* und damit am Zweiten Weltkrieg hätten.

4.1.2.8 Das Ende

Nach dem Sturz der letzten, noch parlamentarisch getragenen Regierung *Müller* gelang es dem Reichstag nicht mehr, sich auf eine mehrheitlich gestützte Regierungskoalition zu einigen. Als der Reichspräsident am 28. März 1930 den Vorsitzenden der Zentrumsfraktion, *Heinrich Brüning* (1885–1970), mit der Kabinettsneubildung beauftragte, war von Anfang an klar, dass diese **Minderheitsregierung** nur vom Vertrauen des Präsidenten getragen sein konnte. Das Kabinett *Brüning* wurde deshalb auch als „Hindenburg-Kabinett“ verspottet. Dieses, wie auch die nachfolgenden Regierungen, die sich ebenfalls auf keine Parlamentsmehrheiten, sondern nur noch auf den Reichspräsidenten stützen konnten, werden als **Präsidialkabinette**

Minderheitsregierung

Präsidialkabinette

bezeichnet. *Brüning* analysierte die politische Situation, die er bei Amtsantritt vorfand, kurz und zutreffend folgendermaßen: „Je unfruchtbarer das Parlament ist, je uneiniger die Parteien werden, desto stärker wird automatisch die Stellung des Reichspräsidenten."

Young-Plan

Brüning versuchte, die Bestimmungen des **Young-Plans** soweit wie möglich zu erfüllen. Er sah zwar, dass dies angesichts der wirtschaftlichen Depression unmöglich war, aber er wollte Zuverlässigkeit und Berechenbarkeit der deutschen Außenpolitik demonstrieren. Die Zahlungsunfähigkeit Deutschlands konnte er den Siegermächten nur dann glaubhaft machen, wenn zuvor alle Anstrengungen unternommen wurden, den Verpflichtungen nachzukommen. Deshalb betrieb er eine rigorose Sparpolitik: Erhöhung der Staatseinnahmen und scharfe Drosselung der Staatsausgaben.

Deflationspolitik

Heute wissen oft schon Schüler einer Wirtschaftsschule, dass eine solche **Deflationspolitik** während einer Wirtschaftsdepression genau das Falsche ist. Sie führt nur zu immer größeren Schwierigkeiten, die Zahl der Firmenzusammenbrüche wächst und mit ihr die Zahl der Arbeitslosen. Damals aber ahnten erst wenige, dass die fehlende Nachfrage – die Güter waren vorhanden, aber nicht die Kaufkraft, sie zu erwerben – durch ein „deficit-spending" des Staates ersetzt werden müsse. Dies hätte die Beschäftigung angekurbelt und damit langfristig auch die Staatseinnahmen erhöht. Erst dem bedeutenden englischen Nationalökonomen *John Maynard Keynes (1883–1946)* gelang es 1936, diese theoretischen Zusammenhänge aufzuzeigen.

4.1.2.8.1 Die „Herrschaft" des Art. 48 Reichsverfassung

Notverordnungen

Brüning setzte seine Politik mithilfe von **Notverordnungen**, die er dem Reichspräsidenten vorschlug, über den Art. 48 der Reichsverfassung durch.

Als der Reichstag zwei Notverordnungen aufhob, die Brüning durch den Reichspräsidenten erlassen hatte, ließ er sich auf der Grundlage des Art. 25 Reichsverfassung von *Hindenburg* ermächtigen, den Reichstag kurzerhand aufzulösen und Neuwahlen anzusetzen. In der Zwischenzeit konnte er mit einem ganzen Bündel von Notverordnungen weiterregieren.

Zangenpolitik

Zum ersten Mal wurde die **„Zangenpolitik"** praktiziert: Regieren durch Notverordnungen und Drohung mit der Auflösung des Parlaments, wenn dieses widerspricht. Diese Politik entsprach zwar dem Wortlaut der Verfassung, lief aber ihrem Geist zuwider. Langsam begann die Aushöhlung der demokratischen Legitimation.

Reichstagswahlen

Die **Reichstagswahlen** vom 14. September 1930 endeten mit einem Fiasko: Entgegen der von *Brüning* erwarteten Stärkung seiner Position, also einem Sieg der parlamentarischen Mitte, erhöhten die antirepublikanischen Parteien KPD und NSDAP ihre Stimmenanteile beträchtlich.

Besonders der Erfolg der Nationalsozialisten kam in dieser Höhe völlig überraschend. Es gab damals noch keine Demoskopie (Meinungsforschung), die Parteizentralen ebenso wie die Öffentlichkeit waren völlig auf eigene Mutmaßungen angewiesen.

In so manchem SPD-Büro erwarteten die größten Pessimisten, dass die NSDAP mit maximal 50 Mandaten in den Reichstag einziehen würde, was gegenüber der vorhergehenden Wahl von 1928 ja schon eine Vervierfachung bedeutet hätte (12 Mandate). Unfassbar erschien den Sozialdemokraten, als am Wahlabend die nach und nach eintrudelnden Ergebnisse ankündigten, dass die „Nazis" mit 107 Abgeordneten und damit als zweitstärkste Fraktion in den Reichstag einziehen würden.

Doch auch im neuen Reichstag fand sich keine Mehrheit für eine Regierung, sodass *Brüning* mit seinem Notverordnungssystem weiterregieren konnte, toleriert von der SPD, die damit „Schlimmeres verhüten" wollte. Die Präsidialregierung mit ihren Notverordnungen, vom Parlament geduldet, führte zu einem „stillen Verfassungswandel".

Die eigentliche Vertretung des Souveräns, der Reichstag, nahm zwei seiner wichtigsten Aufgaben nicht mehr wahr: Regierungsbildung und Gesetzgebung.

Die wirtschaftliche Lage Deutschlands verschlechterte sich weiterhin. Auch im Ausland sah man die Situation realistisch, und so schlug US-Präsident *Herbert C. Hoover* ein **Zahlungsmoratorium** (Zahlungsaufschub) vor. Deutschland musste seinen Zahlungsverpflichtungen gemäß *Young-Plan* demnach für 1931 nicht nachkommen. Dennoch stieg die **Arbeitslosigkeit** weiter an und erreichte im Januar 1932 mit über 6 Millionen den Höchststand. Das entsprach einer Arbeitslosenquote von rund 30 %.

Zahlungsmoratorium

Arbeitslosigkeit

Zum Vergleich: Die höchste Arbeitslosenzahl hatte die Bundesrepublik Deutschland bisher im Februar 2005 mit 5,2 Millionen = 12,7 %.

Im Oktober 1931 wurde das Kabinett umgebildet: *Brüning* blieb zwar Reichskanzler, aber in der Regierung saßen nun mehrere parteilose Minister, was *Hindenburgs* Wunsch nach einem Kabinett „ohne parteimäßige Bindung" entsprach. Der Reichstag sank zunehmend in die Bedeutungslosigkeit hinab, die weitere Entwicklung wurde „von der Straße" bestimmt.

Entwicklung der Arbeitslosigkeit

	Arbeitslose in Mio. (Jahresdurchschnitt)	Arbeitslose in v. H. der Arbeitnehmer
1921	0,354	...
1922	0,231	...
1923	0,751	...
1924	0,978	...
1925	0,636	...
1926	2,000	...
1927	1,300	...
1928	1,353	7,0
1929	1,892	9,6
1930	3,076	15,7
1931	4,520	23,9
1932	5,575	30,8
1933	4,804	26,3

Die öffentliche Zählung der Arbeitslosen begann erst 1928. Zahlen ab 1928 aus: Bruno Gleitze (Hrsg.): Wirtschafts- und sozialstatistisches Handbuch, Bund-Verlag, Köln 1960, S. 45.

Höchstzahlen der Arbeitslosen während der Wirtschaftskrise

Februar 1929	3,05 Mill.
Dezember 1930	4,384 Mill.
Dezember 1931	5,668 Mill.
Februar 1932	6,128 Mill.
Januar 1933	6,014 Mill.
Januar 1934	3,773 Mill.

(Nach Ernst Wagemann [Hrsg.]: Kurven und Zahlen zur Wirtschaftslage in Deutschland, 2. Auflage, Hanseatische Verlagsanstalt, Berlin 1935, S. 8.)

4.1.2.8.2 Die letzte Hoffnung: Hindenburg

Am 11. Oktober 1931 hatten sich rechtsradikale Organisationen, darunter die NSDAP, Deutschnationale und der Stahlhelm, ein nationalistischer Frontkämpferverband, in Bad Harzburg zur **Harzburger Front** zusammengeschlossen. Als Antwort darauf gründeten Gewerkschaftsmitglieder, Teile der SPD und auch des Zentrums am 16. Dezember 1931 die **Eiserne Front.** Straßenschlachten bestimmten nun das Bild in den deutschen Großstädten. Totschlag und schwere Körperverletzung gehörten zum Alltag des politischen Lebens.

Harzburger Front
Eiserne Front

Bei der anstehenden **Reichspräsidentenwahl** von 1932 hatte *Adolf Hitler* (1889–1945) ernsthafte Chancen, nach dem Zusammenschluss der Rechtsgruppen zum Reichspräsidenten gewählt zu werden. Die Mitglieder der SPD ahnten nichts Gutes, wenn ausgerechnet dieser Mann die Machtfülle des Staatsoberhauptes erhalten würde. Sie verzichtete darauf, einen eigenen Kandidaten in das aussichtslose Rennen zu schicken. Zusammen mit den beiden anderen demokratischen Parteien (DVP und Zentrum) überredeten die Sozialdemokraten den 84-jährigen (!) *Hindenburg*, nochmals zu kandidieren. Unter dem Motto: „Wählt Hindenburg, schlagt Hitler!" glaubte man, sich für das kleinere Übel entschieden zu haben.

Reichspräsidentenwahl

Nur widerstrebend hatte *Hindenburg* die neuerliche Kandidatur angenommen, er fühlte sich „auf der falschen Seite", denn „seine" Kreise, die Konservativen, unterstützten *Hitler*.

Im ersten Wahlgang verfehlte *Hindenburg* die absolute Mehrheit nur knapp, konnte sich aber im zweiten Wahlgang am 10. April 1932 mit 53 Prozent der Stimmen klar durchsetzen.

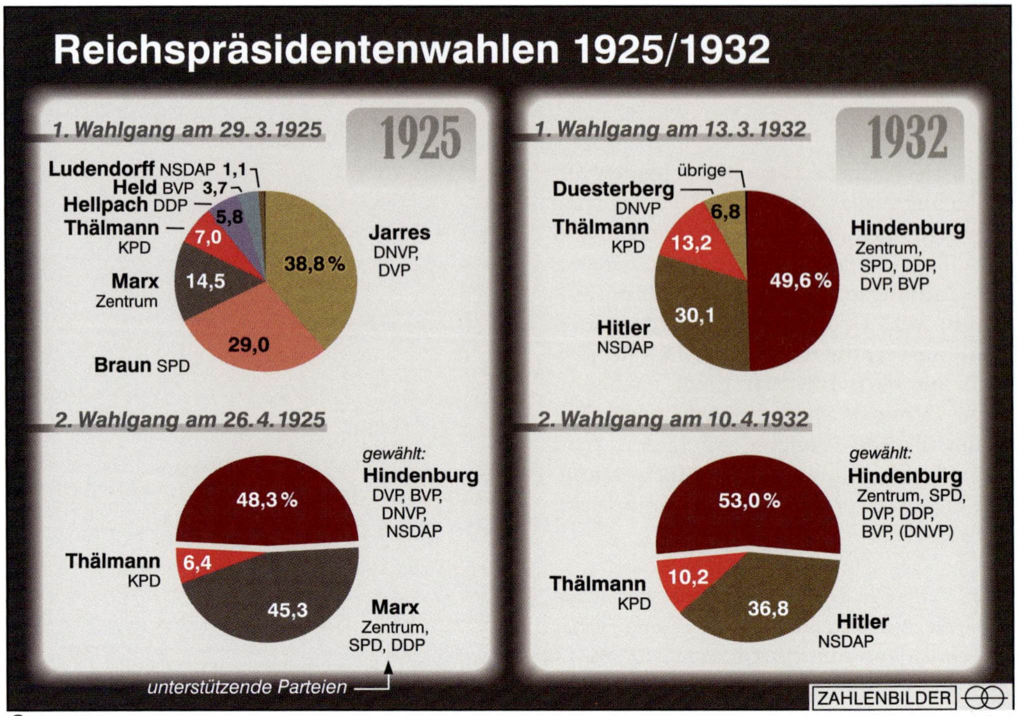

 50 072

4.1.2.8.3 Der Untergang der Republik

Nur wenige Wochen nach seiner Wahl ließ *Hindenburg* den Mann fallen, der sich in unzähligen Wahlveranstaltungen für seine Wiederwahl eingesetzt hatte: Am 30. Mai 1932 wurde Reichskanzler *Heinrich Brüning* abgesetzt. – Die Gründe für die Absetzung sind bis heute nicht vollständig geklärt.

Kabinett der Barone

Zum Nachfolger *Brünings* wurde der vornehmlich als „Herrenreiter" bekannte Baron *Franz von Papen* ernannt, der dem rechten Flügel des Zentrums angehörte. *Papen,* Aristokrat und überzeugter Monarchist, bildete eine als **„Kabinett der Barone"** verspottete Regierung, die mit viel kultivierter Eleganz, aber ohne politischen Erfolg agierte. Sie hob das erst drei Monate alte Verbot der SA (Sturm-Abteilung; militante Kampforganisation der NSDAP) auf, wodurch die gewalttätigen Straßenkämpfe wieder zunahmen. Am 20. Juli 1932 setzte die Reichsregierung die preußische Staatsregierung unter dem Ministerpräsidenten *Otto Braun* mit Innenminister *Carl Severing,* beide SPD, gegen jedes Recht einfach ab, und *Papen* ernannte sich selbst zum Reichskommissar für Preußen.

Dass dieser Rechtsbruch ohne Folgen blieb, bewies, in welche Resignation viele Demokraten bereits getrieben und wie wenig Bürger bereit waren, für die Erhaltung der demokratischen Republik noch „auf die Straße zu gehen", im wörtlichen wie im übertragenen Sinne.

Reichstagswahlen

Die **Reichstagswahlen** vom Juli 1932 verdoppelten die Mandate der NSDAP. Traditionsgemäß, wie auch heute im Deutschen Bundestag, stellte die stärkste Fraktion den Parlamentspräsidenten. Zum ersten Mal präsidierte ein Abgeordneter einer Partei die deutsche Volksvertretung, deren offen erklärtes Ziel es war, eben diese Volksvertretung völlig zu entmachten: *Hermann Göring (1893–1946).* Eine Regierungsbildung ohne Hinzuziehung einer radikalen Partei war nun nicht mehr möglich. *Hitler* aber lehnte den angebotenen Posten eines Vizekanzlers in der Regierung *Papen* ab; er wollte mehr. Bereits am 12. September wurde der Reichstag abermals aufgelöst, nachdem er *Papen* mit überwältigender Mehrheit das Misstrauen ausgesprochen hatte. Zwar brachten die Novemberwahlen von 1932 der NSDAP einen empfindlichen Rückschlag, viele sahen darin wirklichkeitsfremd bereits den Anfang vom Ende der NSDAP. Aber nach wie vor gelang es *Papen* nicht, eine Mehrheitsregierung zustande zu bringen, sodass *Hindenburg* ihn am 03. Dezember desselben Jahres entließ und General *Kurt von Schleicher* zum Reichskanzler ernannte.

Schleichers Plan sah vor, die NSDAP zu spalten, um danach unter Einschluss des Flügels um *Gregor Strasser*, dem Reichsorganisationsleiter der Nationalsozialisten, auf breiter Basis nach vorhergehenden abermaligen Neuwahlen eine Regierung zu bilden. Der Plan misslang: *Hitler* konnte *Strasser* in der Partei isolieren und abhalftern.

Die NSDAP konzentrierte nun ihre gesamte Kraft auf eine Wahlentscheidung in einer völlig nebensächlichen Region: in Lippe mit nicht mehr als 160 000 Einwohnern. Die Absicht war, in dieser „Testwahl" das lädierte Ansehen wiederherzustellen. Die Rechnung ging auf, die Nationalsozialisten erreichten einen Stimmenanteil von fast 50 %. Dies für sich genommen bedeutungslose Ergebnis in einem winzigen Land schien aber den Reichspräsidenten zu überzeugen: An *Hitler* führte kein Weg mehr vorbei. Ihn, den er noch einige Wochen zuvor verächtlich den „böhmischen Gefreiten" genannt hatte, ernannte er nach *Schleichers* Rücktritt am 30. Januar 1933 zum **Reichskanzler**.

Reichskanzler Hitler

Die nationalsozialistische Regierungsübernahme markiert das Ende der Weimarer Republik und damit das Scheitern des ersten Versuches, in ganz Deutschland eine parlamentarisch-demokratische Ordnung zu errichten. Bis heute wird die Frage diskutiert, welche Gründe dazu geführt haben.

Wie fast immer in der Geschichte gibt es für eine Entwicklung nicht nur eine Ursache, sondern ein ganzes Ursachenbündel. Einzelne Gründe wie etwa der Versailler Vertrag wurden bereits besprochen.

Hier werden noch einmal die **wichtigsten Gründe** zusammengefasst:

Wichtige Gründe

- Weimar erscheint nachträglich wie eine **Republik ohne Republikaner**. Voll überzeugte Anhänger und Verteidiger dieser demokratischen Staats- und Regierungsreform waren während der gesamten Weimarer Zeit, vielleicht abgesehen vom Gründungsjahr 1919, in der Minderheit.

Republik ohne Republikaner

- Unvermeidbar, aber damit zusammenhängend war die Notwendigkeit, dass sich die Staatsführung in Verwaltung, Justiz und Militär auf die **alten Fachkräfte** stützen musste, die aber diesem neuen Staat skeptisch bis ablehnend, ja teilweise feindlich gegenüberstanden.

Alte Fachkräfte

Auch die Bundesrepublik Deutschland griff in den Anfangsjahren der *Adenauer*-Ära auf nationalsozialistisch vorbelastete Fachkräfte zurück. Das trug dem ersten Bundeskanzler viel, zum Teil scharfe Kritik ein. Aber im Gegensatz zu Weimar passten sich die meisten ehemaligen Nationalsozialisten an, opponierten nicht, und bedeuteten somit keine Gefahr für die neue Demokratie. Auf internationaler Ebene achtete *Adenauer* darauf, keine belasteten Leute auftreten zu lassen. So wurden anlässlich der Aufnahme der BRD in die NATO 1955 eine Reihe handverlesener Generale ins Hauptquartier der Allianz abgeordnet, die schon unter *Hitler* als hohe Offiziere gedient hatten, aber nie „Nazis" gewesen und vor allem nicht an Kriegsverbrechen beteiligt waren. Als das von deutschen Politikern – nicht von alliierter Seite (!) – kritisiert wurde, antwortete ihnen *Adenauer*: „Aber Sie können doch den Amerikanern, Briten und Franzosen nicht zumuten, dass ich ihnen 25-jährige Leutnants als gleichberechtigte Offiziere schicke."

- Verstärkt wurde diese Abneigung noch durch die nur zu gern geglaubte **„Dolchstoßlegende"**. – Ganz im Gegensatz zu 1945 konnten und wollten sich die meisten Deutschen nicht mit der Tatsache abfinden, den Krieg auch militärisch verloren zu haben.

Dolchstoßlegende

- Der ausnahmslos in allen politischen Gruppierungen und sämtlichen Schichten des Volkes nur als „Diktat" empfundene **Versailler Friedensvertrag** muss als wichtiger Grund für das Scheitern angesehen werden. Vor allem die als größtes Unrecht empfundene These von der **„Alleinkriegsschuld"** mit ihrer schon angesprochenen verhängnisvollen psychologischen Ausstrahlung zeigte tiefe Wirkung.

Versailler Vertrag

Alleinkriegsschuld

Splitterparteien

Machtfülle des Reichspräsidenten

- Zwei Fehlkonstruktionen der Weimarer Verfassung taten ein Übriges:
  - Das reine Verhältniswahlrecht ohne Sperrklausel gab vielen kleinen **Splitterparteien** die Möglichkeit, ins Parlament gewählt zu werden ohne koalitions- und damit regierungsfähig zu sein.
  - Weitaus verhängnisvoller aber erwies sich die verfassungsrechtliche **Machtfülle des Reichspräsidenten**. In ruhigeren Zeiten war sie unbedenklich. In schweren politischen Stürmen, als von links und rechts zum Angriff auf die verfassungsmäßige Ordnung geblasen wurde, wäre die Verteidigung der Demokratie auch einem jüngeren Staatsoberhaupt schwergefallen. Der 85-jährige *Hindenburg* aber vermochte vermutlich die möglichen Folgen und Fernwirkungen seiner letzten Kanzlerernennung nicht mehr zu überblicken.

Beide Mängel kennt die neue deutsche Republik von 1949 nicht. Das Wahlsystem ist zwar ausschlaggebend von den Grundsätzen des Verhältniswahlrechts geprägt; aber die 5-%-Klausel verhindert, dass kleine und kleinste Parteien Mandate erobern können. Und die Rechte des Staatsoberhauptes, des Bundespräsidenten wurden gegenüber dem Reichspräsidenten stark beschnitten.

Weltwirtschaftskrise

- Die **Weltwirtschaftskrise** ab 1929 mit der tiefen und anhaltenden Depression versetzte der Republik schließlich den Todesstoß. Alle Staatsmänner der Welt waren damals damit überfordert, dieser Krise Herr zu werden. Aber in Deutschland wirkten sich die Folgen besonders verheerend aus. Der bürgerliche Mittelstand verarmte und damit wandte sich auch die üblicherweise „staatstragende“ Schicht von der Republik ab.

▶ QUELLE 1 **Auszug aus der Festrede des Studenten Heinrich Arminius Riemann auf dem Wartburgfest am 18. Oktober 1817**

[...] und ihr andern alle, die ihr euer Herzblut vergossen habt für des Deutschen Landes Herrlichkeit und Freiheit, die ihr jetzt über uns schwebt in ewiger Klarheit und mit hellem Blick in die Zukunft schaut, euch rufen wir auf zu Zeugen unsers Gelübdes. Der Gedanke an euch soll uns Kraft geben zu jedem Kampfe, fähig machen zu jeder Aufopferung. So wie euch der Dank eures Volkes bleiben wird, und sein Segen euch gefolgt ist in euer Grab, so seien uns auch gesegnet alle die, welche für des Vaterlandes Wohl, für Recht und Freiheit erglühet sind, dafür leben und mit Wort und Tat wirken. Verderben und Hass der Guten allen denen, die in niedriger schmutziger Selbstsucht das Gemeinwohl vergessen, die ein knechtisches Leben einem Grab in freier Erde vorziehen, die lieber im Staube kriechen, als frei und kühn ihre Stimme erheben gegen jegliche Unbill, die um ihre Erbärmlichkeit und Halbheit zu verbergen, unsrer heiligsten Gefühle spotten. Begeisterung und vaterländischen Sinn und Sitten für leere Hirngespinste, für überspannte Gedanken eines krankhaften Gemütes ausschreiben! Ihrer sind noch viel, möchte bald die Zeit kommen, wo wir sie nicht mehr nennen dürfen!

(Hagen Schulze: Der Weg zum Nationalstaat. Deutscher Taschenbuch Verlag, München 1992, S. 145 f.)

1. **Welche konkreten Forderungen werden erhoben?**
2. **Wer bzw. welche gesellschaftliche Gruppe wird angegriffen?**
3. **Charakterisieren Sie den Stil dieser Rede. Welche Besonderheiten fallen Ihnen auf?**

Auszug aus den Grundrechten des Deutschen Volkes vom 27. Dezember 1848

▶ QUELLE 2

§ 7 [...] Der Adel als Stand ist aufgehoben. [...] Die Deutschen sind vor dem Gesetz gleich.

§ 130 [...] Sie (die Grundrechte) sollen den Verfassungen der deutschen Einzelstaaten zur Norm dienen, und keine Verfassung eines deutschen Einzelstaats soll dieselben je aufheben oder beschränken können.

§ 138 Die Freiheit der Person ist unverletzlich.

§ 143 Jeder Deutsche hat das Recht, durch Wort, Schrift, Druck und bildliche Darstellung seine Meinung frei zu äußern.

§ 144 Jeder Deutsche hat volle Glaubens- und Gewissensfreiheit. [...]

§ 164 Das Eigentum ist unverletzlich.

§ 174 Alle Gerichtsbarkeit geht vom Staate aus. Es sollen keine Patrimonialgerichte bestehen.

§ 175 Die richterliche Gewalt wird selbständig von den Gerichten geübt. Kabinetts- und Ministerialjustiz sind unstatthaft.

§ 186 Jeder deutsche Staat soll eine Verfassung mit Volksvertretung haben. Die Minister sind der Volksvertretung verantwortlich.

(Ernst Rudolph Huber: Dokumente zur deutschen Verfassungsgeschichte, Kohlhammer, Stuttgart 1976, S. 145 f.)

1. **Welche Unterschiede und Gemeinsamkeiten können Sie feststellen, wenn Sie den Grundrechtsentwurf der Paulskirche mit den Grundrechten des Grundgesetzes vergleichen?**
2. **Informieren Sie sich über die Bedeutung der Begriffe „Patrimonialgericht" (z. 16) und „Kabinetts- und Ministerialjustiz" (Z. 18 f.).**

Rede König Friedrich Wilhelms IV. anlässlich der Ablehnung der Kaiserkrone am 3. April 1849

▶ QUELLE 3

Meine Herren! Die Botschaft, als deren Träger Sie zu Mir gekommen sind, hat Mich tief ergriffen. Sie hat Meinen Blick auf den König der Könige gelenkt und auf die heiligen und unantastbaren Pflichten, welche Mir als dem König Meines Volkes und als einem der mächtigsten deutschen Fürsten obliegen. Solch ein Blick, Meine Herren, macht das Auge(,) klar und das Herz gewiss. [...]
Aber, Meine Herren, Ich würde Ihr Vertrauen nicht rechtfertigen, Ich würde dem Sinne des deutschen Volkes nicht entsprechen. Ich würde Deutschlands Einheit nicht aufrichten, wollte Ich mit Verletzung heiliger Rechte und Meiner früheren ausdrücklichen und feierlichen Versicherungen ohne das freie Einverständnis der gekrönten Häupter, der Fürsten und der freien Städte Deutschlands, eine Entschließung fassen, welche für sie und für die von ihnen regierten deutschen Stämme die entscheidendsten Folgen haben muss. – An den Regierungen der einzelnen deutschen Staaten wird es daher jetzt sein, in gemeinsamer Beratung zu prüfen, ob die Verfassung dem Einzelnen wie dem Ganzen frommt, ob die Mir zugedachten Rechte Mich in den Stand setzen würden, mit starker Hand, wie ein solcher Beruf es von Mir fordert, die Geschicke des großen deutschen Vaterlandes zu leiten und die Hoffnungen seiner Völker zu erfüllen.

(Bernhard Pollmann [Hrsg.]: Lesebuch zur deutschen Geschichte, Band 2, Harenberg, Dortmund 1984, S.354 f.)

1. **Warum lehnte Friedrich Wilhelm die Kaiserkrone ab?**
2. **Entsprechen seine Argumente der Wahrheit oder sind Sie vorgeschoben? Begründen Sie.**

Auszug aus der Verfassung des Deutschen Reiches (Weimarer Verfassung) vom 11. August 1919

▶ QUELLE 4

Präambel

Das deutsche Volk, einig in seinen Stämmen und von dem Willen beseelt, sein Recht in Freiheit und Gerechtigkeit zu erneuern und zu festigen, dem inneren und äußeren Frieden zu dienen und den gesellschaftlichen Fortschritt zu fördern, hat sich diese Verfassung gegeben.

Aufbau und Aufgaben des Reiches

Artikel 1 – Das Deutsche Reich ist eine Republik. Die Staatsgewalt geht vom Volke aus.

Artikel 2 – Das Reichsgebiet besteht aus den Gebieten der deutschen Länder. Andere Gebiete können durch Reichsgesetz in das Reich aufgenommen werden, wenn es die Bevölkerung kraft Selbstbestimmungsrecht begehrt.

Artikel 3 – Die Reichsfarben sind schwarz-rot-gold. Die Handelsflagge ist schwarz-weiß-rot mit den Reichsfarben in der oberen inneren Ecke.

Artikel 13 – Reichsrecht bricht Landesrecht.

Der Reichstag

Artikel 20 – Der Reichstag besteht aus den Abgeordneten des deutschen Volkes.

Artikel 21 – Die Abgeordneten sind Vertreter des ganzen Volkes. Sie sind nur ihrem Gewissen unterworfen und an Aufträge nicht gebunden.

Artikel 22 – Die Abgeordneten werden in allgemeiner, gleicher, unmittelbarer und geheimer Wahl von den über 20 Jahre alten Männern und Frauen nach den Grundsätzen der Verhältniswahl gewählt. Der Wahltag muss ein Sonntag oder öffentlicher Ruhetag sein.

Artikel 23 – Der Reichstag wird auf vier Jahre gewählt.

Artikel 25 – Der Reichspräsident kann den Reichstag auflösen, jedoch nur einmal aus dem gleichen Anlass. Die Neuwahl findet spätestens am sechzigsten Tage nach der Auflösung statt.

Artikel 36 – Kein Mitglied des Reichstags oder eines Landtags darf zu irgendeiner Zeit wegen seiner Abstimmung oder wegen der in Ausübung seines Berufs getanen Äußerungen gerichtlich oder dienstlich verfolgt oder sonst außerhalb der Versammlung zur Verantwortung gezogen werden.

Der Reichspräsident und die Reichsregierung

Artikel 41 – Der Reichspräsident wird vom ganzen deutschen Volk gewählt. Wählbar ist jeder Deutsche, der das 35. Lebensjahr vollendet hat.

Artikel 43 – Das Amt des Reichspräsidenten dauert sieben Jahre.

Artikel 45 – Der Reichspräsident vertritt das Reich völkerrechtlich. Kriegserklärung und Friedensschluss erfolgen durch Reichsgesetz.

Artikel 47 – Der Reichspräsident hat den Oberbefehl über die gesamte Wehrmacht des Reiches.

Artikel 48 – Wenn ein Land die ihm nach der Reichsverfassung oder den Reichsgesetzen obliegenden Pflichten nicht erfüllt, kann der Reichspräsident es dazu mit Hilfe der bewaffneten Macht anhalten. Der Reichspräsident kann, wenn im Deutschen Reiche die öffentliche Sicherheit und Ordnung erheblich gestört oder gefährdet wird, die zu Wiederherstellung der öffentlichen Sicherheit und Ordnung nötigen Maßnahmen treffen, erforderlichenfalls mit Hilfe der bewaffneten Macht einschreiten. Zu diesem Zweck darf er vorübergehend die in den Artikeln 114, 115, 117, 118, 123, 124 und 153 festgesetzten Grundsätze ganz oder zum Teil außer Kraft setzen. Von allen gemäß Abs. 1 oder Abs. 2 dieses Artikels getroffenen Maßnahmen hat der Reichspräsident unverzüglich dem Reichstag Kenntnis zu geben. Die Maßnahmen sind auf Verlangen des Reichstages außer Kraft zu setzen.

Artikel 52 – Die Reichsregierung besteht aus dem Reichskanzler und den Reichsministern.

Artikel 53 – Der Reichskanzler und auf seinen Vorschlag die Reichsminister werden vom Reichspräsidenten ernannt und entlassen.

Artikel 54 – Der Reichskanzler und die Reichsminister bedürfen zu ihrer Amtsführung des Vertrauens des Reichstages. Jeder von ihnen muss zurücktreten, wenn ihm der Reichstag durch ausdrücklichen Beschluss das Vertrauen entzieht.

Die Reichsgesetzgebung

Artikel 68 – Die Gesetzesvorlagen werden von der Reichsregierung oder aus der Mitte des Reichstages eingebracht. Die Reichsgesetze werden vom Reichstag beschlossen.

Artikel 72 – Die Verkündung eines Reichsgesetzes ist um zwei Monate auszusetzen, wenn es ein Drittel des Reichstages verlangt.

Artikel 73 – Ein vom Reichstag beschlossenes Gesetz ist vor seiner Verkündung zum Volksentscheid zu bringen, wenn der Reichspräsident binnen einen Monats es bestimmt.

Grundrechte und Grundpflichten der Deutschen

Die Einzelperson

Artikel 104 – Alle Deutschen sind vor dem Gesetz gleich. Männer und Frauen haben grundsätzlich dieselben staatsbürgerlichen Rechte. Öffentlich-rechtliche Vorrechte oder Nachteile der Geburt oder des Standes sind aufzuheben. Adelsbezeichnungen gelten nur als Teil des Namens. [...]

Titel dürfen nur verliehen werden, wenn sie ein Amt oder einen Beruf bezeichnen; akademische Grade sind hierdurch nicht betroffen.

Artikel 114 – Die Freiheit der Person ist unverletzlich. Eine Beeinträchtigung oder Entziehung der persönlichen Freiheit durch die öffentliche Gewalt ist nur auf Grund von Gesetzen zulässig.

Artikel 115 – Die Wohnung jedes Deutschen ist für ihn eine Freistätte und unverletzlich.

Artikel 117 – Das Briefgeheimnis sowie das Post-, Telegraphen- und Fernsprechgeheimnis sind unverletzlich.

Artikel 118 – Jeder Deutsche hat das Recht, innerhalb der Schranken der allgemeinen Gesetze seine Meinung durch Wort, Schrift, Druck, Bild oder sonstige Werke frei zu äußern.

Das Gemeinschaftsleben

Artikel 123 – Alle Deutschen haben das Recht, sich ohne Anmeldung oder besondere Erlaubnis friedlich und unbewaffnet zu versammeln.

Artikel 124 – Alle Deutschen haben das Recht, zu Zwecken, die den Strafgesetzen nicht zuwiderlaufen, Vereine und Gesellschaften zu bilden.
Artikel 130 – Die Beamten sind Diener der Gesamtheit, nicht einer Partei.
Artikel 153 – Das Eigentum wird von der Verfassung gewährleistet. Sein Inhalt und seine Schranken ergeben sich aus den Gesetzen.
Artikel 163 – Jeder Deutsche hat, unbeschadet seiner persönlichen Freiheit, die sittliche Pflicht, seine geistigen und körperlichen Kräfte so zu betätigen, wie es das Wohl der Gesamtheit erfordert.

(Deutsche Verfassungen, bearbeitet von Werner Liebing, Goldmann Verlag, München 1973, S.77 ff.)

1. **Worin bestehen inhaltliche Ähnlichkeiten zum Grundgesetz?**
2. **Welche Unterschiede zur heutigen Verfassung stellen Sie fest?**
3. **Präsentieren Sie Ihre Ergebnisse z. B. in Form einer Collage oder einer Wandzeitung.**

Auszug aus dem Programm des Spartakus-Bundes, beschlossen an der Jahreswende 1918/19

▶ QUELLE 5

Der Kampf um den Sozialismus ist der gewaltigste Bürgerkrieg, den die Weltgeschichte gesehen, und die proletarische Revolution muss sich für diesen Bürgerkrieg das nötige Rüstzeug bereiten, sie muss lernen, es zu gebrauchen – zu Kämpfen und Siegen. [...]
Nicht wo der Lohnsklave neben dem Kapitalisten, der Landproletarier neben dem Junker in verlogener Gleichheit sitzen, um über ihre Lebensfragen parlamentarisch zu debattieren; dort, wo die millionenköpfige Proletariermasse die ganze Staatsgewalt mit ihrer schwieligen Faust ergreift: dort allein ist die Demokratie, die kein Volksbetrug ist.
Um dem Proletariat die Erfüllung dieser Aufgaben zu ermöglichen, fordert der Spartakus-Bund:
A. Als sofortige Maßnahmen zur Sicherung der Revolution:

1. Entwaffnung der gesamten Polizei, sämtlicher Offiziere sowie der nichtproletarischen Soldaten. Entwaffnung aller Angehörigen der herrschenden Klassen.
2. [...]
3. Bewaffnung der gesamten erwachsenen männlichen proletarischen Bevölkerung als Arbeitermiliz. Bildung einer Roten Garde aus Proletariern als aktiven Teil der Miliz, zum ständigen Schutz der Revolution vor gegenrevolutionären Anschlägen und Zettelungen.
4. Aufhebung der Kommandogewalt der Offiziere und Unteroffiziere. Ersetzung des militärischen Kadavergehorsams durch freiwillige Disziplin der Soldaten. Wahl aller Vorgesetzten durch die Mannschaften unter jederzeitigem Rückberufungsrecht. [...]
5. [...]
6. Ersetzung aller politischen Organe und Behörden des früheren Regimes durch Vertrauensmänner der Arbeiter- und Soldatenräte.
7. Einsetzung eines Revolutionstribunals, vor dem die Hauptschuldigen am Kriege [...] sowie alle Verschwörer der Gegenrevolution abzuurteilen sind.
8. Sofortige Beschlagnahme aller Lebensmittel zur Sicherung der Volksernährung.

C. Nächste wirtschaftliche Forderungen:

3. Enteignung des Grund und Bodens aller landwirtschaftlichen Groß- und Mittelbetriebe; [...]
4. Enteignung aller Banken, Bergwerke, Hütten sowie aller Großbetriebe in Industrie und Handel durch die Räterepublik.

(Hermann Weber (Hrsg.): Der deutsche Kommunismus. Dokumente. Kiepenhener & Witsch, Köln 1963)

1. **Welche Meinung wird zur parlamentarischen Demokratie geäußert?**
2. **Fassen Sie die Forderungen des Spartakus-Bundes stichwortartig zusammen.**
3. **Wie schätzen Sie die Chancen zur Realisierung dieser Forderungen ein? Welche gesellschaftlichen Gruppen werden den Forderungen zustimmen, welche werden sie ablehnen? Warum?**

▶ QUELLE 6 Aufruf der Reichsregierung zum Abbruch des passiven Widerstandes am 26. September 1923

An das deutsche Volk!

Am 11. Januar haben französische und belgische Truppen wider Recht und Vertrag das deutsche Ruhrgebiet besetzt. Seit dieser Zeit hatten Ruhrgebiet und Rheinland schwerste Bedrückung zu erleiden.

Über 180 000 deutsche Männer, Frauen, Greise und Kinder sind von Haus und Hof vertrieben worden. Für Millionen Deutsche gibt es den Begriff der persönlichen Freiheit nicht mehr. Gewalttaten ohne Zahl haben den Weg der Okkupation begleitet. Mehr als hundert Volksgenossen haben ihr Leben dahingeben müssen, Hunderte schmachten noch in Gefängnissen.

Gegen die Unrechtmäßigkeit des Einbruchs erhoben sich Rechtsgefühl und vaterländische Gesinnung. Die Bevölkerung weigerte sich, unter fremden Bajonetten zu arbeiten. Für diese, dem Deutschen Reiche in schwerster Zeit bewiesene Treue und Standhaftigkeit dankt das ganze deutsche Volk.

Die Reichsregierung hatte es übernommen, nach ihren Kräften für die leidenden Volksgenossen zu sorgen. In immer steigendem Maße sind die Mittel des Reiches dadurch in Anspruch genommen worden. In der abgelaufenen Woche erreichten die Unterstützungen für Rhein und Ruhr die Summe von 3 500 Billionen Mark. In der laufenden Woche ist mindestens die Verdoppelung dieser Summe zu erwarten.

Die einstige Produktion des Rheinlandes und des Ruhrgebietes hat aufgehört. Das Wirtschaftsleben im besetzten und unbesetzten Deutschland ist zerrüttet. Mit furchtbarem Ernst droht die Gefahr, dass bei Festhalten an dem bisherigen Verfahren die Schaffung einer geordneten Währung, die Aufrechterhaltung des Wirtschaftslebens und damit die Sicherung der nackten Existenz für unser Volk unmöglich wird.

Diese Gefahr muss im Interesse der Zukunft Deutschlands ebenso wie im Interesse von Rhein und Ruhr abgewendet werden. Um das Leben von Volk und Staat zu erhalten, stehen wir heute vor der bitteren Notwendigkeit, den Kampf abzubrechen. Wir wissen, dass wir damit von den Bewohnern der besetzten Gebiete noch größere seelische Opfer als bisher verlangen. Heroisch war ihr Kampf, beispiellos ihre Selbstbeherrschung. Wir werden niemals vergessen, was diejenigen erlitten, die im besetzten Gebiet duldeten. Wir werden niemals vergessen, was diejenigen aufgaben, die lieber ihre Heimat verließen, als dem Vaterlande die Treue zu brechen.

(Wolfgang Michalka/Gottfried Niedhart [Hrsg.]: Die ungeliebte Republik. Dokumente zur Innen- und Außenpolitik Weimars 1918–1933. Deutscher Taschenbuch Verlag, München 1980, S. 115 ff.)

1. Welche Folgen hatte die Besetzung des Ruhrgebietes für die dort lebende Bevölkerung?
2. Wie wird der Abbruch des passiven Widerstandes begründet?

▶ QUELLE 7 Aus dem Vertrag von Locarno, 16. Oktober 1925

Die Vertreter der Deutschen, Belgischen, Britischen, Französischen, Italienischen, Polnischen und Tschechoslowakischen Regierung, die vom 5. bis zum 16. Oktober 1925 in Locarno versammelt waren, um gemeinsam die Mittel zum Schutze ihrer Völker vor der Geißel des Krieges zu suchen und für die friedliche Regelung von Streitigkeiten jeglicher Art, die etwa zwischen einigen von ihnen entstehen könnten, zu sorgen, haben ihre Zustimmung zu den Entwürfen der sie betreffenden Verträge und Abkommen gegeben, die im Laufe der gegenwärtigen Konferenz ausgearbeitet worden sind.

Anlage A

Art. 1: Die Hohen Vertragschließenden Teile garantieren, jeder für sich und insgesamt, in der in den folgenden Artikeln bestimmten Weise die Aufrechterhaltung des sich aus den Grenzen zwischen Deutschland und Belgien und zwischen Deutschland und Frankreich ergebenden territorialen Status quo, die Unverletzlichkeit dieser Grenzen, wie sie durch den in Versailles am 28. Juni 1919 unterzeichneten Friedensvertrag oder in dessen Ausführung festgesetzt sind, sowie die Beachtung der Bestimmungen der Artikel 42 oder 43 des bezeichneten Vertrages über die demilitarisierte Zone.

Art. 2: Deutschland und Belgien und ebenso Deutschland und Frankreich verpflichten sich gegenseitig in keinem Falle zu einem Angriff oder zu einem Einfall oder zum Krieg gegeneinander zu schreiten.

(Wolfgang Michalka/Gottfried Niedhart [Hrsg.]: Die ungeliebte Republik. Dokumente zur Innen- und Außenpolitik 1918–1933. Deutscher Taschenbuch Verlag, München 1980 S. 165 ff.)

Welche Bedeutung hat dieser Vertrag für die Beziehungen Deutschlands zu Frankreich und Belgien?

Ablehnung des Vertrages von Locarno von rechts und links

▶ QUELLE 8

a) Aus dem „Völkischen Kurier" vom 19. Oktober 1925

Die Verantwortung, die Luther und Stresemann auf sich geladen haben, wird nicht im Reichstag festgestellt werden. Darüber wird die Geschichte befinden. Deren Urteile werden die selbstgefälligen Logenbrüder von Locarno hoffentlich noch hören. Auf jeden Fall wünschen wir ihnen aus diesem Grunde ein recht langes Leben. Denn die große Gnade, die Bethmann-Hollweg und Ebert widerfuhr, vor dem Tage der irdischen Abrechnung abberufen zu werden, wird nicht jedem zuteil.

b) Der KPD-Abgeordnete im Preußischen Landtag, Bartels, am 30. Oktober 1925

Was ist Locarno? Wenn man die einzelnen Verträge und ihre Paragraphen durchgeht, so sehen wir, dass Deutschland hinreichend Garantie gibt, aber dafür lediglich die Garantie erhält, dass es Kriegsbütteldienste leisten darf und andererseits Deutschland als Kriegsschauplatz ausliefern muss. Locarno bedeutet in Wirklichkeit – das wird auch in diesem Hause niemand zu bestreiten versuchen – die Auslieferung der Rheinlande, es bedeutet direkt ein Verschenken preußisch-deutschen Gebietes, es bedeutet die Garantie des Einmarsch- und Durchmarschrechtes durch Deutschland, es bedeutet die Kriegsdienstverpflichtung der deutschen Bevölkerung für die Entente gegen Russland, es bedeutet vor allem die Anerkennung der Aufrechterhaltung des Besatzungsregimes, und es bedeutet erneut das Bekenntnis zu dem Versailler Vertrag. Es bedeutet darüber hinaus verschärfte Ausbeutung, verschärfte Entrechtung, Unterdrückung, Elend, Übel, Not und alles, was im Gefolge des neuen Krieges eben zu erwarten ist.

(Wolfgang Michalka/Gottfried Niedhart [Hrsg.]: Die ungeliebte Republik. Dokumente zur Innen- und Außenpolitik 1918–1933. Deutscher Taschenbuch Verlag, München 1980 S. 167 f.)

1. Welche Argumente werden im Einzelnen gegen den Vertrag vorgebracht?
2. Worin liegen die Unterschiede in der Argumentation von links und rechts?

Aufruf der SPD zur Reichspräsidentenwahl am 27. Februar 1932

▶ QUELLE 9

Das deutsche Volk steht am 13. März vor der Frage, ob Hindenburg bleiben oder ob er durch Hitler ersetzt werden soll.
Jetzt geht es um alles! Sieg des Faschismus ist namenlose Schande, unabsehbares Unheil. Das darf nicht sein! Setzt alle eure Kräfte ein, damit der entscheidende Schlag schon im ersten Wahlgang fällt! Befreit mit diesem einen Schlag das deutsche Volk vor der faschistischen Bedrohung! Schlagt Hitler! Darum wählt Hindenburg!

(Wolfgang Michalka/Gottfried Niedhart [Hrsg.]: Die ungeliebte Republik. Dokumente zur Innen- und Außenpolitik 1918–1933. Deutscher Taschenbuch Verlag, München 1980 S. 320 f.)

Beschreiben Sie die sprachliche Gestaltung dieses Aufrufs.

Lehren aus dem Scheitern einer Republik

▶ QUELLE 10

Niemand kann die Republik von Weimar denken, ohne deren Scheitern mitzudenken. [...]
Nun ist Zeitgeschichte nicht das, was einmal geschehen ist, sondern das, was noch immer geschieht. Wenn unsere Geschichte eine Geschichte des Scheiterns ist – was besagt das für die Zukunft der Deutschen? Unser Interesse an Weimar ist politisch, nicht antiquarisch. Die erste deutsche Republik ist die große Negativfolie, auf der sich die Wirklichkeit der zweiten spiegelt, das Menetekel unserer derzeitigen politischen Existenz. In allen Entscheidungslagen der Bonner Republik war der Geist des toten Weimars anwesend, von den Beratungen über das Bonner Grundgesetz im Parlamentarischen Rat 1949 über den Streit um die Notstandsgesetzgebung in den sechziger Jahren, das Problem der Verfassungstreue der Beamten in den siebziger bis zur wirtschaftlichen Talfahrt und zur Auszehrung der sozialliberalen Koalition in den frühen achtziger Jahren: Weimar ist und bleibt politisches Argument, feststehender Bezugspunkt unserer historischen Erfahrung. [...]
Dies vorausgesetzt, ist Weimars Scheitern nach wie vor lehrreich. Gewiss: Vieles von dem, das sich in der ersten Republik als gefahrvoll erwies, ist für Vergleichszwecke unbrauchbar. Die erste wie die zweite Republik sind nach verlorenen Kriegen entstanden – aber hier endet die Ähnlichkeit. [...]

Die Revision von Versailles wurde zur einzigen, wenngleich negativen Forderung, die alle Parteien umfasste, aber Erfolg musste schließlich die Partei haben, die die Beseitigung des Friedensvertrages mit der Beseitigung der parlamentarischen Demokratie verband: Das eine schien mit dem anderen untrennbar verbunden.

Ganz anders die Rahmenbedingungen zumindest in Westdeutschland nach 1945. Die Lage war nach dem totalen Zusammenbruch des „Dritten Reiches" hoffnungslos: „unconditional surrender". [...] Während nach 1918 die allermeisten Deutschen die Niederlage für einen unverdienten Schicksalsschlag oder für das Ergebnis eines „Dolchstoßes" in den Rücken der kämpfenden Truppe gehalten hatten, mit der auf der Hand liegenden Folgerung, als Volk wie als einzelner unverantwortlich zu sein, war nach dem Desaster von 1945 dieser moralische Ausweg versperrt. Der totale Bruch war offenkundig, und dementsprechend änderte sich auch die Haltung der Bevölkerung. Die neue Wirklichkeit, und mit ihr auch die zweite deutsche Demokratie, ist von den Deutschen teils resignierend, teils bereitwillig akzeptiert worden.

(Hagen Schulze: Vom Scheitern einer Republik. In: Die Weimarer Republik 1918–1933. Droste Verlag, Düsseldorf, hg. von der Bundeszentrale für politische Bildung, Bonn 1988, S. 617ff.)

1. **Was ist mit „Negativfolie" (Z. 9) gemeint?**
2. **Warum ist das Interesse an der Weimarer Republik nicht antiquarisch, sondern politisch?**
3. **Welche Unterschiede zwischen der Entwicklung nach 1918 und 1945 lassen sich für Westdeutschland erkennen?**
4. **Warum wurde nach 1945 keine neue Dolchstoßlegende geboren?**
5. **Was halten Sie von der Aussage, dass die zweite Demokratie von den Deutschen „teils resignierend, teils bereitwillig" (Z. 50f.) angenommen wurde?**

Aufgabenvorschläge

1. Erstellen Sie eine Liste, was heute – im Gegensatz zum Vormärz – als fortschrittlich bzw. als reaktionär bezeichnet werden könnte, z. B. im Hinblick auf folgende Stichworte: Mindestlohn, Atomausstieg, Abbau oder Erweiterung des Sozialstaates.
2. Nennen und erläutern Sie Gründe für das Scheitern der Paulskirchenversammlung.
3. Welche Bedeutung hat die Geschichte der ersten Hälfte des 19. Jahrhunderts für die Gegenwart? Fertigen Sie eine Collage an, um Entwicklungslinien und bis in die Gegenwart andauernde Erscheinungen zu verdeutlichen.
4. Erstellen Sie in Bilanzform einen systematischen Verfassungsvergleich – eventuell mithilfe eines Kurzkommentars – zwischen der Weimarer Reichsverfassung und dem Bonner Grundgesetz.
5. Nennen und erläutern Sie die wichtigsten Bestimmungen des Versailler Vertrags. Stellen Sie die wichtigsten Bestimmungen in einer Mindmap zusammen. Warum belastete dieser Friedensvertrag die Weimarer Republik?
6. Diskutieren Sie über die Berechtigung eines Generalstreiks:
   - im März 1920 im Deutschen Reich,
   - heute in der Bundesrepublik Deutschland.

   Organisieren Sie ein Plan- oder Rollenspiel zum Thema „Generalstreik".
7. Vergleichen Sie die Inflation der ersten deutschen Republik mit der Geldentwertung in der zweiten.
8. Beschreiben Sie die Gründe, die zum Scheitern der Weimarer Republik führten.
9. Erläutern Sie das Wort „Bonn ist nicht Weimar".
10. Definieren Sie folgende Begriffe:
    - Notverordnung,
    - Präsidialkabinett,
    - einfaches Misstrauensvotum,
    - „Rapallo-Politik".

4.2 Der Nationalsozialismus

SCHLÜSSELDATEN

1933	30. Januar: *Hitler* wird Reichskanzler
	23. März: „Ermächtigungsgesetz"
1934	Tod *Hindenburgs*; *Hitler* wird Reichspräsident
1935	Flottenabkommen mit England; Nürnberger Gesetze
1936	Besetzung des entmilitarisierten Rheinlands
1938	Annexion Österreichs und des Sudetenlandes; Abkommen von München;
	9. November: „Reichskristallnacht"
1939	„Zerschlagung" der Tschechoslowakei;
	1. September: Angriff auf Polen; Beginn des Zweiten Weltkriegs
1940	April: Besetzung Dänemarks und Norwegens
	Mai: Feldzug gegen Frankreich und die Beneluxstaaten
1941	März: Angriff auf Griechenland und Jugoslawien
	22. Juni: Angriff auf die Sowjetunion
	11. Dezember: Kriegserklärung an die USA
1942	20. Januar: Wannsee-Konferenz zur „Endlösung der Judenfrage"
1943	Februar: Kriegswende, Kapitulation der 6. Armee in Stalingrad
1944	6. Juni: Landung der westlichen Alliierten in der Normandie;
	20. Juli: Attentat *Stauffenbergs* auf *Hitler*
1945	27. Januar: Befreiung des KZ Auschwitz – Holocaust-Gedenktag
	8. Mai: Bedingungslose Kapitulation der deutschen Wehrmacht

www.nationalsozialismus.de

Die Geschichte kennt nicht viele Beispiele dafür, dass eine diktatorische Staatsführung in wenigen Jahren die nahezu vollständige Herrschaft im Innern erringt und kurz darauf fast sämtliche Nachbarstaaten militärisch besiegt und dennoch nach einer – weltgeschichtlich betrachtet – äußerst kurzen Zeitspanne von nur zwölf Jahren ihrem Land und Volk die größte Niederlage seiner Geschichte beschert. Das nationalsozialistische Dritte Reich unter *Adolf Hitler* ist jedoch ein solches Beispiel. Noch heute, mehr als ein halbes Jahrhundert später, rätseln Zeitgenossen, die diese Ära erlebt haben, darüber, wie „es" geschehen konnte. Historiker und Wissenschaftler benachbarter Disziplinen diskutieren in zum Teil heftigen Kontroversen, was denn die eigentliche Ursache dafür war, dass ein Kulturvolk wie die Deutschen sich in seiner Mehrheit – in den sogenannten Erfolgsjahren – nur allzu willig der Herrschaft *Hitlers* unterwarf und dass im Namen dieses Volkes unter Mithilfe vieler Deutscher Verbrechen begangen wurden, für die es in der Geschichte keine Parallele gibt.

Ursachen

Wie stets bei historischen Ereignissen greift der Versuch zu kurz, eine einzige **Ursache** allein oder als die wesentliche dingfest zu machen. Lag der Hauptgrund in dem verlorenen Ersten Weltkrieg? Auch das kaiserliche Österreich-Ungarn hatte den Krieg verloren und sogar stärkere Gebietsverluste erlitten als das Deutsche Reich, aber die Nationalsozialisten konnten in Österreich erst nach dem „Anschluss" 1938 an die Macht kommen. Ist nicht die entscheidende Ursache in der Weltwirtschaftskrise zu Beginn der 1930er-Jahre zu suchen? Für diese These spricht immerhin, dass *Hitlers* Aufstieg, ablesbar an der wachsenden Zahl seiner Wählerstimmen, zeitlich weitgehend deckungsgleich mit der Vergrößerung der wirtschaftlichen Not und der Arbeitslosenquote lief. Doch diese weltweite Wirtschaftskrise hatte in den USA und bei den ehemaligen Kriegsgegnern wie Großbritannien und Frankreich kaum weniger schlimme soziale Folgen, und dennoch erwuchs in keinem anderen industrialisierten Land eine vergleichbare totalitäre Bewegung. Lediglich der Faschismus in *Benito Mussolinis (1883–1945)* Italien wies verwandte Beziehungen auf, auch wenn er gesellschaftlich niemals die Totalität wie in Deutschland erreichte und seine Ideologie eine spezielle Rassenlehre nicht kannte.

Benito Mussolini

Person Hitlers

Umstritten bleibt auch, welche Bedeutung der **Person** *Adolf Hitlers* zukommt. Ist alles, was geschah, nur durch ihn bewirkt und erklärbar? Oder ist nicht manches auch ohne seinen Willen oder gar gegen seinen Willen erfolgt? Gerade die letzte Annahme hat viele Deutsche dazu verleitet, mit dem Satz „Wenn das der Führer wüsste", sich den Glauben an *Hitler* bis Kriegsende zu bewahren. Der Zeithistoriker *Eberhard Jäckel* sagt zu dieser Problematik: „Im Dritten Reich konnte sicherlich vieles ohne Hitlers Willen geschehen; aber nichts gegen ihn."

Adolf Hitler wurde am 20. April 1889 in Braunau am Inn geboren, war also Österreicher. Ohne Abschluss verließ er die Schule 1905 und ging nach Wien. Dort wollte er Kunstmaler oder Architekt werden. Doch die Professoren der Wiener Malerakademie konnten in seinen Probezeichnungen keine ausreichende Begabung erkennen, sodass er abgelehnt wurde. Mit Gelegenheitsarbeiten und einer Waisenrente, oftmals im Männerheim nächtigend, fristete er in seinen, von ihm sogenannten „Wiener Lehr- und Leidensjahren" ein etwas kümmerliches Dasein ohne Berufsausbildung und feste Anstellung.

Der Wehrpflicht der k.u.k. (kaiserlich und königlich) Donaumonarchie entzog er sich und siedelte nach München um. Dort meldete er sich allerdings sofort als Kriegsfreiwilliger für das bayerische Heer, als 1914 der Krieg ausbrach. Mehrmals in Frankreich verwundet, kehrte er nach dem Krieg mit dem Mannschaftsdienstgrad eines Gefreiten, nach München zurück. Dort besuchte er eine Versammlung der „Deutschen Arbeiterpartei" und schloss sich ihr an. Sofort nach seinem Parteibeitritt mit dem Mitgliedsausweis No. 555 errang er Anerkennung und Bewunderung für seinen mitreißenden Redestil, mit dem er die Zuhörer zu emotionalisieren vermochte. Am 24. Februar 1920 verkündete er seiner immer zahlreicher werdenden Hörerschaft in einer Großveranstaltung im Münchner Hofbräuhaus das neue Programm einer Partei, die nun **Nationalsozialistische Deutsche Arbeiterpartei** (NSDAP) hieß.

Nationalsozialistische Deutsche Arbeiterpartei

In „Mein Kampf" bezeichnete Hitler öffentliche Reden als Instrumente zur „Beeinträchtigung der Willensfreiheit des Menschen".

Wenn *Hitler*, so eine Vermutung einiger Biographen, im April 1938, also nach dem „Anschluss" Österreichs und vor Kriegsbeginn und vor allem vor der systematischen Vernichtung der Juden, einem Attentat oder einer tödlichen Krankheit zum Opfer gefallen wäre, würden die meisten Deutschen nicht zögern, ihn in eine Reihe mit den größten Deutschen wie etwa *Bismarck* zu stellen.

▶ Q. 1

Hitlerherrschaft

War die **Hitlerherrschaft** nur ein, wenn auch furchtbarer „Betriebsunfall" der deutschen Geschichte? Oder war sie nicht doch eine Konsequenz der deutschen Geschichte, in der eine Linie, wie einige US-Historiker behaupten, von *Martin Luther* über *Friedrich den Großen, Bismarck, Kaiser Wilhelm II.* bis zu *Hitler* führt?

Willige Vollstrecker

„Willige Vollstrecker" (Daniel J. Goldhagen) seines Vernichtungswillens waren die allermeisten Deutschen wohl kaum, aber viele haben seinen Wünschen – oft unwissentlich und unwillentlich – zu- und entgegengearbeitet. Seine Pläne deckten sich mit ihren persönlichen Zielen.

Dafür bietet die Aufrüstung ein gutes Beispiel: Das 100 000-Mann-Heer der Weimarer Republik bot Berufssoldaten, vor allem den Offizieren, nur geringe Aufstiegschancen.

Mit der Einführung der allgemeinen **Wehrpflicht** im März 1935 und der damit einhergehenden nun offenen **Aufrüstung** wuchsen die Karrierechancen gewaltig.

Wehrpflicht
Aufrüstung

Unstreitig bot Deutschland mehr als die benachbarten Demokratien einen fruchtbaren Boden, in dem die böse Saat des Nationalsozialismus gedeihen konnte. Dazu gehörten das Schutzbedürfnis nach innen und außen aufgrund der „Mittellage" Deutschlands, die vom Kaiserreich geprägte Untertanenneigung, die festen Wertvorstellungen von Disziplin und Gehorsam und die apolitische Grundhaltung, wie sie schon *Goethe* im „Faust" formuliert hatte: „Ein garstig Lied! Pfui, ein politisch Lied!"

Schon vor der nationalsozialistischen **Machtübernahme**, von den Nationalsozialisten stets als **Machtergreifung** bezeichnet, hatte die Parteiführung daran gedacht, „ihren" Staat nicht als eine bloße Fortsetzung der Weimarer Republik zu verstehen, sondern als die Wiederaufnahme alter Reichsvorstellungen. Der NS-Staat sollte in einem Kontinuum stehen, das sich vom Reich *Heinrichs I.* (911) über das „zweite" Reich von 1871 bis zum „dritten" 1933 erstreckte. Am 10. Mai 1940, dem Beginn des Frankreichfeldzuges, verkündete *Hitler* den deutschen Truppen in einem Tagesbefehl, dass der „... nun beginnende Kampf das Schicksal des Deutschen Reiches für die nächsten tausend Jahre bestimmt." Das war sozusagen die Geburtsstunde des **„Tausendjährigen Reiches"**, das bereits fünf Jahre später unterging.

Machtübernahme
Machtergreifung
▶ Q. 2
Tausendjähriges Reich

4.2.1 Die nationalsozialistische Ideologie

Im Schrifttum des Nationalsozialismus gibt es keine geschlossene Darstellung der nationalsozialistischen Weltanschauung. *Alfred Rosenbergs* berühmt-berüchtigter „Mythos des 20. Jahrhunderts" wurde von *Hitler* selbst und seiner Umgebung manchmal belächelt, *Heinrich Himmlers* SS-Ideologie blieb auch einigen hohen Repräsentanten der NSDAP fragwürdig. Die geistige Doktrin des NS-Staates muss aus einer Vielzahl unzusammenhängender Quellen ermittelt werden, wobei sicherlich *Hitlers* **„Mein Kampf"** und seine Reden die wichtigsten sind. Im Folgenden werden nur die von der historischen Forschung als wesentlich anerkannten Elemente behandelt und jeweils belegt.

„Mein Kampf"

4.2.1.1 Der Rassismus

Die Lehre von der Überlegenheit der „arischen Rasse" als die führende unter den weißen Rassen geht letztlich auf den französischen Diplomaten und Schriftsteller *Arthur de Gobineau* (1816–1882) zurück. In Deutschland wurde diese Rassenlehre, nunmehr erweitert durch den **Antisemitismus**, mit dem Buch des Engländers *Houston Stewart Chamberlain* (1855–1927) „Die Grundlagen des 19. Jahrhunderts" (1899) bekannt. Ursprünglich war der Begriff „arisch" ein Gattungsname für bestimmte verwandte Sprachgruppen, nun wurde er als biologisches Merkmal für rassische Verwandtschaften ge- und missbraucht. *Hitler* steigerte diese willkürliche Nutzung durch eine völlig subjektive Interpretation, ohne jeden empirischen oder theoretisch-wissenschaftlichen Beleg. Für ihn erschien es als selbstverständlich vorgegeben, dass die Germanen den arischen Kern bildeten und das deutsche Volk diesen noch am reinsten erhalten habe.

Antisemitismus

Nun konnten auch die NS-Ideologen nicht leugnen, dass nur der kleinere Teil der Deutschen die idealen „reinrassigen" Merkmale, wie schlank, hoch gewachsen, blauäugig und blond, aufwies. Also unterteilte man die **Arier** in Gruppen, wie fälische, dinarische oder westische Rassen, von denen die nordische als die edelste galt. Der nordische Mensch besitze nicht nur die genannten körperlichen Vorzüge, er verfüge auch in besonderem Maße über vorbildliche Charaktereigenschaften wie Mut, Opferbereitschaft, Treue und Tapferkeit, die bei anderen arischen Rassen schwächer ausgeprägt seien und bei den Nichtariern zum Teil ganz fehlten.

Arier

Die **NS-Rassenlehre** trieb groteske Blüten. So mussten beispielsweise die Schüler in Gymnasialklassen sich gegenseitig rassisch einstufen, und peinlich war es für den unter-

NS-Rassenlehre

richtenden Biologielehrer, wenn ausgerechnet der dunkelhäutige „Schrumpfgermane" dem großen Blonden sportlich überlegen war. Wie sollte er dies unter Beachtung der amtlichen Richtlinien der Klasse erklären?

Dem Idealtyp der „arischen Rasse" wurde als stärkster Kontrast die „semitische Rasse" gegenübergestellt, die als minderwertigste Rasse bezeichnet wurde. *Hitler* hat zwar seinen Antisemitismus unter anderem mit „Erkenntnissen" aus obskuren Broschüren eines Tabakwarenladens begründet, die er im Wiener Obdachlosenheim gelesen hatte und die beispielsweise den Titel „Bist du blond?" trugen. Aber unbezweifelbar ist, dass – ähnlich wie in anderen Staaten – auch in der deutschen Bevölkerung ein latenter Antisemitismus vorhanden war, der wiederum auf dem jahrhundertealten christlichen **Antijudaismus** basierte. So fiel die Propaganda, dass alles „Jüdische" die Verkörperung des Dunklen, Verwerflichen, ja des Bösen schlechthin sei, auf einen fruchtbaren Boden. Nach dem verlorenen Krieg und nach der Inflation waren viele Deutsche, vor allem das verarmte Kleinbürgertum, nur zu gern bereit, eine Art jüdische „Weltverschwörung" als Ursache für ihre Not anzunehmen.

Antijudaismus

Die Pseudowissenschaftlichkeit der gesamten nationalsozialistischen Rassenlehre wurde spätestens dann offenbar, als versucht wurde zu bestimmen, wer von den Deutschen nun Jude sei. Trotz fast verzweifelt wirkender Bemühungen, die rassische Zugehörigkeit anhand von körperlich sichtbaren Merkmalen zu bestimmen wie z. B. Form der Nase oder des Gesäßes (!), gelang das selbstverständlich nicht. So bestimmten die **Nürnberger Gesetze**, nach denen nur Deutsche „arischer Abstammung" Reichsbürger sein konnten, die biologische Abstammung mithilfe der Konfessionszugehörigkeit.

Nürnberger Gesetze

Ariernachweis

Der **Ariernachweis** war nichts anderes als ein Auszug aus Kirchenbüchern, aus denen die christliche Taufe der (Ur-)Großeltern hervorging. Wer als Abkömmling jüdischer Vorfahren das Glück hatte, dass seine Ahnen sich drei Generationen vor ihm hatten taufen lassen, blieb unbehelligt.

Die Rassenlehre, so wissenschaftlich unhaltbar sie auch war und so wenig die Reinrassigkeit gerade für das deutsche Volk diagnostiziert werden konnte, blieb bis Kriegsende das propagandistische Instrument und die ideologische Rechtfertigung für alle Opfer und Leiden, welche die Menschen in Deutschland zu ertragen hatten.

4.2.1.2 Der Sozialdarwinismus

▶ Q. 3

Unter Sozialdarwinismus wird eine um die Jahrhundertwende entstandene soziologische Auffassung verstanden, nach der die Erkenntnisse von *Charles Darwin* (1809–1892) auf die Gesellschaft angewandt werden.

Dazu gehören:
- Der soziale Konflikt resultiert nicht etwa aus ungleichen Vermögens- und Einkommensverhältnissen oder gegensätzlichen wirtschaftlichen Interessen und unterschiedlichen politischen Meinungen, sondern ist die Folge eines allgemeinen „struggle of life" (Existenzkampf).
- Dieser **Kampf ums Dasein** ist objektiv unvermeidbar und bestimmt das soziale Leben nicht nur innerhalb, sondern auch zwischen den Gesellschaften.
- Sieger in diesem Kampf werden jene Individuen und Gesellschaften, die sich durch ihre vererbten Anlagen am besten durchsetzen und fortpflanzen können.
- Das „survival of the fittest" (Überleben des Stärksten) ist nichts anderes als das Gesetz der natürlichen **Auslese** im politisch-sozialen Bereich; die nicht Durchsetzungsfähigen werden „ausgemerzt".

Kampf ums Dasein

Auslese

Hitler vergröberte im Rahmen seiner Weltanschauung diesen politischen Darwinismus abermals und proklamierte geradezu das Recht und die Pflicht der überlegenen arischen Rasse und insbesondere der Deutschen, schwächere Völker zu unterwerfen und „minderwertige" Rassen auszubeuten oder – im Falle der Juden sowie der Sinti und Roma – physisch zu vernichten. Was ursprünglich im Sozialdarwinismus primär als politischer und sozialer Behauptungs- und Durchsetzungskampf verstanden wurde, steigerte sich bei *Hitler* zum Gebot der kriegerisch-militärischen Aggression. Letzte, erbarmungslose Konsequenz war, dass der Nationalsozialismus einerseits auf besonderen Eliteschulen (Nationalpolitischen Erziehungsanstalten, Adolf-Hitler-Schulen) „Auserlesene" zum Führungsnachwuchs „heranzüchtete" und andererseits „lebensunwertes Leben" vernichtete – in der sogenannten **„Euthanasie"**-Aktion wurden ab 1940 mehr als 100 000 behinderte und kranke Menschen ermordet.

Euthanasie

Die **Kritik am Sozialdarwinismus** lässt sich in wenigen Sätzen zusammenfassen:

Kritik am Sozialdarwinismus

1. Der englische Naturforscher *Darwin* hat mit seinem „Daseinskampf" lediglich ein Gesetz formuliert, das für von Menschen unbeeinflusstes Naturgeschehen gilt.

2. Im Sozialdarwinismus, besonders in der extremen Ausprägung im Rahmen des Faschismus, werden zwei völlig unterschiedliche Bereiche vermischt. Die Feststellung, dass in der Natur eine bestimmte Tendenz gilt, ist eine wissenschaftliche Erkenntnis, ob sie aber zur Richtschnur politischen Handelns gemacht werden soll, ist eine menschliche Entscheidung.

3. Das Sozialverhalten der Menschen vollzieht sich nicht einfach in regellosem Kampfgeschehen, sondern schafft Normen und Regeln, die auf Dauer angelegt sind.

4. Im Sozialdarwinismus haben moralische und ethische Begriffe keinen Platz. Der Daseinskampf kennt keine Solidargemeinschaft, keine Hilfe und keinen Schutz für die Schwachen, so bliebe beispielsweise für Entwicklungshilfe überhaupt keine Rechtfertigung. Gerade die humane Entscheidung, auch dem von Natur körperlich und geistig Schwächeren zu helfen, steht dieser Auslese- und Ausmerzungsdoktrin entgegen. Die Übertragung der Rassenlehre und der Verhaltensforschung der Tiere auf den Menschen führt letztlich zu einer **Biologisierung** der Politik. Hieraus das vermeintliche Recht abzuleiten, einen Offensivkrieg zu führen, ist der Versuch, eine Ideologie praktisch umzusetzen.

Biologisierung

4.2.1.3 Der Anspruch auf Lebensraum

Schon früh hat *Hitler* „neuen Grund und Boden" gefordert. Er rief auf „zum Vormarsch auf jener Straße, die aus der heutigen Beengtheit des Lebensraumes dieses Volkes hinausführt". Und unmissverständlich formulierte er: „Staatsgrenzen werden durch Menschen geschaffen und durch Menschen geändert." In konsequenter Anwendung sozialdarwinistischer Vorstellungen heißt es in seinem Buch „Mein Kampf" weiter: „Das Recht auf Grund und Boden kann zur Pflicht werden, wenn ohne Bodenerweiterung ein großes Volk dem Untergang geweiht erscheint." Denn „Deutschland wird entweder Weltmacht oder überhaupt nicht sein". Auch die Stoßrichtung, in der die Bodengewinnung erfolgen soll, wird offenbart: „Wir stoppen den ewigen Germanenzug nach dem Süden und Westen Europas und weisen den Blick nach dem Land im Osten."

▶ Q. 4

Der Versuch, diese ausdrücklich als außenpolitisch bezeichnete und schon lange vor der Machtübernahme formulierte Zielsetzung zu verwirklichen, musste zwangsläufig zum **Angriffskrieg** führen. Es bleibt für die Nachfahren wahrscheinlich für immer ein Rätsel, warum die Zeitgenossen *Hitlers* dies nicht oder nicht rechtzeitig gesehen haben. Ein Politiker, der eine Lebensraumerweiterung proklamierte, obwohl es auf diesem Planeten schon seit über hundert Jahren praktisch kein herrenloses Land mehr gab, plante den Krieg als Mittel zur Interessendurchsetzung bewusst ein. Der Kriegsbeginn 1939 durfte also im In- und Ausland im Grunde niemanden überraschen.

Angriffskrieg

▶ Q. 5

4.2.1.4 Das Führerprinzip

Führerautorität
Verantwortung

Schon in den ersten Auflagen seines Buches hatte *Hitler* gefordert, dass die nationalsozialistische Bewegung den Grundsatz der „unbedingten **Führerautorität**, gepaart mit höchster **Verantwortung**“ vertreten müsse. Das von Anfang an für die NSDAP geltende, wenngleich von *Hitler* erst nach erheblichem Widerstand in seinen Reihen durchgesetzte Prinzip wurde nach 1933 zum tragenden Strukturmerkmal in Staat, Gesellschaft und Wirtschaft. Dieses Führerprinzip beruht auf folgenden Grundsätzen:

Aufmarsch beim Nürnberger Parteitag der NSDAP 1933, mittig: Hitler und Röhm

- Alle Funktionen, Kompetenzen und Machtträger werden von oben nach unten bestimmt und eingesetzt.
- Der Untergebene hat seinen Vorgesetzten absoluten, bedingungslosen Gehorsam zu leisten.
- Jeder Funktionsinhaber ist nur „nach oben“, nicht aber „nach unten“ oder seinen gleichrangigen Mitarbeitern rechenschaftspflichtig und verantwortlich.

▶ Q. 6

Hierarchie

Auf den ersten Blick erscheint das Führerprinzip nur die Anwendung des Organisationsgrundsatzes einer **Hierarchie** zu sein, wie sie in öffentlichen Verwaltungen, großen Industrieunternehmen und vor allem in den Armeen der Welt praktiziert wird. Tatsächlich aber sind die Unterschiede zumindest in den demokratischen Staaten erheblich. Befehle, die gegen Recht und Gesetz verstoßen, dürfen nicht befolgt werden, die höchsten Machtinhaber sind demokratisch legitimiert und abrufbar, und schließlich gibt es eine Vielzahl von Sicherungen, angefangen vom Personalvertretungsgesetz bis Beschwerde- und Klagerecht – von der Mobilisierung der öffentlichen Meinung ganz zu schweigen –, die einen Missbrauch des Weisungsrechts der Vorgesetzten verhindern können.

Führerkult

Auch die Orientierung der staatlichen Organe und die gläubige Hinwendung aller gesellschaftlich relevanten Gruppen auf die Person *Hitlers* wären ohne diesen **Führerkult** nicht möglich gewesen. Für die Heutigen bleibt es unfassbar, wie Millionen von Menschen in einer Art religiöser Hingabe mit einem Fanatismus sondergleichen an diesen Mann glaubten.

Eine wenigstens teilweise Erklärung dafür liefert die Technik der nationalsozialistischen Propaganda, die außerordentlich geschickt die Gefühle der Massen nutzte, um sie zu manipulieren. Bei Großveranstaltungen erschien **Der Führer** grundsätzlich zu spät, bis dahin wurde die Menge mit Musik und Sprechchören in steigende Spannung gebracht, die Stirnwand des Saales „zierten“ Spruchbänder etwa mit dem Satz: „Der Führer hat immer recht.“ Endlich erschien – ER!

Der Führer

Hitlers Wunsch und Wille wurde zum Gesetz. Ein Stück Papier, das den Briefkopf „Der Führer“ und seine Unterschrift trug, hatte Gültigkeit und Wirksamkeit eines förmlichen Gesetzes. Selbst verbrecherische Weisungen erhielten durch seine Anordnung den Schein des Rechts und die Aussage, „richtig“ im Sinne der nationalsozialistischen Idee und des Staates zu sein.

Unfehlbarkeit

Dem Führer wurde eine pseudoreligiöse **Unfehlbarkeit** zugeschrieben.

„Führer befiehl wir folgen!“ – Massenkundgebung in Berlin

4.2.1.5 Die Anti-Haltungen

Anti-Haltungen

Die nationalsozialistische Ideologie ist durch eine Reihe von **Anti-Haltungen** charakterisiert, die das Wesen dieser Weltanschauung in der Verneinung deutlicher machen als ihre „positiven“ Aussagen.

Der ablehnende Grundzug des Nationalsozialismus war:

Antichristlich
Antikirchlich

- **Antichristlich** und **antikirchlich**: Angesichts der traditionellen Verwurzelung der deutschen Bevölkerung im Christentum glaubte *Hitler* zwar, den offenen Kampf gegen die Kirche vor allem während der Kriegszeit nicht wagen zu können. Aber langfristig planten die nationalsozialistischen Ideologen die Ablösung des christlichen Glaubens mit seinem „jüdischen Gott“ durch ein „positives Christentum“ mit einem „deutschen Gott“.

Antiindividuell
Antiliberal

- **Antiindividuell** und **antiliberal**: Grundrechte, unveräußerliche Menschenrechte, staatsfreie Individualsphäre waren dem Nationalsozialismus wesensfremd, vertrugen sich nicht mit seiner Auffassung von der Allmacht des Staates, verkörpert in der Person des Führers, dessen Wille grundsätzlich keine Schranken kannte.

Antidemokratisch

- **Antidemokratisch**: Die Staats- und Gesellschaftsordnung des Dritten Reiches besaß keine Gewaltenteilung, keinen Rechtsschutz für Minderheiten, keine Begrenzung der Exekutivgewalt durch Recht und Gesetz, keine Partizipations- und Mitwirkungsmöglichkeit der Bürger am staatlichen Willensbildungsprozess, vor allem aber keine Wahl- und Abwahlmöglichkeiten der Machtinhaber.

Antipluralistisch

- **Antipluralistisch**: Jede Spielart des Faschismus geht von der verschworenen „Volksgemeinschaft“ aus, die als vorgegebene Einheit unterstellt wird. Es seien die Parteien und Verbände, die das Volk in Konflikte und klassenkämpferische Auseinandersetzungen stürzten. Die Anklage von der „Parteienzerrissenheit“ des deutschen Volkes gehörte zum Standardrepertoire der Reden *Hitlers* in den Wahlkämpfen.

Antimodern
Blut-und-Boden-Mythos

- **Antimodern**: Deutschland war 1933 ein hoch industrialisiertes Land, auch wenn der Anteil der Agrarproduktion an der volkswirtschaftlichen Gesamtleistung bei 25 % lag. Umso erstaunlicher war die Rückwendung, das ideologische Anknüpfen an bäuerliche Traditionen, wie sie in einem **Blut-und-Boden-Mythos** ihren Ausdruck fand. Auf dem Land glaubte man noch das Wahre, Unverfälschte, Echte zu finden. Dagegen galt die Industriestadt als die Verkörperung des Degenerierten, Verweichlichten, des im Grunde Kranken. Zu dieser Ablehnung passte die Kritik an der modernen Kunst, die sich bis zum staatlichen Verbot sogenannter „entarteter Kunst“ steigerte.

Antiinternational

- **Antiinternational**: Wirtschaftlich zeigte sich diese Haltung in einem an der Realität vorbeigehenden **Autarkiestreben**, politisch im Unwillen und Unvermögen, gerade auch mit den ehemaligen Feinden und potenziellen Gegnern dauerhafte Verträge abzuschließen und sie zu halten. Die für ein internationales Zusammenleben unabdingbaren Voraussetzungen wie Vertragstreue, Zuverlässigkeit und Berechenbarkeit lehnte der Hitlerfaschismus ab und ordnete sie vermeintlichem Volksnutzen unter.

Autarkiestreben

Dekoration zum Schaufensterwettbewerb des Reichsberufswettkampfes in der Stuttgarter Innenstadt

Antifreiheitlich

- **Antifreiheitlich**: Darin liegt wohl der entscheidende Kern aller nationalsozialistischen Anti-Haltungen. In dieser ablehnenden Einstellung ist die Quelle für seine Inhumanität, seine Fortschrittsfeindlichkeit und seinen totalitären Herrschaftsanspruch zu suchen. Ein „Fahnenspruch" wie: „Du bist nichts, dein Volk ist alles" oder eine Liedzeile „ ... Ja, die Fahne ist mehr als der Tod", entlarven die Ideologie als menschenverachtend.

Antimarxistisch

- **Antimarxistisch**: Diese vor allem im Bürgertum weitverbreitete Haltung nutzte *Hitler*, um seiner Ideologie eine weitere Schubkraft zu verleihen. Selbstverständlich ist Antimarxismus für sich allein kein Zeichen für totalitäres Gedankengut, aber im Zusammenhang mit den anderen Elementen der NS-Ideologie erhielt er eine aggressive, auf Vernichtung zielende Stoßrichtung.

▶ Q. 7 und 8
Totalitarismus

Der Nationalsozialismus ist eine Variante des **Totalitarismus**. Totalitarismus geht weiter und dringt tiefer in die Lebensbereiche der Menschen ein als eine einfache Diktatur. Seine Merkmale sind:

- verbindliche Staatsideologie als Verheißungslehre;
- umfassende staatliche Propaganda unter Ausschaltung der Medienfreiheit;
- Einparteienherrschaft;
- keine freie Wahl und Abwahl der Herrschenden;
- geheimer Überwachungs- und Kontrollapparat zur Erstickung und Unterdrückung der Opposition;
- staatliche Planwirtschaft.

Obwohl die DDR mit dem Dritten Reich nicht gleichgesetzt werden darf, hatte sie – in ihrer Struktur – ebenfalls totalitäre Elemente.

Hitlerjugend beim Appell im Sommerferienlager 1934

4.2.2 Die Herrschaftspraxis der Diktatur

Am 30. Januar 1933 ernannte der Reichspräsident *Adolf Hitler* zum **Reichskanzler**, obwohl *Hindenburg* noch einige Tage zuvor im vertrauten Kreise geäußert hatte: „Sie werden mir doch nicht zutrauen, meine Herren, dass ich diesen böhmischen Gefreiten zum Reichskanzler berufe."

www.dhm.de/lemo/html/nazi

Reichskanzler

Der Vorgang war verfassungsrechtlich korrekt. Nicht zum ersten Mal hatte der Reichspräsident, gestützt auf den Art. 48 der Weimarer Verfassung, ein **Präsidialkabinett** ohne eine tragende parlamentarische Mehrheit ernannt. Außerdem war die neu ernannte Regierung eine Koalitionsregierung mit der DNVP, in der außer *Hitler* nur noch zwei nationalsozialistische Minister – *Wilhelm Frick* und *Hermann Göring* – saßen. Die konservativen Minister wähnten sich sicher, *Hitler* und seine Leute „eingerahmt" zu haben, ihn zu „zähmen". Doch schon der Abend desselben Tages zeigte, dass nach Meinung der Nationalsozialisten mehr geschehen war als einer der vielen Versuche, eine neue Regierung zu bilden. In einem gewaltigen nächtlichen Fackelzug durch das Brandenburger Tor in Berlin wurde die „Machtergreifung" gefeiert und der 30. Januar zum „Tag der nationalen Erhebung" deklariert.

Präsidialkabinett

4.2.2.1 Der Weg in die Diktatur

Die wichtigsten Etappen zum Ausbau des totalen Staates waren:

1. Februar 1933
Der Reichspräsident löste auf Verlangen *Hitlers* den Reichstag auf, denn der neue Reichskanzler hoffte, bei Neuwahlen die absolute Mehrheit zu erhalten, war doch die NSDAP nun im Besitz aller staatlichen Propagandamöglichkeiten und hatte keine Finanzierungsschwierigkeiten mehr.

Reichtagsauflösung

4. Februar 1933
Es wurde die „Verordnung des Reichspräsidenten zum Schutze des deutschen Volkes" erlassen, wonach Zeitschriften, Zeitungen und Versammlungen ohne Rechtsmittel – richterliche Anordnung – verboten werden konnten.

28. Februar 1933
Nachdem am Tag zuvor der Reichstag – vermutlich von dem Holländer *Marinus van der Lubbe* – angezündet worden war, nutzten die Nationalsozialisten diesen angeblichen Anschlag der Kommunisten, um die politischen Möglichkeiten ihrer Gegner weiter einzuschränken, indem sie wichtige Grundrechte, z. B. die Versammlungs- und Vereinigungsfreiheit oder die Pressefreiheit, aufheben ließen. Der Reichspräsident erließ eine Verordnung „zum Schutz von Volk und Staat".

▶ Q. 9

Reichstagsbrand-verordnung

5. März 1933
Reichstagswahl: Trotz einer erdrückenden propagandistischen Überlegenheit und systematischen Behinderung der oppositionellen Parteien gelang es der NSDAP nicht, die absolute Mehrheit zu erreichen. Sie war weiter auf eine Koalition mit den Deutschnationalen angewiesen.

Reichstagswahl

23. März 1933
Im Reichstag – die Abgeordneten der Fraktion der KPD waren inzwischen in „Schutzhaft" genommen – konnte *Hitler* gegen die Stimmen der SPD ein Gesetz durchsetzen, das ihm legislative Vollmachten gab. Mit der Verabschiedung dieses **Ermächtigungsgesetzes** hatte sich der Reichstag selbst entmündigt. Legislative und Exekutive befanden sich nun in einer Hand, die Gewaltenteilung war aufgehoben.

▶ Q. 10

Ermächtigungsgesetz

31. März 1933
Mit dem „Vorläufigen Gesetz zur Gleichschaltung der Länder mit dem Reich" ging das Recht

Gleichschaltung der Länder

zur Landesgesetzgebung von den Landtagen auf die Landesregierungen über. Die Landtage wurden aufgelöst und entsprechend der Stimmenzahl der Reichstagswahl (ohne Berücksichtigung der Stimmen für die KPD) neu gebildet.

▶ Q. 11
Gesetz gegen die Neubildung von Parteien

14. Juli 1933
Mit dem von der Regierung verkündeten „Gesetz gegen die Neubildung von Parteien" sicherte sich *Hitler* eine Einparteienherrschaft. Soweit die alten Parteien noch bestanden, lösten sie sich in den nächsten Wochen auf, da sie, ihrer Versammlungs- und Publikationsmöglichkeiten beraubt, keinen politischen Spielraum mehr sahen. Die SPD war bereits im Juni verboten worden.

▶ Q. 12
Einheit von Partei und Staat

1. Dezember 1933
Mit dem „Gesetz zur Sicherung der Einheit von Partei und Staat" wurde die NSDAP eine Partei, die, überspitzt formuliert, einen Staat besaß.

Gesetz über den Neubau des Reiches

30. Januar 1934
Das „Gesetz über den Neubau des Reiches" beseitigte die Eigenständigkeit der Länder und zentralisierte die Macht noch stärker bei der Reichsregierung und damit praktisch bei *Hitler*.

Aufhebung des Reichsrats

14. Februar 1934
Mit dem „Gesetz über die Aufhebung des Reichsrats", wiewohl dessen Fortbestand im Ermächtigungsgesetz ausdrücklich verankert war, wurde nur die Konsequenz aus der vorangegangenen Beseitigung der Länderrechte gezogen.

▶ Q. 13
Hitler Reichspräsident

1. August 1934
Schon einen Tag vor dem Tod *Hindenburgs* ließ *Hitler* sich auch das Amt des Reichspräsidenten und damit dessen verfassungsrechtliche Macht übertragen. Damit war auch die letzte tragende Institution der Verfassung beseitigt.

▶ Q. 14
Führer und Reichskanzler

2. August 1934
Mit der Ämtervereinigung zum **Führer und Reichskanzler** und der Vereidigung der Reichswehr auf die Person *Hitlers* wurde die totale Machtübernahme abgeschlossen.

4.2.2.2 Die „Gleichschaltung"

Zentralismus

In der politischen Herrschaftspraxis verfolgten die Nationalsozialisten einen extremen **Zentralismus**. Schon im April 1933 wurden unter Bruch der Verfassung Reichsstatthalter – in der Regel waren dies NSDAP-Gauleiter – eingesetzt, die den Länderregierungen gegenüber weisungsberechtigt waren und deren Mitglieder beliebig einsetzen und entlassen konnten. Reichsstatthalter in Württemberg wurde der Esslinger *Wilhelm Murr*, in Baden wurde *Robert Wagner* eingesetzt.

Die „Gleichschaltung" umfasste vor allem folgende Maßnahmen:

- **Beseitigung des Systems konkurrierender Parteien**
  Im Juni 1933 wurde die SPD zur „volks- und staatsfeindlichen" Partei erklärt und ihr jede politische Betätigung untersagt. Die übrigen Parteien lösten sich wegen fehlender Wirkungsmöglichkeiten in den nächsten Wochen selbst auf. Mit dem **„Parteiverbotsgesetz"** vom 14. Juli 1933 erhielt die NSDAP den Status einer staatlichen Monopolpartei.

  Parteiverbotsgesetz ▶ Q. 11

- **Verbot der Gewerkschaften**
  Einen Tag nach dem 1. Mai 1933 wurden alle freien Gewerkschaften aufgelöst und ihr Vermögen zugunsten einer Nebenorganisation der NSDAP, der Deutschen Arbeitsfront, beschlagnahmt. Die Unternehmer wurden zu „Betriebsführern" ernannt, die Arbeitnehmer eines Betriebes hießen fortan „Gefolgschaft".

  Deutsche Arbeitsfront

- **Ausschaltung möglicher Gegner in der SA**
  Hitler fürchtete, dass unzufriedene SA-Führer seine Stellung gefährden könnten. Die SA-Leute hatten in den jahrelangen Straßen- und Saalkämpfen zum Teil erhebliche Opfer gebracht, waren aber nach der Machtübernahme zumeist leer ausgegangen. Außerdem wichen ihre Vorstellungen, besonders die des SA-Stabschefs *Ernst Röhm,* erheblich von denen *Hitlers* ab. Sie wollten eine sozialistische Revolution und nicht das Bündnis mit den bürgerlich-konservativen Kräften. Das Verlangen *Röhms* nach einer politischen Armee, deren Kern die SA stellen sollte, musste die **Reichswehr** als Schwächung ihrer Position, „einziger Waffenträger der Nation" zu sein, betrachten. Sie ließ deshalb *Hitler bei* der Beseitigung seiner innerparteilichen Gegner freie Hand. Ein Treffen der höchsten SA-Führer in Bad Wiessee nutzte *Hitler* zu einer Blitzaktion und ließ diese durch seine ihm ergebene SS verhaften. Insgesamt wurden in wenigen Tagen etwa 150 Menschen erschossen, darunter auch *Röhm* selbst, *Hitlers* einziger Duzfreund. Die Reichswehr nahm auch den Mord an einem der ihren, General *Kurt von Schleicher, Hitlers* Vorgänger im Reichskanzleramt, als unvermeidbaren „Exzess" im Zuge einer Revolution hin. *Hitler* erklärte den gesamten Vorgang als einen Putschversuch, gegen den er das Recht der Staatsnotwehr gehabt habe. Die SA sank zur völligen Bedeutungslosigkeit herab. Sie spielte in den weiteren Jahren des NS-Staates nur noch die Rolle eines Statisten.

Röhm-Putsch

Reichswehr

- **Anpassung der Justiz und Verwaltung**
  Mit dem „Gesetz zur Wiederherstellung des Berufsbeamtentums", das im Widerspruch zu seinem Namen gerade die Aushöhlung des Berufsbeamtentums erst ermöglichte, konnten jüdische Beamte entlassen oder degradiert werden. Das gleiche galt für Beamte, „die nach ihrer bisherigen politischen Betätigung nicht die Gewähr dafür bieten, dass sie jederzeit rückhaltlos für den nationalen Staat eintreten". Auf diese Weise konnten in der Verwaltung viele freie Stellen für parteitreue Anhänger geschaffen werden.
  Die Justiz wurde mit der Errichtung von Sondergerichten dieser Entwicklung angepasst. Der berüchtigte **Volksgerichtshof** sollte vor allem für Straftaten des „Hochverrats" zuständig werden.

Volksgerichtshof

- **Kulturpolitische Einheit**
  Mit der Schaffung der **Reichskulturkammer** vom 22. September 1933 wurden alle deutschen („arischen") Künstler der Literatur, aus Film, Rundfunk, Theater, Musik und bildender Kunst zu einer, wie Propagandaminister *Joseph Goebbels* formulierte, „geistigen Kultureinheit" zusammengefasst und sollten sich „unter dem Patronat des nationalsozialistischen Staates geborgen fühlen". Als Journalisten wurden nach dem Schriftleitergesetz vom 4. Oktober 1933 nur Personen mit Eigenschaften zugelassen, wie sie „die Aufgabe der geistigen Einwirkung auf die Öffentlichkeit erfordert". Schon am 10. Mai waren in vielen Universitätsstädten öffentlich die Schriften jüdischer und politisch missliebiger Autoren wie *Heinrich Heine, Franz Kafka, Erich Kästner* oder *Bertolt Brecht* verbrannt worden.

Reichskulturkammer

Auf dem Berliner Opernplatz – heute Bebelplatz – wo *Goebbels* die Bücherverbrennung mit einer Hetzrede „wider den undeutschen Geist" begleitete, befindet sich heute eine Gedenkstätte. Auf einer Bronzetafel steht der prophetische Satz *Heinrich Heines* (1797–1856): „Das war ein Vorspiel nur, dort wo man Bücher verbrennt, verbrennt man auch am Ende Menschen."

- **„Glaubensbewegung Deutsche Christen"**
  „Ein Volk! – Ein Gott! – Ein Reich! – Eine Kirche!" hieß es in der Proklamation der Nationalkirchlichen Bewegung vom 11. Dezember 1933. Damit sollte der Versuch unternommen werden, die unabhängigen evangelischen Landeskirchen zugunsten einer einheitlichen zentralen deutschen Kirche zu beseitigen. Aber der Versuch misslang. Trotz *Hitlers* Versicherung, dass die christlichen Konfessionen zur Erhaltung des Volkstums notwendig seien, wurde der Kampf besonders gegen die katholische Kirche zumindest versteckt geführt.

4.2.3 Verfolgung und Vernichtung

Es gehört zu den nur schwer verständlichen Eigenarten des nationalsozialistischen Systems, dass bestimmte ideologische Zielsetzungen mit erbarmungsloser Konsequenz durchgesetzt wurden. Als erstes fielen kranke und behinderte Menschen dem Sozialdarwinismus der Nationalsozialisten zum Opfer. Gemäß ihrem Ziel, die „arische Rasse“ zu stärken, erließ die Regierung am 14. Juli 1934 das „Gesetz zur Verhütung erbkranken Nachwuchses“, das Zwangssterilisationen kranker Menschen ermöglichte. Mit Kriegsbeginn erfolgte dann die physische Vernichtung der Kranken im sogenannten **Euthanasie**-Programm.

Euthanasie

Grafeneck

Bereits am 14. Oktober 1939 wurde das Behindertenheim **Grafeneck** bei Münsingen auf der Schwäbischen Alb von den NS-Machthabern beschlagnahmt und zur Tötungsanstalt umgebaut. Die Landespflegeanstalt Grafeneck war die erste Einrichtung in Deutschland, in der die Nationalsozialisten ihr Euthanasie-Programm durchführten. Bis Dezember 1940 wurden Menschen mit psychischer oder physischer Behinderung aus Württemberg und Hohenzollern, Baden, Bayern und Hessen nach Grafeneck deportiert. Von ihnen wurden mindestens 10 654 in einer stationären Gaskammer mit Kohlenmonoxid ermordet. Ihre Leichen wurden verbrannt, die Angehörigen erhielten knappe Mitteilungen mit gefälschten Todesursachen. Bis zum Ende des Krieges wurden mehr als 100 000 kranke und behinderte Menschen ermordet.

www.gedenkstaette-grafeneck.de

Der Mord an Menschen mit Behinderung war eine Art Probelauf für den Holocaust. Die Täter von Grafeneck, die zum ersten Mal in Deutschland Menschen industriell töteten, waren ab 1942 in den Vernichtungslagern des Ostens maßgeblich an der „Endlösung der Judenfrage“ beteiligt.

Nationalsozialistisches Propagandaplakat

Rassismus

Der **Rassismus** der Nationalsozialisten, auf dem letztlich auch die Euthanasie-Aktion beruhte, richtete sich in besonders grausamer Weise gegen die Juden zunächst in Deutschland, später ebenfalls in den besetzten Ländern. Auch hier wurde die NS-Ideologie in die Realität überführt.

Die in „Mein Kampf“ erhobenen Forderungen nach „Ausmerzung des jüdischen Parasitentums“ waren eben nicht – wie viele Gutgläubige meinten – nur eine pathetisch-schwülstige politische Kampfansage, den (vermeintlich!) zu starken Einfluss der Juden zurückzudrängen, die mit 500 000 noch nicht einmal ein Prozent der deutschen Bevölkerung ausmachten, sondern waren wortwörtlich zu verstehen. Gerade die Ungeheuerlichkeit eines solchen Vorhabens ließ die meisten zweifeln, ob es wirklich so gemeint sei. Auch blieb die Mehrheit der jüdischen Mitbürger in Deutschland oder kehrte aus dem Ausland zurück, nachdem es ihnen schwergefallen war, dort Fuß zu fassen. Ihre Hoffnungen, dass alles nicht so schlimm werden würde und vieles nur vorübergehende Auswüchse seien, wurden allerdings im November 1938 angesichts der antijüdischen Ausschreitungen und der ersten Verhaftungsaktion gegen Juden während und nach der **„Reichskristallnacht"** erschüttert. Viele deutsche Juden flohen daraufhin ins Exil. Für kein innenpolitisches Ziel wurden so viel Kräfte und Mittel eingesetzt wie für die Verfolgung und Vernichtung der Juden und anderer ethnischer Minderheiten, wie z. B. der Zigeuner (Sinti und Roma). Antisemitismus gab und gibt es in vielen christlich-europäischen Ländern. Unterdrückung von Minoritäten ist auch in Demokratien nicht selten, Abneigung, ja Hass gegen Fremde und Ausländer ist keine auf die Deutschen beschränkte Eigenschaft. Aber nirgendwo sonst ist die systematische Ausrottung eines ganzen Volkes zum erklärten Staatsziel erhoben und unter Einsatz aller staatlichen Machtmittel verwirklicht worden.

Reichskristallnacht

Darin liegt das historisch Einmalige und gleichzeitig Unfassbare des Vorgangs. Wer heute zu Recht die gelegentliche Ausländerfeindlichkeit in der Bundesrepublik Deutschland beklagt, darf sie auf keinen Fall gleichsetzen mit der Judenverfolgung des Dritten Reiches. Das würde zu einer nachträglichen Verharmlosung dieses staatlichen Programms des Holocaust führen und gleichsetzen, was schlechterdings unvergleichbar ist.

Ausländerfeindlichkeit

Die letzten Überlebenden des Aufstands im Warschauer Getto

Diskriminierung der Juden: „Juden sind hier unerwünscht" – Schild in einer Kleingartenanlage

4.2.3.1 Der Weg zur Vernichtung

Wichtige Etappen auf dem Weg zur Vernichtung waren:

- Am 1. April 1933 rief die SA zum Boykott gegen jüdische Geschäfte auf. Da dieser **Boykottaufruf** nur relativ geringe Folgewirkungen hatte, weil er von vielen Deutschen nicht befolgt wurde, und ein sehr negatives Echo in der internationalen Presse auslöste, ging man zunächst zu mehr versteckten Formen der **Diskriminierung** und **Diffamierung** über: Juden wurden von einer Reihe von Tätigkeiten ausgeschlossen, sie konnten nicht Beamte und nicht Redakteure sein, der Besuch „deutscher" Schulen war ihnen, obwohl sie Deutsche waren, untersagt, sie durften keinen Jagdschein erwerben und nicht die Doktorwürde erlangen.

Boykottaufruf

Diskriminierung
Diffamierung

Nürnberger Gesetze

- Mit den **Nürnberger Gesetzen** vom 15. September 1935 kam es zur ersten, scharfen gesetzlichen Benachteiligung und Unterstellung der Juden unter ein Sonderrecht. Unter anderem wurden Eheschließungen und außerehelicher Geschlechtsverkehr zwischen Juden und Nicht-Juden verboten.

▶ Q. 15

- Ein Attentat auf einen deutschen Botschaftsangehörigen in Paris diente den Machthabern als Vorwand, in der Nacht vom 09. auf den 10. November 1938 Tausende jüdischer Geschäfte zu zerstören und zahlreiche Synagogen anzuzünden. Das Werk der SA und SS war angeblich eine Folge „spontaner Empörung" des Volkes, das von diesen Verbrechen verharmlosend – diese aber zugleich auch als von oben gelenkt entlarvend – als „**Reichskristallnacht**" sprach. Der Zynismus *Görings* als Innenminister kannte keine Grenzen: Als Buße für die von SA und SS angerichtete Zerstörung wurde den Juden eine Geldstrafe von 1,25 Milliarden Reichsmark auferlegt. Es waren weit mehr als 1.300 Menschen, die während und unmittelbar in Folge der Ausschreitungen starben, etwa 30 000 kamen in Konzentrationslager.

Reichskristallnacht (auch Reichsprogromnacht genannt)

www.kristallnacht.de

Ausgrenzung

Der gelbe Stern musste offen an der Kleidung getragen werden.

„Reichskristallnacht" – Brennende Synagoge in Berlin 1938

Danach verstärkte sich die **Ausgrenzung**. Juden wurde der Besuch aller öffentlichen Veranstaltungen wie Kino, Theater, Konzerte usw. untersagt, bestimmte Straßen und Plätze durften sie nicht betreten, auf vielen Parkbänken „prangten" Schilder mit der Aufschrift „Für Juden verboten". Ihren täglichen Bedarf, ohnedies frühzeitig und drastischer rationiert als bei den „arischen" Deutschen, konnten sie nur noch in bestimmten, ihnen zugewiesenen Geschäften einkaufen. Und mancher Gastwirt genierte sich nicht, ermuntert und auch aufgefordert von Dienststellen der Partei, an die Eingangstür seines Lokals zu schreiben: „Juden unerwünscht". Seit dem 1. Januar 1939 mussten alle jüdischen Männer zusätzlich den Namen „Israel", alle jüdischen Frauen den Namen „Sara" tragen, in ihre Pässe wurde ein großes „J" gestempelt. Ab September 1941 mussten alle Juden in Deutschland am Anzug oder Mantel gut sichtbar den gelben Stern tragen.

4.2.3.2 Die „Endlösung"

Endlösung der Judenfrage

Wannsee-Konferenz

▶ Q. 16

Gipfel- und Endpunkt der antisemitischen Planung war die sogenannte **Endlösung der Judenfrage**, wie sie in der **Wannsee-Konferenz** vom 20. Januar 1942 beschlossen wurde. In ganz Europa, soweit es militärisch beherrscht war, wurden die Juden zusammengetrieben und in Güterzügen, für die eigens Fahrpläne entworfen wurden, in die Vernichtungslager abtransportiert mit dem einzigen Ziel, sie dort sofort oder nach kurzem Arbeitseinsatz zu töten.

Einsatzgruppen

Schon zuvor waren während des Polen- und des Russlandfeldzugs jüdische Zivilisten, Männer, Frauen und Kinder, von **Einsatzgruppen** (Sondereinheiten der Sicherheitspolizei, des Sicherheitsdienstes und der SS) zu Tausenden erschossen worden. Das größte Massaker verübten die Einsatzgruppen im September 1941 in der Schlucht von Babi Jar, wo sie innerhalb weniger Tage fast 34 000 Juden aus Kiew ermordeten.

Auschwitz

Mit der „Endlösung" ging man nun von den als ineffektiv eingestuften Massenerschießungen zur planmäßigen Tötung in Arbeits- und Vernichtungslagern über. Das größte und heute bekannteste Konzentrationslager war **Auschwitz** bei Krakau, wo die in Güterwaggons eintreffenden Häftlinge von SS-Ärzten entweder zum Arbeitseinsatz oder gleich für die Gaskammern „selektiert" wurden. Daneben gab es die reinen **Vernichtungslager** Chelmno, Treblinka, Belzec und Sobibor (alle in Polen), die nur aus Gaskammern und wenigen Baracken für das Tötungspersonal bestanden und wo die eingelieferten Häftlinge gleich nach ihrer Ankunft vergast wurden. Die Leichen wurden von Häftlings-Sonderkommandos in Krematorien verbrannt.

Vernichtungslager
www.gedenkstaetten-bw.de/gedenkstaetten/de Broschuere/Bisingen.htm

www.stollen-ueberlingen.de

Bis zum Kriegsende entstand ein dichtes Netz großer Haupt- und kleinerer Außenlager, in denen nicht nur Juden, sondern andere rassisch Verfolgte, wie Sinti und Roma („Zigeuner"), Homosexuelle oder Angehörige religiöser Sekten wie die Zeugen Jehovas sowie politische Gegner interniert, geschunden und getötet wurden.

Gemäß dem Grundsatz „Vernichtung durch Arbeit" wurden die KZ-Häftlinge zunächst in Steinbrüchen und beim Straßenbau, im Laufe des Krieges immer mehr in der Rüstungsindustrie und bei der Unter-Tage-Verlagerung von Rüstungsunternehmen eingesetzt, wo sie unter unmenschlichen Bedingungen und unzureichend ernährt **Zwangsarbeit** verrichteten. So mussten in Überlingen am Bodensee 800 Häftlinge von Oktober 1944 bis April 1945 einen 4 km langen Stollen für die in Friedrichshafen ansässigen Rüstungsbetriebe Zeppelin, Maybach, Dornier und die Zahnradfabrik bauen. 168 von ihnen kamen ums Leben. In Bisingen bei Hechingen mussten ungefähr im gleichen Zeitraum ca. 4000 Häftlinge Ölschiefer zur Treibstoffgewinnung abbauen, von denen fast 1200 zu Tode kamen.

▶ Q. 17

Zwangsarbeit

So unbestreitbar nur wenige heute noch lebende Deutsche eine unmittelbare Schuld an diesem Verbrechen trifft, so wenig kann für noch lange Zeit gelöscht werden, dass Auschwitz, Treblinka, Majdanek oder Belzec mit dem deutschen Namen unlösbar schändlich verbunden sind. Das missverständliche Wort von der „Gnade der späten Geburt" (*Helmut Kohl*, 1984) kann nur bedeuten, dass die nach 1930 Geborenen nicht in eine Lage versetzt wurden, dem verbrecherischen Regime des NS-Staates gezwungen oder freiwillig zu dienen. Alle Deutschen aber leben in der Kontinuität ihrer Geschichte, zu der auch dieses düsterste Kapitel gehört.

Die genaue Zahl der Todesopfer ist nicht feststellbar, ist aber angesichts der Größe und Ungeheuerlichkeit des **Holocaust** auch nicht entscheidend. Die wohl zuverlässigsten Schätzungen

Holocaust

Über das Sammellager auf dem Stuttgarter Killesberg wurden die württembergischen und hohenzollerischen Juden in die Konzentrationslager im Osten deportiert.

Das größte Konzentrationslager auf deutschem Boden war Buchenwald (bei Weimar in Thüringen). Das Bild zeigt Häftlinge nach ihrer Befreiung durch US-amerikanische Truppen Mitte April 1945. Buchenwald ist heute eine Gedenkstätte.

▶ Q. 17

ermitteln eine Zahl von über fünf Millionen getöteter Juden in den Vernichtungslagern außerhalb der Reichsgrenzen und weitere fast 200 000 Ermordete in deutschen Konzentrationslagern, zuzüglich der halben Million von den Einsatzgruppen im Osten ermordeten Juden (nach: *Gerald Reitlinger und Eberhard Jäckel*).

4.2.4 Kriegsvorbereitungen

Olympiade

Innen- und wirtschaftspolitisch konnte das Regime fraglos eine Reihe von Erfolgen aufweisen, die insbesondere auch das europäische Ausland beeindruckten, als viele Besucher 1936 zur **Olympiade** nach Berlin reisten.

Ähnlich wie 2008 China nutzte die NS-Führung die sportlichen Wettkämpfe zur propagandistischen Darstellung der Vorzüge ihrer Herrschaft.

Es gelang, die Arbeitslosigkeit mit öffentlichen Aufträgen zu senken, die Industrieproduktion wuchs, der Lebensstandard stieg, wenn auch langsam.

Autobahnen

Gerade mit dem viel gerühmten Bau der kreuzungsfreien **Autobahnen** schuf sich *Hitler* einen Mythos, der bei einigen Unbelehrbaren noch bis heute anhält, auch wenn er nichts weiter tat, als auf längst ausgereifte fertige Baupläne zurückzugreifen. Doch das Bild vom ersten Spatenstich auf der Strecke Frankfurt/Main–Darmstadt prägte sich unauslöschlich in das Vorstellungsbild der Deutschen ein.

Soziale Hilfen

Vielfältige **soziale Hilfen**, z. B. zinslose Darlehen bei Eheschließungen, Entschuldung der Kleinbauern und sozialer Wohnungsbau verschafften dem NS-Staat, trotz aller Einschränkungen, z. B. keine freie Presse oder kein freies Versammlungsrecht, ein gewisses Ansehen. Vor allem empfanden die Zeitgenossen es als Erleichterung, dass die täglichen Straßenkämpfe

Das offizielle Plakat der XI. Olympischen Sommerspiele in Berlin.

zwischen den verfeindeten politischen Gegnern mit Toten und Verletzten aufgehört hatten. Dafür war man nun sogar bereit, Freiheitsrechte zu opfern. Geschickt verstanden es die Machthaber, im Volk den Eindruck zu erwecken, dass nicht parteiliche Interessen die Richtschnur waren, sondern das Volkswohl angestrebt wurde. Gemeinnützige Einrichtungen wie das **Winterhilfswerk** (WHW „Niemand soll hungern und frieren") oder die billigen Kreuzfahrten „Kraft durch Freude" mit Schiffen der Deutschen Arbeitsfront (DAF) gaben auch dem sogenannten kleinen Mann das Gefühl, anerkannter Teil einer großen **Volksgemeinschaft** zu sein.

Winterhilfswerk

Volksgemeinschaft

Kreuzfahrten für jedermann: Kdf-Reisen

DAF

Die **DAF** war ein Zwangszusammenschluss von Unternehmern mit ihren Belegschaften, die sich danach „Betriebsführer und Gefolgschaft" nannten.

Dazu trugen auch solche mit großem Propagandaaufwand betriebenen Gemeinschaftsveranstaltungen bei wie z. B. alle vier Wochen das sonntägliche Eintopfessen. Der für den sonst üblichen Sonntagsbraten eingesparte Betrag sollte dem Winterhilfswerk zufließen. Selbst gut bürgerliche Familien, die nicht auf das teure Sonntagsgericht verzichten mussten, um spenden zu können, schlossen sich der Forderung an: Ganz Deutschland isst am kommenden Sonntag Suppeneintopf.

Autarkie

Ab 1936 wurde die Volkswirtschaft mehr und mehr auf die Kriegsvorbereitung ausgerichtet. Das Ziel war die **Autarkie**, um im Kriegsfall unabhängig von Importen zu sein. Dieses Ziel wurde nie erreicht und war auch nicht erreichbar. Deutschland blieb stets abhängig von Einfuhren landwirtschaftlicher Produkte und zahlreicher Rohstoffe.

Propagandaplakat zum ersten Eintopf-Sonntag des Winterhilfswerks am 1. Oktober 1933

Die Volkswirtschaft des Dritten Reiches kann als staatlich gelenktes kapitalistisches Wirtschaftssystem bezeichnet werden. Die herkömmlichen Eigentumsformen blieben erhalten, selbst der Großbesitz wurde entgegen dem Parteiprogramm nicht angetastet. Die wesentlichen Produktionsentscheidungen trafen die Unternehmer; aber die Tarifautonomie wurde beseitigt, und als sich 1936/37 die ersten Anzeichen einer Konsumgüterknappheit zeigten – eine Folge der kreditär von der Notenbank, der Deutschen Reichsbank, finanzierten Rüstung -, wurde eine allgemeine Preiskontrolle eingeführt. Mangel herrschte schon sehr früh bei vielen landwirtschaftlichen Produkten. Entgegen der Ideologie konnte sich Deutschland damals noch nicht von der „eigenen Scholle" ernähren. Schon 1938 gab es Butter- und Fettmarken als erste Rationierungsmaßnahme, die *Göring* offen mit der Parole „Kanonen statt Butter" begründete. – Mit Kriegsbeginn setzte die Regierung sofort ein totales, organisatorisch gut vorbereitetes Bewirtschaftungssystem in Kraft. Aus dieser Zentralverwaltungswirtschaft wurde das deutsche Volk in den westlichen Besatzungszonen erst neun Jahre später mit der Währungsreform von 1948 „entlassen“. In der DDR dauerten die letzten Reste der Bewirtschaftung, insbesondere durch Lebensmittelmarken, bis 1962.

Außenpolitik

Die **Außenpolitik** der NS-Reichsregierung, als der im Grunde umgesetzte Wille *Hitlers*, lässt sich in drei, nicht streng voneinander abtrennbare Phasen unterteilen:

4.2.4.1 Die sogenannte Friedenspolitik

In den ersten Jahren nach seiner Amtsübernahme agierte *Hitler* auf außenpolitischem Gebiet vorsichtig. Das geschah einmal mit Rücksicht auf noch vorhandene innenpolitische Gegenströmungen, denen er „beweisen“ wollte, dass er nicht kriegslüstern sei, wie es Programmatik und vor allem seine vielen Reden nahe legten. Seine ersten außenpolitischen Erklärungen sind getränkt von Friedensbeteuerungen.

So versicherte er in einer Reichstagsrede vom 17. Mai 1933:
„Deutschland ist bereit, jedem feierlichen Nichtangriffspakt beizutreten, denn Deutschland denkt nicht an einen Angriff, sondern an seine Sicherheit! [...] Die deutsche Regierung wünscht, sich [...] mit den anderen Nationen friedlich und vertraglich auseinanderzusetzen. Sie weiß, dass jeder militärische Akt in Europa auch im Falle seines vollständigen Gelingens, gemessen an seinen Opfern, in keinem Verhältnis steht zum möglichen endgültigen Gewinn.“

Ein anderer Grund für die deklarierte Friedenspolitik lag in der Befürchtung, dass die Vertragsmächte von Versailles einschreiten könnten, wenn zu rasch und zu deutlich revisionistische Forderungen erhoben würden. Keiner militärischen Maßnahme der Siegermächte hätte Deutschland 1933 irgendeinen nennenswerten Widerstand leisten können. Erst als auch bei offenen Vertragsbrüchen die Intervention unterblieb, glaubte Hitler, massiver auftreten zu können.

Austritt aus dem Völkerbund

Der **Austritt aus dem Völkerbund** im Oktober 1933 schien gewagt. Aber die Begründung, Deutschland solle abgerüstet bleiben, während andere Mächte entgegen den Völkerbundvereinbarungen weiter rüsteten, wirkte im Ausland nicht abwegig und das Inland gab Hitler dafür in einer Volksabstimmung, der natürlich keinerlei oppositionelle Meinungsbildung vorausging, eine breite Zustimmung.

Scheinplebiszit

Ein weiterer Grund für das vorsichtige Taktieren lag in der Rücksichtnahme auf Frankreich, dem man keinen Anlass geben wollte, das Votum der Saarbevölkerung zu unterlaufen, die sich im Januar 1935 mit 90 % zur Rückkehr nach Deutschland entschieden hatte. Die NS-Führung war von der schon fast einmütigen Billigung selbst so überrascht, dass sie fortan das Instrument dieses **Scheinplebiszits** wiederholt einsetzte, um sich die Bestätigung ihrer Politik zu holen.

Nichtangriffspakt

Nachdem Deutschland den Völkerbund verlassen hatte, überwand der deutsche Diktator rasch die außenpolitische Isolation. Zur Verblüffung der Weltöffentlichkeit schloss er im Januar 1934 mit Polen einen auf zehn Jahre befristeten **Nichtangriffspakt**. Scheinbar schienen der Konfliktherd Danzig und der polnische Korridor beseitigt. Noch hatte man nicht die Erfahrung gemacht, dass für *Hitler* der Völkerrechtsgrundsatz „Verträge müssen gehalten werden“ (Pacta sunt servanda) nicht galt.

4.2.4.2 Die Revisionspolitik

Versailler Friedensvertrag

Um die Mitte der 1930er-Jahre klebten auf den Litfasssäulen Deutschlands Propagandaplakate mit der Aufschrift: „Zug um Zug zerriss *Adolf Hitler* das Diktat von Versailles.“ Das war so falsch nicht formuliert, denn es gelang ihm in der Tat, die Bestimmungen des **Versailler Frie-**

densvertrages einseitig zu brechen, ohne dass irgendeine Sanktion, ja zumeist nicht einmal eine Reaktion der ehemaligen Siegermächte erfolgte.

Plakat zum Anschluss Österreichs

Wehrpflicht
Aufrüstung

Am 16. März 1935 verkündete *Hitler* die Wiedereinführung der allgemeinen **Wehrpflicht**, die verdeckte **Aufrüstung** war längst angelaufen. Diesen offenen Bruch des Versailler Vertrages beantworteten die europäischen Westmächte und das faschistische Italien mit einer Konferenz in Stresa, auf der sie scharfen Protest erhoben. Dabei aber blieb es, denn die Interessen der Länder liefen auseinander: Italien bereitete einen Angriff auf Abessinien (heute: Äthiopien) vor, Frankreich schloss einen Beistandspakt mit der UdSSR und England vereinbarte im Rahmen seiner beginnenden **Appeasement-Politik** (Beschwichtigung) ein Flottenabkommen mit dem Reich.

Appeasement-Politik

Flottenabkommen

Dieses **Flottenabkommen** war ein besonders geschickter Schachzug *Hitlers*. Es sicherte ihm den Aufbau einer Kriegsflotte bis zum Umfang von 35 % der britischen zu. Beim Bau von Unterseebooten wurde ihm sogar Parität zugestanden. Beide Zugeständnisse überstiegen für lange Zeit beträchtlich die Baukapazitäten der deutschen Werften, sodass *Hitler* selbst im Grunde gar keine Konzession gemacht hatte. Abermals jedoch hatte er eine Vertragsbestimmung von Versailles, diesmal sogar mit Zustimmung einer Siegermacht, beseitigen können.

Entmilitarisiertes Rheinland

Am 7. März 1936 marschierten deutsche Truppen in das gemäß Versailler Vertrag **entmilitarisierte Rheinland** ein. Wieder reagierten die Westmächte kaum, obwohl selbst eine schwache militärische Intervention Frankreichs die Deutschen zum sofortigen Rückzug veranlasst hätte, waren sie zu diesem Zeitpunkt doch in keiner Weise für eine kriegerische Auseinandersetzung bereit. Im In- und Ausland musste sich der Eindruck verstärken, dass *Hitler* ohne Blutvergießen in Deutschland allgemein anerkannte Ziele erreicht, um die viele Politiker Weimars jahrelang vergeblich gerungen hatten.

Spanischer Bürgerkrieg

Ab Juli 1936 unterstützte das nationalsozialistische Deutschland zusammen mit Italien den faschistischen General *Francisco Franco (1892–1975)* im **spanischen Bürgerkrieg** mit kompletten militärischen Einheiten, was letztlich den Krieg zugunsten der Falangisten, Francos Bewegung, im Frühjahr 1939 entschied.

Anti-Kominternpakt

Am 25. November 1936 schloss *Hitler* mit Japan den gegen die UdSSR gerichteten **Anti-Kominternpakt**, dem Italien im November 1937 beitrat.

4.2.4.3 Die Annexionspolitik

Die bisherigen Erfolge ermunterten *Hitler,* unterstützt durch das Stillhalten Englands und Frankreichs, sein Ziel, mehr „Lebensraum“ zu gewinnen, offener zu verfolgen.

Die österreichische Regierung unter *Kurt Schuschnigg* beugte sich, von den anderen Mächten alleingelassen, einem Ultimatum *Hitlers,* die Regierungsgewalt an den Nationalsozialisten *Arthur Seyß-Inquart* zu übergeben, und am 12. März 1938 marschierten deutsche Truppen unter dem Jubel des größten Teils der Bevölkerung in Österreich ein, um damit einen angeblichen Wunsch der überwältigenden Mehrheit zu erfüllen.

Die „Ostmark“ war nun Teil des Großdeutschen Reiches. Schien *Hitler* nicht wirklich der Erfüller und Vollender eines alten deutschen Traumes zu sein? Hatte er nicht, wiederum ohne einen einzigen Schuss abzugeben, erreicht, was 1848/49 als großdeutsche Lösung zwar geplant, aber gescheitert war? Nicht nur die Anhänger *Hitlers* stellten sich diese Fragen. In einer Volksabstimmung, vor der selbstverständlich keine offene Kritik an *Hitlers* Politik geübt werden durfte und die auch sonst nicht freien und demokratischen Grundsätzen entsprach, stimmte die überwältigende Mehrheit der Deutschen einschließlich der neuen **Ostmärker** dem **„Anschluss Österreichs“** zu.

Ostmärker
Anschluss Österreichs

Abermals schwiegen die Westmächte. Ein britischer Diplomat begründete dies mit der Formel: „Man kann den Deutschen doch nicht verwehren, ihren Vorgarten zu besetzen.“

Tschechoslowakei

Zwei Monate später mobilisierte die **Tschechoslowakei** die eigenen Truppen wegen deutscher Truppenkonzentration an ihrer Grenze. *Hitler* äußerte in einer Weisung vom 30. Mai 1938: „Es ist mein unabänderlicher Entschluss, die Tschechoslowakei in absehbarer Zeit durch eine militärische Aktion zu zerschlagen.“ Der Chef des Generalstabes, *Ludwig Beck*, protestierte. Er sah darin eine bewusst herbeigeführte europäische Kriegsgefahr. Er trat zurück und wurde durch General *Franz Halder* ersetzt.

Sudetenland

Konferenz von München

Im Herbst 1938 stellte *Hitler* seine angeblich „letzte territoriale Forderung“: Er verlangte von der Tschechoslowakei die Abtretung des **Sudetenlandes**. Der hohe deutsche Bevölkerungsanteil gab ihm unter Berufung auf das Selbstbestimmungsrecht den Schein des Rechts für diese Forderung. Diesmal reagierten England, Frankreich und Italien. Der Premierminister *Neville Chamberlain* und Ministerpräsident *Edouard Daladier* versuchten bloß den deutschen Diktator zu beschwichtigen, um den Frieden zu retten. Im September 1938 wurde in der **Konferenz von München** die „Abtretung des sudetendeutschen Gebiets“ an das Deutsche Reich vereinbart.

Am 1. Oktober 1938 wurde das Sudetenland von Deutschland besetzt. Es entbehrt nicht der Tragik, dass der britische Premierminister einer jubelnden Menschenmenge zuwinkte, als er nach der Rückkehr in England aus dem Flugzeug kletterte, in der Hand den Vertrag mit der Unterschrift haltend und verkündete: „Peace for our generation, peace for our time“, während *Hitler* bereits am 21. Oktober befahl, die „Erledigung der Resttschechei“ militärisch vorzubereiten.

Münchner Abkommen

Protektorat Böhmen und Mähren

Am 15. März 1939 wurde – unter offenem Bruch des **Münchner Abkommens** – die Tschechoslowakei militärisch besetzt. Der Staat fühlte sich von England und Frankreich schmählich im Stich gelassen und verraten. *Hitler* proklamierte die Tschechei zum **Protektorat Böhmen und Mähren**; die Slowakei, schon Ende 1938 ein von Deutschland abhängiger Satellitenstaat geworden, stellte sich „unter den Schutz des Reiches“. Nun war das internationale Vertrauen in die Reichsregierung und die Person *Hitlers* endgültig erschüttert. *Chamberlain* verkündete das Ende der „appeasement policy“.

Stahlpakt

Ein „Angebot“ der Reichsregierung an Polen zur Lösung der Danzigfrage und des Korridors sowie der Einmarsch deutscher Truppen in das litauische Memelgebiet im März 1939 ließen keinen Zweifel, wohin die nächste Stoßrichtung *Hitlers* zielte. England und Frankreich gaben eine als Warnung an Deutschland gedachte Garantieerklärung für Polen ab. Doch *Hitler* hielt dies für einen „Bluff“. Er kündigte den Nichtangriffspakt mit Polen, schloss mit *Mussolinis* Italien den **„Stahlpakt“**, ein umfassendes politisch-wirtschaftlich-militärisches Bündnis, und bereitete den militärischen Angriff auf den östlichen Nachbarn vor.

Noch aber bestand die Gefahr, dass die UdSSR im Rahmen des sowjetisch-französischen Beistandspaktes von 1935 den Westmächten zu Hilfe eilen könnte, zumal sich England seit Monaten um ein Arrangement mit der Sowjetunion bemühte. Doch zur grenzenlosen Überraschung der gesamten Weltöffentlichkeit schlossen *Hitler* und *Stalin* am 23. August 1939 einen **deutsch-sowjetischen Nichtangriffspakt**. Dieses Abkommen zwischen dem nationalsozialistischen Deutschland und dem – von *Hitler* wiederholt zum Todfeind erklärten – bolschewistischen Russland konnte in der Tat niemand erwarten. Doch der nationalsozialistische Alleinherrscher hatte nun freie Hand für seinen von ihm gewollten und bewusst herbeigeführten Krieg.

▶ Q. 18
Deutsch-sowjetischer Nichtangriffspakt

Nach wie vor bleibt umstritten und unbekannt, was *Stalin* bewogen haben mochte, mit *Hitler* das Abkommen zu schließen. Aber kein Zweifel besteht daran, dass erst dieser Vertrag *Hitler* die Möglichkeit zum Angriff auf Polen eröffnete. Nun konnte er mit einiger Sicherheit annehmen, dass die Westmächte nicht offensiv würden, solange er mit Polen beschäftigt war. Er wog sich sogar in der Hoffnung, dass nun, ohne die Unterstützung der Sowjetunion, England und Frankreich nicht zu ihrer Garantieerklärung für Polen stehen würden. Die ideologischen „Erzfeinde" hatten sich arrangiert, so schien es, auch wenn *Hitler* schon damals entschlossen war, den Pakt nur als kurzfristiges Mittel zum Zeitgewinn zu betrachten. Am 1. September 1939 bewahrheitete sich, was eine französische Zeitung bereits 1933 geschrieben hatte: Hitler, das ist der Krieg!

„Der Führer spricht in Wien ..." – Kundgebung auf dem Heldenplatz nach dem „Anschluss"

4.2.5 Der Zweite Weltkrieg

Der Verlauf des Krieges kann in drei sich überlappende Zeitabschnitte eingeteilt werden: Die Anfangserfolge, den Höhe- und Wendepunkt des Krieges sowie den Zeitraum der fortlaufenden Niederlagen bis zum Ende.

Vorgegebener Anlass war ein fingierter Überfall am Abend des 31. August: Häftlinge aus Konzentrationslagern, in polnische Uniformen gesteckt, griffen den auf deutschem Gebiet gelegenen Sender Gleiwitz (Oberschlesien) an. Man hatte ihnen dafür die Freiheit versprochen, tatsächlich wurden sie bereits am nächsten Tag „liquidiert". *Hitler* verkündete am 1. September 1939 in einer im Rundfunk übertragenen Reichstagsrede, dass reguläre Truppen Polens angegriffen hätten. „Seit fünf Uhr fünfundvierzig wird jetzt zurückgeschossen!"

www.shoa.de

4.2.5.1 Die Anfangserfolge

Gegen das hochgerüstete Deutschland hatte die gegnerische, veraltete Armee im **Polenfeldzug** keine Chance, sich längere Zeit zu halten, zumal das britisch-französische Garantieversprechen sich auch militärisch als wertlos erwies, da die beiden Westmächte zwar am 3. September Deutschland den Krieg erklärten, aber weder willens noch fähig waren, im Westen offensiv zu werden, obwohl ein sofortiger Angriff nicht aussichtslos gewesen wäre. Stattdessen überrannten die deutschen Truppen in knapp drei Wochen Polen, unterstützt durch einen Einmarsch sowjetischer Truppen in Ostpolen am 17. September gemäß dem **Geheimen Zusatzprotokoll** zum Nichtangriffspakt.

Polenfeldzug

Geheimes Zusatzprotokoll

Am 9. und 10. April 1940 überfielen überraschend *Hitlers* Truppen Dänemark und Norwegen, einer Landung britischer Kräfte in Nordnorwegen knapp zuvorkommend, um die Erz-

Siegesparade in Berlin, Rückkehr der Truppen aus dem Frankreichfeldzug, 6. Juli 1940

zufuhr nach Deutschland zu unterbinden. Dänemark kapitulierte sofort, Norwegen leistete jedoch Widerstand, vor allem, nachdem ein englisches Expeditionskorps in Narvik gelandet war. Die Kämpfe um den Erzverschiffungshafen dauerten bis Anfang Juli, dann zogen die Engländer ab, und Norwegen ergab sich am 10. Juli.

Westfeldzug

Mit dem **Westfeldzug** am 10. Mai 1940 begann zweifellos *Hitlers* größter militärischer Triumph. Zum allgemeinen Erstaunen der Teilnehmer des Ersten Weltkrieges, die den vierjährigen erbitterten Widerstand Frankreichs in einem blutigen Stellungskrieg erlebt und erlitten hatten, konnte der „Erbfeind" in nur sechs Wochen vollständig besiegt werden. Am 22. Juni 1940 unterzeichnete Frankreich – ausgerechnet in dem Salonwagen, in dem 1918 der Waffenstillstand mit dem besiegten Deutschland abgeschlossen worden war – im Wald von Compiègne wieder einen Waffenstillstand, diesmal mit umgekehrtem Ergebnis. Das neutrale Holland war gleichfalls überrannt worden und hatte bereits am 15. Mai kapituliert, Luxemburg wehrte sich gegen den deutschen Durchmarsch verständlicherweise überhaupt nicht, und das mit Frankreich verbündete Belgien kämpfte nur bis zum 28. Mai. Dem britischen Expeditionskorps in Frankreich gelang über **Dünkirchen** die Flucht nach England, wenn auch unter Verlust des gesamten Kriegsmaterials; aber England hatte seine einzigen kampffähigen Heerestruppen gerettet.

Dünkirchen

In Deutschland wie in Großbritannien rechnete man mit einer baldigen Invasion auf der Insel. Die deutschen Generalstäbler waren zwar optimistisch, dass die Landung selbst gelingen könnte, aber sie fürchteten, dass die Invasionstruppen nicht den laufend dringend benötigten Nachschub erhielten, solange die Seeherrschaft der Engländer im Kanal nicht gebrochen sei. So entschied *Hitler,* den großspurigen Versprechungen seines frisch bestellten Reichsmarschalls *Göring* Glauben schenkend, England aus der Luft „in die Knie zu zwingen". Der Versuch misslang, die **„Luftschlacht um England"** musste wegen hoher Verluste der Luftwaffe abgebrochen werden. Ohne dass es der deutschen Öffentlichkeit bewusst wurde, hatte Deutschland seine erste Niederlage und England seinen ersten Sieg errungen.

Luftschlacht um England

Italienische Truppen hatten im April 1939 kampflos Albanien besetzt. Nun im Herbst 1940 glaubte *Mussolini* – einen mächtigen Bundesgenossen an seiner Seite – die Gunst der Stunde nutzen zu können und ließ, ohne *Hitler* zu informieren, von Albanien aus nach Griechenland einmarschieren. Der „Führer" war verärgert und fürchtete, dass eine neue **Front im Südosten** entstehe und damit seinen Feldzugsplan gegen Russland zumindest verzögere. Die Sorgen erwiesen sich als nur zu berechtigt. Der italienische Angriff blieb rasch stecken, und die Truppen des „Duce" gerieten sogar in die Defensive. Die Griechen konnten ein Drittel Albaniens erobern.

Front im Südosten

Als auch der Winterfeldzug des italienischen Heeres 1940/41 unter erheblichen Verlusten kläglich scheiterte, war *Hitler* notgedrungen gezwungen, seinem prahlerischen Bündnispartner zu Hilfe zu eilen.

Noch überwog der Nimbus (Ruf) der „Unbesiegbarkeit" des deutschen Soldaten, dem „nichts unmöglich" sei. Am 6. April 1941 begann der Feldzug gegen Griechenland und Jugoslawien, der schon drei Wochen später siegreich beendet war. Auch die Eroberung Kretas durch deutsche Fallschirmjäger gehört in diese Kette der Anfangserfolge, obwohl er wegen der erbitterten Abwehr der Engländer einen hohen Blutzoll forderte.

Am 22. Juni 1941 überfiel die deutsche Armee mit Unterstützung finnischer, rumänischer, bulgarischer und ungarischer Verbände sowie Freiwilligen aus anderen europäischen Ländern, insbesondere Italien und Spanien, Sowjetrussland **(Unternehmen Barbarossa)** und brach damit den Nichtangriffspakt.

Unternehmen Barbarossa

Es war übrigens fast auf den Tag genau 129 Jahre her, dass *Napoleon* Russland angegriffen hatte – ein Menetekel (Vorzeichen drohenden Unheils). In den ersten Wochen schien jedoch alles wie gewohnt zu verlaufen: rascher Vormarsch, Vernichtung ganzer Armeen, viele Gefangene. War der „russische Koloss" bereits geschlagen? *Hitler* und seine Umgebung wähnten sich des endgültigen Sieges bereits sicher. Doch Anfang Dezember blieb der Angriff kurz vor Moskau stecken. Früher Wintereinbruch mit besonders niedrigen Temperaturen, unzulängliche Vorbereitung auf die Kälte bis zu minus vierzig Grad, Erschöpfung der deutschen Truppen an Menschen und Material, keine ausreichende Logistik (Nachschub- und Versorgungseinrichtungen) für die inzwischen ausgedehnten Transportwege schufen Probleme, mit denen auch die willigsten Soldaten und Offiziere nicht mehr fertig werden konnten.

Und die UdSSR konnte dank eines Nichtangriffspaktes mit Japan frische Reserven in den Kampf werfen. Zum ersten Mal wurden die Deutschen auf breiter Front in die Defensive gedrängt.

4.2.5.2 Höhe- und Wendepunkte des Krieges

Wenige Tage vor Ende des Frankreichfeldzuges war Italien an der Seite Deutschlands in den Krieg eingetreten. *Mussolini* vermeinte, es gälte nur noch die Beute des längst sicheren Sieges zu verteilen. Aber ebenso wie in Albanien gegen die Griechen scheiterte Italien bei dem Versuch, die Engländer aus Ägypten zu vertreiben. Im Gegenteil. Die italienische Regierung musste *Hitler* um Hilfe bitten, und der schickte, weil er seine Südflanke bedroht sah, im Frühjahr 1941 das **Afrikakorps** unter General *Erwin Rommel* nach Libyen. Sofort wendete sich das Blatt. Nach einigen Anfangsschwierigkeiten gelang *Rommel* der Vorstoß über die ägyptische Grenze. Alexandria und damit der für Großbritannien lebenswichtige Suezkanal schienen bedroht, aber der entscheidende Durchbruch misslang, die deutschen Kräfte waren gegenüber den britischen zu schwach. Im Oktober 1942 musste *Rommel* den Rückzug antreten.

Afrikakorps

Im Osten schien mit Beginn des Jahres 1942 noch einmal die erprobte deutsche Kriegsmaschine zu triumphieren. Bis in den Kaukasus stießen die Truppen vor, erreichten die Wolga bei **Stalingrad**. Im Sommer 1942 erklomm das Dritte Reich den Höhepunkt seiner militärischen Expansion.

Stalingrad

Am 7. Dezember 1941 hatten die Japaner die US-Flotte in **Pearl Harbour** überfallen. In kaum fasslicher Überschätzung der eigenen Kraft und Unterschätzung der Stärke der USA erklärte *Hitler* (zusammen mit Italien) am 11. Dezember 1941 den USA den Krieg. Der europäische Krieg war damit zum **Zweiten Weltkrieg** geworden. *Winston Churchill*, britischer Premierminister seit Mai 1940, war sich sicher: So viele Opfer der Krieg auch noch fordern mochte, jetzt konnte er nur mit einer Niederlage der Deutschen enden.

Pearl Harbour

Sechste Armee

Am 19. November 1942 traten starke russische Verbände westlich von Stalingrad zur Offensive an, kesselten in wenigen Wochen die **Sechste Armee** ein und zwangen deren Reste am 2. Februar 1943 zur Kapitulation. Zum ersten Mal hatte eine große deutsche Armee eine vernichtende Niederlage erlitten, für jedermann wurde offenbar, dass auch das deutsche Heer besiegbar war.

4.2.5.3 Die Niederlage

Luftkrieg

Mit dem Jahr 1943 steigerten die Engländer und Amerikaner bis zum Kriegsende unaufhörlich ihre Luftoffensive gegen deutsche Städte. Deutschland bekam mehrfach verstärkt zurück, was es im Herbst 1940 begonnen hatte: den **Luftkrieg** gegen die Zivilbevölkerung, auch wenn er letztlich ebensowenig kriegsentscheidend war wie der Versuch, England „weich" zu bomben.

Atlantikschlacht

Auch die **Atlantikschlacht** der deutschen Unterseeboote gegen die alliierte Versorgung ging verloren. Die Abwehrerfolge wuchsen: von vier auslaufenden Booten kehrte nur eines zurück. Längst überstiegen die Neubauten der alliierten Werften die Versenkungserfolge der Deutschen.

Parade des deutschen Afrikacorps in Tripolis, 1941

Im November 1942 landeten die ersten US-Truppen in Marokko und Algerien. *Rommels* sagenumwobenes Afrikakorps, von zwei Seiten bedrängt, musste sich im Mai 1943 ergeben. Im Juli 1943 begann der Kampf gegen die „Festung Europa", die Alliierten nahmen Sizilien. *Mussolini* wurde abgesetzt und Italien, ohnedies mehr eine Belastung denn Hilfe, fiel als Verbündeter aus. Die USA und Großbritannien eröffneten den langsamen Vormarsch durch Italien nach Norden und besetzten im Juni 1944 Rom.

Normandie

Durchhalteparolen

Längst aber hatte sich die Aufmerksamkeit einem anderen Kriegsschauplatz zugewandt: der erwarteten Invasion starker amerikanischer und britischer Verbände in Frankreich. Im Morgengrauen des 6. Juni 1944 begann „der längste Tag", die Invasion in der **Normandie**. Nun kämpfte Deutschland an drei Fronten, überall in hoffnungsloser Unterlegenheit in die Defensive gedrängt. Der Krieg war endgültig verloren, auch wenn die Mehrzahl der Deutschen dies eher dumpf ahnte, als dass sie daran glauben mochte. Als die amerikanischen Truppen am 2. Oktober den Stadtrand von Aachen erreichten, wurde erstmals auch auf deutschem Boden gefochten. **„Durchhalteparolen"** sollten die Deutschen zum äußersten Widerstand bewegen, die Hoffnung auf eine „Wunderwaffe" noch einmal Mut machen. Aber das Hitlerreich, von drei Seiten angegriffen, hatte angesichts der erdrückenden Überlegenheit der Gegner keine Chance mehr.

▶ Q. 19

Ardennenoffensive

Örtliche militärische Erfolge kurzfristiger Art, wie die **Ardennenoffensive** im Dezember 1944, der letzte deutsche Angriff, schufen allenfalls eine verlustreiche Atempause, am Gesamtverlauf war nichts mehr zu ändern. Das „Gesetz des Handelns" war unwiderruflich in die Hände der Kriegsgegner Deutschlands übergegangen. Im Januar 1945 traten die Anglo-Amerikaner zu ihrer Offensive gegen das Ruhrgebiet an, und die sowjetischen Großverbände überquerten Weichsel und Oder mit der Stoßrichtung Berlin. Am 7. März überschritten die Truppen der Westmächte den Rhein, und am 25. April reichten sich auf einer zerstörten Brücke bei Torgau an der Elbe russische und amerikanische Soldaten die Hand.

Berlin kapitulierte nach sinnloser Abwehrschlacht am 2. Mai. Am 8. Mai 1945 unterzeichneten hohe Offiziere des Heeres, der Luftwaffe und der Kriegsmarine in Berlin die „unconditional surrender“ (bedingungslose Kapitulation). Hitler hatte wenige Tage zuvor im Führerbunker in Berlin Selbstmord begangen.

Nürnberg nach dem Bombenangriff, aufgenommen im Frühjahr 1945

In Asien ging der auch für Japan längst aussichtslos gewordene Krieg weiter, bis die amerikanischen Atombomben auf **Hiroshima** und Nagasaki am 06. und 09. August ebenfalls zur bedingungslosen Kapitulation zwangen. Der Zweite Weltkrieg war zu Ende.

Die Verluste lassen sich nur annähernd schätzen. Insgesamt starben 55 Millionen Menschen, weitere drei Millionen wurden vermisst. Die Zahl der Verwundeten wird auf 35 Millionen geschätzt. Die größten Menschenopfer brachte die Sowjetunion mit fast 14 Millionen toten Soldaten. Davon waren drei Millionen elend in deutschen Lagern zugrundegegangen (man ließ sie – unter Bruch des Völkerrechts – verhungern, erfrieren, an Seuchen sterben oder ermordete sie) und sieben Millionen Zivilisten. Deutschland hatte an Toten und Vermissten den Verlust von etwa 5 Millionen Soldaten und einer annähernd gleich hohen Zahl von Zivilisten zu beklagen. Trotz ihres Zweifrontenkrieges erlitten die USA mit 259 000 Gefallenen verhältnismäßig geringe Verluste.

Hiroshima

Die Kriegskosten lassen sich erst recht nur sehr grob ermitteln und werden mit der unvorstellbaren Summe von 1 500 Milliarden US-Dollar veranschlagt.

4.2.6 Der Widerstand

Entgegen dem äußeren Anschein, der eine ungeteilte Zustimmung während der „Erfolgsjahre“ vermuten ließ, hat es von Anbeginn der nationalsozialistischen Gewaltherrschaft Opposition und Gegnerschaft gegeben.

www.gdw_berlin.de

Einer der ersten Einzelkämpfer gegen *Hitler* war der aus Königsbronn/Württemberg stammende Schreiner *Georg Elser*, der eine Ausweitung des kurz zuvor begonnenen Krieges verhindern wollte und eine selbst gebastelte Bombe mit Zeitzünder in einen Pfeiler des Münchner Bürgerbräukellers montierte, in dem *Hitler* zur jährlichen Wiederkehr seines Putschversuches von 1923 am 08. November 1939 eine Rede hielt. Die Bombe explodierte mit verheerender Wirkung. Aber *Hitler* hatte außerplanmäßig kurz zuvor den Saal verlassen. Es gehört zu den nie zu lösenden Rätseln der Geschichte, warum so viele **Attentatsversuche** gegen ihn fehlschlugen. *Hitler* sah in diesem Scheitern, wie auch in späteren, ein Zeichen dafür, „dass die Vorsehung mich mein Ziel erreichen lassen will“.

www.georg-elser-arbeitskreis.de/index.php

Attentatsversuche

Gruppen des Widerstandes formierten sich aus der frühzeitig verbotenen KPD. Bald darauf bauten auch die Sozialdemokraten illegale Widerstandszellen auf, die mit Material und Information von emigrierten politischen Freunden versorgt wurden. Fast alle diese Gruppen konnten bis Kriegsbeginn enttarnt und zerschlagen werden.

Eine Würdigung der Widerstandsbewegung muss vor dem Hintergrund eines totalitären Staates gesehen werden, der mit seinen vielfältigen Kontrollen, den Spitzeln, der Unterdrückung von Nachrichten und der fortlaufenden Überwachung von ihm verdächtig erscheinenden Per-

Deutsche Allgemeine Zeitung

Berlin, 22. November 1939 (Mittwoch-Morgen)

Berliner Ausgabe

78. Jahrgang Nr. 557 10 Pfennig

Der Münchner Attentäter verhaftet

Georg Elser der Mörder, Intelligence Service der Auftraggeber, Otto Strasser der Organisator

Chef des Intelligence Service für Westeuropa von deutscher Polizei verhaftet

Der Reichsführer SS über die Aufklärung des Verbrechens

Der Attentäter Georg Elser

Die britischen Agenten gingen in die Falle

Wie die Untersuchung durchgeführt wurde

Titelblatt der Deutschen Allgemeinen Zeitung am 22. November 1939

sonen eine konspirative Arbeit sehr schwer, ja fast unmöglich machte. Hinzu kam die Abschreckungswirkung der hohen Strafandrohung. Schon ein geäußerter Zweifel am Sieg, der für sich genommen ja noch gar nichts über eine antinazistische Einstellung besagt, sondern nur ein rationales Urteil über eine Wahrscheinlichkeit enthält, konnte in den letzten Kriegsjahren als Ausdruck des Defätismus (Neigung zum Aufgeben) mit dem Tode bestraft werden!

Auch Jahrzehnte nach dem Dritten Reich ist es immer noch schwer, die Grenze zwischen einem passiven, bloßen „Dagegensein" und einem aktiven Widerstand zu ziehen. Die Übergänge sind fließend. Mancher, der sich nach 1945 als „Widerstandskämpfer" bezeichnete, war kaum mehr als ein skeptischer Beobachter des Geschehens, der seine Kritik nur im kleinsten vertrauten Kreis zu äußern wagte. Andere wieder gingen einen Schritt weiter und versuchten, auch Kollegen und Kameraden zu einer kritisch-ablehnenden Haltung gegenüber dem NS-Regime zu bewegen. Aktiven Widerstand hat bis Kriegsende zweifelsfrei nur ein sehr kleiner Teil der Bevölkerung geleistet. Aber unter den Bedingungen eines totalitären Überwachungsstaates hatten die allermeisten dazu auch keine Möglichkeit.

Der Versuch, die Einstellung der Bevölkerung zum Nationalsozialismus zu kategorisieren, könnte etwa zu folgender Einteilung führen:

1. Fanatische Gefolgsleute des Hitlerregimes, die bereit waren, in gläubigem „**Kadavergehorsam**" nahezu jede ihnen befohlene Aufgabe zu erfüllen und große Opfer zu bringen. Zu dieser Gruppe gehörten vermutlich nicht einmal 10 % des Volkes.

2. Millionen Anhänger, die in gutem Glauben waren, für ihr Volk und Land zu kämpfen und zu arbeiten, die *Hitler* vertrauten. Ihre Zahl nahm im Laufe des Krieges sicherlich ab, aber ohne sie hätte das System sich nicht „bis zum bitteren Ende" halten können.

„Kadavergehorsam"

Karrieristen

3. Angepasste und Mitläufer, die zwar keine „Nazis" im Sinne der Ideologie waren, aber das System insgesamt akzeptierten, auch wenn sie im Einzelfall sich kritisch und ablehnend verhalten konnten. Insbesondere die **Karrieristen** gehörten dazu, denen der Nationalsozialismus bei entsprechendem Wohlverhalten glänzende Aufstiegschancen in Verwaltung und beim Militärdienst eröffnete. – Die Mehrheit der Bevölkerung war sicherlich dieser Kategorie der „Sich-Anpassenden und Sich-Arrangierenden" zuzurechnen.

Innere Emigration

4. Nahe verwandt mit dieser großen Gruppe sind jene, die in die **innere Emigration** gingen, d. h. sie lehnten das Regime aus Überzeugung ab, versuchten auch nicht, ihm hilfreich zu sein, sondern versuchten, möglichst unbehelligt zu bleiben. Aber sie kämpften auch nicht gegen das NS-System.

Sabotage

5. Ein kleinerer Teil aus allen Bevölkerungskreisen hat dem Nationalsozialismus Widerstand entgegengesetzt, wobei die Form des Widerstandes höchst unterschiedlich war. Sie reichte von der Weitergabe systemkritischer Informationen über Flugblätter, **Sabotage** an Rüstungsgütern, der Nichtbefolgung und des Unterlaufens von Befehlen und Weisungen, der bewussten Verletzung von Gesetzen und Vorschriften des Regimes bis zu den wiederholten und mehrfach fehlgeschlagenen Versuchen, den Diktator durch ein Attentat zu töten.

4.2.6.1 Die Widerstandsgruppen

Die ersten Widerstandskreise setzten sich aus Kommunisten und Sozialdemokraten zusammen, zwischen denen es jedoch wegen der Moskauhörigkeit der KPD keine Verbindung gab. Bekannt geworden ist die Widerstandszelle der **Roten Kapelle**, die vom Luftfahrtministerium aus bis 1942 Kontakte mit der Sowjetunion unterhielt.

Rote Kapelle

Eng mit SPD-Mitgliedern arbeiteten traditionsgemäß sozialistische Gewerkschafter zusammen, zu deren führenden Köpfen *Julius Leber* und *Wilhelm Leuschner* zählten. Zu ihnen stießen bald die Repräsentanten der christlichen Gewerkschaften um *Jakob Kaiser.*

Schon damals keimte der Gedanke, nach dem Krieg eine **Einheitsgewerkschaft** zu gründen, wie sie in Gestalt des DGB heute tatsächlich besteht.

Einheitsgewerkschaft

Mit Flugblättern forderte die **Weiße Rose**, eine studentische Gruppe um die Geschwister *Hans* und *Sophie Scholl (1918–1943, 1921–1943)* aus Ulm, zum Widerstand gegen das NS-Regime auf. Bei der Verteilung des sechsten Flugblatts in der Münchner Universität wurden *Hans* und *Sophie Scholl* beobachtet und verhaftet. Wie ihre Mitstreiter *Christoph Probst, Alexander Schmorell, Willi Graf* und *Prof. Kurt Huber* wurden sie vom Volksgerichtshof zum Tode verurteilt und hingerichtet. Zur Erinnerung an ihren Mut und ihren Widerstand gegen das Unrechtsregime sind mittlerweile zahlreiche Schulen nach den Geschwistern *Scholl* benannt worden.

Weiße Rose

▶ Q. 20

www.weisse-rose-stiftung.de

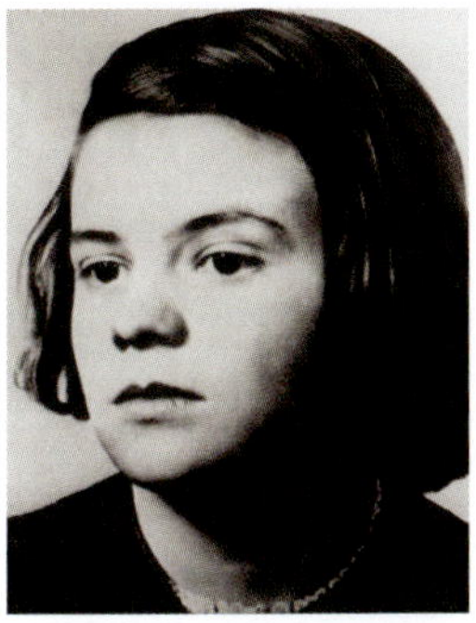

Sophie Scholl (1921–1943)

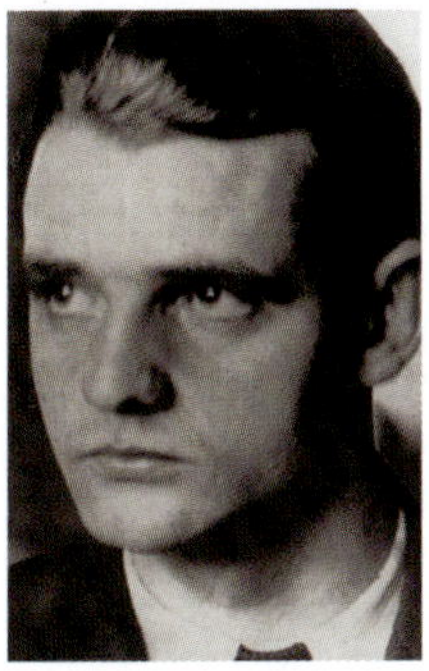

Hans Scholl (1918–1943)

Von der katholischen Kirche übte der Bischof von Münster *Clemens August von Galen* in seinen Predigten offene Kritik am Nationalsozialismus, insbesondere an dessen **Euthanasieprogramm**. Bei den Protestanten formierte sich in der **Bekennenden Kirche** um Pastor *Martin Niemöller* und *Dietrich Bonhoeffer* eine oppositionelle Gruppe.

Euthanasieprogramm
Bekennende Kirche

Seit 1940 traf sich auf dem Gut Kreisau (Schlesien) des Grafen *Helmuth von Moltke* der danach benannte **Kreisauer Kreis**. Zu ihm gehörten Gegner des Nationalsozialismus aus unterschiedlichsten Richtungen. Dazu zählten der Aristokrat *York von Wartenburg,* die Sozialisten *Carlo Mierendorff, Theodor Haubach* und *Adolf Reichwein,* der Jesuitenpater *Alfred Delp* sowie Mitglieder der Bekennenden Kirche.

Kreisauer Kreis

Mittelpunkt der bürgerlich-konservativen Widerstandsgruppen war der Leipziger Oberbürgermeister *Carl Goerdeler,* der über zahlreiche Verbindungen zu Oppositionsgruppen in Wirtschaft und Generalstab verfügte.

Gewaltsamer Widerstand konnte jedoch – spätestens nach Kriegsbeginn – nur noch vom **Militär** geleistet werden. Um den aus Protest gegen *Hitlers* Angriffspläne im August 1938 zurückgetretenen Generalstabschef *Ludwig Beck* scharten sich hohe Offiziere, die vor allem mit zunehmender Kriegsdauer keine Siegeschance mehr sahen und denen die von der Führung begangenen Verbrechen, vor allem die Grausamkeiten gegen die Zivilbevölkerung während des Russlandfeldzugs und die Ermordung der Juden durch die Einsatzgruppen und in den Vernichtungslagern im Osten, die Augen über den wahren Charakter des nationalsozialistischen Systems geöffnet hatten.

Militär

Der Tatkräftigste unter ihnen war der aus dem schwäbischen Lautlingen stammende Oberst *Claus Graf Schenk von Stauffenberg (1907–1944).* Ihm gelang es, eine Bombe in das Führerhauptquartier „Wolfschanze“ in Ostpreußen zu schmuggeln und unmittelbar neben *Hitler* zu www.hdgbw.de/stauffenberg/index.html

www.hpmelle.de/lautingen/pages/gedenkstaette.html

deponieren. Doch auch dieses Attentat vom **20. Juli 1944** misslang. Wie durch ein Wunder blieb „der Führer“ trotz der Explosion, die mehrere Personen schwer verletzte, am Leben.

Stauffenberg wurde noch in der Nacht zum 21. Juli standrechtlich erschossen. In den kommenden Wochen und Monaten wurden fast alle Mitverschwörer gefasst und hingerichtet, so auch *Claus'* älterer Bruder *Berthold.* An die Brüder *Stauffenberg* erinnern heute zwei Gedenkstätten im Land: im Alten Schloss in Stuttgart und am Stammsitz der Stauffenbergs in Albstadt-Lautlingen.

Claus Schenk Graf von Stauffenberg (1907-1944)

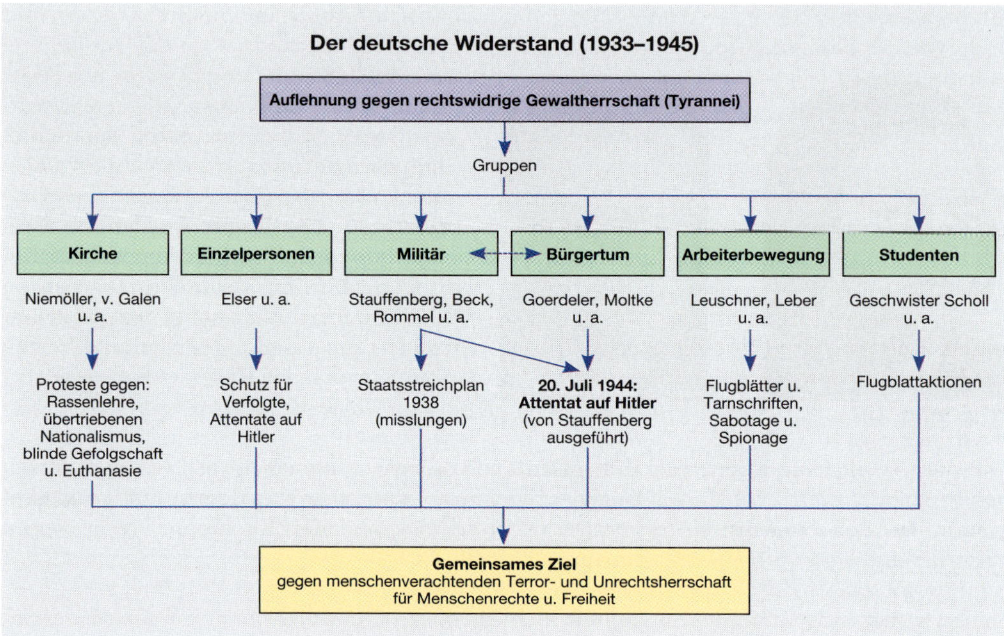

4.2.6.2 Würdigung des Widerstandes

Bis heute ist die Diskussion darüber nicht verstummt, warum es erfahrenen Militärs nicht gelang, ein Attentat erfolgreich durchzuführen. Sicherlich hat *Hitler* oft Glück gehabt, großes, nahezu unverständliches Glück. Aber selbst nach dem misslungenen Attentat im Juli 1944 hätte wenigstens noch eine schwache Chance bestanden, das NS-Regime zu beseitigen, so den Krieg vorzeitig zu beenden und damit allen Krieg führenden Völkern viel Leid zu ersparen.

Aufstand des Gewissens

Der **„Aufstand des Gewissens“** war bei den meisten Widerständlern stärker moralisch geprägt als vom Entschluss zu konsequenter Rebellion.
So äußerte einmal ein General, dass Rebellion gegen den Oberbefehlshaber im Ausbildungsprogramm eines deutschen Offiziers nicht vorgesehen sei. Viele, gerade der jüngeren Offiziere fühlten sich durch den persönlichen Eid, den sie *Hitler* geleistet hatten, gebunden. Andere warteten ganz einfach ab, wie sich die Lage nach dem 20. Juli entwickelte. „Ja, wenn das Schwein tot wäre ...“, soll der Oberbefehlshaber in Frankreich 1944 geantwortet haben, als er aufgefordert wurde, die Revolte zu unterstützen.

▶ Q. 21

Einer der Männer des 20. Juli, *Henning von Tresckow,* hat ahnungsvoll dem Attentatsversuch eine würdige Deutung gegeben:

„Das Attentat muss erfolgen, coûte que coûte. Sollte es nicht gelingen, so muss trotzdem in Berlin gehandelt werden. Denn es kommt nicht mehr auf den praktischen Zweck an, sondern darauf, dass die deutsche Widerstandsbewegung vor der Welt und vor der Geschichte den entscheidenden Wurf gewagt hat. Alles andere ist daneben gleichgültig."

Und *Kurt Huber,* Mitglied der Weißen Rose, beendete sein Schlusswort vor dem Volksgerichtshof, der ihn zum Tode verurteilte, mit dem stolzen Wort des Philosophen *Johann Gottlob Fichte* (1762–1814):

> „Und handeln sollst du, als hinge
> Von dir und deinem Tun allein
> Das Schicksal ab der deutschen Dinge,
> Und die Verantwortung wär' dein."

Aus dem Programm der NSDAP von 1920

▶ QUELLE 1

1. Wir fordern den Zusammenschluss aller Deutschen auf Grund des Selbstbestimmungsrechtes der Völker zu einem Groß-Deutschland.
2. Wir fordern die Gleichberechtigung des deutschen Volkes gegenüber den anderen Nationen, Aufhebung der Friedensverträge von Versailles und St. Germain.
3. Wir fordern Land und Boden (Kolonien) zur Ernährung unseres Volkes und Ansiedlung unseres Bevölkerungsüberschusses.
4. Staatsbürger kann nur sein, wer Volksgenosse ist. Volksgenosse kann nur sein, wer deutschen Blutes ist, ohne Rücksichtnahme auf Konfession. Kein Jude kann daher Volksgenosse sein.
5. Wer nicht Staatsbürger ist, soll nur als Gast in Deutschland leben können und muss unter Fremdengesetzgebung stehen. [...]
8. Jede weitere Einwanderung Nicht-Deutscher ist zu verhindern. Wir fordern, dass alle Nicht-Deutschen, die seit dem 2. August 1914 in Deutschland eingewandert sind, sofort zum Verlassen des Reiches gezwungen werden. [...]
11. Abschaffung des arbeits- und mühelosen Einkommens, Brechung der Zinsknechtschaft.
12. Im Hinblick auf die ungeheuren Opfer an Gut und Blut, die jeder Krieg vom Volke fordert, muss die persönliche Bereicherung durch den Krieg als Verbrechen am Volke bezeichnet werden. Wir fordern daher restlose Einziehung aller Kriegsgewinne.
13. Wir fordern die Verstaatlichung aller (bisher) bereits vergesellschafteten (Trusts) Betriebe.
14. Wir fordern Gewinnbeteiligung an Großbetrieben.
15. Wir fordern einen großzügigen Ausbau der Altersversorgung.
16. Wir fordern die Schaffung eines gesunden Mittelstandes und seine Erhaltung, sofortige Kommunalisierung der Groß-Warenhäuser und ihre Vermietung zu billigen Preisen an kleine Gewerbebetreibende, schärfste Berücksichtigung aller kleinen Gewerbebetreibenden bei Lieferung an den Staat, die Länder oder Gemeinden.
17. Wir fordern eine unseren nationalen Bedürfnissen angepasste Bodenreform, Schaffung eines Gesetzes zur unentgeltlichen Enteignung von Boden für gemeinnützige Zwecke, Abschaffung des Bodenzinses und Verhinderung jeder Bodenspekulation.
18. Wir fordern den rücksichtslosen Kampf gegen diejenigen, die durch ihre Tätigkeit das Gemeininteresse schädigen. Gemeine Volksverbrecher, Wucherer, Schieber usw. sind mit dem Tode zu bestrafen, ohne Rücksichtnahme auf Konfession und Rasse.
19. Wir fordern Ersatz für das der materialistischen Weltordnung dienende römische Recht durch ein deutsches Grundrecht. [...]
22. Wir fordern die Abschaffung der Söldnertruppe und die Bildung eines Volksheeres.
23. Wir fordern den gesetzlichen Kampf gegen die bewusste politische Lüge und ihre Verbreitung durch die Presse. Um die Schaffung einer deutschen Presse zu ermöglichen, fordern wir, dass:
    a. sämtliche Schriftleiter und Mitarbeiter von Zeitungen, die in deutscher Sprache erscheinen, Volksgenossen sein müssen;
    b. nichtdeutsche Zeitungen zu ihrem Erscheinen der ausdrücklichen Genehmigung des Staates bedürfen. Sie dürfen nicht in deutscher Sprache gedruckt werden;
    c. jede finanzielle Beteiligung an deutschen Zeitungen oder deren Beeinflussung durch Nicht-Deutsche gesetzlich verboten wird, und fordern als Strafe für Übertretungen die Schließung eines solchen Zeitungsbetriebes

sowie die sofortige Ausweisung der daran beteiligten Nicht-Deutschen aus dem Reich. Zeitungen, die gegen das Gemeinwohl verstoßen, sind zu verbieten. Wir fordern den gesetzlichen Kampf gegen eine Kunst- und Literaturrichtung, die einen zersetzenden Einfluss auf unser Volksleben ausübt, und die Schließung von Veranstaltungen, die gegen vorstehende Forderungen verstoßen.

24. Wir fordern die Freiheit aller religiösen Bekenntnisse im Staat, soweit sie nicht dessen Bestand gefährden oder gegen das Sittlichkeits- und Moralgefühl der germanischen Rasse verstoßen. Die Partei als solche vertritt den Standpunkt eines positiven Christentums, ohne sich konfessionell an ein bestimmtes Bekenntnis zu binden. Sie bekämpft den jüdisch-materialistischen Geist in und außer uns und ist überzeugt, dass eine dauernde Genesung unseres Volkes nur erfolgen kann von innen heraus auf der Grundlage: Gemeinnutz vor Eigennutz.

25. Zur Durchführung alles dessen fordern wir: Die Schaffung einer starken Zentralgewalt des Reiches. Unbedingte Autorität des politischen Zentralparlaments über das gesamte Reich und seine Organisationen im allgemeinen. Die Bildung von Stände- und Berufskammern zur Durchführung der vom Reich erlassenen Rahmengesetze in den einzelnen Bundesstaaten. – Die Führer der Partei versprechen, wenn nötig unter Einsatz des eigenen Lebens für die Durchführung der vorstehenden Punkte rücksichtslos einzutreten.

München, den 24. Februar 1920.

(Walther Hofer [Hrsg.]: Der Nationalsozialismus. Dokumente 1933–1945, Fischer Bücherei, Frankfurt a. M. 1957, S. 28 ff.)

1. Welche Punkte des Programms setzen sich mit den Bestimmungen des Versailler Vertrags auseinander? Wie lauten die erhobenen Forderungen?

2. In welchen Punkten werden
a) „nationale"
b) „sozialistische" Forderungen erhoben?

3. Welchen gesellschaftlichen Gruppen werden in welchen Punkten des Programms „Angebote" gemacht?

▶ QUELLE 2 Auszug aus „Mein Kampf": Hitlers Entschluss, Politiker zu werden

[...] Elende und verkommene Verbrecher! Je mehr ich mir in dieser Stunde über das ungeheure Ereignis klar zu werden versuchte, um so mehr brannte mir die Scham der Empörung und der Schande in der Stirn. Was war der ganze Schmerz der Augen gegen diesen Jammer? Was folgte, waren entsetzliche Tage und noch bösere Nächte – ich wusste, dass alles verloren war. Auf die Gnade des Feindes zu hoffen, konnten höchstens Narren fertig bringen oder – Lügner und Verbrecher. In diesen Nächten wuchs mir der Hass gegen die Urheber dieser Tat. In den Tagen darauf wurde mir auch mein Schicksal bewusst. Ich musste nun lachen bei dem Gedanken an meine eigene Zukunft, die mir vor kurzer Zeit noch so bittere Sorgen bereitet hatte. War es nicht zum Lachen, Häuser bauen zu wollen auf solchem Grunde? Endlich wurde mir auch klar, dass doch nur eingetreten war, was ich so oft schon befürchtet, nur gefühlsmäßig nie zu glauben vermochte.

Kaiser Wilhelm II. hatte als erster deutscher Kaiser den Führern des Marxismus die Hand zur Versöhnung gereicht, ohne zu ahnen, dass Schurken keine Ehre besitzen. Während sie die kaiserliche Hand noch in der einen hielten, suchte die andere schon nach dem Dolche.

Mit dem Juden gibt es kein Paktieren, sondern nur das harte Entweder – Oder. Ich aber beschloss, Politiker zu werden. [...]

(Walther Hofer (Hrsg.), Der Nationalsozialismus. Dokumente 1933–1945, Fischer Bücherei, Frankfurt a. M. 1957, S. 21)

1. Auf welches politische Ereignis bezieht sich der Auszug aus „Mein Kampf"?
2. Charakterisieren Sie Stil und Sprache des Textes.

▶ QUELLE 3 Die Weltanschauung des Sozialdarwinismus

Von grundlegender Bedeutung für das Staats-, Kultur- und Bildungsideal ist hier nun die Art, wie Rassen und Völker diesen Kampf um ihren Lebensraum bestehen. Die einen suchen diesen durch Bedürfnislosigkeit, Fügsamkeit, Zähigkeit, vielfach auch Fleiß und allmähliches unmerkliches Eindringen in schon bevölkerte Räume auszufechten. Zu diesen Kuli- oder Fellachenrassen gehört die Überzahl der Bevölkerung des Erdballs, das Gros der farbigen Menschen Asiens und Afrikas und das ostbaltisch-ostisch-innerasiatische Volkstum Russlands. Ein kleiner, aber mächtiger Teil der Erdbevölkerung wählte den Weg der Parasiten. Er suchte sich durch intelligente und heuchlerische Einfühlung und Überlistung in bodenständige Volkstümer einzunisten, diese mit händlerischer Schlauheit um den Ertrag ihrer Arbeit zu bringen und durch raffinierte geistige Zersetzung der Selbstführung zu berauben. Die bekannteste und gefährlichste Art dieser Rasse ist das Judentum. Die dritte Gruppe endlich führt den Kampf offen, mit Wagemut und selbstbewusstem Einsatz rassischer Kraft. Sie umfasst die ausgesprochenen Herren- und Kriegerrassen. Sie ringen mit der Natur, um ihr Nahrung und Schätze des Bodens abzugewinnen, erst als Jäger, dann als Hirten und Bauern. Aber sie greifen auch zum Schwerte, wenn man sie ihrer Freiheit berauben will oder andere, insbesondere niedere Rassen, ihrem Nachwuchs einen Lebensraum streitig machen wollen, den sie ungenügend zu nutzen wissen. Nur diese Rassen haben sich als kulturschöpferisch und staatenbildend erwiesen. Die bedeutsamste unter ihnen ist die nordische geblieben, die sich mit ihrer Arbeits- und Wehrkraft über die Hälfte des Erdballs erobert und mit ihrer Technik und Wissenschaft ihn heute fast ganz unterworfen hat, das Vorvolk dieser Rasse aber ist das deutsche. [...]

(Karl Zimmermann: Die geistigen Grundlagen des Nationalsozialismus, Leipzig 1933. In: Walther Hofer [Hrsg.]: Der Nationalsozialismus. Dokumente 1933–1945, Fischer Bücherei, Frankfurt a. M. 1957, S. 32 f.)

1. **Welche Bedeutung wird dem „Kampf um Lebensraum" beigemessen?**
2. **Welche Rassen unterscheidet der Autor?**
3. **Nennen Sie die Merkmale, die diesen Rassen zugewiesen werden.**

Gewinnung von Lebensraum – Ansprache Hitlers vor den Oberbefehlshabern der drei Wehrmachtsteile u. a. (Hoßbach-Protokoll) am 5. November 1937

▶ QUELLE 4

[...] der Führer führte sodann aus: Das Ziel der deutschen Politik sei die Sicherung und die Erhaltung der Volksmasse und deren Vermehrung. Somit handele es sich um das Problem des Raumes. Die deutsche Volksmasse verfüge über 85 Millionen Menschen, die nach der Anzahl der Menschen und der Geschlossenheit des Siedlungsraumes in Europa einen in sich geschlossenen Rassekern darstellte, wie er in keinem anderen Land wieder anzutreffen sei, wie er andererseits das Anrecht auf größeren Lebensraum mehr als bei anderen Völkern in sich schlösse. [...]

Zur Lösung der deutschen Frage könne es nur den Weg der Gewalt geben, dieser niemals risikolos sein. [...] Stelle man an die Spitze der nachfolgenden Ausführungen den Entschluss zur Anwendung von Gewalt unter Risiko, dann bleibe nur noch die Beantwortung der Fragen wann und wie [...]

(Walther Hofer [Hrsg.], Der Nationalsozialismus. Dokumente 1933–1945, Fischer Bücherei, Frankfurt a. M. 1987, S. 193 ff.)

1. **Wie lautet Hitlers politisches Ziel?**
2. **Welche Konsequenzen ergeben sich dadurch für die Zukunft?**

Das Führerprinzip

▶ QUELLE 5

Die [...] Bewegung ist ihrem Wesen [...] nach antiparlamentarisch, d. h. sie lehnt im allgemeinen wie in ihrem eigenen inneren Aufbau ein Prinzip der Majoritätsbestimmung ab [...]. Die Bewegung vertritt im kleinsten wie im größten den Grundsatz der unbedingten Verantwortung. Führerautorität, gepaart mit höchster Verantwortung. Es ist eine der obersten Aufgaben der Bewegung, dieses Prinzip zum bestimmenden [...] auch für den gesamten Staat zu machen. Wer Führer sein will, trägt bei höchster, unumschränkter Autorität auch die letzte und schwerste Verantwortung. Wer dazu nicht fähig oder für das Ertragen der Folgen seines Tuns zu feige ist, taugt nicht zum Führer. Nur der Held ist dazu berufen."

(Hitler: Mein Kampf, 372. Auflage, Zentralverlag NSDAP, Franz Eher Verlag, München 1938, S. 378 f.)

1. **Erklären Sie, was Hitler unter „antiparlamentarisch" versteht.**
2. **Wie funktioniert das „Führerprinzip"?**
3. **Welche Risiken liegen in dem von Hitler beschriebenen Regierungssystem?**

▶ QUELLE 6 Zum Führerkult – Rudolf Heß, Stellvertreter des „Führers“ im Kölner Rundfunk

[...] Mit Stolz sehen wir: Einer bleibt von aller Kritik ausgeschlossen, das ist der Führer. Das kommt daher, dass jeder fühlt und weiß: Er hatte immer recht und er wird immer recht haben. In der kritiklosen Treue, in der Hingabe an den Führer, die nach dem Warum im Einzelfalle nicht fragt, in der stillschweigenden Ausführung seiner Befehle liegt unser aller Nationalsozialismus verankert.
Wir glauben daran, dass der Führer einer höheren Berufung zur Gestaltung deutschen Schicksals folgt! An diesem Glauben gibt es keine Kritik [...].
(Zitiert nach: Werner Conze, Der Nationalsozialismus, Teil I, Ernst Klett Verlag, Stuttgart 1962, S. 79)

Worin besteht nach Rudolf Heß der „Führerkult“?

▶ QUELLE 7 Reichspropagandaminister Joseph Goebbels bei der Eröffnung der Reichskulturkammer am 15. November 1933

[...] Das System, das wir niederwarfen, fand im Liberalismus seine treffendste Charakterisierung. Wenn der Liberalismus vom Individuum ausging und den Einzelmenschen in das Zentrum der Dinge stellte, so haben wir Individuum durch Volk und Einzelmensch durch Gemeinschaft ersetzt. Freilich musste dabei die Freiheit des Individuums insoweit eingegrenzt werden, als sie sich mit der Freiheit der Nation stieß oder im Widerspruch befand. [...] Die Grenzen des individuellen Freiheitsbegriffs liegen deshalb an den Grenzen des völkischen Freiheitsbegriffs.

(Völkischer Beobachter vom 16. November 1933. Zit. nach: Telekolleg II Geschichte, TR Verlagsunion, München 1972, S. 210)

1. Wie definiert Goebbels den Begriff „Freiheit“?
2. Was versteht er unter Liberalismus?

▶ QUELLE 8 Hitler in einer Rede vom 4. Dezember 1938

Diese Jugend, die kennt ja nichts anderes, als deutsch denken und deutsch handeln, und wenn diese Knaben mit zehn Jahren in unsere Organisation hineinkommen und dort zum ersten Mal überhaupt frische Luft bekommen und fühlen, dann kommen sie vier Jahre später vom Jungvolk in die Hitlerjugend und dort behalten wir sie wieder vier Jahre. Und dann geben wir sie erst recht nicht zurück in die Hände unserer alten Klassen- und Standeserzeuger, sondern dann nehmen wir sie in die Partei, in die Arbeiterfront [...] usw. Und wenn sie dort zwei Jahre sind [...] und noch nicht ganze Nationalsozialisten geworden sein sollten, dann kommen sie in den Arbeitsdienst und werden dort wieder sechs und sieben Monate geschliffen, alles mit einem Symbol, dem deutschen Spaten. Und was dann nach sechs oder sieben Monaten noch an Klassenbewusstsein und Standesdünkel vorhanden sein sollte, das übernimmt dann die Wehrmacht zur weiteren Behandlung auf zwei Jahre, und wenn sie nach zwei oder drei oder vier Jahren zurückkehren, dann nehmen wir sie, damit sie auf keinen Fall rückfällig werden, sofort wieder in die SA, SS usw. Sie werden nicht mehr frei ihr ganzes Leben.
(Hans Hermann Hartwich [Hrsg.]: Politik im 20. Jahrhundert, Westermann, Braunschweig 1985)

1. Charakterisieren Sie Hitlers Pädagogik.
2. Wie will Hitler die Jugend für den Nationalsozialismus gewinnen?

▶ QUELLE 9 Aus der Verordnung des Reichspräsidenten zum Schutz von Volk und Staat vom 28. Februar 1933

Aufgrund des Artikels 48 Absatz 2 der Reichsverfassung wird zur Abwehr kommunistischer staatsgefährdender Gewaltakte folgendes verordnet:
§ 1. Die Artikel 114, 115, 117, 118, 123, 124 und 153 der Verfassung des Deutschen Reiches werden bis auf weiteres außer Kraft gesetzt. Es sind daher Beschränkungen der persönlichen Freiheit, des Rechtes der freien Meinungsäußerung, einschließ-

lich der Pressefreiheit, des Vereins- und Versammlungsrechtes, Eingriffe in das Brief-, Post-, Telegraphen- und Fernsprechgeheimnis, Anordnungen von Haussuchungen und von Beschlagnahme sowie Beschränkungen des Eigentums auch außerhalb der sonst hierfür bestimmten gesetzlichen Grenzen zulässig.

§ 2. Werden in einem Lande die zur Wiederherstellung der öffentlichen Sicherheit und Ordnung nötigen Maßnahmen nicht getroffen, so kann die Reichsregierung insoweit die Befugnisse der obersten Landesbehörde vorübergehend wahrnehmen.

§ 3. Die Behörden der Länder und Gemeinden (Gemeindeverbände) haben den aufgrund des § 2 erlassenen Anordnungen der Reichsregierung im Rahmen ihrer Zuständigkeit Folge zu leisten.

(Johannes Hohlfeld [Hrsg.]: Dokumente der deutschen Politik und Geschichte von 1848 bis zur Gegenwart: Ein Quellenwerk für die politische Bildung und staatsbürgerliche Erziehung, Band 4: Die Zeit der nationalsozialistischen Diktatur 1933–1945: Aufbau und Entwicklung 1933–1938, Dokumenten-Verl. Wendler, Berlin 1951, S. 19 f.)

1. Welche besonderen Rechte werden der Reichsregierung übertragen?
2. Worin bestehen die konkreten Konsequenzen dieser Verordnung?

Gesetz zur Behebung der Not von Volk und Staat (Ermächtigungsgesetz) vom 23. März 1933

▶ QUELLE 10

Artikel 1. Reichsgesetze können außer in dem in der Reichsverfassung vorgesehenen Verfahren auch durch die Reichsregierung beschlossen werden. Dies gilt auch für die in den Artikeln 65 Absatz 2 und 87 der Reichsverfassung bezeichneten Gesetze.

Artikel 2. Die von der Reichsregierung beschlossenen Reichsgesetze können von der Reichsverfassung abweichen, soweit sie nicht die Einrichtung des Reichstags und des Reichsrats als solche zum Gegenstand haben. Die Rechte des Reichspräsidenten bleiben unberührt.

Artikel 3. Die von der Reichsregierung beschlossenen Reichsgesetze werden vom Reichskanzler ausgefertigt und im Reichsgesetzblatt verkündet. Sie treten, soweit sie nichts anderes bestimmen, mit dem auf die Verkündung folgenden Tage in Kraft. Die Artikel 68 bis 77 der Reichsverfassung finden auf die von der Reichsregierung beschlossenen Gesetze keine Anwendung.

Artikel 4. Verträge des Reiches mit fremden Staaten, die sich auf Gegenstände der Reichsgesetzgebung beziehen, bedürfen für die Dauer der Geltung dieser Gesetze nicht der Zustimmung der an der Gesetzgebung beteiligten Körperschaften. Die Reichsregierung erlässt die zur Durchführung dieser Verträge erforderlichen Vorschriften.

Artikel 5. Dieses Gesetz tritt mit dem Tage seiner Verkündung in Kraft. Es tritt mit dem 1. April 1937 außer Kraft, es tritt ferner außer Kraft, wenn die gegenwärtige Reichsregierung durch eine andere abgelöst wird. [...]

(Johannes Hohlfeld [Hrsg.]: Dokumente der deutschen Politik und Geschichte von 1848 bis zur Gegenwart: Ein Quellenwerk für die politische Bildung und staatsbürgerliche Erziehung, Band 4: Die Zeit der nationalsozialistischen Diktatur 1933–1945: Aufbau und Entwicklung 1933–1938, Dokumenten-Verl. Wendler, Berlin 1951, S. 40)

1. Dieses vom Reichstag verabschiedete Gesetz dient zur „Selbstentmachtung des Parlaments". Wie lautet Ihre Meinung zu dieser These?
2. Welche Bedeutung hatte Artikel 5 zum Zeitpunkt der Verabschiedung und in der weiteren Geschichte des Dritten Reichs?

Gesetz gegen die Neubildung von Parteien vom 14. Juli 1933

▶ QUELLE 11

§ 1. In Deutschland besteht als einzige politische Partei die Nationalsozialistische Deutsche Arbeiterpartei.

§ 2. Wer es unternimmt, den organisatorischen Zusammenhalt einer anderen politischen Partei aufrechtzuerhalten oder eine neue politische Partei zu bilden, wird [...] mit Zuchthaus bis zu drei Jahren oder mit Gefängnis von sechs Monaten bis zu drei Jahren bestraft.

(Reichsgesetzblatt. Jahrgang 1933, Teil I, S. 479)

1. Welche inhaltlichen Erwartungen erweckt der Name des Gesetzes?
2. Welche konkreten Folgen hatte dieses Gesetz für die bestehenden Parteien?

▶ QUELLE 12 Richtlinien im „Gesetz zur Sicherung der Einheit von Partei und Staat“ vom 1. Dezember 1933

§ 1. (1) Nach dem Sieg der nationalsozialistischen Revolution ist die Nationalsozialistische Deutsche Arbeiterpartei die Trägerin des deutschen Staatsgedankens und mit dem Staat unlöslich verbunden. (2) Sie ist eine Körperschaft des öffentlichen Rechts. Ihre Satzung bestimmt der Führer.

§ 2. Zur Gewährleistung engster Zusammenarbeit der Dienststellen der Partei und der SA mit den öffentlichen Behörden werden der Stellvertreter des Führers und der Chef des Stabes der SA Mitglieder der Reichsregierung.

§ 3. (1) Den Mitgliedern der Nationalsozialistischen Deutschen Arbeiterpartei und der SA (einschließlich der ihr unterstellten Gliederungen) als der führenden und bewegenden Kraft des nationalsozialistischen Staates obliegen erhöhte Pflichten gegenüber Führer, Volk und Staat. (2) Sie unterstehen wegen Verletzung dieser Pflichten einer besonderen Partei- und SA-Gerichtsbarkeit.

(Reichsgesetzblatt. Jahrgang 1933, Teil I, S. 1016)

1. Wie wird das Verhältnis Staat – Partei(en) durch dieses Gesetz verändert?
2. Welche zusätzlichen Machtmittel werden der NSDAP und Hitler zugebilligt?
3. Welche Bedeutung hat eine „besondere Partei- und SA-Gerichtsbarkeit“?

▶ QUELLE 13 Gesetz über das Staatsoberhaupt des Deutschen Reiches vom 1. August 1934

Das Amt des Reichspräsidenten wird mit dem des Reichskanzlers vereinigt. Dieses Gesetz tritt mit Wirkung von dem Zeitpunkt des Ablebens des Reichspräsidenten von Hindenburg in Kraft. [...]. Infolgedessen gehen die bisherigen Befugnisse des Reichspräsidenten auf den Führer und Reichskanzler Adolf Hitler über.

(Reichsgesetzblatt. Jahrgang 1934, Teil I, S. 747)

1. Welche demokratischen Grundsätze werden durch dieses Gesetz endgültig außer Kraft gesetzt?
2. Welche verfassungsrechtliche Stellung hat das Staatsoberhaupt nach diesem Gesetz?

▶ QUELLE 14 Die Vereidigung der Wehrmacht auf Adolf Hitler am 2. August 1934

Ich schwöre bei Gott diesen heiligen Eid, dass ich dem Führer des Deutschen Reiches und Volkes Adolf Hitler, dem Oberbefehlshaber der Wehrmacht, unbedingten Gehorsam leisten und als tapferer Soldat bereit sein will, jederzeit für diesen Eid mein Leben einzusetzen.

(Zitiert nach: Werner Conze: Der Nationalsozialismus. Teil II, Ernst Klett Verlag, Stuttgart 1962, S. 20)

1. Welche konkreten Verpflichtungen ergeben sich für die Soldaten, die diesen Eid geleistet haben?
2. Warum zeigt dieser Eid, dass Deutschland kein demokratischer Staat mehr war?

▶ QUELLE 15 Gesetz „zum Schutze des deutschen Blutes und der deutschen Ehre“ vom 15. September 1935 (Nürnberger Gesetze)

Durchdrungen von der Erkenntnis, dass die Reinheit des deutschen Blutes die Voraussetzung für den Fortbestand des deutschen Volkes ist, und beseelt von dem unbeugsamen Willen, die deutsche Nation für alle Zukunft zu sichern, hat der Reichstag einstimmig das folgende Gesetz beschlossen, das hiermit verkündet wird:

§ 1.1. Eheschließungen zwischen Juden und Staatsangehörigen deutschen oder artverwandten Blutes sind verboten. Trotzdem geschlossene Ehen sind nichtig, auch wenn sie zur Umgehung dieses Gesetzes im Auslande geschlossen sind. 2. Die Nichtigkeitsklage kann nur der Staatsanwalt erheben.

§ 2. Außerehelicher Verkehr zwischen Juden und Staatsangehörigen deutschen oder artverwandten Blutes ist verboten.

§ 3. Juden dürfen weibliche Staatsangehörige deutschen oder artverwandten Blutes unter 45 Jahren nicht in ihrem Haushalt beschäftigen.

§ 4.1. Juden ist das Hissen der Reichs- und Nationalflagge und das Zeigen der Reichsfarben verboten. 2. Dagegen ist ihnen das Zeigen der jüdischen

Farben gestattet. Die Ausübung dieser Befugnis steht unter staatlichem Schutz.
§ 5.1. Wer dem Verbot des § 1 zuwiderhandelt, wird mit Zuchthaus bestraft. 2. Der Mann, der dem Verbot des § 2 zuwiderhandelt, wird mit Gefängnis oder mit Zuchthaus bestraft. 3. Wer den Bestimmungen der §§ 3 oder 4 zuwiderhandelt, wird mit Gefängnis bis zu einem Jahr und mit Geldstrafe oder mit einer dieser Strafen bestraft [...]
(Walther Hofer [Hrsg.]: Der Nationalsozialismus. Dokumente 1933–1945, Fischer Bücherei, Frankfurt a. M. 1957, S. 285)

1. **Welche Konsequenzen ergaben sich für die deutsche Bevölkerung, sowohl für Arier als auch für Juden?**
2. **Welche Motive und Absichten, die hinter den einzelnen Paragraphen standen, lassen sich vermuten?**

▶ QUELLE 16

Aus dem „Wannsee-Protokoll" vom 20. Januar 1942

Der Chef der Sicherheitspolizei und des SD, SS-Obergruppenführer Heydrich, teilte eingangs seine Bestallung zum Beauftragten für die Vorbereitung der Endlösung der europäischen Judenfrage durch den Reichsmarschall mit und wies darauf hin, dass zu dieser Besprechung geladen wurde, um Klarheit in grundsätzlichen Fragen zu schaffen. Der Wunsch des Reichsmarschalls, ihm einen Entwurf über die organisatorischen, sachlichen und materiellen Belange im Hinblick auf die Endlösung der europäischen Judenfrage zu übersenden, erfordert die vorherige gemeinsame Behandlung aller an diesen Fragen unmittelbar beteiligten Zentralinstanzen im Hinblick auf die Parallelisierung der Linienführung.
Die Federführung bei der Bearbeitung der Endlösung der Judenfrage liege ohne Rücksicht auf geografische Grenzen zentral beim Reichsführer-SS und Chef der Deutschen Polizei (Chef der Sicherheitspolizei und des SD). [...]
III. An Stelle der Auswanderung ist nunmehr als weitere Lösungsmöglichkeit nach entsprechender vorheriger Genehmigung durch den Führer die Evakuierung der Juden nach dem Osten getreten. Diese Aktionen sind jedoch lediglich als Ausweichmöglichkeiten anzusprechen, doch werden hier bereits jene praktischen Erfahrungen gesammelt, die im Hinblick auf die kommende Endlösung der Judenfrage von wichtiger Bedeutung sind. [...] Unter entsprechender Leitung sollen im Zuge der Endlösung die Juden in geeigneter Weise im Osten zum Arbeitseinsatz kommen. In großen Arbeitskolonnen, unter Trennung der Geschlechter, werden die arbeitsfähigen Juden straßenbauend in diese Gebiete geführt, wobei zweifellos ein Großteil durch natürliche Verminderung ausfallen wird. Der allfällig endlich verbleibende Restbestand wird, da es sich bei diesem zweifellos um den widerstandsfähigsten Teil handelt, entsprechend behandelt werden müssen, da dieser, eine natürliche Auslese darstellend, bei Freilassung als Keimzelle eines neuen jüdischen Aufbaues anzusprechen ist. (Siehe die Erfahrung der Geschichte.)
Im Zuge der praktischen Durchführung der Endlösung wird Europa von Westen nach Osten durchgekämmt [...].
(Walther Hofer [Hrsg.]: Der Nationalsozialismus. Dokumente 1933–1945, Fischer Bücherei, Frankfurt a. M. 1957, S. 303 ff.)

1. **Was verstehen die Beteiligten der „Wannsee-Konferenz" unter dem Begriff „Endlösung"?**
2. **Wie sollte diese „Endlösung" praktisch durchgeführt werden?**

▶ QUELLE 17

Primo Levi über seine Ankunft in Auschwitz

Die Tür wurde krachend aufgetan, das Dunkel hallte wider von fremden Befehlen, jenem barbarischen Gebell kommandierender Deutscher [...] Vor uns erkannten wir einen ausgedehnten, von Scheinwerfern angestrahlten Bahnsteig. [...] Abseits standen breitbeinig und teilnahmslos ein Dutzend SS-Leute. Aber dann drängten sie sich zwischen uns und begannen mit leiser Stimme und steinernen Gesichtern, uns rasch nacheinander [...] auszufragen. Nicht alle, nur einige wenige: „Wie alt? Gesund oder krank?" Und sie wiesen je nach der Antwort in zwei verschiedene Richtungen. [...]
In weniger als zehn Minuten wurden wir brauchbaren Männer alle zu einer Gruppe zusammengestellt. Was mit den andern geschah, den Frauen, den Kindern, den Alten, das konnten wir weder damals noch später in Erfahrung bringen: Die Nacht verschluckte sie ganz einfach. Heute aber wissen wir, dass bei jener raschen und summarischen Auswahl ein jeder von uns geschätzt worden war,

ob er oder ob er nicht im Stande sein würde, zum Nutzen des Reiches zu arbeiten; wir wissen, dass in die jeweiligen Lager Monowitz-Buna und Birkenau (= Auschwitz III und II; d. Verf.) nur sechsundneunzig Männer und neunundzwanzig Frauen unseres Transports eingeliefert wurden und dass von allen anderen, die über fünfhundert zählten, zwei Tage danach keiner mehr am Leben war. [...] Solcherart, in einem Augenblick, meuchlings, vergingen unsere Frauen, Eltern, Kinder. So gut wie keiner hatte die Möglichkeit, sich von ihnen zu verabschieden. Wir sahen sie noch eine Weile als dunkle Masse am anderen Ende des Bahnsteigs stehen, dann sahen wir nichts mehr.

(Primo Levi: Ist das ein Mensch? [1958], 7. Auflage, Deutscher Taschenbuchverlag, München 1998, S. 19 f.)

Wie schildert Levi die Ankunft in Auschwitz?

▶ QUELLE 18

Deutsch-sowjetischer Nichtangriffspakt vom 23. August 1939

Die Deutsche Reichsregierung und die Regierung der Union der Sozialistischen Sowjetrepubliken, geleitet von dem Wunsche, die Sache des Friedens zwischen Deutschland und der UdSSR zu festigen, und ausgehend von den grundlegenden Bestimmungen des Neutralitätsvertrages, der im April 1926 zwischen Deutschland und der UdSSR geschlossen wurde, sind zu nachstehender Vereinbarung gelangt:

Artikel I. Die beiden Vertragsschließenden Teile verpflichten sich, sich jeden Gewaltakts, jeder aggressiven Handlung und jeden Angriffs gegeneinander, und zwar sowohl einzeln als auch gemeinsam mit anderen Mächten, zu enthalten.

Artikel II. Falls einer der Vertragschließenden Teile Gegenstand kriegerischer Handlungen seitens einer dritten Macht werden sollte, wird der andere Vertragschließende Teil in keiner Form diese dritte Macht unterstützen.

Artikel III. Die Regierungen der beiden Vertragschließenden Teile werden künftig fortlaufend zwecks Konsultation in Fühlung miteinander bleiben, um sich gegenseitig über Fragen zu informieren, die ihre gemeinsamen Interessen berühren.

Artikel IV. Keiner der beiden Vertragschließenden Teile wird sich an irgendeiner Mächtegruppierung beteiligen, die sich mittelbar oder unmittelbar gegen den anderen Teil richtet.

Artikel V. Falls Streitigkeiten oder Konflikte zwischen den Vertragschließenden Teilen über Fragen dieser oder jener Art entstehen sollten, werden beide Teile diese Streitigkeiten oder Konflikte ausschließlich auf dem Wege freundschaftlichen Meinungsaustausches oder nötigenfalls durch Einsetzung von Schlichtungskommissionen bereinigen.

Geheimes Zusatzprotokoll

Aus Anlass der Unterzeichnung des Nichtangriffsvertrags zwischen dem Deutschen Reich und der Union der Sozialistischen Sowjetrepubliken haben die unterzeichneten Bevollmächtigten der beiden Teile in streng vertraulicher Aussprache die Frage der Abgrenzung der beiderseitigen Interessensphären in Osteuropa erörtert. Diese Aussprache hat zu folgendem Ergebnis geführt:

1. Für den Fall einer territorial-politischen Umgestaltung in den zu den baltischen Staaten (Finnland, Estland, Lettland, Litauen) gehörenden Gebieten bildet die nördliche Grenze Litauens zugleich die Grenze der Interessensphäre Deutschlands und der UdSSR. Hierbei wird das Interesse Litauens am Wilnaer Gebiet beiderseits anerkannt.
2. Für den Fall einer territorial-politischen Umgestaltung der zum polnischen Staate gehörenden Gebiete werden die Interessensphären Deutschlands und der UdSSR ungefähr durch die Linie der Flüsse Narew Weichsel und San abgegrenzt. Die Frage, ob die beiderseitigen Interessen die Erhaltung eines unabhängigen polnischen Staates erwünscht erscheinen lassen, und wie dieser Staat abzugrenzen wäre, kann endgültig erst im Laufe der weiteren politischen Entwicklung geklärt werden.
   In jedem Falle werden beide Regierungen diese Frage im Wege einer freundschaftlichen Verständigung lösen.
3. Hinsichtlich des Südostens Europas wird von sowjetischer Seite das Interesse an Bessarabien betont. Von deutscher Seite wird das völlige politische Desinteressement an diesen Gebieten erklärt.
4. Dieses Protokoll wird von beiden Seiten streng geheim behandelt werden.

(Walther Hofer [Hrsg.]: Der Nationalsozialismus. Dokumente 1933–1945, Fischer Bücherei, Frankfurt a. M. 1957, S. 229 f.)

1. **Wie lauten die wichtigsten Bestimmungen des Vertrags?**
2. **Warum wurde das Zusatzprotokoll als „geheim“ eingestuft?**
3. **Weshalb reagierten Beobachter im In- und Ausland überrascht auf den Abschluss dieses Vertrages?**

Kriegseinsatz jedes Einzelnen und der ganzen Nation 14 Leitsätze für die politische Führung

▶ QUELLE 19

Nach einer Rede von Reichsminister Dr. Goebbels

1. Es geht um Sein oder Nichtsein der Nation.
2. Das mit zynischer Offenheit ausgesprochene Ziel unserer Feinde ist es, das deutsche Volk, seine Anschauungswelt, sein soziales und wirtschaftliches Lebensgefüge sowie seine Art zu leben, mit Stumpf und Stiel auszurotten.
3. Das deutsche Volk ist in Gefahr! Also verhalte sich jeder, als sei er selbst in Lebensgefahr!
4. Halte dir stets das Beispiel des Soldaten der vorderen Linie vor Augen!
5. An jeden Deutschen ergeht der Appell, den weit reduzierten Lebensstandard in den Luftnotgebieten zum Maßstab der eigenen Lebensführung zu machen.
6. Ehrgeiz jedes Deutschen: Seinen Beitrag zur Erringung des Endsieges hinaufzuschrauben und seine persönlichen Ansprüche so weit wie möglich einzuschränken.
7. Die Heimat wird uns noch zahlreichere und noch bessere Waffen zur Verfügung stellen.
8. Wir müssen die ganze Kraft unserer Herzen aufbieten, um die noch vor uns liegenden schweren Belastungen zu bestehen.
9. Keinen Augenblick dürfen wir am Sieg der Gerechtigkeit unserer Sache zweifeln.
10. Wir müssen uns darüber klar sein, dass auch der Feind gleich schwere Sorgen hat, die ihm mit jedem Kriegstag zu schaffen machen.
11. Unser erstes Ziel muss es sein, überall und unter allen Umständen standhaft und erfolgreich auf dem Schlachtfeld zu bleiben, tapfer um uns zu schlagen und nicht eher mit den Kriegsanstrengungen nachzulassen, als bis sich der Feind an unserem härteren Widerstand die Zähne ausgebissen hat.
12. Wir wissen, dass wir alle Chancen zum Sieg in unseren Händen halten.
13. In gläubigem Vertrauen schauen wir auf den Führer. Er wird die Nation mit sicherer Hand durch alle Gefahren und Prüfungen führen.
14. Ein Kampf, hinter dem der ganze Fanatismus einer Nation steht, kann nie anders als mit einem Sieg enden.

(Durchhaltepropaganda im Frühjahr 1944)

1. Beschreiben Sie die Lage in Deutschland, wie sie in diesem Redetext – auch zwischen den Zeilen – geschildert wird.
2. Welche Hoffnungen werden dem deutschen Volk gemacht?
3. Wie beurteilen Sie die Wirkung dieses Redetextes?

Aus dem fünften Flugblatt der Weißen Rose

▶ QUELLE 20

Aufruf an alle Deutschen!
Der Krieg geht seinem sicheren Ende entgegen. Wie im Jahre 1918 versucht die deutsche Regierung alle Aufmerksamkeit auf die wachsende U-Boot-Gefahr zu lenken, während im Osten die Armeen unaufhörlich zurückströmen, im Westen die Invasion erwartet wird. Die Rüstung Amerikas hat ihren Höhepunkt noch nicht erreicht, aber heute schon übertrifft sie alles in der Geschichte seither Dagewesene. Mit mathematischer Sicherheit führt Hitler das deutsche Volk in den Abgrund. Hitler kann den Krieg nicht gewinnen, nur noch verlängern! Seine und seiner Helfer Schuld hat jedes Maß unendlich überschritten. Die gerechte Strafe rückt näher und näher!
Was aber tut das deutsche Volk? Es sieht nicht und es hört nicht. Blindlings folgt es seinen Verführern ins Verderben. Sieg um jeden Preis! haben sie auf ihre Fahne geschrieben. Ich kämpfe bis zum letzten Mann, sagt Hitler – indes ist der Krieg bereits verloren. [...]
Freiheit der Rede, Freiheit des Bekenntnisses, Schutz des einzelnen Bürgers vor der Willkür verbrecherischer Gewaltstaaten, das sind die Grundlagen des neuen Europas.
Unterstützt die Widerstandsbewegung, verbreitet die Flugblätter!
(Walther Hofer [Hrsg.]: Der Nationalsozialismus. Dokumente 1933–1945, Fischer Bücherei, Frankfurt a. M. 1957, S. 327 f.)

1. Wann ist dieses Flugblatt vermutlich erschienen? Begründen Sie.
2. Welche Freiheitsrechte fordert die „Weiße Rose"?

QUELLE 21 **Aus der Ansprache von Altbundeskanzler Helmut Schmidt am 20. Juli 2008 anlässlich des feierlichen Gelöbnisses von Wehrpflichtigen vor dem Berliner Reichstag**

Heute will ich mich besonders an die Rekruten wenden und will versuchen, ihnen ein kleines Stück meiner eigenen geschichtlichen Erfahrung vorzutragen.

1937 bin ich als Wehrpflichtiger eingezogen worden. Damals habe ich die nationalsozialistische Führung Deutschlands für verrückt gehalten und habe sie als ein Übel betrachtet. [...] Erstmals als ich im Herbst 1944 als Zuhörer zum sogenannten Volksgerichtshof abkommandiert war und dort einen Schauprozess gegen die Widerstandskämpfer des 20. Juli miterleben musste, erst da habe ich angefangen, den verbrecherischen Charakter des „Dritten Reiches" zu begreifen. Jedoch habe ich gleichwohl als kämpfender Soldat meine Befehle und Pflichten befolgt – so wie Millionen anderer Soldaten auch. [...]

Schon seit 1941, seit unserem Überfall auf die Sowjetunion, ist mir klar gewesen, damals zwanzig Jahre alt, dass Deutschland den Krieg verlieren würde. Gleichwohl blieb ich patriotisch gesonnen und glaubte: Wenn mein Land im Krieg ist, dann muss ich als Soldat meine Pflicht erfüllen. Das hatte ja mein Vater 1914 genauso getan.

[...]

Heute muss kein Deutscher sich in der eigenen Seele mit seinem gespaltenen Bewusstsein quälen, des Nachts Hitler zum Teufel wünschen, aber am nächsten Tage abermals seine Befehle zu befolgen. Heute leben wir alle unter einer besseren inneren Verfassung und in einer friedlicheren äußeren Verfassung als jemals frühere Generationen.

(Helmut Schmidt, in: Frankfurter Allgemeine Zeitung vom 22. 07. 2008, S. 5)

Worin bestehen die zentralen Unterschiede zwischen der Militärzeit im Dritten Reich und heute?

Aufgabenvorschläge

1. Stellen Sie der NS-Weltanschauung die Werte der freiheitlich-demokratischen Grundordnung gegenüber. Worin sehen Sie die schärfsten Gegensätze?
2. Stellen Sie die Merkmale der NS-Ideologie der marxistisch-leninistischen Ideologie in einer Synopse (Überblick) gegenüber. Beachten Sie: „Vergleichen" heißt nicht „gleichsetzen".
3. Diskutieren Sie: Warum ist die Rassenlehre der Nationalsozialisten weder empirisch noch theoretisch haltbar?
4. Skizzieren Sie zeichnerisch einen Stufenaufbau von der Errichtung der Diktatur ab 30. Januar 1933 bis zur totalitären Herrschaft. Geben Sie den einzelnen Stationen einen prägnanten Begriff.
5. Prüfen Sie mithilfe einer (möglichst mit Kurzkommentar versehenen) Ausgabe des Grundgesetzes, gegen welche Grundrechte bei der Diskriminierung und Verfolgung von Minderheiten jeweils verstoßen wurde.
6. Organisieren Sie den Besuch einer Gedenkstätte der nationalsozialistischen Gewaltherrschaft. – Die Bundeszentrale für politische Bildung hat dazu eine Dokumentation „Gedenkstätten für die Opfer des Nationalsozialismus" herausgegeben, die digital im PDF-Format heruntergeladen werden kann: www.bpb.de/publikationen/LUOXW9.html. Informationen über die Gedenkstätten in Baden-Württemberg finden Sie unter: www.gedenkstaetten-bw.de.
7. Hitler hielt die Garantieerklärung Englands für Polen im Frühjahr 1939 für einen „Bluff". Stellen Sie die Argumente zusammen, die damals für und gegen diese Vermutung sprachen.
8. Vergleichen Sie die Außenpolitik des letzten deutschen Kaiserreiches mit der Hitlers und stellen Sie in einer Synopse Ähnlichkeiten und Unterschiede zusammen.
9. Analysieren Sie den Gewissenskonflikt der Widerstandskämpfer, insbesondere der Offiziere, im Krieg gegen die eigene Führung zu revoltieren. Organisieren Sie zu dieser Frage ein Rollenspiel, bei dem eine Seite die Widerständler und die andere Seite jene spielt, die sich an den Hitlereid gebunden fühlten.
10. Vergleichen Sie die Haltung der westlichen Siegermächte nach dem Ersten Weltkrieg mit der nach dem Zweiten Weltkrieg.
11. Laden Sie einen Zeitzeugen in Ihre Klasse ein, der die Hitlerzeit noch bewusst erlebt hat. Befragen Sie ihn nach seinem Kenntnisstand und seinen Einstellungen von damals und heute. Konfrontieren Sie ihn mit Ihren Einsichten über die „größte deutsche Katastrophe".
12. Organisieren Sie ein Projekt zum Thema „Unsere Stadt/Gemeinde in der Zeit des Nationalsozialismus". Wählen Sie die Ihnen geeignet erscheinenden Methoden und präsentieren Sie die Ergebnisse Ihrer Arbeit.

5 Der Verlauf des Ost-West-Konflikts und seine Überwindung

„Um die politische Freiheit zu verlieren, genügt es, sie nicht festzuhalten – und sie entflieht!“
(Charles Alexis de Tocqueville, 1805–1859)

5.1 Die Teilung der Welt nach 1945

SCHLÜSSELDATEN

1945 2. August: „Potsdamer Abkommen“ – Teilung Deutschlands in vier Besatzungszonen
1945 26. Juni: Gründung der Vereinten Nationen
1947 12. März: Truman-Doktrin

Ost-West-Konflikt

Die Entstehung des **Ost-West-Konfliktes**, seine Steigerungen bis hart an den Rand des Ausbruchs eines dritten Weltkrieges und sein Ende durch den Zusammenbruch der UdSSR und ihres Paktsystems ist die weltpolitische Thematik der zweiten Hälfte des letzten Jahrhunderts schlechthin. Die Anti-Hitler-Koalition des Zweiten Weltkrieges zerbrach fast auf den Tag genau, als der Sieg errungen war. In seiner Verblendung hat der „Führer“ nie erkannt, dass gerade seine Person und sein Drittes Reich die Schweißnaht bildeten, welche das Zweckbündnis zwischen dem demokratisch-kapitalistischen Westen und dem totalitären Kommunismus der Sowjetunion zusammenhielt.

Der Konflikt hat, wie alle historischen Entwicklungen, mehrere Ursachen:
1. den langfristigen und während des Krieges nur mühsam verschleierten ideologischen Gegensatz zwischen den Westmächten mit ihrer grundsätzlich auf freiheitlicher Demokratie und Achtung der Menschenrechte begründeten Gesellschaft und der totalitären Staatsformation einer doktrinären Lehre des Marxismus-Leninismus mit dem Interpretationsmonopol einer einzigen Partei;
2. die Zieldivergenzen in der Behandlung Nachkriegsdeutschlands;
3. den machtpolitischen Gegensatz und insbesondere das Hegemonialstreben der UdSSR, die Herrschaft über ganz Osteuropa zu gewinnen und zu stabilisieren;
4. die gegenseitige Furcht vor einer militärischen Aggression. Unabhängig davon, wie real sie begründet war, hat sie die Sicherheitspolitik der beiden Supermächte über Jahrzehnte bestimmt;
5. Irrtümer in der Einschätzung der Politik der jeweiligen Gegenseite, z. B. glaubte die US-Administration noch bis zur Potsdamer Konferenz, dass die Sowjetunion zu einer fairen Zusammenarbeit auf der Grundlage des in Jalta im Februar 1945 anerkannten Selbstbestimmungsrechtes der Völker willens sei.

One World

Bis dahin verfolgten die USA das Ziel, gemeinsam mit der Sowjetunion eine Weltfriedensordnung zu schaffen mit dem Leitmotiv von der **„One World“**.

www.stiftung-aufarbeitung.de

Nach der bedingungslosen Kapitulation der deutschen Wehrmacht verfolgte *Josef Stalin (1878–1953)* das außenpolitische Ziel, möglichst viel Einfluss auf die künftige Gestaltung Osteuropas zu nehmen. Gegenüber dem serbischen Politiker *Milovan Djilas* äußerte er 1944: „Wer immer ein Gebiet besetzt, erlegt ihm auch sein eigenes gesellschaftliches System auf. Jeder führt sein

Torgau an der Elbe, 25. April 1945: das historische Treffen von Soldaten der 1. US-Armee und der sowjetischen 5. Gardearmee

Kem's Christmas card. Daily Telegraph, 22.12.1944

Rote Armee

eigenes System ein, soweit seine Armeen kommen." Damit war exakt die Strategie der folgenden Monate umrissen. Die **Rote Armee** hatte fast ganz Osteuropa besetzt, in Polen, der Tschechoslowakei, Ungarn, Rumänien und Bulgarien übernahmen in der Sowjetunion geschulte Kommunisten die Regierung, unterstützt von *Stalins* Offizieren und Soldaten.

Satellitenstaaten

Sowjetisierung Osteuropas

Entgegen dem klaren Wortlaut des auch von *Stalin* unterzeichneten Abkommens von Teheran im Dezember 1943, nach dem in diesen befreiten Ländern „demokratische Einrichtungen nach eigener Wahl" und Selbstverwaltung gewährleistet werden sollten, bildeten die neu entstandenen „Volksrepubliken" einen Gürtel von **Satellitenstaaten**, der u. a. einen Angriff auf die UdSSR nahezu unmöglich machen sollte. Die westlichen Alliierten reagierten auf die **Sowjetisierung Osteuropas** mit Protesten. Das Verhältnis innerhalb der ehemaligen Anti-Hitler-Koalition kühlte merklich ab, und 1946 wurde diese Koalition mit den Westmächten von *Stalin* für beendet erklärt.

Truman-Doktrin

Ein weiteres Vordringen *Stalins* gelang jedoch nicht: In Jugoslawien, wo keine sowjetischen Besatzungstruppen standen, widersetzte sich *Josip Tito* offen, und im Juni 1948 kam es zum Bruch mit Moskau. Es misslangen auch Versuche, in den persischen Nordprovinzen, in der Türkei oder Griechenland Fuß zu fassen und ebenfalls kommunistische Regierungen einzusetzen bzw. zu unterstützen. Vor allem die USA widersetzten sich der sowjetischen Annexionspolitik. In der nach ihm benannten Doktrin (vgl. Kap. 5.2.2) sicherte der amerikanische Präsident *Harry S. Truman* allen Staaten Hilfe zu, die sich von der UdSSR bedroht fühlten und bereits eigene Bemühungen zur Abwehr getroffen hatten.

▶ Q. 1

Kalter Krieg

Die während des Krieges nur mühsam kaschierten ideologischen Gegensätze zwischen der UdSSR und den Westmächten traten nun wieder offen zu Tage: Es begann der **Kalte Krieg.** Die sozialistischen Staaten grenzten sich konsequent vom „imperialistischen und antidemokratischen kapitalistischen Westen" ab.

Freie Wahlen

Auch die drei westlichen Siegermächte forderten für ihr Besatzungsgebiet ein am demokratischen Westen orientiertes Gesellschaftsmodell. Mag dieses anfangs von den Westdeutschen gleichfalls als oktroyiert (aufgezwungen) empfunden worden sein, so haben sie dieses System doch in vielen freien Wahlen zunehmend bestätigt und es seit Jahrzehnten kaum mehr infrage gestellt. Die Chance, in **freien Wahlen** das ihnen aufgezwungene sozialistische System zu bejahen oder abzulehnen, haben die Deutschen in der sowjetischen Besatzungszone und späteren DDR bis zum Herbst 1989 niemals gehabt.

Ende 1948 hatte die UdSSR knapp 500 000 qkm mit rund 24 Millionen Menschen annektiert, was beinahe der Größe Frankreichs und der gesamten Einwohnerzahl von Bayern und Baden-

Württemberg entspricht. Eine weitere Million qkm mit mehr als 90 Millionen Menschen wurde ihrer Herrschaftskontrolle in den sogenannten **Satellitenstaaten** (z. B. Polen) unterworfen.

Satellitenstaaten

Ganz im Gegensatz zu den Westmächten, die nach Kriegsende rasch demobilisierten, behielt die Sowjetunion insgesamt rund sechs Millionen Mann unter Waffen, und ihre Rüstungsproduktion lief fast unvermindert weiter.

Streitkräfte in Europa (in Millionen Mann)	**1945**	**1946**	**1947**
Sowjetunion	4,5	4,5	3,5
Westmächte	4,7	0,9	0,5
davon USA	3,1	0,8	0,4

Als die erste **Berlinkrise** (Juni 1948) begann, unterhielten die USA in ganz Europa nur eine einzige kampffähige Division (ungefähr 12 000 Mann).

Berlinkrise

In einem Telegramm an den neuen US-Präsidenten *Truman* warnte der britische Kriegspremier *Winston Churchill* bereits am 12. Mai 1945 vor der sowjetischen Gefahr und prägte das Wort vom „**Iron Curtain** (Eisener Vorhang)“, der hinter der Front der Sowjets niedergegangen sei. „Was dahinter vorgeht, wissen wir nicht.“

Iron Curtain
www.wissen.de

Die USA vertrauten zunächst auf ihr **Atommonopol**, mit dem sie notfalls jeder russischen Aggression widerstehen konnten. Sie verfolgten – entgegen der Unterstellung *Stalins* – keine offensiven militärischen Pläne gegenüber ihrem ehemaligen Verbündeten. Doch der Traum von der „einen Welt“ war ausgeträumt, und so unternahmen die USA den Versuch, die sowjetische Expansion zu stoppen und politisch und wirtschaftlich zurückzudrängen. Mit der **Truman-Doktrin** von 1947 schlug die Geburtsstunde der Politik des **Containment** (Eindämmung).

Atommonopol

▶ Q. 2 und 3

Truman-Doktrin

Containment

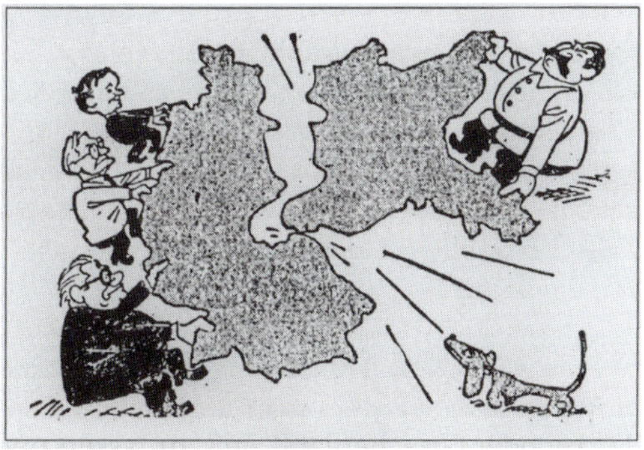

L'Aurore (Hannoverische Presse, 22.5.1948)

Gewiss wäre es eine unzulässige Vereinfachung, die Ursachen für den Beginn des Kalten Krieges ausschließlich im tatsächlichen oder vermeintlichen Expansionsstreben der Sowjetunion zu suchen. Auch die USA waren nicht bereit, ihre errungenen Machtpositionen preiszugeben. Und die UdSSR hatte nach den Erfahrungen des Zweiten Weltkriegs eine durchaus verständliche Furcht vor dem mächtigen Westbündnis, in das nun der größte Teil Deutschlands integriert wurde.

Der Historiker Wilfried Loth zur sowjetischen Nachkriegspolitik

▶ QUELLE 1a

In allen „befreiten“ Ländern wurden die Innenministerien kommunistischen Ministern anvertraut, wurden unter dem Deckmantel der „Bestrafung faschistischer Kräfte“ potentielle Gegner eines sowjetfreundlichen Regimes verhaftet, kontrollierten sowjetische Kräfte Presse und Armee, und suchten die Kommunisten für die künftigen Wahlen „antifaschistische“ Einheitslisten zu etablieren, die ihren vergleichsweise schwachen Rückhalt in der Bevölkerung verdecken konnten.

(Wilfried Loth: Die Teilung der Welt 1945–1955. Deutscher Taschenbuchverlag, München 1980, S. 96 f.)

1. Warum wurde nach Einheitslisten „gewählt“, die keine Auswahl zulassen?
2. Aus welchem Grund besetzten die Kommunisten gerade die Innenministerien?

▶ QUELLE 1b Der US-Außenminister Crew in einem Memorandum vom 19. Mai 1945

Als „ein Krieg, um Kriege zu beenden“, wird dieser Krieg nutzlos gewesen sein, denn das Ergebnis wird lediglich die Übertragung von totalitärer Diktatur und Macht von Deutschland und Japan auf Sowjetrussland sein, das in der Zukunft eine ebenso große Gefahr für uns sein wird, wie die Achsenmächte es waren [...].

Russland zeigt schon in Polen, Rumänien [...] das zukünftige Bild der Welt, das es vor Augen hat und auf dessen Schaffung es hinarbeiten wird.

Das Verhängnisvollste, was wir tun können, ist, irgendein Vertrauen in Russlands Aufrichtigkeit zu setzen. [...] Sobald die Konferenz von San Francisco [zur Gründung der UN, d. Verf.] vorüber ist, sollte sich unsere Politik gegenüber Sowjetrussland augenblicklich versteifen, und zwar auf der ganzen Linie.

(US-Außenminister Crew in einem Memorandum vom 19.5.1945 nach: Joseph C. Crew: Turbulent Era. Boston 1952. Band 2, S. 1455 f., übersetzt von Eckart Thurich, Verlag Moritz Diesterweg, Frankfurt a. M.)

1. Fassen Sie die Befürchtungen des US-Außenministers thesenartig zusammen.
2. Welche Politik empfiehlt er dem Präsidenten?

▶ QUELLE 1c Der britische Premierminister nach Kriegsende

Die Lage in Europa beunruhigt mich zutiefst. [...] Ein eiserner Vorhang ist vor ihrer [der Russen, d. Verf.] Front niedergegangen. Was dahinter vorgeht, wissen wir nicht. Es ist kaum zu bezweifeln, dass der gesamte Raum östlich der Linie Lübeck-Triest-Korfu schon binnen kurzem völlig in ihrer Hand sein wird. [...] Das Problem, mit Russland zu einer Regelung zu kommen, ehe unsere Kraft geschwunden ist, scheint mir jedes andere in den Schatten zu stellen.

(Winston Churchill in einem Schreiben an US-Präsident Truman am 12.5.1945, in: Winston Churchill: Der Zweite Weltkrieg. Band 6, Fischer Taschenbuch, Frankfurt a. M. 1954, S. 261 f., übersetzt von Eduard Thorsch)

1. Was will Churchill mit dem Bild vom „Eisernen Vorhang“ ausdrücken?
2. Worin besteht für ihn das Hauptproblem?

▶ QUELLE 1d Der Chef der provisorischen französischen Regierung nach seinem Besuch in Washington im August 1945

Truman gab sich schlicht und sehr positiv. Man spürte, wenn man ihn anhörte, wie weit seine Ansichten von dem schweifenden Idealismus entfernt waren, den im gleichen Amtszimmer sein berühmter Vorgänger entfaltet hatte. Der neue Präsident hatte den Plan der Weltharmonie aufgegeben und eingesehen, dass fortan die Rivalität zwischen der freien und der sowjetischen Welt alles beherrschen würde. Im wesentlichen kam es jetzt also darauf an, Streitigkeiten zwischen den Staaten und revolutionäre Erschütterungen zu vermeiden, damit der Kommunismus sich nicht ausbreite.

(Charles de Gaulle: Memoiren 1942–1946. Ins Deutsche übertragen von Wilhelm und Modeste Pferdekamp. Droste Verlag, Düsseldorf 1961, S. 487)

1. Welche Kritik übt de Gaulle indirekt an Präsident Roosevelt?
2. Worin sieht er den Schwerpunkt der US-Nachkriegspolitik?

Aus der Erklärung des US-Präsidenten vor dem Kongress (Truman-Doktrin) am 12. März 1947

▶ QUELLE 2

Der Ernst der Lage, der sich die Welt heute gegenübergestellt sieht, erfordert mein Erscheinen vor einer gemeinsamen Session des Kongresses, da die Außenpolitik und nationale Sicherheit unseres Landes auf dem Spiele stehen.
Die Vereinigten Staaten haben von der Regierung Griechenlands einen dringenden Appell um finanzielle und wirtschaftliche Unterstützung erhalten. [...] Eine Hilfe [...] (ist) dringend erforderlich, wenn Griechenland als freie Nation bestehen bleiben soll. [...]
Griechenlands Nachbar, die Türkei, verdient unsere Aufmerksamkeit. Die Zukunft der Türkei als unabhängiger und wirtschaftlich gesunder Staat ist nicht von geringerer Bedeutung für die friedliebenden Völker der Welt als die Zukunft Griechenlands.
Wir sind das einzige Land, das diese Hilfe geben kann. Ich bin mir vollkommen im Klaren über die weitgehenden Folgerungen, die sich im Falle einer Unterstützung der USA für Griechenland und die Türkei ergeben. [...]
Eines der vornehmsten Ziele der Außenpolitik der USA ist die Schaffung von Verhältnissen, unter denen wir und andere Nationen in der Lage sind, ein Leben frei von Zwang zu führen. [...]
Im gegenwärtigen Augenblick der Weltgeschichte muss fast jede Nation zwischen zwei verschiedenen Lebensarten wählen. Zu oft ist die Wahl keine freie. Die eine Art zu leben gründet sich auf den Willen der Mehrheit und zeichnet sich durch freie Institutionen, repräsentative Regierungen, freie Wahlen, Garantien der persönlichen Freiheit [...] und Freiheit von politischer Unterdrückung aus.
Die zweite Lebensart hat als Grundlage den Willen einer Minderheit, der mit Gewalt der Mehrheit gegenüber geltend gemacht wird. Sie stützt sich auf Terror und Unterdrückung, kontrollierte Presse und Rundfunk, von vornherein bestimmte Wahlen und auf die Unterdrückung der persönlichen Freiheit.
Ich bin der Ansicht, dass wir den freien Völkern beistehen müssen, ihr eigenes Geschick auf ihre Weise zu bestimmen. Ich glaube, dass unser Beistand in erster Linie in Form von finanzieller und wirtschaftlicher Hilfe gewährt werden sollte, eine Hilfe, die wesentlich ist für die wirtschaftliche Stabilität und ordnungsgemäße politische Entwicklung.
Die Welt ist nicht statisch und der Status quo ist nicht heilig; aber wir können keine Veränderungen des Status quo unter Verletzung der Charta der Vereinten Nationen durch Methoden des Zwanges oder auf dem Umweg der politischen Durchdringung zulassen. Bei der Hilfe für freie und unabhängige Nationen zur Erhaltung ihrer Freiheit werden sich die Vereinigten Staaten an die Prinzipien der Charta der Vereinten Nationen halten. [...]

(Keesing's Archiv der Gegenwart, Archiv Antiquariat Essen, 16./17. Jahrgang 1946/47, S. 1038 f.)

1. Welche Motive liegen dem US-Engagement zugrunde?
2. Welche Maßnahmen schlägt Truman konkret vor?
3. An welche Voraussetzung knüpft er die US-Hilfe?

Prognosen des US-Diplomaten George F. Kennan, Mitte 1945

▶ QUELLE 3

Die Idee, Deutschland gemeinsam mit den Russen regieren zu wollen, ist ein Wahn. Ein ebensolcher Wahn ist es zu glauben, die Russen und wir könnten uns eines schönen Tages höflich zurückziehen und aus dem Vakuum werde ein gesundes und friedliches, stabiles und freundliches Deutschland steigen. Wir haben keine andere Wahl, als unseren Teil von Deutschland [...] zu einer Form von Unabhängigkeit zu führen, die so befriedigend, so gesichert, so überlegen ist, dass der Osten nicht gefährdet werden kann. [...] Zugegeben, dass das Zerstückelung bedeutet. [...] Besser ein zerstückeltes Deutschland, von dem wenigstens der westliche Teil als Prellbock für die Kräfte des Totalitarismus wirkt als ein geeintes Deutschland, das diese Kräfte wieder bis an die Nordsee vorlässt. [...]
Im Grunde sind wir in Deutschland Konkurrenten der Russen.

(George Frost Kennan: Memoiren eines Diplomaten. Aus dem Amerikanischen von Heidi von Alten. Goverts, Stuttgart 1967, S. 262 f.)

1. Welche der Prognosen Kennans ist eingetroffen? – Welche hat sich als falsch erwiesen?
2. Worin sieht Kennan die Aufgabe Deutschlands angesichts der Teilung der Welt?

Aufgabenvorschläge

1. Stellen Sie in einer Übersicht die unterschiedlichen Interessen der USA und der UdSSR nach dem Ende des Zweiten Weltkriegs zusammen.
2. Welche Gründe waren für die USA ausschlaggebend, die sowjetische Expansionspolitik in Osteuropa erst nach 1945 einzudämmen?
3. Stellen Sie die Situation in Europa nach 1945 in Form einer Mindmap zusammen.
4. Fertigen Sie eine Collage zum Thema „Die Welt im Jahr 1945“ an.
5. Fertigen Sie eine Fallstudie zur Sowjetisierung Osteuropas an. Wählen Sie dazu ein Land (Ungarn, Rumänien, Polen, Tschechoslowakei oder Bulgarien) aus, sammeln Sie entsprechende Informationen, z. B. zu Wahlen, Besetzung der Ministerien, Gleichschaltung der Presse u. a. und präsentieren Sie das Ergebnis Ihrer Arbeit.

5.2 Die Deutsche Frage im 20. Jahrhundert

SCHLÜSSELDATEN

1948	20. Juni: Währungsreform in Westdeutschland – Beginn der Sozialen Marktwirtschaft
1949	23. Mai: Gründung der Bundesrepublik Deutschland 7. Oktober: Gründung der DDR
1955	Gründung der Bundeswehr Bundesrepublik wird Mitglied der NATO
1957	20. August: Inkrafttreten der Verträge zur Europäischen Wirtschaftsgemeinschaft (EWG) – heute EU
1961	13. August: Bau der Berliner Mauer
1972	21. Dezember: Grundlagenvertrag zwischen der BRD und der DDR
1989	9. November: Öffnung der Berliner Mauer
1990	3. Oktober: Wiedervereinigung – Nationalfeiertag

20. Jahrhundert

www.hdg.de

Als Ergebnis einer „historischen Bilanz“ gibt der Stuttgarter Historiker *Eberhard Jäckel* seinem 1996 erschienenen Werk den Titel „Das deutsche Jahrhundert“. – Diese nationalzentrierte Betrachtungsweise ist nicht unkritisiert geblieben, denn man könnte das Jahrhundert auch als das amerikanische bezeichnen, weil mit dem Ende des Ersten Weltkrieges 1918 die USA zur Großmacht und nach 1945 zur Weltmacht aufrückten. Auch die Charakterisierung des **20. Jahrhunderts** als sowjetisches wäre nicht falsch, denn in einem einzigen Jahrhundert erfolgte Aufstieg und Niedergang des Imperiums der UdSSR.

Deutsche Frage

Deutschland versuchte zweimal den „Griff nach der Weltmacht“ (*Fritz Fischer*). So unverändert umstritten die These von der überwiegenden oder gar alleinigen Schuld Deutschlands am Ausbruch des Ersten Weltkriegs geblieben ist, so kann kein Zweifel bestehen, dass im nationalsozialistischen Deutschland von 1939 der Hauptverursacher für den Zweiten Weltkrieg zu sehen ist. *Hitlers* Politik schloss nach seinen eigenen Erklärungen den Krieg als Macht- und Eroberungsinstrument bewusst ein. Ohne diesen Krieg wäre es nicht zur Teilung Deutschlands und damit der ein halbes Jahrhundert andauernden Blockbildung in Europa und in anderen Teilen der Welt gekommen. Die Lösung der **Deutschen Frage** – der Teilung des Landes mit der ungewöhnlichsten Grenze der Welt und mit ihr die Überwindung der „Teilung der Welt“ – war eines der beherrschenden Themen der Weltpolitik.

„Absurd“ wurde diese weltweit einmalige Grenze mit ihren Stacheldrahtverhauen, Selbstschussanlagen, Tretminen deshalb genannt, weil sie eben nicht wie z. B. die Grenzsperren der

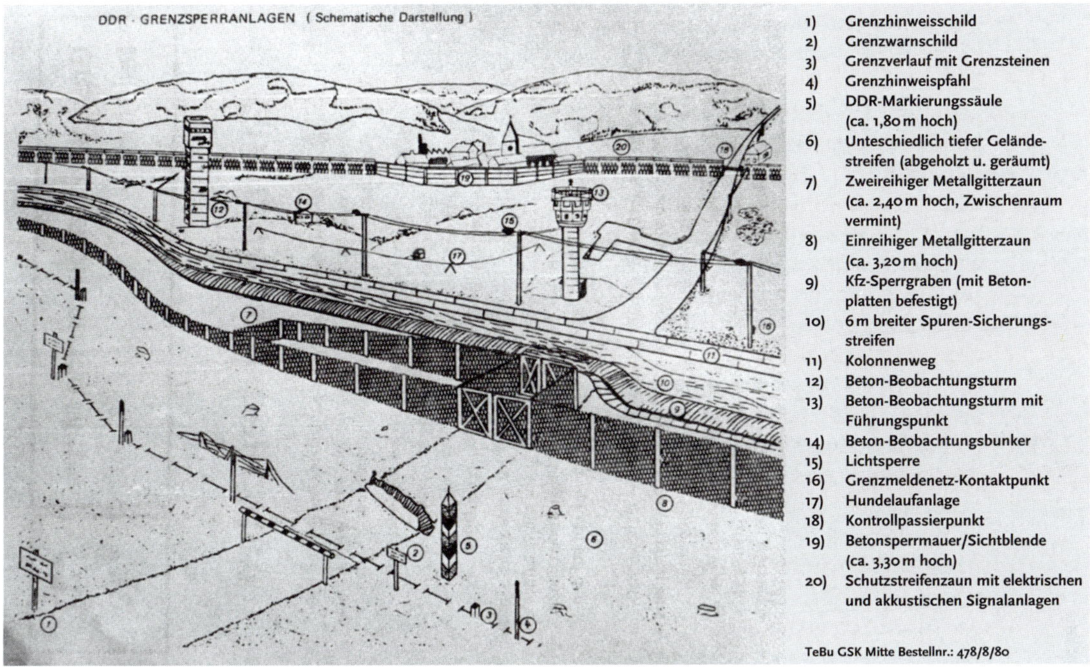

DDR-Grenzsperranlage

USA gegenüber Mexiko unerwünschte Eindringlinge fern halten sollte, sondern sich gegen die eigene Bevölkerung richtete, um sie an der Ausreise in die Bundesrepublik zu hindern.

Erst seit der **Wiedervereinigung** am 3. Oktober 1990 steht Deutschland nicht mehr an vorderer Stelle der internationalen politischen Tagesordnung.

Wiedervereinigung

5.2.1 Die Kriegskonferenzen

Schon während des Krieges haben sich die Staats- und Regierungschefs der Kriegsallianz und ihre Beauftragten in unregelmäßigen Abständen getroffen, um über die Behandlung Nachkriegsdeutschlands zu beraten. Spätestens mit dem Kriegseintritt der USA im Dezember 1941 haben sie am vollständigen Sieg über Deutschland offenkundig nie gezweifelt. Die wichtigsten Begegnungen waren:

Konferenz von Casablanca

- Die **Konferenz von Casablanca** vom 14. bis 24. Januar 1943, auf der sich US-Präsident *Theodor Roosevelt* und der britische Premierminister *Winston Churchill* trafen. Dort erhoben sie die Forderung nach der „unconditional surrender“, also der bedingungslosen Kapitulation Deutschlands. – Schon rein psychologisch war diese Forderung sehr ungeschickt, lieferte sie doch dem NS-Propagandaminister *Goebbels* den willkommenen „Beweis“, dass die Feindmächte trachteten, Deutschland völlig zu vernichten. Wohlweislich unterschlug er, dass auch nach einer bedingungslosen Kapitulation eines Staates bzw. einer Armee die Gebote des Kriegsvölkerrechts etwa zur Behandlung der Zivilbevölkerung oder der Kriegsgefangenen weiterhin Geltung haben.

Konferenz von Teheran

- Die **Konferenz von Teheran** vom 28. November bis 01. Dezember 1943, an der diesmal auch *Josef Stalin* teilnahm. Auf ihr wurde zum ersten Mal die Westverschiebung der russisch-polnischen Grenze und zum Ausgleich „ein gleichwertiger Ersatz im Westen“ zugunsten Polens und zu Lasten Deutschlands beschlossen. Die Abtrennung der Gebiete östlich der Oder-Neiße-Linie war nicht als Strafe für Deutschland gedacht, sondern sollte die Polen entschädigen, denen sich England durch den Beistandsvertrag von 1939 noch besonders verpflichtet fühlte.

Konferenz von Jalta

- Die **Konferenz von Jalta** vom 4. bis 11. Februar 1945, wiederum als Treffen der „Großen Drei“ bezeichnet, auf der die Leitlinien für die Behandlung Nachkriegsdeutschlands und die Einteilung in **Besatzungszonen** beschlossen wurde. Auf dieser Konferenz wurde Frankreich angeboten, ebenfalls eine solche Zone zu erhalten, wenn es dies wünschte. Frankreich akzeptierte, erhielt den südwestlichen Teil der US-Besatzungszone zugesprochen und wurde damit ebenfalls Besatzungsmacht. Der spätere Bundeskanzler *Willy Brandt* spottete darüber, dass Frankreich nur „Siegermacht honoris causa“ (ehrenhalber) geworden sei, denn immerhin hatte es ja schon am 22. Juni 1940 gegenüber dem Deutschen Reich kapituliert und war danach als Staat nicht mehr an Kriegshandlungen beteiligt.

Besatzungszonen

Stalin, Roosevelt und Churchill (v. l.) auf der Konferenz von Teheran im November 1943

Konferenz von Potsdam

- Die **Konferenz von Potsdam** vom 17. Juli bis 2. August 1945. Sie fand erst nach dem Waffenstillstand am 8. Mai 1945 statt, zählt dennoch zu den Kriegskonferenzen, zumal der Krieg gegen Japan noch nicht beendet war. An dieser Begegnung nahmen US-Präsident *Harry S. Truman* anstelle des im April 1945 verstorbenen *Roosevelt, Stalin* und *Churchill* teil, der noch im Laufe der Konferenz aufgrund des Labour-Wahlsieges in Großbritannien von *Clement Attlee* ersetzt wurde.

Frankreich nahm die ihm in Jalta angebotene Besatzungszone an, ohne dass es an der Konferenz von Potsdam teilnahm oder deren Ergebnis zustimmte. – Die Potsdamer Dreimächtekonferenz lag:

www.dhm.de

- im Schnittpunkt der unterschiedlichen Nachkriegsziele der Siegermächte,
- war damit Grundlage einer differierenden Besatzungspolitik
- und somit Ausgangspunkt der sich abzeichnenden Teilung Deutschlands.

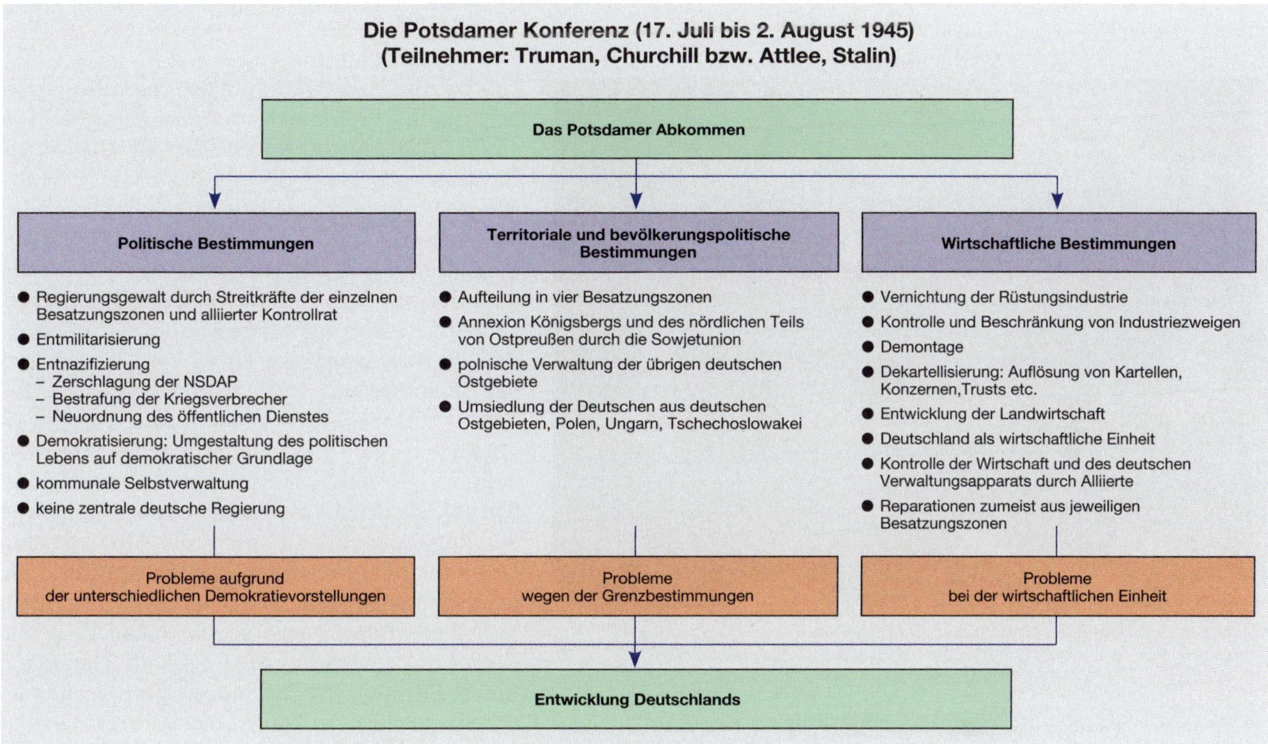

▶ Q. 1

Bis heute ist unklar, wie das Ergebnis dieser Konferenz rechtlich zu bewerten ist. Formell trägt die Vereinbarung den Namen „Protokoll“, ist also ein Bericht, und wird deshalb eigentlich unzutreffend als Potsdamer „Abkommen“ bezeichnet. Tatsächlich ist es **kein völkerrechtlicher Vertrag**, denn niemals haben ihn die Parlamente der USA und Großbritanniens ratifiziert (anerkannt), ganz zu schweigen von der UdSSR, wo es ein vergleichbares Gremium gar nicht gab. – Auch die französische Nationalversammlung hat dem Beitritt zum Abkommen und damit der Übernahme von Besatzungsverantwortung formell nie zugestimmt.

kein völkerrechtlicher Vertrag

Man kann die grundlegenden Ziele der drei Siegermächte mit den **fünf großen D**'s kennzeichnen:

Fünf große D's

- **Denazifizierung** zur „Ausrottung“ des Faschismus,
- **Demilitarisierung** zur Vernichtung des deutschen Militarismus,
- **Demontage** zur Wiedergutmachung der Kriegsschäden,
- **Dekartellisierung** zur Zerschlagung des „Großkapitals“ und
- **Demokratisierung**.

Denazifizierung
Demilitarisierung
Demontage
Dekartellisierung
Demokratisierung

Gerade am letzten Begriff zeigten sich von Beginn an die unterschiedlichen Zielvorstellungen der Siegermächte, denn die USA verstanden darunter etwas gänzlich anderes als die UdSSR.

Die unterschiedlichen Hauptziele der Siegermächte waren:

- USA: allmählicher Aufbau eines demokratischen Deutschlands mit Westorientierung;
- Großbritannien: Reparationen, Zerschlagung des „Großkapitals" und Demokratisierung;
- UdSSR: Kontrolle über ganz Deutschland, Reparationen;
- Frankreich: Sicherheit gegenüber Deutschland, deshalb Zerstückelung, Reparationen.

5.2.2 Die doppelte Staatsgründung

Kapitulation am 8. Mai 1945

Nicht der deutsche Staat, wie irrtümlich oft behauptet wird, sondern die deutsche Wehrmacht hatte am 8. Mai 1945 bedingungslos kapituliert. Auch damit wurde später die westdeutsche Rechtsauffassung begründet, dass der deutsche Staat 1945 nicht untergegangen sei, sondern „nur" (vorübergehend) seiner Handlungsfähigkeit beraubt war, denn es gab weiterhin ein deutsches Staatsvolk und ein deutsches Staatsgebiet, wenn auch verkleinert und in Besatzungszonen unterteilt.

Generaloberst Stumpff, Generalfeldmarschall Keitel und Generaladmiral von Friedeburg (v. l. n. r.) unterzeichnen die Kapitulationsurkunde in Berlin-Karlshorst, 08. Mai 1945

Am 05. Juni 1945 verkündeten die USA, Großbritannien, Frankreich und die Sowjetunion eine „Erklärung in Anbetracht der Niederlage Deutschlands", mit der sie die oberste Regierungsgewalt einschließlich aller Befugnisse der Behörden der Länder und Gemeinden übernahmen. Damit war die volle Staatsgewalt auf die Regierungen der vier Besatzungsmächte übergegangen, sie nun waren die Herren auch des gesamten Staatsapparates einschließlich aller seiner Bediensteten.

Historisch war dies ein einmaliger Vorgang, denn die Siegermächte stellten in derselben Erklärung ausdrücklich fest, dass die Übernahme der Regierungsgewalt „nicht die Annektierung Deutschlands" bewirke. Irgendwann und irgendwie, so die stillschweigende Annahme, sollte später einmal eine eigenständige deutsche Regierung gebildet werden. Das aber setzte ein Einvernehmen der Alliierten über Zustandekommen und Art dieser Regierung voraus. Doch ein solches war kaum zu erwarten. Man war sich einig darin, dass von Deutschland nie mehr eine Gefahr ausgehen solle, aber über jede Maßnahme, die über dieses Ziel hinausging, war praktisch keine Einigung zu erzielen.

Kalter Krieg

Die deutsche Nachkriegsgeschichte ist die Geschichte dieses Gegensatzes, in dem sich auch die weltpolitische Teilung spiegelte, die später als **„Kalter Krieg"** ihren Namen erhielt.

Die Teilung Deutschlands in zwei separate Staaten ist also nicht primär eine Folge der Zoneneinteilung, deren Grenzfestlegung fast gar keine Schwierigkeiten bereitet hatte, sondern das Ergebnis der Uneinigkeit der Siegermächte. Sie waren zu einer gemeinsamen Deutschlandpolitik unfähig, vielleicht war diese auch objektiv unmöglich. Auf dem Weg zur deutschen Teilung schritten die Westmächte, vor allem die USA, voran, nicht aber ohne zuvor zu versuchen, die starre Haltung der Sowjetunion unter *Stalin* zu überwinden. – Die Deutschen übten auf diese Entwicklung so gut wie keinen Einfluss aus.

5.2.2.1 Die Gründung der Bundesrepublik Deutschland

Es waren vor allem drei Erkenntnisse, die zuerst die US-Amerikaner veranlassten, sich vom Gedanken einer einheitlichen Politik mit der UdSSR für ganz Deutschland zu lösen. Großbritannien schloss sich rasch den USA an, zumal es sich außerstande sah, aus eigener Kraft die Not der britischen Besatzungszone zu lindern. Frankreich folgte, wenn auch mit erheblicher Verzögerung, später nach.

Reparation

1. Die sowjetische Forderung nach Wirtschaftsleistungen aus ganz Deutschland führte praktisch dazu, dass die für Westdeutschland gedachte Hilfe via Reparationsleistung an die

UdSSR abfloss. Aus der britischen Besatzungszone wurden beispielsweise noch Industrieanlagen für die Sowjetunion demontiert, als bereits im Ruhrgebiet moderne Walzstraßen aus den USA installiert wurden.

2. Demokratisches Bewusstsein und Bereitschaft zum friedlichen Zusammenleben konnten sich nur entwickeln, wenn Not und Elend beseitigt und die Grundlagen für einen wirtschaftlichen Wiederaufbau gelegt wurden. Dem sollte die Beteiligung Westdeutschlands an dem **Europäischen Wiederaufbauprogramm** (Marshallplan) dienen, für die als Voraussetzung eine Währungsreform als unabdingbar erschien.
3. Das Vorgehen der Sowjetunion in den Ostblockstaaten, Besetzung der Machtpositionen mit moskautreuen Anhängern und Unterdrückung aller oppositionellen Kräfte, die Zwangsvereinigung von SPD und KPD zur SED (Sozialistische Einheitspartei Deutschlands) in der sowjetischen Besatzungszone hatten jede Hoffnung zerstört, die UdSSR würde einen demokratischen Aufbau nach westlichem Verständnis tolerieren oder gar fördern.

Europäisches Wiederaufbauprogramm

Am 06. September 1946 hielt der US-Außenminister *James Francis Byrnes* in Stuttgart eine damals als aufsehenerregend empfundene Rede, in der die „Wende" der US-Besatzungspolitik deklariert wurde.

▶ Q. 2

Im Januar 1947 schlossen sich die amerikanische und britische Besatzungszone zur **Bizone** zusammen, und Frankreich näherte vor dem Hintergrund wachsender Ost-West-Spannungen seine Politik den beiden Westmächten an. Die UdSSR verweigerte jedoch den Anschluss.

Bizone

Alle Fachleute und maßgebenden Politiker waren sich darin einig, dass eine **Währungsreform** unabdingbare Voraussetzung eines wirtschaftlichen Aufschwungs sei. Die UdSSR weigerte sich aber, die neue Währung einer gemeinsamen Kontrolle zu unterstellen, sondern beharrte auf dem Recht eigener Notenausgabe. Das allerdings hätte jeden Ansatz zu einer stabilitätsorientierten Geldpolitik im Keim erstickt und kein Vertrauen in die neue Währung geschaffen. So wurde am 20. Juni 1948 die **Deutsche Mark** (DM) nur für die drei Westzonen als neue Währung eingeführt, welche die alte Reichsmark (RM) zum Regelsatz von 10:1 ablöste. Vier Tage später antwortete die Sowjetunion mit der Einführung einer eigenen Währung in ihrer Zone.

Währungsreform

Deutsche Mark

Damit war Deutschland in zwei Währungsgebiete geteilt, eine Teilung, die erst am 01. Juli 1990 durch die sogenannte Währungsunion mit der DDR wieder aufgehoben wurde.

Währungsreform in der Westzone: Ausgabe des Kopfgeldes von 40 DM in der Karmeliter-Schule, München

Am 01. Juli 1948 erhielten die Ministerpräsidenten der westdeutschen Länder in Frankfurt am Main von den Besatzungsmächten „Empfehlungen", die als **Frankfurter Dokumente** in die Gründungsgeschichte der Bundesrepublik Deutschland eingegangen sind. Ihr wichtigster Teil war die Ermächtigung, eine verfassungsgebende Versammlung einzuberufen, die eine „demokratische Verfassung..." mit einer „Regierungsform des föderalistischen Typs..." und mit „Garantien der individuellen Rechte und Freiheiten" ausarbeiten sollte. Außerdem sollten in einem Besatzungsstatut die Rechtsbeziehungen zwischen den Westalliierten und Westdeutschen förmlich geregelt werden. Bis dahin galt das unbeschränkte Recht der Sieger. Vor allem aber hatten die drei Westmächte im März 1948 öffentlich kundgetan, dass sie die Grundlagen für die Beteiligung eines demokratischen Deutschlands an der Gemeinschaft der freien Völker schaffen wollten; das hieß nichts anderes, als einen westdeutschen Staat zu gründen.

Frankfurter Dokumente

Die deutschen Politiker reagierten eher zurückhaltend. Sie fürchteten, dass mit einer Verfassung die Teilung Deutschlands vertieft und damit die Wiedervereinigung erschwert, wenn nicht gar unmöglich gemacht würde.

Die Ministerpräsidenten in den westlichen Besatzungszonen sahen durchaus die Gefahr, dass nach der Währungsreform vom 20. Juni 1948, die zur Teilung Deutschlands in zwei Währungsgebiete geführt hatte, eine westdeutsche Verfassung auch die staatsrechtliche Spaltung besiegeln würde. Dennoch glaubten sie, die „Empfehlungen" nicht ablehnen zu dürfen, zu groß war die Sorge, sich die Hilfe insbesondere der USA (Stichwort: Marshallplan) zu verscherzen, auf die man nicht zuletzt im Hinblick auf die Berliner Blockade (vgl. Kapitel 5.3.1) angewiesen war.

Parlamentarischer Rat

Verfassungskonvent

Grundgesetz

Bundesrepublik Deutschland

Der Empfehlung der Frankfurter Dokumente folgend trat am 1. September 1948 in Bonn der **Parlamentarische Rat** zu seiner ersten Sitzung zusammen. Ihm gehörten 65 Abgeordnete der Länderparlamente an, die entsprechend der jeweiligen Fraktionsstärke entsandt waren. Die fünf Berliner Vertreter nahmen nur mit beratender Stimme teil. Aufgrund des Entwurfs des **Verfassungskonvents** von Herrenchiemsee erarbeitete der Parlamentarische Rat ein **Grundgesetz**, das am 23. Mai 1949 verkündet wurde. Das Grundgesetz ist eine vollgültige Verfassung; dieser Begriff wurde aber vermieden, um das Vorläufige (Provisorium) des neuen Teilstaates zu betonen. Mit Ausnahme von Bayern, dem die föderalistische Struktur des neuen Weststaates nicht weit genug ging, stimmten die Länderparlamente zu, und am 14. August 1949 konnte der erste Deutsche Bundestag gewählt werden. Die **Bundesrepublik Deutschland** war geschaffen.

Das wirtschaftliche und soziale Leben in Westdeutschland nahm nach der Währungsreform einen ungeahnten, ja selbst den größten Optimismus noch übertreffenden Aufschwung, in der Welt als „Wirtschaftswunder" bezeichnet. Die damals beginnende und bis heute insgesamt anhaltende politische Stabilität der Bundesrepublik beruht vor allem auf ihrem wirtschaftlichen Fundament.

European Recovery Program

Eine zusätzliche Unterstützung gab die Marshallplan-Hilfe, offiziell bezeichnet als **European Recovery Program** (ERP), an dem 18 Staaten teilnahmen, die insgesamt 20 Milliarden US-$ erhielten. Die dazu auch eingeladenen Ostblockstaaten mussten auf Druck Moskaus absagen. Die Bundesrepublik erhielt – gemessen an ihrer Bevölkerungszahl – einen vergleichsweise geringen Beitrag in Höhe von 1,6 Milliarden US-$.

5.2.2.2 Die Gründung der Deutschen Demokratischen Republik

Rechtsnachfolger

Das Selbstverständnis der DDR war von vornherein ein anderes als das der Bundesrepublik. Während diese sich als rechtlichen Nachfolgestaat des Reiches (**Rechtsnachfolger**) betrachtete und grundsätzlich davon ausging, dass es nur ein deutsches Volk auf einem deutschen Gebiet gibt, das allerdings seit 1945 geteilt ist, verstand sich die DDR als ein vollkommen neuer Staat mit eigenem Staatsvolk. Dieser Staat wollte sich fundamental vom westdeutschen unterscheiden, ein neuartiger, ein anderer Staat sein – und er war es.

Vergleichsmaßstab

Aber von Anfang an war die Bundesrepublik für die DDR eine Art Projektionsfolie. Auf der einen Seite setzte die BRD, insbesondere durch ihre rasanten wirtschaftlichen Erfolge, die ökonomischen Maßstäbe, andererseits hob die DDR die Unterschiede als der vermeintlich „bessere" Staat hervor, in dem es keine faschistischen Restbestände mehr gäbe, in dem die Ausbeutung abgeschafft und die Einkommens- und Vermögensverteilung gerecht seien. – An dieser letzten Auffassung halten viele Deutsche aus der DDR bis heute noch fest, dass es bei aller Armut und Beschränkung insgesamt gerechter als in der alten und erst recht in der neuen Bundesrepublik zugegangen sei. Doch auch damit wird wiederum deutlich: **Vergleichsmaßstab** war immer der westdeutsche Staat, an den dortigen Verhältnissen und Zuständen wurde gemessen.

Die Geschichte der DDR ist die Geschichte des Gegenstaates. Das zeigt sich schon im Zeitablauf: 23. Mai 1949: Verkündung des Grundgesetzes; 7. Oktober 1949: Staatsgründung der DDR. (Näheres zum System der DDR im Kapitel 3.3.)

Der deutsche Volksrat proklamiert auf seiner neunten Tagung im Großen Sitzungssaal der Deutschen Wirtschaftskommission die Deutsche Demokratische Republik am 7.10.1949.

Früher noch als in Westdeutschland hatten in der sowjetischen Besatzungszone Vorbereitungen für eine Staatsgründung begonnen. Ab 1947 erhielten die Spitzenpolitiker der SED bei ihren Moskauer Aufenthalten laufend Direktiven (Weisungen), zum Teil direkt von *Stalin* selbst. Am 26. November 1947 rief die SED zur Bildung einer parlamentsähnlichen Versammlung, dem „Deutschen Volkskongress" auf, der die sowjetische Position bei den gerade begonnenen Verhandlungen der – später gescheiterten – Londoner Außenministerkonferenz unterstützen sollte. Bei der Wahl zu diesem Volkskongress wandte die SED zum ersten Mal das System einer Einheitsliste mit ihrer **Blockwahl** an, das keinerlei Auswahl erlaubte und das von nun an die Scheinlegitimation der DDR bis zu ihrem Ende bildete.

Blockwahl

Der 1. Volkskongress mit seinen 2215 Delegierten trat am 6. Dezember 1947 zusammen und verabschiedete eine Resolution, die bis in den Wortlaut mit den Erklärungen des sowjetischen Außenministers *Molotow* übereinstimmte. Der 2. Volkskongress vom 18. März 1948 wählte einen „Volksrat" aus 400 Mitgliedern, der einen Verfassungsausschuss einsetzte. Dieser legte am 3. August 1948 eine Verfassung vor, die auf einem Entwurf der SED aus dem Jahre 1946 zur Gründung einer „Deutschen Demokratischen Republik" basierte, der allerdings noch von einem einheitlichen Deutschland ausging.

Am 15./16. Mai 1949 wurde der 3. **Volkskongress** wieder nach dem „bewährten" System der Einheitsliste „gewählt", auf der es keine Auswahlmöglichkeit zwischen den Parteien gab. Es konnte nur mit „Ja" oder „Nein" gestimmt werden; Enthaltungen oder ungültige, z. B. durchgestrichene Stimmzettel wurden grundsätzlich als Ja-Stimmen gezählt. Dieser Volkskongress bestätigte die Verfassung und setzte einen Volksrat ein. Am 14. September baten Vertreter dieses Volksrates, darunter der erste Staatspräsident der DDR, *Wilhelm Pieck*, und der erste DDR-Ministerpräsident, *Otto Grotewohl*, *Stalin* in Moskau um Zustimmung zur Bildung einer „Nationalen Front". Die Genehmigung wurde erteilt, daraufhin erklärte sich der Volksrat in Berlin zur „Provisorischen Volkskammer der DDR" und verkündete am 7. Oktober 1949 die Verfassung. Dieser Tag gilt als Gründungstag der **Deutschen Demokratischen Republik.**

Volkskongress

Deutsche Demokratische Republik

5.2.3 Die Integration der beiden deutschen Staaten in gegensätzliche Machtblöcke

Dem ersten Bundeskanzler der Bundesrepublik Deutschland, *Konrad Adenauer*, gebührt das bleibende historische Verdienst, die europäische Integration initiiert und so gefestigt zu haben, dass keine Bundesregierung die vorgezeichnete Bahn der **Westeinbindung** mehr verlassen konnte und wollte. Die staatsmännische Leistung *Adenauers* bestand vor allem darin, dass er, in geduldiger Arbeit Schritt für Schritt Vertrauen gewinnend, die Sorgen und die aufgrund der geschichtlichen Erfahrung der Nachbarn berechtigten Ängste abzubauen verstand. Denn während alle übrigen westlichen Partner mit der Integration auf vorhandene Souveränitätsrechte verzichten mussten, gab die Bundesrepublik Deutschland nur auf, was sie ohnedies nicht besaß, gewann aber erheblichen Handlungsspielraum zunächst nur im Inneren und später auch nach außen. So konnte die Bundesrepublik Deutschland konsequent den wirtschaftspolitischen Kurs einer **sozialen Marktwirtschaft** verfolgen, der sich z. B. von der französischen Wirtschaftspolitik mit ihren starken staatlichen Planvorgaben erheblich unterschied, ganz zu schweigen von der Verstaatlichungspolitik Großbritanniens unter den Labour-Regierungen.

Westeinbindung

Soziale Marktwirtschaft

Europarat

Mit dem Beitritt zum **Europarat** 1950, zunächst mit beratender Stimme, aber bereits ein Jahr später als Vollmitglied, hatte das westliche Teildeutschland einen kleinen ersten, aber diplomatisch-protokollarisch bedeutenden Schritt getan, fünf Jahre nach Kriegsende wieder in den Kreis der europäischen Völker, darunter auch der Siegermächte, aufgenommen zu werden.

Leitgedanke der französischen Deutschlandpolitik war die Sicherung vor einer „neuen deutschen Gefahr". Zu diesem Zweck sollten jene Wirtschaftszweige einer Kontrolle unterworfen werden, die damals als Schlüsselindustrien einer möglichen Wiederaufrüstung galten.

Montanunion

So entwickelte 1950 der damalige französische Außenminister *Robert Schuman* den Plan eines Zusammenschlusses der Kohle- und Stahlindustrie der europäischen Staaten, kurz **Montanunion** genannt. Der Vertrag über die – so die offizielle Bezeichnung – Europäische Gemeinschaft für Kohle und Stahl (EGKS) trat 1952 in Kraft. Gründungsmitglieder waren Frankreich, Italien, die drei Beneluxstaaten und als gleichberechtigtes Mitglied die Bundesrepublik Deutschland. Diese Länder gelten seitdem als die europäischen Gründer- oder Kernstaaten.

Diese Gemeinschaft erfüllte weitgehend die in sie gesetzten Erwartungen, aber die abnehmende Bedeutung der Kohle- und Stahlproduktion, die immer noch anhält, ließ auch den politischen Stellenwert der EGKS schrumpfen.

Europäische Verteidigungsgemeinschaft

Europäische Wirtschaftsgemeinschaft

Europäische Atomgemeinschaft

Römische Verträge

Nachdem 1954 die **Europäische Verteidigungsgemeinschaft** (EVG) an der Ablehnung durch die französische Nationalversammlung gescheitert war, verlegte die Bundesregierung ihre Integrationsbemühungen wieder auf das bisher erfolgreichste Feld, das wirtschaftliche. Mit der Gründung der **Europäischen Wirtschaftsgemeinschaft** (EWG), die am 1. Januar 1958 in Kraft trat, begann der Siegeszug der geschichtlich erfolgreichsten Wirtschaftsgemeinschaft. Mit dem Vertrag zur EWG wurde am 25. März 1957 auch der Vertrag zur **Europäischen Atomgemeinschaft** (EAG) in Rom unterzeichnet; beide zusammen werden deshalb auch kurz **Römische Verträge** genannt. Die EAG mit dem Ziel einer gemeinsamen friedlichen Nutzung der Atomenergie hat allerdings niemals auch nur annähernd die Bedeutung der Montanunion, geschweige die der EWG erlangt. Es gelang nicht, eine gemeinsame europäische Atomindustrie aufzubauen, sie blieb national abgeschirmt und desintegriert.

Europäische Union

Nach den raschen Erfolgen der EWG drängten immer mehr Staaten, auch solche, die zunächst abseits stehen wollten, wie z. B. Großbritannien, in die EWG. Mit den Maastrichter Beschlüssen von 1991 wandelte sich die Wirtschaftsunion in eine politische Union und gab sich den seit 1993 gültigen Namen **Europäische Union** (EU).

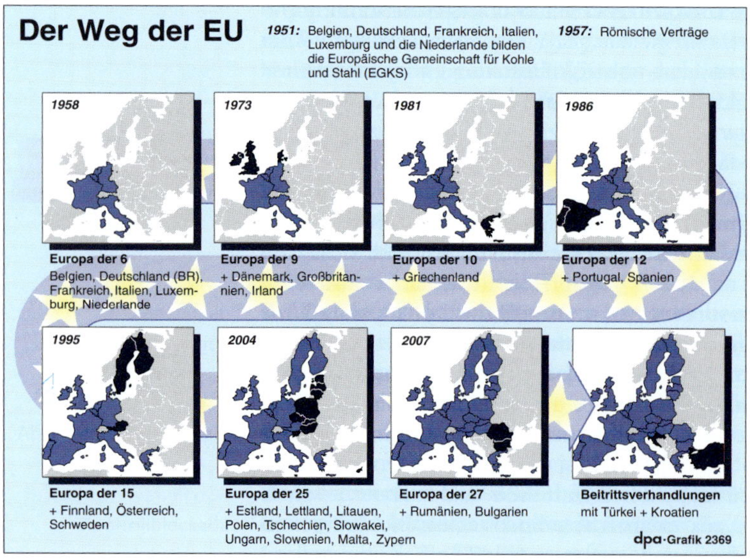

Entschlossen betrieb der erste Bundeskanzler *Konrad Adenauer* die Wiederbewaffnung (West-)Deutschlands im Rahmen einer internationalen Gemeinschaft. Trotz der kontroversen Diskussion trat das Gesetz zur Wehrpflicht im Jahre 1956 in Kraft.

Im Januar 1956 rückten die ersten Freiwilligen als Lehrkompanien in die Kasernen von Andernach (Rhein) ein. Die CDU/CSU errang ein Jahr später erst- und einmalig ein – aus heutiger Sicht – Traumergebnis von 50,2 % der Stimmen. – Nach übereinstimmender Meinung der Wahlforscher ist dies allerdings nicht als nachträgliche Billigung der Wiederbewaffnung zu werten, sondern als Zustimmung zu den glänzenden wirtschaftlichen Erfolgen. Die Republik befand sich im Zenit ihres „Wirtschaftswunders".

Demonstration auf dem Römerberg in Frankfurt gegen die Wiederbewaffnung der BRD am 15.01.1955

Bundeskanzler Adenauer bei einem seiner Truppenbesuche in Andernach, 1956

Im Gefühl wachsender sowjetischer Bedrohung hatten zwölf westeuropäische Staaten zusammen mit den USA und Kanada am 4. April 1949 die North Atlantic Treaty Organization **(NATO)** gegründet, die auf dem **Prinzip der kollektiven Verteidigung** fußt.

www.nato.int
NATO
Prinzip der kollektiven Verteidigung

Von Anbeginn drängten die USA auf eine Teilnahme Deutschlands an der europäischen Verteidigungsbereitschaft, nicht zuletzt, weil sie von den rein soldatischen Leistungen der Deutschen eine sehr hohe Meinung hatten.

Vor allem Frankreich leistete aber gegen eine Wiederbewaffnung heftigen Widerstand. Als es schließlich erkannte, dass diese auf Dauer nicht zu verhindern war, wurde aufgrund eines französischen Planes die Schaffung einer **Europaarmee** konzipiert, in der auch deutsche Truppen eingebunden sein sollten. Der 1952 zwischen den sechs Teilnehmerländern der EGKS in Paris geschlossene Vertrag zur **Europäischen Verteidigungsgemeinschaft** scheiterte jedoch zwei Jahre später an der Ablehnung durch die französische Nationalversammlung. Die scheinbar schwere außenpolitische Niederlage der Adenauerregierung nutzte der erste Bundeskanzler zu einem Junktim: Er verknüpfte die Bereitschaft der Bundesrepublik zur Wiederbewaffnung mit dem Verlangen, gleichberechtigter Partner der atlantischen Allianz zu werden und gleichzeitig in Westdeutschland das Besatzungsstatut aufzuheben. Die Aufstellung deutscher Truppen wurde so zum politischen Hebel zur Wiedererlangung der Souveränität.

Europaarmee
Europäische Verteidigungsgemeinschaft

Mit dem Beitritt zur NATO am 5. Mai 1955 wurde der Bundesrepublik Deutschland durch den **Generalvertrag** (auch irreführend „Deutschlandvertrag" genannt, er bezog sich ja nur auf Westdeutschland) förmlich die „volle Verfügungsgewalt über ihre inneren und äußeren Angelegenheiten" zugesprochen, allerdings mit gewichtigen Ausnahmen, darunter vor allem der Frage nach der Wiedervereinigung und dem Status Berlins.

Generalvertrag

5.2.4 Die DDR – ein Satellitenstaat im Ostblock

Der RGW (Rat für gegenseitige Wirtschaftshilfe) – im Westen **COMECON** (= Council for Mutual Economic Assistance) genannt – wurde im Januar 1949 als Antwort auf den mit dem Marshallplan beginnenden europäischen wirtschaftlichen Integrationsprozess von fünf Ostblockstaaten gegründet. Bereits im September 1950 wurde die DDR Mitglied. Der RGW sollte nach den „Grundprinzipien der internationalen sozialistischen Arbeitsteilung" die Koordinierung der staatlichen Wirtschaftspläne vornehmen.

COMECON

VI. Parteitag der SED vom 15.–21. Januar 1963 in der Werner-Seelenbinder-Halle in Ost-Berlin: Walter Ulbricht, 1. Sekretär des ZK der SED, bei seinem Schlusswort

Niemals gelang es, eine Arbeitsteilung durchzusetzen, die auch nur annähernd derjenigen der im freien Welthandel operierenden Nationen oder gar der EWG gleichkam. Stattdessen nutzte die UdSSR ihre politische Vormachtstellung insbesondere gegenüber der DDR, um für sie günstige Handelsabkommen durchzusetzen, z. B. Bezug des sibirischen Erdöls zu bis zum Dreifachen des Weltmarktpreises gegen Werkzeugmaschinen und Fertigprodukte. Der grundlegende Konstruktionsfehler aller sozialistischen Planwirtschaften prägte auch den RGW: die falschen, da staatlich festgesetzten Preise. Dadurch konnten die wahren Kosten nicht ermittelt werden. Man kalkulierte mit Zahlen, die den wirklichen Arbeits- und Materialaufwand nicht widerspiegelten. Das ökonomische Prinzip, mit möglichst geringen Kosten zu produzieren, konnte so nicht einmal theoretisch gewahrt werden. Mit dem Zusammenbruch der Sowjetunion löste sich der Rat am 27. Juni 1991 auf.

Schon lange bevor die Wiederbewaffnung Westdeutschlands Wirklichkeit wurde, inszenierte die DDR unter gewaltigem Propagandarummel gegen diese Pläne eine „Volksbefragung gegen Remilitarisierung". Gleichzeitig aber forcierte sie ihre eigene Aufrüstung. 1952, also drei Jahre bevor noch die ersten westdeutschen Soldaten in die Kasernen einrückten, paradierte die „Kasernierte Volkspolizei" (KVP), ausgerüstet mit sowjetischen Waffen, militärisch ausgebildet und formiert, in Uniformen nach sowjetischem Vorbild in der Öffentlichkeit.

Warschauer Pakt

Am 14. Mai 1955 wurde in Warschau der auf 30 Jahre ausgelegte „Vertrag über Freundschaft, Zusammenarbeit und gegenseitigen Beistand" geschlossen, dem außer der UdSSR sechs europäische Staaten einschließlich der DDR angehörten (**Warschauer Pakt** – WP). In seinen Hauptpflichten ähnelte der WP der NATO und war als sein Gegenstück gedacht, seine Organisation bestand aber aus einem Netzwerk zweiseitiger Verträge, durch die jedes Mitgliedsland mit jedem anderen verbunden war.

Volkskammer

Der Weg der zwei deutschen Staaten in wirtschaftlich, politisch und militärisch gegeneinander gerichtete Blocksysteme hätte unterschiedlicher nicht sein können. Während sich in der Bundesrepublik Parlament, Publizistik, Wissenschaft und Literatur in Wort und Schrift erbitterte Gefechte lieferten, vollzog sich die Integration der DDR in den Ostblock nahezu geräuschlos, fast unbemerkt. Niemals hat es in der **Volkskammer** über irgendeinen der Einzelschritte auch nur eine Diskussion gegeben. Soweit zu einer Entscheidung formal ein Beschluss der Volkskammer überhaupt notwendig war, wurde dieser stets einstimmig gefasst. Nicht einmal eine Stimmenthaltung hat es gegeben. Die gleichgeschalteten Medien verbreiteten ohnehin nur die offizielle Meinung des Politbüros der SED. (Näheres siehe Kap. 3.3.3)

Die beiden deutschen Teilstaaten waren nun nicht nur in ihren politischen Grundauffassungen äußerst gegensätzlich formiert und entwickelten sich ökonomisch und gesellschaftlich zunehmend auseinander. Sie waren vor allem auch in militärische Machtblöcke eingebunden, die sich konfrontativ gegenüberstanden. Die Gefahr, dass bei einem bewaffneten Konflikt erstmals wieder seit 1866 Deutsche auf Deutsche schießen könnten, lag offen zutage.

Auszug: Mitteilung über die Drei-Mächte-Konferenz von Potsdam, vom 2.8.1945 – „Potsdamer Abkommen"

▶ QUELLE 1

A Politische Grundsätze

1. Entsprechend der Übereinkunft über das Kontrollsystem in Deutschland wird die höchste Regierungsgewalt in Deutschland durch die Oberbefehlshaber der Streitkräfte der Vereinigten Staaten von Amerika, des Vereinigten Königreichs, der Union der Sozialistischen Sowjetrepubliken und der Französischen Republik nach den Weisungen ihrer entsprechenden Regierungen ausgeübt, und zwar von jedem in seiner Besatzungszone, sowie gemeinsam in ihrer Eigenschaft als Mitglieder des Kontrollrates in den Deutschland als Ganzes betreffenden Fragen.

2. Soweit dieses praktisch durchführbar ist, muss die Behandlung der deutschen Bevölkerung in ganz Deutschland gleich sein.

XIII. Ordnungsgemäße Überführung deutscher Bevölkerungsteile
Die Konferenz erzielte folgendes Abkommen über die Ausweisung Deutscher aus Polen, der Tschechoslowakei und Ungarn:

Die drei Regierungen haben die Frage unter allen Gesichtspunkten beraten und erkennen an, dass die Überführung der deutschen Bevölkerung oder Bestandteile derselben, die in Polen, Tschechoslowakei und Ungarn zurückgeblieben sind, nach Deutschland durchgeführt werden muss. Sie stimmen darin überein, dass jede derartige Überführung, die stattfinden wird, in ordnungsgemäßer und humaner Weise erfolgen soll.

b) Bezüglich der Westgrenze Polens wurde folgendes Abkommen erzielt:

In Übereinstimmung mit dem bei der Krim-Konferenz erzielten Abkommen haben die Häupter der drei Regierungen die Meinung der Polnischen Provisorischen Regierung der Nationalen Einheit hinsichtlich des Territoriums im Norden und Westen geprüft, das Polen erhalten soll. [...] Die Häupter der drei Regierungen bekräftigen ihre Auffassung, dass die endgültige Festlegung der Westgrenze Polens bis zu der Friedenskonferenz zurückgestellt werden soll.

Die Häupter der drei Regierungen stimmen darin überein, dass bis zur endgültigen Festlegung der Westgrenze Polens, die früher deutschen Gebiete östlich der Linie, die von der Ostsee unmittelbar westlich von Swinemünde und von dorr die Oder entlang bis zur Einmündung der westlicher Neiße und die westliche Neiße entlang bis zur tschechoslowakischen Grenze verläuft, einschließlich des Teiles Ostpreußens, der nicht unter die Verwaltung der Union der Sozialistischen Sowjetrepubliken in Übereinstimmung mit der auf dieser Konferenz erzielten Vereinbarung gestellt wird und einschließlich der früheren Freien Stadt Danzig unter die Verwaltung des polnischen Staates kommen und in dieser Hinsicht nicht als Teil der sowjetischen Besatzungszone betrachtet werden sollen.

(Seminarmaterial des Gesamtdeutschen Instituts, Bonn 1989, S. 12 ff.)

1. Welche Regelungen trifft das Abkommen für die Deutschen in Polen, Ungarn und der Tschechoslowakei?
2. Welche Regelungen werden bezüglich der Grenzen Polens beschlossen?
3. Wie beurteilen Sie vor dem Hintergrund dieser Erklärung die Vertreibung der deutschen Bevölkerung aus den Ostgebieten?

Aus der Rede des US-Außenministers Byrnes am 6. September 1946 in Stuttgart

▶ QUELLE 2

Es liegt weder im Interesse des deutschen Volkes noch im Interesse des Weltfriedens, dass Deutschland eine Schachfigur oder ein Teilnehmer in einem militärischen Machtkampf zwischen dem Osten und dem Westen wird. [...]

Wir treten für die wirtschaftliche Vereinigung Deutschlands ein. Wenn eine völlige Vereinigung nicht erreicht werden kann, werden wir alles tun, was in unseren Kräften steht, um eine größtmögliche Vereinigung zu sichern. [...]

Deutschland ist ein Teil Europas. Die Gesundung in Europa und besonders in den Nachbarstaaten Deutschlands wird nur langsam voranschreiten, wenn Deutschland mit seinen großen Bodenschätzen an Eisen und Kohle in ein Armenhaus verwandelt wird. [...]

(Eckart Thurich: Die Teilung Deutschlands. S. Fischer Verlag, Frankfurt a. M. 1982, S. 21 f.)

1. **Warum wurde die Rede Byrnes von den Zeitgenossen als „Wende" der US-Deutschlandpolitik gewertet?**
2. **Inwiefern kann in der Rede Byrnes ein Abschied von der Vorstellung eines ungeteilten Deutschlands gesehen werden?**

▶ QUELLE 3 Adenauer zum 125. Geburtstag

Nur drei Jahre später (nach 1949, die Verf.) hatte Adenauer mit erheblicher Rücksichtslosigkeit nicht nur das geistige und politische Gebäude errichtet, in dem wir heute wohnen, sondern auch unter Einbeziehung der westlichen Partner in diesem Haus die Entscheidungskorridore der deutschen Politik [...] angelegt. [...] Die Architektur ist unverrückbar. Ihre Grundpfeiler errichtete Adenauer im ‚Revolutionsjahr' 1952, in dem er den Strukturbruch deutscher Außen- und Innenpolitik verwirklichte, mit dem Deutschland-Vertragsprojekt, das auf die Rückkehr zur Souveränität abzielte; mit dem Verzicht auf eigene, nationale, selbständige Streitkräfte zu Gunsten einer integrierten Bündnisarmee. [...]

Es war ein Mut zur Entschiedenheit, zur pausenlosen Selbstverordnung von Anpacken und Geduld. Geduld sei einem geschlagenen Volk gemäß. Am Ende könne man dann sagen, in den Worten Adenauers: ‚Wir haben etwas geschaffen.'

Was? Den Aufstieg von einem politisch und moralisch zerstörten, dann geschlagenen, dann entrechteten Land zur Wiederaufnahme in die Völkerfamilie als eigenständiger Staat europäisch-atlantischer Zivilität, zur Rechtsstaatskultur und zur inneren Annahme des Endes des alten Deutschlands und seines Untergangs im Jahre 1945.

(Manfred Funke: „Köln für Glück", in Frankfurter Allgemeine Zeitung vom 11.08.2001, S. 8)

1. **Worin liegt nach dieser Quelle die entscheidende Weichenstellung von Adenauers Politik?**
2. **Warum war und ist diese Weichenstellung in den folgenden Jahrzehnten bis heute im Kern unverrückbar?**
3. **Was könnte mit „innerer Annahme des Endes des alten Deutschlands" (Z. 25 f.) gemeint sein?**

▶ QUELLE 4 Auszug aus dem NATO-Vertrag vom 4.4.1949

[...] Die vertragschließenden Staaten verpflichten sich, gemäß den Bestimmungen der Charta der Vereinten Nationen jeden internationalen Streitfall, an dem sie beteiligt sein mögen, durch friedliche Mittel in der Weise zu regeln, dass Frieden, Sicherheit und Gerechtigkeit unter den Völkern nicht gefährdet werden, und sich in ihren internationalen Beziehungen jeglicher Drohung oder Gewaltanwendung zu enthalten, die in irgendeiner Weise mit den Zielen der Vereinten Nationen nicht vereinbar ist. [...]

Artikel 5

Die vertragschließenden Staaten sind sich darüber einig, dass ein bewaffneter Angriff gegen eine oder mehrere von ihnen in Europa oder Nordamerika als ein Angriff gegen sie alle betrachtet wird, und infolgedessen kommen sie überein, dass im Falle eines solchen bewaffneten Angriffs jeder von ihnen in Ausübung des in Artikel 51 der Charta der Vereinten Nationen anerkannten Rechts zur persönlichen oder gemeinsamen Selbstverteidigung den Vertragsstaat oder die Vertragsstaaten, die angegriffen werden, unterstützen wird, indem jeder von ihnen für sich und im Zusammenwirken mit den anderen Vertragsstaaten diejenigen Maßnahmen unter Einschluss der Verwendung bewaffneter Kräfte ergreift, die er für notwendig erachtet, um die Sicherheit des nordatlantischen Gebietes wiederherzustellen und aufrechtzuerhalten.

Jeder derartige bewaffnete Angriff und alle als dessen Ergebnis ergriffenen Maßnahmen sollen dem Sicherheitsrat unverzüglich gemeldet werden. Diese Maßnahmen sind zu beenden, sobald der Sicherheitsrat die zur Wiederherstellung und Aufrechterhaltung des Völkerfriedens und der internationalen Sicherheit notwendigen Maßnahmen getroffen hat. [...]

(Europa-Archiv, April 1949, S. 2071 ff.)

1. **Wie lauten Zweck und Ziele des NATO-Vertrages?**
2. **Welches ist die völkerrechtliche Grundlage der NATO?**
3. **Gibt es eine automatische Beistandsverpflichtung im Falle eines Angriffs auf einen der Mitgliedstaaten? – Begründen Sie Ihre Meinung.**
4. **Warum kann die NATO keine Kriegserklärung abgeben und keinen Angriffskrieg führen?**

Aufgabenvorschläge

1. Befragen Sie Ihre Großeltern oder andere ältere Menschen, wie sie das „Wunder der DM“ erlebt haben.
2. Machen Sie sich anhand von Wirtschaftsstatistiken ein Bild vom wirtschaftlichen Aufschwung nach 1948, dem „Wirtschaftswunder“.
3. Organisieren Sie ein Projekt, das sich mit dem geistig-kulturellen Leben in Deutschland zwischen 1945 und 1950 beschäftigt. Analysieren Sie dazu Schlagertexte, Spielfilme, Wochenschauausschnitte, Theaterspielpläne usw. Wählen Sie eine geeignete Form, um die Ergebnisse Ihrer Arbeit zu präsentieren.
4. Stellen Sie Geschichte, Aufbau, Strategie und zukünftige Entwicklung der NATO in einer Präsentation zusammen.
5. In den 1950er-Jahren wurden die Ziele der deutschen Außenpolitik mit der Begriffs-Trias „Freiheit – Frieden – Einheit“ umschrieben. Die Reihenfolge ist nicht zufällig. Begründen Sie die Rangfolge.

5.3 Von der Konfrontation zur Kooperation

5.3.1 Höhepunkte des Kalten Krieges

Berlin-Blockade 1948/1949: amerikanische Flugzeuge im Anflug auf Tempelhof

Berliner Blockade
www.dhm.de

Berliner Blockade: Am 24. Juni 1948 um 6:00 Uhr hatte die Sowjetunion „aufgrund technischer Schwierigkeiten“ sämtliche Land- und Wasserverbindungen von und nach West-Berlin gesperrt. Der amerikanische Militärbefehlshaber in Deutschland, General *Lucius D. Clay*, schlug vor, einen bewaffneten Konvoi mit 200 Lastwagen und Pionieren und deren Gerät auf den Weg von der US-Besatzungszone nach West-Berlin zu schicken, um diese „technischen Schwierigkeiten“ zu beseitigen. Der US-Administration erschien dies angesichts der geringen militärischen Präsenz ihrer Streitkräfte in Europa als ein zu hohes Kriegsrisiko, denn die USA hatten – im Gegensatz zur Sowjetunion – nach dem Kriegsende rasch und stark demobilisiert und besaßen zu diesem Zeitpunkt in ganz Europa nur noch eine einzige voll kampffähige Division (ca. 12.000 Mann). Also griff man den von *Clay* entwickelten Alternativplan einer **Luftbrücke** auf.

Luftbrücke

www.ddr-zeitzeugen.de

Die Blockade endete am 12. Mai 1949, die Luftbrücke wurde in kleinem Umfang noch bis zum September fortgesetzt. Insgesamt flogen amerikanische und britische Transportmaschinen in fast 280 000 Flügen 2,1 Millionen Tonnen Güter aller Art – von Kohle bis Süßigkeiten, deshalb auch „Rosinenbomber" genannt – nach West-Berlin und erhielten die Stadt damit am Leben. Es war für Friedenszeiten eine einzigartige technische Leistung. Unvergessen sollte bleiben, dass dabei 88 Piloten ihr Leben verloren. Nach 322 Tagen beendeten die Sowjets ihre Blockade, als sie erkannten, dass sie ihr Ziel, die Herrschaft über ganz Berlin zu gewinnen, so nicht erreichen konnten.

Der Volksaufstand
www.ddr-ausstellung.de

Der Volksaufstand: Der 17. Juni 1953 bestätigte geradezu, wie berechtigt das wachsende Misstrauen des gesamten Westens gegenüber der Sowjetunion war. Was als Protest der Arbeiter gegen Arbeitsnormen begann, mündete in den Aufstand breiter Massen mit der Forderung nach „freien Wahlen" und „Einheit Deutschlands" im Osten Deutschlands. Der Aufstand setzte aber auch ein internationales Zeichen. Zum ersten Mal zeigte sich deutlich, dass der Westen sich in das Machtgebaren der UdSSR in den von ihr besetzten Staaten nicht einmischen wollte. Der jeweilige Herrschaftsbereich wurde respektiert und damit die Teilung der Welt. Als sowjetische Truppen, die sich beim Waffeneinsatz auffallend zurückhielten, den Aufstand niederschlugen, riefen die Demonstranten vergeblich „Wo bleiben die amerikanischen Panzer?!" – Ebenso vergeblich flehten die Ungarn, als sie sich 1956 in einem bewaffneten Kampf gegen die sowjetischen Truppen vom kommunistischen Joch befreien wollten.

Protestierende Ost-Berliner, Sowjetpanzer beim Vormarsch auf den Potsdamer Platz

Der Aufstand des 17. Juni – entstanden aus einer streikähnlichen Demonstration Ostberliner Bauarbeiter, die sich gegen die Erhöhung ihrer Arbeitsnormen wandten – geschah spontan, ohne Planung und ohne jede zentrale Leitung und Vorbereitung. Er überraschte den Westen ebenso wie die SED-Führung. Für diese kam hinzu, dass nach ihrem eigenen Selbstverständnis eigentlich gar nicht passieren konnte, was geschehen war: ein Aufstand der Arbeiter gegen ihren eigenen, von ihnen selbst geleiteten Staat.

Zum 50. Jahrestag hat die Geschichtsforschung neue Ergebnisse über den Volksaufstand geliefert. Die wichtigsten Erkenntnisse lauten:

1. Es war ein Volksaufstand und nicht nur einer der Arbeiter, denn selbst in abgelegenen Dörfern haben sich die Bauern gegen ihre SED-Unterdrücker erhoben.
2. Der Aufstand bewies, dass die SED-Regierung in breiten Volksschichten keinerlei Rückhalt besaß. Sie war – den Volkszorn fürchtend – in das Hauptquartier der sowjetischen Streitkräfte nach Berlin-Karlshorst geflüchtet.
3. Die politischen Forderungen nach freien Wahlen und Wiedervereinigung ähneln denen von 1989, sodass der 17. Juni als der (vergebliche) Versuch verstanden werden kann, der erst 36 Jahre später gelang: Befreiung von kommunistischer Diktatur.

Der Mauerbau

Der Mauerbau: Als am 13. August 1961 um 0:30 Uhr Kneipenbesucher einer Gaststätte nahe der Sektorengrenze, die den sowjetischen Ostteil vom amerikanischen trennte, nach Hause gingen, verblüffte sie der Lärm von Presslufthämmern, die Löcher in die Straße schlugen und Eisenpfähle einrammten. „Was macht Ihr denn hier?" wollten die Westberliner von den Arbeitenden wissen. Nur ein „Weitergehen!" war die Antwort der daneben stehenden Volkspolizisten der DDR. Die Berliner Polizei wurde alarmiert, aber sie konnte nicht einschreiten, denn der nun erkennbare Bau eines durchgehenden Stacheldrahtverhaus lag eindeutig auf dem Gebiet des sowjetischen Sektors.

Die deutsche Seite wurde völlig überrascht, nicht dagegen die westlichen Regierungen, die mit einer Sperrmaßnahme irgendwelcher Art gerechnet hatten. Im Januar 1959 hatte die sowjetische Regierung – *Chruschtschow* bestritt später, dass es ein Ultimatum gewesen sei – einen neuen Friedensvertrag vorgelegt, der den Abzug aller Besatzungstruppen binnen sechs Monaten und eine **„Freie Stadt Berlin"** vorsah. Doch wer hätte diese „Freiheit" garantieren sollen, wenn die Westmächte abgezogen waren und Berlin isoliert innerhalb der DDR lag?! Konsequenterweise lehnten die drei Westalliierten ab.

„Freie Stadt Berlin"

Das **Berlin-Ultimatum** ließ den Flüchtlingsstrom aus der DDR in die Bundesrepublik anschwellen. Von 1945 bis Januar 1961 hatten zwei Millionen der kommunistischen Diktatur der SED den Rücken gekehrt. Im Jahre 1960 war ihre Zahl binnen eines Jahres von 144 000 auf 331 000 angestiegen. Zu sehr fürchteten die Menschen die vollständige Abschnürung vom Westen. Mit Beginn des Jahres 1961 stieg der Strom der „Republikflüchtlinge" – so die amtliche, bewusst diffamierende Benennung durch die DDR – nochmals stark an und erreichte bis Juli die Zahl 200 000. An einzelnen Tagen suchten bis zu 8 000 Menschen Schutz im Aufnahmelager Berlin-Marienfelde, denn immer noch konnte die Grenze zwischen Ost- und Westberlin relativ leicht passiert werden.

Berlin-Ultimatum

Kein Zweifel: Diese Massenabwanderung von zumeist jüngeren, gut ausgebildeten, leistungsfähigen und -willigen Deutschen war von der DDR ökonomisch nicht mehr zu verkraften. Zum ersten Mal in der Geschichte wurde die Existenz eines Staates durch **Massenflucht** seiner Einwohner gefährdet. Nach langem Zögern, sich sehr wohl der verheerenden Wirkung auf die Meinung der Weltöffentlichkeit bewusst, gab Moskau dem Drängen der SED-Führung unter *Walter Ulbricht* nach und willigte in die Abschottung ein. Der von Anfang an nur als Provisorium gedachte Stacheldraht wurde nach und nach durch die **Berliner Mauer** ersetzt, die in jahrelanger Arbeit ständig höher auf bis zu drei Meter und immer fester betoniert wurde. Eine volle Zweijahresproduktion an Zement floss anstatt in den notwendigen Hausbau in dieses Bauwerk, das den offiziellen DDR-Namen „Antifaschistischer Schutzwall" erhielt.

Massenflucht

Berliner Mauer

Mauerbau in Ost-Berlin

Unfreiwillig offenbart auch die offizielle Erklärung der DDR zum Mauerbau den Widerspruch zwischen Außensicherung der Grenze und ihrem tatsächlichen Zweck, denn Ausländer, wozu nach dem Verständnis der DDR auch die Bundesdeutschen zählten, konnten die Mauer passieren.

Vor allem die Westberliner Bevölkerung erwartete eine massive **Reaktion** des Westens, eine Erwartung, die sich bis zur Hoffnung auf militärische Gewaltanwendung – „Panzergegenstoß" – steigerte. Sie blieb jedoch aus. Die Bundesregierung und der Regierende Bürgermeister von West-Berlin, *Willy Brandt,* konnten nur ohnmächtig die als weich empfundene Haltung der USA registrieren. Dem US-Präsidenten *John F. Kennedy* wurde zwar bei seinem Besuch in West-Berlin zwei Jahre später von der Bevölkerung ein geradezu triumphaler Empfang bereitet. Aber das konnte nicht darüber hinwegtäuschen, dass grundsätzlich alle Vorgänge

Reaktion

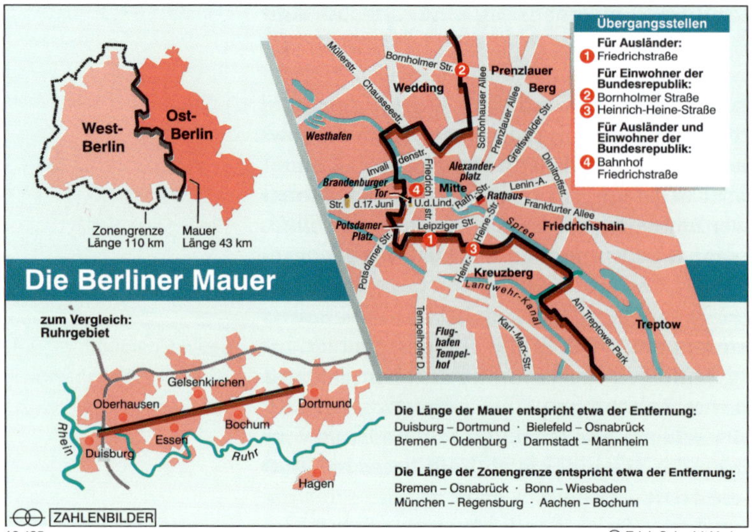

16 495 © Erich Schmidt Verlag

jenseits des „Eisernen Vorhangs" als „innere Angelegenheiten" der UdSSR bzw. der Warschauer-Pakt-Staaten betrachtet wurden. So lange wesentliche Interessen der Westmächte nicht berührt wurden, sahen sie keinen Anlass zum Eingreifen.

Es kam allerdings zur Erklärung der sogenannten **drei „Essentials"**, die als Grundbedingungen für Frieden und Freiheit West-Berlins bis 1990 Gültigkeit hatten:

1. das Recht der Westmächte auf Anwesenheit in West-Berlin;
2. der freie Zugang von und nach West-Berlin von der Bundesrepublik Deutschland aus;
3. die wirtschaftliche Verflechtung West-Berlins mit der Bundesrepublik zur Sicherung der Lebensgrundlagen der Teilstadt.

▶ Q. 1
www.berlin.de/mauergedenken
Drei Essentials

Der Mauerbau hat die Spaltung Deutschlands im doppelten Sinne „betoniert". Mit ihr ging die Zeit der Hoffnung auf Wiedervereinigung vorläufig zu Ende. Sie verschaffte der DDR die Möglichkeit zu überleben, gab ihr damit aber zugleich die Chance, der Bundesrepublik Deutschland auf dem Weg zu „normalen gutnachbarlichen Beziehungen" entgegenzukommen.

Die Kuba-Krise

Die Kuba-Krise: Im Jahre 1959 hatte der sozialistische Revolutionär *Fidel Castro* das korrupte, von den USA unterstützte *Batista*-Regime auf der Insel Kuba gestürzt. Natürlich war ein von der Sowjetunion unterstütztes, kommunistisches Land unmittelbar im amerikanischen Hinterhof für das US-Selbstbewusstsein wie ein Stachel im Fleisch.

Schweinebucht

So ließ sich wenige Monate nach seiner Amtsübernahme am 8. November 1960 der unerfahrene, junge US-Präsident *John F. Kennedy* von seinen militärischen Beratern in ein dilettantisch geplantes und durchgeführtes militärisches Abenteuer hineinziehen. Mit logistischer Unterstützung der USA landeten 1500 bewaffnete Exilkubaner in der **„Schweinebucht"** auf Kuba. Das Unternehmen endete in einem Debakel. Zeitpunkt und Ort der Landung waren verraten worden. Die kleine Invasionsstreitkraft wurde fast völlig vernichtet, vor allem aber erhob sich – entgegen der Erwartung – die einheimische Bevölkerung nicht gegen ihren neuen Diktator.

Embargo

Seit dieser Zeit steuerte *Fidel Castro* einen strikt antiamerikanischen Kurs und suchte gleichzeitig Anlehnung an die Sowjetunion, um die wirtschaftlichen Folgen des totalen **Embargos** (Einfuhrsperre), das die USA über den kubanischen Zucker als Hauptexportgut der Insel verhängt hatte, zu mildern. Damit gewann die UdSSR einen Verbündeten im „Vorgarten" der USA. – *Kennedy* hat kurz nach dem Fehlschlag bekannt, dass er eigentlich sein Leben lang etwas Besseres zu tun gehabt habe, als auf die „Ratschläge von Fachleuten" zu hören.

Raketenstellungen

Im Oktober 1962 wurden dem US-Präsidenten Luftaufnahmen vorgelegt, die eindeutig bewiesen, dass auf Kuba **Raketenstellungen** gebaut wurden und die Stationierung sowjetischer, atomar bestückter Kurz- und Mittelstreckenraketen begonnen hatte. Diese Installierung, nur 150 km vor der amerikanischen Küste, stellten für die USA eine nicht mehr hinnehmbare Verletzung ihrer Sicherheitsinteressen dar.

Kontrollblockade

Weltweit setzten die USA ihre Streitkräfte in höchste Alarmbereitschaft. Ihre Seeüberlegenheit geschickt ausnutzend verhängten sie eine **Kontrollblockade**, mit der alle Kuba anlaufenden Schiffe auf Raketenwaffen untersucht und – falls sich solche an Bord befanden – an der Weiterfahrt gehindert werden sollten. US-Kriegsflugzeuge überflogen in weniger als 100 Meter Höhe die heranstampfenden sowjetischen Frachter und konnten an Deck zweifelsfrei weitere Raketen erkennen. Wenige Minuten, bevor die Frachter die Blockadegrenze erreicht hatten, drehten sie überraschend ab und fuhren zurück.

Nach einem zunächst geheimgehaltenen Briefwechsel zwischen *Kennedy* und *Chruschtschow* baute die Sowjetunion ihre bereits auf Kuba installierten Raketen wieder ab. Die USA zogen ihrerseits Raketen aus der Türkei zurück.

Robert Kennedy, der ebenso wie sein Bruder *John F.* später ermordet wurde, schrieb ein Buch über diese Vorgänge: „**Dreizehn Tage**. Die Verhinderung des Dritten Weltkrieges durch die Brüder Kennedy" (Originaltitel: „Thirteen Days. A Memoir of the Cuban Missile Crisis") Der Titel erscheint nicht übertrieben: beide militärischen Supermächte steuerten auf einem Kollisionskurs einer nuklearen Katastrophe zu.

Dreizehn Tage

Bis heute ist nicht völlig geklärt, was *Chruschtschow* zu diesem riskanten Abenteuer bewogen haben mag. Zu seinem Sturz am 14. Oktober 1964 hat die Demütigung vor der ganzen Welt sicherlich beigetragen.

Die Kuba-Krise, später als außenpolitisches Meisterstück gepriesen, brachte jedoch eine Reihe von Einsichten und Erkenntnissen, die bis heute das Krisenmanagement beeinflussen:

1. Das Eindringen in die Interessensphäre des anderen führt zur unmittelbaren **Konfrontation**; eine vergleichbare hat es seitdem nicht mehr gegeben.
2. Dem potenziellen Aggressor muss die Entschlossenheit und Fähigkeit zum **Gegenschlag** signalisiert werden; beides muss glaubwürdig sein.
3. Auch und gerade während einer solchen Krise – dem **Spannungsfall** – darf das Gespräch zwischen den Mächten nicht abreißen. Eine Konsequenz der Kubaaffäre war deshalb die Installation des „Heißen Drahts" mit einer ständigen Verbindung zwischen Washington und Moskau.
4. Wenn langfristig der Nuklearkrieg vermieden werden soll, sind die Atommächte aufeinander angewiesen und müssen deshalb zur **Kooperation** bereit sein.

Konfrontation

Gegenschlag

Spannungsfall

Kooperation

Der Vietnamkrieg: Nach jahrelangen Kämpfen um ihren Kolonialbesitz in Französisch-Indochina mussten die Streitkräfte Frankreichs am 7. Mai 1954 in der Festung Dien Bien Phu vor den Viet-Minh-Truppen (FLN) kapitulieren. Der französisch-vietnamesische Krieg war zu Ende. Zum ersten Mal in der Geschichte hatte die Guerillataktik eines Kolonialvolkes eine europäische Herrschermacht militärisch besiegt.

Der Vietnamkrieg

Mit der Abschlusserklärung der Genfer Friedenskonferenz vom 21. Juli 1954 wurde unter Beteiligung der vier Großmächte (USA, Großbritannien, Frankreich, UdSSR) Vietnam entlang dem 17. Breitengrad „provisorisch" geteilt.

Die Weigerung des Südens (Saigon), an freien Wahlen für ganz Vietnam teilzunehmen, veranlasste den kommunistisch geprägten Norden mit seiner Hauptstadt Hanoi den politisch-militärischen Kampf wieder aufzunehmen. Die Guerilla-Kämpfer des **Vietcong** – eine abschätzige Bezeichnung für vietnamesische Kommunisten – verstärkten ihre Aktionen in Südvietnam so sehr, dass die Regierung in Saigon 1961 den Staatsnotstand ausrufen musste.

Vietcong

Die USA erkannten nicht, dass es bei der vietnamesischen Volksbewegung mit ihrem Anspruch auf Wiedervereinigung ganz Vietnams primär um eine Befreiung von kolonialer Herrschaft ging. Sie glaubten an die sogenannte **Dominotheorie**: Gerät nach Nordvietnam auch der Süden in die Hand der Kommunisten, wird wie bei einer Reihe von Dominosteinen ein Land nach dem anderen in Vorderasien unter ihre Herrschaft fallen. Deshalb boten die USA ihre Hilfe an und ließen der Regierung Süd-Vietnams keine Wahl, diese auch anzunehmen. Anfangs schickten sie Berater, dann Ausbilder, danach gewährten sie logistische Unterstüt-

Dominotheorie

zung, vor allem in der Luft. Im Februar 1963 befanden sich bereits 12 000 US-Militärs in Südvietnam, darunter auch schon Truppenteile zum Schutz der Berater.

Tonking

Angeblich griffen im August 1964 im Golf von **Tonking** nordvietnamesische Patrouillenboote einen US-Zerstörer an. Das nahmen die USA zum Anlass, Hanoi zu bombardieren. Die zweite Phase des Vietnamkrieges begann.

Medienpräsenz

Nunmehr verstärkten die USA ihr Engagement nach und nach immer mehr, bis auf dem Höhepunkt des Krieges mehr als eine halbe Million GIs in Südvietnam stationiert waren. Der Krieg, der erste mit voller **Medienpräsenz**, sodass die Kriegshandlungen Abend für Abend über die Bildschirme flimmerten, wurde zum fast traumatischen Erlebnis für die US-Bürger. Sie sahen die brennenden Opfer der Napalmbomben, sie erfuhren, dass jeder Tote – egal ob Mann, Frau oder Kind – als Vietcong gezählt wurde, sie verfolgten die „Search-and-Destroy-Taktik", nach der jedes Dorf, in dem sich tatsächlich oder vermeintlich ein Vietcong aufhielt, verbrannt und zerstört wurde. Vor ihren Augen spielte sich die Verwüstung weiter Landstriche durch Giftentlaubung und Flächenbombardements ab. Auf Vietnam fielen während des Kriegs dreimal mehr Bomben als im gesamten Zweiten Weltkrieg auf alle bombardierten Länder. Zudem spürten die Amerikaner, dass zum ersten Mal die Waffenehre ihrer Armee böse Flecken erhielt, dass ihre Soldaten Kriegsverbrechen begingen, die man bis dahin bei ihnen für ausgeschlossen gehalten hatte. So wurden beispielsweise im Dorf My Lai 500 Frauen, Kinder und Alte regelrecht massakriert.

Das Massaker von My Lai

Der innenpolitische Widerstand gegen diesen Krieg wuchs, die Washingtoner Regierung geriet unter den Druck der öffentlichen Meinung. Und zum ersten Mal in der US-Geschichte wurden heimkehrende Soldaten nicht als Helden gefeiert, schlimmer noch, man schämte sich ihrer.

Nach der großen – rein militärisch gesehen nicht erfolgreichen – Tet-Offensive (Januar 1968) regulärer Truppen aus Nordvietnam in Stärke von 300 000 Mann wurde deutlich, dass die USA in großen Schlachten zwar nicht besiegt werden, aber auch, dass die USA diesen Krieg nicht gewinnen konnten. Es begannen, begleitet von vielen Rückschlägen, langwierige Verhandlungen über einen Waffenstillstand, der unter Präsident *Richard M. Nixon (1913–1994)* im Januar 1973 zum Erfolg führte.

Der südvietnamesische Polizeichef richtet am 1.2.1968 einen Vietcong-Offizier hin.

Am 2. März 1973 wurde auf der Grundlage der Genfer Vereinbarungen in Paris ein Abkommen geschlossen, nach dem die Teilung des Landes so lange bestehen bleiben sollte, bis allgemeine freie Wahlen für ganz Vietnam abgehalten würden. Eine Frist dafür wurde nicht gesetzt. Die US-Truppen verließen bis auf wenige Reste das Land – unbesiegt zwar, aber auch nicht als Sieger.

Im Juli 1974 wurde die dritte und letzte Phase des Vietnamkrieges eröffnet. 14 voll ausgerüstete Divisionen griffen Südvietnam an. Die nun ohne US-Unterstützung kämpfenden Südvietnamesen konnten nur wenige Monate hinhaltenden Widerstand leisten. Die letzten Amerikaner und 5 600 Südvietnamesen verließen unter dem Schutz von US-Streitkräften das Land. Saigon kapitulierte am 30. April vor den Truppen *Ho Tschi Minhs*. Vietnam war nun unter kommunistischem Vorzeichen wieder vereinigt. Die USA hatten politisch und moralisch eine bittere Niederlage erlitten, die Nation war gespalten. Erst US-Präsident *Ronald Reagan* (1911–2004) gelang es, die Bürger – wenigstens teilweise – wieder mit der nationalen Vergangenheit zu versöhnen, allerdings ohne diese „aufzuarbeiten".

Die Sowjetunion hat sich in diesem langen und langwierigen Konflikt außer moralischer Unterstützung Hanois und gleichermaßen moralischer Verdammung Washingtons nicht einmal indirekt eingemischt. Sie respektierte das Gebiet als zur amerikanischen Interessensphäre zugehörig. Vielleicht sah der Kreml auch rascher, dass ein **Guerillakrieg** von einer modernen Armee nicht gewonnen werden kann, was aber die sowjetischen Militärs nicht hinderte, 1979 das Gleiche in Afghanistan ebenso erfolglos zu versuchen.

Guerillakrieg

5.3.2 Die Politik der Stärke

Mit dem Beginn des Kalten Krieges setzte der Westen im Vertrauen auf das militärische Potenzial der NATO, insbesondere seines mächtigsten Mitglieds USA, auf die Politik der Stärke. Eine unbesiegbar erscheinende Streitmacht sollte jeden potenziellen Aggressor abschrecken. Ständige Einsatzbereitschaft und das glaubwürdige Signal, die militärischen Mittel notfalls auch einzusetzen, sollten Krieg und Gewaltanwendung von vornherein abwenden. Der auf diese Weise gesicherte Frieden galt sozusagen als der ständige Ernstfall.

Der erste Krieg, den die NATO insgesamt führte, und nicht nur einzelne ihrer Mitglieder, war der **Luftwaffeneinsatz im Kosovo** 1999.

Luftwaffeneinsatz im Kosovo

Nachdem die Sowjetunion im Laufe der 50er-Jahre das Nuklearmonopol der USA brechen konnte und gleichfalls Interkontinentalraketen entwickelte, die jeden Punkt des Erdballs erreichen konnten, musste die NATO-Allianz von ihrem bisherigen Konzept der **massiven Vergeltung** abrücken, die einen Angriff für den potenziellen Gegner zu einem unkalkulierbaren Risiko werden ließ.

Massive Vergeltung

Seit 1961 gilt die Strategie der **„beweglichen Antwort"**, d. h. dem Angreifer soll auf der Stufe und mit den Mitteln geantwortet werden, die er für seine Aggression wählt. Die große Überlegenheit der Sowjetunion im Bereich der konventionellen Streitkräfte zwang aber dazu, sich die Option (Wahlmöglichkeit) auf den Ersteinsatz atomarer Waffen offen zu halten. Wenn die eigenen konventionellen Streitkräfte nicht in der Lage wären, dem gegnerischen Angriff standzuhalten, sollte die Schwelle zum Nukleareinsatz überschritten werden.

Bewegliche Antwort

Theoretisch wäre es selbstverständlich möglich gewesen, in Europa eine der UdSSR ebenbürtige Streitmacht aus konventionellen Waffensystemen aufzustellen. Dazu aber waren die Europäer nie bereit. Es hätte von ihnen Militärdienstzeiten und materielle Opfer verlangt, die außerhalb der in einer Demokratie erforderlichen Akzeptanz durch die Bevölkerung gelegen hätten. Der vor allem von den USA und – mit Einschränkung – auch von Großbritannien und bedingt von Frankreich gestellte atomare Schutzschirm erlaubte den NATO-Ländern, sich mit vergleichsweise geringen Verteidigungslasten Freiheit und Frieden zu „kaufen".

Schon von Anfang an krankte aber die **Abschreckungsstrategie** an einer Glaubwürdigkeitslücke. Konnte der Aggressor wirklich annehmen, dass auf der letzten Stufe der kriegerischen

Abschreckungsstrategie

Eskalation die NATO zum großen Atomschlag ausholen würde, der mit Sicherheit von der Sowjetunion entsprechend beantwortet werden würde und damit zur totalen Vernichtung mindestens vieler westeuropäischer Staaten geführt hätte?! Das „finis Germaniae" (= das Ende Deutschlands) hätte es auf jeden Fall bedeutet. Beide Seiten waren inzwischen fähig, sich mehrmals gegenseitig auszulöschen, die Abschreckung des Gegners wurde zur **Selbstabschreckung**.

Selbstabschreckung

Die militärische Komponente musste also um eine politische erweitert werden, wenn das Ziel der Friedenssicherung dauerhaft erreicht werden sollte.

Dieser Gedanke ist die Grundlage des nach dem belgischen Außenminister *Pierre Harmel* benannten Berichts (Harmel-Bericht) von 1967, der im Kern auch heute noch die gültige Strategie der NATO darstellt. Danach ruht Sicherheit auf zwei Säulen, die beide gleich wichtig sind.

Die (verkürzte) Formel lautet:

Verteidigung
Entspannung
Sicherheit

Verteidigung + Entspannung = Sicherheit.

Glaubwürdige Abschreckung beruht ihrerseits auf zwei Elementen:

1. der – subjektiven – Verteidigungsbereitschaft (dem Verteidigungswillen);
2. der – objektiven – Verteidigungsfähigkeit.

Vertrauensbildende Maßnahmen sollen dem jeweiligen Gegner signalisieren, dass keine Aggression geplant ist und er nicht mit einem überraschenden Erstschlag (nicht zu verwechseln mit dem Ersteinsatz von Atomwaffen nach Beginn eines Konfliktes) rechnen muss.

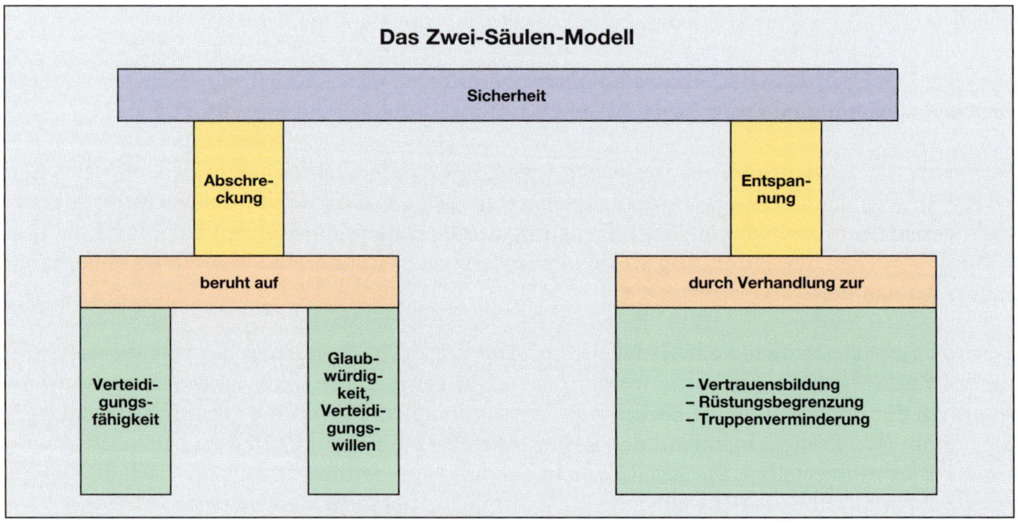

Nachrüstung

Noch einmal, aber mit bis dahin nie gekannter Heftigkeit, entbrannte zu Beginn der 1980er-Jahre ein erbitterter Streit über die militärische Sicherheitspolitik in Form der **Nachrüstung**.

▶ Q. 4

Es war Bundeskanzler *Helmut Schmidt* (SPD), der Ende der 1970er-Jahre als Erster darauf hinwies, dass die UdSSR im Bereich der atomaren Mittelstreckenraketen (Reichweite: 1 000 bis 5 500 km) in Europa gegenüber der NATO eine starke Überlegenheit besaß. Das Gleichgewicht der Abschreckung schien ihm damit gestört.

Das Problem, vor dem die europäischen Verbündeten standen, war kurz umrissen folgendes: Die Sowjetunion könnte ihre Überlegenheit in diesem Bereich zur politischen Erpressung nutzen. Die Gegendrohung durch US-Interkontinentalraketen könnte den Sowjets als wenig glaubwürdig erscheinen, riskierten die USA damit doch einen globalen Atomkrieg unter Gefährdung ihres eigenen Landes. Aber warum, so etwa hätte eine sowjetische Überlegung lauten können, sollten sie das tun, da doch die USA von den sowjetischen SS 20 (Rakete) gar nicht erreicht werden konnten?

Als Antwort auf die sowjetische Vorrüstung im Bereich der Mittelstreckenraketen beschloss die NATO am 12. Dezember 1979 ein Verhandlungsangebot verbunden mit einer Alternative (**NATO-Doppelbeschluss**):

NATO-Doppelbeschluss

1. Stationierung bodengestützter atomarer Mittelstreckenraketen (Pershing II und Marschflugkörper) in Europa Ende 1983;
2. Verhandlungen mit der UdSSR, von deren Ergebnis es abhängen sollte, ob diese Raketen tatsächlich stationiert werden würden.

Als sich die am 30. November 1981 in Genf eröffneten Verhandlungen ergebnislos hinschleppten, begann die NATO im Herbst 1983 mit der Aufstellung von 108 Pershing II und 96 Marschflugkörpern in mehreren europäischen Staaten, darunter auch in der Bundesrepublik Deutschland. Die Sowjets brachen daraufhin die Verhandlungen ab. In Deutschland formierte sich quer durch alle Gesellschaftsschichten und Altersstufen eine **Friedensbewegung**, die entschieden gegen die Stationierung der amerikanischen Mittelstreckenraketen protestierte.

www.nato.int

Friedensbewegung

Bonn erlebte im Oktober 1981 mit 300 000 und noch einmal im Juni 1982 anlässlich eines Besuchs des US-Präsidenten *Ronald Reagan* mit 500 000 Teilnehmern die größten Kundgebungen. Auch in Brüssel und Amsterdam fanden große Friedensdemonstrationen statt. Im November 1983 steigerten sich die Proteste zu den größten Massendemonstrationen in der Geschichte der Bundesrepublik Deutschland. Zehntausende bildeten eine Menschenkette von Stuttgart nach Ulm.

Dennoch stimmte die seit 1982 aus CDU/FDP gebildete Bundesregierung unter Bundeskanzler *Helmut Kohl* mit ihrer Bundestagsmehrheit für die von der überwältigenden Mehrheit der Wähler abgelehnte Stationierung.

Modern formuliert: Die Regierungskoalition hatte ein „Vermittlungsproblem". Wie konnte den Menschen erklärt werden, dass Abrüstungsverhandlungen nur dann erfolgreich sein können, wenn man aus einer Position des annähernden Gleichgewichts verhandeln kann? Warum sollte die Sowjetunion einseitig abrüsten, wenn die NATO dafür keine Gegenleistung erbringen konnte? Hinzu kam noch, dass die Sowjetunion hoffte, dass der Druck der öffentlichen Meinung die Nachrüstung vielleicht verhindern konnte.

Die meisten Menschen sahen in dem Vorgang nur ein weiteres sinnloses Drehen an der Rüstungsspirale, reichte doch die bereits vorhandene Vernichtungskapazität aus, um die gesamte Menschheit mehrfach zu töten.

Die weitere Entwicklung aber gab den Befürwortern der Nachrüstung Recht. Als die Sowjetunion erkannte, dass die Stationierung der US-Raketen nicht mehr zu verhindern war, kehrte sie im März 1985 an den Genfer Ver-

Abschlusskundgebung der Großdemonstration gegen die bevorstehende Nachrüstung als Folge des NATO-Doppelbeschlusses mit mehr als 300 000 Teilnehmern im Bonner Hofgarten am 22. Oktober 1983

handlungstisch zurück, und zum ersten Mal kam es zu einer als „historisch" bezeichneten Übereinkunft: der **Doppel-Null-Lösung**. Beide Seiten vereinbarten, ihre in Europa stationierten Mittelstreckenraketen abzuziehen und zu vernichten.

Doppel-Null-Lösung

Die Friedensdemonstranten, darunter weite Teile der SPD, sahen in der Raketenaufstellung beider Seiten eine wachsende Kriegsgefahr. *Helmut Schmidt* hatte dagegen in der Bundestagsdebatte im November 1983 nicht wie seine Partei SPD gegen die Stationierung gestimmt. 1998 sagte der damalige Bundespräsident *Roman Herzog* in einer Laudatio zu *Schmidts* 80. Geburtstag: „Sie können für sich in Anspruch nehmen, mit Ihrer Initiative zur Nachrüstung das größte Abrüstungswerk der Geschichte in Gang gesetzt zu haben."

Am Rande sei vermerkt, dass in der DDR zwar stets gegen die US-Raketen protestiert werden durfte, aber niemals gegen die schon Jahre zuvor in der DDR aufgebauten Raketenstationen der sowjetischen Streitkräfte.

5.3.3 Die „Neue Ostpolitik" und die Ostverträge

Spätestens mit dem Beginn des Baus der Berliner Mauer am 13. August 1961 wurde offenbar, dass die bisherige Deutschlandpolitik mit dem Ziel der „Wiedervereinigung in Frieden und Freiheit" in eine Sackgasse geführt hatte. Die Nichtanerkennung der DDR trieb diese nur noch fester in die Arme des „Großen Bruders" Sowjetunion, die nicht bereit war, auch nur ein Stück ihres durch den Krieg gewonnenen Einflussgebietes aufzugeben. Die blutige Niederwerfung des ungarischen Aufstandes von 1956 und die Zerschlagung des **„Prager Frühlings"** von 1968 (also den Bemühungen der tschechischen Kommunisten, einen „Sozialismus mit menschlichem Antlitz" zu verwirklichen) legten dafür ein beredtes Zeugnis ab.

Prager Frühling

Es gehört zum Begriff der „Irony of history" (der Ironie der Geschichte) dass der Berliner Mauerbau, wiewohl er vor aller Welt die Spaltung Deutschlands bewältigte, zur **Entspannung** beitrug. Zum einen wurde das „Ausbluten" der DDR abrupt gestoppt, für sie bestand keine existenzielle Krise mehr. Ja, hinter ihrem „antifaschistischen Schutzwall", wie die offizielle Bezeichnung lautete, konnte sich ein gewisses staatliches Selbstbewusstsein entwickeln, welches es der DDR erleichterte, dem westdeutschen Nachbarn Zugeständnisse zu machen. Zum anderen hat die Respektierung der Einflusszonen die Befürchtung gemindert, der jeweils andere Teil könne sich einmischen.

Entspannung

Zunehmend erkannte man, dass eine Annäherung in Richtung Wiedervereinigung nur im Rahmen einer Entspannungspolitik, nicht aber mit der „Politik der Stärke" möglich sein würde.

▶ Q. 5
www.kalenderblatt.de
Gewaltverzichtserklärung

Schon die Bundesregierung unter Bundeskanzler *Ludwig Erhard* (seit 1963) bot eine **Gewaltverzichtserklärung** gegenüber der UdSSR und Polen an, um zu dokumentieren, dass zwar am Ziel der Wiedervereinigung festgehalten werde, dies auch mögliche Grenzrevisionen einschließe, aber dass beides ausschließlich mit friedlichen Mitteln erreicht werden solle. Der Bundeskanzler der Großen Koalition, *Kurt Georg Kiesinger* (CDU), wiederholte in seiner Regierungserklärung vom 13. Dezember 1966 die Bereitschaft, ein Abkommen über Gewaltverzicht abzuschließen. Der Senatssprecher von West-Berlin, *Egon Bahr* (SPD), formulierte eine „Politik der kleinen Schritte" und sprach von einem **Wandel durch Annäherung**. Viele seiner Grundgedanken haben die spätere Ostpolitik der sozial-liberalen Koalition geprägt.

Wandel durch Annäherung

Bundeskanzler *Willy Brandt* (SPD), mit Unterstützung der FDP zum ersten sozialdemokratischen Kanzler der Bundesrepublik Deutschland gewählt, trieb diese neue **Ostpolitik** dynamisch voran. Er traf sich, was damals als politische Sensation ersten Ranges gewertet wurde, mit dem Vorsitzenden des Ministerrates der DDR, *Willi Stoph*, im März 1970 in Erfurt und im Mai desselben Jahres in Kassel. Gleichzeitig versuchte die Bundesregierung, in Verhandlungen mit Moskau und Warschau zu einer „Aussöhnung" mit den östlichen Nachbarn zu

Ostpolitik

gelangen. Das gegenseitige Misstrauen sollte abgebaut, wenigstens vermindert werden, und die NS-Vergangenheit sollte nicht länger die Außenpolitik belasten. Vor allem in Polen und der UdSSR wurde versucht, die Furcht vor „Revanche“ zu tilgen. Den östlichen Nachbarn sollte deutlich werden, dass die Bundesrepublik Deutschland auf keinen Fall mit Drohung oder Anwendung gewaltsamer Mittel danach trachtete, die nach 1945 entstandenen Verhältnisse zu ändern. Insbesondere *Willy Brandt* bemühte sich um die Versöhnung mit Polen. Die große Geste seines spontanen Kniefalls vor dem Denkmal der Gefallenen des Aufstandes im Warschauer Getto (1943) drückte dieses Bemühen symbolisch vor aller Welt eindrucksvoll aus.

Bundeskanzler Willy Brandt gedenkt der Opfer des Warschauer Gettos

Von der amtierenden Bundesregierung wurde es als großer diplomatischer Erfolg der „neuen Ostpolitik“ gefeiert, dass es bereits am 12. August 1970 – ein Jahr nach der Regierungsübernahme – gelang, einen **Vertrag mit Moskau** zu unterzeichnen. Am 08. Dezember desselben Jahres folgten die Unterschriften unter den Vertrag mit Warschau. Die Texte der Verträge sind weitgehend deckungsgleich, allerdings wird im **Warschauer Vertrag** die Oder-Neiße-Linie genauer beschrieben. Im Kern enthalten beide Verträge:

▶ Q. 6
Moskauer Vertrag

Warschauer Vertrag

- Erklärungen zum Verzicht auf Anwendung oder Androhung von Gewalt in Übereinstimmung mit Art. 2 der Charta der Vereinten Nationen;
- Anerkennung der Unverletzlichkeit (nicht Endgültigkeit!) der Grenzen;
- Verzicht auf Erhebung von Gebietsansprüchen „auch in Zukunft“;
- gegenseitige Respektierung aller Verträge und internationaler Vereinbarungen.

Ein ähnlicher Vertrag wurde auch mit der Tschechoslowakei abgeschlossen, in dem ausdrücklich das von *Hitler* abgeschlossene Münchner Abkommen für ungültig erklärt wurde.

Nun konnte gewagt werden, auch die Beziehungen zwischen der Bundesrepublik Deutschland und dem „Phänomen“ des östlichen Teiles von Deutschland, den „Staat“ zu nennen man sich offiziell bis dahin geweigert hatte, neu zu ordnen. Die Bezeichnungen schwankten in der Publizistik ständig zwischen „Sowjetzone“ oder einfach nur „Zone“ oder „Ostzone“ bis zur „sogenannten DDR“ oder „DDR“ in Anführungsstrichen.

Am 21. Dezember 1972 wurde von der DDR und der Bundesrepublik Deutschland der **Grundlagenvertrag** unterzeichnet und vom Bundestag wiederum gegen die Stimmen der Opposition am 11. Mai 1973 angenommen.

www.dhm.de
Grundlagenvertrag

Franz-Josef Strauß (CSU) sprach von „einem erschütternden Missverhältnis zwischen den politischen Leistungen der Bundesrepublik und Gegenleistungen des Vertragspartners“. Wenige Tage später reichte die Bayrische Staatsregierung beim Bundesverfassungsgericht einen Antrag ein, es möge feststellen: „Das Gesetz zu dem Vertrag vom 21. Dezember 1972 zwischen der Bundesrepublik Deutschland und der Deutschen Demokratischen Republik über die Grundlagen der Beziehungen zwischen der Bundesrepublik Deutschland und der Deutschen Demokratischen Republik ist mit dem Grundgesetz unvereinbar und deshalb nichtig.“

Am 31. Juli 1973 entschied das höchste deutsche Gericht über diesen Antrag und erklärte das Vertragswerk für verfassungskonform.

Propagandaparolen zum 12. Jahrestag der DDR

Das Verfassungsgericht hat mit diesem Urteil allerdings ausdrücklich für Recht erkannt, dass die damals gültige Präambel des Grundgesetzes alle Verfassungsorgane der Bundesrepublik bindet und sie somit gehalten sind, bei Freiheit in der Wahl der politischen Mittel und Wege, auf die Wiedervereinigung hinzuwirken.

▶ Q. 7
Brief zur deutschen Einheit

Der **Brief zur deutschen Einheit**, unmittelbar vor Vertragsunterzeichnung der DDR überreicht, sollte sicherstellen, dass der Vertrag nicht im Widerspruch zum Wiedervereinigungsgebot stand. Das Bundesverfassungsgericht hat seine dem Vertrag zustimmende Entscheidung ausdrücklich mit diesem Brief begründet.

Das Schreiben ist von der DDR nicht anerkannt worden, aber nach völkerrechtlicher Regel gilt ein Schriftstück zu einem Vertrag, das unmittelbar vor seiner Unterzeichnung angenommen wird, als „dem Vertrag nicht entgegenstehend“.

Ñormale gutnachbarliche Beziehungen

Wie präzise völkerrechtliche Verträge formuliert sein müssen, dass sogar ein Komma von höchster rechtlicher Bedeutung sein kann, zeigt das Beispiel des Grundlagenvertrages. Darin heißt es in Art. 1: „Die Bundesrepublik Deutschland und die Deutsche Demokratische Republik entwickeln normale gutnachbarliche Beziehungen zueinander... „ Zwischen normal und gutnachbarlich steht kein Komma. Damit bezieht sich das Wort normal auf gutnachbarlich und nicht auf Beziehungen. Es sollten keine normalen Beziehungen zwischen Staaten im Sinne des Völkerrechts entstehen. Das hätte ja geheißen: Die Bundesrepublik Deutschland erkennt die DDR als Auslandsstaat an. So weit konnte und wollte die Bundesregierung nicht gehen. Konsequenterweise wurden die jeweiligen Vertreter in Bonn und Ost-Berlin auch nicht „Botschafter“ genannt, sondern „Ständige Vertreter“. Aber gegenüber der Weltöffentlichkeit bestand spätestens seit der Aufnahme beider deutscher Staaten in die UNO am 18. September 1973 kein Zweifel mehr: Es existierten zwei selbstständige, voneinander unabhängige deutsche Staaten. Die Bundesrepublik Deutschland hatte die DDR völkerrechtlich nicht als Auslandsstaat, aber als einen zweiten deutschen Staat anerkannt.

Grundlagenvertrag

Mit dem **Grundlagenvertrag** und den dadurch möglich gewordenen Spielräumen gelang es, in der politischen Praxis im Umgang mit der DDR viele Erleichterungen durchzusetzen, die zwar nicht die Grenze beseitigen konnten, aber diese doch wenigstens in west-östlicher Richtung etwas durchlässiger machten. Vor allem die Möglichkeit der Westdeutschen, Freunde und Verwandte auf Einladung in der DDR zu besuchen, zählte zu den günstigsten Auswirkungen der Vereinbarungen mit der DDR. Dasselbe galt für die Berlin-Regelung. Seit der Viermächtevereinbarung von 1971 hat es eine „Berlin-Krise“ nicht mehr gegeben.

Für seine Entspannungspolitik mit der DDR und den östlichen Nachbarländern erhielt Bundeskanzler *Willy Brandt* 1971 den Friedensnobelpreis.

Beschluss des Ministerrates der DDR vom 12. August 1961

▶ QUELLE 1

Zur Unterbindung der feindlichen Tätigkeit der revanchistischen und militaristischen Kräfte Westdeutschlands und Westberlins wird eine solche Kontrolle an den Grenzen der DDR einschließlich der Grenze zu den Westsektoren von Groß-Berlin eingeführt, wie sie an den Grenzen jedes souveränen Staates üblich ist. Es ist an den Westberliner Grenzen eine verlässliche Bewachung und eine wirksame Kontrolle zu gewährleisten, um der Wühltätigkeit den Weg zu verlegen. Diese Grenzen dürfen von Bürgern der Deutschen Demokratischen Republik nur noch mit besonderer Genehmigung passiert werden.

(Neues Deutschland vom 13. August 1961)

1. **Woran ist erkennbar, dass die Grenzkontrolle sich eben nicht gegen Bürger der Bundesrepublik richtet, sondern gegen die der DDR?**
2. **Wie wurden die Maßnahmen begründet?**
3. **Warum kann diese Begründung als absurd bezeichnet werden?**

T.C. Sorensen, Berater des US-Präsidenten Kennedy, zum Mauerbau

▶ QUELLE 2

Kein Verantwortlicher in den Vereinigten Staaten, in West-Berlin, in Westdeutschland oder Westeuropa empfahl, die alliierten Streitkräfte sollten in ostdeutsches Gebiet einrücken und die Mauer niederreißen. Denn, wie General Lucius Clay später darlegte, die Kommunisten hätten zehn oder zwanzig oder 500 Meter weiter eine neue Mauer errichten können und dann wieder eine, es sei denn, der Westen wäre bereit gewesen, Ost-Berlin als Gebiet lebenswichtiger Interessen zu betrachten und dafür ebenfalls einen Krieg zu riskieren. Außerdem wünschte kein Alliierter und kein Berater eine allzu heftige Antwort des Westens, die eine Erhebung bei den verzweifelten Ostberlinern auslösen konnte – eine Erhebung, die nur zu einem zweiten Budapester Massaker [Ungarn-Aufstand, November 1956] geführt hätte."

(Heinrich Bodensieck (Hrsg.): Die Deutsche Frage seit dem Zweiten Weltkrieg. 2. Auflage, Ernst Klett Verlag, Stuttgart 1975, S. 79)

1. **Warum wäre nach Sorensens Ansicht ein Niederwalzen der Mauer durch US-Panzer sinnlos gewesen?**
2. **Welche internationalen Folgen hätten eintreten können?**
3. **Was fürchteten die US-Berater für die Deutschen in der DDR?**

Auszüge aus einer Ansprache von Helmut Schmidt anlässlich einer Feierstunde zum zehnjährigen Bestehen der Hochschule der Bundeswehr (heute: Führungsakademie) in Hamburg am 3. Oktober 1963

▶ QUELLE 3

Erstes Prinzip

Man muss den Frieden aufrechterhalten dadurch, dass man den Gegner von der Verletzung des Friedens abschreckt. Das geschieht dadurch, dass man ihm einen Nachteil oder Schaden androht, der ihm nicht akzeptabel erscheinen soll. Wir nennen dies das Prinzip der Abschreckung. Es ist nicht erfunden worden bei der Gründung der Atlantischen Allianz, es besteht seit Tausenden von Jahren und hat auch immer mal wieder versagt. Sonst hätte es nie die vielen Kriege gegeben.

Zweites Prinzip

Wir müssen dem möglichen Gegner klar machen, dass wir die Mittel und die Absicht und im Ernstfall auch die Entschlusskraft haben werden, das auszuführen, was wir ihm androhen. [...] Ich nenne dies das Prinzip der Glaubwürdigkeit der Abschreckung.

Drittes Prinzip

Wir müssen für den Fall, dass die Abschreckung versagt, befähigt sein, unsere Territorien gegen Verletzungen, sei es zu Land, sei es zur See, sei es in der Luft, sei es vom Weltraum her, durch angemessene Mittel zu verteidigen. Ich möchte dies das Prinzip der Verhältnismäßigkeit der Verteidigung nennen.

Viertes Prinzip
Wir müssen [...] immer wieder neu bestimmen [...], welche Waffen, welche Rüstungen, welche Pläne der Abschreckung und Verteidigung glaubhaft und angemessen sind. Es ist dies das vierte Prinzip der kontinuierlichen Neubewertung der Angemessenheit unserer Mittel und Pläne.

Fünftes Prinzip
Man muss sich in die Lage des Gegners versetzen, man muss seine Interessen, seine Haltung, seine Motive, seine Pläne zu verstehen suchen, und dann kann man sie bewerten. Man darf ihn nicht durch Drohungen in ein irrationales Verhalten hineintreiben. [...] Ich nenne dies einmal pauschal das Prinzip des Gleichgewichts militärischer Macht oder des Gleichgewichts der Sicherheit für beide Seiten. [...]

Dies ist eine sehr wichtige Einsicht: Wenn es uns nicht gelingt, unsere eigene öffentliche Meinung und unsere Parlamente zu überzeugen, dann kann die Sowjetunion aus diesem Grunde zu Rückschlüssen und zu Veränderungen ihrer Strategie gelangen, die uns sehr übel bekommen könnten.

Aus alledem ziehe ich ein sechstes Prinzip als Schlussfolgerung, das jedenfalls in unseren Demokratien gelten muss, ein Prinzip, dem wir offensichtlich gehorchen müssen in einer Demokratie: Ich nenne es das Prinzip der Akzeptabilität der Strategie.

(Materialien im Privatarchiv, erhalten vom „Büro Helmut Schmidt", Bonn 1985)

1. **Fassen Sie Schmidts Thesen stichwortartig zusammen.**
2. **Diskutieren Sie Bedeutung und Berechtigung dieser Thesen für die Gegenwart.**

▶ QUELLE 4 Der NATO-Doppelbeschluss vom 12. Dezember 1979

Im Laufe der Jahre hat der Warschauer Pakt ein großes und ständig weiter wachsendes Potenzial von Nuklearsystemen entwickelt, das Westeuropa unmittelbar bedroht und eine strategische Bedeutung für das Bündnis in Europa hat. [...] Insbesondere hat die Sowjetunion die SS-20-Rakete disloziert, die durch größere Treffgenauigkeit, Beweglichkeit und Reichweite sowie durch die Ausrüstung mit Mehrfachsprengköpfen eine bedeutende Verbesserung gegenüber früheren Systemen darstellt. [...] Gleichzeitig hat die Sowjetunion auch ihre Nuklearsysteme kürzerer Reichweite modernisiert und vermehrt und die Qualität ihrer konventionellen Streitkräfte insgesamt bedeutend verbessert. [...]

Diese Entwicklungen haben im Bündnis ernste Besorgnis hervorgerufen, da [...] die sowjetische Überlegenheit bei den Mittelstreckenwaffen die bei den interkontinentalen strategischen Systemen erzielte Stabilität aushöhlen könnte. [...]

Nach intensiven Beratungen auch über alternative Ansätze und deren Wert und nach Kenntnisnahme von der Haltung bestimmter Bündnispartner kamen die Minister (= Verteidigungs- und Außenminister der NATO, d. Verf.) überein, dass dem Gesamtinteresse der Allianz am besten dadurch entsprochen wird, dass die zwei parallelen und sich ergänzenden Ansätze LRTNF-Modernisierung (= mit Atomsprengkopf bestückte Mittelstreckenraketen und Marschflugkörper mit Reichweite von 1800 km, d. Verf.) und Rüstungskontrolle verfolgt werden. [...]

Die Minister haben sich zu diesen beiden parallel laufenden und komplementären Vorgehensweisen entschlossen, um einen durch den TNF-Aufwuchs (SS-20-Raketen, d.Verf.) verursachten Rüstungswettlauf in Europa abzuwenden, dabei jedoch die Funktionsfähigkeit der Abschreckungs- und Verteidigungsstrategie der NATO weiterhin zu erhalten und damit die Sicherheit ihrer Mitgliedstaaten zu gewährleisten.

(Offizielle Verlautbarung der NATO zum Doppelbeschluss, in: Europa-Archiv, Folge 2/1980, D 35 ff.)

1. **Warum trägt diese Entschließung den Namen „Doppelbeschluss"?**
2. **Worin besteht die Parallelität der Vorgehensweisen?**
3. **Was ist mit der Stabilität der strategischen Interkontinentalsysteme gemeint?**
4. **Warum hätte ein nicht Ungleichgewicht bei Kurz- und Mittelstreckenraketen gerade (West-)Deutschland bedroht?**

Egon Bahr in der Rede vom 15. Juli 1963

▶ QUELLE 5

Die Voraussetzungen zur Wiedervereinigung sind nur mit der Sowjetunion zu schaffen. Sie sind nicht in Ost-Berlin zu bekommen, nicht gegen die Sowjetunion, nicht ohne sie. [...] Die amerikanische Strategie des Friedens lässt sich [...] durch die Formel definieren, dass die kommunistische Herrschaft nicht beseitigt, sondern verändert werden soll.

Die erste Folgerung, die sich aus einer Übertragung der Strategie des Friedens auf Deutschland ergibt, ist, dass die Politik des Alles oder Nichts ausscheidet. Entweder freie Wahlen oder gar nicht, entweder gesamtdeutsche Entscheidungsfreiheit oder ein hartes Nein, entweder Wahlen als erster Schritt oder Ablehnung, das alles ist nicht nur hoffnungslos antiquiert und unwirklich, sondern in einer Strategie des Friedens auch sinnlos. Heute ist klar, dass die Wiedervereinigung nicht ein einmaliger Akt ist, der durch einen historischen Beschluss an einem historischen Tag auf einer historischen Konferenz ins Werk gesetzt wird, sondern ein Prozess mit vielen Schritten und vielen Stationen. [...]

Wir haben gesagt, dass die Mauer ein Zeichen von Schwäche ist. Man könnte auch sagen, sie war ein Zeichen der Angst und des Selbsterhaltungstriebes des kommunistischen Regimes. Die Frage ist, ob es nicht Möglichkeiten gibt, diese durchaus berechtigten Sorgen dem Regime graduell so weit zu nehmen, dass auch die Auflockerung der Grenzen und der Mauer praktikabel wird, weil das Risiko erträglich ist. Das ist eine Politik, die man auf die Formel bringen könnte: Wandel durch Annäherung.

(Informationen zur politischen Bildung. Heft 233/1991)

1. **Welches ist die entscheidende These Egon Bahrs?**
2. **Inwiefern kann die Mauer als „Zeichen der Schwäche" (Z. 23 f.) gedeutet werden?**
3. **Erklären Sie, was Bahr unter „Wandel durch Annäherung" (Z. 32.) versteht. Welche Erwartungen setzt Bahr in diesen Wandel?**
4. **Vergleichen Sie Bahrs Hypothesen mit dem tatsächlichen Verlauf der deutschen Wiedervereinigung.**

Vertrag über die Grundlagen der Beziehungen zwischen der Bundesrepublik Deutschland und der Deutschen Demokratischen Republik von 1972 (Grundlagenvertrag)

▶ QUELLE 6

Artikel 1
Die Bundesrepublik Deutschland und die Deutsche Demokratische Republik entwickeln normale gutnachbarliche Beziehungen zueinander auf der Grundlage der Gleichberechtigung.

Artikel 2
Die Bundesrepublik Deutschland und die Deutsche Demokratische Republik werden sich von den Zielen und Prinzipien leiten lassen, die in der Charta der Vereinten Nationen niedergelegt sind, insbesondere der souveränen Gleichheit aller Staaten, der Achtung der Unabhängigkeit, Selbständigkeit und territorialen Integrität, dem Selbstbestimmungsrecht, der Wahrung der Menschenrechte und der Nichtdiskriminierung.

Artikel 3
Entsprechend der Charta der Vereinten Nationen werden die Bundesrepublik Deutschland und die Deutsche Demokratische Republik ihre Streitfragen ausschließlich mit friedlichen Mitteln lösen und sich der Drohung mit Gewalt oder der Anwendung von Gewalt enthalten. Sie bekräftigen die Unverletzlichkeit der zwischen ihnen bestehenden Grenze jetzt und in der Zukunft und verpflichten sich zur uneingeschränkten Achtung ihrer territorialen Integrität.

Artikel 6
Die Bundesrepublik Deutschland und die Deutsche Demokratische Republik gehen von dem Grundsatz aus, dass die Hoheitsgewalt jedes der beiden Staaten sich auf sein Staatsgebiet beschränkt. Sie respektieren die Unabhängigkeit und Selbstständigkeit jedes der beiden Staaten in seinen inneren und äußeren Angelegenheiten.
(Seminarmaterial des Gesamtdeutschen Instituts bzw. www.bundestag.de/geschichte/parlhist/dokumente/dok07.html)

1. **Worauf erstreckt sich die jeweilige Souveränität der beiden deutschen Staaten?**
2. **Worin besteht der Unterschied zwischen „normalen gutnachbarlichen" und „normalen, gutnachbarlichen" Beziehungen?**

▶ QUELLE 7 Brief zur deutschen Einheit der Regierung der Bundesrepublik Deutschland an die Regierung der DDR vom 21. Dezember 1972

An den
Staatssekretär beim Ministerrat
der Deutschen Demokratischen Republik
Herrn Dr. Michael Kohl

Sehr geehrter Herr Kohl!
Im Zusammenhang mit der heutigen Unterzeichnung des Vertrages über die Grundlagen der Beziehungen zwischen der Bundesrepublik Deutschland und der Deutschen Demokratischen Republik beehrt sich die Regierung der Bundesrepublik Deutschland festzustellen, dass dieser Vertrag nicht im Widerspruch zu dem politischen Ziel der Bundesrepublik Deutschland steht, auf einen Zustand des Friedens in Europa hinzuwirken, in dem das deutsche Volk in freier Selbstbestimmung seine Einheit wiedererlangt.
Mit vorzüglicher Hochachtung
Bahr

(Presse- und Informationsamt der Bundesregierung [Hrsg.]: Bulletin vom 22. Dezember 1972)

Mit diesem Brief sollte der Vertrag „verfassungsgerichtssicher" gemacht werden. Mit welcher Formulierung ist das gelungen?

Aufgabenvorschläge

1. Stellen Sie in einem Rollenspiel die Diskussion um die Wiederbewaffnung (West-)Deutschlands nach.
2. Warum wird das Krisenmanagement im Kubakonflikt als „Meisterstück" bezeichnet?
3. Prüfen Sie die These, dass die Sowjetunion zwar eine militärische Supermacht, aber keine Weltmacht war.
4. Stellen Sie Ursache, Ablauf und Ergebnis des Vietnamkrieges zusammen und erarbeiten Sie eine Präsentation.
5. Untersuchen Sie in einem Projekt die Darstellung des Vietnam-Kriegs in US-amerikanischen Spielfilmen.
6. Erklären Sie, was man unter dem Abschreckungsparadoxon versteht.
7. Ermitteln Sie Beispiele aus der Geschichte, wann die Abschreckung versagt und wann sie gewirkt hat.
8. Wie lautet der Grundgedanke der sogenannten Neuen Ostpolitik?
9. Unterhalten Sie sich mit Bürgern der ehemaligen DDR darüber, wie sie damals den Grundlagenvertrag bewertet haben (Zeitzeugenbefragung).
10. Führen Sie eine amerikanische Debatte zur Berechtigung der Friedensbewegung durch.
11. Befragen Sie Teilnehmer an Aktionen und Demonstrationen der Friedensbewegung nach ihren damaligen Eindrücken und Empfindungen.

5.4 Der Zusammenbruch des sozialistischen Ostblocks

5.4.1 Die Reformen in der UdSSR bis zu ihrer Auflösung

Michail Gorbatschow war innerhalb von nur 28 Monaten bereits der vierte Generalsekretär der KPdSU. Am 11. März 1985 wurde der mit 54 Jahren jüngste Generalsekretär der Nachkriegsgeschichte zum mächtigsten Mann im Kreml. Mit einer ungewohnten Dynamik und offenkundig viel Elan versuchte er, das erstarrte System der UdSSR zu öffnen, ihm neue Impulse zu geben und gegenüber dem Westen aufzuholen. Die Schlagworte von **Glasnost** (Offenheit, Transparenz) und **Perestrojka** (Umgestaltung) standen stellvertretend für einen Prozess der Demokratisierung.

Michail Gorbatschow

Glasnost
Perestrojka

Bis zum heutigen Tag bleibt unklar, was *Gorbi* – wie er von seinen vielen begeisterten Anhängern im Westen, aber kaum von den wenigen in Russland zärtlich genannt wurde – wirklich wollte. Sollte der sozialistische Kern erhalten bleiben, aber das erstarrte System der Kommandowirtschaft reformiert werden? Strebte er einen „demokratischen Sozialismus" sowjetischer Prägung an? Oder wollte er wirtschaftlich, gesellschaftlich und politisch einen Staat nach westlichem Muster? – Sicher ist nur: Der Bolschewismus erwies sich als nicht reformierbar.

Von Anbeginn an hatten er und seine Nachfolger mit schweren inneren Widerständen zu kämpfen.

▶ Q. 1

Nomenklatura

- Fast alle, die im Rahmen der sogenannten **Nomenklatura** (Verzeichnis von Führungspositionen in Staat und Partei) Privilegien genossen hatten, fürchteten zu Recht um den zwangsläufigen Verlust ihrer Vorrechte und widersetzten sich den Reformen.
- Eine galoppierende Inflation, welche die Arbeitseinkommen und besonders die Renten real entwertete, senkte drastisch den Lebensstandard breiter Massen.
- Unverändert prägten weithin stillschweigend geduldete Korruption und Bestechung den Alltag. – Auf offener Straße, wie ein Zeitzeuge in St. Petersburg erlebte, ließ der Polizist den Fahrer einer im Westen gestohlenen Luxuskarosse nach Empfang einiger Dollarscheine weiterfahren, den er zuvor angehalten hatte.
- Persönliche Beziehungen sowie private Netzwerke waren und sind wichtiger als die nicht oder nur sporadisch exekutierten Gesetze.
- Stillschweigend entwickelte sich ein **System der Oligarchie** (= Herrschaft der Wenigen) cleverer Geschäftemacher, die aus der überstürzten Privatisierung der Industrie gewaltige Gewinne einheimsen konnte. Aber diese Gewinne flossen nicht in inländische Investitionen, sondern in einen selbst im Westen Staunen (und Neid) erregenden Luxuskonsum. – Russische Kinder besuchen teure Eliteschulen in England und der Schweiz, und Russen sind nicht selten Eigentümer schlossartiger Villen auf Mallorca oder auch englischer Fußballclubs.

▶ Q. 2

System der Oligarchie

Mitte 1991 löste sich der einst so gefürchtete Warschauer Pakt im Wortsinne sang- und klanglos ohne jedes Zeremoniell auf. Ebenso erging es dem RGW (= Rat für Gegenseitige Wirtschaftshilfe). Das Sowjetreich zerfiel, seine Herrschaft über die Satellitenstaaten war dahin. Kaum verwundert es deshalb, dass der im Westen besonders in Deutschland verehrte *Michael Gorbatschow* in Russland als Totengräber der einmal so mächtigen Sowjetunion gilt.

In der Nacht zum 27. Dezember 1991 wurde die sowjetische Flagge über dem Kreml eingeholt. Die ehemalige Sowjetunion ist inzwischen in 15 unabhängige Staaten zerfallen. Die drei baltischen Staaten Estland, Lettland und Litauen wurden nach harten Auseinandersetzungen bereits im September 1991 in die Unabhängigkeit entlassen. Die anderen ehemaligen Republiken der UdSSR hatten teilweise schon vor dem Zusammenbruch der UdSSR ihren Austritt erklärt und bildeten nach *Gorbatschows* Rücktritt die **Gemeinschaft unabhängiger Staaten** (GUS). Russland ist in dieser Staatengemeinschaft der wichtigste Staat. Sowohl die USA als auch die Europäische Union betrachten es als Rechtsnachfolger der Sowjetunion.

Gemeinschaft unabhängiger Staaten

Russländische Föderation

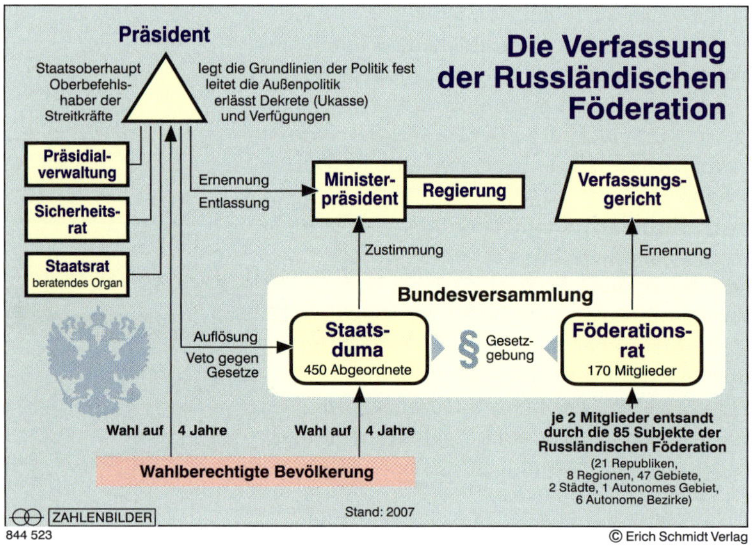

Die **Russländische Föderation** – wie der offizielle Name lautet – besteht aus 21 Republiken, zehn autonomen Bezirken und einem autonomen jüdischen Bezirk.

Von 1990 bis 1999 war *Boris Nikolajewitsch Jelzin* Präsident der Russischen Föderation. Er entwickelte zu Beginn seiner Amtszeit ein ehrgeiziges Reformprogramm, dem das mehrheitlich aus Kommunisten und Nationalisten zusammengesetzte Parlament, der Oberste Sowjet, sehr ablehnend gegenüberstand. Diese „Doppelherrschaft" beendete *Jelzin* mit dem „Dekret über die Auflösung des Obersten Sowjet der Russischen Föderation", das er am 21. September 1993 erließ. Zahlreiche Reformgegner, die sich daraufhin im Weißen Haus, dem Parlamentsgebäude Russlands, verschanzt hatten, ließ *Jelzin* mit militärischer Gewalt auseinandertreiben. In einem Referendum wurde der russischen Bevölkerung eine neue Verfassung zur Abstimmung vorgelegt und von ihr angenommen. In dieser Verfassung, die bis heute (2009) gilt, wird dem Präsidenten eine dominierende Stellung zugeschrieben: Das direkt gewählte Staatsoberhaupt setzt die Regierung ein und kann sie gegebenenfalls wieder entlassen, der Präsident kann außerdem das Parlament auflösen, er kann gesetzesähnliche Dekrete erlassen, kann Volksabstimmungen einleiten und er ist Oberbefehlshaber der Streitkräfte.

Am 3. Juli 1996 wurde *Boris Jelzin* trotz seines schlechten Gesundheitszustands in den Stichwahlen in seinem Amt bestätigt, nachdem er im ersten Wahlgang nur 35 % der abgegebenen Stimmen erhalten hatte. Auf den ehemaligen sowjetischen Staats- und Parteichef *Michail Gorbatschow* entfielen bei dieser Wahl nicht einmal 1 % der Stimmen.

In einer handstreichartigen Aktion erklärte *Jelzin* in der Neujahrsnacht des Jahres 2000 seinen Rücktritt. Er übergab die Amtsgeschäfte an den neuen Staatspräsidenten *Wladimir Putin.*

Als sichtbareres Zeichen für das Ende der „ruhmreichen Sowjetunion“ – so die übliche Selbstbenennung – wurde der 7. November (Tag der Revolution von 1917) als Nationaler Feiertag abgeschafft und durch den 4. November ersetzt, also den Tag, an dem die Russen Moskau im Jahre 1612 von polnischer Herrschaft befreiten.

Bruttoinlandsprodukt

Unter *Wladimir Putin* besserte sich die wirtschaftliche Lage. Das **Bruttoinlandsprodukt** wuchs, die kärglichen Renten wurden wieder einigermaßen pünktlich ausgezahlt, die Soldaten erhielten regelmäßig ihren Sold. Vor allem aber gelang es *Putin,* das russische Selbstbewusstsein wieder zu wecken, den Stolz der Nation wieder aufzurichten. In der Außenpolitik trachtete Russland danach, erneut auf Augenhöhe den übermächtigen USA gegenüberzutreten und scheute nicht davor zurück, z. B. offen und vertragswidrig mit der Drosselung der Erdgaslieferungen zu drohen, weil seine Interessen in der EU angeblich nicht genügend berücksichtigt würden.

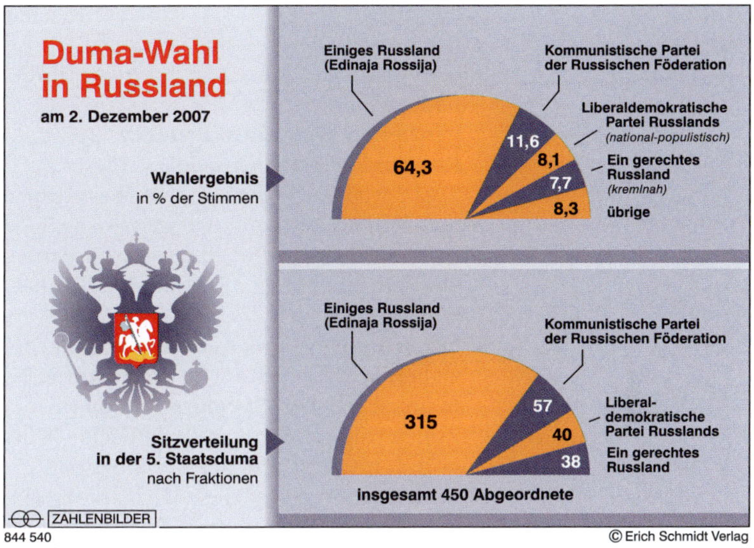

Von einer Demokratie nach westlichem Verständnis ist Russland noch sehr weit entfernt. Die Menschenrechte werden allenfalls rudimentär beachtet, die Gesetze nach Willkür der Exekutive angewandt, das Herrschaftssystem bleibt weitgehend unkontrolliert.

Dennoch empfinden die Russen, dass es unter *Putin* wieder aufwärts geht, und so verwundert es nicht, dass bei den letzten Parlamentswahlen zur Staatsduma im Dezember 2007 seine Partei „Geeintes Russland“ fast eine Zweidrittelmehrheit der Stimmen gewann. Im Parlament reicht das zur verfassungsändernden Mehrheit aus. Nach zwei Amtszeiten ist *Putin* nun seit Mai 2008 Ministerpräsident. Sein Nachfolger als Staatschef ist *Dimitri Medwedew.*

Klappt die Methode Putin nochmal?

Diese Wahlen waren jedoch alles andere als frei. Wahlbeobachter aus der EU wurden an der Einreise so lange gehindert, bis sie von sich aus darauf verzichteten. Oppositionelle wurden mitten im Wahlkampf verhaftet, darunter der berühmte Schachweltmeister *Garri Kasparow,* Wahlversammlungen der Konkurrenzparteien verhindert oder von den Staatsorganen aufgelöst.

An die „Wahlen“ totalitärer Staaten erinnert das Ergebnis in Tschetschenien: Bei einer Wahlbeteiligung von 99,5 % erhielt die Partei *Putins* von den abgegebenen Stimmen 99,36 %!

Doch nahezu unverändert sind die Probleme, mit denen das – nun wieder – autoritär regierte Russland zu kämpfen hat: ▶ Q. 3

- Unfähigkeit und Unwilligkeit – beides nicht unerklärlich nach siebzig Jahren sozialistischer Kommandowirtschaft – für den Markt und nicht nach Plan zu produzieren, sich an Konsumentenwünschen zu orientieren und nicht auf Befehle der Kommandozentrale zu warten. Völlig unbekannt ist das jedem westlichen Ökonomen geläufige Nutzen-Kosten-Denken. Häufig wird nicht einmal ansatzweise berechnet, ob eine bestimmte, Kosten verursachende Arbeit sich überhaupt „auszahlt“. Zum Beispiel: Die Republik Usbekistan, ein mittelasiatisches Land der GUS, besitzt keine Kenntnis, ob die volkswirtschaftlichen Kosten ihrer Goldförderung höher oder niedriger als der Erlös sind.

- Der Zusammenbruch der alten Ordnungsstrukturen, ohne dass neue bereits bestehen. Funktionierte wirtschaftliche Zusammenarbeit zwischen den Betrieben dank parteilicher Weisung auch mehr schlecht als recht, so garantierte sie wenigstens ein Minimum an Kooperation. Immer noch hatte der örtliche Parteisekretär die Möglichkeit, über formelle und informelle Verbindungen zur Moskauer Parteizentrale dafür zu sorgen, dass „sein“ Betrieb die dringend benötigten Ersatzteile bekam. Das Verbot und die Auflösung der KPdSU haben auch diesen Kanal verstopft.
- Im Verlauf des Jahres 1999 wurde immer deutlicher, dass die Milliardenbeträge an internationalen Krediten, die Russland vor allem aus dem von westlichen Steuermitteln finanzierten **Weltwährungsfonds** erhält, eben nicht zu Ertrag bringenden Investitionen in Russland selbst verwendet werden. Sie flossen vielmehr in unkontrollierte Kanäle einer Finanzmafia, die diese Gelder bei europäischen Banken, vor allem in der Schweiz, anlegten. Korruptionsverdacht wurde sogar gegen *Jelzin* selbst und seine Familie laut. Wohl nicht ohne Grund bestand die erste Amtshandlung von *Jelzins* Nachfolger in einem Dekret, das dem ehemaligen Präsidenten lebenslange Immunität und Freiheit vor Strafverfolgung zusagte.
- Europäische, vor allem deutsche Unternehmer, zunächst angelockt durch niedrige Löhne, ziehen sich von ihren Investitionen z. B. in St. Petersburg wieder zurück, weil die sogenannten **weichen Standortfaktoren** miserabel sind: kein Rechtsschutz, keine zuverlässigen Zulieferungen, Schikane und nackte Willkür bei der Erhebung von Einfuhrzoll mit der Begründung, Russland braucht Devisen.
- Rechtssicherheit im Geschäftsverkehr gilt als unabdingbare Voraussetzung für eine funktionsfähige Marktwirtschaft. Geldforderungen auf streng legalem Wege einzutreiben ist z. B. faktisch kaum möglich.

Weltwährungsfond

weiche Standortfaktoren

5.4.2 Die friedliche deutsche Revolution in der DDR

Niemand, kein Politiker, kein Wissenschaftler, auch nicht einer der sogenannten Ostexperten hat vorausgesagt, was im Juli 1989 mit der Flucht von DDR-Bürgern aus Ungarn über eine immer durchlässiger werdende Grenze nach Österreich begann und am 3. Oktober 1990 mit der Wiederherstellung der staatlichen Einheit Deutschlands endete.

Ausreisewelle

Noch im August 1989, als die große **Ausreisewelle** über die Botschaften in Prag und Budapest anlief, schrieb Theo Sommer, Chefredakteur der Wochenzeitung „Die Zeit“, dass doch wohl niemand ernsthaft daran denken könne, „das Gerippe der deutschen Einheit“ aus dem Schrank zu holen.

Vom 9. November 1989 an, als das SED-Politbüro-Mitglied *Günter Schabowski* auf einer Pressekonferenz eher beiläufig mitteilte, dass ab sofort alle DDR-Bürger ohne Genehmigung über alle Grenzstellen in die Bundesrepublik Deutschland und nach West-Berlin ausreisen könnten, beschleunigte sich das Tempo der Ereignisse fortlaufend.

Karikatur: Roland Beier, Berlin

Noch in der Nacht vom 9. auf den 10. November 1989 strömten Zehntausende nach West-Berlin, wo sich unbeschreibliche Szenen der Freude abspielten. Menschen, die oft nur einige hundert Meter voneinander entfernt wohnten und sich doch noch nie gesehen hatten, feierten und tanzten gemeinsam auf der Mauer, die plötzlich all ihren Schrecken verloren hatte.

Die Siegermächte des Zweiten Weltkriegs reagierten – mit Ausnahme der USA – zunächst zögerlich auf die deutsche Entwicklung. Aber längst hatte der Drang zur Einheit eine Eigendynamik entwickelt, die durch nichts und niemanden mehr zu stoppen war. Aus dem Ruf der Leipziger Demonstranten im Herbst „Wir sind das Volk“ war längst „Wir sind ein Volk“ geworden. Die Zeitgenossen spürten es: Was sie hier erlebten, war eine **Revolution**. Aber keine, bei der, wie so oft in der Geschichte, Blut floss, sondern eine friedliche.

Friedliche Revolution

Schritte zur Wiedervereinigung

Der vom damaligen Bundeskanzler *Helmut Kohl* im Dezember 1989 vorgelegte „Zehn-Punkte-Plan“ zur Schaffung „einer konföderierten Struktur“ wurde in beiden deutschen Staaten kaum diskutiert. Längst war die Entwicklung darüber hinweggegangen. Die Menschen in der DDR wollten die D-Mark und den damit verbundenen Wohlstand, beides war nur zu bekommen über die wirtschaftliche Einheit als Vorläufer der staatlichen.

Damals wurde der Satz geprägt: „Das Wort veraltet im Munde.“ Gemeint ist: Noch ehe ein Gedanke vollständig ausgesprochen wurde, war er durch die Beschleunigung der Ereignisse bereits überholt.

Montagsdemonstration in Leipzig

Am 18. März 1990 fanden in der DDR die ersten **freien Wahlen** statt, die zugleich die einzigen und letzten bleiben sollten. Das Ergebnis war eindeutig: Zwar errang die SED (umbenannt in PDS, d.h. Partei des Demokratischen Sozialismus) wider Erwarten 16,3 % – der Stimmen, aber rund 80 % – der Bürger wählten Parteien, die sich für die Schaffung der deutschen Einheit aussprachen.

Freie Wahlen
www.wiedervereinigung.de

Mit dem **Staatsvertrag** vom 18. Mai 1990 zur Schaffung einer „Währungs-, Wirtschafts- und Sozialunion“ zum 1. Juli 1990 wurde die erste juristische Grundlage für die deutsche Einheit gelegt.

Staatsvertrag

Der Name des Staatsvertrages ist allerdings irreführend. Er wurde mit Rücksicht auf die psychische Befindlichkeit der DDR-Bürger gewählt. Eine **Währungsunion** ist die Bildung einer neuen Währung aus zwei oder mehreren anderen, die damit abgeschafft werden wie z. B. bei der Einführung des EUR. Nur die Mark der DDR wurde 1990 ungültig, nicht dagegen die DM: Es wurde eben keine neue (dritte) Währung kreiert.

Währungsunion

Das Währungsgebiet der DM wurde auf das Gebiet der DDR ausgeweitet, wobei alle währungspolitischen Kompetenzen allein bei der Deutschen Bundesbank als Staatsbank der Bundesrepublik Deutschland in Frankfurt am Main verblieben.

Ähnlich ist es mit der **Wirtschafts- und Sozialunion**. Tatsächlich wurde von der DDR damit das Wirtschafts- und Sozialsystem der Bundesrepublik Deutschland übernommen mit der Folge, dass z. B. die (bisherige) Bundesrepublik für die Alimentation (Lebensunterhalt) der Arbeitslosen aufzukommen hatte, weil die DDR keine Arbeitslosenversicherung besaß.

Wirtschafts- und Sozialunion

Am 20. September 1990 stimmte die DDR-Volkskammer mit einer Mehrheit von 82,6 % dem Beitritt der DDR zur Bundesrepublik Deutschland gemäß Art. 23 Grundgesetz zu. Als einzige Fraktion stimmte die PDS geschlossen gegen den Beitritt und damit gegen die **Wiedervereinigung**.

Wiedervereinigung

Der Beschluss dürfte historisch einmalig sein. Ohne jeden äußeren Zwang, gedrängt allerdings von den selbstständig nicht mehr lösbaren Problemen im Innern, beschloss ein frei gewähltes Parlament die Auflösung des eigenen Staates.

www.gesetze-im-internet.de

Der Art. 23 GG hatte damals den seit Inkrafttreten des Grundgesetzes gleich gebliebenen, folgenden Wortlaut: „Dieses Grundgesetz gilt zunächst im Gebiet der Länder Baden, Bayern, Bremen, Groß-Berlin, Hamburg, Hessen, Niedersachsen, Nordrhein-Westfalen, Rheinland-Pfalz, Schleswig-Holstein, Württemberg-Baden, Württemberg-Hohenzollern. In anderen Teilen Deutschlands ist es nach deren Beitritt in Kraft zu setzen."

Einigungsvertrag

Ebenfalls am 20. September 1990 billigte die Volkskammer wiederum mit der erforderlichen Zweidrittelmehrheit (78,7%) den **Einigungsvertrag**, der am 31. August 1990 unterzeichnet worden war. 299 Abgeordnete stimmten bei einer Enthaltung zu. Die Gegenstimmen kamen wiederum geschlossen von der PDS und zudem von vielen Vertretern von Bündnis 90/Die Grünen. Im Bundestag votierten 442 Abgeordnete (= 89,8%) für den Einigungsvertrag, 47 stimmten mit „nein" und drei enthielten sich der Stimme.

Deutschlandvertrag

Die „Zwei-plus-Vier-Verhandlungen" zwischen den beiden deutschen Staaten sowie den ehemaligen Siegermächten USA, Großbritannien, Frankreich und Russland endeten mit einem kaum für möglich gehaltenen außenpolitischen Erfolg: Die UdSSR willigte ein, dass auch das wiedervereinigte Deutschland Mitglied der NATO bleiben konnte, und alle vier Siegermächte verzichteten auf sämtliche Vorbehaltsrechte. Der „Vertrag über die abschließende Regelung in Bezug auf Deutschland" – auch **Deutschlandvertrag** genannt – wurde am 12. September 1990 in Moskau von den vier Außenministern der ehemaligen Siegermächte, dem Bundesaußenminister *Hans-Dietrich Genscher* und dem Ministerpräsidenten der (noch) DDR unterzeichnet.

Auf den Namen „Zwei-plus-Vier-Verhandlungen" hat die deutsche Seite bestanden. Sie wollte damit deutlich machen, dass sie die Einladende zu den Verhandlungen ist und nicht etwa die ehemaligen Siegermächte die beiden deutschen Staaten herbeizitieren oder gar über sie zu Gericht sitzen. Die Vermeidung des Begriffs „Friedensvertrag" – wiewohl der Deutschlandvertrag völkerrechtlich einem solchen gleichsteht – geschah aus der Überlegung, dass zu einer solchen Friedenskonferenz alle 53 ehemals gegen das Hitlerreich Krieg führenden Staaten hätten geladen werden müssen. Es bedarf nicht viel Phantasie, um sich auszumalen, wie lange eine solche Mammutkonferenz gedauert und mit welchen Forderungen auf Kriegsentschädigung Deutschland konfrontiert worden wäre.

Mit diesem Vertrag endete auch der Sonderstatus Berlins. Die alliierten militärischen Stadtkommandanturen beendeten ihre Tätigkeit.

Nationalfeiertag

Nationalstaat

Um Mitternacht vom 2. auf den 3. Oktober 1990 hatte die DDR aufgehört zu existieren, seitdem gibt es nur noch einen deutschen Staat. Der 3. Oktober wurde zum **Nationalfeiertag**, diesmal zum wirklichen „Tag der Deutschen Einheit" erklärt. Ein neues Kapitel deutscher Geschichte begann, aber nicht als herkömmlicher **Nationalstaat**, sondern als Teil des europäischen Staatenverbundes.

Hierzu einige Auszüge aus der Rede des Bundespräsidenten *Richard von Weizsäcker* beim Staatsakt am 3. Oktober 1990 in Berlin:

„In der Präambel unserer Verfassung, wie sie nun für alle Deutschen gilt, ist das Entscheidende gesagt, was uns am heutigen Tag bewegt: In freier Selbstbestimmung vollenden wir die Einheit und Freiheit Deutschlands. Wir wollen in einem vereinten Europa dem Frieden der Welt dienen.
Gewalt und Unfreiheit haben nicht das letzte Wort behalten ... Das Ende offenbarte ein System, das

- die Grundsätze der Gleichheit bedenkenlos missachtete,

Brandenburger Tor, 10. November 1989

- die ökologischen Lebensgrundlagen skrupellos ruinierte,
- den katastrophalen Niedergang der Wirtschaft vorsätzlich verschleierte
- und Gefangene verkaufte, Terroristen ausbildete und mit verlogenen Feindbildern vor allem die Jugend täuschte.

Zu danken haben wir heute vor allem jenen Deutschen, die in der DDR den Mut aufbrachten, sich gegen Unterdrückung und Willkür zu erheben. „Wir sind das Volk", mit diesen vier einfachen und großen Worten wurde ein ganzes System erschüttert und zu Fall gebracht.
Wir haben den gemeinsamen Willen, die großen Aufgaben zu erfüllen, die unsere Nachbarn von uns erwarten."

Von vielen Zeitgenossen ist das Tempo der deutschen Wiedervereinigung kritisiert worden. Gewiss wäre ein langsames Zusammenwachsen, das einen Großteil der entstandenen Probleme leichter lösbar gemacht hätte, wünschenswert gewesen. Aber es ist wahrscheinlich, dass jedes Hinausschieben die Ausreisewelle verstärkt und damit die Wirtschaftsprobleme der DDR verschärft hätte. Die Aussicht, noch einmal zehn oder zwanzig Jahre warten zu müssen, um den westdeutschen Lebensstandard zu erreichen, hätte gerade junge und gut ausgebildete Menschen aus dem Land getrieben.

www.ddr-in-www.de

5.4.3 Ursachen für das Scheitern des DDR-Sozialismus

Das System des „**real existierenden Sozialismus**" ist gescheitert. Zu allen systembedingten Mängeln kommen noch – nicht zufällig – schwere menschliche Unzulänglichkeiten und Verfehlungen der Machthaber. Sie haben das „Kollektivunternehmen DDR" nicht nur in die Insolvenz getrieben, sondern den betrügerischen Bankrott verschuldet. Aber ausschlaggebend waren die intellektuellen und moralischen Defizite des Führungskaders für den völligen Zusammenbruch nicht. Auch ein besseres Management hätte die DDR nicht zu retten vermocht. Die Gründe für das Scheitern lassen sich folgendermaßen zusammenfassen:

Real existierender Sozialismus

- Schon theoretisch kann bewiesen werden, dass die sozialistische Planwirtschaft, wie sie in der DDR praktiziert wurde, einer marktwirtschaftlich orientierten Wettbewerbswirtschaft mit sozialer Absicherung unterlegen ist. Das subventionierte **Preissystem** führte in vielen Bereichen zur Verschwendung, z. B. der Energie im Haushalt oder von Brot, das billiger war als Schweinefutter und deshalb auch als solches eingesetzt wurde. Die Preise spiegelten keine Knappheitsverhältnisse wider, also kannte das System niemals seine wahren Kosten, mit denen es arbeitete. Die zentrale Wirtschaftslenkung war schwerfällig und ineffizient. Das **Außenhandelsmonopol** des Staates vermochte die Vorteile einer internationalen Arbeitsteilung nicht zu nutzen. Die Abschirmung vom Weltmarkt ließ selbst an sich Erfolg versprechende DDR-Unternehmen, wie z. B. das Elektronikkombinat Robotron, nie wettbewerbsfähig werden. Die Mark der DDR verkümmerte zum nur begrenzt einlösbaren inländischen Bezugschein.
- Die dogmatisierte Parteiideologie des **Marxismus-Leninismus** verhinderte jede Kreativität. Was nicht in das Raster der angeblichen gesetzlichen Entwicklung vom Kapitalismus über den Sozialismus zum Kommunismus passte, wurde im Namen der allein zur Interpretation berufenen Partei, sprich des Politbüros der SED, verworfen.
- In keinem anderen sozialistischen Staat waren die Menschen so sehr dem Widerspruch zwischen Anspruch und Wirklichkeit ausgesetzt. Westfernsehen und ab 1972 Besuche von Verwandten und Bekannten aus der Bundesrepublik vermittelten praktisch jedem Bürger der DDR das – überhöhte – bessere Bild vom „goldenen Westen". Die Jungen und Mädchen lernten in der Schule, dass der Kapitalismus zum Untergang verurteilt sei, und wussten doch genau, dass ihre Eltern begierig auf jede

Preissystem

Außenhandelsmonopol

Marxismus-Leninismus

Plakatwand zur DDR-Zeit in Ostberlin

kapitalistische Westmark waren. Sie hörten von der kapitalistischen Dekadenz, wie sie sich etwa in der Mode zeige, und warteten doch voller Ungeduld auf den Westbesuch, der die heiß begehrten Jeans mitbrachte.

- Die DDR lebte von der Substanz. Sie re-investierte mangels Kapitalbildung zu wenig. In fast allen DDR-Betrieben musste mit Maschinen gearbeitet werden, die 50 Jahre und älter waren. Werkzeugmaschinen aus dem Jahr 1913 oder Textilfabriken, die noch 1990 mit dem 1924 angeschafften Maschinenpark arbeiteten, waren keine Seltenheit.

Wettkampf der Systeme

- Der „**Wettkampf der Systeme**“, wie ihn die DDR-Führung propagierte, fand in Wirklichkeit nie statt, sondern war zu einem hoffnungslosen Hinterherlaufen in allen wirtschaftlichen Sektoren geworden. Auch dringend erforderliche Umweltschutzmaßnahmen konnten nicht finanziert werden, sodass die DDR vor allem auf einem Gebiet führend war: **Umweltverschmutzung**. In einigen Bezirken, z. B. in und um Bitterfeld, Leipzig, Dresden oder Pirna, lag die Schadstoffbelastung z. T. über dem Zehnfachen der in der Bundesrepublik Deutschland bis dahin geltenden Höchstwerte.

Umweltverschmutzung

- Die Masse der Menschen in der DDR wurde zunehmend demotiviert. Sie sah, dass alle Bemühungen, alle Anstrengungen vergeblich blieben. Immerhin blickte ihnen zwar nicht die nackte Not, aber der tägliche Mangel ins Auge. Bis zu 14 Jahre Lieferzeit für ein längst museumsreifes Auto wie den Trabant mussten in Kauf genommen werden, es gab kaum frisches Gemüse, so gut wie nie Südfrüchte und selbst die Beschaffung einer Glühlampe konnte zum Problem werden. Die Verbitterung wuchs und ist bis heute geblieben. „Wir haben doch auch gearbeitet, wir waren doch nicht faul“, sagen sie mit einem neidisch-ärgerlichen Blick auf ihre „Brüder und Schwestern“, die in Wirklichkeit – gemessen an der tariflichen Arbeitszeit – sogar wesentlich weniger gearbeitet haben und vor allem viel mehr Urlaub genossen.
- Es begann der Teufelskreis: weniger Arbeitsmotivation = geringe Leistung = knappes Angebot = schwache Bedarfsdeckung = verringerte Arbeitslust.
- Seit 1980 war die DDR im Grunde international bereits zahlungsunfähig. Sie musste DM-Schulden aufnehmen, um auch nur die Zinsen für die Verbindlichkeiten bei den „nichtsozialistischen Ländern" zu begleichen und die dringendsten Westeinfuhren bezahlen zu können, damit der Bevölkerung – gemessen an der Bundesrepublik – wenigstens ein bescheidener Konsumstandard erhalten blieb. 1983 vermittelte beispielsweise der damalige bayerische Ministerpräsident *Franz-Josef Strauß* (1915–1988) einen Kredit über eine Milliarde D-Mark (511 Millionen EUR).
  In einer internen SED-Dokumentation von 1985 wird dem Politbüro vorgerechnet, dass allein für den Schuldendienst, also ohne Nettotilgung, sich der Export der DDR in die „kapitalistischen“ Staaten binnen zehn Jahren verdoppeln musste. Das aber sei nur möglich, wenn der Lebensstandard der Bevölkerung um rund 25 % gesenkt würde. Das erschien der Spitze des Politbüros politisch untragbar. Starr hielt *Erich Honecker* bis zum bitteren Ende an dem Grundsatz der „Einheit von Wirtschafts- und Sozialpolitik“ fest. Die DDR leistete sich sozial mehr, z. B. die billigen Wohnungen, als sie sich volkswirtschaftlich leisten konnte. Nicht unwissend, aber unfähig, eine Änderung herbeizuführen, trieb die DDR-Staatsführung in ihren eigenen Untergang. Sie wusste nicht mehr, was noch getan werden konnte, um das ökonomische Desaster abzuwenden, und ergab sich nicht zuletzt deshalb kampflos der „Wende“.

Reformpolitik

- Nicht Grund, aber entscheidender Anlass war die **Reformpolitik** *Michail Gorbatschows.* Ohne den von ihm initiierten Reformprozess mit der daraus ungewollt folgenden Erosion des gesamten Ostblocks hätte auch die deutsche Revolution nicht begonnen. Die Sowjetunion wollte den Abbau der Spannungen, weil sie ihn brauchte, um wirtschaftliche Hilfe aus dem Westen zu bekommen. Die DDR verlor ihre Bedeutung als strategisches Vorfeld und wurde für die UdSSR zur vernachlässigbaren Größe. Damit war das Schicksal der DDR besiegelt. Nicht noch einmal rollten – wie am 17. Juni 1953 – sowjetische Panzer gegen demonstrierende Arbeiter. Die sowjetischen Truppen erhielten in den revolutionären Tagen im Oktober und November 1989 den strikten Befehl, in den Kasernen zu bleiben und sich nicht einzumischen. Wie ein Kartenhaus brach die so fel-

Der 3. Oktober 1990 vor dem Reichtagsgebäude in Berlin

senfest geglaubte SED-Herrschaft zusammen, am wenigsten fassbar gerade für ihre Anhänger. Die DDR ist nie von außen „besiegt" worden, niemand hat sie je militärisch bedroht oder gar angegriffen. Sie ist an ihren eigenen Systemfehlern zugrunde gegangen. Die DDR ist implodiert, denn es gab Ende 1989 nichts, was sie aus eigener Kraft hätte stützen können. Deshalb mussten auch alle Versuche um die Jahreswende 1989/90 scheitern, eine „neue DDR", diesmal mit einem Sozialismus „menschlichen Antlitzes", zu errichten.

Aus einem Essay von Leonid Luks zur Reform in der UdSSR

▶ QUELLE 1

Als Michael Gorbatschow zu Beginn der Perestroika verkündete: „Wir brauchen die Demokratie wie die Luft zum Atmen", läutete er das Ende des Bolschewismus ein. Denn das demokratische Prinzip, das die Bolschewiki aus ihren Staatsstrukturen verbannt hatten, musste das auf lückenlose Kontrolle programmierte kommunistische System aus den Angeln heben. So grenzt es an ein Wunder, dass die ans Herrschen gewohnte Parteibürokratie die Etablierung der ersten Ansätze für eine zivile Gesellschaft, wenn auch unter heftigen Protesten, zunächst zuließ. Das kommunistische Staatsgebäude erhielt einen Riss, der im Laufe der Zeit immer tiefer wurde. Beide Strukturen – das angeschlagene kommunistische Kommandosystem und die noch äußerst schwachen demokratischen Einrichtungen – speisten sich aus völlig unterschiedlichen legitimatorischen Quellen, und daher konnten sie miteinander nicht kooperieren.

(Aus Politik und Zeitgeschichte, Heft 44–45/2007, S. 5)

1. **Worin liegt nach dieser Quelle das Kernproblem Russlands?**
2. **Was könnte der Verfasser mit den „unterschiedlichen legitimatorischen Quellen" (Z. 17 f.) gemeint haben?**

Redakteur Werner Adam: Der Reichtum der Oligarchen

▶ QUELLE 2

Seinen Anfang genommen hatte alles unter Michael Gorbatschow. [...] Die „roten Diktatoren" kauften, um zwei der lukrativsten Erzeugnisse zu nennen, in den von ihnen geleiteten Staatsunternehmen Ölprodukte und Metalle zu billigen, von der Regierung festgesetzten und kontrollierten Preisen auf, besorgten sich von willigen und entsprechend entlohnten Bürokraten Exportlizenzen [...] und verkauften das Ganze ins Ausland zu Weltmarktpreisen. [...]

Jelzin entschloss sich Ende 1992, die Privatisierung der maroden Staatsindustrie in Angriff zu nehmen. [...] Der staatliche Besitz sollte ganz einfach auf die jeweilige Belegschaft samt Management übergehen, die somit persönlichen Anteil am Erfolg ihrer Betriebe bekommen sollten. [...] Und da alles höchst demokratisch zugehen sollte, gab die Regierung 144 Millionen Bezugscheine aus, die nahezu jeden Bürger des Landes berechtigten, Anteile an privaten Unternehmen zu erstehen. Bei alldem wurde freilich übersehen, dass Russland noch keineswegs ein Rechtsstaat war (er ist bis heute noch keiner). Jedenfalls ließen sich die Betriebsdirektoren Anrechtsscheine ihrer Belegschaften kurzerhand abtreten, und schon bald befand sich ein Großteil des lukrativen Volksvermögens in den Händen weniger, smarter Geschäftemacher.

(Werner Adam, in: Frankfurter Allgemeine Zeitung vom 3.11.2003, zitiert nach Informationen zur Politischen Bildung, Heft 281/2003, S. 19)

1. **Wie entstand die kleine Schicht der Oligarchen?**
2. **Auf welcher Voraussetzung beruhte diese Möglichkeit der Bereicherung?**
3. **Welche Kontrollinstanzen fehlen?**

Neue mögliche Konfliktlinien

▶ QUELLE 3

Der Triumph der Freiheit über die Unfreiheit darf nicht darüber hinwegtäuschen, dass er mehr bewirkte als nur den Zusammenbruch der Sowjetunion und ihrer Herrschaftsform. Er führte auch zur Auflösung des viel älteren Russischen Reiches, und damit verlor Russland Gebiete wie die Ukraine und Weißrussland, auch die baltischen Länder, die es großenteils seit Jahrhunderten besessen hatte. Eine solche Auflösung war im Ersten Weltkrieg und nach der Revolution von 1917 schon einmal erfolgt und dann wieder rückgängig gemacht worden. Der Stalinsche Expansionismus war weithin eine Revision der Niederlagen, die Russland am Anfang des Jahrhunderts, 1905 auch gegenüber Japan erlitten hatte. In langer Perspektive war die Sowjetunion ein Russisches Reich in anderer Ausprägung. Es kann daher nicht ausgeschlossen werden, dass der Versuch einer Wiederherstellung erneut unternommen wird. Das kann zusammen mit der ganz unsicheren inneren Entwicklung Russlands zu neuen Konflikten im Osten Europas führen, die auch Deutschland und den westlichen Teil des Kontinents nicht unberührt lassen mögen.

(Eberhard Jäckel: Das deutsche Jahrhundert. Deutsche Verlags-Anstalt), Stuttgart 1998, Seite 355f.)

1. **Welche möglichen Konflikte befürchtet der Autor?**
2. **Worin könnten die Ursachen dafür liegen?**
3. **Gibt es Ihrer Meinung nach bereits Anzeichen für eine Revision der Folgen des kommunistischen Zusammenbruchs?**

▶ QUELLE 4 Auszug aus dem Vertrag über die Schaffung einer Wirtschafts-, Währungs- und Sozialunion zwischen der Bundesrepublik Deutschland und der Deutschen Demokratischen Republik 18.5.1990

Artikel 1

[...] (2) Die Vertragsparteien bilden beginnend mit dem 1. Juli 1990 eine Währungsunion mit einem einheitlichen Währungsgebiet und der Deutschen Mark als gemeinsamer Währung. Die Deutsche Bundesbank ist die Währungs- und Notenbank dieses Währungsgebietes. [...]

(3) Grundlage der Wirtschaftsunion ist die Soziale Marktwirtschaft als gemeinsame Wirtschaftsordnung beider Vertragsparteien. Sie wird bestimmt durch Privateigentum, Leistungswettbewerb, freie Preisbildung und grundsätzliche Freizügigkeit von Arbeit, Kapital, Gütern und Dienstleistungen. [...]

Artikel 2

(1) Die Vertragsparteien bekennen sich zur freiheitlichen, demokratischen, föderativen, rechtsstaatlichen und sozialen Grundordnung.

(2) Entgegenstehende Vorschriften der Verfassung der Deutschen Demokratischen Republik über die Grundlagen ihrer bisherigen sozialistischen Gesellschafts- und Staatsordnung werden nicht mehr angewendet.

(zitiert nach: Das Parlament. Sonderausgabe Wiedervereinigung 28/2000, S. 18)

Inwiefern wird bereits mit diesem Vertrag, auch 1. Staatsvertrag genannt, das Wirtschafts- und Gesellschaftssystem der DDR umgewälzt, also revolutioniert?

▶ QUELLE 5 Auszug aus dem Einigungsvertrag vom 31. August 1990

Die Bundesrepublik Deutschland und die Deutsche Demokratische Republik sind übereingekommen, einen Vertrag über die Herstellung der Einheit Deutschlands mit den nachfolgenden Bestimmungen zu schließen:

Artikel 1

(1) Mit dem Wirksamwerden des Beitritts der Deutschen Demokratischen Republik zur Bundesrepublik Deutschland gemäß Artikel 23 des Grundgesetzes am 3. Oktober 1990 werden die Länder Brandenburg, Mecklenburg-Vorpommern, Sachsen, Sachsen-Anhalt und Thüringen Länder der Bundesrepublik Deutschland. [...]

(2) Die 23 Bezirke von Berlin bilden das Land Berlin.

Artikel 2

(1) Hauptstadt Deutschlands ist Berlin. Die Frage des Sitzes von Parlament und Regierung wird nach der Herstellung der Einheit Deutschlands entschieden.

(2) Der 3. Oktober ist als Tag der deutschen Einheit gesetzlicher Feiertag.

(zitiert nach: Das Parlament. Sonderausgabe Wiedervereinigung 28/2000, S. 20)

Fassen Sie die zentralen Punkte des Einigungsvertrages in einer Mindmap zusammen.

Auszug aus dem Vertrag über die abschließende Regelung in Bezug auf Deutschland vom 12. September 1990 (Deutschlandvertrag)

▶ QUELLE 6

Die Bundesrepublik Deutschland, die Deutsche Demokratische Republik, die Französische Republik, die Union der Sozialistischen Sowjetrepubliken, das Vereinigte Königreich von Großbritannien und Nordirland und die Vereinigten Staaten von Amerika sind [...] wie folgt übereingekommen.

Artikel 1
(1) Das vereinte Deutschland wird die Gebiete der Deutschen Demokratischen Republik und der Bundesrepublik Deutschland und ganz Berlin umfassen. Seine Außengrenzen werden die Grenzen der Deutschen Demokratischen Republik und der Bundesrepublik Deutschland sein und werden am Tage des Inkrafttretens dieses Vertrags endgültig sein. [...]
(3) Das vereinte Deutschland hat keinerlei Gebietsansprüche gegen andere Staaten und wird solche auch nicht in Zukunft erheben.
(4) [...] dass die Verfassung des vereinten Deutschlands keinerlei Bestimmungen enthalten wird, die mit diesen Prinzipien unvereinbar sind. Das gilt entsprechend für die Bestimmungen, die in der Präambel und in den Artikeln 23 Satz 2 und 146 des Grundgesetzes der Bundesrepublik Deutschland niedergelegt sind.

Artikel 6
Das Recht des vereinten Deutschlands, Bündnissen mit allen sich daraus ergebenden Rechten und Pflichten anzugehören, wird von diesem Vertrag nicht berührt.

Artikel 7
(1) Die Französische Republik, die Union der Sozialistischen Sowjetrepubliken, das Vereinigte Königreich von Großbritannien und Nordirland und die Vereinigten Staaten von Amerika beenden hiermit ihre Rechte und Verantwortlichkeiten in bezug auf Berlin und Deutschland als Ganzes. [...]
(2) Das vereinte Deutschland hat demgemäß volle Souveränität über seine inneren und äußeren Angelegenheiten.

(zitiert nach: Das Parlament. Sonderausgabe Wiedervereinigung 28/2000, S. 44)

1. **Warum kann der Deutschlandvertrag, das Ergebnis der Zwei-plus-Vier-Verhandlungen, einem Friedensvertrag gleichgestellt werden?**
2. **Der Vertrag wird auch als Stichtag für das Ende der Nachkriegszeit betrachtet. – Wieso?**

Aufgabenvorschläge

1. Besorgen Sie sich (z. B. Probeexemplare übers Internet) west- und ostdeutsche Provinz- und Lokalzeitungen. Welche Unterschiede fallen Ihnen auf?
2. Vergleichen Sie die deutsche „Währungsunion“ mit der Europäischen Währungsunion und deren gemeinsamer Währung, dem EURO.
3. Diskutieren Sie die Gründe für den Untergang der UdSSR und der DDR.
4. Das Wort „historisch“ ist im Zusammenhang mit der deutschen Revolution von 1989 oft gebraucht worden. – Welche Ereignisse verdienen Ihrer Meinung nach diese Bezeichnung?
5. Die deutsche Revolution fand genau 200 Jahre nach der französischen von 1789 statt. Stellen Sie beide Revolutionen vergleichend gegenüber und untersuchen Sie Ursachen, Ausbruch, Verlauf und Ergebnis beider Revolutionen.
6. Sammeln Sie Fotos, Artikel und Berichte über die derzeitige Situation in Russland und erstellen Sie eine Wandzeitung oder eine Collage.
7. Listen Sie stichwortartig alle Gründe auf, die Ihrer Ansicht nach zum Zusammenbruch der DDR geführt haben.
8. Erstellen Sie eine tabellarische Übersicht, worin sich – abgesehen von den geografischen Grenzen und der Bevölkerungszahl – die Bundesrepublik Deutschland von 1989 von der heutigen unterscheidet.

6 Internationale Zusammenarbeit

Das Recht ohne Macht ist machtlos.
Die Macht ohne Recht ist tyrannisch.
Also muss man dafür sorgen,
dass das, was Recht ist, mächtig ist,
und das was mächtig ist, gerecht sei.
Der französische Philosoph Blaise Pascal (1623–1662)

6.1 Sicherheitspolitik im Zeichen der Globalisierung

SCHLÜSSELDATEN

1945	Gründung der UNO
1949	Gründung der NATO
1955	Bundesrepublik Deutschland wird NATO-Mitglied
1956	Aufbau der Bundeswehr: Wehrpflicht
1973	Bundesrepublik und DDR werden Mitglieder der UNO
1975	Konferenz für Sicherheit und Zusammenarbeit (KSZE) in Helsinki
1999	Kosovo-Konflikt: erster Kampfeinsatz der Bundeswehr
2001	Terroranschlag auf das World Trade Center: erstmalige Ausrufung des NATO-Verteidigungsfalles
2001	Afghanistan-Krieg der USA und ihrer Verbündeten, u. a. Deutschland

Das Ende der Geschichte

Nach dem Zusammenbruch der Sowjetunion und der Selbstauflösung des Gegenstücks zur NATO, des Warschauer Pakts, verkündete 1992 der US-amerikanische Politikwissenschaftler *Francis Fukuyama* **„Das Ende der Geschichte"**. Auf den ersten Blick schien das auch so. Waren nicht alle sozialistischen Versuche weltweit kläglich gescheitert? Wandten sich nicht die Staaten aus der kommunistischen Welt Hilfe suchend an den kapitalistischen „Klassenfeind" – allen voran die DDR, die im Januar 1990 die damalige Bonner Republik um Soforthilfe von mehreren Milliarden DM bat, um den drohenden Kollaps abzuwenden? Schien nicht die Gefahr, dass der schon seit 1985 schwächer werdende Kalte Krieg in einen heißen umkippen könnte, endgültig gebannt? Würden sich jetzt nicht weltweit Menschenrechte, Demokratie im westlichen Sinne und das ökonomisch erfolgreichere System der kapitalistischen Marktwirtschaft, wenn auch in jeweils anderer Ausprägung, durchsetzen?

Die Entwicklung ist seitdem weitgehend anders verlaufen. Wieder einmal zeigte sich, dass alle Versuche, der Geschichte eine Art gesetzmäßigen, vom Menschen erkennbaren Verlauf zuzuordnen, scheitern. „Es gibt keinen Gang der Geschichte, es sei denn, den ins Verderben", könnte der Pessimist mit *Theodor W. Adorno* seufzen.

Kalter Krieg

Abschreckungsstrategie

In den Jahrzehnten des **Kalten Krieges** standen sich zwei mit modernsten Massenvernichtungswaffen ausgerüstete Gegner von annähernd gleicher Stärke gegenüber. Jedenfalls wusste jeder von ihnen, dass ein Angriff auch zur Eigenvernichtung führen würde. „Wer zuerst schießt, stirbt als zweiter", war die unausgesprochene Kurzformel der **Abschreckungsstrategie**, die mindestens Europa jahrzehntelang den Frieden – oder negativ formuliert: den Nichtkrieg – gesichert hat. Warum? Weil beide Seiten rational kalkulierten, weil weder in Washington noch in Moskau religiöse Fanatiker die Hand am Abzugshebel der Vernichtungsmaschinerie hielten. Gegen die potenziellen Selbstmordattentäter von heute scheinen Abschreckungsdrohungen dagegen wirkungslos zu sein: Selbst die mächtigste Militärmacht der Welt ist als Schutzmacht ohnmächtig gegen selbstmörderische Anschläge, wie sich im Wortsinne schlagartig am 11. September 2001 gezeigt hat. Seit diesem „nine-eleven" ist in der internationalen Sicherheit nichts mehr so, wie es früher war.

Trauma 11. September 2001: Rauchende Trümmerberge nach den islamistischen Terroranschlägen auf die Türme des World Trade Centers in New York

Die Welt ist seit der Jahrtausendwende nicht sicherer, sondern unsicherer geworden. Die Bedrohung des Einzelnen – beinahe unabhängig davon, wo er sich aufhält – hat zugenommen. Der internationale **Terrorismus**, durch den jeder von uns das unschuldige Opfer eines Anschlages werden kann, hat längst viele kleine Siege errungen. Man denke nur an die verschärften Personenkontrollen am Flughafen, die viel Zeit und Geld kosten.

Grob lassen sich zwei Arten von Terrorismus unterscheiden:

▶ Q. 1

Terrorismus

Ethno-nationaler Terrorismus

Der **ethno-nationale Terrorismus**, bei dem es nicht um die Durchsetzung einer Religion oder Weltanschauung geht, sondern um praktische politische Forderungen, etwa die Separation vom Zentralstaat.
Beispiele: nordirische IRA und baskische ETA

Demonstration für Bin Laden in Pakistan

Ideologisch-weltanschaulicher Terrorismus

Der **ideologisch-weltanschauliche Terrorismus**. Er tritt einmal sozialrevolutionär auf, um die bestehende Wirtschafts- und Gesellschaftsordnung grundlegend zu ändern.
Beispiel: RAF in der alten Bundesrepublik in den 70er- und 80er-Jahren des vorigen Jahrhunderts
Oder – gegenwärtig die größte Bedrohung – dieser Terrorismus ist religiös-ideologisch motiviert wie der Terrorismus islamistischer Gruppen.
Beispiel: Netzwerk Al-Kaida

Auch die Zahl der Kriege und bewaffneten Konflikte steigt wieder.

Die „neuen Kriege" zeichnen sich durch folgende Merkmale aus:

▶ Q. 2

Entstaatlichung

1. **Entstaatlichung:** Nicht mehr Staaten stehen sich als Feinde gegenüber, sondern kleine, auch ethnische Gruppen kämpfen gegeneinander oder gegen einen Staat mit seiner Regierungsgewalt, oft im eigenen Land (Bürgerkrieg).

Asymmetrisierung

2. **Asymmetrisierung:** Nicht mehr gleichartige und wenigstens annähernd ähnlich starke Gegner kämpfen gegeneinander, sondern völlig unterschiedliche Kriegsparteien wie etwa die USA gegen die Taliban in Afghanistan.

Autonomisierung

3. **Autonomisierung:** Der Krieg beginnt sich zu verselbstständigen. Man kann oft nicht genau sagen, wann er begonnen hat und wann er zu Ende ist. Es gibt keinen Gegner mehr, der regulär kapitulieren kann, so z. B. im Irakkrieg, bei dem US-Präsident Bush nur das „Ende der Kampfhandlungen" verkünden konnte, nicht aber einen Waffenstillstands- oder gar Friedensvertrag mit dem Irak.
   Der „Kleine Krieg" (Guerilla) war früher etwa als Partisanenkrieg eine Begleiterscheinung des großen Krieges, jetzt ist er selbstständig.

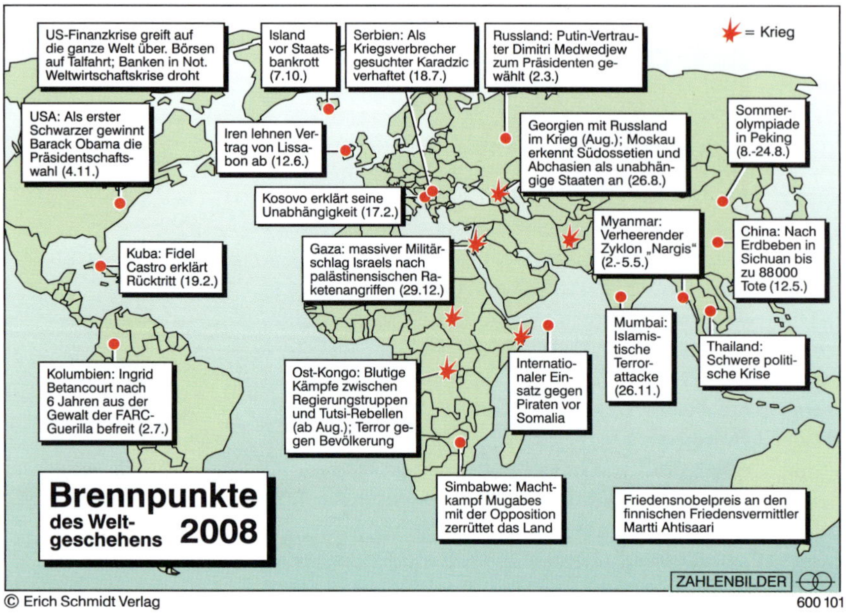

© Erich Schmidt Verlag

4. **Verbilligung**: Zeichneten sich die Kriege des 20. Jahrhunderts noch durch einen gewaltigen Materialaufwand und schwere Verluste auf beiden Seiten aus, so sind die modernen Kriege relativ billig. Die Waffen sind leicht zu beschaffen, die materiellen Kriegskosten für die Bürgerkriegsgruppen vergleichsweise gering.
5. **Selbstaufopferung:** Während der gesamten Zeit des Kalten Krieges galt das Prinzip der gegenseitigen Abschreckung als ein Instrument zur Stabilisierung des Friedens durch ein (labiles) Gleichgewicht, weil kein rational handelnder Staatsmann einen Krieg beginnen wollte, der zur eigenen Vernichtung führen würde. Bei Terroristen wie Selbstmordattentätern und Warlords wirkt das Abschreckungsprinzip nicht mehr. Es gibt also keine Vorbeugung gegen kriegerische Aktionen.

Verbilligung
Selbstaufopferung

6.1.1 Die Rolle der UNO

www.un.org
UNO
Charta der Vereinten Nationen

Die **UNO** (United Nations Organization) geht zurück auf eine Initiative des US-Präsidenten *Franklin D. Roosevelt*. Am 26. Juni 1945 unterzeichneten 51 Gründerstaaten – zurzeit (Stand: 2009): 192 Mitglieder – die **Charta der Vereinten Nationen**. Hauptzweck und höchstes Ziel ist die Erhaltung des Friedens und der internationalen Sicherheit.

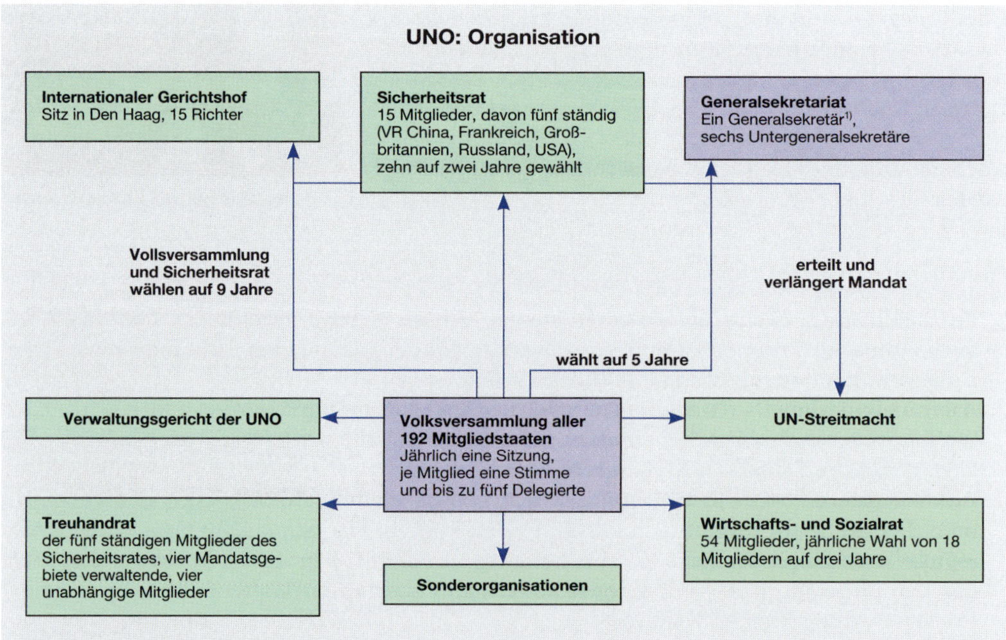

[1] Der UNO-Generalsekretär ist von den Entscheidungen des Weltsicherheitsrats abhängig

Ständige Mitglieder
Auflösendes Vetorecht

Entscheidendes Organ für die Friedenssicherung ist der Sicherheitsrat, dessen fünf **ständige Mitglieder** (USA, Russland, Frankreich, Großbritannien, China) ein **auflösendes** (definitiv verhinderndes) **Vetorecht** genießen.

Der Sicherheitsrat verfügt über ein ganzes Bündel von Maßnahmen, allerdings höchst unterschiedlicher Wirkung, um Konflikte beizulegen. Diese reichen von Untersuchungen über Empfehlungen (Resolutionen), bis hin zu Maßnahmen in Gestalt von Wirtschaftssanktionen und dem Abbruch der diplomatischen Beziehungen. Als schärfste Waffe kann der Sicherheitsrat Truppen entsenden, allerdings nur soweit, als diese nationalen Truppenkontingente von den Mitgliedstaaten gestellt werden. Über eigene bewaffnete Streitkräfte verfügt der **Generalsekretär**, das höchste Exekutivorgan der UNO, nicht.

Generalsekretär

Friedensmissionen

Die vielfältigen **Friedensmissionen** der UNO zeigen zugleich Macht und Ohnmacht der Weltorganisation. Die UNO hat weder das Recht noch die Möglichkeit, die Souveränität eines Landes gegen dessen Willen anzutasten oder sich in „innere Angelegenheiten“ eines Staates einzumischen. Dennoch wird kein Mitglied Beschlüsse der UNO völlig unbeachtet lassen können, sodass zumindest mittelfristig erheblicher politischer und auch moralischer Druck ausgeübt werden kann.

Siehe als Beispiel die Resolution Nr. 234 (1967) aus Anlass des sogenannten Sechstagekriegs zwischen Israel und Ägypten.

Zum ersten Mal in seiner Geschichte war sich der Sicherheitsrat einig, Sanktionen gegen einen Mitgliedsstaat zu verhängen, als der Irak im August 1990 Kuwait überfiel und seinem Staatsgebiet anschloss. Unter Führung der Vereinigten Staaten wurden UNO-Truppen an den Golf entsandt, ein Handelsembargo verhängt und eine Luftblockade gegen den Irak beschlossen.

Krieg

Die Grenzen zwischen Kriegen und bewaffneten Konflikten sind definitorisch nicht immer leicht zu ziehen. Nach vorherrschender Meinung kann von einem **Krieg** dann gesprochen werden, wenn er die drei folgenden Merkmale erfüllt:

- Bei den Kämpfen sind zwei oder mehr bewaffnete Einheiten beteiligt, bei denen es sich mindestens bei einer Seite um reguläre Streitkräfte handeln muss.
  Beispiel: Der Irakkrieg im Jahre 2003
- Auf beiden Seiten muss es ein Mindestmaß an zentral gelenkter Kriegsführung geben. Das schließt einen Partisanen- und Antiterrorkrieg ein.
  Beispiele: Israel – Palästina seit 2000 und Afghanistan seit 2001
- Die Kampfhandlungen erfolgen mit einer gewissen Kontinuität und werden nicht länger als ein Jahr unterbrochen.
  Beispiel: Russland – Tschetschenien seit 1999

Bewaffnete Konflikte

Bewaffnete Konflikte sind gewaltsame Auseinandersetzungen, bei denen nicht alle genannten Merkmale der Kriegsdefinition erfüllt sind.
Beispiel: Angola seit 2002

Europa, insbesondere Deutschland, ist seit Jahrzehnten von militärischen Auseinandersetzungen verschont geblieben, aber weltweit besteht – historisch gesehen – der Normalzustand: Kriege und Konflikte sind die Regel, der Frieden ist die Ausnahme.

Nach einer Untersuchung der Universität Hamburg fanden im Jahr 2006 weltweit 29 Kriege und 15 bewaffnete Konflikte statt, die meisten in Asien und Afrika.

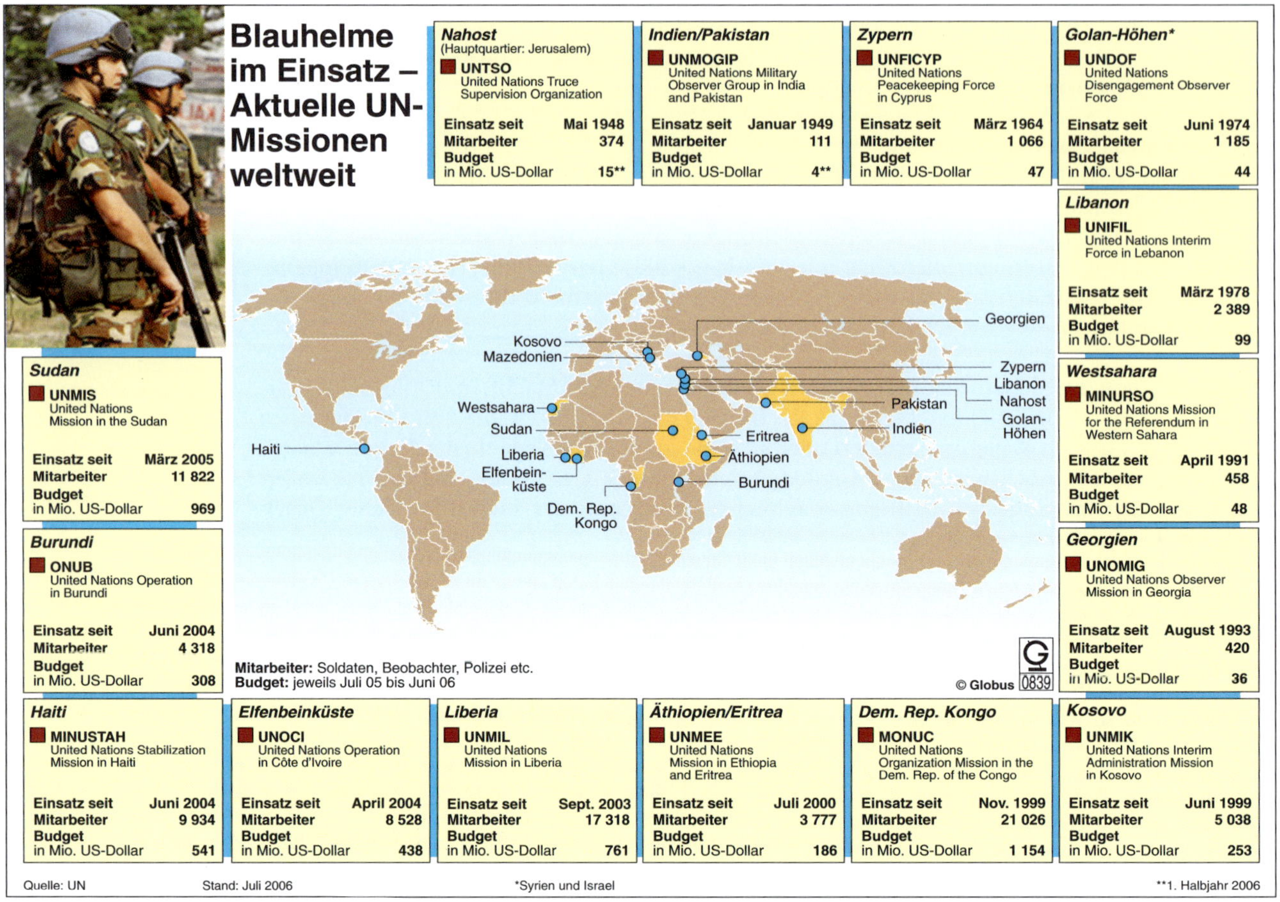

Bundeswehr

Seit der Wiedervereinigung herrscht in Deutschland politisch weitgehend Einigkeit, dass die Bundesrepublik keine Sonderrolle mehr spielen kann. Ende 2008 war die **Bundeswehr** mit 7 400 Soldaten an mehr als einem Dutzend Auslandseinsätzen beteiligt; davon mit 2 780 allein im Kosovo und 4 500 in Afghanistan. Insgesamt hat die Bundeswehr bei allen bisherigen Auslandseinsätzen fast 70 Tote zu beklagen.

Mit dem Ende der Blockkonfrontation stieg die Zahl der UN-Friedensmissionen sprunghaft an. Allein zwischen 1988 und 1992 wurden mehr Operationen begonnen als in den rund 45 Jahren seit Gründung der UN.

6.1.2 Die Rolle der EU in der NATO

▶ Q. 4
www.nato.int

Die NATO (= North Atlantic Treaty Organization) wurde 1949 als Verteidigungsbündnis gegründet. Sie umfasst nach dem Zerfall des Ostblocks inzwischen (Stand: 2009) 28 Staaten. Viele ehemalige Gegner aus der 1991 aufgelösten Warschauer Paktorganisation sind inzwischen Bündnispartner.

Kollektive Verteidigung

Wichtigste Bestimmung des NATO-Vertrages ist der Art. 5, weil in ihm das Prinzip der **kollektiven Verteidigung** begründet wird. Der Vertrag kennt keine automatische Beistandspflicht. Jedes Mitgliedsland kann frei entscheiden, auf welche Weise es dem angegriffenen Verbündeten Unterstützung gewährt. Theoretisch könnte die Hilfspalette von einer Solidaritätsadresse über Sanitätshilfe bis zum militärischen Kampfeinsatz reichen.

Nach dem Ende des Kalten Krieges und damit dem Ende der Gefahr einer großen kriegerischen Auseinandersetzung zwischen Ost und West hat die NATO ein neues strategisches Konzept entwickelt, das sich in den Einsätzen der letzten 15 Jahre widerspiegelt.

1. Kampfeinsätze im Rahmen eines Mandats der Vereinten Nationen, wie z. B. im Krieg gegen den Irak 1991
2. Blauhelm-Einsätze (peace-keeping), also friedenssichernde Maßnahmen wiederum im Rahmen eines UN-Mandates, z. B. die SFOR (Stabilization Force) in Bosnien-Herzegowina
3. Nicht-mandatierte peace-keeping-Einsätze aufgrund eines von einer Konfliktpartei ausgesprochenen Ersuchens an die NATO, z. B. in Mazedonien 2001
4. Selbstmandatierung militärischer Einsätze zur Erzwingung eines Friedens, z. B. im Kosovo-Krieg von März bis Juni 1999
5. Militärische Einsätze aufgrund eines Angriffs auf einen der Bündnispartner. Dieser Bündnisfall wurde in der Geschichte der NATO erstmals am 02. Oktober 2001 nach den Terroranschlägen vom 11. September ausgerufen. Die anschließenden Luftangriffe erfolgten allerdings nicht als NATO-Einsatz, sondern waren geleitet von einer Koalition unter Führung der USA.

Die NATO kann zweifellos als eine der erfolgreichsten Militärorganisationen in die Weltgeschichte eingehen. Sie hat einen Sieg über ihren ursprünglichen Gegner, die UdSSR und ihre Satellitenstaaten, errungen, der 1949 Anlass für die Gründung des Bündnisses war, ohne auch nur einen einzigen Schuss abgegeben zu haben.

www.natonews.com

Die EU spielt innerhalb der NATO bisher jedoch nur eine bescheidene Rolle. Schmerzlich musste sie erleben, dass sie bei ihren Lufteinsätzen im **Kosovo-Krieg** 1999 nahezu vollständig auf logistische Hilfe und Feindaufklärung durch die USA angewiesen war. Auch standen ihr keine eigenen Rettungshubschrauber und Geräte zur Ortung und Bergung etwa abgeschossener Besatzungen zur Verfügung, wie sie die USA professionell besitzen („everywhere and anytime“).

Kosovo-Krieg

Seit dieser Zeit bemüht sich die EU nach dem Vorbild der deutsch-französischen Brigade (5 200 Mann) gemischt nationale Kampfgruppen aus je 1 500 Soldaten und neuerdings auch Soldatinnen aufzustellen, von denen seit Ende 2007 etwa 20 einsatzbereit sind.

Die politischen und militärischen Anstrengungen der EU haben gleichfalls das Ziel, die Abhängigkeit von den USA und damit deren Einfluss zu mindern; auch wenn deren militär-technologische Überlegenheit auf absehbare Zeit uneinholbar erscheint.

6.1.3 Die militärische Friedenssicherung

Seit Jahrzehnten beruht die Sicherheitspolitik auf zwei Säulen:
1. der politischen in Form von vertrauensbildenden Maßnahmen, Abrüstung und gegenseitiger Rüstungskontrolle und
2. der militärischen, die einen potenziellen Angreifer abschrecken soll und die unverändert für unverzichtbar gehalten wird, denn „wer sich in ein Schaf verwandelt, ruft die Wölfe auf den Plan“, so der ehemalige Bundespräsident *Richard von Weizsäcker.*

6.1.3.1 Der Auftrag der Bundeswehr

www.bundeswehr.de
Landesverteidigung

Landesverteidigung: Nach Überwindung der europäischen Teilung und Wiederherstellung der deutschen Einheit hat sich die sicherheitspolitische Lage der Bundesrepublik Deutschland erheblich verbessert. Dennoch bleibt die Verteidigung Deutschlands gegen eine äußere Bedrohung die politische und verfassungsrechtliche Grundlage der Bundeswehr. Angesichts der wachsenden Bedrohung des deutschen Hoheitsgebietes durch terroristische Angriffe hat der Schutz der Bevölkerung und des deutschen Territoriums wieder an Bedeutung gewonnen.

Bündnisverteidigung

Bündnisverteidigung: Kein Staat kann heute mehr allein Frieden und Sicherheit gewährleisten. Vor allem der internationale Terrorismus zwingt zum gemeinsamen Handeln. Die Kern-

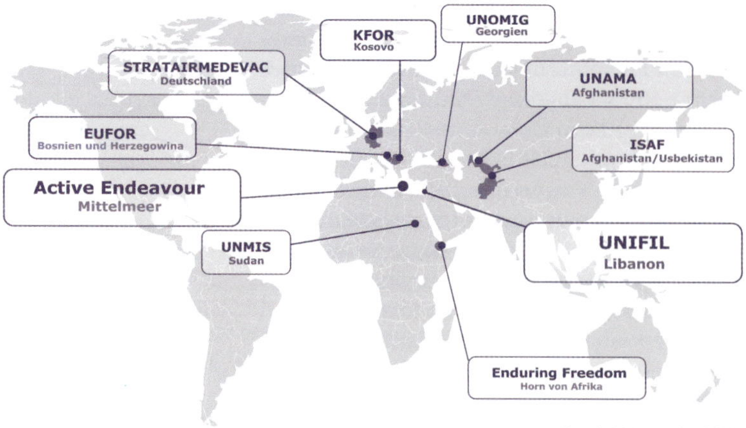

Bundeswehr beim Katastropheneinsatz, hier im Hochwassergebiet der Oder

aufgabe der **kollektiven Verteidigung** dient der internationalen Konfliktverhinderung und Krisenbewältigung. Freiheit und Sicherheit der Bundesrepublik Deutschland werden „auch am Hindukusch" (ehemaliger Verteidigungsminister *Peter Struck*, 2003) in Afghanistan verteidigt.

Internationale Einsätze: Die Bundeswehr wird tätig bei humanitären Einsätzen, z.B. Evakuierung deutscher Staatsbürger aus Notlagen, und beteiligt sich gemeinsam mit Streitkräften befreundeter Nationen an friedenserhaltenden, stabilisierenden und friedenserzwingenden Operationen. Der erste friedenserzwingende (Kampf-)Einsatz der Bundeswehr erfolgte im Kosovo-Luftkrieg von März bis Juni 1999.

Das Grundgesetz gestattet den friedlichen Einsatz zur Hilfe innerhalb des Bundesgebietes nur auf Anforderung eines Landes oder der Bundesregierung bei Naturkatastrophen und schweren Unglücksfällen, wenn die Polizeikräfte und andere Hilfsorganisationen nicht ausreichen (Art. 35 Abs. 2 und 3 GG). – Beispiele sind die Elbeflut 2002 und die Vogelgrippe 2006 an der Ostsee.

Ein **Kampfeinsatz** ist möglich als:

- **Verteidigungsfall** (Art. 115 a GG). Er liegt vor, wenn das Bundesgebiet mit Waffengewalt angegriffen wird; wozu allerdings beispielsweise auch das Kapern eines Flugzeugs durch Terroristen zählen kann, die in selbstmörderischer Absicht auf ein Wohngebiet zusteuern.

Kollektive Verteidigung
Internationale Einsätze
Kampfeinsatz
Verteidigungsfall
Bündnisfall
Auftrag kollektiver Sicherheit

- **Bündnisfall** (Art. 80 a Abs. 3 GG). Er ist gegeben, wenn ein Bündnispartner angegriffen wurde.
  Beispiel: Anschlag auf das World Trade Center am 11. September 2001
- **Auftrag kollektiver Sicherheit** (Art. 24 Abs. 2 GG). Im Rahmen eines Systems der kollektiven Sicherheit – UNO, NATO – kann die Bundeswehr mit friedenserhaltenden und friedenserzwingenden Maßnahmen, auch friedensschaffende Einsätze genannt, tätig werden. Diese Einsatzunterscheidung ist aber mehr theoretischer Art und in der Praxis verwischt.

Selbstmandatierung

Zu diesem Fall zählt auch die bereits genannte **Selbstmandatierung**. So gab sich die NATO bei den schweren Völkerrechtsverletzungen mit ethnischen Vertreibungen im Kosovo Ende des vorigen Jahrhunderts selbst das als Pflicht empfundene Recht einzugreifen. Die damalige rot-grüne Bundesregierung unter *Gerhard Schröder* (SPD) befahl den ersten Kampfeinsatz in der Geschichte der Bundeswehr. Vom März bis Juni 1999 waren einige Tornados der Bundesluftwaffe am Luftkrieg beteiligt.

Der **Kosovo-Krieg** war zugleich der erste Kriegseinsatz der NATO-Allianz in ihrer bis dahin 50-jährigen Geschichte. Gerechtfertigt wurde er mit „humanitärer Intervention". Es ging nicht um die eigene Verteidigung oder Sieg oder gar Eroberung, sondern nur um einen Waffengang gegen ein Regime, das des serbischen Präsidenten *Slobodan Milosevic*, um ethnische Vertreibung zu unterbinden.

Kosovo-Krieg

Er fand ausschließlich auf dem Gebiet der damaligen Bundesrepublik Jugoslawien statt. Kriegsgegner waren die „Befreiungsarmee des Kosovo" im Bündnis mit zehn NATO-Staaten, vor allem der USA, einerseits und die Truppen Jugoslawiens andererseits. Die NATO, die diesen Krieg selbstverständlich nicht verlieren konnte und aus Gründen ihres Ansehens auch nicht verlieren durfte, litt darunter, dass in diesem Koalitionskrieg alle militärischen Aktionen mit den Verbündeten abgestimmt werden mussten und sie sich außerdem die Selbstbeschränkung auferlegt hatte, auf keinen Fall Landstreitkräfte einzusetzen. Deshalb dauerte der Krieg auch länger, als man bei einem vergleichsweise so schwachen Gegner angenommen hatte.

Deutscher Tornado

Dem Krieg vorausgegangen waren **ethnische Vertreibungen** („Säuberungen"), Massenmorde und Vergewaltigungen, verübt von Serben in der vorwiegend von Albanern bewohnten Provinz Kosovo, die seit dem Ende der Kampfhandlungen im Juni 1999 unter UN-Protektorat stand und 2008 ihre Unabhängigkeit von Serbien erklärt hat. Die KFOR-Friedenstruppe sorgt für Sicherheit. Europäische Helfer, darunter auch viele Deutsche, leisten Aufbauhilfe.

Ethnische Vertreibungen

Bis heute ist die Rechtmäßigkeit der militärischen Intervention bei Politikern und Völkerrechtlern umstritten. Ein Konsens in der Beurteilung und Wertung des Krieges scheint kaum möglich.

Die Argumente Pro und Kontra sind zusammengefasst folgende:

Pro

- Es erschien unannehmbar, „humanitäre Katastrophen", die sich praktisch vor der Haustür der EU ereigneten, tatenlos zu tolerieren.
- Mit einem „Nie wieder Auschwitz" rang Bundesaußenminister *Joschka Fischer* seiner Partei, den Grünen, die Zustimmung ab. Er setzte damit den **Genozid** (Völkermord) an den Juden den Morden an den Albanern gleich, was ihm von den Gegnern des Einsatzes den Vorwurf der „Instrumentalisierung der Geschichte" eintrug. Aber die historische Erinnerung war ein starkes Argument.
- Russland und China hatten einer militärischen Intervention durch die UN im Sicherheitsrat nicht zugestimmt. Also musste die NATO allein eine Entscheidung treffen – das war die Geburtsstunde der **Selbstmandatierung**. Sie erkannte sich damit ein notstandsähnliches Recht auf Intervention zu.

Genozid

Selbstmandatierung

Kontra

- Das im Art. 2 Abs. 4 der UN-Charta formulierte Gewaltverbot schließt einen Angriffskrieg gegen Jugoslawien aus.
- Eine „humanitäre Katastrophe" – ganz abgesehen davon, dass ihr Ausmaß umstritten ist – kann dieses **Gewaltverbot** nicht außer Kraft setzen.
- Einigen Berichten zufolge begannen die größten Ausschreitungen der Serben gegen die Albaner erst nach den Bombenangriffen. Die Lage der Zivilbevölkerung verschlechterte sich also zunächst sogar.
- Es gab bei den Bombenangriffen auch viele zivile Opfer („Kollateralschäden"), die nicht zu rechtfertigen sind.

Gewaltverbot

Alle Auslandseinsätze der Bundeswehr bedürfen der vorherigen Zustimmung des Bundestages, weil die deutsche Streitkraft ein **„Parlamentsheer"** (BVerfG) ist. Zur Zustimmung ge-

Parlamentsheer

Konstitutive Mehrheit

nügt die einfache, die sogenannte **konstitutive Mehrheit**, wie sie auch sonst bei normalen Gesetzen üblich ist.

6.1.3.2 Die Umstrukturierung der Bundeswehr

▶ Q. 5

Die neuen Aufgaben der Bundeswehr erfordern „neue" Streitkräfte mit einer anderen Ausbildung in Kommunikation, Sprachbeherrschung, in der Fähigkeit, in kleinen Einheiten mit Spezialgerät und -bewaffnung auf fremdem Territorium mit anderen Kulturen operieren zu können, und in der Fähigkeit zur Zusammenarbeit mit den einheimischen militärischen und zivilen Kräften.

www.deutschesheer.de

Bis zum Jahre 2010 wird der Gesamtpersonalumfang der Bundeswehr auf rund 250 000 Mann (einschließlich Frauen) verringert – darunter 75 000 Zivilangestellte. Gegliedert wird die Bundeswehr in drei Kategorien, die jeweils aufgabenorientiert ausgebildet, ausgerüstet und eingesetzt werden:

Krisenreaktionsstreitkräfte
Stabilisierungskräfte
Unterstützungskräfte

- **Krisenreaktionsstreitkräfte** für Operationen von kurzer Dauer mit hoher Kampfbereitschaft und -fähigkeit (35 000 Mann);
- **Stabilisierungskräfte** für längere Einsatzzeiten mit geringer Kampfwahrscheinlichkeit und Beanspruchung (70 000);
- **Unterstützungskräfte** zur logistischen Unterstützung dieser Einsätze und zur Gewährleistung des Grundbetriebes, vor allem der Ausbildung.

Die Krisenreaktionsstreitkräfte setzen sich ausschließlich aus Berufs- und Zeitsoldaten (einschließlich Soldatinnen) zusammen. Wehrpflichtige dienen nur in den Stabilisierungs- und Unterstützungskräften. Zum Auslandseinsatz wird niemand von ihnen gezwungen.

Die geplante weitere „Verschlankung" der Bundeswehr, sprich: Verringerung der Personalstärke, hat die Diskussion um die Wehrpflicht wieder aufleben lassen. Braucht man eine Wehrpflichtarmee oder genügt nicht auch eine Berufsarmee, wie sie viele europäische Staaten längst haben, darunter sogar Frankreich, das historisch mit der Revolution von 1789 Vorreiter der allgemeinen Wehrpflicht war?

www.ifdt.de

Die Argumente lassen sich kurz gefasst gegenüberstellen:

Wehrpflichtarmee

Wehrpflichtarmee
- Die Verteidigungslasten werden auf viele (männliche) Staatsbürger verteilt.
- Wehrpflicht verbindet Volk und Streitkräfte.
- Rekrutierung ist unabhängig von der Lage am Arbeitsmarkt möglich.
- Etwaige Staatsstreichpläne militärischer Führer sind mit einer Wehrpflichtarmee nur schwer durchsetzbar.
- Die Wehrpflicht schafft für den Konfliktfall ausgebildete und mobilisierungsfähige Reservisten.
- Eine Wehrpflichtarmee ist erheblich billiger, da sie Personalkosten spart.
- Wehrdienst kann für einen Jugendlichen zusätzliche Ausbildungsmöglichkeiten eröffnen (z. B. Führerschein).

Berufsarmee

Berufsarmee
- Eine Freiwilligenarmee aus Berufssoldaten ermöglicht eine intensivere Ausbildung.
- Die komplizierten Waffensysteme können von Berufssoldaten besser beherrscht werden.

Soldatin der Bundeswehr

- Die geistige Vorbereitung auf den Verteidigungsfall kann dauerhafter betrieben werden.
- Eine Mobilisierung entfällt, das „stehende Heer" ist im Konfliktfall sofort einsatzfähig.
- Bei entsprechender Besoldung können aus dem Interessentenkreis die Geeignetsten ausgewählt werden, die Armee stellt also eine gewisse Elite dar.
- Die Belastung der Unternehmen ist geringer, weil der Arbeitskräftewechsel entfällt, wichtige Mitarbeiter nicht zu Wehrübungen abgerufen werden, denen eine Arbeitsplatzgarantie gegeben werden muss.

Die Bundeswehr besteht zu rund 40 Prozent aus Wehrpflichtigen im **Grundwehrdienst** und aus **Wehrübenden.**

Grundwehrdienst
Wehrübende

Der Rest, also weit über die Hälfte, besteht aus Freiwilligen, die entweder als Zeitsoldaten (zwei bis 15 Jahre) oder als Berufssoldaten Wehrdienst leisten.

▶ Q. 6 + 7

6.1.4 Zivile Friedenssicherung

Nach der verfassungsrechtlichen Grundentscheidung zur bewaffneten Landesverteidigung besteht für Männer eine **allgemeine Wehrpflicht.** Das Grundrecht des Artikel 4 Abs. 3 gibt aber einem Wehrpflichtigen das Recht, den Kriegsdienst zu verweigern, um ihn davor zu bewahren „ ... in einer Kriegshandlung einen anderen töten zu müssen, wenn ihm sein Gewissen eine Tötung grundsätzlich und ausnahmslos verbietet" (BVerfG).

allgemeine Wehrpflicht

In der Praxis aber wird das **Verweigerungsrecht** so großzügig gehandhabt, dass kaum jemand gegen seinen Willen „zum Bund" gehen muss, wenn er den Zivildienst vorzieht.

Verweigerungsrecht

Ein Kriegsdienstverweigerer kann seinen **Zivildienst** in vielen karitativen Einrichtungen des Gesundheitswesens, der Altenpflege, beim Deutschen Roten Kreuz, der Unfallhilfe u.a.m. ableisten. Inzwischen wurden so viele Zivildienstplätze geschaffen, dass jeder Verweigerer damit rechnen muss, zum Ersatzdienst herangezogen zu werden. Inzwischen zieht bis zur Hälfte der Wehrdienstpflichtigen eines Jahrgangs den Ersatzdienst vor. Ohne die Zivildienstleistenden wären viele der karikativen Einrichtungen in der bisherigen Form nicht mehr zu halten. Insgeheim – so vermuten Gegner der Wehrpflicht – wird diese auch deshalb aufrecht erhalten, um genügend kostengünstige Zivildienstleistende zu bekommen. Denn fiele die Wehrpflicht, wäre auch der Ersatzdienst abgeschafft.

Zivildienst

Ersatzdienst

Auch ohne Kriegsdienstverweigerung bestehen Möglichkeiten, anstelle des Wehrdienstes bei der Bundeswehr einen als gleichwertig anerkannten **Ersatzdienst** zu leisten. Dazu gehören:

- eine mehrjährige Verpflichtung als Entwicklungshelfer;
- Eintritt in den Polizeidienst oder die Bundespolizei;
- eine mindestens zehnjährige Verpflichtung als freiwilliger Helfer bei der Feuerwehr, dem Technischen Hilfswerk oder dem Katastrophenschutz.

Die Bundesrepublik ist der einzige Staat der Welt, der das Recht auf Kriegsdienstverweigerung in seiner Verfassung verankert hat. In den ehemaligen Ostblockstaaten kennt nur Polen (bis 1990 auch die DDR) ein Ersatzdienstrecht. Doch auch in westeuropäischen Staaten ist dieses Recht nicht überall anerkannt, so z. B. nicht in der Schweiz und in Spanien. In Frankreich war – bis zur Einführung der Berufsarmee – der zu leistende Zivildienst doppelt so lang wie der Wehrdienst.

Friedensdienst

Legt man den erweiterten Sicherheitsbegriff zugrunde, nach dem Frieden auch ein Ergebnis sozialer Stabilität ist, dann ist jeder Dienst, der dazu beiträgt, auch **Friedensdienst**.

Zwischen 1975 bis 1985 erreichte die Diskussion um den richtigen Weg zum Frieden ihren Höhepunkt. Fast unversöhnlich standen sich zwei Lager gegenüber: Die – heute „Bellizisten"

(vom lateinischen bellum = Krieg) genannten – Anhänger der militärischen Verteidigung und die „Pazifisten" (vom lateinischen pax = Frieden), die bereit waren, jedes Opfer zu bringen, auch das des eigenen Lebens, wenn auf diese Weise der Frieden erhalten bzw. gesichert werden konnte.

Alle wollen Frieden, kein vernünftiger Mensch wünscht Krieg. Der Streit zwischen den beiden Richtungen tobt im Grunde nur um das „Wie", nicht um das „Ob".

In diesem Zusammenhang wurden Strategien entwickelt, die sich am Beispiel *Mahatma Ghandis* (1869–1948) orientierten, der allein durch gewaltfreien Widerstand die britische Kolonialherrschaft brach. Ausgerechnet er, der Gewaltlosigkeit predigte und lebte, kam durch Gewalt um: Er wurde von einem fanatischen Hindu ermordet.

Passiver Widerstand

Gewaltloser Widerstand, sogenannter **Passiver Widerstand** kann sich in Protesten, zivilem Ungehorsam, Verweigerung der Zusammenarbeit mit der feindlichen Besatzungsmacht, Mahnwachen, Boykott und Streik bis hin zur Überzeugungsarbeit beim Gegner und vielen anderen Formen zeigen.

Atomkrieg

Es ist gut, dass Deutschland und vielen anderen europäischen Staaten die Probe auf das Exempel, ob auf diese Weise der Feind veranlasst werden kann, das besetzte Land wieder zu verlassen, erspart geblieben ist. Es muss aber anerkannt werden, dass vor dem Hintergrund der Gefahr eines großen **Atomkrieges** der gewaltfreie Widerstand ein ethisch begründetes Konzept war und auch wieder sein kann.

▶ QUELLE 1 Wie kann der Terrorismus besiegt werden?

Auf lange Sicht muss es darum gehen, potenziellen Terroristen ihre Motivation zu entziehen. Diese speist sich vor allem aus dreierlei: Erstens aus dem Gefühl des Gedemütigtseins durch einen technisch und wirtschaftlich überlegenen Westen. Zweitens aus einer religiös unterstützten Selbststilisierung zum Opfer und einer damit verbundenen moralischen Selbsterhöhung. Drittens aus dem Glauben, dass die ungläubigen Unterdrücker Rache verdient haben. Mitschuld an der Konjunktur des anti-westlichen Verschwörungsglaubens sind die eklatanten Bildungsdefizite in der arabischen Welt. Laut einer Studie der UN sind seit dem 9. Jahrhundert nur rund 100 000 Bücher ins Arabische übersetzt worden. Das sind knapp so viele, wie in Spanien pro Jahr übersetzt werden... Der Kampf gegen den Terrorismus ist also auch ein Kampf gegen ein dumpfes Weltbild. Aber lässt sich der Al Qaidismus eindämmen wie einst der Kommunismus? Für ein solches *Containment* müsste der Westen in einen ideellen Wettstreit mit einer rückwärtsgewandten, selbstgerechten Islaminterpretation treten. Als „Gegenideologie" freilich hat er nur Pluralismus und Liberalismus zu bieten. Und das heißt eben: Ungewissheit.

(Jochen Bittner: „Das weltweite Al Qaida-Netz" in: Die Zeit Nr. 29 vom 14.07.2005)

1. **Wer ist mit den „ungläubigen Unterdrückern" (Z. 9) gemeint?**
2. **Was ist mit „Selbststilisierung" und „Selbsterhöhung" (Z. 6 ff.) gemeint?**
3. **Was heißt im Kontext der Quelle „Ungewissheit" (Z. 25)?**

Neues vom Chamäleon Krieg

▶ QUELLE 2

Dass der klassische Staatenkrieg, der in älteren Geschichtsbüchern so viel Platz eingenommen hat, ein historisches Auslaufmodell sei, mag vor Jahrzehnten noch eine hoch riskante Prognose gewesen sein; inzwischen gehört diese Feststellung zum festen Repertoire der Voraussagen für das 21. Jahrhundert. Damit ist nicht gesagt, dass es überhaupt keine zwischenstaatlichen Kriege mehr geben werde, aber die Grundzüge des politischen Geschehens wird dieser Kriegstyp kaum noch beeinflussen. Schon seine Vorbereitung, geschweige denn seine Führung ist schlichtweg zu teuer geworden: Die Sowjetunion und ihre Verbündeten sind nicht zuletzt daran zu Grunde gegangen, dass sie in der Konkurrenz mit dem Westen zu viel in Rüstung und zu wenig in wissenschaftliche und technologische Entwicklung investierten. [...]
Hoch entwickelte Industriegesellschaften würden in einem mit modernen Waffen geführten Krieg Schäden erleiden, von denen sie sich nie wieder erholen könnten.

(Herfried Münkler, in: Aus Politik und Zeitgeschichte, Heft 16–17/2007, S. 3)

1. **Der Titel „Neues vom Chamäleon Krieg“ wurde vom Autor der Quelle gewählt. – Warum?**
2. **Welche zukünftige Entwicklung sagt er voraus?**
3. **Worin sieht er den Hauptgrund für das Ende des „klassischen Krieges“?**

Auszug aus der Charta der Vereinten Nationen vom 26. Juni 1945

▶ QUELLE 3

Kapitel I: Ziele und Grundsätze
Artikel 1: (Ziele)
Die Vereinten Nationen setzen sich folgende Ziele:

1. den Weltfrieden und die internationale Sicherheit zu wahren und zu diesem Zweck wirksame Kollektivmaßnahmen zu treffen, um Bedrohungen des Friedens zu verhüten und zu beseitigen, Angriffshandlungen und andere Friedensbrüche zu unterdrücken und internationale Streitigkeiten oder Situationen, die zu einem Friedensbruch führen könnten, durch friedliche Mittel nach den Grundsätzen der Gerechtigkeit und des Völkerrechts zu bereinigen oder beizulegen;
2. freundschaftliche, auf der Achtung vor dem Grundsatz der Gleichberechtigung und Selbstbestimmung der Völker beruhende Beziehungen zwischen den Nationen zu entwickeln und andere geeignete Maßnahmen zur Festigung des Weltfriedens zu treffen;
3. eine internationale Zusammenarbeit herbeizuführen, um internationale Probleme wirtschaftlicher, sozialer, kultureller und humanitärer Art zu lösen und die Achtung vor den Menschenrechten und Grundfreiheiten für alle ohne Unterschied der Rasse, des Geschlechts, der Sprache oder der Religion zu fördern und zu festigen [...]

Kapitel VI: Die friedliche Beilegung von Streitigkeiten
Artikel 33: (Verpflichtung zur friedlichen Streiterledigung)

(1) Die Parteien einer Streitigkeit, deren Fortdauer geeignet ist, die Wahrung des Weltfriedens und der internationalen Sicherheit zu gefährden, bemühen sich zunächst um eine Beilegung durch Verhandlung, Untersuchung, Vermittlung, Vergleich, Schiedsspruch, gerichtliche Entscheidung, Inanspruchnahme regionaler Einrichtungen oder Abmachungen oder durch andere friedliche Mittel eigener Wahl.

(2) Der Sicherheitsrat fordert die Parteien auf, wenn er dies für notwendig hält, ihre Streitigkeit durch solche Mittel beizulegen.

Artikel 51: (Selbstverteidigungsrecht bis zum Eingreifen des Sicherheitsrats)
Diese Charta beeinträchtigt im Falle eines bewaffneten Angriffs gegen ein Mitglied der Vereinten Nationen keineswegs das naturgegebene Recht zur individuellen oder kollektiven Selbstverteidigung, bis der Sicherheitsrat die zur Wahrung des Weltfriedens und der internationalen Sicherheit erforderlichen Maßnahmen getroffen hat. Maßnahmen, die ein Mitglied in Ausübung dieses Selbstverteidigungsrechts trifft, sind dem Sicherheitsrat sofort anzuzeigen; sie berühren in keiner Weise dessen auf dieser Charta beruhende Befugnis und Pflicht, jederzeit die Maßnahmen zu treffen, die er zur Wahrung oder Wiederherstellung des Weltfriedens und der internationalen Sicherheit für erforderlich hält.

(zitiert nach: Politik und Unterricht, Heft 1/1985)

1. **Wie lauten – in Ihren Worten – die Zielsetzungen der UN?**
2. **Welches sind die grundlegenden Bedingungen der Charta der Vereinten Nationen?**
3. **Auf welche Weise sollen Streitigkeiten beigelegt werden?**
4. **Was versteht die Charta unter dem kollektiven Selbstverteidigungsrecht?**

▶ QUELLE 4 Auszug aus dem NATO-Vertrag von 1945

Artikel 1:
Die vertragsschließenden Staaten verpflichten sich, gemäß den Bestimmungen der Charta der Vereinten Nationen jeden internationalen Streitfall, an dem sie beteiligt sein mögen, durch friedliche Mittel in der Weise zu regeln, dass Frieden, Sicherheit und Gerechtigkeit unter den Völkern nicht gefährdet werden, und sich in ihren internationalen Beziehungen jeglicher Drohung oder Gewaltanwendung zu enthalten, die in irgendeiner Weise mit den Zielen der Vereinten Nationen nicht vereinbar ist.

Artikel 3:
Um die Ziele dieses Vertrages nachhaltiger zu verwirklichen, werden die vertragsschließenden Staaten einzeln und gemeinsam durch ständige, wirksame Selbsthilfe und gegenseitige Unterstützung die Kraft des einzelnen Staates und der Gesamtheit der Staaten, einem bewaffneten Angriff Widerstand zu leisten, aufrechterhalten und entwickeln.

Artikel 5:
Die vertragsschließenden Staaten sind sich darüber einig, dass ein bewaffneter Angriff gegen einen oder mehrere von ihnen in Europa oder Nordamerika als ein Angriff gegen sie alle betrachtet wird, und infolgedessen kommen sie überein, dass im Falle eines solchen bewaffneten Angriffs jeder von ihnen in Ausübung des in Artikel 51 der Charta der Vereinten Nationen anerkannten Rechts zur persönlichen oder gemeinsamen Selbstverteidigung den Vertragsstaat oder die Vertragsstaaten, die angegriffen werden, unterstützen wird, indem jeder von ihnen für sich und im Zusammenwirken mit den anderen Vertragsstaaten diejenigen Maßnahmen unter Einschluss der Verwendung bewaffneter Kräfte ergreift, die er für notwendig erachtet, um die Sicherheit des nordatlantischen Gebietes wiederherzustellen und aufrechtzuerhalten. Jeder derartige bewaffnete Angriff und alle als dessen Ergebnis ergriffenen Maßnahmen sollen dem Sicherheitsrat unverzüglich gemeldet werden. Diese Maßnahmen sind zu beenden, sobald der Sicherheitsrat die zur Wiederherstellung und Aufrechterhaltung des Völkerfriedens und der internationalen Sicherheit notwendigen Maßnahmen getroffen hat.

(Europa-Archiv, April 1949, S. 2071 ff.)

1. **Wie lauten Zweck und Ziele des NATO-Vertrages?**
2. **Welches ist die völkerrechtliche Grundlage der NATO?**
3. **Gibt es eine automatische Beistandsverpflichtung im Falle eines Angriffs auf einen der Mitgliedsstaaten? – Begründen Sie Ihre Meinung.**
4. **Warum kann die NATO keine Kriegserklärung abgeben und keinen Angriffskrieg führen?**

▶ QUELLE 5 Merkmale der Neuen Streitkräfte

Es sind drei charakteristische Merkmale, die die Neuen Streitkräfte kennzeichnen. [...] Die Bundeswehr wurde ursprünglich dazu gebraucht, im Bündnis mit anderen Nato-Staaten die Streitkräfte des Warschauer Paktes von einem Angriff abzuschrecken. [...] Der Erfolg [...] maß sich an der Haltbarkeit der Abschreckung. [...] Diese Konstellation hat sich verändert: Durch die politischen Ziele der Friedensbewahrung und -wiederherstellung werden die Streitkräfte zu Deeskalations-Streitkräften. Ihr Ziel ist die Wiederherstellung von alltäglicher Ordnung und friedlichen Beziehungen zwischen miteinander verfeindeten lokalen Gruppen.
Das zweite Merkmal: Die bislang streng auf rein nationale Loyalität hin ausgerichteten Streitkräfte werden zunehmend zu multinational operierenden Organisationen – in der Europäischen Union sowieso, aber auch ohne solche längerfristige Integrationsabsicht.
Drittes Merkmal: Die bis jetzt einigermaßen klare Trennlinie zwischen Militär und zivilen Organisationen wird durchlöchert. [...]

Die Streitkräfte [...] sind bei ihren Deeskalations-Einsätzen gehalten, mit zivilen Agenturen vor Ort, vor allem mit den internationalen Hilfsorganisationen zusammenzuarbeiten und Aufgaben zu übernehmen, die durchaus zivilen Charakter haben, zum Beispiel Mithilfe bei der Rekonstruktion zerstörter Infrastruktur oder Häuser. Die neuen Missionen färben die Streitkräfte sozusagen zivil ein, machen sie zu Sozialarbeitern mit Spezialbewaffnung.

(Wilfried von Bredow, in: Frankfurter Allgemeine Zeitung vom 04.08.2001, S. 6)

1. **Warum ist der ursprüngliche Auftrag der Bundeswehr hinfällig geworden?**
2. **Welches sind die neuen Aufgaben?**
3. **Worin sieht der Autor den Wandel der Streitkräfte?**
4. **Was könnte mit „Sozialarbeitern mit Spezialbewaffnung" (Z. 31 f.) gemeint sein?**

Fahneneid/Gelöbnis der Bundeswehr

▶ QUELLE 6

„Ich gelobe (schwöre), der Bundesrepublik Deutschland treu zu dienen und das Recht und die Freiheit des deutschen Volkes tapfer zu verteidigen (so wahr mir Gott helfe)."

(§ 9 des Soldatengesetzes vom Juni 1986. Entnommen aus: Handbuch der Wehrausbildung Heer, Regensburg 2002, S. 4)

Zum Vergleich:
Fahneneid der Reichswehr 1919–1933:

„Ich schwöre Treue der Reichsverfassung und gelobe, dass ich als tapferer Soldat das Deutsche Reich und seine gesetzmäßigen Einrichtungen jederzeit schützen, dem Reichspräsidenten und meinem Vorgesetzten Gehorsam leisten will."

(Nach dem Gesetz über die Reichswehr von 1921)

Fahneneid der Wehrmacht seit dem 2. August 1934:

„Ich schwöre bei Gott diesen heiligen Eid, dass ich dem Führer des Deutschen Reiches und Volkes, Adolf Hitler, dem Obersten Befehlshaber der Wehrmacht, unbedingt Gehorsam leisten und als tapferer Soldat bereit sein will, jederzeit für diesen Eid mein Leben einzusetzen."

(zitiert nach: Werner Conze: Der Nationalsozialismus, Teil II, Ernst Klett Verlag, Stuttgart 1962 , S. 20)

Fahneneid der ehemaligen Nationalen Volksarmee:

„Ich schwöre, der Deutschen Demokratischen Republik, meinem Vaterland, allzeit treu zu dienen und sie auf Befehl der Arbeiter- und Bauernregierung gegen jeden Feind zu schützen. Ich schwöre, an der Seite der Sowjetarmee und der Armeen der mit uns verbündeten sozialistischen Länder als Soldat der Nationalen Volksarmee jederzeit bereit zu sein, den Sozialismus gegen alle Feinde zu verteidigen und mein Leben zur Erringung des Sieges einzusetzen. Ich schwöre, ein ehrlicher, tapferer, disziplinierter und wachsamer Soldat zu sein, den militärischen Vorgesetzten unbedingten Gehorsam zu leisten, die Befehle mit aller Entschlossenheit zu erfüllen und die militärischen und staatlichen Geheimnisse immer streng zu wahren. Ich schwöre, die militärischen Kenntnisse gewissenhaft zu erwerben, die militärischen Vorschriften zu erfüllen und immer und überall die Ehre der Republik und ihrer Nationalen Volksarmee zu wahren. Sollte ich jemals diesen, meinen feierlichen Fahneneid verletzen, so möge mich die harte Strafe der Gesetze unserer Republik und die Verachtung des werktätigen Volkes treffen."

(zitiert nach: Sven Lange: Der Fahneneid. Edition Temmen, Bremen 2002, S. 155 f.)

1. **Warum ist die religiöse Beteuerungsformel beim Bundeswehrfahneneid bzw. -gelöbnis in Klammern gesetzt worden?**
2. **Beschreiben Sie die Unterschiede der vier Fahneneide.**
3. **Wie ist Ihre Meinung zum Schlusssatz des Eides der Nationalen Volksarmee?**
4. **Worin liegt das Weltanschauliche dieses Eides und der Wehrmacht nach 1934?**

▶ QUELLE 7 Die Legitimation der Wehrpflicht ist dahin

Dieser Eindruck gravierender Wehrungerechtigkeit verstärkt sich noch angesichts zweier weiterer Aspekte: Zum einen drängt sich die Frage auf, warum der weibliche Teil der jungen Generation keinen Wehrdienst leisten muss, obwohl nach dem einschlägigen Urteil des Europäischen Gerichtshofes [...] gegen den Waffendienst von Frauen keine rechtlichen Einwände mehr geltend gemacht werden können. Zum anderen birgt die Wehrpflicht erheblichen Konfliktstoff im Hinblick auf eine gerechte Lastenverteilung zwischen den Generationen und dies zu einer Zeit, wo sich die Aufrechterhaltung des Generationenvertrages sowieso schon als prekär erweist. Volkswirtschaftlich betrachtet resultieren nämlich die relativ geringeren [...] Kosten einer Wehrpflichtarmee nur aus einer in höchstem Maße ungerechten Verteilung der wahren Verteidigungslasten zuungunsten der wehrpflichtigen Generation junger Männer, die vermittels der von ihnen erzwungenen Dienstleistung de facto eine Naturalsteuer entrichten. (Naturalsteuer = Steuer, die durch Dienste oder Waren entrichtet wird, d. Verf.)

(Jürgen Rose, in: Frankfurter Allgemeine Zeitung, Nr. 266 vom 15. 11. 2000, S. 15)

1. **Worin sieht der Verfasser die Ungerechtigkeit der Wehrpflicht?**
2. **Alle Soldaten, so auch die Wehrpflichtigen, erhalten Sold. Warum spricht der Autor dennoch von einer zu entrichtenden „Naturalsteuer" (Z. 21)?**

Aufgabenvorschläge

1. Besuchen Sie eine in der Nähe gelegene Einheit der Bundeswehr, lassen Sie sich über ihre Aufgaben im Frieden und im Ernstfall informieren (Erkundung).
2. Wägen Sie – systematisch gegenübergestellt – das Pro und Kontra von Wehrdienst und Ersatzdienst gegeneinander ab.
3. Begründen Sie mit ethischen Argumenten Ihre persönliche Entscheidung für einen der beiden Dienste.
4. Welche Gründe sprechen für, welche gegen den gleichberechtigten Waffendienst von Frauen? Würden Sie auch für den Einsatz von Frauen in der vordersten Linie, etwa im Nahkampf, plädieren? Begründen Sie Ihre Meinung.
5. Legen Sie Macht und Ohnmacht der UN dar.
6. Warum können – auch ohne eigene militärische Verbände – die Vereinten Nationen Einfluss ausüben und friedenssichernd wirken?
7. Die NATO wurde einmal als größte und erfolgreichste Friedensorganisation der Welt bezeichnet. Wie stehen Sie zu dieser Ansicht?
8. Es gibt drei Arten von Befehlen:
   - „Muss-Befehle", die auf jeden Fall befolgt werden müssen;
   - „Kann-Befehle", die zwar ausgeführt werden können, aber nicht ausgeführt werden müssen;
   - „Darf-nicht-Befehle", denen nicht gehorcht werden darf.

   Bilden Sie zu den drei Befehlsarten jeweils Beispiele.
9. Erstellen Sie eine Landkarte mit den weltweiten Einsätzen der Bundeswehr und tragen Sie Charakteristika, z. B. Truppenstärke ein. Legen Sie stichwortartig den Wandel des Bildes vom deutschen Soldaten des Zweiten Weltkrieges bis zum heutigen „Staatsbürger in Uniform" dar.

6.2 Entwicklungspolitik

6.2.1 Zum Begriff „Entwicklungsland"

www.bmz.de

Entwicklungsland

Der Begriff „Entwicklungsland" hat den nach dem Zweiten Weltkrieg geprägten Begriff „rückständige, unterentwickelte oder nicht entwickelte Länder" verdrängt, weil dieser als verletzend galt. Aber auch der Ausdruck **Entwicklungsland** ist missverständlich. Er unterstellt, dass diese Länder sich tatsächlich entwickeln würden, was aber zu einem erheblichen Teil nicht der Fall ist. Außerdem sagt der Begriff „Entwicklung" nichts darüber aus, was von wem wohin entwickelt werden soll. Die ganze Problematik, die der Begriff in sich birgt, brachte die „Nord-Süd-Kommission", die 1977 unter dem Vorsitz des ehemaligen deutschen Bundeskanzlers *Willy Brandt* eingerichtet wurde, mit folgenden Worten zum Ausdruck: „Der Begriff ‚Entwicklung' wird und kann niemals zur allgemeinen Zufriedenheit definiert werden. Er bezeichnet, weit gefasst, den erwünschten sozialen und wirtschaftlichen Fortschritt – und es wird immer unterschiedliche Auffassungen darüber geben, was erwünscht ist. Aber Entwicklung ist mehr als der Übergang von Arm zu Reich, von einer traditionellen Agrarwirtschaft zu einer komplexen Stadtgemeinschaft. Sie trägt in sich nicht nur die Idee des materiellen Wohlstands, sondern auch die von mehr menschlicher Würde, der Sicherheit, Gerechtigkeit und Gleichheit."

Das Entwicklungsland gibt es nicht. Ein jedes unterscheidet sich erheblich von den anderen. Vor allem die „Gleichzeitigkeit des Ungleichzeitigen" (*Ernst Bloch*) wirkt irritierend. Ist die Atommacht Indien mit ihrer modernsten Informationstechnologie wirklich noch ein Entwicklungsland? Braucht China mit der größten militärischen Personalstärke der Welt tatsächlich noch – auch deutsche! – Entwicklungshilfe? Muss Venezuela, das Land mit riesigen Ölvorkommen, unbedingt noch unterstützt werden?

Und doch weisen alle diese Länder auch Merkmale eines Entwicklungslandes auf. Es gibt in ihnen Regionen, an denen die moderne technologische Entfaltung fast spurlos vorübergezogen ist.

▶ Q. 1

Dritte Welt

Bedeutungsgleich zum Begriff „Entwicklungsländer" wird heute der Begriff „Dritte Welt" benutzt. Begriffsgeschichtlich ist **Dritte Welt** entsprechend der Reihenfolge der Industrialisierung zu verstehen, nicht etwa als Diffamierung oder Herabsetzung der Menschen, ihrer Gebräuche oder Kulturen als minderwertig oder „drittklassig". Die Staaten, die zuerst industrialisiert wurden, werden als Erste Welt bezeichnet, sie sind weitgehend mit den westlichen Industrienationen der Gegenwart identisch. Die ehemaligen Ostblockstaaten gelten als die Zweite Welt. Im Übrigen ist auch der Name „Industrieländer" im Grunde genommen längst obsolet (veraltet). Gerade die reichsten unter ihnen sind inzwischen zu „postindustriellen Dienstleistungsgesellschaften" geworden.

Nach wie vor hungern Millionen Menschen in der Dritten Welt: unterernährtes Kind in Äthiopien.

Sicherheitspolitik

Weltinnenpolitik

Zunehmend muss die Welt als Einheit betrachtet werden. Der Klimawandel – unabhängig davon, wie stark und rasch er sich vollzieht – berührt den gesamten Globus. Entwicklungspolitik wird zunehmend auch als Teil der **Sicherheitspolitik** z. B. im Kampf gegen den Terrorismus betrachtet. So mutiert die klassische Außen- und Sicherheitspolitik zur **Weltinnenpolitik**. Einige Probleme der Entwicklungsländer wie etwa die Umweltzerstörung sind oder werden in anderen Erscheinungsformen auch die unseren.

6.2.2 Charakteristika der Unterentwicklung

www.worldbank.de
Pro-Kopf-Einkommen
Volkseinkommen

Traditionell ist ein geringes **Pro-Kopf-Einkommen**, z. B. im Durchschnitt nur ein US-$ am Tag, Merkmal einer zurückgebliebenen Entwicklung. Allerdings sind Zweifel geboten, ob diese Zahl aussagekräftig ist. Das **Volkseinkommen** ist eine vom Bruttoinlandsprodukt abgeleitete Größe, umfasst also nur die Waren und Dienstleistungen, die gegen Geld über den gesamten Absatzmarkt verkauft werden. Naturaltausch und die Produktion für den Eigenbedarf bleiben unberücksichtigt. So kann rein rechnerisch das Sozialprodukt durch Intensivierung der Marktbeziehung steigen, obwohl sich am Lebensstandard nichts geändert hat, weil der Anteil der Selbstversorgung gesunken ist.

Hohe Analphabetenquote
Funktionaler Analphabetismus

Primitive Feldarbeit

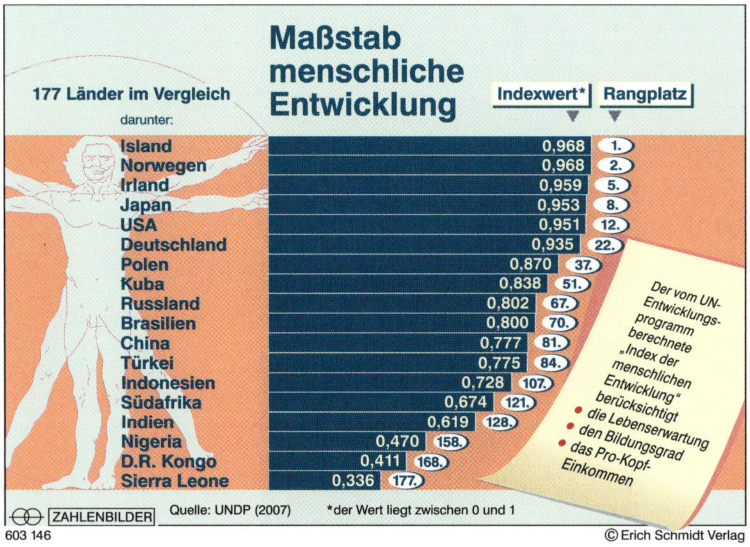

Zum Verständnis sei darauf hingewiesen, dass auch in den reichen Industrieländern das Sozialprodukt und damit das Volkseinkommen regelmäßig zu niedrig angegeben wird, weil weder die Schwarzarbeit erfasst noch die Millionen Arbeitsstunden der Heimwerker oder die Hausarbeit – von der Elternarbeit mit 24 Stunden Bereitschaftsdienst ganz zu schweigen – berücksichtigt werden.

Um präzisere Aussagen über die Entwicklung eines Landes machen zu können, hat die UNO den sogenannten „Human Development Index“ erarbeitet, der neben Angaben über das Pro-Kopf-Einkommen auch den Alphabetisierungsgrad und die Lebenserwartung bei der Geburt, also Daten über Kindersterblichkeit und durchschnittliche Lebenserwartung, berücksichtigt.

Stichwortartig können die charakteristischen Merkmale eines Entwicklungslandes wie folgt gelistet werden:

- **Hohe Analphabetenquote:** Sie liegt um ein Vielfaches über dem Durchschnitt in Europa (ca. 3 %). – Dazu kommt noch ein **funktionaler Analphabetismus**, d. h. die Menschen können vielleicht ihren Namen schreiben und ein einzelnes Wort lesen, sind aber nicht in der Lage, einen Busfahrplan oder einen zusammenhängenden Text zu verstehen oder ihren Kontoauszug zu prüfen.
- **Ausbildungsmängel:** Sie sind großenteils eine unmittelbare Folge des Analphabetismus.

Ausbildungsmängel
Geringe Pro-Kopf-Produktivität
Niedrige Lebenserwartung
Unter- und Mangelernährung

- **Geringe Pro-Kopf-Produktivität:** Sie ist wiederum ein Ergebnis der geringen Arbeits- und Leistungsqualität durch Ausbildungsdefizite.
- **Niedrige Lebenserwartung:** Sie ist gegenüber den entwickelten Ländern um 15 Jahre geringer und erklärt sich mit der hohen Säuglings- und Kindersterblichkeit aufgrund der unzureichenden medizinischen Versorgung sowie aus der:
- **Unter- und Mangelernährung:** Die UN-Organisation für Ernährung und Landwirtschaft hat zwar festgestellt, dass weltweit genügend Lebensmittel für alle Erdenbewohner produziert werden könnten, aber die Nahrungsmittel sind höchst ungleich verteilt. Vor allem fehlt es

den Menschen in den armen Ländern an tierischem Eiweiß.

www.fao.org

- **Schlechte hygienische Verhältnisse:** Dazu zählt besonders der Mangel an sauberem Trinkwasser. Diese Verhältnisse in Verbindung mit teilweise **katastrophalen Wohnverhältnissen** schaffen einen chronischen Schwächezustand und begünstigen Anfälligkeiten für viele Krankheiten.

Schlechte hygienische Verhältnisse

Katastrophale Wohnverhältnisse

- **Extrem hohe Arbeitslosigkeit:** Nach Schätzungen – genaue Angaben sind nicht möglich – sind bis zu einem Drittel aller Erwerbsfähigen in der Dritten Welt arbeitslos, wobei oft schon eine geringfügige Teilzeitarbeit nicht mehr als Arbeitslosigkeit gerechnet wird.

Extrem hohe Arbeitslosigkeit

- **Niedrige Spar- und Investitionsquote:** Niedrige Löhne oder gar Nulleinkommen erlauben verständlicherweise kein Sparen. Die Folge ist, dass für Investitionen kein Sparkapital zur Verfügung steht. Die Situation wird noch dadurch verschärft, dass gerade die (wenigen) Reichen – auch die gibt es in jedem Entwicklungsland – ihr Geld nicht im eigenen Land investieren, sondern lieber zinsträchtig und sicher auf Auslandskonten deponieren.

Niedrige Spar- und Investitionsquote

Eine Müllkippe als Kinderspielplatz in Kibera, mit rund einer Million Einwohnern einer der größten Slums Afrikas in der kenianischen Hauptstadt Nairobi

▶ Q. 2

- **Unsichere politische Verhältnisse:** Sie bewirken neben anderen Faktoren die **Kapitalflucht.** Das Kapital gilt als scheu wie ein Reh, aber ausgestattet mit dem Gedächtnis eines Elefanten. Kapitaleigner vergessen Enteignungen und Zerstörung von Eigentum nicht so leicht.

Unsichere politische Verhältnisse

Kapitalflucht

- **Bürgerkriege:** Nach 1945 entbrannten drei Viertel aller Kriege oder kriegsähnlichen bewaffneten Konflikte in Ländern der Dritten Welt.

Bürgerkriege

- **Orientierung an Primärgruppen:** Nicht dem Volk und schon gar nicht dem Staat fühlen sich die Menschen in den Armutsregionen verbunden, sondern sie sind loyal und hilfsbereit nur gegenüber ihrer Familie, dem Clan und solidarisch in der Stammeszugehörigkeit.

Orientierung an Primärgruppen

- **Fehlende Staatenbildung:** Sie resultiert daraus, dass es kein **Staatsvolk** wie etwa in Europa gibt. Der Staat wird in vielen Entwicklungsländern nur schemenhaft und wenn, dann als willkürlicher Despot wahrgenommen. Geordnete, auch nur elementaren demokratischen Prinzipien entsprechende Staatsgewalten fehlen völlig. Die Stärke des Nationalstaates lag und liegt ja darin, dass er einen hohen Grad der Befriedung im Innern zu leisten vermag und damit Bürgerkriege verhindern kann, wie sie insbesondere in Afrika wüten.

Fehlende Staatenbildung

- **Allgemeine Rechtsunsicherheit, Willkür und Korruption:** Sie sind die Hauptursachen für die fehlende Investitionsbereitschaft gerade auch ausländischer Investoren.

Allgemeine Rechtsunsicherheit, Willkür und Korruption

- **Unzureichende Infrastruktur:** Vor allem in den ländlichen Gebieten fehlt es an Straßen, modernen elektronischen Kommunikationsmitteln, ja selbst an Briefpost.

Unzureichende Infrastruktur

- **Monostrukturen:** Die meisten Entwicklungsländer nehmen nur in vergleichsweise geringem Umfang am Welthandel teil. Lapidar ausgedrückt kann man sagen: Die reichen Länder handeln mit sich selbst. Der Hauptgrund für diesen Rückstand liegt darin, dass sie von wenigen Exportartikeln wie z. B. Kaffee, Tee, Zucker, u. a. abhängig sind. – Zudem verschlechtern sich fortlaufend ihre **Terms of Trade,** also das Verhältnis der Preise ihrer Exportgüter zu denen der Importwaren. Die Primärgüter (Rohstoffe und Agrarprodukte) der Drittwelt-Staaten werden relativ weniger wert, während sich die hoch technisierten Fertigwaren der entwickelten Länder verhältnismäßig verteuern.

Monostrukturen

Terms of Trade

Hohe Auslandsverschuldung

- **Hohe Auslandsverschuldung:** Als schwer verschuldet gelten etwa 40 Länder, bei denen die Schuldenquote (Anteil am Bruttoinlandsprodukt – BIP) über 275 % liegt, die Zahlungen für den Schuldendienst (Zins und Tilgung) mindestens 30 % betragen, davon zwei Drittel nur für die Zinsen.

▶ Q. 3
Schwellenländer

Entwicklungsländer, bei denen die Initialzündung gewirkt hat und die nun ein Wachstum des realen Pro-Kopf-Einkommens aufweisen, werden auch **Schwellenländer** (newly industrialized countries) genannt. Zu ihnen gehören vor allem ostasiatische Staaten wie China, Vietnam und Indien.

Die wichtigsten Charakteristika von Entwicklungsländern

ökonomisch	ökologisch	politisch	sozio-kulturell
geringes BIP	Umweltzerstörung durch Verstädterung	undemokratische Strukturen/Diktaturen	Orientierung an Primärgruppen (Familie, Clan)
äußerst ungleiche Einkommens- und Vermögensverteilung	Herabsetzung der Bodenqualität, z. B. Versalzung	Menschenrechtsverletzungen	geringe Mobilität
niedrige Spar- und Investitionsquote	Vernichtung der Tropenwälder	gewaltsame Konflikte mit Nachbarn	Kinderarbeit
passive Handelsbilanz	Grundwasserbelastung durch fehlende Kläranlagen	keine Akzeptanz der politischen Strukturen	hohe Analphabetenquote
schlechte Terms of Trade (= Austauschrelation Export/Import)	gesundheitsschädliche Luftverschmutzung in Ballungszentren	Nepotismus (= Vetternwirtschaft)	Luxuskonsum der Oberschicht statt Investition
hohe Auslandsverschuldung	Desertifikation (Entstehung von Wüsten)	Entstaatlichung/ Politische Instabilität	geringe Besteuerung der „Reichen“
schlechte Infrastruktur	Bedrohung der Bodenvielfalt	Bürgerkrieg/Warlords	Unterdrückung der Frau

6.2.3 Die „Vierte Welt“

▶ Q. 4
www.oecd.org

Alle bisher genannten Merkmale sind für die Entwicklungsländer mehr oder weniger charakteristisch, erlauben jedoch nur eine relativ geringe Differenzierung. Die am wenigsten entwickelten Staaten werden deshalb als Vierte Welt bezeichnet, um sie von den anderen Entwicklungsländern zu unterscheiden. Die UNO bezeichnet die Ärmsten der Armen als die am wenigsten entwickelten Länder (**Least Developed Countries, LDC**) und nennt drei Kriterien, die diese Staaten gemeinsam haben:

Least Developed Countries, LDC

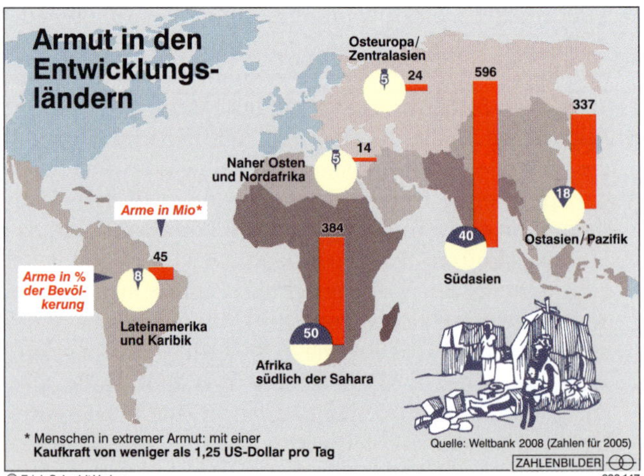

© Erich Schmidt Verlag

Wohnsiedlung in Indonesien

Typische Schwellenländer sind die „Tiger"-Staaten in Südostasien. Hongkong, Blick über die Stadt.

- das durchschnittliche Pro-Kopf-Einkommen liegt unter 1 US-Dollar pro Tag,
- die Alphabetisierungsquote liegt bei der Bevölkerung über 15 Jahren unter 20 %,
- der Anteil der industriellen Produktion am gesamten Bruttoinlandsprodukt liegt unter 10 %.

Bruttoinlandsprodukt

Das **Bruttoinlandsprodukt** ist das von den innerhalb der Grenzen eines Landes arbeitenden Menschen erwirtschaftete Gesamtergebnis aus Land-, Forst- und Fischereiwirtschaft, Industrie und Handwerk sowie aus privaten und öffentlichen Diensten. In der Bundesrepublik Deutschland beträgt der Anteil der industriellen Produktion am gesamten Bruttoinlandsprodukt fast ein Drittel (2008).

Least Developed Country

Zurzeit gehören 50 Länder mit zusammen rund 700 Millionen Einwohnern zur Vierten Welt. Die meisten davon liegen in Schwarzafrika. Die Anerkennung als **Least Developed Country** berechtigt zu besonderen Begünstigungen bei der Entwicklungshilfe, sodass sich manche

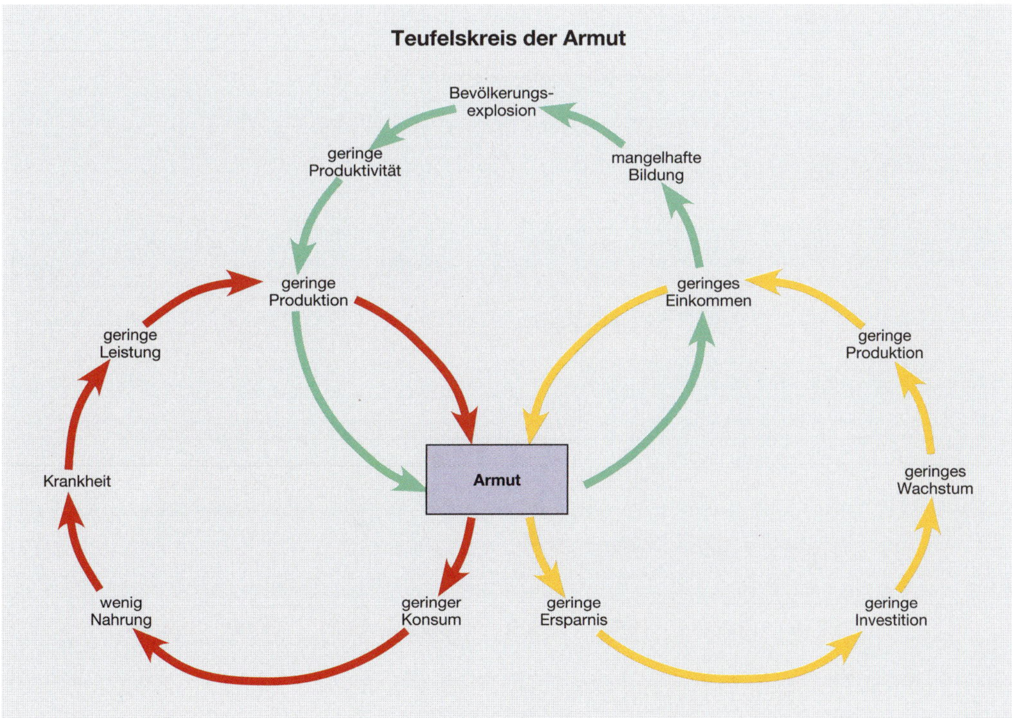

Staaten, deren Situation sich verbessert hat, schon erfolgreich gegen den Entzug des Status eines LDC gewehrt haben.

Am anderen Ende der Skala „Entwicklungsländer" stehen die sogenannten **Schwellenländer**, die wie der Name schon sagt, an der Schwelle zum Industriestaat stehen. Es gibt keinen verbindlichen Merkmalkatalog für die Schwellenländer, jedoch werden im Allgemeinen Kriterien wie Pro-Kopf-Einkommen, Industrieanteil am Bruttoinlandsprodukt, Energieverbrauch, Alphabetisierungsgrad und Lebenserwartung zugrunde gelegt. Zu den Schwellenländern, die den alten Industriestaaten zunehmend Konkurrenz machen, gehören vor allem China, Südkorea und Brasilien.

6.2.4 Die Bevölkerungsentwicklung

▶ Q. 4
www.unaids.org

Bevölkerungsexplosion

Auf den ersten Blick scheint ein unauflösbarer Widerspruch darin zu liegen, dass auf der einen Seite die reichen Länder, vor allem in Europa, viel unternehmen, um den Bevölkerungsrückgang zu mindern und auf der anderen Seite arme Staaten besonders in Afrika und Lateinamerika – wenigstens teilweise – geradezu unter einer **Bevölkerungsexplosion** leiden.

Dieser Nord-Süd-Gegensatz wurde auch schon auf die – natürlich vergröbernde – Kurzformel gebracht:

Die Reichen im Norden werden weniger, älter und noch reicher,
Die Armen im Süden werden zahlreicher, jünger und noch ärmer.

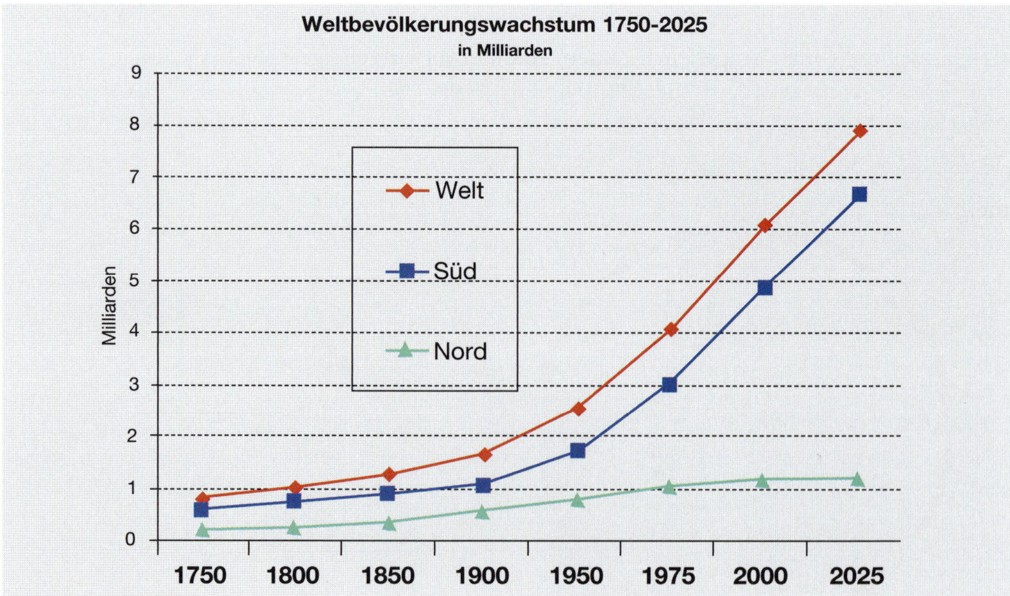

(Claus D. Kernig: Und mehret euch? Deutschland und die Weltbevölkerung im 21. Jahrhundert, Dietz, Bonn 2006, S. 19f.)

Rein rechnerisch könnte der Geburtenschwund auf der einen durch den Geburtenüberschuss der anderen Seite mehr als aufgefangen werden, sodass die entstehenden Probleme der sozialen Sicherungssysteme in den Industriestaaten mit schrumpfender Bevölkerung zu lösen wären.

Aber diese Systeme – Alters-, Kranken- und Pflegeversicherung – sind auf absehbare Zeit noch national organisiert. Da nutzt es dem deutschen Rentner oder Pensionär wenig, dass die Kinder, die hier für die Finanzierung seiner Altersversorgung notwendig wären, etwa in Uganda vorhanden sind.

Zuwanderung

Es müsste also eine millionenfache **Zuwanderung** erfolgen. Aber damit wäre es nicht getan, sondern diese Immigranten müssten – von psychologischen Barrieren in den Aufnahmeländern, der Furcht vor Überfremdung einmal ganz abgesehen – voll integriert und ausgebildet werden, wenn sie einen Beitrag zum Sozialsystem leisten sollen. Bisher war die Bilanz negativ, d. h. die Integrationskosten und die Sozialausgaben für die Einwanderer waren höher als ihr volkswirtschaftlicher Ertrag.

Einwanderungsländer

Deshalb bemühen sich alle **Einwanderungsländer**, zu denen zunächst stillschweigend, jetzt auch offen, Deutschland seit Jahrzehnten gehört, möglichst nur um die Anwerbung gut ausgebildeter Fachkräfte, vor allem Spezialisten, die auf dem heimischen Arbeitsmarkt fehlen.

Darin sehen einige einen Gewinn auch für die Entwicklungsländer, weil diese höher bezahlten Arbeitnehmer z. B. Einkommensteile in ihre Herkunftsländer transferieren oder nach einer gewissen Zeit in diese zurückkehren und mit ihren erweiterten Kenntnissen dort auch volkswirtschaftlichen Nutzen stiften. – Andere sehen darin eine besonders „perfide Form neokolonialer Ausbeutung“ wie *Hans-Werner Sinn* meint, weil das reiche Europa sich die „Aufzuchtkosten“ spart, diese Last von den armen Ländern tragen lässt und sie dann abwirbt, wenn diese Arbeitskräfte einen gesellschaftlichen Ertrag in ihrem Heimatland abwerfen könnten. Gravierend ist für die nicht oder erst schwach entwickelten Länder, dass damit besonders die **Leistungsträger** verloren gehen, die in der Lage wären, das Land voranzubringen.

Leistungsträger

www.christianaid.org.uk

Die Gründe für die Bevölkerungsexplosion in den Entwicklungsländern liegen in der Altersvorsorge und der zusätzlichen Arbeitskraft, die jedes Kind immer noch bedeutet. Während in reichen Staaten Kinder für die Gesellschaft wirtschaftliches Wachstum und damit steigenden Wohlstand bewirken und eine zu geringe Geburtenzahl sie langfristig arm macht, ist es in armen Ländern genau umgekehrt. Zudem sind tief verwurzelte geschlechtsbedingte Ungleichheiten verantwortlich für das vielerorts unveränderte Verhalten in der Familienplanung: Söhne werden vielfach höher geschätzt als Töchter, und angesichts der hohen Kindersterblichkeit reicht es nicht, einen Sohn zu zeugen und zu gebären, sodass sechs Kinder und mehr immer noch die Regel sind.

Landflucht

Am deutlichsten werden die immer schwerer kalkulierbaren Folgen des Bevölkerungswachstums in der Dritten Welt durch die zunehmende Verstädterung. Einkommens- und Arbeitsmöglichkeiten sind trotz der hohen Arbeitslosigkeit in der Stadt immer noch wesentlich besser als auf dem Land. Außerdem gewähren häufig nur große Städte öffentliche Leistungen, wie z. B. eine Lebensmittelverteilung aus der Hungerhilfe der Geberländer.

Deshalb nimmt die **Landflucht** immer dramatischere Formen an. Verstärkt wird diese in den letzten zehn Jahren besonders in Afri-

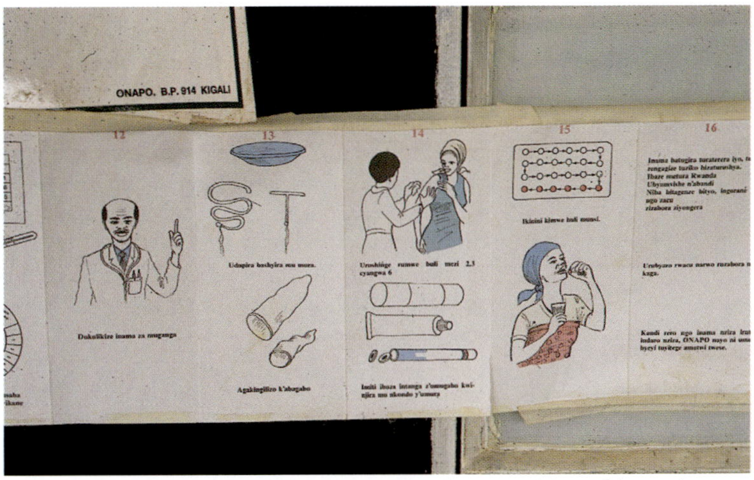

Ein Plakat in Ruanda gibt Hinweise zur Familienplanung. Solche Aufklärungskampagnen sind Teil der Bevölkerungspolitik.

Umweltflucht
Klimawandel
Klimakatastrophen

ka durch eine **Umweltflucht**, ausgelöst durch **Klimawandel** und **Klimakatastrophen** wie die Dürre in der Sahelzone.

Mehr als 40 % aller Menschen leben in Städten. Städte mit (geschätzten) über 20 Millionen Einwohnern, wie etwa Mexiko City, Kalkutta oder Kairo sind nahezu unregierbar, städtische Infrastrukturleistungen von der Wasserleitung bis zur Abfallbeseitigung sind nicht mehr zu erbringen und fast zwangsweise kommt es zur Slumbildung mit dem anscheinend ebenso unvermeidbaren Anstieg der Kriminalität.

6.2.5 Ursachen der Unterentwicklung

Die Frage nach den Ursachen der Unterentwicklung wird in Wissenschaft und allgemeiner Publizistik so unterschiedlich beantwortet wie die, ob und wie Entwicklungshilfe geleistet werden soll. Ursachen können zugleich auch ein typisches Merkmal eines Entwicklungslandes sein wie zum Beispiel das Bevölkerungswachstum.

6.2.5.1 Rahmenbedingungen

Klima

Die natürlichen Rahmenbedingungen, denen sich die Menschen in der Dritten Welt gegenübersehen, können sich als entwicklungshemmend erweisen. Ein ungünstiges **Klima** wirkt sich z. B. negativ auf die Möglichkeiten in der Landwirtschaft und damit auf die Nahrungsmittelproduktion aus. Es gibt darüber hinaus auch Theorien, die davon ausgehen, dass sich tropisches Klima nachteilig auf die Arbeitsleistung der Menschen auswirken kann. Allerdings bedeuten ähnliche klimatische Verhältnisse nicht automatisch den gleichen Entwicklungsstand, obwohl sich z. B. entlang des Äquators auf allen Kontinenten Entwicklungsländer befinden.

Rohstoffmangel

Auch die These, dass **Rohstoffmangel** als eine der Hauptursachen für Unterentwicklung gelten könnte, ist umstritten. Zwar zeigt das Beispiel der Erdöl exportierenden Staaten in der Dritten Welt, wie wichtig Rohstoffe für den Wohlstand eines Landes sein können, aber auf der anderen Seite gibt es sehr rohstoffreiche Länder, wie z. B. Zaire, die dennoch zu den armen Entwicklungsländern zählen. Und gerade das Beispiel der nur mäßig mit Rohstoffen versehenen Schwellenländer, wie etwa Südkorea, Taiwan und Singapur zeigt, dass auch andere Faktoren von Bedeutung sein müssen.

6.2.5.2 Endogene Ursachen

Traditionsorientierte Kultur

Warlords

Endogene Ursachen sind solche, die in inneren Verhältnissen und Verhaltensweisen der Bevölkerung ihre Wurzeln haben. Dazu zählen z. B. eine **traditionsorientierte Kultur** und eine herkömmliche Werte- und Normenordnung. Sie erschweren, ja verhindern eine Entwicklung, die sich an den Maßstäben der fortgeschrittenen Industrieländer ausrichtet. Dazu gehören die Einstellung zu Arbeit, Sparen, Vorsorge und ein mangelndes Solidaritätsgefühl, weil solidarisches Verhalten nicht über die eigene Großfamilie hinausreicht. Auch betrachten die herrschenden Clans Staat und Volk nicht selten als Beute, die sie für ihre Interessen ausnützen können, wie etwa die **Warlords**. Das sind Kriegsherren, die ein mehr oder weniger abgegrenztes Gebiet innerhalb eines staatlichen Territoriums als alleinige Machtinhaber beherrschen.

Beispiele: *Mohammed Farah Aidid* und *Ali Mahdi Mohammed* seit 1991 in Somalia, andere im Kongo und Sudan und schließlich in Afghanistan, die sich vor allem durch Mohnanbau (90 % der Weltproduktion) finanzieren.

Bevölkerungswachstum

Umstritten ist, ob das **Bevölkerungswachstum** als eigenständige Ursache der Unterentwicklung gelten kann. Es gibt Staaten, z. B. Singapur mit einer jährlichen Wachstumsrate von 2,2 %, die sich trotzdem wirtschaftlich steil aufwärts entwickeln. Für die Mehrzahl der Entwicklungsländer dürfte allerdings die sogenannte **Bevölkerungsfalle** hauptverantwortlich dafür sein, dass alle wirtschaftlichen Fortschritte und die bescheidene Anhebung des durchschnittlichen individuellen Lebensstandards durch die wachsende Zahl der zu versorgenden Menschen zunichte gemacht werden.

Bevölkerungsfalle

Die Bevölkerungsfalle ist eine der vielen **Rationalitätsfallen.** Darunter versteht man, dass zwar der einzelne sich rational im Sinne seines Eigeninteresses verhält, damit aber die Gesamtheit und somit indirekt auch sich selbst schadet. Kinderreichtum kann in armen Entwicklungsländern eine individuelle Altersvorsorge sein, ist aber mindestens kurz- und mittelfristig eine zusätzliche wirtschaftliche Belastung für die gesamte Gesellschaft.

Rationalitätsfalle

In Ländern mit einer kollektiven, erzwungenen Rentenversicherung braucht der Einzelne nicht durch eigene Kinder für sein Alter vorzusorgen. Die Versicherung schützt ihn vor den Folgen der Altersarmut durch gewollte oder ungewollte Kinderlosigkeit, ist also sozusagen eine Versicherung gegen Kinderlosigkeit.

6.2.5.3 Exogene Ursachen

▶ Q. 4 + 5

Die exogenen Ursachen für die Unterentwicklung der Dritten und Vierten Welt werden am häufigsten im **Kolonialismus** gesehen. Die Entwicklungsländer, so die These, seien von den europäischen Kolonialmächten ausgebeutet und damit regelrecht „unterentwickelt" worden. So unbestreitbar diese Ursache ist, denkt man z. B. an die bis heute nachwirkenden oft willkürlichen Grenzziehungen oder an die Abhängigkeit von **Monokulturen**, so reicht sie dennoch nicht aus, um das „Nachhinken" nach mehr als einem halben Jahrhundert seit der Entlassung aus der Kolonialherrschaft für sich allein zu begründen.

Kolonialismus

Monokulturen

Außerdem zeigt z. B. ein Blick auf die ehemaligen britischen Kolonien, wie unterschiedlich sich deren Entwicklung nach der Unabhängigkeit gestaltet hat: Uganda zählt heute zur Vierten Welt, Indien zur Dritten, Singapur ist ein Schwellenland, Australien ist ein Industrieland und Kanada zählt zu den **G8-Staaten**, also zu den acht Wirtschaftsgroßmächten der Gegenwart.

G8-Staaten

Als Weiterführung der kolonialen Ursache für die Unterentwicklung gilt die strukturelle Abhängigkeit. Die rückständige Entwicklung beruht nach dieser These im Verhalten der Industrieländer, die sich mithilfe der von ihnen abhängigen Macht- und Führungseliten des Entwicklungslandes die Wirtschaft dieses Staates auf ihre Bedürfnisse „zuschneiden", ohne Rücksicht darauf, ob damit auch der Bevölkerung gedient ist.

Strukturelle Abhängigkeit

Richtig ist, dass in vielen Entwicklungsländern eine starke Ausrichtung der Wirtschaftsstruktur an den Bedürfnissen der Industrienationen festzustellen ist. Häufig wurde in der Vergangenheit beispielsweise hochwertige, arbeitssparende Industrietechnologie in Länder wie z. B. Indien geliefert, in denen fast jeder zweite Erwerbsfähige arbeitslos ist. Aber zum einen vollzieht sich in den Industrienationen ein Umdenkungsprozess, und zum anderen zeigen viele Schwellenländer, dass sie sich von etwa vorhandenen Abhängigkeiten zu befreien vermögen, sodass auch diese Ursache nicht als allein entscheidendes Entwicklungshemmnis angesehen werden kann.

6.2.6 Entwicklungspolitische Strategien

Entwicklungshilfe wird seit Beginn der 1960er-Jahre betrieben. Dennoch ist umstritten, was Entwicklungshilfe überhaupt ist und welche Kriterien dabei relevant sind.

Beispiele: Die Kosten des in Deutschland ansässigen Verwaltungsapparates etwa für die **Deutsche Gesellschaft für Technische Zusammenarbeit** (GTZ) gelten einschließlich teilweise üppiger Gehälter und Spesen der Mitarbeiter als Entwicklungshilfe.

Deutsche Gesellschaft für Technische Zusammenarbeit

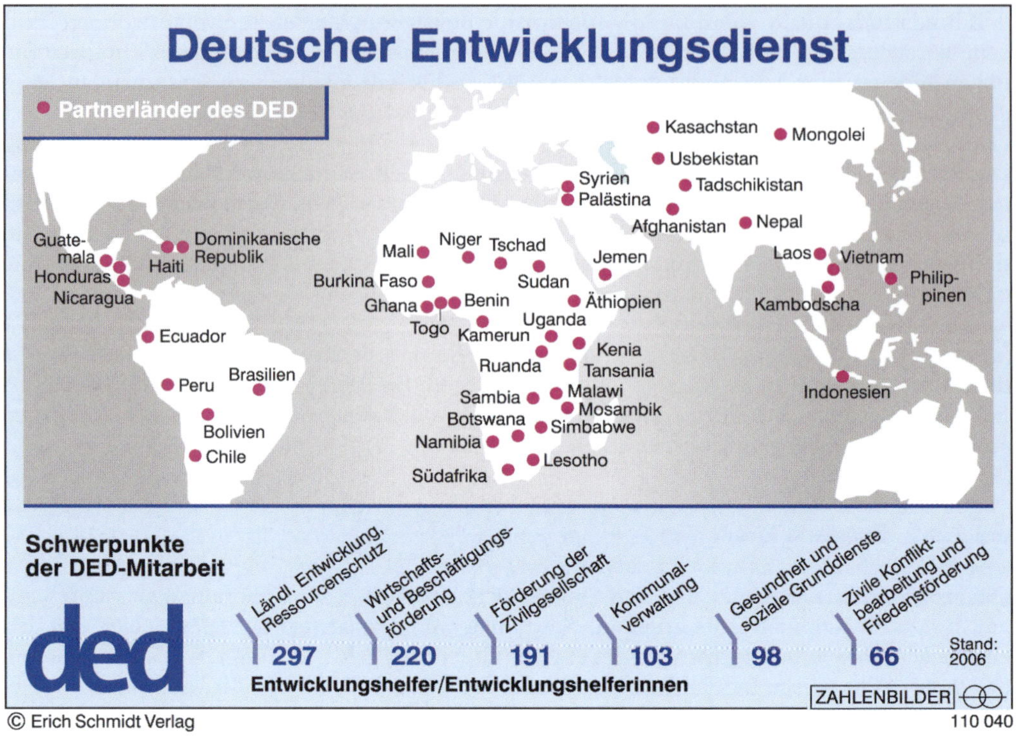

www.gtz.de
NGO

Eine „Non-Governmental Organization" (**NGO** = Nichtregierungsorganisation) richtet sich mit einer Batterie Satellitentelephone in einer Region ein, deren Mitarbeiter in ihrer Freizeit unbegrenzt im Internet surfen und mailen können. – Entwicklungshilfe?

www.attac.de

Rund 50 Hilfsorganisationen tummeln sich inzwischen in der Branche, die längst zu einem großen, profitablen Geschäft geworden ist. Das Beispiel der französischen Organisation „Arche de Zoé", die wegen Menschenschmuggels angeklagt wurde, weil sie im Jahr 2007 angebliche Waisenkinder außer Landes (Tschad) bringen wollte, ist nur ein besonders außergewöhnlicher Fall.

www.brot-fuer-die-welt.de
Deutscher Entwicklungsdienst
Entwicklungshelfer
Entwicklungsexperte
www.ded.de

Während die GTZ überwiegend mit (hoch-)bezahlten Fachkräften zur Beratung und Begutachtung arbeitet, entsendet der **Deutsche Entwicklungsdienst** (DED) auf Anforderung von Entwicklungsländern **Entwicklungshelfer**, die „in Entwicklungsländern ohne Erwerbsabsicht Dienst leisten, um in partnerschaftlicher Zusammenarbeit zum Fortschritt dieser Länder beizutragen". Die Bestimmung „ohne Erwerbsabsicht" unterscheidet den Entwicklungshelfer vom **Entwicklungsexperten**. Selbstverständlich erhalten auch die Entwicklungshelfer, die in Ländern der Dritten Welt Dienst leisten, ein kleines Einkommen, das aber z. B. bei einem Arzt nur den Bruchteil dessen beträgt, was er als praktischer Arzt in Deutschland verdienen könnte. Alle Entwicklungshelfer des DED verfügen über eine Berufsausbildung und in der Regel auch über eine mehrjährige Berufspraxis. Sie arbeiten mindestens zwei Jahre in einem Projekt mit, können ihren Vertrag aber bis auf sechs Jahre ausdehnen.

Entwicklungshelfer zu Besuch im Dorf der Akha Lom Ethnie, gekleidet in bunter traditioneller Tracht, Ban Noy, Phongsali Provinz, Laos, Südostasien

Die Zahlenangaben über den weltweiten Finanzaufwand zur Entwicklungshilfe schwanken zwischen 1,5 bis 2,3 Billionen US-$ (1 Billion = 1.000.000.000.000). Allein Afrika erhielt seit 1960 rund 500 Milliarden US-$, ohne – darin sind sich die Kritiker weitestgehend einig – dass sich der erhoffte Erfolg eingestellt hätte. Im Gegenteil, vielerorts sind die Lebensbedingungen auf diesem Kontinent schlechter als zum Ende der Kolonialzeit. Die wichtigsten entwicklungspolitischen Strategien sind:

1. **Finanzhilfe**
Finanzielle Hilfe in Form von Zuschüssen oder zinsgünstigen Krediten für Projekte und Programme. Der größte Teil der Finanzhilfe wird als **Projekthilfe** vergeben, d. h. für genau definierte und eingegrenzte Vorhaben, wie z. B. den Bau einer Düngemittelfabrik. Daneben gibt es auch noch die **Programmhilfe**, die wesentlich flexibler gestaltet werden kann, da hier für ein ganzes Maßnahmenbündel Gelder zur Verfügung gestellt werden, z. B. für die generelle Verbesserung der Infrastruktur und die dafür benötigten Geräte und Maschinen. Allerdings mehren sich in den letzten Jahren die Zweifel, ob ehrgeizige Infrastrukturvorhaben, wie z. B. die Anlage von Kraftwerken oder technologisch modernste Kommunikationsanlagen, die Not in der Dritten Welt wirklich beseitigen oder doch zumindest lindern können.

Schulkinder in Kambodscha

Auch ist der Verdacht nicht unbegründet, dass mit solchen Programmen nur der Export der Geberländer unterstützt wird, denn oft wird gerade die bilaterale Entwicklungshilfe an die Bedingung geknüpft, die für ein Programm benötigten Maschinen, z. B. für den Straßenbau, nur im Geberland zu kaufen. Deshalb gehört die **„Armutsorientierung“** immer mehr zu den Schwerpunkten deutscher Entwicklungshilfepolitik. Darunter versteht man Programme und Projekte, die direkt den Armen zugute kommen, z. B. günstige Darlehen, um Hütten auszubauen und ein bisschen zu modernisieren oder für den Bau von einfachen Kläranlagen oder Brücken.

Finanzhilfe
Projekthilfe
Programmhilfe
Armutsorientierung

2. **Technische Hilfe**
als Zuschuss durch die Entsendung von Experten, die Lieferung von Spezialmaterial und Geräten sowie die Ausbildung von einheimischen Fachkräften

Technische Hilfe

3. **Personelle Hilfe**
Aus- und Fortbildung der einheimischen Arbeitskräfte

Personelle Hilfe

4. **Handelshilfe**
Gewährung von Zollvergünstigungen und Abbau von Handelshemmnissen. So großzügig sich die EU bei der Einfuhr gewerblicher Erzeugnisse zeigt, so sehr schottet sie sich gegen Agrarimporte ab. – Allerdings bliebe der Welthandelsanteil besonders der ärmsten Entwicklungsländer in jedem Fall vergleichsweise gering, ihr Anteil am Weltexport liegt unter 3 %. – Auch hier gilt: Die reichen Länder handeln mit sich selbst.

Handelshilfe

5. **Alternative Ansätze**
Die herkömmliche Entwicklungsstrategie sah lange Jahre das Ziel darin, dass die Entwicklungsländer möglichst rasch den „Sprung aus der Steinzeit in die hoch technologisierte Industriewelt“ schaffen sollten. Mit der **Weltindustrialisierung** sollte nach diesem Konzept der Wohlstand, also in erster Linie die Kaufkraft der städtischen Bevölkerung steigen, sodass diese die einheimische Agrarproduktion kaufen konnte. Ähnlich wie in Europa im Laufe der Industrialisierung sollte dann auch in den Entwicklungsländern die Geburtenrate sinken.

Alternative Ansätze
Weltindustrialisierung

Gegen diese Entwicklungsstrategie sprechen sich die Befürworter der sogenannten **autozentrierten Entwicklung** (auf das eigene Land bezogene eigenständige Entwicklung) aus. Sie wollen, dass sich die Länder der Dritten Welt wenigstens für eine gewisse Zeit von der Weltwirtschaft „abkoppeln“. Zwar würde dies kurzfristig z. B. einen Verzicht auf importierte billige Weltmarktprodukte bedeuten, da nur noch die teureren Eigenentwicklungen auf dem Markt verfügbar wären. Auf lange Sicht gesehen biete jedoch nur die eigenständig aufgebaute Wirtschaft die notwendige Unabhängigkeit, um wenigstens einen bescheidenen Wohlstand aufzubauen. Außerdem sei mit der autozentrierten Entwicklung keineswegs ein Streben nach **Autarkie** (vollständige Selbstversorgung) verbunden, schließlich verfügten nur wenige Staaten

Autozentrierte Entwicklung
Autarkie

wie z. B. Indien oder China über einen ausreichend großen Binnenmarkt, sondern die Entwicklungsländer sollten vielmehr verstärkt untereinander Handel treiben.

Abkoppelungsstrategie
Theorie der abgeschotteten Entwicklung

Eine weitere Variante dieser **Abkoppelungsstrategie** besteht in der **Theorie der abgeschotteten Entwicklung.** Nach ihrer These führt die Durchindustrialisierung der Welt nicht nur zu einer unvertretbaren Erhöhung des Energieverbrauchs je Kopf weltweit auf rund das Zehnfache, sondern auch zu einer Verschärfung des bestehenden Ungleichgewichts. Insbesondere wird kritisiert, dass die bisherigen Formen der Entwicklungshilfe den armen Ländern nicht nur nicht genutzt, sondern sogar geschadet haben, weil selbst die spärlichen Ansätze einer einheimischen Produktion durch Importe der Industrieländer erstickt wurden. Außerdem setze der Transfer moderner Technologien auch einen Wandel des Bewusstseins und des Wertesystems in den Gesellschaften der Entwicklungsländer voraus, der nur unter Zerstörung alter Traditionen erreicht werden kann. Alle modernen Technologien seien auf westliche Denk- und Lebensweisen zugeschnitten wie: Pünktlichkeit, kontinuierliche Arbeitshaltung, Zuverlässigkeit, Genauigkeit, Bereitschaft, auch dann weiter zu arbeiten, wenn der notwendige Lebensunterhalt gedeckt ist, Sparsamkeit, Einhaltung von Zusicherungen usw.

Hirseernte im Jemen, 2000

▶ Q. 6

Die „offizielle" Entwicklungspolitik, wie sie die Weltbank und die Regierungen der entwickelten Länder betreiben, lehnt die Abkoppelung ab. Sie setzt nach wie vor auf die liberale Theorie, nach der Freihandel ohne Zölle und mengenmäßige Importbeschränkungen wohlstandsfördernd sind. Denn was unbestritten in einem Land gilt, dass nämlich ein möglichst intensiver Güteraustausch für alle von Nutzen und einer der Gründe für die Schaffung und Osterweiterung der EU ist, warum sollte das nicht auch weltweit gelten?!

Kleinkreditsystem

Seit Jahrzehnten fordern die Entwicklungsländer von den Industriestaaten zu Recht die Öffnung der Märkte für Agrarprodukte aus den unterentwickelten Regionen. Vergeblich! Unverändert schotten sich USA und EU mit Zöllen und Kontingenten gegen den Import von deren Agrarerzeugnissen ab. Es gibt Berechnungen, nach denen die völlige Liberalisierung der Einfuhr landwirtschaftlicher Produkte den Entwicklungsländern mehr Gewinn bringen würde als die gesamte staatliche Entwicklungshilfe, die dann eingespart werden könnte.

Getreideernte in Deutschland, 2004

Ein neuer und origineller Ansatz ist das **Kleinkreditsystem** in Entwicklungsländern. Dabei werden geringe Kreditsummen, die im Allgemeinen zwischen 50 und 300 Dollar liegen, für Menschen gewährt, die sich selbständig machen oder einen Kleinbetrieb gründen wollen. Oft ist die Gewährung solcher Kredite an keinerlei Vermögen oder Einkommen gebunden, oft können in Einzelfällen sogar Bettler einen zeitlich befristeten und für sie zinslosen Kredit erhalten. Die Kreditsicherung erfolgt entweder über eine Schuldnergruppe, die nach dem Prinzip „Einer für alle und alle für einen" haftet oder über eine dingliche Absicherung, z. B. durch ein Grundstück.

Der Nachteil dieses Systems liegt darin, dass den Allerärmsten so eben nicht geholfen werden kann, weil sie selbst eine minimale Absicherung des Kredites nicht leisten können.

Die Fehlschläge der Entwicklungspolitik sollen durch neue Formen der **Entwicklungszusammenarbeit** (EZ) vermieden werden. Zu ihnen gehören:

Entwicklungszusammenarbeit

- Stärkung der Eigenverantwortung. Nach den Vorstellungen der Weltbank sollen die Nehmerländer „vom Beifahrer- auf den Fahrersitz umsteigen".
- Bessere Koordinierung der Arbeit der Geberländer. Jedes Geberland soll nur noch das tun, was es am besten kann. Vor allem strikte Vermeidung des „Gießkannenprinzips" und der „Scheckbuchdiplomatie".
- Die zentralistischen EZ-Strukturen mit ihrer überwuchernden Bürokratie sollen aufgelöst und die Entscheidungsprozesse in die Nehmerländer dezentral verlagert werden.
- Gegenseitige Rechenschaftspflicht zwischen Geber- und Nehmerländern. Ob das Machtgefälle zwischen diesen beiden eine solche überhaupt zulässt, ist freilich eine andere Frage.

6.2.7 Entwicklungshilfe – eine vergebliche Mühe?

▶ Q. 7

Trotz – oder gar wegen? – aller Hilfen hat sich die Kluft zwischen Nord und Süd nicht geschlossen. Im Gegenteil: Die Schere hat sich zumindest gegenüber den besonders armen Ländern in den letzten Jahrzehnten weiter geöffnet.

Als größter Problemkontinent gilt Afrika. Während der Anteil der Armen, die von weniger als einem Dollar je Tag leben müssen, sich von 38 % auf 19 % weltweit halbiert hat, hat er sich dort nach groben Schätzungen von 10 % auf 30 % erhöht.

Der Afrika-Kenner und Neffe des letzten äthiopischen Kaisers, Prinz *Asfa-Wossen Asserate*, fordert deshalb rigoros: „Dreht den vielen kleinen und großen Diktatoren endlich den Geldhahn zu." Die Geberländer sollten die korrupten und inkompetenten afrikanischen Regierungen nicht weiter unterstützen, denn nur durch Druck würden elementare rechtstaatliche und demokratische Standards etabliert.

Ähnlich äußert sich der Marktliberale Kenianer *James Shikwati*: „Wer Afrika helfen will, darf kein Geld geben."

Globalisierung
▶ Q. 8 und 9

Verbreitet ist die Vorstellung, dass die kapitalistische **Globalisierung** eine Hauptschuld an dem anhaltenden Elend trägt. Das ist richtig und falsch zugleich.

Falsch, weil der „digitale Kapitalismus" (*Helmut Schmidt*) die Ärmsten in den Entwicklungsländern noch gar nicht erreicht hat. Sie werden nicht deshalb in die Arbeitslosigkeit entlassen, weil elektronische Roboter ihre Tätigkeit übernehmen. Computer in den Büros setzen sie nicht frei, es gibt gar keine. Die weltweite Kommunikation z. B. durch Mobilfunk ist ihnen fremd.

▶ Q. 10 Richtig aber ist, dass der durch die neuen Technologien ausgelöste Boom, besonders in den USA, die Kluft vergrößert hat, weil die Entwicklungsländer daran nicht partizipieren (teilhaben) konnten. Insofern scheint zu gelten: Wer sich vom weltweiten Netz der Kommunikation und des Handels abschottet, fällt immer weiter zurück.

▶ Q. 11 Zweifellos sind in der Vergangenheit viele und schwere entwicklungspolitische Fehler gemacht worden und „Sünden" wie die der direkten Kredit- und Finanzhilfe für korrupte Regierungen werden auch weiterhin begangen. Aber ob man daraus den Schluss ziehen sollte, auf Entwicklungshilfe teilweise oder gar ganz zu verzichten, ist auch unter Experten sehr umstritten.

Die Probleme berühren zu viele Bereiche des gesellschaftlichen Lebens, haben historische Ursachen ebenso wie Wurzeln in aktuellen machtpolitischen Interessen. Europa und die USA können das Elend dieser Welt mit seinen außerordentlichen Ungleichheiten, den Menschenrechtsverletzungen, den Bürgerkriegen und der nackten Not allenfalls lindern. Mittel- oder gar kurzfristig ist keine grundlegende Änderung in Sicht. Jeder, der glaubt, er habe ein Patentrezept nach dem Motto „Man braucht nur ...", irrt. Denn, wenigstens das lehrt uns die Geschichte: Einfache Lösungen gibt es auf dieser Welt nicht.

▶ QUELLE 1 Zum Begriff Unterentwicklung

Es gäbe manche Gründe, auf den Begriff der Unterentwicklung zu verzichten, wie es die UN-Diplomaten aus Rücksicht auf Empfindlichkeiten der Staatenmehrheit der Dritten Welt schon längst getan haben. Es gäbe auch andere Gründe als solche diplomatischer Rücksichten:

- Unterentwicklung hat einen abwertenden und verletzenden Beigeschmack, weil sie in der Alltagssprache mit körperlicher und geistiger Rückständigkeit oder Unterlegenheit assoziiert wird.
- Der Begriff schert sehr unterschiedliche Tatbestände über einen groben Kamm und wirft inzwischen 130 Länder in eine Schublade, die große Unterschiede kaschiert.
- Unterentwicklung wurde von Anfang an durch Mangelerscheinungen und durch mehr oder weniger große Entfernungen zu den „entwickelten Staaten" definiert, die damit zu nachahmenswerten Leitbildern von Entwicklung wurden. Sollte der Begriff deshalb nicht vermieden und z. B. durch Armut ersetzt werden? Was so elegant erscheinen mag, ist dennoch problematisch. Die Kamerunerin Axelle Kabou forderte entschieden, wieder den Begriff Unterentwicklung hervorzuholen, um „Anspruch und Wirklichkeit wieder zusammenzubringen" und Illusionen über Realitäten auszuschließen. Entscheidend ist nicht so sehr, dass es auch in „reichen Staaten" Armut und in „armen Staaten" Reichtum gibt, sondern die unterschiedliche Fähigkeit, Armut zu überwinden. Unterentwicklung ist ein Strukturproblem, Armut eine Folgeerscheinung.

Unterentwicklung wird hier definiert als unzureichende Fähigkeit von Gesellschaften, die eigene Bevölkerung mit lebensnotwendigen Gütern und lebenswichtigen Dienstleistungen zu versorgen. Wenn die Weltbank der Mehrheit der lateinamerikanischen Staaten nachgewiesen hat, dass sie schon durch eine geringe Umverteilung des vorhandenen Reichtums in der Lage wären, die Massenarmut zu überwinden, dann ist Armut kein Produktionsproblem, sondern ein Verteilungsproblem und ein politisches Strukturproblem.

(Franz Nuscheler: Lehr- und Arbeitsbuch Entwicklungspolitik. Leske + Budrich Verlag, Opladen 1995, S. 136)

1. Welche Gründe sprechen gegen den Begriff der Unterentwicklung, welche dafür?
2. Warum kann der Begriff „Armut" kein Ersatz für den Begriff Unterentwicklung sein?

▶ QUELLE 2 Arbeitslosigkeit in der Dritten Welt

Das rapide Wachstum der Städte in der Dritten Welt bringt ein *sprunghaftes Anschwellen ihrer Erwerbsbevölkerung* mit sich, ohne dass genügend Arbeitsplätze für sie zur Verfügung ständen. Die hohe Arbeitslosigkeit betrifft in erster Linie die jüngeren Altersgruppen zwischen 15 und 24 Jahren, die älteren Arbeitskräfte über 45 sowie Personen mit geringer Schulbildung. Obwohl statistisch außerordentlich schwer erfassbar, kann man davon ausgehen, dass es mit Ausnahme einiger weniger Schwellenländer in den Großstädten der Dritten Welt eine durchschnittliche *Arbeitslosenquote* von 10 bis 15 Prozent zuzüglich einer Unterbeschäftigungsquote von etwa 30 % gibt. Diese schwierige wirtschaftliche Situation ist zum großen Teil darauf zurückzuführen, dass viele Regierungen *kopflastige Entwicklungsstrategien* verfolgen, die primär auf eine *rasche Industrialisierung* abzielen, den *Agrarsektor* jedoch weitgehend *vernachlässigen*. Diese (in urbanen Zentren, vor allem aber der Metropole angesiedelten) Industrien beruhen in der Regel auf *kapitalintensiven, importierten Fertigungstechnologien*, was bedeutet, dass die Kosten für die Schaffung von Arbeitsplätzen außerordentlich hoch sind, die Produktion aus Rentabilitätsgründen und infolge der massiven Konkurrenz aus Drittländern stark durchrationalisiert ist und folglich der Zugewinn an Arbeitsplätzen sich in einer bescheidenen Größenordnung bewegt.

(Landeszentrale für politische Bildung Baden Württemberg: Der Bürger im Staat, Heft 4/1985, S. 223)

1. **Welche Bevölkerungs- und Altersgruppen sind in der Dritten Welt vor allem arbeitslos?**
2. **Welchen Fehler machen viele Regierungen in der Dritten Welt bei der Schaffung von neuen Arbeitsplätzen?**

Entwicklungshilfe und Verschuldung

▶ QUELLE 3

Um eine ausgeklügelte ethno-regionale Balance aufrechtzuerhalten und die wachsenden Bedürfnisse der Begünstigten zu befriedigen, wächst der Bedarf an Ressourcen kontinuierlich. Klientelismus untergräbt damit die Leistungsfähigkeit des Staates und verhindert sozialen Wandel. Eine kritische Betrachtung verdient in diesem Kontext die Rolle der Entwicklungshilfe. Sie konnte in der Vergangenheit – bei allen unbestrittenen Erfolgen im Bereich der Grundbedürfnissicherung – in vielen Fällen durchaus als überlebensnotwendige Infusion für den Klientelismus interpretiert werden. Für die Regierungen des Südens war die fortlaufende Finanzierung durch externe Geber wichtiger als die Verantwortlichkeit gegenüber der eigenen Bevölkerung. In manchen Fällen lässt sich sogar nachweisen: Machteliten verhalten sich letztlich rational, wenn sie in ihren Ländern weder Entwicklung fördern noch Armut bekämpfen – erhalten sie sich damit doch die Voraussetzung für den Zufluss weiterer Geber-Gelder.

(Tobias Debiel: Haben Krisenländer noch eine Chance? In: Aus Politik und Zeitgeschichte, Nr. 13–14/2003, S. 16)

1. **Welche Hindernisse sieht der Autor für den sozialen und wirtschaftlichen Wandel?**
2. **Warum ist seiner Ansicht nach Entwicklungshilfe oft kontraproduktiv?**

Armutsbekämpfung durch Entwicklungshilfe

▶ QUELLE 4

[...] dass der direkte Angriff auf Armut mit entwicklungspolitischen Maßnahmen mit hoher Wahrscheinlichkeit überflüssig ist. Empirische Studien zur Armutswirksamkeit von einzelnen Projekten [...] sind in der Regel zu vorsichtigen bis negativen Urteilen gekommen: Das politische Umfeld erweist sich in der Regel als entscheidendes Hindernis. Eliten verstehen es [...] ausgezeichnet, sich die Früchte von gar nicht für sie bestimmten Projekten zu sichern. Das gilt auch für lokale Eliten. Der indirekte Weg des Angriffs auf die Armut dürfte bei weitem vorzuziehen sein. In Ländern mit guter makroökonomischer Politik hilft Entwicklungspolitik bei Wirtschaftswachstum, und dieses dürfte dazu beitragen, dass immer mehr Arme Zugang zu Schulen, Gesundheitswesen und Beschäftigungsmöglichkeit gewinnen und damit die Armut reduziert wird. Die Ausrottung der Armut jedenfalls, auch wenn sie als Ziel im Auge behalten werden sollte, ist ein zu hoch gestecktes Ziel. Bei alledem sind [...] institutionell und wirtschaftspolitische Verbesserungen wichtiger als Geld – gleichgültig, was die in diesem Bereich tätigen Nichtregierungsorganisation sagen.

(Jürgen H. Wolff, in: Aus Politik und Zeitgeschichte, Nr. B9/2000, S. 31)

Was könnte mit „institutionellen und wirtschaftspolitischen Verbesserungen" (Z. 21 f.) gemeint sein?

▶ QUELLE 5 Folgen der Überbevölkerung

Überbevölkerung ist nahezu ausschließlich ein Drittweltproblem, denn die vorauszusehende rasante Vermehrung der Menschheit in den nächsten 50 Jahren findet zu 99 % in den heute sogenannten Entwicklungsländern statt. Hier werden sich alle damit verbundenen Probleme ballen und in Megastädten nie gekannten Ausmaßes, den neuen Babylons, gesteigerten Ausdruck finden. [...] Heute schon wird fast keine der Ballungen in der Dritten Welt mit ihren Abfällen und Abwässern fertig. Die Luft in Mexiko City, Bombay oder Jakarta ist atemverschlagend schmutzig, zusammen mit Lärm, Gestank und der Hässlichkeit der Armut ein Anschlag auf alle Sinne. [...]

Slums, oft zwischen Müll und Fäkalien eingezwängt, sind für lange Zeit das Zuhause der vielen Millionen Zuzügler, ob in Rio oder Lagos, die sich ein besseres Leben als auf dem Lande erhoffen. [...] Nord und Süd essen den Schöpfungskuchen von zwei Seiten her auf. Die Reichen zehren mit ihrem Überkonsum stark an den natürlichen Gemeinschaftsgütern der Menschheit. [...] Alles, was die Welt zu bieten hat [...], können sie mit ihrem Geld aus jedem Winkel der Erde beziehen. Die Armen aber knabbern, für sie selbst viel bedrohlicher, an den ihnen nahe liegenden Grundlagen ihrer eigenen Ernährung und Gesundheit; sie ziehen sich sozusagen selbst den grünen Teppich unter ihren Füßen weg. Sie pressen Boden, Wasser, Wald in ihrer Umgebung so weit aus, bis diese immer weniger hergeben und schließlich, im schlimmsten Fall, eine unbrauchbare Mondlandschaft zurückbleibt. [...]

(Dietrich Jörn Weder: Umwelt: Bedrohung und Bewahrung. Bonn, Bundeszentrale für Politische Bildung 2003, S. 59 ff.)

1. Welche Folgen der Überbevölkerung werden beschrieben?
2. Worin sieht der Autor das Hauptproblem?

▶ QUELLE 6 Sustainable Development – Dauerhafte Entwicklung

Die Zielvorstellung einer „dauerhaften Entwicklung" ist grundsätzlich ökologischer Natur und setzt zweierlei voraus. Erstens impliziert der Begriff, dass es auch solche Entwicklungsziele und -wege gibt – womit natürlich die tatsächlich verfolgten gemeint sind –, die nicht auf Dauer bestehen können, weil sie über kurz oder lang die ökologischen Grundlagen von Teilregionen oder sogar der Erde insgesamt zu zerstören drohen. Zweitens wird „Entwicklung" als Ziel aber keineswegs aufgegeben, und dies bedeutet, wenn der Begriff nicht in sich widersprüchlich sein soll, dass eine andere als die bisher verfolgte, nämlich eine ökologisch und sozial dauerhafte Entwicklung denkbar und realisierbar sei.

Im Begriff der dauerhaften Entwicklung sind also zwei Thesen enthalten, die bis heute andauernde und teils heftige Kontroversen ausgelöst haben. Sie lauten im Klartext:

Erstens: Das seit der Nachkriegszeit vorherrschende Modell einer weltweiten Industrialisierung nach dem Produktions- und Konsumtionsmuster der Industrieländer ist – von anderen, z. B. ethischen und politisch-gesellschaftlichen Kritikpunkten einmal abgesehen – aus ökologischen Gründen nicht realisierbar.

Zweitens: Eine „andere Entwicklung", nicht nur für die Entwicklungsländer, sondern auch für die Industrieländer, ist dringend erforderlich und auch grundsätzlich machbar.

(Hans-Jürgen Harborth: Dauerhafte Entwicklung statt globaler Selbstzerstörung. Berlin, Ed. Sima 1991, S. 7 f.)

1. Welchen neuen Ansatz zur Entwicklungshilfe-Politik vertritt der Autor?
2. Nehmen Sie zu den zwei Thesen zur dauerhaften Entwicklung Stellung.

▶ QUELLE 7 Spiegel-Redakteur Harald Schumann zur „Liberalisierung"

Der IWF (= Internationale Währungsfonds, d. Verf.) und die amerikanischen und europäischen Regierungen drängen in den weniger entwickelten Ländern stets massiv auf eine Liberalisierung und Öffnung der internen Märkte. Nur dadurch, so die Verheißung, könne eine aufholende Entwicklung gelingen. In Wahrheit hat sich diese Entwicklung bis heute noch in keinem einzigen Fall erfüllt. Es lässt sich schlicht kein Land finden, wo durch Handelsliberalisierung Entwicklungsfortschritte erzielt worden wären. Stattdessen trat überall das Gegenteil ein: Fast immer war eine häufig ineffiziente und auch staatlich schlecht verwaltete Industrie nicht wettbewerbsfähig. [...] Das ist aber nur die eine Seite.

Die andere Seite ist: Die Liberalisierung fand und findet bis heute einseitig statt. Für die wichtigsten Exportprodukte des Südens, Agrarprodukte und Textilien, sind die Märkte entweder quotiert oder ganz gesperrt. [...] Vom freien Handel kann also keine Rede sein. Im Gegenteil: das schon bestehende Protektionssystem wurde mithilfe der Welthandelsorganisation sogar noch perfektioniert: durch den Schutz der Patente. 90 Prozent des technologischen Wissens sind in Form von Patenten im Norden gebunden.

(Harald Schumann, in: Aus Politik und Zeitgeschichte, Heft B 13–14/2003, S. 26 f.)

1. Welche Einseitigkeiten prangert der Autor an?
2. Warum kann von einer echten Liberalisierung kaum gesprochen werden?
3. Worin besteht die besondere Benachteiligung der Entwicklungsländer?

Der ehemalige deutsche Botschafter in Ägypten, Martin Elsasser, zur deutschen Entwicklungshilfe

▶ QUELLE 8

[...] eine ganz wichtige Gruppe von Profiteuren der Entwicklungshilfe [ist] das Heer der freischaffenden „Consultants", welche im Auftrag der deutschen Bürokratie an jedem Projekt mit Machbarkeitsstudien aller Art stattliche Honorare einstreichen. [...] Bis schließlich nach vielen Jahren ein Projekt „reif" erschien, waren abermals Machbarkeitsstudien fällig, da die Budgetierung durch Zeitablauf oder technische Voraussetzungen überholt war. [...] Dieses absurde und teure Spiel, bei dem am Ende die deutsche Seite fast genauso viel profitiert wie das Entwicklungsland selbst, bedarf schon seit Jahren einer grundsätzlichen Änderung. Sie wird jedoch von den zahllosen Interessentengruppen auf beiden Seiten verhindert. Wenn der deutsche „Gutmensch" denkt, mit seinen Steuermitteln in der Entwicklungshilfe etwas Gutes zu tun, sollte er doch einmal etwas näher hinsehen.
(Martin Elsasser, in: Frankfurter Allgemeine Zeitung Nr. 31 vom 03.12.2007, S. 13)

1. Wen meint der Verfasser mit den Profiteuren?
2. Warum lässt sich das von ihm kritisierte System so schwer ändern?
3. Weshalb sind Zahlenangaben über die Höhe der Entwicklungshilfe irreführend?

Aus einem Leitartikel in der Frankfurter Allgemeinen Zeitung zum Thema Entwicklungshilfe

▶ QUELLE 9

Wer da was mit welchem Geld macht, ist nicht mehr zu überblicken. Was tat eigentlich eine Organisation namens „Veterinäre ohne Grenzen" 2003 im liberianischen Krieg, wo es doch in Liberia weder Viehherden noch Haustiere gab, weil sie alle geschlachtet und verzehrt worden waren? Es gibt mittlerweile „Hilfsorganisationen", die nichts anderes tun, als anderen Hilfsorganisationen die Logistik zu stellen. [...] Diese Mitarbeiter sitzen ständig in „Meetings" zusammen, in denen sie darüber beratschlagen, wer wann wie viele Lebensmittel zu den Hilfsbedürftigen schaffen und das Interesse der Fernsehteams wecken kann. Wer dies über Jahre beobachtet, fragt sich irgendwann, worum es diesen Helfern in Wahrheit geht: um die Bedürftigen oder um ein gewöhnliches Geschäft? Die Internationale der Hilfsorganisationen ist längst zu einer Branche geworden, in der es wie in jeder anderen um Umsatz und Ergebnis geht: Umsatz in Form von Spendengeldern, Ergebnis in Form von Medienpräsenz – die wiederum neue Spendengelder generiert. Die Sprecherin einer großen deutschen Hilfsorganisation antwortete einmal auf die Frage, wie es ihr gehe, ganz unverblümt: „Ach, wir könnten eine neue Katastrophe gebrauchen."
(Thomas Scheen: „Vor allem ein Geschäft", in: Frankfurter Allgemeine Zeitung vom 13.11.2007, S. 1)

1. Was ist nach dieser Darstellung das Hauptziel der Hilfsorganisationen?
2. Nehmen Sie Stellung zur Aussage der „Helferin" im letzten Satz des Beitrages.
3. Angenommen, alle großen Probleme der Entwicklungsländer wären gelöst: Was wäre die Folge für diese Organisationen?

▶ QUELLE 10 Tyrannei von Natur und Mensch

Erst in den vergangenen Jahren hat sich die Erkenntnis durchgesetzt, dass ein wichtiger Schlüssel zur Erklärung der afrikanischen Misere in der Tyrannei durch die Afrikaner selbst liegt. Die Institutionenökonomie [neuer Zweig der Volkswirtschaftslehre und Soziologie, d. Verf.] bietet Erklärungsansätze, wann Vetternwirtschaft, Korruption und die Aneignung ökonomischer „Renten" [ohne Leistung erzielte Einkommen] möglich sind und warum die Bedingungen dafür gerade in den rohstoffreichen afrikanischen Ländern gegeben sind. So weckte ein exklusiver Zugang von einzelnen zu Rohstoffrenten, die ihrerseits wiederum zur Machtsicherung durch die Entlohnung von Gefolgschaften eingesetzt wurden, den Widerstand anderer Gruppen, die sich, wenn ihnen der Sprung an die Macht gelang, jedoch wieder ebenso verhielten wie ihre Vorgänger. Afrikanische Machtinhaber, die sich ihrer Macht nicht sicher wähnten und daher enge Zeithorizonte hatten, beuteten die vorhandene Ressourcenbasis auf kurze Sicht hin aus. Sie schufen gleichzeitig ein Heer von schlecht entlohnten Bediensteten in Verwaltung, Parteiapparat und Staatsbetrieben, die dazu ermuntert wurden, Leistungen nur gegen Gegenleistungen vom unmittelbaren Nutznießer zu erbringen und damit die Korruptionsspirale in Gang zu setzen.

(Rolf Langhammer, in: Frankfurter Allgemeine Zeitung Nr. 104 vom 05. 05. 2001, S. 15)

1. **Worin sieht der Autor die Hauptursache des afrikanischen Elends?**
2. **Warum blühen selbst rohstoffreiche Länder nicht auf?**
3. **Wie funktioniert die zitierte Korruptionsspirale?**

▶ QUELLE 11 Entwicklungspolitik – pro und kontra

Peter Bauer:
Selbst wenn Entwicklungshilfe die Investitionen vergrößern sollte, stimuliert sie nicht notwendigerweise das Wirtschaftswachstum, da sie häufig die eigentlichen Determinanten wirtschaftlicher Entwicklung beeinträchtigt.
Zu diesen Determinanten gehören: Leistungswille, Einstellung zur Arbeit, Werte, Normen und Motivationen, soziale und politische Institutionen zusammen mit natürlichen Ressourcen und entsprechenden Marktchancen. [...] Die Entwicklungshilfe [...] hat diese Faktoren in den armen Ländern häufig negativ beeinflusst. [...] Der ständige Strom von Auslandsgeldern hat die Empfänger verarmen lassen, da er bei ihnen die Vorstellung weckte, Geschenke seien der wichtigste Faktor für die Existenz und die Entwicklung eines Landes. Durch die Vorstellung, wirtschaftlicher Fortschritt sei stärker von Auslandshilfe abhängig als von menschlichen Fähigkeiten, Einstellungen und Werten sowie vom Abbau entwicklungshemmender Strukturen, wurde die Bedeutung von Eigenverantwortung und Eigeninitiative für die wirtschaftliche Entwicklung vernachlässigt oder sogar bewusst herabgesetzt. [...]

Brigitte Erler:
Mein Entschluss, der Entwicklungshilfe den Rücken zu kehren, war das Ergebnis jahrelanger Erfahrungen in der Entwicklungspolitik und zahlreicher Diskussionen innerhalb und außerhalb des BMZ. [...] Ich konnte die Einsicht nicht mehr verdrängen: Entwicklungshilfe schadet allen, denen sie angeblich nützen soll, ganzen Ländern wie einzelnen Betroffenen. Sie muss deshalb sofort beendet werden. Ohne Entwicklungshilfe ginge es den Menschen in den Ländern der Dritten Welt besser. [...] Vielleicht kann man mir in Einzelheiten Fehler oder nicht genügend ausgewogene Wertungen vorwerfen. Das wird aber nichts an der Schlussfolgerung ändern: Entwicklungshilfe trägt dazu bei, in den meisten Entwicklungsländern ausbeuterische Eliten an der Macht zu halten und im Namen von Modernisierung und Fortschritt Verelendung und Hungertod zu bringen. [...]

Rolf Arnold:
Eine große Bilanzierung der Entwicklungspolitik der letzten Jahrzehnte führt zu dem Ergebnis, dass ein Entwicklungshilfepessimismus nicht gerechtfertigt ist. Zwar sind in der Vergangenheit und Gegenwart Fehler gemacht worden und Fehlschläge zu verzeichnen gewesen, doch darf bei aller Enttäuschung nicht übersehen werden, dass
- zum ersten Mal in der Geschichte der Menschheit die Zahl der Menschen, die lesen und schreiben können, größer ist als die Zahl der Analphabeten,
- heute 94 % der Kinder eingeschult werden, während es vor 25 Jahren nur 50 % waren,

- das Pro-Kopf-Einkommen der Entwicklungsländer sich in den letzten 25 Jahren trotz des enormen Bevölkerungswachstums verdoppelt hat,
- die durchschnittliche Lebenserwartung in diesem Zeitraum um über zehn Jahre gestiegen ist und die Kindersterblichkeit um die Hälfte gemindert werden konnte und
- die landwirtschaftliche Produktion der Entwicklungsländer seit 1945 verdoppelt werden konnte.

Diese positiven Wirkungen sind in erster Linie Ergebnis der außerordentlichen Eigenanstrengungen der Länder der Dritten Welt, die durch die Entwicklungszusammenarbeit lediglich punktuell unterstützt werden konnten. [...] Die entwicklungspolitische Bilanz rechtfertigt es m. E. deshalb nicht, ein sofortiges Einstellen dieser Politik zu fordern. Es ist vielmehr so, dass eine solche Forderung Gefahr läuft, Bewährtes aufzugeben, ohne wirklich deutlich zu machen, welche Strategien bessere Resultate zeitigen könnten.

(Informationen zur politischen Bildung, Heft 221: Entwicklungsländer, Bonn 1988, S. 28 f.)

1. **Stellen Sie in einer Übersicht die vorgebrachten Pro- und Kontra-Argumente zur Entwicklungspolitik zusammen.**
2. **Begründen Sie Ihre eigene Meinung.**

Aufgabenvorschläge

1. Stellen Sie die Gegensätze zwischen den reichen und den armen Ländern der Welt einander tabellarisch gegenüber.
2. Sammeln Sie Berichte über ein Entwicklungsland, das Sie besonders interessiert. Führen Sie, ausgehend von diesen Berichten, eine Fallstudie zur politischen, wirtschaftlichen und gesellschaftlichen Situation des betreffenden Landes durch.
3. Arrangieren Sie ein Rollenspiel zum Thema „Entwicklungspolitik“. Entwerfen Sie Rollenkarten für folgende Beteiligte (z. B. im Rahmen einer Diskussion über das Thema: „Brauchen wir Entwicklungshilfe und wie soll sie aussehen?“):
   a. Ingenieur im Entwicklungsdienst
   b. Minister des Entwicklungslandes
   c. armer Einwohner des Entwicklungslandes (z. B. Bauer)
   d. reicher Einwohner des Entwicklungslandes (z. B. Großgrundbesitzer).
   Sie können noch weitere Beteiligte hinzufügen.
4. Veranstalten Sie eine Expertenbefragung. Sie können sich an eine der folgenden Stellen wenden:
   - DED Deutsche Gesellschaft für Technische Zusammenarbeit, Dag-Hammarskjöld-Weg 1–5, 65760 Eschborn; http://www.gtz.de
   - fid – Service- und Beratungsstelle für freiwillige internationale Dienste bei der Arbeitsgemeinschaft für Entwicklungshilfe, Ripuarenstraße 8, 50679 Köln.
5. Laden Sie einen ehemaligen Entwicklungshelfer in Ihre Klasse ein und lassen Sie ihn von seinen Erfahrungen berichten. Bereiten Sie sich gezielt auf diese Expertenbefragung vor.
6. Diskutieren Sie das Pro und Kontra, sich selbst für zwei Jahre als Helfer im Entwicklungsdienst zu verpflichten.
7. Organisieren Sie eine amerikanische Debatte zum Thema „Entwicklungshilfe – Pro und Kontra“.
8. Veranstalten Sie ein Rollenspiel in Form eines Tribunals. Angeklagt sind die Industrienationen. Anklagepunkt ist die wirtschaftliche Ausbeutung von Entwicklungsländern und die daraus resultierenden Folgen.
9. Fertigen Sie eine Mindmap zur Entwicklungshilfe und den damit zusammenhängenden Gesichtspunkten und Problemen an.
10. Vergleichen Sie die Probleme der Bevölkerungsschrumpfung mit denen des Bevölkerungswachstums in der Dritten Welt.

7 Methoden

7.1 Der Umgang mit historischen Quellen – grundlegende Arbeits- und Lerntechniken

Erkenntnisse aus der Vergangenheit gewinnt der Historiker aus Quellen, insbesondere aus schriftlichen. Daneben sind auch nichtschriftliche Zeugnisse von großer Bedeutung: So können etwa Bauten wie Denkmäler, aber auch einfache Häuser, Brücken und Straßen Auskunft über Ereignisse und Lebensumstände längst vergangener Tage vermitteln.

Archäologen
Historiker

In zunehmendem Maße beschäftigen sich nicht nur die **Archäologen** (Altertumswissenschaftler) mit Werkzeugen, Geräten, Kleidungsstücken und Münzen, sondern auch die **Historiker** (Geschichtswissenschaftler), um auf diese Weise die Lebensumstände der „kleinen Leute" zu erforschen.

Informationszeitalter

Und schließlich bietet das **Informationszeitalter**, in dem wir leben, eine wahre Flut von Fakten und Berichten, die nicht nur für die Zeitgenossen, sondern auch für zukünftige Generationen von Historikern eine unerschöpfliche Quelle darstellen. Ton- und Bilddokumente und seit einigen Jahren auch CompactDiscs (CD), die für unmöglich gehaltene Datenmengen konservieren können, geben ein umfassendes Bild unserer Lebenswirklichkeit wieder und weiter.

So wie frühere Generationen von Historikern oft zu wenig Quellen besaßen, so wird in Zukunft zweifellos das Gegenteil der Fall sein: Die Kunst wird darin bestehen, das Wesentliche vom Unwesentlichen zu unterscheiden und aus einem Ozean von Informationen die wirklich wichtigen Daten und Ergebnisse zu schöpfen.

Aber nach wie vor erfordert der kompetente und kritische Umgang mit Quellen nicht nur das Wissen um die Besonderheit der einzelnen Zeugnisse, sondern ein Grundwissen über Lern- und Arbeitstechniken. Diese Techniken sind übrigens nicht nur für den Historiker oder Politikwissenschaftler von Bedeutung – jeder, der in der Arbeitswelt der Gegenwart und Zukunft bestehen will, muss über sie verfügen und sie einsetzen können.

7.1.1 Der Umgang mit schriftlichen Quellen – Arbeit mit Texten

Quellenkritik

Erzählende Quellen
Geschichtsschreiber
Quellenkritik

Erzählende Quellen sind solche, die geschichtliche Ereignisse zur Belehrung und Unterhaltung an Interessierte weitergeben. Dabei werden bestimmte Begebenheiten ausgewählt, andere verschwiegen, es werden Wertungen und Deutungen vorgenommen. Die **Geschichtsschreiber** sind – wie alle Menschen – parteiisch. Ihre Sicht der Dinge ist individuell und damit subjektiv. Selbst wenn sie Objektivität anstreben, können sie sie niemals vollständig erreichen. Dieser Mangel fordert die **Quellenkritik** heraus. Sie fragt nach dem Verfasser und seinen Lebensumständen, seinen Absichten, seinen Kenntnissen, um so den Wahrheitsgehalt und die Glaubwürdigkeit einer solchen Quelle zu ermitteln.

Urkunden

Urkunden, Akten und andere amtliche Schriftstücke scheinen dagegen eher eine Garantie für die historische Wahrheit zu bieten. Ihnen fehlen fast immer die Absicht und auch die Möglichkeit, persönliche und subjektive Elemente weiterzugeben. Dennoch sind auch diese schriftlichen Quellen immer kritisch zu analysieren, auch hier muss die Quellenkritik erfolgen.

Die Fragen, die Sie im Anschluss an die einzelnen Quellen in diesem Buch finden, sind eine verborgene, immanente Form der Quellenkritik: Sie sollen Ihnen helfen, die Quelle zu erschließen und auch die häufig „zwischen den Zeilen" versteckten Informationen und Wertungen zu erkennen.

Fälschungen

Gerade wegen der vermeintlichen Glaubwürdigkeit von amtlichen Schriftstücken wurden diese schon von antiken Geschichtsschreibern benutzt, um Geschichte zu fälschen und auf diese Art bestimmten Interessen dienlich zu sein. Das berühmteste Beispiel ist wohl die sogenannte **Konstantinische Schenkung**, die vermutlich zwischen 750 und 850 gefälscht wurde und nach der angeblich von Kaiser *Konstantin* (280–337) dem mittelalterlichen Papst eine Vormachtstellung gegenüber dem weltlichen Kaiser bescheinigt wird. Mönche „besorgten" die Fälschung. Die „Tradition" der Geschichtsfälschung wurde im Mittelalter fortgesetzt und vervollkommnet.

Konstantinische Schenkung

Der stolze Titel Hamburgs „Freie und Hansestadt" beruht auf einer „Kaiserurkunde" von 1189. Nur entstammt dieses Dokument nicht der kaiserlichen Kanzlei, sondern dem Hamburger Rathaus.

1983 haben die frei erfundenen **Hitler-Tagebücher** großes Aufsehen erregt. Selbst anerkannte Historiker fielen zunächst auf diese Fälschung herein.

Hitler-Tagebücher

Arbeit mit Texten

Gleichgültig, ob Sie eine historische Quelle oder einen wissenschaftlichen Text aus einem anderen Bereich lesen, verlangt wird zunächst einmal Ihre ungeteilte Aufmerksamkeit. Denn anders als bei einem Krimi oder anderer Unterhaltungsliteratur erschließt sich der Inhalt eines solchen Textes oft erst nach mehrmaliger Lektüre.

Dabei ist es unverzichtbar, einen Text im wahrsten Sinne des Wortes zu be-arbeiten, d. h. konkret, dass er „mit dem Stift in der Hand" gelesen werden muss. Schon beim ersten Durchlesen sollten Sie wichtige Textpassagen unterstreichen und Fremdwörter markieren, die Sie nicht verstehen, damit Sie sie später nachschlagen können. Doch auch hier gilt: Weniger ist oft mehr, denn man kann häufig beobachten, dass zu viel unterstrichen wird, manchmal beinahe der ganze Text. Das ist wenig sinnvoll, denn **Unterstreichungen** sollen ja dazu dienen, sich bei einer späteren Lektüre schnell orientieren und die wirklich wichtigen Passagen noch einmal rasch überfliegen zu können.

Unterstreichungen

Beim zweiten Durchlesen sollten Sie sich am Rand des Textes die entscheidenden Kernaussagen und zentralen Begriffe notieren. Wer außerdem für die einzelnen Abschnitte jeweils eine knappe Überschrift findet und notiert, ist auf dem Weg zum Verständnis des Textes ein großes Stück weitergekommen.

Doch nicht immer ist es möglich, direkt am Text zu arbeiten. Das gilt beispielsweise für entliehene oder sehr wertvolle Bücher. In diesem Fall muss man sich die Arbeit des **Exzerpierens** machen, also ein Exzerpt anfertigen. Exzerpieren heißt, die wichtigsten Textpassagen wortwörtlich abzuschreiben und den Text knapp zusammenzufassen, also eine Inhaltsangabe anzufertigen. Sinnvollerweise benutzt man hierzu Karteikarten, die man leicht archivieren und eventuell nach Stichworten ordnen kann. Natürlich ist die Arbeit mit dem Computer auch in diesem Bereich arbeitssparend: Man kann die Exzerpte speichern und eventuell mithilfe einer Datenbank verwalten.

Exzerpieren

Wer Texte nur fotokopiert und dann abheftet, gewinnt zwar im Lauf der Zeit eine ansehnliche Sammlung von Papieren, aber ob er deren Inhalt verstanden hat und darüber verfügt, darf mit Recht bezweifelt werden.

7.1.2 Statistik

Nach einem bekannten Witz gibt es drei Arten von Lügen: die Notlüge, die echte Lüge und die Statistik. Und der berühmte britische Premierminister *Winston Churchill* pflegte zu sagen: „Ich glaube nur der Statistik, die ich selbst gefälscht habe."

Doch so gut wie niemand kommt heute im Berufsleben ohne statistische Erhebung und Auswertung aus. Massengesellschaften wären völlig unregierbar, lieferte nicht eine ständige Flut von Daten immer wieder Informationen als Grundlage, um Probleme erkennen und lösen zu können.

Statistik ist die numerische Erfassung und Darstellung von Mengen durch Zählen und Messen.

Verhältniszahlen

Das einfachste und jedermann geläufigste Verfahren zur Darstellung des erfassten Rohmaterials, das sind z. B. die Zahlenangaben aus einer Befragung, ist die Bildung von **Verhältniszahlen**. Das sind Zahlen, die entstehen, wenn aus zwei absoluten Größen der Quotient gebildet wird. Multipliziert man diesen Quotienten mit 100, erhält man die bekannten Prozentzahlen, welche die häufigste Form der statistischen Angaben sind.

Beispiel: Wir haben auf der Straße willkürlich 123 Personen befragt, was sie bevorzugen würden: eine Gehaltserhöhung von 5 % oder eine Arbeitszeitverkürzung von einer Wochenstunde. Von diesen Befragten sprachen sich 37 für eine Arbeitszeitverkürzung aus, 66 wünschten die Lohnerhöhung, und der Rest war unentschieden bzw. hatte keine Meinung dazu.

In Prozentsätzen ausgedrückt bedeutet dies:
$37 : 123 = 0{,}3008 \times 100 = 30{,}1\,\%$ für Verkürzung
$66 : 123 = 0{,}5366 \times 100 = 53{,}7\,\%$ für Lohnerhöhung
$20 : 123 = 0{,}1626 \times 100 = 16{,}3\,\%$ unentschieden

(Die Abweichung von 100 % ist durch Rundung bedingt.)

Erst durch die Bildung von Prozentsätzen wird sofort erkennbar: Eine klare (absolute) Mehrheit hat sich für Einkommenserhöhung statt Arbeitszeitverkürzung ausgesprochen.

Indexzahlen

Wenn Veränderungen dieser Verhältniszahlen über einen längeren Zeitraum gemessen werden sollen, bildet man **Indexzahlen**. Wir nehmen einen Wert als Basisjahr und beziehen darauf alle folgenden.

Beispiel: Um das Freizeitverhalten von Jugendlichen zu erforschen, befragen wir eine Reihe von ihnen – z. B. fünfzig Personen – nach der Häufigkeit ihrer monatlichen Diskobesuche. Aus ihren Angaben errechnen wir die prozentualen Veränderungen jeweils gegenüber dem Vormonat und die Indices.

Monat	Häufigkeit	%-Veränderung	Index
Januar	40	–	100
Februar	50	25	125
März	55	10	138
April	59	7,2	148
Mai	51	– 15,7	128
Juni	44	– 13,7	110

Bei größeren Zahlen können wir auf diese Weise auf den ersten Blick erkennen, dass die Diskobesuche, obwohl sie im Mai und Juni gegenüber dem jeweiligen Vormonat stark abgenommen haben, im letzten Erhebungsmonat immer noch um 10 % über dem Basismonat Januar lagen.

Die weitaus am häufigsten benutzte Messzahl ist der Durchschnitt oder der **Mittelwert**. Ihn gibt es in zwei Varianten: Mittelwert

1. Das **einfache** oder **arithmetische Mittel.** Einfaches Mittel Arithmetisches Mittel
   Wir fragen 30 Schüler nach der ungefähren Höhe ihres monatlichen Taschengeldes in EUR. Folgende Beträge werden genannt: 0, 10, 50, 90, 100, 120, 125, 150, 175.
   Würden wir den einfachen Durchschnitt bilden, so erhielten wir:
   0 + 10 + 50 + 90 + 100 + 120 + 125 + 150 + 175 = 820:9 = 91,11.
   Also bekäme im Durchschnitt jeder etwas mehr als 90,00 EUR im Monat.
   Dieser Mittelwert täuscht aber, weil sich unter den neun Nennungen nur eine mit „Null" und nur eine mit „10" befinden, die den Durchschnitt stark nach unten drücken.
   Tatsächlich ist das Taschengeld im Monat wesentlich höher, wenn wir die Zahl je Betragsnennung berücksichtigen. Von den 30 Schülern wurde nämlich genannt:
   1-mal: 0 4-mal: 120
   1-mal: 10 7-mal: 125
   4-mal: 50 3-mal: 150
   5-mal: 90 1-mal: 175
   4-mal: 100
   Daraus bilden wir:
2. das **gewogene** oder **geometrische Mittel:** Gewogenes Mittel Geometrisches Mittel
   (1 × 0) + (1 × 10) + (4 × 50) + (5 × 90) + (4 × 100) + (4 × 120) + (7 × 125) + (3 × 150) + (1 × 175) = 3 040 : 30 (Schüler) = 101,3.

Wir kommen also zu dem ganz anderen Ergebnis, dass im (gewogenen) Durchschnitt die Schüler über 100,00 EUR monatliches Taschengeld erhalten.

Ein weiterer leicht ermittelbarer Wert ist der **Zentralwert** oder der **Median.** Es ist der Wert, bei dem genau gleich viele andere Werte darüber oder darunter liegen. In unserem Beispiel ist der Median 100. Zentralwert Median

Der Zentralwert hat gegenüber dem Mittelwert den Vorteil, dass es ihn wirklich real gibt, und er hat stets – salopp formuliert – links und rechts gleich viele Nachbarn. Das schützt ihn vor Veränderungen durch „Ausreißer". Man braucht sich nur einmal vorzustellen, dass im oben genannten Beispiel der „reichste" Schüler statt 175,00 unglaubliche 1 000,00 EUR als monatliches Taschengeld bekäme.

Der Durchschnitt läge dann (3 865 : 30) bei knapp 129,00 EUR.

Obere und untere Extremwerte ziehen den Mittelwert an sich. Der Zentralwert bleibt davon unberührt, er verharrt im obigen Beispiel bei 100.

Schließlich ist der **häufigste Wert** leicht erkennbar. Er ist der Wert, auf den die häufigsten Nennungen fallen. In unserem Beispiel ist er 125. Seine Aussagekraft ist allerdings gering, weil er nichts über die Streuung nach den Seiten aussagt. Im Extremfall kann er der höchste oder niedrigste Wert der gesamten Zahlenskala sein. Häufigster Wert

Achtung „Fallstricke"

Als US-Präsident *Roosevelt* in den 1930er-Jahren einen Wissenschaftler um eine Statistik über die US-Bevölkerung bat, antwortete dieser: „For which party, Mr. President?"
Mit der Statistik lässt sich – scheinbar! – alles und zugleich das Gegenteil beweisen.
Die wichtigsten absichtlichen Täuschungen oder Irrtümer bei statistischen Angaben sind folgende:

1. Bei allen Prozentangaben muss stets der **Grundwert** genannt werden, weil man sonst – obwohl richtig gerechnet – einen völlig falschen Eindruck erhält. Grundwert

Beispiel: Stolz berichtet ein Personalchef, dass es in seinem Betrieb mit 80 Mitarbeitern gelungen sei, die Frauenquote im vergangenen Jahr um 50 % zu erhöhen. Er verschweigt allerdings, dass vorher nur zwei, mithin jetzt drei Frauen angestellt sind.

Basiszeitpunkt

2. Bei Indexzahlen ist der **Basiszeitpunkt** von entscheidender Bedeutung.
   Beispiel: Von 1991/92 stiegen die Löhne besonders in den neuen Bundesländern stark an, ab 1993 verlangsamte sich der Anstieg. Die Gewerkschaften würden nun zur Rechtfertigung für eine hohe Lohnforderung als Basisjahr 1993 wählen, die Arbeitgeber dagegen zur Abwehr der Forderung würden sich auf den Ausgangswert von 1990 berufen. Warum wohl?
3. Selbst der bekanntesten deutschen Demoskopin, *Elisabeth Noelle-Neumann*, bleibt es nach ihren eigenen Worten rätselhaft, warum es genügen kann, 2000 Menschen zu befragen, um die Meinung von 80 Millionen zu erfahren. Sie weiß natürlich, dass es deshalb genügt, weil diese **Stichprobe repräsentativ** ist. Wenn wir also eine Stichprobenerhebung durchführen, müssen wir darauf achten, dass die Befragten auch stellvertretend für viele andere sprechen können.
   Beispiel: Wir fragen zum Abschluss einer Wahlversammlung einer Partei die Besucher beim Hinausgehen, wie ihnen die Wahlrede gefallen hat. Das Ergebnis mag ein Bild über die Meinung der Parteianhänger geben, für die Bevölkerung ist sie alles andere als repräsentativ, weil die Gegner dieser Partei gar nicht erst zur Versammlung gegangen sind.

Repräsentative Stichprobe

Parallelität

Kausalität

4. **Parallelität** ist nicht **Kausalität**, d. h. wenn zwei Zahlenreihen gleichmäßig verlaufen, muss die eine nicht von der anderen verursacht sein, wie bei der Beobachtung im Elsass, dass jahrelang die Zunahme der Klapperstörche mit Geburtenwachstum einherging.
   Beispiel: Wir registrieren, dass auffallend mehr Jungen als Mädchen zu spät zur Schule kommen, also – so könnte der nahe liegende Schluss lauten – sind Mädchen generell pünktlicher als Jungen. Vorsicht! Es könnte sein, dass mehr Jungen von weiter her mit Moped, Auto usw. zur Schule fahren und dadurch verkehrsbedingt leicht zu spät sind, während Mädchen durchweg aus dem näheren Umkreis der Schule kommen.

7.1.3 Bilder und Karikaturen als Informationsquelle

Um Erkenntnisse aus der Vergangenheit zu gewinnen, beschäftigt sich der Historiker nicht nur mit schriftlichen Quellen: Wandmalereien können eine wertvolle Hilfe bei der Erforschung des Alltags unserer steinzeitlichen Vorfahren sein, historische Holz- und Kupferstiche geben Aufschluss über das Mittelalter, und Zeichnungen, Karikaturen und Fotos können uns das Verständnis der Gegenwart wesentlich erleichtern.

Erzählend Bilder

Berichtende Bilder

Bilddokumente können in verschiedene Kategorien unterteilt werden: Da gibt es zum einen **erzählende** oder **berichtende Bilder**. Auf sie trifft am ehesten das Sprichwort zu: „Ein Bild sagt mehr als tausend Worte". Bei dieser Art von Bildern handelt es sich z. B. um Illustrationen oder Reporterschnappschüsse, so wie etwa das Bild im Kap. 2.3.3 eindrücklich illustriert, wie am Ende des 20. Jahrhunderts Automobile gefertigt werden. Eine Fabrikhalle mit vollautomatisierter Produktion, darin ein Teil der Fertigungsstraße – nur Menschen sucht man vergebens auf dem Bild.

Offizielles, amtliches Bildmaterial

Offizielles, amtliches Bildmaterial genießt allgemein den höchsten Anspruch darauf, glaubwürdig und authentisch zu sein, handelt es sich doch zumeist um Bau- oder Geländepläne, um Bildmaterial, das z. B. den Zustand von Gebäuden dokumentieren soll. Aber auch von der Regierung ausdrücklich autorisiertes Material muss mit der Wirklichkeit nicht übereinstimmen. So haben z. B. offizielle Herrscherbilder nicht die Aufgabe, den Fürsten so darzustellen, wie er wirklich ist, sondern so, wie er sich gerne sieht und wie seine Untertanen ihn sehen sollen.

Historiengemälde

Überhaupt muss man sich bei **Historiengemälden** stets bewusst sein, dass der Maler – der diese häufig als Auftragsarbeit anfertigte – eine bestimmte Deutung des jeweiligen historischen Ereignisses vorgeben bzw. diese besonders glanzvoll darstellen möchte. So verlief Augenzeugen zufolge die Kaiserproklamation am 18. Januar 1871 im Spiegelsaal zu Versailles wenig feierlich – *Anton von Werners* bekanntes Gemälde von 1895 (siehe Kapitel 4.1.2.1) dagegen zeigt das Ereignis als erhebenden historischen Moment. *Werner,* der selbst Augenzeuge gewesen war, wich auch sonst – bewusst – von der Wirklichkeit ab: Er malte *Bismarck* in weißer Uniform – tatsächlich war sie blau – und mit dem Orden „Pour le mérite", den er erst 13 Jahre später verliehen bekam. Im Vordergrund des Bildes ist Kriegsminister *von Roon* zu sehen, der gar nicht in Versailles anwesend war etc.

In totalitären Regimes werden Bilder sehr häufig gefälscht. So werden beispielsweise unliebsame, d. h. in Ungnade gefallene Personen einfach wegretuschiert, um sie nicht nur vom Bild, sondern gleichsam aus dem Gedächtnis der Menschen zu streichen (sogenannte damnatio memoriae).

In den allermeisten Fällen wird Bildmaterial zur Meinungsbildung und -beeinflussung verwendet. Genau genommen steckt hinter jedem Bild auch eine Meinung und Absicht. Selbst der nur in den Ferien knipsende Zeitgenosse wird versuchen, sein Urlaubsdomizil möglichst bei strahlendem Sonnenschein und ohne volle Müllsäcke vor dem Haupteingang zu fotografieren. Schließlich soll den Nachbarn und Verwandten ja dokumentiert werden, in welch vortrefflichem Ambiente man seinen Urlaub verbringt.

Politische Plakate
Karikaturen
Werbung

Politische Plakate, Karikaturen und die gesamte **Werbung** bekennen sich offen dazu, Meinung zu transportieren und darstellen zu wollen. Man darf aber nicht vergessen, dass diese Meinungsbildung immer häufiger auch unterschwellig erfolgt und der Konsument beeinflusst wird, ohne dass er dies immer bemerkt oder auch bemerken soll. So kann schon allein die Auswahl eines besonders unvorteilhaften Bildes eines Politikers in der Zeitung einen negativen Trend seines Ansehens oder das seiner Partei womöglich noch deutlich verstärken. Aus diesem Grund wird der Gestaltung und Auswahl des Bildmaterials z. B. bei Wahlkampfbroschüren immer größere Aufmerksamkeit gewidmet.

Bild-Unterschriften

Von ganz entscheidender Bedeutung sind in diesem Zusammenhang auch die **Bild-Unterschriften.** Sie scheinen dem Betrachter eine Interpretationshilfe und zusätzliche Erläuterungen zu geben, sehr häufig wird er aber eher beeinflusst als informiert.
Ein besonderes aufsehenerregender Fall ereignete sich Ende 1999, als bei der sogenannten „Wehrmachtsausstellung", in der die von einzelnen Einheiten der Wehrmacht während des Zweiten Weltkriegs begangenen Verbrechen dokumentiert wurden, nachgewiesen werden konnte, dass einige Bildunterschriften nicht mit dem dargestellten Bild übereinstimmten. Der Ansehensverlust für die Ausstellung und die Veranstalter war beträchtlich: Die Kritik reichte bis hin zum Vorwurf der bewussten Geschichtsfälschung.

Digitale Bildbearbeitung

Neben den bereits erwähnten Beispielen, Bilder zu manipulieren oder zu fälschen, bieten die technischen Möglichkeiten **digitaler Bildbearbeitung** jedem Fälscher eine geradezu ungeahnte Vielfalt, um neue künstliche Bildwelten herzustellen. Verschiedene Vorlagen werden neu zusammengesetzt, Elemente werden eliminiert bzw. integriert – und das alles, ohne dass dies dem Beobachter auffällt, ja überhaupt auffallen kann. Die Grenze zwischen Schein und Sein ist bis zur Unkenntlichkeit verwischt. Von keinem Bild, das heute irgendwo auf der Welt veröffentlicht wird, ist sicher zu sagen, ob es authentisch oder nachträglich am Computer bearbeitet ist. Kaum eine Redewendung ist so von der Wirklichkeit widerlegt worden wie „Bilder lügen nicht!"

Analyse der Rahmendaten

Umso kritischer muss die Vorgehensweise bei der Bildbetrachtung im Geschichts- und Politik-Unterricht sein: Auch hier ist „Quellenkritik", wie sie bei Texten angewandt wird, unverzichtbar. Zunächst ist die **Analyse der Rahmendaten** vorzunehmen. Folgende Fragen können hilfreich sein:

- Was ist über das Bild bzw. die Darstellung bekannt?
- Wann ist das Bild entstanden?
- Wo ist das Bild entstanden?
- Aus welchem Anlass ist es entstanden?

- Wer hat es gemacht?
- Handelt es sich um eine Auftragsarbeit? Wenn ja, wer ist der Auftraggeber?

Beschreibung
Interpretation

Da es oft nicht möglich ist, diese Rahmendaten vollständig zu bestimmen, ist die eigentliche Beschreibung besonders wichtig. „Was ist auf dem Bild dargestellt?“, lautet zunächst die zentrale Frage. Es gilt also eine möglichst präzise **Beschreibung** des Bildes unter Beachtung aller Details anzufertigen. Erst im Anschluss erfolgt die **Interpretation**, wobei folgende Fragen beantwortet werden sollten:

- Welche Sachverhalte, Themen oder Personen sind angesprochen?
- Welche Erkenntnisse können wir aus dem Bild ziehen?
- Was „sagt das Bild aus“?
- Entspricht die Darstellung der Wirklichkeit, oder soll etwas/jemand „überhöht“ oder „beschönigt“ werden?
- Soll mit dem Bild beim Betrachter eine bestimmte Meinung gebildet werden?
- Wenn ja, welche?

Karikaturen

Für **Karikaturen** gilt prinzipiell dieselbe kritische Betrachtungsweise. Erschwerend kommt allerdings noch hinzu, dass viele Karikaturen tagespolitische Inhalte haben und für spätere Betrachter oft nicht mehr ersichtlich ist, worin eigentlich der „Witz“ liegt. Gerade Karikaturen müssen deshalb im historischen Kontext gesehen und interpretiert werden, wobei diese Interpretation oft schon dem Lösen eines Bilderrätsels gleicht und ohne zusätzliche Informationen und Hinweise fast nicht gelingen kann.

So ist beispielsweise die hier abgebildete Karikatur nur verständlich, wenn man weiß, dass sie 1932 unter dem Titel „Vom parlamentarischen Rummelplatz – Betriebsstörung, eine erfreuliche Erscheinung“ erschienen ist. Zwischen 1920 bis 1933 gab es in Deutschland 18 Regierungskoalitionen und die parlamentarische Arbeit war durch die zunehmende Radikalisierung und Zersplitterung erschwert. Wenn man die einzelnen Kabinen des Riesenrades den verschiedenen Parteien zuordnet, wird schnell deutlich, welche Meinung der Zeichner vertritt.

7.1.4 „Oral History“ – Experten- und Zeitzeugenbefragung, Interviewtechnik

Zeitzeugen

Keine Fernseh-Reportage, die sich mit einem Thema der Zeitgeschichte beschäftigt, verzichtet auf die Befragung von **Zeitzeugen** vor der Kamera. Egal, ob es sich um Themen aus der Zeit des Nationalsozialismus oder der Nachkriegsgeschichte bis zur Gegenwart handelt – man nutzt Interviews, um Menschen zu Wort kommen zu lassen, die die dargestellte Zeit selbst erlebt haben, sei es als politisch aktiv Handelnde oder als Betroffene. Diese erzählende, mündliche Darstellung von Geschichte wird in der Wissenschaft als „Oral History“ bezeichnet.

Interview

Oral History ist ein Instrument zur Quellenarbeit – ein **Interview** ist ebenso eine geschichtliche Quelle wie eine Urkunde, ein Sitzungsprotokoll oder ein Bild, allerdings mit einigen Besonderheiten:

Die befragten **Zeitzeugen** können natürlich nur eine eng begrenzte Zahl sein, meistens sind sie zufällig ausgewählt und schon deshalb nicht repräsentativ. Ihre Aussagen stellen keineswegs die „objektive Wahrheit" dar, sondern müssen mit wissenschaftlichen Darstellungen und anderen Quellen verglichen und gegebenenfalls korrigiert werden. Darüber hinaus bietet allein die Tatsache, dass man ein politisches Ereignis oder eine Zeitspanne selbst miterlebt hat, noch keine Gewähr dafür, alles verstanden zu haben und richtig deuten und einordnen zu können. Wenn Menschen über Ereignisse berichten, die zwanzig, dreißig oder noch mehr Jahre zurückliegen, dann neigen sie sehr häufig dazu, die damals empfundene Stimmungslage aus heutiger Sicht zu beschreiben. Oft werden schlimme Erfahrungen im Nachhinein verharmlost, die eigene Rolle wird über- oder unterschätzt, vieles wird nachträglich entschuldigt oder einfach verdrängt. Auch ist es dem Zeitzeugen nicht immer möglich, klar zu unterscheiden, was er damals gedacht und gewusst hat und was erst in späteren Jahren hinzugekommen ist.

Zeitzeugen

Trotz dieser Vorbehalte bietet Oral History eine wichtige Möglichkeit, die neueste Geschichte sozusagen „aus erster Hand" zu erfahren. Persönliche Erfahrungen im zeitgeschichtlichen Zusammenhang sind einfach lebendiger und anschaulicher als eine noch so gut und spannend formulierte historische Abhandlung. Wer immer die Chance dazu hat, sollte Zeitzeugen nicht nur aufmerksam zuhören, sondern nachfragen und die Aussagen prüfen.

Einige Regeln sind bei der Vorbereitung einer Zeitzeugenbefragung zu beachten:

- Bei der **Auswahl** der Zeitzeugen sollte man nach einer möglichst großen Vielfalt streben: Männer und Frauen, Junge und Alte, Reiche und Arme, Vorgesetzte und Untergebene sehen ein und dasselbe Ereignis oft sehr unterschiedlich. Ein aus mehreren Perspektiven dargestelltes Ereignis vermittelt uns mehr historische Wahrheit als eine isolierte, von keinem anderen ergänzte oder korrigierte Erzählung.

  Auswahl
- Unerlässlich ist eine gründliche **Vorbereitung**. Es wird nicht nur eine Einarbeitung in das zu besprechende Thema verlangt, sondern darüber hinaus müssen Fragen vorbereitet und das Ziel der Befragung festgelegt werden. Dabei sollte man aber nicht der Gefahr unterliegen, einen vorbereiteten Fragenkatalog „abzuarbeiten". Der Zeitzeuge sollte nicht das Gefühl haben, sich in einer Verhörsituation zu befinden. Einfühlungsvermögen, Flexibilität und das nötige „Fingerspitzengefühl" sind Voraussetzungen für ein gewinnbringendes Gespräch.

  Vorbereitung
- Natürlich spielt auch der **äußere Rahmen** eine wichtige Rolle: Die Sitzordnung im Klassenzimmer sollte so sein, dass jeder jeden anschauen und sehen kann. Ein Strauß Blumen und/oder ein kleines Gastgeschenk schaffen von vornherein eine freundliche Atmosphäre. Immer sollten genügend Zeit eingeplant und Störungen ausgeschlossen werden.

  Äußerer Rahmen
- **Während der Befragung** sollten alle Beteiligten sich mit Respekt und Höflichkeit behandeln. Auch wenn der Zeitzeuge Anschauungen vertritt, die Sie nicht teilen oder nachvollziehen können, bleiben Sie höflich und bringen Sie Ihre Fragen oder Argumente sachlich vor. Hören Sie zu, geben Sie dem Zeitzeugen Zeit sich zu besinnen.

  Während der Befragung
- Die Hauptarbeit erfolgt **nach der Befragung**: Der Verlauf muss in einem Protokoll festgehalten werden. Dieses bildet dann die Grundlage einer systematischen Auswertung der Antworten. Welches Bild ergibt sich insgesamt? Welche Haltung vertritt der Zeitzeuge zu bestimmten Themenbereichen? Welche Antworten haben wir erwartet, welche erstaunen uns usw.? Die Nachbereitung soll aber auch die Befragung kritisch reflektieren: Was ist gut gelaufen, was nicht? Was wollen wir das nächste Mal besser machen?

  Nach der Befragung

Grundsätzlich gibt es zwei Interview-Methoden zur Experten- und Zeitzeugenbefragung. Je nach gewählter Methode müssen einige weitere Grundregeln beachtet werden:

Am häufigsten werden Zeitzeugen zu einem Thema befragt und erzählen dann aus ihrer Sicht. Diese Form des **„narrativen" (= erzählenden) Interviews** ist zweifellos die häufigere. Wie auch im Journalismus werden Personen befragt, um einen Sachverhalt darzustellen und zu interpretieren. Der Interviewer wird nach Möglichkeit **offene Fragen** („Was haben Sie da-

Narratives (= erzählendes) Interview

Offene Fragen

Geschlossenen Fragen

mals gedacht?") stellen, die sich im Gegensatz zu **geschlossenen Fragen** („Waren Sie am Tatort?") nicht mit einem einfachen „ja" oder „nein" beantworten lassen. Offene Fragen haben den Vorteil, dass viel Information gewonnen werden kann und dass die Befragten ihre Sicht der Dinge darstellen können, wobei häufig neue, überraschende Informationen zutage gefördert werden können.

Die Nachteile des narrativen Interviews liegen zum einen beim hohen Zeitaufwand und zum anderen bei der schlechten Auswertbarkeit. Der Befragte erzählt häufig unstrukturiert, schweift vom Thema ab oder beantwortet etwas, wonach gar nicht gefragt worden ist. In Interviews erfahrene Politiker nutzen diese Methode gern, um unbequeme Fragen nicht beantworten zu müssen.

Fragebogen-Interview

Um Befragungen – z. B. statistisch – rasch auswerten zu können, wird das **„Fragebogen-Interview"** durchgeführt: Erarbeitet wird ein zumeist schriftlich formulierter Fragebogen, der dem Zeitzeugen mehrere Antwortmöglichkeiten bietet. Das Interview ist also vereinheitlicht und nachher leicht auszuwerten. Problematisch ist dieses Verfahren – abgesehen von der Schwierigkeit der präzisen Fragen-Formulierung –, weil weit weniger Informationen vermittelt und diese bereits in einem festen Erwartungshorizont verankert sind: Es wird also wenig Neues oder Überraschendes herauskommen. Empfehlenswert ist diese in der empirischen Sozialforschung häufig angewandte Methode, um Meinungsumfragen durchzuführen oder statistische Werte zu gewinnen – siehe dazu das folgende Kapitel.

Testfragen

In der Psychologie werden **Testfragen** vorgegeben, wenn sich Sachverhalte nicht direkt erfragen lassen. Nach diesem Muster sind auch die in Zeitschriften so beliebten „Erkenne-dich-selbst"-Fragebögen zusammengestellt.

7.1.5 Befragung – Demoskopie

Demoskopie ist eine Umfrage in der Gesellschaft, wobei die Befragten einen möglichst genauen Querschnitt der Bevölkerung nach Alter, Geschlecht, beruflicher Zusammensetzung, religiöser Überzeugung, ihren Wohnverhältnissen und noch anderem mehr darstellen sollen. Nur dann ist die **Stichprobe** repräsentativ, d. h. das Umfrageergebnis kann als gültig für Millionen andere, ja für die gesamte Gesellschaft gesehen werden.

Stichprobe

Worin liegt das „Geheimnis" der Zuverlässigkeit einer solchen Umfrage, da doch jeder Einzelne selbst entscheiden kann, was er z. B. auf die berühmte Sonntagsfrage antwortet: „Welche Partei würden Sie wählen, wenn am nächsten Sonntag Bundestagswahlen wären?"

Gewiss, der Einzelne ist frei in seiner Antwort, aber in der Masse gilt das Gesetz der großen Zahl.

Beispiele: Wenn man aus einem großen Sack Nüsse nacheinander 20 Stück mal von oben und unten, mal von den Seiten und der Mitte heraussucht und entdeckt, dass 10 von ihnen faul sind, dann ist es durchaus zulässig anzunehmen, dass grob gerechnet die Hälfte der Nüsse verdorben ist.

Bei einem plötzlichen, starken Regenguss suchen etwa drei Viertel der vorbeieilenden Menschen einen Unterstand oder Unterschlupf, knapp 20 % nutzen Regenschirm, Mantel und Hut, um sich zu schützen, und 5 bis 10 % gehen einfach weiter, als wäre nichts. Jeder Einzelne kann sich anders entscheiden, und doch ergeben sich immer wieder von Region zu Region schwankende, aber insgesamt ähnliche Größenzuordnungen.

Wahlprognosen

Wir alle kennen die inzwischen außerordentlich genau gewordenen **Wahlprognosen**, wie sie bereits bei Schließung der Wahllokale um 18:00 Uhr im Fernsehen bekannt gegeben werden. Sie basieren auf einer Befragung von Wählern am Wahltag, wobei selbst eine Abweichung von 2 % noch als „Treffer" gewertet werden muss, weil diese im Bereich der Zufallswahrscheinlichkeit liegt. Die Treffsicherheit hängt nicht so sehr von der Zahl der Befragten ab, als vielmehr davon, ob die Befragten repräsentativ für die Wählerschaft sind. So kann eine telefonische Meinungsumfrage repräsentativ sein, wenn die Rufnummern durch einen Zufallsgenerator ausgewählt wurden. Immer aber hängt die Treffsicherheit der **Prognose** auch von der Qualität der Befrager, der Interviewer ab. Prognose

Im Prinzip kann jeder interviewen. Aber er sollte streng darauf achten, dass er dem Befragten keinerlei Hinweis darauf gibt, wie dessen Antwort von ihm als Interviewer bewertet wird. Es darf nicht passieren, dass der Befragte eine Antwort nur deshalb gibt, weil er annimmt, dass sie dem Interviewer genehm ist. Menschen neigen tendenziell dazu, das zu sagen, von dem sie zu Recht oder Unrecht glauben, dass der andere es gern hören möchte.

Deshalb lautet die wichtigste und beinahe einzige bedeutsame Regel: Niemals darf der Interviewte auch nur im Geringsten spüren, weder an der Fragestellung noch an der Art, wie sie vorgebracht wird, welche Antwort genehm, erhofft oder gar erwünscht ist oder insgeheim kritisiert wird. Weder durch eine freudige Zustimmung zu einer Antwort noch durch ein missbilligendes Ablehnen darf der Interviewer erkennen lassen, welche Antwort ihm mehr oder weniger gefällt. Er muss während der gesamten Befragung strikt neutral bleiben. Am Ende darf der Interviewte z. B. nicht einmal spüren, geschweige denn wissen, welche Partei nun am nächsten Sonntag der Fragende wählt.

Wenn diese **Befragung** mündlich von Angesicht zu Angesicht stattfindet, genügt oft schon ein skeptisches oder ärgerliches Hochziehen der Augenbrauen, um den Befragten zu beeinflussen. Befragung

Beim telefonischen **Interview** reicht unter Umständen bereits ein vernehmliches Räuspern, um die Tendenz der Antworten zu beeinflussen. Interview

Die weiteren Regeln einer Umfrage lauten:

1. Sorgfältige Ausarbeitung der vorformulierten Fragen bzw. des **Fragebogens** und seiner Antwortvorgaben für den Interviewten. – Die Zahl dieser Antwortvorgaben sollte sechs nicht übersteigen, bei zehn möglichen Antworten verliert der Befragte rasch den Überblick. Fragebogen
2. Für die vorgegebenen Antworten genügt schon ein „ja", „nein" oder „weiß nicht". – Stets muss eine Rubrik im Fragebogen für „keine Antwort" vorgesehen werden. Dem Befragten kann auch eine **Zensurenskala** vorgelegt werden. Zensurenskala
   Beispiel: „Bewerten Sie insgesamt den Unterricht an Ihrer Schule mit der Notenskala von 1 bis 6!" – Diese Ziffern können auch in Wortantworten umgesetzt werden.
   Beispiel: „Wie bewerten Sie insgesamt den Unterricht an Ihrer Schule? Hervorragend – gut – zufriedenstellend – mäßig – eher schlecht – miserabel."
3. Grundsätzlich können bei einer Befragung auch **„freie Antworten"** gegeben werden. Aber sie sind statistisch schwer erfassbar und damit für einen Vergleich wenig geeignet. Freie Antworten
   Beispiel: „Was missfällt Ihnen an der derzeitigen Landesregierung?" Gibt man keine Antworten vor, so können diese reichen von persönlicher Abneigung gegen den amtierenden Kultusminister bis zu langatmigen Ausführungen über den fehlenden Ausbau der Landstraße 234 zwischen Pichelberg und Klickersdorf.
4. Keine **Suggestivfragen** stellen – weder schriftlich noch mündlich. Suggestivfragen
   Beispiel: Nicht: „Sind Sie nicht auch der Meinung, dass die Schüler heute zu viel lernen müssen?" Sondern: „Müssen Schüler heute zu viel lernen?" – Antwortvorgaben: „Ja", „nein", „weiß nicht".
5. Keine **Mehrfachfragen** in einem Fragesatz formulieren, weil dann der Befragte nicht weiß, welche davon er beantworten soll. Mehrfachfragen
   Beispiel: Nicht: „Gehen Sie heute Abend allein oder mit Ihrer Freundin/Ihrem Freund aus und gehen Sie lieber Tanzen oder ins Kino oder bleiben Sie überhaupt lieber allein bzw. mit ihr/ihm zu Hause?" Sondern: „Gehen Sie heute aus?" Wenn ja: „Allein oder zu zweit?" „Wohin gehen Sie: ins Kino oder zum Tanzen?"

6. Keine Fragen mit unbekannten Begriffen stellen. Kaum ein Befragter wird je zugeben, dass er eine Frage oder ein Wort innerhalb der Frage nicht verstanden hat.
   Beispiel: Nicht: „Halten Sie unsere Parteien für dysfunktional?" Sondern: „Werden unsere Parteien ihren Aufgaben gerecht?"

Kontrollfragen

7. Vom Interviewten möglichst unbemerkte **Kontrollfragen** können eingebaut werden, um die Zuverlässigkeit der Aussagen zu prüfen.
   Beispiel: Die dritte Frage aus dem Fragebogen lautet: „Wer soll Ihrer Ansicht nach an der Spitze der Bundesregierung stehen: *Merkel* oder *Steinmeier*?" In der Frage 11 soll der Interviewte Auskunft geben: „Wen von den beiden sähen Sie lieber als Bundeskanzler?" Wenn die Antworten nicht übereinstimmen, sind sie rein zufällig, könnten genauso gut umgekehrt ausfallen und sind damit wertlos. Die wirkliche Meinung des Befragten wird nicht erkennbar.

Wortlaut

8. Wenn mehrere Personen eine einheitliche Befragung durchführen, muss sichergestellt werden, dass alle exakt im selben **Wortlaut** fragen, sonst sind die Ergebnisse nicht vergleichbar.
   Beispiel: Es ist ein Unterschied, ob man fragt, welcher von zwei namentlich genannten Politikern sympathischer ist, oder wen von den beiden man für den besseren Ministerpräsidenten hält.
9. Keine Erklärungen und Erläuterungen geben, wenn der Interviewte eine Frage nicht verstanden hat. Handelt es sich um ein rein akustisches Missverständnis, dann wird die Frage genau in demselben Wortlaut einfach wiederholt. Geistige Hilfestellungen jeder Art beeinträchtigen das Ergebnis je nach ihrem Wortlaut.
   Beispiel: Der Interviewte soll Auskunft geben, was er vom Marxismus hält: „Gut", „schlecht", „weiß nicht". Er fragt, was mit Marxismus gemeint sei. Der eine Interviewer „erläutert": Marxismus ist die Lehre von der Abschaffung der Ausbeutung. Der andere Interviewer „erklärt": Marximus ist die Lehre von der Diktatur des Proletariats. Die Antwort wird je nach Art der Erklärung höchst unterschiedlich ausfallen, ganz abgesehen davon, dass beide Erläuterungen sehr verkürzt sind.

Vertraulichkeit

10. Ganz wichtig ist, dem Befragten das sichere Gefühl zu vermitteln, dass seine Antworten streng **vertraulich** behandelt werden und völlig anonymisiert in die statistische Erhebung eingehen. Deshalb Vorsicht bei Fragen nach Vermögen und Einkommen. Besser ist es zu fragen: „Wohnen Sie im Ihnen gehörenden Einfamilienhaus, in Ihrer Eigentumswohnung oder zur Miete?"

Interviewlänge

11. **Interviewlänge**: Das Interview kann aus einer einzigen Frage bestehen, wird aber in der Regel mehrere Fragen umfassen und somit einige Minuten dauern. 20 Minuten gelten als Höchstgrenze. 30 sind bereits zu viel, weil der Interviewte ermüdet und ungeduldig wird und rasch irgendetwas antwortet, nur um den lästigen Interviewer loszuwerden.

Interviewauswertung

12. **Interviewauswertung**: Die Interviewer sollen sich auf jeden Fall nach der Befragungsaktion zusammensetzen, ihre Erfahrungen austauschen und die gesammelten Ergebnisse systematisch in der Regel in prozentual aufgegliederten Übersichten festhalten – siehe Abschnitt „Statistik".

7.1.6 Informationsbeschaffung: von der Bibliothek zum Internet

Informationsgesellschaft

Die Menschen – nicht nur in den hoch entwickelten westlichen Staaten – leben zu Beginn des 21. Jahrhunderts in einer **Informationsgesellschaft**. War die Agrargesellschaft von der Landwirtschaft geprägt und ganz auf sie ausgerichtet, so vollzog sich mit der Herausbildung der Industriegesellschaft ein tief greifender Wandel, der langsam seinen Abschluss findet und wiederum einer neuen Entwicklung weichen muss: Das neue Jahrhundert wird das Jahrhundert der Kommunikation und der elektronischen Medien.

Datenflut

Der einzelne Mensch wird dabei einer unübersehbaren **Flut von Daten** ausgesetzt. Diese Flut zu kanalisieren, nicht nur die benötigte Information zu finden, sondern sinnvolle von sinnloser zu trennen – das wird eine der Hauptaufgaben im beruflichen und privaten Alltag der Zukunft sein.

Egal ob Sie ein Referat anfertigen sollen, eine wissenschaftliche Arbeit schreiben müssen oder sich einfach nur für ein bestimmtes Thema interessieren und mehr darüber erfahren wollen: Am Anfang steht immer die Informationsbeschaffung.

Erste Orientierung: Lexika

Lexikonartikel geben einen ersten Überblick über das Thema, das Sie bearbeiten wollen. Dazu müssen Sie sich natürlich über die einzelnen Schlagworte, die Sie nachsehen wollen, im Klaren sein. Querverweise, häufig in Form eines Pfeils und des anschließend kursiv gedruckten Stichworts, zeigen weitere, eventuell für Ihr Thema relevante Begriffe. Häufig finden Sie am Ende eines Lexikonartikels auch einen Hinweis auf weiterführende Literatur, die sich ausführlicher mit dem Thema beschäftigt.

Lexikonartikel

Zahlreiche mehrbändige Lexika, die auch **Enzyklopädien** genannt werden, bieten umfassende Informationsmöglichkeiten. Zu den bekanntesten in Deutschland zählen z. B. „Der Große Herder“, die „Brockhaus Enzyklopädie“ oder „Meyers Enzyklopädisches Lexikon“. Neben diesen allgemeinen oder Universal-Enzyklopädien gibt es noch eine Vielzahl von Spezial-Lexika zu den verschiedensten Wissensgebieten. Vom „Wörterbuch zur Geschichte“ bis zu den „Wirtschafts- und Rechtsbegriffen Europas“ reicht eine vielfältige Palette allein im Bereich von Politik und Geschichte.

Enzyklopädien

Neben diesen „klassischen“, also in Buchform vorliegenden Enzyklopädien gibt es seit einigen Jahren auch Lexika in Form von CDs, die eine Ansicht und oft auch Bearbeitung am Computer erlauben. Diese **CD-Lexika** haben zum einen den Vorteil, dass sie schneller und mit weniger Aufwand aktualisiert werden können und darüber hinaus Quellen anbieten, z. B. Filmausschnitte oder animierte Darstellungen, die ein „normales“ Lexikon nicht bieten kann. Zweifellos wird diesem modernen „Offline-Medium“ die Zukunft gehören: Die weltberühmte „Encyclopaedia Britannica“, die seit 1768 in immer neuen Auflagen erschien, ist jetzt auch auf CD erhältlich – an eine Neuauflage in Buchform wird ebenso wenig wie beim Brockhaus gedacht!

CD-Lexika

Umfassende Information: Bibliothek

Gleichgültig, ob es sich um eine am allgemeinen Lesegeschmack ausgerichtete Dorf- bzw. Stadtbibliothek oder eine an wissenschaftlichen Kriterien orientierte Universitätsbibliothek handelt: Alle Bibliotheken arbeiten nach den gleichen Regeln und **Ordnungsprinzipien**, die man kennen muss, um sich zurechtzufinden und erfolgreich nach der benötigten Literatur zu suchen.

Ordnungsprinzipien

In jeder Bibliothek gibt es einen Lesesaal, in dem Sie aktuelle Zeitungen und Zeitschriften finden. Je nach finanzieller Ausstattung liegen hier auch zahlreiche ausländische Presseerzeugnisse aus.

Das wichtigste Instrument zur Erschließung eines Themas sind die **Kataloge**: Üblich bei diesen Katalogen ist ein alphabetisches Autorenregister, eine Auflistung nach Titeln und ein Schlagwort- oder Stichwortregister. Mithilfe dieser Register lassen sich auch Bücher finden, von denen man den Titel oder sogar den Autor nicht genau kennt. Sucht man Veröffentlichungen zu einem bestimmten Thema, nutzt man am besten das Schlagwort- oder das Stichwortverzeichnis. Das Stichwort ist immer wörtlich dem Titel entnommen, beim Schlagwort wird der Oberbegriff festgelegt, ohne dass er unbedingt im Titel vorkommen muss.

Kataloge

Auch in diesem Bereich hat die moderne Technik Einzug gehalten: Die in Schubkasten geordneten Karteikarten verschwinden zunehmend, an ihre Stelle sind Computerterminals getreten, mit deren Hilfe man nach Autoren und den von ihnen veröffentlichten Büchern sucht. Es gibt auch in jeder Bibliothek **„Bibliografien“**. Das sind Bücher, in denen ausschließlich Titel von Büchern zu einem Sachgebiet aufgelistet sind. So gut wie alle größeren Bibliotheken, selbst Stadtbüchereien, haben ihre Kataloge mittlerweile ins Internet gestellt, sodass die Bestände zuhause am PC gesichtet und – sofern man im Besitz eines Bibliotheksausweises ist – Bücher sogar online bestellt bzw. vorgemerkt werden können.

„Bibliografien“

Moderne Zeiten: Internet

Suchmaschinen

Das Internet bietet eine Vielzahl von Informationen und Informationsmöglichkeiten. Mithilfe von **Suchmaschinen** ist es möglich, zu einem oder mehreren Schlagworten ganze Listen von Anbietern zu erhalten.

Praktisch unendlich viele Angebote können aus dem Internet auf den heimischen Bildschirm geholt werden. Darunter bestimmt auch zahlreiche zuverlässige, seriös aufbereitete Quellen. Aber immer muss dem Nutzer bewusst sein, dass es keinerlei Beschränkungen oder Kontrollen im Internet gibt. Nicht jede Information darf deshalb ungeprüft übernommen werden. Gerade im Zusammenhang mit dem Internet kommt der Quellenkritik eine besondere Bedeutung zu: Welche Person oder Institution hat die Information ins Internet gestellt? Ist diese Quelle – etwa aus dem bekannten und beliebten Wikipedia – zuverlässig? Muss ich über die Herkunft der Quelle eventuell weitere Erkundigungen einziehen? Bin ich sicher, dass es sich um keine Fälschung handelt? Außerdem ist der erste „Treffer“ bei Google nicht unbedingt der beste bzw. für meine Fragestellung hilfreichste. In diesem Zusammenhang ist es natürlich auch von entscheidender Bedeutung, welchen Suchbegriff/welche Suchbegriffe man eingibt.

Zweifellos ist das Internet das Medium der Zukunft – eine Vielfalt von Informationen wird auf dem „Markt der Möglichkeiten“ angeboten. Aber auf diesem Markt gibt es weder Zulassungsbeschränkungen noch Qualitätsprüfungen, denen sich die Beschicker unterziehen müssen. Auch das Aufsichtspersonal auf diesem Markt ist – wenn überhaupt vorhanden – hoffnungslos überfordert. Deshalb wird der Konsument immer sehr sorgfaltig prüfen müssen, welche und wie viel „Informations-Ware“ er einkauft.

7.1.7 Geschichte vor Ort: Erkundungen und Besichtigungen

Das Lernen im Klassenzimmer ermöglicht immer nur eine begrenzte Sicht auf den Gegenstand. Im Bereich des historischen Lernens sind Museumsbesuche, Besuche von Ausgrabungsstätten, Stadterkundungen u. v. a. m. eine Möglichkeit, durch Anschauung und eigene Beobachtung den Horizont zu erweitern.

Historische Museen

Historische Museen beschäftigen sich zumeist mit einer historischen Epoche oder mit der geschichtlichen Entwicklung einer bestimmten Region. Fast jedes Dorf hat inzwischen ein Heimat- oder Brauchtumsmuseum, das oft nur einige Stunden in der Woche geöffnet hat, aber doch einen guten Einblick in die örtliche Geschichte vermitteln kann. Daneben gibt es in den großen Museen sehr häufig thematische Ausstellungen, die sich mit einem klar umrissenen Gegenstand auseinandersetzen, sei es nun die Entwicklung der Industrie, das Leben in der Stauferzeit oder neue Funde aus der Antike. Gewinnbringend sind Museumsbesuche, wenn man an einer Führung teilnehmen kann – in den größeren Museen kümmern sich außerdem Museumspädagogen um Schülerinnen und Schüler.

Auch die Besichtigung „nicht-schriftlicher Quellen“, also z. B. von Denkmälern, Ausgrabungsstätten oder besonders bedeutsamen Gebäuden kann Geschichte veranschaulichen und neue Erkenntnisse vermitteln.

Daneben dienen **Erkundungen** – z. B. eines Betriebes oder einer Behörde – dazu, einen besseren Einblick in die Arbeitswelt und die dort praktizierten Abläufe und Gegebenheiten zu gewinnen. Diese Erkundung darf nicht mit einer Betriebsbesichtigung verwechselt werden. Bei einer Betriebsbesichtigung wird der Betrieb festlegen, was der Besuchergruppe wann und in welcher Reihenfolge gezeigt wird. Bei einer Erkundung werden dagegen entweder einzelne Schülerinnen und Schüler oder Schülergruppen vorher festgelegte Erkundungsaufträge bearbeiten, also beispielsweise Interviews durchführen oder ganz bestimmte Bereiche innerhalb des Betriebes genauer beobachten.

Erkundungen

Viele Betriebe stehen Betriebserkundungen eher skeptisch gegenüber, da diese eine teilweise erhebliche Störung des „normalen" Betriebsablaufs bedeuten. Umso wichtiger ist eine umfassende organisatorische **Vorbereitung**, die bei der korrekten Kontaktaufnahme mit den Verantwortlichen beginnt und bei einer kurzen Dankesrede oder vielleicht sogar einem von der Klasse gestalteten Geschenk endet.

Vorbereitung

Jede Erkundung verlangt aber auch inhaltlich eine sehr intensive Vorbereitung. So muss beispielsweise klar verabredet werden:

- Welchem Ziel dient die Erkundung?
- Welche Vorinformationen können eingeholt werden?
- Was soll beobachtet werden?
- Wer soll befragt werden?
- Welche Unterlagen müssen vorbereitet werden?
- Ist der Einsatz von Medien (Tonband, Kamera) sinnvoll bzw. erlaubt?

Auch der Besuch einer Gemeinderatssitzung (natürlich auch der einer Landtags- oder Bundestagssitzung) stellt eine Form der Erkundung dar. Aber gerade bei solch einer Unternehmung gilt: Je intensiver und gründlicher die Vorbereitung, desto ergiebiger wird die eigentliche Erkundung. So ist es unverzichtbar, bevor man als Schülergruppe oder ganze Klasse an einer Gemeinderatssitzung teilnimmt, dass man sich über die Tagesordnung und die anstehenden Probleme und die zu erwartenden Diskussionen informiert.

Auch Verbände und Parteien bieten Besuchergruppen die Möglichkeit, sich über ihre Arbeit zu informieren. Hier gilt es jedoch in besonderem Maße, kritisch zu hinterfragen und nicht einseitige Information als Wahrheit hinzunehmen. Der für **Öffentlichkeitsarbeit** zuständige Mitarbeiter eines Chemiekonzerns wird den Neubau einer chemischen Fabrik anders darstellen und beurteilen als der Vorsitzende der örtlichen Bürgerinitiative, die für den Erhalt der dadurch betroffenen Naturschutzgebiete eintritt. Auch der Besuch in einer Zeitungsredaktion bietet sich an – z. B. beim Thema „Medien". Viele andere Möglichkeiten sind denkbar.

Öffentlichkeitsarbeit

Die **Nachbereitung** sollte einen großen Raum einnehmen, damit die Erkundung nicht nur ein flüchtiger Eindruck bleibt. Geprüft werden muss danach u. a., ob sich die angewandten Methoden bewährt haben, was beim nächsten Mal anders oder besser gemacht werden könnte, welche Konsequenzen man eventuell ziehen sollte und welche Fragen noch offen geblieben sind. Eine **Dokumentation** der Erkundung, z. B. in Form eines Zeitungsberichtes oder einer Ausstellung, empfiehlt sich in jedem Fall.

Nachbereitung

Dokumentation

7.1.8 Ergebnissicherung: Notizen – Protokoll

Gleichgültig, ob Sie einen Vortrag besuchen, im Rahmen eines Projektes den Bürgermeister Ihrer Gemeinde zu einem bestimmten Problem befragen oder am „ganz normalen" Unterricht teilnehmen: Wenn Sie sich auch später noch erinnern wollen, was der Vortragsredner, der Bürgermeister, der Lehrer oder Ihre Mitschüler gesagt haben, müssen Sie **Notizen** anfertigen, das gesprochene Wort also schriftlich festhalten.

Notizen

Stichworte

Im häufigsten Fall wird man sich **Stichworte** über den Verlauf des Vortrags oder der Diskussion machen, Geübte können sich hierzu auch der Mind-Mapping-Methode bedienen. Welche Form des Mitschreibens Sie auch wählen, Sie werden rasch feststellen, dass es einer gewissen Übung bedarf und dass ein hohes Maß an Konzentration erforderlich ist.

Protokolle

Protokolle sollten grundsätzlich bei allen Besprechungen, Konferenzen oder Sitzungen angefertigt werden. Besonders wichtig sind sie, wenn konkrete Absprachen, Zeitpläne oder andere Vereinbarungen getroffen wurden. In diesen Fällen hat das Protokoll Urkundencharakter, d.h. bei eventuell auftretenden Unstimmigkeiten oder Fragen ist sein Wortlaut verbindlich und die Teilnehmer sind bei Nichteinhaltung von Absprachen o. Ä. für die Folgen verantwortlich.

Wenn Sie den Auftrag bekommen, ein Protokoll anzufertigen, sollten Sie sich zunächst darüber verständigen, ob ein Verlaufs- oder ein Ergebnisprotokoll erwünscht ist.

Verlaufsprotokoll

Das Verlaufsprotokoll

Das Verlaufsprotokoll gibt den Verlauf z. B. einer Besprechung in ausführlicher Form wieder, wobei es den Ablauf zeitlich präzise und gegliedert darstellen muss. Die Standpunkte der Teilnehmer sind möglichst klar herauszustellen und wiederzugeben, auch Nebensächlichkeiten müssen berücksichtigt werden.

Das Verlaufsprotokoll wird im schulischen und beruflichen Alltag selten eingesetzt. Lediglich in der Politik, z. B. bei Parlamentssitzungen, und in der Justiz, z. B. bei Gerichtsverhandlungen, ist es noch von Bedeutung. Allerdings werden in diesen Bereichen häufig auch stenografische, d.h. wortgetreue Berichte, von eigens dafür eingesetzten Mitarbeitern verfasst.

Ergebnisprotokoll

Das Ergebnisprotokoll

Beschlussprotokoll

Im Ergebnisprotokoll – manchmal auch als **Beschlussprotokoll** bezeichnet – werden lediglich Ergebnisse und Beschlüsse festgehalten. Wenn Teilnehmer vom Thema abschweifen oder sich in Nebensächlichkeiten verlieren, wird der Protokollant dies nicht vermerken. Er wird sich vielmehr darauf beschränken, den Inhalt der Sitzung und die wesentlichen Ergebnisse, also z.B. Beschlüsse und Abmachungen, kurz und möglichst prägnant zusammenzufassen. Allerdings gilt: Wörtlich wiedergegeben werden – auch im Ergebnisprotokoll – die gestellten Anträge und gefassten Beschlüsse.

Das Ergebnisprotokoll dient in erster Linie als Gedächtnisstütze und zur Dokumentation der geleisteten Arbeit. In der praktischen Arbeit zeigt sich rasch, dass ein Protokoll keine unnötige bürokratische Zusatzbelastung ist, sondern vielmehr die Ernsthaftigkeit und Kontinuität der Arbeit oder des Projektes sicherstellt.

Aufbau und Gestaltung eines Protokolls

Reinschrift

Die **Reinschrift** des Protokolls sollte so rasch wie möglich nach der Veranstaltung erfolgen, schnell hingeworfene Kritzeleien, Querverweise, Pfeile usw. verlieren schon nach kurzer Zeit ihre vermeintliche Eindeutigkeit. Schon oft waren Protokollanten gezwungen, bei anderen Teilnehmern nachzufragen, die sich dann meistens auch nicht mehr an den Wortlaut eines Beschlusses oder das Ergebnis einer Abstimmung erinnern konnten.

Kopf

Im „**Kopf**“ oder Vorspann des Protokolls sind die zentralen Daten festzuhalten:

- Name, Art und/oder Thema der Veranstaltung
- Ort (Adresse, Raumnummer)
- Beginn und Ende
- Teilnehmer, gegebenenfalls Anwesenheitsliste ausgeben

Der Hauptteil stellt die Ergebnisse in knapper Form dar. Stichworte reichen allerdings nicht aus, und der Text sollte ausformuliert sein, um Missverständnissen vorzubeugen. Die sogenannten **„W-Fragen“** sollten beantwortet sein: Wer? Was? Wann? Wo? Warum? Wie?

W-Fragen

Am Schluss stehen die Unterschriften des Leiters/Vorsitzenden und des Protokollanten.

Im Anhang werden gegebenenfalls die Anwesenheitsliste, Kopien von Arbeitspapieren, Präsentationsfolien o. Ä. angeheftet.

Was Sie außerdem noch beachten sollten

- Fragen Sie schon während der Sitzung nach, wenn Ihnen etwas unklar ist oder wenn Sie Fragen haben. Bestehen Sie darauf, dass Anträge klar und eindeutig formuliert werden.
- Bereiten Sie eine **Anwesenheitsliste** vor. Das gilt vor allem, wenn mehr als zehn Personen an der Veranstaltung teilnehmen oder Ihnen nicht alle Teilnehmer persönlich bekannt sind.
- Besorgen Sie sich Kopien von Arbeitspapieren, Gesetzestexten, Präsentationsfolien u. Ä., die eventuell auf der Veranstaltung von Teilnehmern verteilt oder gezeigt werden, und heften Sie diese als **Anlage** an das Protokoll an. Häufig ersparen Sie sich dadurch aufwendiges und zeitraubendes Mitschreiben.
- Das Protokoll muss allen Teilnehmern zugänglich gemacht werden. Das kann entweder in Form einer Fotokopie für jeden oder durch eine andere Form der **Veröffentlichung** erfolgen, z. B. Aushang am schwarzen Brett o. Ä.
- Das Protokoll muss bei der nächsten Besprechung oder Sitzung **genehmigt** werden, d. h. die Teilnehmer können mögliche Einwände vorbringen, wenn sie mit dem Inhalt insgesamt oder auch nur einzelnen Formulierungen nicht einverstanden sind. Wenn keine Einwände gemacht werden, wird das Protokoll mehrheitlich genehmigt und dadurch für alle Teilnehmer verbindlich.

Anwesenheitsliste

Anlage

Veröffentlichung

Genehmigung

7.1.9 Wo finde ich weitere Informationen?

Literaturtipps

zu 7.1.1 Der Umgang mit schriftlichen Quellen

- Ahasver von Brandt: Werkzeug des Historikers, Kohlhammer Verlag 17. Aufl., Stuttgart 2007
  Dieser „Klassiker“ bietet nach wie vor eine umfassende wissenschaftliche Einführung in den Umgang mit historischen Quellen und in die historischen Hilfswissenschaften.

Gut geeignet auch:
- Karl Pellens: Geschichtliche Quellen. Eine Einführung mit Arbeitsbeispielen (Arbeitstexte für den Unterricht) Reclam Verlag, Stuttgart 1979

Zum Thema „Arbeit mit Texten“ gibt es zahlreiche Veröffentlichungen, eventuell finden Sie auch in Ihrem Deutsch-Lehrbuch Anregungen und weitere Informationen. Ansonsten sehr gut:
- Roland Wagner und Manfred Nedusch: Aktiv lernen. Berichten, exzerpieren, referieren, Veritas Verlag, Linz 1998

zu 7.1.2 Statistik

- Walter Krämer: So lügt man mit Statistik. Piper Verlag, München 2000
  Eine humorige, sehr anschauliche und ohne mathematische Vorkenntnisse verständliche Darstellung der häufigsten Arten statistischer Täuschung und Irrtümer.

- Elisabeth Noelle-Neumann: Umfragen in der Massengesellschaft. 7. Auflage, Rowohlt Verlag, Reinbek bei Hamburg 1976
  Eine gründliche, nicht immer ganz leicht zu verstehende, aber dafür umfassende Einführung in die Fragen der Demoskopie.

zu 7.1.3 Bilder und Karikaturen als Informationsquelle

- Gisold Lammel: Deutsche Karikaturen: vom Mittelalter bis heute. Metzler Verlag, Stuttgart 1995

- Bilder, die lügen. Buch zur gleichnamigen Ausstellung im Haus der Geschichte Bonn 1998/99

zu 7.1.4 Oral History

- Im „Schülerwettbewerb Deutsche Geschichte um den Preis des Bundespräsidenten“ wird der „Oral History“ große Bedeutung zugemessen: Körber-Stiftung, Abt. Schülerwettbewerb, 21027 Hamburg
  oder
  http://www. geschichtswettbewerb.de
  Sie finden dort weitere Tipps und Veröffentlichungen zum Thema.

zu 7.1.6 Informationsbeschaffung

Wer Informationsmaterial zu einem politischen oder historischen Thema braucht, sollte das Angebot einiger Institutionen nutzen, die dieses zum großen Teil kostenlose Material, wie etwa Bücher, CDs, Zeitschriften, Videos auf Anfrage zur Verfügung stellen:
- Bundeszentrale für politische Bildung, Adenauer Allee 86, 53113 Bonn – http://www.bpb.de
- Landeszentralen für politische Bildung, z. B. in Baden-Württemberg: Stafflenbergstraße 38, 70184 Stuttgart – http://www.lpb.bw.de
- Parteistiftungen, z. B. Friedrich-Ebert-Stiftung, Godesberger Allee 149, 53175 Bonn
- Verbände, Parteien und Institutionen, z. B. Deutscher Bundestag – http://www.bundestag.de

Was ist eigentlich ...?

Eine ganze Fülle weiterer Ideen zu modernem und abwechslungsreichem Unterricht gibt:
- Heinz Klippert: Methoden-Training. Übungsbausteine für den Unterricht 1, 17. Auflage, Beltz Verlag, Weinheim 2007
- Heinz Klippert: Kommunikations-Training. Übungsbausteine für den Unterricht 2, 11. Auflage, Beltz Verlag, Weinheim 2006

Speziell für den Geschichts- und Gemeinschaftskundeunterricht:
- Sigfried Frech/Hans-Werner Kuhn/Peter Massing (Hrsg.): Methodentraining für den Politikunterricht. 2 Bände, Wochenschau Verlag Schwalbach/Taunus 2004/06.
- Ulrich Mayer (Hrsg.): Handbuch Methoden im Geschichtsunterricht. Wochenschau Verlag, Schwalbach/Taunus 2004

7.2 Handlungsorientierte Unterrichtsmethoden

Moderator

Das Lernkonzept vom handlungsorientierten Unterricht bedeutet im Idealfall, dass Schüler eigenverantwortlich und selbstständig an einem Thema arbeiten – die Rolle der Lehrkraft ist mehr die eines **Moderators** und Impulsgebers, die zum Initiator und Organisator des Lernens wird.

Außerdem soll sich handlungsorientierter Unterricht – wie der Name schon sagt – am Handeln, also am praktischen Tun orientieren.

HOT

Handlungsorientierte Themenbearbeitung **(HOT)** wird u. a. mit der Notwendigkeit zur ständigen Fort- und Weiterbildung begründet und das heißt sehr häufig, dass es keinen Lehrer mehr gibt, der „Lernhäppchen" mundgerecht zubereitet und serviert, sondern dass man selbst Informationen beschaffen, auswählen und verarbeiten muss. Die im folgenden dargestellten Methoden sollen eine Hilfe sein, dieses handlungsorientierte Lernen zu erproben und erste Erfahrungen damit zu machen.

Die einzelnen Abschnitte sind nicht immer eindeutig gegeneinander abgrenzbar. Viele Methoden und Ansätze überschneiden sich, sind oft Teil eines anderen Ganzen. Das gilt auch für die in Kapitel 7.1 eingeführten Arbeitstechniken und die in Kapitel 7.3 dargestellten Präsentationshinweise.

7.2.1 Projekt

Projekt

Wer sich längere Zeit mit einem Problem oder mit einer bestimmten Aufgabe beschäftigt, arbeitet an einem **Projekt**. Insofern ist „Projekt" ein Oberbegriff, weil zwar zu Beginn die Fragestellung und auch die Zielsetzung feststehen mögen, aber sich häufig erst im Verlauf der Arbeit herauskristallisiert, welche konkreten Methoden, welche Arbeitstechniken und welche Form der Präsentation gewählt werden sollen.

Projekttage

An vielen Schulen werden **Projekttage** oder Projektwochen angeboten, in denen der herkömmliche, streng nach Fächern gegliederte Unterricht aufgelöst wird und die Schüler für eine längere Zeitspanne an einem bestimmten Thema eigenverantwortlich und selbstständig arbeiten können. Diese Möglichkeit wird im Schulalltag aber bisher nur ausnahmsweise angeboten, sodass häufiger die Möglichkeit genutzt werden wird, parallel zum „normalen" Unterricht an einem Projekt zu arbeiten, eventuell auch in zwei oder drei Fächern gleichzeitig.

Beispiele für Projekte gibt es ohne Zahl: Im Bereich von Gemeinschaftskunde und Geschichte können etwa politische Aussagen verglichen, Informationen zu einem Thema gesammelt und aufbereitet, Medien analysiert oder selbst gestaltet werden usw. Bei den einzelnen Kapiteln im Darstellungsteil finden Sie jeweils einige Anregungen und Vorschläge, selbst ein Projekt durchzuführen.

Der Verlauf eines Projektes kann folgendermaßen aussehen:

- Am Anfang steht die **Projektidee**. Häufig wird ein Thema vorgeschlagen, das viele interessiert, das aber längere Zeit in Anspruch nehmen wird und nicht in einer oder zwei Schulstunden abgehandelt werden kann. (Projektidee)
- Die Auseinandersetzung mit der Projektidee muss klären, ob das Projekt auf allgemeines Interesse stößt, ob es von den inhaltlichen Vorgaben (Lehrplan) her möglich ist und ob es in einer bestimmten Zeit bewältigt werden kann. In dieser Phase muss auch eine **Zielsetzung** für das Projekt erarbeitet werden. (Zielsetzung)
- Hat sich die Klasse auf ein **Projektthema** geeinigt, muss es nun geplant und vorbereitet werden. Allerdings muss diese Planung noch genügend Spielräume für Änderungen lassen. Sehr häufig entwickeln sich nämlich Projekte anders als ursprünglich vorgesehen. (Projektthema)
- Zur gemeinsamen **inhaltlichen Planung** des Projekts gehört z. B. eine möglichst präzise Formulierung des Themas, d. h. dass allen klar wird, welche Komplexe bearbeitet werden und welche nicht. Auch müssen Vorhaben und Methoden besprochen und festgelegt werden: Sollen Interviews durchgeführt werden? Ist ein Rollenspiel sinnvoll? Sollen Erkundungen durchgeführt werden? Diese und viele andere denkbare Fragen müssen gestellt und beantwortet werden. (Inhaltliche Planung)

Organisatorische Planung

- Nicht zu unterschätzen ist die **organisatorische Planung.** Sie beinhaltet z. B. die Zusammenstellung der benötigten Informationen, Medien, Materialien und ebenso die Überlegung, ob noch andere Hilfsmittel benötigt werden, welche Räume zur Verfügung stehen, wie der Verlauf des Projekts dokumentiert werden soll, z. B. in Form eines Protokolls u. a. Auch die Frage, welche Form der Präsentation sinnvoll erscheint, sollte in dieser Phase bereits geklärt werden.

Durchführung des Projekts

Meilensteine

- Während der **Durchführung des Projekts** ist es von besonderer Bedeutung, einen zeitlichen Ablaufplan zu haben, aus dem z. B. zu entnehmen ist, wann die ersten Zwischenergebnisse – auch **Meilensteine** genannt– vorliegen müssen, wann die endgültige Präsentation vorgesehen ist usw. Es muss auch jedem Teilnehmer klar sein, ob einzeln, in Tandems oder Teams gearbeitet werden soll, ob diese Arbeitsweise während des gesamten Projekts gilt oder ob es zu Änderungen kommen wird. Sinnvoll ist es auf jeden Fall, Verantwortlichkeiten festzulegen, also z. B. den oder die Organisatoren für eine Betriebsbesichtigung zu benennen und mit klaren Aufträgen zu versehen.

Präsentation

- Ziel und formaler Abschluss der Projektarbeit ist die **Präsentation** der Ergebnisse. Am Ende des Projekts sollte ein bewusster Abschluss stehen, was natürlich nicht heißen soll, dass man sich nicht auch weiterhin mit der Problematik beschäftigen kann und darf. Aber der festgelegte Abschluss gibt die Möglichkeit, das Erarbeitete zu präsentieren, entweder vor der Klasse, vor anderen Schülern, der gesamten Schulgemeinschaft oder einer anderen Form der Öffentlichkeit (Elternabend, Schulfest, Presse u. a.).

Beurteilung

- Nach der Präsentation sollte sich die Gruppe noch einmal treffen, um den Verlauf und das Ergebnis des Projekts noch einmal Revue passieren zu lassen und zu beurteilen. Falls erforderlich sollten in dieser **Beurteilung** Alternativen erarbeitet, Verbesserungsvorschläge formuliert und neue Projektideen vorgeschlagen werden.

7.2.2 Fallstudie

Exemplarisches Lernen

Exemplarisches Lernen bedeutet, dass man anhand eines bestimmten repräsentativen Beispieles auf allgemeine Erscheinungen, Gegebenheiten oder Gesetzmäßigkeiten schließen kann. Nicht nur in der Politik- und Geschichtswissenschaft ist dies sehr häufig der Fall: Gerade an einem konkreten Einzelfall können theoretische Aussagen verdeutlicht, ergänzt und gegebenenfalls auch korrigiert werden.

Ein Beispiel: Auf dem Speicher der Großeltern finden Sie eine Schachtel mit Feldpostbriefen und -karten aus dem Zweiten Weltkrieg. Diese können Aufschlüsse über die Situation und Stimmungslage der Soldaten an der Kriegsfront geben, wobei allerdings bedacht werden muss, dass während des Dritten Reiches keine Meinungsfreiheit herrschte und etwa kritische Bemerkungen über den Kriegsverlauf bzw. Zweifel am „Endsieg" Deutschlands schwer bestraft wurden. Dennoch können – liest man „zwischen den Zeilen" – an diesem Fall die Auswirkungen der Kriegssituation auf die Frontsoldaten, aber auch auf die Angehörigen in der Heimat, also die Adressaten der Briefe, studiert werden.

So heißt es in einem Brief eines Frontsoldaten: „Wir stehen in schweren Abwehrkämpfen, machen fast täglich einen Ortswechsel, aber mir geht es bis jetzt Gott sei Dank immer noch gut."

Daraus wird erkennbar: Die Truppe befindet sich auf dem Rückzug, hat täglich Verluste, sodass die Angehörigen damit rechnen müssen, dass auch der Schreiber des Briefs bald fällt oder verwundet wird.

Schrift

Bei der Arbeit mit einer solchen Fallstudie – wörtlich: beim „Studium des Falls" – wird aber auch sehr schnell deutlich, dass eine Reihe von „Hürden" zu überwinden sind. Eine erste Hürde kann hier schon die **Schrift** sein, denn möglicherweise sind die Texte in altdeutscher und nicht in der uns vertrauten lateinischen Schrift verfasst. Sie müssen also zunächst diese Schrift mithilfe von alten Lesefibeln bzw. Buchstabentafeln lesen lernen. Weiter werden Sie feststellen, dass Ihnen noch Informationen fehlen, beispielsweise über den damaligen Frontverlauf oder die militärische Organisationsstruktur. Hierfür müssen Sie in Fachbüchern nachlesen und sich nach und nach ein Bild des **historischen Kontextes** machen, wenn Sie den Fall vollständig verstehen und richtig bewerten wollen.

Historischer Kontext

Für jede Fallstudie gilt also: Im Mittelpunkt steht die Informationsbeschaffung und die Bewertung des Falles. Dabei sollten Sie auch prüfen, ob der vorliegende Fall wirklich repräsentativ war oder vielleicht nur ein Einzelfall, bei dem besondere Umstände herrschten.

Die Fallstudienarbeit vollzieht sich in vier Schritten:

1. Sie werden mit einem bestimmten Fall bekannt gemacht und bekommen dazu eine konkrete Aufgabe, häufig müssen Sie auch selbst herausfinden, worin das Problem besteht bzw. worin Ihr Interesse an diesem Fall liegt. Unmittelbar im Anschluss an diese Einleitung, an die **Konfrontation mit dem Fall**, müssen Arbeitsaufträge vergeben und die weitere Vorgehensweise besprochen werden. Immer wird dies zunächst heißen:
2. Sie beschaffen sich **Informationen**, die man zur weiteren Bearbeitung des Falles benötigt und werten sie aus. Diese Informationen können zum einen aus Fachbüchern, aus dem Internet usw. besorgt werden, man kann natürlich auch eine Expertenbefragung durchführen.
3. Bei der **Bewertung des Falles** sollte immer berücksichtigt werden, dass es fast nie nur eine richtige Lösung gibt, sondern dass es mehrere Sichtweisen ein- und desselben Falles geben kann. Gerade bei politischen und/oder moralischen Bewertungen müssen auch die zeit- und gesellschaftstypischen Maßstäbe mit berücksichtigt werden.
4. Wenn dies möglich ist, wird die Fallstudie durch einen **Vergleich mit der Wirklichkeit** abgeschlossen. Sie haben sich mit einem Fall beschäftigt und eine Lösung gefunden bzw. diesen Fall bewertet. Vielleicht war der Fall auch schon Gegenstand wissenschaftlicher Forschung? Vielleicht wurde das von Ihnen theoretisch bearbeitete Problem schon einmal in der Praxis erprobt, so z. B. im Bereich politischer Entscheidungen?

Konfrontation mit dem Fall

Informationsbeschaffung

Bewertung des Falles

Vergleich mit der Wirklichkeit

Häufig beschäftigen sich Fallstudien mit juristischen Fragestellungen. Gerade in solch einer Situation ist es immer interessant, Ihr eigenes „Urteil“ mit dem tatsächlich von einem Gericht gesprochenen zu vergleichen.

7.2.3 Planspiel

Planspiele wurden im militärischen Bereich entwickelt: Sie wurden und werden durchgeführt, um militärische Führer in Fragen von **Strategie und Taktik** zu schulen, und zwar in simulierten, sich rasch verändernden Situationen. Im wahrsten Sinne des Wortes wird am Sandkasten geübt, was im Ernstfall auf dem Gefechtsfeld nicht mehr geübt werden kann, sondern beherrscht werden muss.

Strategie und Taktik

Auch Wirtschaftsunternehmen bedienen sich nun schon seit einigen Jahrzehnten der Methode des Planspiels, vor allem im Bereich der Fort- und Weiterbildung von Managern. Auch hier gilt es, in einem Spiel Entscheidungen zu treffen, zusätzliche Handlungsalternativen zu entwickeln und aus den eventuell gemachten Fehlern zu lernen.

Um jungen Menschen die teilweise hoch komplexen Zusammenhänge in Wirtschaft und Politik zu verdeutlichen, werden z. B. das „Planspiel Börse“ oder „POL & IS“ (Politik und internationale Sicherheit) der Bundeswehr an vielen Schulen in Deutschland bereits erprobt. Auch im privaten Bereich kennt man Planspiele: Man könnte „Schach“ als eine verwandte Form des Planspiels bezeichnen ebenso wie die inzwischen weit verbreiteten, zahlreichen Computer-Strategiespiele, z. B. „Siedler“.

Planspiele bestehen aus zwei Teilen: dem **Modell**, das den Rahmen für das Spiel gibt, und dem Spiel selbst, in dessen Verlauf Entscheidungen zu treffen sind, die dann wiederum die Entscheidungen der anderen Gruppen beeinflussen.

Modell

Der Verlauf eines Planspiels könnte folgendermaßen aussehen:

1. Einstieg: Bekanntmachung der Spielregeln

Jedes Planspiel braucht vorher festgelegte Regeln, die von der Gruppe selbst bestimmt werden können. Ein Beispiel:

Gruppen

Die **Gruppen** setzen sich wie folgt zusammen ... und

Rollenkarten

- erhalten ihre **Rollenkarten**, deren Inhalt den anderen Gruppen nicht bekannt sein darf,
- kommunizieren mit anderen Gruppen schriftlich über die Spielleitung,
- können mit anderen Gruppen Gesprächstermine vereinbaren,
- protokollieren ihre Aktivitäten und verwalten aus- und eingehende Schriftstücke,
- respektieren die Entscheidungen der Spielleitung,
- können aber gegen jede Entscheidung der Spielleitung schriftlich Protest einlegen.

Spielleitung

Die **Spielleitung** besteht aus ... und hat folgende Befugnisse und Pflichten:

- Sie kann neue Spielzüge veranlassen, neue Rahmenbedingungen schaffen, um dem Spiel neue Impulse zu geben.
- Sie legt den zeitlichen Ablauf des Spieles fest; insbesondere Fristen für Spielzüge, Pausen und Ende des Spieles.
- Sie protokolliert den Verlauf von mündlichen Verhandlungen zwischen Gruppen mit.
- Sie gibt Informationen weiter und informiert – soweit erforderlich – über durchgeführte Aktionen und Reaktionen einzelner Gruppen.
- Sie greift nur in Ausnahmefällen bei Diskussionen und Entscheidungen innerhalb einzelner Gruppen ein.
- Sie weist aber unangemessene oder offensichtlich unrealistische Spielzüge zurück.
- Sie entscheidet sofort nach Eingang eines Protestes über Annahme oder Ablehnung.

2. Ausgangssituation des Planspiels

Prinzipiell gibt es zwei Varianten, um ein Planspiel in Gang zu bringen:

Konflikt

- Der **Konflikt** selbst wird vorgegeben, also z. B. der geplante Neubau einer Schnellstraße am Rande eines Wohngebietes, der bei den Beteiligten auf höchst unterschiedliches Echo stoßen wird. Oder:

Handlungsziel

- Es wird ein **Handlungsziel** vorgegeben, das den Konflikt mit anderen Gruppen erst hervorruft. Zum Beispiel soll in einem simulierten Gesetzgebungsverfahren eine generelle Geschwindigkeitsbegrenzung auf Deutschlands Straßen eingeführt werden.

Es gibt sehr viele Möglichkeiten, ein Konfliktfeld auszuwählen, das sich für ein Planspiel eignet: Von der umstrittenen Entscheidung im Gemeinderat bis zur Durchsetzung von Verbandsinteressen, vom Konflikt zwischen Unternehmensleitung und Betriebsrat bis zur Einführung neuer Technologien ist (fast) alles denkbar.

3. Rollenkarten für die einzelnen Beteiligten

Diese Karten enthalten konkrete Handlungsanweisungen, Angaben zu Beweggründen, Taktik und Handlungsspielräumen. Um geheime Motive, versteckte Absichten und die geplante Taktik nicht zu verraten, dürfen die Karten deshalb nur den einzelnen Mitgliedern bekannt sein. Sie werden von der Spielleitung vorbereitet und den einzelnen Mitspielern bzw. Gruppen schriftlich ausgehändigt.

4. Eröffnung des Spieles durch die Spielleitung

Die Spielleitung stellt die **Ausgangslage** dar, z. B. in Form eines Informationsblattes, eines (fingierten) Zeitungsartikels oder Ähnlichem. Dieser Impuls muss wenigstens eine Gruppe zur Aktion veranlassen, damit das Spiel in Gang kommen kann.

Ausgangslage

5. Spiel

Der **Spielverlauf** ist geprägt durch Aktion und Reaktion. Die Spielleitung bewertet – nicht öffentlich – die einzelnen Schritte hinsichtlich der zu erwartenden Folgen und gibt neue Situationen vor. Die Gruppen müssen beobachten, was die anderen Gruppen unternehmen, müssen selbst ihre Aktivitäten planen und durchführen. Vor allem aber müssen sie sich um Zusatz-Informationen bemühen, sich z. B. erkundigen, welche (gesetzlichen) Spielräume sie haben, Statistiken auswerten, um ihre Aktionen begründen zu können usw.

Spielverlauf

6. Ende des Spiels

Sobald eine einvernehmliche **Lösung** gefunden wurde, der Konflikt also beigelegt werden konnte, ist das Spiel zu Ende. Aber auch wenn die Situation so „verfahren" ist, dass keine Handlungsspielräume mehr gegeben sind, sollte das Spiel beendet werden. Im Zweifelsfall entscheidet die Spielleitung.

Lösung

7. Auswertung / Nachbereitung

Nach Ende des Spieles sollten alle Teilnehmer zunächst über ihre Eindrücke und Erfahrungen berichten. Anschließend können die einzelnen Gruppen ihr Vorgehen begründen und erläutern, sie wissen jetzt, ob sich die mit der Aktion verbundenen Erwartungen erfüllt haben oder nicht. Gemeinsam wird geprüft, ob das Vorgehen sinnvoll oder nicht angemessen war, ob die Wirkung einzelner Aktionen richtig oder falsch eingeschätzt wurde.

Auch der Spielleiter erklärt sein Handeln und die von ihm getroffenen Maßnahmen, er gibt eventuell auch noch Hinweise zu **Handlungsalternativen**, die den Gruppen nicht bekannt waren, und weist auf Defizite z. B. beim Wissen hin.

Handlungsalternativen

7.2.4 Rollenspiel

Bereits Kinder im Vorschulalter führen ein Rollenspiel auf, wenn sie „Vater, Mutter, Kind" spielen. Sie nehmen damit unbewusst vorweg, was ihnen später in Schule und auch in der Erwachsenenbildung wieder begegnen wird: die spielerische Auseinandersetzung mit einer aus der Realität entlehnten Rolle, um eigene Verhaltensweisen zu erproben.

Rollenspiele haben auch den Zweck, uns im Spiel auf bestimmte Situationen vorzubereiten, sie einmal durchzuspielen und dadurch Sicherheit zu bekommen. So ist es nicht nur hilfreich, sondern fast unverzichtbar, sich auf die Situation im Vorstellungsgespräch im Rollenspiel vorzubereiten und einzustellen und sehr viele Veranstalter von **„Bewerbertrainings"** nutzen diese Möglichkeit.

Bewerbertraining

Daneben kann das Rollenspiel auch dazu dienen, sich in Konfliktsituationen zu üben. Wir werden uns im Spiel nicht nur über unsere eigenen Anschauungen und Argumente bewusster, sondern wir lernen auch die unserer Gegner kennen – gerade wenn wir eine Rolle spielen, die nicht unserem Standpunkt entspricht.

Eine Besonderheit stellt das **historische Rollenspiel** dar: In ihm wird eine bestimmte historische Situation nachgespielt, wobei sich die Gestaltung der Rollen nach tatsächlichen Bege-

Historisches Rollenspiel

benheiten richtet. In dieser Simulation können wir die Motive der damals handelnden Menschen nachvollziehen und eigene Lösungen finden.

Die Schwierigkeit beim historischen Rollenspiel besteht darin, dass es uns nicht immer gelingen wird, unser heutiges Wissen und unsere heutigen Anschauungen nicht mit in das Spiel einfließen zu lassen. Auf der anderen Seite bietet sich die Möglichkeit, bestimmte historische Situationen zu **simulieren** und unser Ergebnis mit dem tatsächlich eingetretenen zu vergleichen.

Simulation

Der Verlauf eines Rollenspiels kann folgendermaßen skizziert werden:

1. Vorbereitung der Situation

Zunächst muss die Situation festgelegt werden, die gespielt werden soll. Zum Beispiel kann eine Fernseh-Runde vorbereitet werden, in der ein Unternehmer, ein Gewerkschaftsfunktionär, Vertreter verschiedener politischer Parteien und ein Bischof über die Folgen der Globalisierung diskutieren sollen.

Rollenkarten

Lehrer oder Schüler müssen **Rollenkarten** formulieren, in denen für jede einzelne Rolle festgelegt wird, welche Eigenheiten sie auszeichnet, welche Charakteristika und Einstellungen sie hat und mit welchen Motiven, Erwartungen sowie mit welcher Absicht sie in das Gespräch gehen wird. Diese Rollenkarten dürfen nicht bekannt sein, müssen also noch geheim gehalten werden.

Beispiel für eine Rollenkarte (Situation wie oben beschrieben):

Fernsehdiskussion „Globalisierung“
Herr Stockmann, Unternehmer
Sie sind 53 Jahre alt, verheiratet und haben drei – inzwischen erwachsene – Kinder.
Vor fünfzehn Jahren haben Sie sich selbstständig gemacht und sind inzwischen alleiniger Inhaber und Geschäftsführer eines Unternehmens in der Computerbranche. Sie beschäftigen über vierhundert Mitarbeiter.
Der Gewerkschaft stehen Sie äußerst skeptisch gegenüber, Sie fühlen sich durch tarifrechtliche Bindungen in Ihrem unternehmerischen Spielraum behindert. Insbesondere die Lohnforderungen und das Beharren auf festen Arbeitszeiten finden Sie zunehmend überzogen. Sie spielen mit dem Gedanken, aus dem Unternehmer-Verband auszutreten, um nicht mehr an dessen Abschlüsse gebunden zu sein.
Auch die Politik – Regierung und politische Parteien allgemein – scheinen Ihnen zu wenig Rücksicht auf die Belange eines Unternehmers zu nehmen.
Sie wollen die Diskussion nutzen, um Ihren Standpunkt deutlich zu machen. Sie wollen sich nicht provozieren lassen und immer kühl und sachlich bleiben.

2. Vorbereitung des Spiels

Die vorbereitete Situation wird besprochen, Fragen werden abgeklärt und die Rollen werden genannt. Danach bilden sich Schülergruppen, die jeweils eine bestimmte Rolle spielen wollen. Diese **Gruppen** bereiten sich unabhängig voneinander auf das Spiel vor, sammeln z. B. Argumente, präparieren Anschauungsmaterial und überlegen sich, welche Argumente möglicherweise von den anderen Spielern genannt werden. Anschließend werden die Rollen besetzt, d. h. aus jeder Gruppe wird ein Mitglied benannt, das spielen wird.

Gruppen

Beobachter

Die Gruppenmitglieder, die jetzt noch nicht zum Zuge kommen, werden zu **Beobachtern**. Am besten ist es, wenn sie einen schriftlich formulierten Beobachtungsauftrag bekommen. Man kann auch verschiedenen Rollen einen oder mehrere Beobachter zuteilen, die ausschließlich das Verhalten dieses einen Spielers beobachten.

3. Spiel

Nach dem Herrichten des szenischen Aufbaus und dem Bereitstellen eventuell benötigter Requisiten fängt das Spiel an. Der Beginn des Spiels muss eindeutig bestimmt sein, denn wenn es erst einmal begonnen hat, ist es verboten, aus seiner Rolle „herauszutreten“. Die anderen Schüler beobachten, was sie sehen, und machen sich Notizen z. B. über Auffälligkeiten in der Argumentation oder im Verhalten der Spieler.

4. Diskussion
Nachdem das Spiel beendet ist, werden die vorgebrachten Argumente und das Verhalten der einzelnen Spieler besprochen. Die Spieler können ihr Verhalten begründen und erläutern, warum sie welches Argument zu welchem Zeitpunkt vorgebracht haben, wie sie die Argumente ihrer Mitspieler aufgefasst haben usw.

Im Anschluss kann dieselbe Situation noch einmal von anderen Spielern gespielt werden.

Wenn es technisch möglich ist, empfiehlt sich auch die Aufnahme der Szenen auf **Video**. Zwar ist es zunächst ungewohnt, von einer Kamera beobachtet zu werden, und – zumindest am Anfang – fühlen sich einige auch gehemmt, das legt sich aber rasch, und es ist in jedem Fall aufschlussreich, sich selbst einmal agieren zu sehen. Je häufiger man Rollenspiele auf Video aufnimmt, umso größer wird die Freude dabei werden.

Video

7.2.5 Diskussion – Debatte – Tribunal

Die **Diskussion** ist eine besondere Form des Gesprächs, das uns jeden Tag in vielerlei Formen begegnet: Wir diskutieren mit unseren Mitschülern über ein von der Schulleitung geplantes generelles Rauchverbot in der Schule – auch für Lehrer!, wir diskutieren mit unseren Mitschülern und unserer Klassenlehrererin über das Programm des beabsichtigten Schullandheimaufenthaltes, und wir reden mit kontroversen Argumenten im Jugendclub darüber, welche Sportgeräte neu angeschafft werden sollten. Gemeinsam ist all diesen Gesprächssituationen, dass eine Auseinandersetzung über unterschiedliche Standpunkte stattfindet und dass dieses **„Rundgespräch“** – wie die Diskussion auch genannt wird – mit dem Ziel geführt wird, neue Erkenntnisse zu gewinnen, Lösungsmöglichkeiten aufzuzeigen und zu einem Ergebnis zu gelangen.

Diskussion

Rundgespräch

Tagtäglich bieten sich unzählige Gelegenheiten zur Diskussion. Damit diese aber nicht „fruchtlos“ bleibt und auch nicht zu dem wird, was häufig beklagt wird, nämlich zu viel Gerede um nichts, gilt es einige Regeln zu beachten:

Der **Diskussionsleiter** sollte:

Diskussionsleiter

- neutral bleiben, d. h. seine eigene Meinung zurückhalten,
- die Diskussion eröffnen. Dabei muss er das Problem, das besprochen werden soll, kurz umreißen und sich z. B. eine Frage überlegen, die er einem der Teilnehmer als Einstieg in die Diskussion stellen will,
- während der Diskussion Wortmeldungen sammeln, das Wort erteilen, Dauerredner bremsen und Schüchterne – z. B. mit einer gezielt gestellten Frage – ermuntern. Außerdem muss er darauf achten, dass die Diskussion eine **Struktur** hat und auch behält, d. h. er muss verhindern, dass vom Thema abgeschweift oder verschiedene Aspekte ungeordnet und ohne Zusammenhang diskutiert werden.
- die gesamte Diskussion konzentriert mitverfolgen, um Zwischenergebnisse zusammenzufassen, bei einem Stocken der Diskussion neue Impulse zu geben und neue Aspekte einführen zu können,
- die Diskussion mit einem zusammenfassenden Schlusswort beenden und allen Teilnehmern danken.

Struktur

Der **Diskussionsteilnehmer** sollte:

Diskussionsteilnehmer

- den anderen Teilnehmern aufmerksam zuhören und sie ausreden lassen,
- sich Notizen über seine eigenen und die Argumente und Beispiele anderer Diskussionsteilnehmer machen,
- auf die Beiträge der Vorredner eingehen,

- nicht monologisieren, sondern immer versuchen, sich kurz zu fassen,
- nicht abschweifen.

Podiumsdiskussion

Eine besondere Form der Diskussion ist die **Podiumsdiskussion.** Hier wird ein Thema nur von ausgewählten Fachleuten und Betroffenen diskutiert, die Zuhörer haben keine Möglichkeit, einen Beitrag zu leisten, außer es handelt sich um eine offene Podiumsdiskussion, dann kann der Diskussionsleiter auch einem oder mehreren Zuhörern das Wort erteilen.

Debatte

Die **Debatte** ist im Gegensatz zur Diskussion ein nach strengen Regeln organisiertes Streitgespräch, dessen konfrontativer Charakter im Vordergrund steht. Es geht hier darum, den Gegner argumentativ zu besiegen, seine eigene Auffassung durchzusetzen und andere davon zu überzeugen. Musterbeispiel einer solchen Auseinandersetzung ist die Parlamentsdebatte, an deren Ende Sieg oder Niederlage in der anschließenden Abstimmung steht, wobei dies aber in Parlamentsdebatten in der Regel schon vorher feststeht.

Der Leiter einer Debatte bestimmt die Reihenfolge der Redner, überwacht die Einhaltung der Redezeit, entzieht gegebenenfalls das Wort oder ruft zur Ordnung.

Amerikanische Debatte

Die **amerikanische Debatte** gehört an den Schulen der USA zum festen Bestandteil des Unterrichts und wird immer wieder geführt. Sie verläuft nach einem festen Schema:

- Die Schüler einer Klasse werden in zwei Gruppen eingeteilt. Ein vorher vereinbartes (Streit-) Thema wird von einer Pro- und einer Kontra-Gruppe bearbeitet.
- Pro- und Kontra-Seite bestimmen eine gleich große Anzahl von Debattenrednern, die sich dann gegenübersitzen.
- Ein Redner der Pro-Seite beginnt. Die Redezeit ist bewusst sehr knapp festgelegt und beläuft sich auf dreißig bis sechzig Sekunden pro Redner und Beitrag. Sie darf nicht überschritten werden.
- Nach Ablauf der Redezeit folgt ein Vertreter der Kontra-Seite.
- Ihm folgt wiederum ein Vertreter der Pro-Seite usw.
- Wenn alle Teilnehmer einmal zu Wort gekommen sind, wird in umgekehrter Reihenfolge noch eine weitere Runde debattiert. Am Ende wird die Debatte entweder ins Plenum ausgeweitet oder abgestimmt.

Jugend debattiert

Seit einigen Jahren nehmen immer mehr Schulen am Bundeswettbewerb **„Jugend debattiert“** teil, der unter der Schirmherrschaft des Bundespräsidenten steht. Auch wenn man nicht am Wettbewerb selbst teilnehmen möchte, eignet sich das Modell von „Jugend debattiert“ gerade auch für den Gemeinschaftskundeunterricht. Informationen hierzu gibt es unter: www.jugend-debattiert.ghst.de/

Tribunal

Das **Tribunal** hat in der Rechtsgeschichte eine lange Tradition. Im antiken Rom wurde so der Amtsplatz des Magistrats bezeichnet, im Mittelalter war Tribunal die Bezeichnung für insbesondere geistliche Gerichte, und während der Französischen Revolution verstand man darunter die politischen Sondergerichte. Im 20. Jahrhundert wurde der Begriff schließlich verwendet zur Bezeichnung eines Forums mit dem Ziel, Verletzungen elementarer Grund- und Menschenrechte in einer öffentlichen, oft gerichtsähnlichen Untersuchung nachzuweisen.

Das berühmteste Beispiel ist das Vietnam-Tribunal, in dem sich namhafte Intellektuelle (z. B. *Jean-Paul Sartre, Peter Weiss* und *Bertrand Russell*) mit den – von Amerikanern begangenen – Verbrechen im Vietnam-Krieg auseinandersetzten. Innerhalb dieses Tribunals wurden von den Mitgliedern Sachverständige und Zeugen gehört, es wurden Berichte verfasst, ausgewertet und angefordert, es wurden Gesetzestexte studiert, vergleichbare Kriegsverbrechen in der Geschichte analysiert und Resolutionen verfasst.

Im Unterricht kann z. B. die intensive Auseinandersetzung mit der Diktatur in der DDR in einem gerichtsähnlichen Tribunal abgeschlossen werden, dessen Methoden den eben beschriebenen weitgehend entsprechen.

7.2.6 Meta-Plan

Die Meta-Plan-Methode wurde Anfang der siebziger Jahre entwickelt und ist auch unter den Namen „moderierte Gruppenarbeit“ oder „Moderationsmethode“ bekannt. Zunächst im Bereich der Unternehmensberatung eingesetzt, ist diese Methode inzwischen an Universitäten, Schulen und in der Erwachsenenbildung ebenfalls weit verbreitet.

Ausgangspunkt für die Entwicklung der Moderationsmethode war die Unzufriedenheit mit dem Verlauf von vielen Gruppenarbeiten: Unproduktive Gesprächsrunden, Teilnehmer, die keinen Beitrag leisten wollten oder konnten, und am Ende das Gefühl, wertvolle Zeit vertan zu haben, machten deutlich, wie notwendig eine Neuorientierung war.

Moderierte Gruppenarbeit

Erklärtes Ziel der **moderierten Gruppenarbeit** ist es deshalb, möglichst alle Teilnehmer an einer Besprechung oder einer Diskussion zu beteiligen und alle Beiträge durch Visualisierung – im einfachsten Fall durch Notieren auf Karteikarten – festzuhalten. Alle Beteiligten sollen das Gefühl haben, dass ihre Beiträge wertvoll sind und registriert werden. Außerdem hat das schriftliche Notieren den erwünschten Nebeneffekt, dass jeder sich über seine Äußerungen vorher Gedanken machen und somit aufs Wesentliche beschränken muss.

Moderator

Eine wichtige Rolle kommt dem **Moderator** zu: Er soll seine eigene Meinung zurück- und sich aus der inhaltlichen Diskussion möglicht ganz heraushalten. Er ist nicht für das Ziel, sondern den Weg verantwortlich: Er soll die Gruppe ermuntern, Impulse geben und für ein gutes Arbeitsklima sorgen. Er soll Methoden vorstellen und anwenden, die die Gruppen in die Lage versetzen, eigenverantwortlich und wirkungsvoll zu arbeiten.

Sitzordnung

Erste Aufgabe des Moderators ist es, die **Sitzordnung** zu organisieren: Der offene Stuhl-Halbkreis hat sich als die am besten geeignete Sitzordnung erwiesen – d. h. man kann sich nicht hinter Tischen „verstecken“, sondern sitzt sich frei gegenüber und kann so jeden Teilnehmer sehen. Anfangs mag diese Sitzordnung noch etwas ungewohnt sein, aber schon nach kurzer Zeit sind die Vorteile offensichtlich.

Pinnwände

Wichtigstes Hilfsmittel bei der Moderationsmethode sind eine oder besser – mehrere **Pinnwände**, die aus einer Weichfaserplatte o. Ä. bestehen. Auf diese Wände werden Packpapierbogen gespannt, auf die dann die beschriebenen Karteikarten mit Nadeln gepinnt und später aufgeklebt werden können. Diese verschieden großen Karten kann man kaufen oder – wesentlich billiger – aus Papier- und Pappresten selber anfertigen.

Moderationskoffer

Ebenfalls selbst zusammenstellen kann man sich einen **Moderationskoffer**, in dem die vorbereiteten Karten, Klebestifte, Scheren, Klebeband, Pinnwandnadeln und Filzschreiber in verschiedenen Farben und Stärken aufbewahrt werden.

Ein-Punkt-Abfrage

Als Eröffnung für eine moderierte Gruppenarbeit eignet sich die **Ein-Punkt-Abfrage.** Um auf das Thema einzustimmen, werden die Teilnehmer mit einer schriftlich formulierten Frage, die auf der Pinnwand geschrieben steht, bekannt gemacht. So kann z. B. einer Gruppe, die sich mit Möglichkeiten der erneuerbaren Energien beschäftigt, die Frage gestellt werden: „Wie schätzen Sie die Notwendigkeiten ein, erneuerbare Energien zu fördern?“ Auf einer ebenfalls auf der Pinnwand gestalteten Skala von „sehr hoch“ bis „sehr niedrig“ kann nun jeder Teilnehmer einen Klebepunkt genau an der Stelle platzieren, die seiner Überzeugung entspricht.

Der Moderator bittet nun die Gruppe um eine Interpretation des Ergebnisses, enthält sich aber selbst jeder Wertung.

Kartenabfrage

Nach dieser „Aufwärmphase“ beginnt nun die inhaltliche Arbeit mit der **Kartenabfrage.** Der Moderator hat eine möglichst offen formulierte Frage – d. h. eine Frage, die viele Antworten zulässt und nicht mit „ja“ oder „nein“ beantwortet werden kann und soll – vorbereitet, vorgelesen und auf eine Pinnwand geschrieben. In unserem Beispiel könnte diese Frage lauten:

„Wenn ich an erneuerbare Energien denke, dann fallen mir dazu folgende Ideen, Anregungen, Fragen, Probleme ein: ...“ Jeder Teilnehmer erhält eine bestimmte Anzahl von Karten je nach Teilnehmerzahl drei bis fünf, insgesamt nicht mehr als vierzig Karten – und notiert sich darauf seine Antworten.

Regeln

Dabei sind einige wichtige **Regeln** zu beachten:

- Kurzsätze, keine Stichworte, damit klar ist, was gemeint wurde,
- pro Karte nur ein Gedanke,
- maximal sieben Worte,
- lesbar und in Druckschrift schreiben, Groß- und Kleinbuchstaben verwenden.

Cluster

Der Moderator sammelt anschließend alle Karten ein, mischt sie gut durch, um die Anonymität der Antworten zu wahren, und liest eine nach der anderen vor. Er bittet die Gruppe, die Ideen nun an der Pinnwand zu ordnen und sogenannte **Cluster** (Menge ähnlicher inhaltlich zusammengehörende Beiträge) zu bilden.

Er muss streng darauf achten, dass alle Karten aufgehängt werden, auch wenn sie eventuell mit bereits vorhandenen Beiträgen identisch sind. Es darf bei keinem Teilnehmer das Gefühl entstehen, dass gerade sein Beitrag wohl nicht so wichtig oder weniger originell gewesen sei und deshalb in den Papierkorb wandert. Vielmehr gilt: Jeder Beitrag ist wichtig und wird deshalb angepinnt.

Oberbegriffe

Wenn alle Karten geordnet an der Pinnwand hängen, sollen die Teilnehmer **Oberbegriffe** finden, die dann über die nummerierten und umrandeten Cluster geschrieben werden. Der Moderator fragt nach eventuell noch fehlenden Gedanken und gibt gegebenenfalls Hilfestellung zur Ergänzung.

Bewertung

Die so gestalteten Themenbereiche werden von den Teilnehmern nun **bewertet**. Wiederum kann die Punktabfrage eingesetzt werden. Je Teilnehmer können z. B. zwei Klebepunkte ausgegeben werden, womit jeder „seine“ Themen markieren kann. Damit trifft die Gruppe eine Entscheidung, welche Themen nun in Kleingruppen weiter bearbeitet und vertieft werden sollen.

Präsentation

Die Kleingruppen zur weiteren Themenbearbeitung werden meistens nach Interesse der Teilnehmer gebildet. Die Aufgabe besteht darin, das bearbeitete Thema und die Ergebnisse der Arbeit zu präsentieren, z. B. in Form eines Plakats. Jede Gruppe bekommt dafür eine vorher bestimmte Zeit zur Verfügung, z. B. fünf Minuten, in denen sie nicht unterbrochen werden darf. Erst nach Abschluss der **Präsentation** werden die Ergebnisse diskutiert und bewertet.

Arbeitsaufträge

Am Ende der so gestalteten Gruppenarbeit sollten greifbare Ergebnisse stehen. Deshalb muss eine Themenliste, ein Maßnahmen- oder Tätigkeitskatalog erstellt werden, der das weitere Vorgehen der Gruppe bestimmt. In unserem Beispiel könnten die **Arbeitsaufträge** z. B. im Zusammentragen von Informationsmaterial zu erneuerbaren Energien, in der Erarbeitung eines Fragebogens oder einer Ausstellung zum Thema bestehen.

7.2.7 Zukunftswerkstatt

Geschichtsunterricht
Gemeinschaftskunde

Im **Geschichtsunterricht** beschäftigen wir uns mit der Vergangenheit, **Gemeinschaftskunde** hilft uns bei einem besseren Verständnis der Gegenwart – aber beide sollen uns auch helfen, die Zukunft besser bestehen zu können und nicht völlig unvorbereitet „hineinzustolpern“. Eine Methode, um dieses Anliegen auch praktisch umzusetzen, ist die Zukunftswerkstatt. Sie soll uns ermöglichen, zu einem bestimmten, für die Zukunft bedeutsamen Problem Ideen zu sammeln und Probleme zu lösen. Fantasie, Kreativität und Originalität sind hier zunächst mehr gefragt als Expertenwissen und altbekannte Lösungen.

Bevor die eigentliche Arbeit in der Zukunftswerkstatt beginnen kann, sind einige Vorarbeiten zu leisten:

- Benötigte Materialien müssen bereitgestellt werden: Am besten eignet sich die auch für die **Meta-Plan-Methode** aufgelistete Grundausstattung an Papier, Stellwänden, Stiften usw. Dazu kommen noch für das spezielle Thema erforderliche Publikationen, Statistiken, Lehrbücher, Zeitungsausschnitte usw.
- Organisatorische Fragen müssen geklärt werden: Wie viel Zeit steht zur Verfügung? Wann sind Pausen eingeplant? Welche Räume können benutzt werden? Wer übernimmt die Moderation? usw.

Meta-Plan-Methode

Die eigentliche Arbeit in der Zukunftswerkstatt vollzieht sich dann in drei Phasen:

1. Kritikphase

Kritikphase

Ein mögliches Thema für eine Zukunftswerkstatt könnte beispielsweise die Beschäftigung mit Bildung und Bildungspolitik sein. Unter der Themenstellung „Wie sieht die Schule der Zukunft aus?" wäre dann in dieser ersten Phase Kritik am bestehenden System zu formulieren. Wichtig ist in diesem Zusammenhang, dass Kritik nicht bedeutet, nur Negatives aufzuführen, sondern dass auch positive Erscheinungen des zurzeit bestehenden Zustandes berücksichtigt werden müssen.

Praktisch könnte dies dann z. B. unter der Überschrift: „Was mir an der Schule gefällt (+) / nicht passt (–)" geschehen. Zusätzliche Leitfragen könnten beispielsweise noch lauten: „Wenn ich an meine Schule denke:
– dann gefällt (+) / missfällt (–) mir vor allem ...
– dann habe ich folgenden Grund zur Zufriedenheit (+) / Klage (–)...
– dann sehe ich folgende Stärken (+) / Schwachpunkte (–)..."

Alle Kritikpunkte werden schriftlich festgehalten und gesammelt. Neben den wichtigsten Visualisierungsregeln (s. Abschnitt Meta-Plan), also nur ein Gedanke pro Karte, maximal sieben Worte, Druckschrift usw., sind in dieser Phase ein paar weitere wichtige Regeln einzuhalten: Es sollte, während die einzelnen Kritikpunkte gesammelt und geordnet werden, keine inhaltliche Diskussion stattfinden. Erst nachdem alle Kritikpunkte gesammelt wurden, kann über Gemeinsamkeiten und Unterschiede in der Einschätzung gesprochen werden, können Themenschwerpunkte gesetzt werden, die man weiterbearbeiten will.

2. Fantasie- und Utopiephase

Fantasie- und Utopiephase

In dieser Phase sollen Ideen entwickelt werden, um alle gesammelten Kritikpunkte ins Positive zu wenden. In unserem Beispiel könnte die Leitfrage lauten: „Wenn ich die Macht, das Geld usw. hätte, um Schule nach meinen Vorstellungen zu gestalten, dann würde ich ..." oder „Welche Möglichkeiten gibt es, um Schule zu verbessern? Meine Ideen, Utopien, Träume, Vorschläge, Idealvorstellungen ..."

Es gibt viele Möglichkeiten, diese Phase zu gestalten: Man kann z. B. alle negativen Äußerungen aus der Kritikphase positiv umformulieren, man kann in Kleingruppen arbeiten und anschließend dem Plenum in einer möglichst originellen Präsentation seine Ideen vorstellen, man kann ein Brainstorming durchführen, eine Collage erstellen usw.

In dieser Phase ist die Gefahr sehr groß, dass man sich selbst Denkverbote auferlegt, sich zu sehr von der Realität eingrenzen lässt, weil man sich beispielsweise sagt: „Das geht ja sowieso nicht". Aber die Fantasiephase verlangt genau das, wonach sie benannt ist: Fantasie, und zwar grenzenlose Fantasie. Deshalb denken Sie das Undenkbare, entwickeln Sie eine Utopie, lassen Sie auch „verrückte" Gedanken zu, gehen Sie auch noch so seltsamen Träumen und Ideen nach, verlassen Sie eingefahrene Wege und lassen Sie Ihrer Kreativität und Originalität freien Lauf. Und vor allem: Kritisieren Sie nicht die Äußerungen anderer Gruppenmitglieder oder werten Sie diese gar ab. Jeder hat Fantasie, und deshalb ist jeder Beitrag wichtig und wertvoll!

Zum Abschluss der Fantasiephase können alle Vorschläge präsentiert und mit einer Punktabfrage (s. Abschnitt Meta-Plan) bewertet werden, sodass besonders interessante oder bedenkenswerte Vorschläge gekennzeichnet sind.

Umsetzungsphase

3. Umsetzungsphase

Nach den fantasievollen Höhenflügen geht es in der Umsetzungsphase darum, wieder auf den Boden der Tatsachen zurückzukehren und sich zu fragen, was von der Vielzahl der Vorschläge verwirklicht werden kann.

Projekt

Am Ende steht im Idealfall ein konkretes **Projekt**, das von den Teilnehmern weiterverfolgt wird. In unserem Beispiel könnte das z. B. die Verbesserung des Schulklimas durch Aktivitäten wie Sportfeste, gemeinsame Konzertbesuche, Einführung von runden Tischen mit Schulleitung und Lehrern u. v. a. sein.

Stufenplan

Aus der Zukunftswerkstatt kann leicht eine „permanente Zukunftswerkstatt" werden, wenn die Vorschläge der Fantasie- und Utopiephase jetzt in einen konkreten **Stufenplan** umgesetzt werden. Welche Ziele sind kurz-, mittel- oder langfristig zu verwirklichen? Was können wir tun, um die entsprechenden Stellen von unseren Ideen zu überzeugen und diese zu verwirklichen? Wie wollen wir die weitere Arbeit gestalten?

Einige Themenvorschläge für eine Zukunftswerkstatt:

- Die Zukunft des Autoverkehrs in unseren Städten
- Die Zukunft unseres Lebens auf der Erde
- Die zukünftigen Formen des Zusammenlebens
- Wie wird die Welt sein, wenn ich alt bin?

7.2.8 Szenariotechnik

Worst Case

Die Szenariotechnik ist eng verwandt mit den Methoden „Zukunftswerkstatt" und „Planspiel". Wie letztere Methode wurde auch sie zunächst im militärischen Bereich erprobt, wo Offiziere darin geübt wurden, aufgrund gesicherter Daten den **„Worst Case"** zu konstruieren, sich also den schlechtest möglichen Stand ihrer militärischen Operationen auszumalen und sich die entsprechenden Maßnahmen zu überlegen. „Stell dir vor, bei uns läuft alles schief, was nur schief laufen kann, beim Gegner dagegen klappt alles – und jetzt handle richtig!", heißt es in einer Ausbildungsvorschrift der US-Army.

Zukunftsprognose

In Aus- und Weiterbildung sowie in der politischen Bildung wird die Szenariotechnik eingesetzt, um aufgrund gesicherter Erkenntnisse aus Vergangenheit und Gegenwart eine **Zukunftsprognose** zu erstellen und geeignete Maßnahmen zu benennen, damit positive Trends verstärkt und negative Entwicklungen verhindert werden können.

Die Szenariotechnik vollzieht sich dabei in folgenden Phasen:

Problemanalyse

1. Problemanalyse

Die Szenariotechnik kann sich mit gesellschaftspolitischen Problemen beschäftigen, also beispielsweise mit der Frage, welche Bedeutung „Arbeit" in Zukunft haben wird. Als Erstes wäre in unserem Beispiel zu klären, welche Bedeutung dieses Thema gegenwärtig für die Gesellschaft hat und inwiefern es überhaupt als lösungsbedürftiges Problem betrachtet wird. – Ein Blick in die Tageszeitung mag genügen, um diese Frage hinreichend zu beantworten.

Wesentlich komplexer und umfangreicher stellt sich die Frage nach den bekannten Fakten und Zusammenhängen dar. Hier gilt es, die gegenwärtige Situation möglichst präzise zu beschreiben, d. h. konkret Informationen zu besorgen, zu ordnen und auszuwerten.

Von der Arbeitslosenstatistik bis zur vergleichenden Darstellung der Arbeitsbedingungen einst und jetzt, von der Beschreibung einer Dienstleistungsgesellschaft bis hin zur Bedeutung von Freizeit kann diese Problemanalyse in unserem Beispiel reichen. Innerhalb dieser Problemanalyse muss natürlich auch geklärt werden, wer – also welche Einzelpersonen, Gruppen, Institutionen usw. – überhaupt vom Problem betroffen ist.

In dieser Phase kann es sehr sinnvoll sein, einzelne Aspekte durch Referate zu klären und zu dokumentieren, z. B. mit einer Wandzeitung. Am Ende dieser ersten Phase sollte ein eindeutig formuliertes Problem stehen, für unser Thema könnte es lauten: „Gibt es in der Zukunft Arbeit für alle? Wie sieht die Zukunft der Arbeit aus?"

2. Bestimmung von Einflussbereichen

Bestimmung von Einflussbereichen

Am Beginn dieses Arbeitsabschnittes steht die Frage: Wer nimmt Einfluss? Das können Personen, Institutionen, Gruppierungen, aber auch andere Bereiche, Probleme oder Verhältnisse sein. In unserem Beispiel nehmen die Tarifpartner, politische Organe, wie etwa die Regierung, politische Parteien, Kirchen (z. B. beim Thema Sonntagsarbeit) und Medien ebenso Einfluss wie der einzelne Arbeitnehmer, der etwa durch eine gute Ausbildung seine Chancen auf dem Arbeitsmarkt verbessert. Auch Faktoren wie Globalisierung, Firmenzusammenschlüsse usw. sind zu berücksichtigen. Nachdem möglichst alle relevanten Einflussgrößen genannt und sinnvollerweise schriftlich strukturiert wurden, um Wechselbeziehungen und Vernetzungen darzustellen, müssen diese nun genauer beschrieben und bewertet werden.

Deskriptoren

Jeder Einflussbereich muss dabei in möglichst viele, klar voneinander abgegrenzte **Deskriptoren** (= Beschreibungsgrößen) unterteilt werden, die dann die Basis für die Erarbeitung von Szenarien liefern. In unserem Beispiel wären etwa für den Einflussbereich „Gewerkschaft" folgende Deskriptoren denkbar:

- Haltung zur Arbeitszeit
- Tarifvertrag
- Entwicklung der Mitgliederzahlen
- Zusammenarbeit mit anderen Gewerkschaften auf internationaler Ebene
- Druckmittel, z. B. Streik u. a.

3. Entwickeln von Szenarien

Entwickeln von Szenarien

Mithilfe der so gestalteten Deskriptoren können nun einzelne Szenarien entwickelt werden, wobei man drei Grundtypen von Szenarien unterscheidet:

Positives Extremszenario

Negatives Extremszenario

Trendszenario

- Das **positive Extremszenario**, in dem die bestmögliche Entwicklung beschrieben wird („best case").
- Das **negative Extremszenario**, das die schlechtestmögliche Zukunftsentwicklung beschreibt („worst case").
- Das **Trendszenario**, das praktisch mit einer Fortschreibung der Gegenwart in die Zukunft gleichzusetzen ist und auf das eventuell auch verzichtet werden kann.

Dabei bieten gerade die Extremszenarien den Vorteil, dass zwischen ihnen alle möglichen anderen Szenarien Raum haben. Häufig – aber nicht zwangsläufig – ergibt sich das Trendszenario als Durchschnitt aus den beiden Extremen.

Planungshorizont

Bei jedem Szenario muss der **Planungshorizont** festgelegt werden: Kurzfristige Szenarien beschreiben die Situation, wie sie sich in fünf bis zehn Jahren darstellen wird, mittelfristige die Situation in elf bis 20, und langfristige die Situation in mehr als 20 Jahren. Gerade bei umfassenden Themen empfiehlt es sich außerdem, den Geltungsbereich einzugrenzen, also z. B. zu formulieren: „Die Arbeitswelt im Jahr 2020 in Deutschland".

In welcher Form das Szenario entwickelt wird, kann die Gruppe selbst bestimmen. Am häufigsten wird ein Szenario in Form eines Berichtes, einer Reportage oder einer Wandzeitung

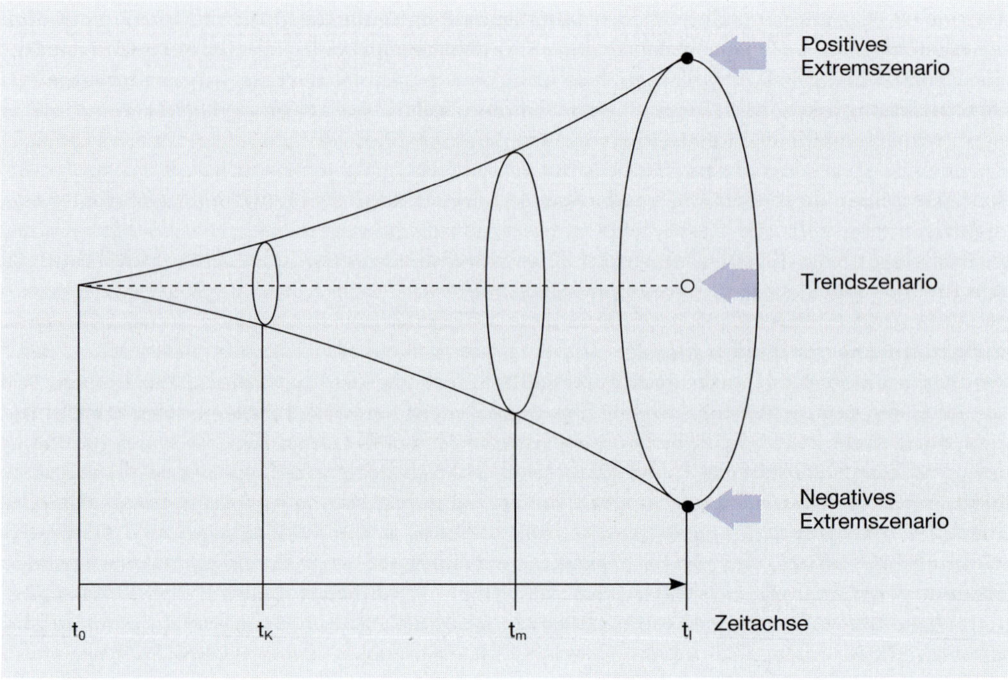

Szenario-Trichter

gestaltet, es sind aber auch zahlreiche andere Varianten denkbar. Einige Kriterien müssen allerdings immer berücksichtigt werden:

Szenarien müssen stimmig sein, also in sich frei von Widersprüchen, plausibel und nachvollziehbar. Sie müssen auch stabil sein, d.h. es darf nicht sein, dass ein Szenario vollständig bedeutungslos wird, sozusagen in sich zusammenfällt, nur weil eine Bedingung oder ein Faktor, d.h. ein „Deskriptor" sich anders als erwartet entwickelte.

Problemlösung

4. Strategien und Maßnahmen zur Problemlösung
Nachdem die Szenarien gestaltet und präsentiert wurden, wird in dieser letzten Phase untersucht, welche Konsequenzen aus ihnen zu ziehen sind. Es gilt dabei, möglichst konkrete Handlungsschritte für die Zukunft zu benennen und Gestaltungsmöglichkeiten aufzuzeigen, wobei differenziert werden muss, was der Einzelne und was die bereits in Phase 2 aufgezählten Gruppen und Institutionen leisten können. Ähnlich wie bei der Zukunftswerkstatt ist auch hier ein mittel- oder langfristig angelegter Aktionsplan vorstellbar, der über den Tag hinaus wirkt.

7.2.9. Mind-Mapping

Der englische Psychologe *Tony Buzan* gilt als der Erfinder der Methode des Mind-Mapping, die am ehesten mit „Gedanken-Landkarte" übersetzt werden kann. Er machte sich wichtige Erkenntnisse der Gehirnforschung zunutze, die u.a. besagen, dass die beiden Gehirnhälften ganz unterschiedliche Aufgaben auf ganz unterschiedliche Weise bearbeiten: Die **linke Gehirnhälfte** gilt als das Zentrum des analytischen Denkens, hier werden z.B. auch die Sprachfunktionen gesteuert. Diese Gehirnhälfte ist für das rationale, logische Denken zuständig und wird – vereinfacht gesagt – vor allem bei den Menschen stark beansprucht, die mit Zahlen arbeiten, die linear denken und ordnen und die eine klar definierte Reihenfolge und eine gewisse Routine bevorzugen. Die **rechte Gehirnhälfte** gilt dagegen als Quelle der Kreativität. Mit ihr werden eher Bilder, Farben und globale Muster verarbeitet. Sie gilt als die intuitive Seite, die das Ganze und die Zusammenhänge präsentiert.

Linke Gehirnhälfte

Rechte Gehirnhälfte

Die rechte Gehirnhälfte wurde immer als die untergeordnete, als die weniger wichtige erachtet, weil z. B. die Verletzung der linken Gehirnhälfte oft viel schwerere Folgeschäden zeitigte als eine Verletzung der rechten. Auch wurden in der Schule, im Berufs- und Geschäftsleben immer die durch die linke Gehirnhälfte vermittelten Fähigkeiten höher eingeschätzt, das Kreative, Künstlerische, auch Träumerische wurde dagegen lange Zeit als untergeordnet gesehen. Doch ist es inzwischen unbestritten, dass fast jeder Mensch zwar durchaus von einer Gehirnhälfte dominiert wird, dass er aber ohne weiteres auch das häufig brach liegende Potenzial der anderen „anzapfen" und daraus viele Vorteile ziehen kann.

Eine Konsequenz aus diesen Erkenntnissen ist nun die Mind-Mapping-Methode, die eine gleichwertige und -berechtigte Nutzung beider Gehirnhälften erlaubt. Zum einen werden zwar nach wie vor Notizen, z. B. in Form von Stichworten oder Kurzsätzen, gemacht, wofür in erster Linie die linke Gehirnhälfte zuständig ist, zum anderen werden diese Notizen, Gedanken, Assoziationen aber auch bildlich dargestellt, auf einer **„Landkarte"** ausgebreitet und mit Bildern und Symbolen versehen, die sich gut einprägen lassen.

Landkarte

Mind-Maps sind fast grenzenlos einsetzbar, aus dem Bereich Schule und Unterricht sollen nur zwei Bereiche herausgegriffen werden.

Referate, Gruppenarbeit

Zur Vorbereitung eines **Referats** oder einer Präsentation kann eine Mind-Map wertvolle Hilfe leisten. Schreiben Sie das Thema Ihres Referats oder Ihrer Präsentation in die Mitte eines quer vor Ihnen liegenden Blattes und beginnen Sie dann die **Hauptäste** zu gestalten. Das unten stehende Beispiel zeigt Ihnen, wie eine solche Mind-Map aussehen könnte. Ein Vorteil ist es u. a., dass Sie immer wieder neue Gedanken hinzufügen können, ohne radieren oder etwas hineinflicken zu müssen. Wenn Sie dann noch Farben und Symbole verwenden, entwickelt sich im Lauf weniger Stunden oder Tage eine komplette Karte all der Inhalte, die für das Referat von Bedeutung sein werden.

Referat

Hauptäste

Auch bei **Gruppenarbeit** kann eine Mind-Map äußerst nützlich sein. Wenn die Gruppe z. B. die Aufgabe erhalten hat, sich mit einem aktuellen politischen Problem zu beschäftigen und alle wichtigen Gesichtspunkte dazu zusammenzutragen, so ist die Mind-Map die ideale Me-

Gruppenarbeit

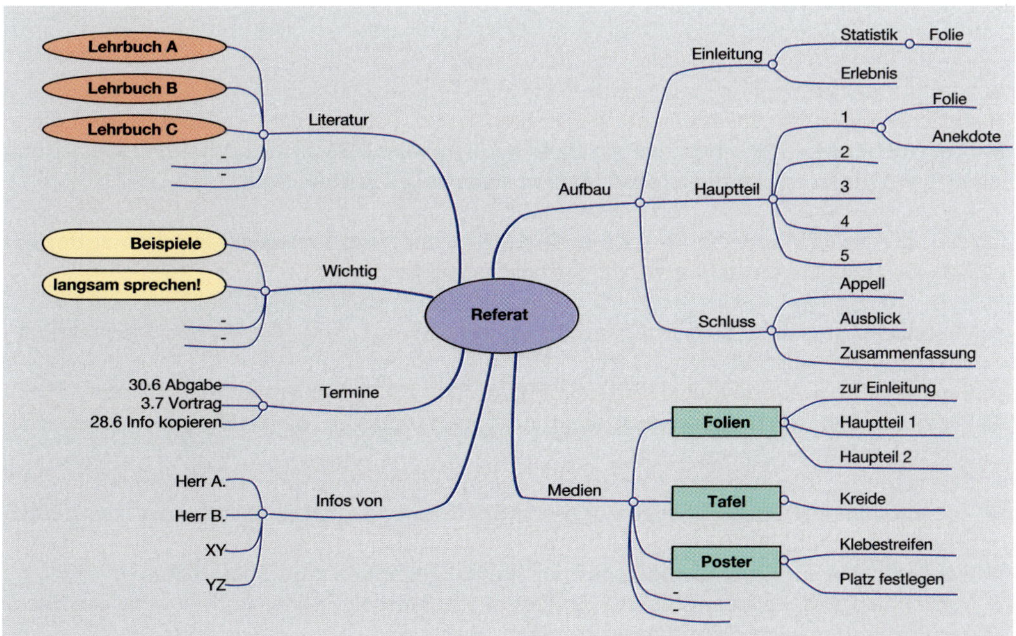

thode, um alle Gedanken, Assoziationen und Ideen zu sammeln und auch gleich zu ordnen. Wenn mehrere mitarbeiten, so werden sie sich gegenseitig inspirieren und immer neue Varianten und Ergänzungen zum Thema finden.

Auch kann man aus Mind-Maps, die die Gruppenmitglieder zunächst einzeln angefertigt haben, erst in einem zweiten Schritt eine gemeinsame Mind-Map fertigen: Es werden dann die unterschiedlichen Herangehens- und Sichtweisen deutlich, außerdem zeigt sich oft erst in der Diskussion, wo die Schwerpunkte, aber auch die Schwierigkeiten eines Themas liegen.

Lernhilfe, Texterschließung

Mind-Maps eignen sich ausgezeichnet dazu, einen Text oder eine historische Quelle zu strukturieren und sie so zum einen besser zu verstehen und zum anderen sie sich besser einzuprägen. Das folgende Beispiel zeigt eine Mind-Map zur Quelle „Auszug aus dem Protokoll der Dreimächtekonferenz von 1945 – Potsdamer Abkommen", die Sie im Kap. 5.1 abgedruckt finden:

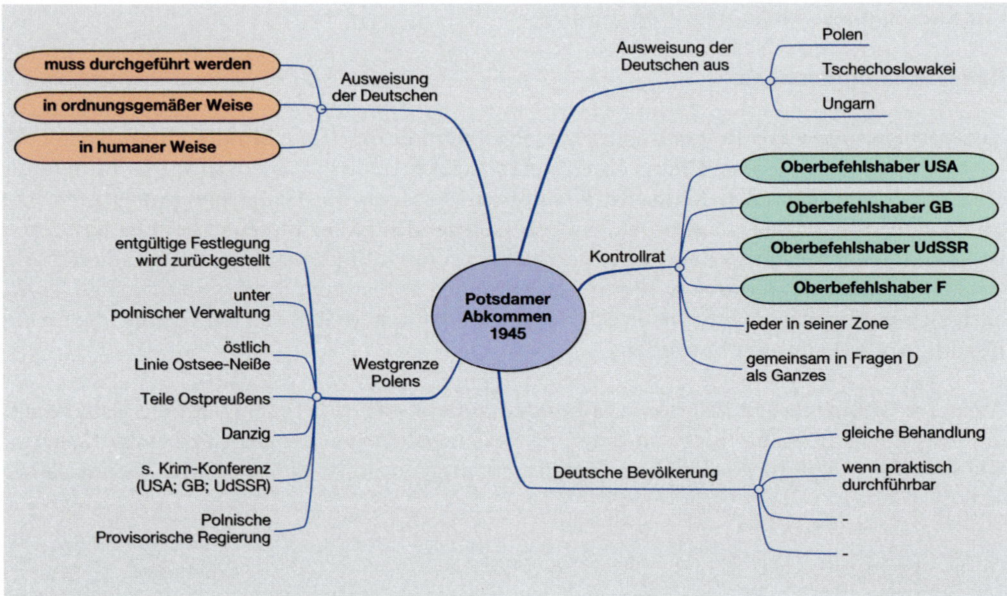

Lernhilfe

Natürlich können Sie auf ähnliche Weise auch einen Text aus dem Darstellungsteil dieses Buches aufbereiten. Versehen mit zusätzlichen Symbolen, Bildern und farbiger Gestaltung, kann Ihnen die so entstandene Mind-Map eine wertvolle **Lernhilfe** sein.

Grundregeln

Obwohl die Mind-Map-Methode jede Freiheit lässt und zum kreativen Gestalten auffordert, gibt es doch ein paar **Grundregeln**, die Sie beachten sollten:

- Verwenden Sie Papier stets im Querformat, weil sich auf diese Weise mehr Informationen übersichtlicher unterbringen lassen.
- Beginnen Sie nach Möglichkeit mit einem farbigen Bild oder Symbol in der Mitte.
- Platzieren Sie die Hauptinformationen auf den Hauptästen, die Nebeninformationen auf den Nebenästen.
- Besetzen Sie einen Ast nach Möglichkeit nur mit einem Wort oder einem Begriff.
- Zeichnen Sie die Linien gebogen und organisch, um so auch die Möglichkeit des „Wachsens" zu betonen.
- Gehen Sie bei der Gedankenfolge immer vom Allgemeinen zum Speziellen.
- Verdeutlichen Sie die zentralen Gedanken durch Symbole, Bilder und Farben, weil Sie so das Erinnerungsvermögen stärken können.

7.2.10 Was ist eigentlich? Einige Begriffe – kurz erklärt

Blitzlicht

Das Blitzlicht soll eine Momentaufnahme der Stimmung unter den Teilnehmern einer Arbeitsgruppe ermöglichen. So kann z. B. zu Beginn einer Veranstaltung jeder auf eine Karte schreiben, wie er sich jetzt im Moment fühlt. Oder er kann dazu aufgefordert werden, in einem Satz zu formulieren, was er sich von der nun folgenden Diskussion erwartet oder wie er sich die angekündigte Gruppenarbeit vorstellt. Der Moderator, der Lehrer oder ein Schüler liest dann alle Karten vor, wobei keinerlei Kommentare abgegeben werden dürfen. Erst wenn alle Karten vorgelesen wurden, kann man sich eventuell darüber unterhalten, welche Konsequenzen man aus dem eben gehörten **Meinungsbild** ziehen sollte. Meinungsbild

Das Blitzlicht eignet sich auch gut, um eine größere Arbeitsphase abzuschließen. Jeder notiert, wie er sich jetzt nach der Arbeit fühlt. Die Meinungen bleiben unkommentiert stehen und bilden den Abschluss der gemeinsamen Arbeit.

Brainstorming

Die „Erstürmung des Gehirns“ soll möglichst viele Ideen zu einem Thema hervorbringen. Das Thema muss präzise formuliert sein, sodass jeder Teilnehmer seine Ideen – möglichst schriftlich auf Karteikarten – einbringen kann.
Folgende Regeln sind beim Brainstorming zu beachten:

- Jede Idee ist erlaubt – es gibt keine Denkverbote.
- Kritik ist verboten, Vorschläge anderer Teilnehmer dürfen nicht kommentiert werden.
- Quantität geht vor Qualität.
- Jede Idee ist gleich wertvoll und gleich wichtig.

Gruppenpuzzle

Zunächst werden sogenannte **Stammgruppen** gebildet, die aus vier bis fünf Schülern bestehen und ein Thema bearbeiten sollen. Zum Beispiel kann ein Ländervergleich durchgeführt werden: Dabei hat je eine Gruppe die Aufgabe, sich mit Deutschland, den USA, Russland oder Frankreich zu beschäftigen. Stammgruppen

Aus jeder Stammgruppe kommt nun jeweils ein Schüler und bildet mit den Abgesandten der anderen Gruppen eine der **Spezialistengruppen**, die sich jeweils mit einem Aspekt dieses Ländervergleichs, z. B. historische, wirtschaftliche, politische (Verfassung), geografische Bedingungen usw., beschäftigt. Diese Spezialisten kehren anschließend in ihre Stammgruppe zurück, wo sie dann die Ergebnisse ihrer Arbeit vorlegen, erklären und Fragen dazu beantworten. Spezialistengruppen

Gruppenpuzzle ist die ideale Lernform für fächerverbindenden und fächerübergreifenden Unterricht, so kann z. B. bei der Bearbeitung des Themenbereichs „Gen-Technik“ der „Englisch-Experte“ seiner Stammgruppe einen schwer verständlichen, in Englisch abgefassten Fachtext erläutern, der Biologie-Experte kann die fachwissenschaftlichen, der Gemeinschaftskunde-Experte die politischen und der Ethik-Experte die ethischen Konsequenzen der Genforschung darlegen.

Hearing

Hearing nennt man eine öffentliche Anhörung von **Sachverständigen** zu einem bestimmten Thema in den Ausschüssen eines Parlaments. Sachverständige

Eng verwandt mit dem Rollenspiel kann ein Hearing auch im Unterricht durchgeführt werden: Zu einem bestimmten Thema, z. B. „Erhöhung der Ökosteuer und damit des Benzinpreises auf 3,00 EUR pro Liter" werden bestimmte Experten befragt: Jeweils eine Schülergruppe informiert sich über die Argumente des ADAC, der Automobil- und Mineralölindustrie, des Bundes für Umwelt und Naturschutz Deutschland, des Bundesfinanzministeriums usw.

Anschließend werden die Experten nacheinander vor den mit Schülern besetzten Ausschuss gebeten, um dort ihre Position darzulegen und Rede und Antwort zu stehen.

Wo finde ich weitere Informationen?

Literaturtipps

zu 7.2.3 Planspiel

- Heinz Klippert: Planspiele: 10 Spielvorlagen zum sozialen, politischen und methodischen Lernen in Gruppen, 5. Auflage, Beltz Verlag, Weinheim 2008

zu 7.2.6 Meta-Plan

Eine kurze, leicht verständliche Einführung gibt:

- Michael Tosch: Besprechungen moderieren, Verlag für Lebendiges Lernen, Eichenzell 1997

Eine Einführung mit zahlreichen Beispielen bietet:

- Karin Klebert/Einhard Schrader/Walter Straub: Kurzmoderation. Anwendung der Moderations-Methode in Betrieb, Schule und Hochschule, Kirche und Politik, Sozialbereich und Familie bei Besprechungen und Präsentationen, Windmühle Verlag, Hamburg 1998
  Im Internet unter: http://www.neuland-online.de, bzw. http://www.nitor.de

zu 7.2.7 Zukunftswerkstatt

Als grundlegend für die Entwicklung der Idee „Zukunftswerkstatt" gilt:

- Robert Jungk/Norbert Müller: Zukunftswerkstätten: mit Phantasie gegen Routine und Resignation, 5. Auflage, Heyne Verlag, München 1995

Ein sehr gut geeignetes „Methodenbuch" von

- Olaf Albers und Arno Broux: Zukunftswerkstatt und Szenariotechnik. Ein Methodenhandbuch für Schule und Hochschule, Beltz Verlag, Weinheim 1999
  Es erklärt theoretisch und anhand von praktischen Beispielen.

zu 7.2.8 Szenariotechnik

Umfassend und sehr informativ:

- Olaf Albers/Arno Broux: Zukunftswerkstatt und Szenariotechnik: ein Methodenhandbuch für Schule und Hochschule, Beltz Verlag, Weinheim 1999

Ein konkretes Beispiel, mit pädagogischem „Überbau" (diesen Teil muss man nicht unbedingt lesen):

- Peter Weinbrenner: Die Szenario-Methode als Mittel zum kreativitätsfördernden Lernen gezeigt am Beispiel des Themas „Multikulturelle Gesellschaft", Fachakademie für Wirtschaftswissenschaften, Bielefeld 1994

zu 7.2.9 Mind-Mapping

Ausführliche und zum Ausprobieren motivierende Einführung in Mind-Mapping vom „Erfinder" dieses Verfahrens, Tony Buzan. Zahlreiche Übungen und Beispiele:

- Tony und Barry Buzan: Das Mind-Map-Buch. Die beste Methode zur Steigerung Ihres geistigen Potenzials, 5. Auflage, mgv Verlag, Frankfurt a. M. 2002

Weitere empfehlenswerte Bücher zum Thema:
- Frank Krüger: Mind Mapping: kreativ und erfolgreich im Beruf, 2. Auflage, Humboldt Taschenbuch Verlag, Baden-Baden 2004
- Margit Hertlein: Mind Mapping – Die Kreative Arbeitstechnik: spielerisch lernen und organisieren, Rowohlt Verlag, Reinbek bei Hamburg 2001
- Peter Weiler: Kreativitätstraining: mind Mapping, 2. Auflage, Südwestverlag, München 1999

Im Internet können Sie unter der Adresse
http://www.mindmapper.com
mehrere zum Teil kostenlose Programme zur Erstellung einer Mind-Map herunterladen.

zu 7.2.10 Was ist eigentlich ...?

Eine ganze Fülle weiterer Ideen zu modernem und abwechslungsreichem Unterricht gibt:
- Heinz Klippert: Methoden-Training. Übungsbausteine für den Unterricht 1, 17. Auflage, Beltz Verlag, Weinheim 2007
- Heinz Klippert: Kommunikations-Training. Übungsbausteine für den Unterricht 2, 11. Auflage, Beltz Verlag, Weinheim 2006

speziell für den Geschichts- und Gemeinschaftskundeunterricht:
- Sigfried Frech/Hans-Werner Kuhn/Peter Massing (Hrsg.): Methodentraining für den Politikunterricht. 2 Bände, Wochenschau Verlag, Schwalbach/Taunus 2004/06.
- Ulrich Mayer (Hrsg.): Handbuch Methoden im Geschichtsunterricht. Wochenschau Verlag, Schwalbach/Taunus 2004

7.3 Präsentation

Präsentation bedeutet „Vorstellung vor der Öffentlichkeit". In den vorhergehenden Kapiteln haben Sie erfahren, welche Techniken und Methoden es gibt, Arbeit effektiv zu organisieren und durchzuführen. In diesem Kapitel sollen Sie nun etwas darüber erfahren, wie man die Ergebnisse dieser Arbeit möglichst wirkungsvoll präsentiert.

Stellen wir uns eine Situation vor, die jeder so oder so ähnlich schon einmal erlebt hat: Im Rahmen eines schulischen Projekts hat eine Arbeitsgruppe ein Thema intensiv erforscht und die Ergebnisse in einer schriftlichen **Dokumentation** zusammengefasst. Vom Lehrer gebeten, diese nun vor der Klasse zu präsentieren, tritt ein Gruppenmitglied vor und verliest dann – möglichst ohne auch nur einmal den Blick zu heben, dazu hastig und mit monotoner Stimme – einen vorbereiteten Text, wobei weder die Unterschiede zwischen geschriebener und gesprochener Sprache noch die Aufnahmefähigkeit (und -bereitschaft) der Mitschüler berücksichtigt werden.

Dokumentation

Womöglich hat sich die Gruppe viel Mühe gegeben, hat viel gelesen und das neue Wissen in langen Arbeitssitzungen zusammengestellt. Und nun wird eine anspruchsvolle und ernsthafte Arbeit durch eine schlechte Präsentation vollkommen entwertet.

Und daraus folgt – übrigens nicht nur für den schulischen Alltag: Genauso wichtig wie die inhaltliche Ausarbeitung des Themas ist der **Vortrag**, die Präsentation des Referats.

Vortrag

Es gibt viele Möglichkeiten, die Ergebnisse seiner Arbeit zu präsentieren. Doch als oberste Regel gilt: Präsentieren Sie, wie Sie wollen – nur nicht langweilig! Überlegen Sie stattdessen, wie Sie die Ergebnisse anderen auf möglichst spannende, motivierende Weise mitteilen können. Präsentieren Sie anschaulich und Interesse weckend. Auf den folgenden Seiten finden Sie dazu einige Tipps und Anregungen.

7.3.1 Rhetorik

> „Allein der Vortrag macht des Redners Glück."
> (*Goethe*)

Sieben freie Künste

In der Antike und auch noch in den Klosterschulen des Mittelalters nahm die Rhetorik einen breiten Raum ein, sie war eine der **sieben freien Künste** (neben Grammatik, Dialektik, Arithmetik, Geometrie, Astronomie und Musik). Heutzutage wird die „Kunst der Rede" zwar kaum noch gelehrt – die Tübinger Universität ist die einzige, die einen Lehrstuhl für Rhetorik eingerichtet hat –, aber in der Öffentlichkeit spielt sie doch eine große Rolle. Nicht nur in der politischen Rede oder der Werbung wird versucht, durch Worte (und Bilder) zu überzeugen, auch im beruflichen Alltag ist es immer wichtiger, durch rhetorisches Geschick seine Vorstellungen gewinnend vorzustellen. Die besten Ideen und Vorschläge bleiben oft wirkungslos, wenn die „Verpackung", also die rhetorische Gestaltung nicht zu überzeugen weiß.

Übung

Rhetorik ist keine angeborene Fähigkeit, die man hat oder eben nicht hat. Gewiss, es gibt auch in diesem Bereich besondere Begabungen, aber ein guter Redner wird man vor allem durch **Übung**. Eine gründliche und umfassende Vorbereitung ist ein weiterer Schritt, um seinen Vortrag oder sein Referat interessant und spannend an die Zuhörer weiterzugeben, was folgende Anekdote verdeutlicht:

Ein englischer Parlamentarier – berühmt für seine glänzenden Reden im Unterhaus – wurde einmal gefragt, wie lange er sich auf eine Rede vorbereite. Seine Antwort lautete: „Wenn ich eine Stunde Redezeit habe, brauche ich nur fünf Minuten. Muss ich mich auf zwanzig Minuten beschränken, benötige ich zwei bis drei Stunden. Soll ich in der Debatte einen Redebeitrag von höchstens fünf Minuten bringen, dann brauche ich zur Vorbereitung einen ganzen Tag."

Was können wir daraus lernen? Gerade wenn wir für unseren Sachvortrag – und nur um diesen geht es hier und nicht z. B. um eine Glückwunschrede zum Geburtstag – nur wenig Zeit haben, müssen wir uns gründlich vorbereiten und genau überlegen, was wir ansprechen wollen, was uns am wichtigsten erscheint und wie wir unseren Vortrag gliedern werden.

1. Die Disposition

Üblicherweise wählt man für eine Rede die „klassische" Dreiergliederung.

Einleitung

1.1 Die Einleitung – auch Einstimmung genannt

Um eine Interesse und Neugier weckende Einleitung zu gestalten, gibt es mehrere Möglichkeiten:

- einen Erlebnisbericht
  Beispiel: Als ich heute Morgen hierher fuhr, hörte ich die Ansicht, dass ...
- eine Problemstellung, auch als Frage formuliert
  Beispiel: Stellt euch einmal vor, wir müssten 24 Stunden ohne elektrischen Strom auskommen. Welche Folgen hätte das?
- eine humorvolle Geschichte
- ein aktuelles Ereignis
- ein Sprichwort oder Zitat (auch ein variiertes)

Hauptteil

1.2 Der Hauptteil

- Logischer Aufbau: Chronologiefolge, vom Leichten zum Schweren, vom Konkreten zum Abstrakten
- Den Zuhörern Erholungspausen gönnen durch gelegentliches Absenken der Konzentrationsbeanspruchung. Dazu kann eine kleine eingestreute Episode, ein Scherz (aber Vorsicht, ein Witz kann leicht danebengehen!) oder ein passendes Erlebnis dienen.

- Überschaubarkeit: Die Hörer sollen merken, mit welchen bereits vorgetragenen Gedankengängen der Redner seinen Vortrag fortsetzt. Der „rote Faden" muss auch für die Hörer stets erkennbar bleiben. Roter Faden
- Steigerung: Nach Möglichkeit soll der Spannungsbogen gegen Ende der Rede zunehmen; die Hörer müssen neugierig gemacht werden.
  Es ist unbedingt zu beachten, dass sich gesprochene Sprache von geschriebener unterscheidet. Deshalb: kurze, verständliche Sätze bilden, Verben statt Substantive, Aktiv- statt Passivform!
  Beispiel: Nicht: „Vom Hochkommen *Hitlers* wurden – im Zusammenhang mit dem Versuch der misslungenen Bewältigung der Weltwirtschaftskrise bzw. der daraus entstandenen Folgen – die demokratischen Parteien in eine Überraschung versetzt, sodass sie in eine Situation gedrängt wurden, ganz abgesehen davon, dass auch sie einer Überforderung erlagen, durch welche die Lösung der Probleme zur Verhinderung kam." Sondern: „*Hitler* stimmten immer mehr Bürger zu. Das überraschte die demokratischen Parteien. Hinzu kam, dass sie nicht vermochten, die Auswirkungen der Weltwirtschaftskrise zu beseitigen. Auch sie waren überfordert. So sahen sie sich in einer aussichtslosen Lage."
- Verknüpfung mit bereits Bekanntem durch Beispiele und anschauliche Bilder.
  Beispiele: „Selbstverständlich lügen Politiker. Aber lügen sie mehr als andere Menschen? Und haben wir nicht alle schon einmal um unseres vermeintlichen oder tatsächlichen Vorteils willen gelogen?"
  „Die von der Stasi gesammelten Akten machen nebeneinander gestellt eine Länge von 180 km aus, das ist fast die Autobahnstrecke Stuttgart bis Frankfurt/Main."

1.3 Der Schluss

Schluss

z. B. als
- eine knappe Zusammenfassung der Ergebnisse des Vortrags,
- ein Ausblick auf mögliche Anwendungsgebiete,
- Ansätze zur Übertragung der Darbietung auf andere Gebiete,
- eine vorsichtige Prognose, ein Zitat oder Sprichwort,
- ein Zurückkehren zu einer einleitenden Aussage („der Kreis schließt sich")

Als Faustregel gilt: Einleitung und Schluss der Rede sollen höchstens je 10 % der Gesamtredezeit umfassen.

Beachten Sie bitte: Wer sagt „Ich komme jetzt zum Schluss", muss auch tatsächlich innerhalb der nächsten drei, vier Sätze zu Ende kommen und darf nicht immer wieder neue anhängen. Noch besser ist es, wenn der Hörerkreis an Inhalt und Art des Sprechstils – Stimme heben – selbst merkt, dass der Redner zum Schluss kommt.

2. Redner und Sprachstil

Redner
Sprachstil

- Freie Rede: Möglichst frei sprechen, nur ab und zu auf den Stichwortzettel schauen; keinesfalls vom Blatt ablesen ohne aufzuschauen.
- Gewinnend auftreten, freundlich, lächeln (aber nicht grinsen!)
- Kontakt mit den Zuhörern suchen, eine Rede ist ein einseitig geführtes Gespräch, aber eben doch ein Gespräch; Blickkontakt ist wichtig.
- Das Sprechtempo variieren, mal langsam mal schneller, jede Monotonie vermeiden.
- Gleichfalls die Lautstärke verändern. Nichts ermüdet so rasch wie ein ständig gleichmäßig zu lautes und – noch schlimmer – zu leises Sprechen.
- Auf äußeres Erscheinungsbild und Auftreten achten. Die Kleidung dem Anlass und der Zuhörergruppe anpassen. Vor einem Messepublikum etwa präsentiert man sich anders als vor einer Schülergruppe im Schullandheim.
- Nicht wie ein Steinklotz unbewegt hinter dem Rednerpult stehen, aber auch nicht nervös umherhampeln.

7.3.2 Visualisierung

Visualisierung ist mehr, als nur einen Gegenstand optisch erfahrbar zu machen oder einen gesprochenen Inhalt in ein Bild zu „übersetzen". Vielmehr hat Visualisierung auch eine wichtige Funktion im Lernprozess: Nur bis zu 20 % eines gesprochenen Vortrags kann der normale Zuhörer behalten, werden ihm die Informationen aber in einer **Text-Bild-Kombination** angeboten, so erhöht sich diese Behaltensquote auf etwa 50 %.

Text-Bild-Kombination

Daneben können mit Visualisierung noch andere Ziele erreicht werden:

Zusammenhänge

- **Zusammenhänge können strukturiert werden**
  Selbst komplizierte politisch-philosophische Überzeugungen können visualisiert werden. Die nachfolgende Skizze strukturiert z. B. die im 19. Jahrhundert geführte Diskussion um die Staatsauffassungen des Konservatismus und Liberalismus. Beide Anschauungen werden auf das Wesentliche reduziert und in ein leicht fassbares Bild übertragen.

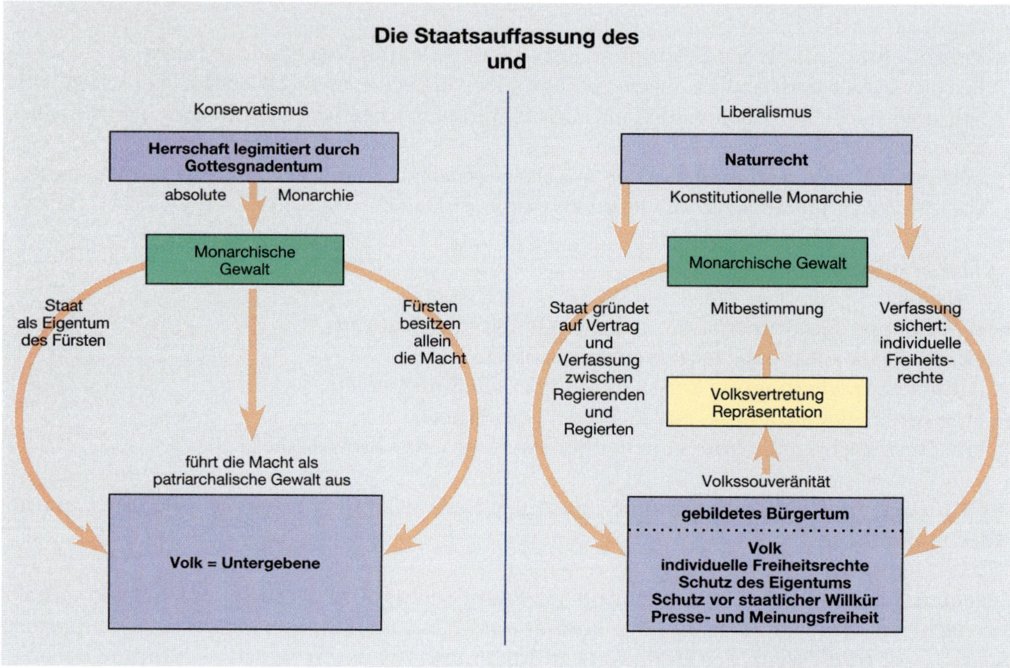

Diskussionsgrundlage/ Motivation

- **Diskussionsgrundlage/Motivation kann geschaffen werden**
  Visualisierungen – im Beispiel in Form einer Karikatur – wecken Aufmerksamkeit und Neugierde, mehr als dies das gesprochene Wort kann. Sie stellen Sachverhalte prägnant und pointiert dar und fordern zur Diskussion heraus. Als motivierender Einstieg in eine Präsentation ist das Zeigen eines Bildes, einer Skizze oder einer Karikatur die nach wie vor beliebteste Methode.

Nur Fliegen ist schöner!

- **Verstehen bzw. Erkenntnis kann erleichtert werden**
  Keine Gebrauchsanweisung, kein technischer Ratgeber verzichtet heutzutage auf Visualisierung. Gerade Zusammenhänge und Funktionen, die sprachlich oft nur schwer zu vermitteln sind, können mithilfe einer Skizze leicht verständlich dargestellt werden. Was dem Techniker mit Worten nur sehr umständlich zu erklären wäre, sieht er auf einer Konstruktionszeichnung sofort, und der Politologe versteht eine Verfassungsskizze, welche die Kompetenzen der Staatsorgane zeigt, auf den ersten Blick.

Verstehen
Erkenntnis

Bei einem Vortrag oder Referat hat die Visualisierung unterstützende Funktion – im Mittelpunkt des Geschehens bleibt der Redner. Neben Grafiken und Bildern werden in vielen Bereichen zur Veranschaulichung **Zahlenbilder** eingesetzt.

Zahlenbilder

Man unterscheidet dabei verschiedene Formen der Darstellung: **Säulen- und Balkendiagramme** bieten die Möglichkeit, mehrere Zahlengrößen im Vergleich darzustellen. Sie zeigen Unterschiede in Zahlen auf und sind deshalb besonders geeignet, um Werte gegenüberzustellen.

Säulen- und Balkendiagramme

Kurven- oder Liniendiagramme zeigen besonders gut die Entwicklungsverläufe. Klassisches Beispiel sind die Umsatzentwicklungen von Unternehmen.

Kurven- oder Liniendiagramme

Kreis- oder Tortendiagramme verdeutlichen immer die Anteile eines Ganzen. In der Wahlberichtserstattung werden sie z. B. zur Veranschaulichung der prozentualen Stimmenanteile verwendet.

Kreis- oder Tortendiagramme

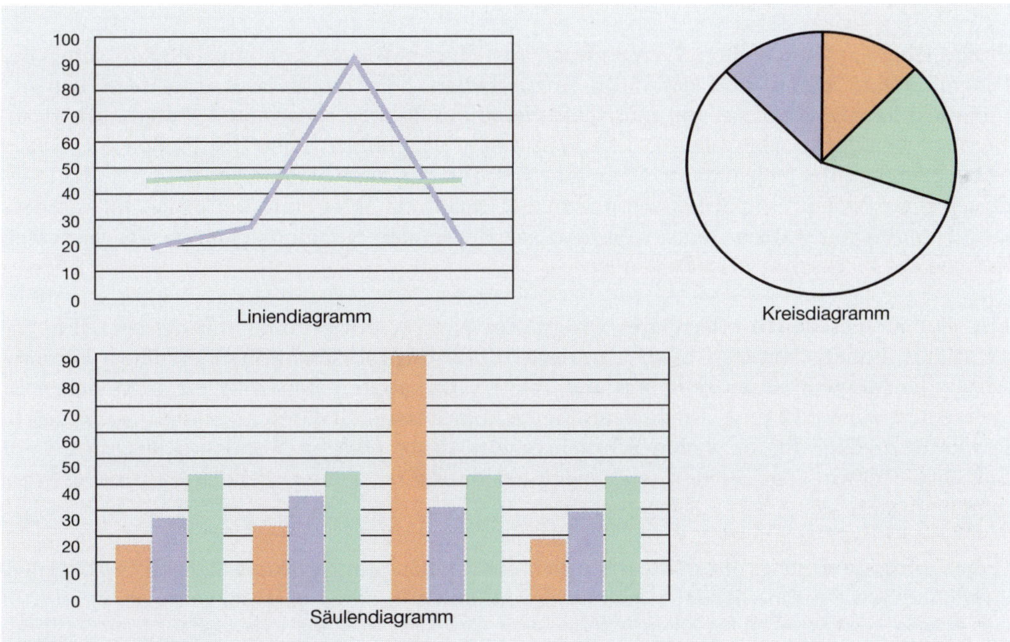

Einige grundlegende Ratschläge sollten Sie bei der Verwendung von Zahlenbildern – gleichgültig für welchen Typ Sie sich letztlich entscheiden – beherzigen, wobei als Grundsatz gilt, dass jedes Zahlenbild prinzipiell aus sich selbst heraus verständlich sein muss:

- Das **Layout** muss funktional sein und darf nicht vom eigentlichen Inhalt ablenken. Vermeiden Sie also eine Überfrachtung. Weniger Information ist oft mehr.
- Jedes Zahlenbild muss einen **Titel** haben. Jeder Betrachter muss jederzeit wissen, was er gerade sieht.

Layout

Titel

Legende

- Ob Sie Ihr Zahlenbild mit einer erklärenden **Legende** versehen wollen, bleibt Ihre Entscheidung. Ebenso, ob eine Quellenangabe erforderlich ist. Sie sollten aber beides ins Kalkül ziehen.

Farben

- Verwenden Sie Schraffuren und **Farben**, die deutlich erkennbar und gut voneinander unterscheidbar sind.
- Erläutern Sie die Zahlenbilder. Zeigen Sie Zusammenhänge und mögliche Erklärungen auf.
- Zeigen Sie zuerst die großen Zusammenhänge, bevor Sie ins Detail gehen.

Ergebnissicherung

Visualisierung ist aber nicht nur bei Präsentationen von Bedeutung, sondern wird zunehmend auch zur **Ergebnissicherung** bei (moderierten) Gruppenarbeiten und Diskussionen eingesetzt. Dies kann z. B. in Form einer Mind-Map (vgl. Kapitel 7.2.9) geschehen. Die Moderationsmethode (vgl. Kapitel 7.2.6) ist ohne Visualisierung in Form von Karten und Plakaten ganz undenkbar.

7.3.3 Computergestützte Präsentationsprogramme

Seit mehreren Jahren gibt es immer leistungsfähigere und zunehmend preiswertere Computerprogramme zur grafischen Gestaltung am PC. Schon die klassischen Textverarbeitungsprogramme, wie z. B. Word oder AmiPro, bieten zahlreiche Möglichkeiten, Grafiken oder Zahlenbilder in den Text einzubinden. Daneben hat sich der Markt für spezielle Präsentationsprogramme ständig vergrößert – die Palette reicht vom in Werbeagenturen verwendeten Profiprogramm bis zum simpel gestrickten Einfachprogramm für den Alltag in Schule und Beruf.

Einige Überlegungen sollten Sie allerdings anstellen, bevor Sie sich entschließen, eines der Programme zu kaufen und sich darin einzuarbeiten. Sehr häufig ist man geneigt, das vermeintlich leistungsstärkste, mit möglichst vielen Funktionen ausgestattete Programm zu erwerben. Wer denkt schon daran, dass man dieses Programm unter Umständen nur relativ selten auch benutzt – eben dann, wenn eine Präsentation ansteht. Man verliert rasch die Freude selbst am besten Programm, wenn man zur Erstellung einer einfachen Folie erst stundenlang Handbücher wälzen muss, weil man seit der letzten Nutzung schon wieder vergessen hat, wie das Programm zu bedienen ist.

Ein sehr kleines, leicht erlernbares Programm ist z. B. PowerPoint, mit dessen Hilfe Sie nicht nur Folien, sondern auch animierte Bildschirmpräsentationen erstellen können. Außer der Möglichkeit zu zeichnen und Text zu formatieren stehen Ihnen nicht viel mehr Werkzeuge zur Verfügung. Doch wenn Sie nicht professionell damit arbeiten müssen, reicht PowerPoint völlig aus. In vielen Schulen gehört dieses oder ein ähnliches Programm zur Standard-Software, das Sie dort auch eventuell im Rahmen des Unterrichts einmal ausprobieren können.

Gleichgültig, in welches Programm Sie sich einarbeiten, einige grundsätzliche Gestaltungsempfehlungen – gerade bei der Herstellung von Folien – sollten beachtet werden:

Informationsmenge

- Begrenzen Sie die **Informationsmenge.** Zu viele Informationen können vom Betrachter nicht aufgenommen werden und verwirren häufig. Auch hier gilt: Weniger ist oft mehr!

Layout

- Das **Layout** der einzelnen Folie muss sehr sorgfältig gestaltet werden. Achten Sie neben der Anordnung der einzelnen Elemente besonders auf die Schriftgröße: Damit auch in den hinteren Reihen noch erkennbar ist, was auf der Folie steht, sollte die Schrift mindestens 5 mm (entspricht ca. 16 pt) groß sein.

Typographie

- Beachten Sie die wichtigsten Grundsätze der **Typographie:** Wählen Sie die Schrifttypen nach Lesbarkeit aus, verwenden Sie nach Möglichkeit nur eine oder zwei Schriftarten und bedenken Sie bei der Auswahl, dass zwischen Inhalt und Form ein enger Zusammenhang besteht.

- Die **Farbgebung** ist von besonderer Bedeutung, weil Farben neben der natürlichen auch eine symbolische und psychologische Bedeutung haben. So wird die Farbe Rot z. B. im politischen Zusammenhang mit der SPD assoziiert, im gesellschaftlichen Bereich wird Violett mit der Frauenbewegung, im religiösen Bereich Grün mit dem Islam in Verbindung gebracht. Bei farbiger Schrift auf farbigem Grund ist auf die Kontrastwirkung und die gute Lesbarkeit zu achten. Farbgebung
- Jede Folie muss eine Überschrift bzw. einen **Titel** haben. Titel
- Verwenden Sie nach Möglichkeit Querformat, weil die handelsüblichen Projektoren auf dieses Format ausgerichtet sind.
- Überprüfen Sie die korrekte Rechtschreibung Ihrer Folientexte!

Mithilfe eines Computerprogramms können auch Bildschirmpräsentationen erstellt werden, die dann direkt vom Computer über einen lichtstarken Projektor (Beamer) auf eine Leinwand projiziert werden können.

Bei dieser Art von Projektion können zahlreiche Effekte verwendet werden:

- **Übergänge** zwischen den einzelnen Folien können frei gestaltet werden: Ähnlich wie beim Film kann die Überblendtechnik (eine Folie wird immer blasser, während die nächste immer deutlicher wird) oder die Schiebetechnik (eine Folie wird von der folgenden sozusagen aus dem Bild geschoben) verwendet werden. Übergänge
- Es gibt zahlreiche Möglichkeiten zur **Textanimation**: Der Text wird nicht vollständig von Anfang an gezeigt, sondern sozusagen Satz für Satz eingeblendet. Dabei gibt es zahlreiche Varianten, was Richtung und Geschwindigkeit der Einblendung betrifft. Textanimation
- Wenn Sie **Bilder** oder **Grafiken** verwenden, achten Sie darauf, dass Sie nicht ausschließlich aus den gängigen Clipart-Sammlungen auswählen, die inzwischen auf einer CD-ROM mehrere tausend Bilder und Grafiken enthalten. Es wirkt wenig originell, wenn Sie eine Grafik einbauen, die auch andere bereits mehrmals verwendet haben. Bilder Grafiken
- Auch Grafiken können animiert werden, und selbst **Video-Sequenzen** können inzwischen ohne Probleme in eine Präsentation eingebaut werden. Video-Sequenzen
- **Klang und Musik** können die positive Wirkung einer Präsentation unterstützen, immer besteht allerdings die Gefahr, dass sie unnötig viel Aufmerksamkeit abziehen. Klang und Musik

7.3.4 Foto-Dokumentation – Collage – Feature

Das Wort **Collage** kommt aus dem Französischen und bedeutet wörtlich übersetzt etwa „Leimen“ oder „Aufkleben“. Die Bildcollage als eine Kunstform des 20. Jahrhunderts ist gekennzeichnet durch das eingeklebte Fremdmaterial, wie z. B. Zeitungsausrisse, Fahrkarten, Stofffetzen, Fotos aus Zeitungen und Zeitschriften u.v.a. Collage

Ein geschichtliches oder politisches Thema kann in Form einer **Foto-Dokumentation** präsentiert werden. Dazu werden verschiedene Fotos oder Bilder gesammelt, die ein Ereignis besonders prägnant und eindrücklich darstellen. Diese Bilder können mit Kommentaren versehen werden, erklärende Überschriften ordnen und strukturieren das Thema. Natürlich können auch längere Texte beigefügt werden. Jedoch sollte das Bild im Mittelpunkt stehen. Foto-Dokumentation

Als eine Form der Präsentation lässt die Collage viel Raum für gestalterische Fantasie und kann zu jedem Thema gefertigt werden. Klebt man die Bilder und Texte auf große Plakate oder Stelltafeln, so kann daraus sogar eine kleine Ausstellung entstehen.

Beispiel: Collage zum Mauerfall am 09. November 1989. Fotos der nicht abreißenden Schlange von Trabbis an der Bornholmer Straße, Jugendliche auf der Mauer vor dem Brandenburger Tor, die Leuchtreklame, die den reichen Berliner Westen spiegelt, Nahaufnahmen von vor Glück weinenden Menschen, Zeitungsüberschriften wie „In dieser Nacht sind die Deutschen das glücklichste Volk der Welt.“ oder markante Formulierungen wie die von *Willy Brandt* am 10. November 1989: „Jetzt wächst wieder zusammen, was zusammengehört.“ usw.

Literarische Collage

Die **literarische Collage** arbeitet ebenfalls mit vorgefertigtem Material. In ihr werden verschiedene Texte und Textausschnitte als erkennbares Zitatmaterial zu einem neuen Ganzen montiert.

Feature

Das **Feature** ist vor allem eine „Präsentationsform" des Rundfunks. Es handelt sich dabei um einen längeren Sendebeitrag, der ein Thema umfassend mit verschiedenen Mitteln aus jeweils unterschiedlicher Perspektive darstellt: Neben Reportagen, Kommentaren, Interviews und Auszügen aus literarischen Werken können auch noch Lieder, Geräuschkulissen wie z. B. der Lärm eines Düsenflugzeuges und anderes verwendet werden. Es entsteht so eine – auch mit künstlerischem Anspruch – gestaltete Form, die ein Ereignis oder einen Zustand umfassend und abwechslungsreich darstellt.

Das Feature bietet besondere Möglichkeiten, ein Thema zu präsentieren: Anders als beim Vortrag kennt es keine vorgegebene Reihenfolge der einzelnen Elemente. Vielmehr lebt es geradezu von der Abwechslung, der unerwarteten Wendung: Auf einen literarischen Text folgt eine Statistik. Auf das Interview folgt eine Reportage und darauf wieder ein Schlager. Der Fantasie zur Gestaltung sind (fast) keine Grenzen gesetzt, es darf aber das Thema, worum es eigentlich geht, nicht aus dem Auge verloren werden. Das gelungene Feature stellt eine ausgewogene Mischung aus Information und Unterhaltung dar, ein sogenanntes **Infotainment** (Kunstwort aus dem Englischen „information" und „entertainment").

Infotainment

7.3.5 Medien-Einsatz bei der Präsentation

Medien

Ausnahmslos jeder Vertrag, jeder verbale Beitrag kann durch den Einsatz von **Medien** gewinnen. Sie können – zum Teil gleichzeitig – mehrere Funktionen erfüllen:

- äußere Auffälligkeiten, z. B. bei einem Bericht über Entwicklungshilfe ein Bild von Elendsvierteln in Großstädten,
- innere Veranschaulichung (mit dem „geistigen" Auge sehen), z. B. Zahlen über Einkommen werden in Form von Säulen- oder Liniendiagramme dargestellt,
- Auflockerung bei einem abstrakten Thema durch sinnliche Wahrnehmung, etwa Darlegung der Aufgaben der Schülermitverantwortung durch ein Bild einer Sitzung der Klassensprecher,
- Verständniserleichterung durch Gliederung und Übersichten wie z. B. die Disposition eines Vortrags, bei der jeder Zuhörer sieht, welche Punkte in welcher Reihenfolge behandelt werden sollen.

Für alle Medien gelten zwei „eiserne Grundsätze":

1. Das Medium muss den Vortrag unterstützen – nicht umgekehrt. Der Redner darf auf keinen Fall in die Rolle eines Interpreten verfallen, der nur noch umständlich erläutert, was die Einzelpräsentation darstellt.
2. Die Qualität entscheidet, nicht die Quantität. Eher etwas zu wenig als zu viel. Der Hörer darf sich nicht „erschlagen" fühlen durch eine Flut von Bild- und Toneindrücken, bei denen völlig verloren geht, was eigentlich das Thema ist.

Wandtafel

Die **Wandtafel** ist in Schulungsräumen fast immer vorhanden und bietet so die Möglichkeit, begleitend zum Vortragsverlauf eine begrenzte Zahl von Informationen, z. B. in Form von Stichworten, festzuhalten. Die große Fläche und einfache Handhabung sind die Vorzüge des Mediums. Nachteilig ist, dass der Blickkontakt zum Publikum häufiger unterbrochen wird und eine einmal gelöschte Information verloren ist.

Vor Beginn eines jeden Vortrags muss die Tafel gründlich gesäubert werden, selbst wenn man sie gar nicht benutzen will. Eine schmutzige, verwischte Tafel wirkt hässlich. Noch schlimmer und unprofessionell ist es, wenn man die Aufzeichnungen seines Vorgängers einfach stehen lässt. Kaum ein Zuhörer, der nicht in Versuchung gerät, den Sinn dieser Aufzeichnungen zu ergründen und dadurch abgelenkt wird.

Tonbandkassette/ CD

Die **Tonbandkassette oder CD** ist als Einstieg, etwa durch ein zum Thema passendes Musikstück (aber höchstens drei Minuten!) oder einen Redeausschnitt zur Einstimmung gut geeignet und erfordert nur geringe technische Vorbereitung.

Hafttafel

Die **Hafttafel** funktioniert nach dem Prinzip des Klettverschlusses und wird vor allem dann benutzt, wenn vorbereitete Elemente zur Darstellung komplizierter Zusammenhänge verwendet werden sollen. So kann z. B. das Gesetzgebungsverfahren mithilfe von beschriebenen Plakaten und Zeichnungen an der Hafttafel entwickelt werden. Die vorbereiteten Elemente sichern zwar die exakte Darstellung, erfordern aber auch eine aufwendige Vorbereitung. Auch ist der Vortragende relativ eng an sein vorbereitetes Konzept gebunden.

Overhead-Projektor

Der **Overhead-Projektor** (Tageslichtschreiber) ist wahrscheinlich das meistverwendete Medium in Aus- und Weiterbildung. Er eignet sich sowohl für spontane Aufschriebe als auch für vorbereitete Folien. Der Blickkontakt des Vortragenden zum Publikum bleibt erhalten und alle Informationen können wieder verwendet und für die Zuhörer kopiert werden. Ein besonderer Vorteil dieses Mediums besteht darin, dass es vor fast allen Gruppengrößen benutzt werden kann: ob bei der Aktionärsversammlung der Daimler AG oder einer Kleingruppe im Seminarraum. Wie bei allen technischen Geräten muss sich der Vortragende in die Handhabung einweisen lassen und natürlich auch mit einer Störung rechnen. Auch hierbei gilt: Gute Vorbereitung ist alles – wer beim Ausfall der Projektionslampe eine Ersatzbirne aus der Tasche zieht, hat schon gewonnen! Die technische Panne kann so zum Gewinn werden.

Für alle Overhead-Projektoren gilt: So oft wie möglich ausschalten. Warum?

1. Beim Einschalten erhöht sich sofort der Aufmerksamkeitsgrad, man will wissen: Was ist da?
2. Bleibt der Projektor ständig eingeschaltet, führt das auch bei neu aufgelegten Folien kaum mehr zu einer Erhöhung der Aufmerksamkeit.
3. Unterbleibt das Ausschalten und wendet sich der Redner einem neuen Teil seines Vortrages zu, blicken die Hörer immer noch auf die eingeblendete Folie und passen kaum mehr auf.
4. Und schließlich hilft das Ausschalten auch Energie zu sparen.

Flip-Chart

Das **Flip-Chart** ist eine tragbare Halterung, auf der große Papierbögen beschrieben werden können. Es ist leicht zu handhaben und sehr gut mit anderen Medien zu kombinieren. Auch hier kann man vorbereitete Blätter, z. B. zur Begrüßung oder zur Darstellung des Tagungsprogramms, einsetzen. Allerdings ist dieses Medium nur für eine kleinere Teilnehmerzahl geeignet, in diesem Zusammenhang aber gerade zur gemeinsamen Erarbeitung besonders gut zu verwenden.

Dia

Dias – sparsam eingesetzt – sind nicht nur für den Einstieg hervorragend geeignet, sondern können auch den gesamten Vortrag begleiten. Aber hierbei gilt besonders die eingangs erwähnte Regel: Das Dia muss den Vortrag unterstützen, nicht umgekehrt. Als Faustregel kann gelten: Bei einem 30-minütigen Vortrag dürfen höchstens zehn Dias eingesetzt werden.

Der Nachteil eines durch Dias unterstützten und angereicherten Vortrages ist der relativ hohe technische Aufwand: Leinwand, Verdunkelung, Geräteaufbau usw. Hinzu kommt, dass der Redner wegen der Dunkelheit leicht den Blickkontakt zu seinen Hörern verliert.

Video

Video kann ähnlich beiläufig wie ein beliebiger Werbespot aufgenommen werden. Zwar wirkt ein Film authentisch und äußerst lebendig, aber bei der Flut der täglich gesendeten „bewegten Bilder“ ist es fraglich, ob er besondere Aufmerksamkeit zu wecken vermag. Wenn ein Videofilm eingesetzt wird, dann höchstens als „Aufhänger“ oder Einstieg. Er sollte nur wenige Minuten des Vortrags in Anspruch nehmen.

Computer-Bilder

Computer-Bilder z. B. in Form einer animierten Präsentation, die über Laptop und Beamer an eine Leinwand projiziert wird, sind sehr wirkungsvoll, aber auch äußerst störanfällig. Eine häufig zu beobachtende Untugend beim Einsatz dieses relativ neuen Mediums besteht darin, dass die Vielfalt der oft willkürlich aneinander gereihten Effekte den Inhalt überdeckt.

Pinnwand

Pinnwand wie sie z. B. bei der Meta-Plan-Methode eingesetzt wird. Sie kann zur Aufnahme vorbereiteter Elemente, aber auch spontan eingesetzt werden. Im herkömmlichen Vortrag wird dieses Medium kaum Verwendung finden, da es eher zur Aktivierung der Teilnehmer gedacht ist als zur Veranschaulichung eines Vortrages. Als Einstieg kann die Pinnwand aber durchaus genutzt werden: wenn die Teilnehmer ohne Beeinflussung eine Meinung äußern sollen oder wenn der Vortragende als Einstieg eine „Meinungsumfrage“ geplant hat.

Wandkarten

Wandkarten sind gerade bei Referaten oder Vorträgen zu einem historischen Thema immer ein sinnvolles Anschauungsmittel. Sie können allerdings nur bei einer relativ kleinen Zuhörerzahl eingesetzt werden. Der Vortragende benötigt unbedingt einen langen Zeigestab. Und je kleiner die Umrisse und Orte sind, die er auf der Karte zeigen will, desto mehr muss er ihn benutzen.

Modelle

Modelle sind bei einem Vortrag vor einem kleinen (Fach-)Publikum sinnvolle Medien. Es besteht allerdings die Gefahr, dass sich die Zuhörer zu intensiv mit dem Modell beschäftigen und den Ausführungen des Redners nur noch „mit halbem Ohr“ lauschen.

Wo finde ich weitere Informationen?

Literaturtipps

zu 3.1 Rhetorik

Aus der Vielzahl von Redenberatern, Rhetorik-Trainingsbüchern und Beispielsammlungen sei als leicht verständliche Einführung nur genannt:

- Reiner Brehler: Modernes Redetraining: sicher auftreten – überzeugend vortragen. Falken Verlag, Niederhausen 1995

zu 3.2 Visualisierung

Eine sehr gute Einführung bietet:

- Josef W. Seifert: Visualisieren – Präsentieren – Moderieren, 23. Auflage, Gabal Verlag, Offenbach 2006

Sehr praxisnah mit vielen Beispielen:

- Joachim Stary: Visualisieren. Ein Studien- und Praxisbuch, Berlin 1997.
  Dort finden Sie auch eine Fülle von weiteren Literaturvorschlägen und Internet-Adressen.

zu 3.3 Computerunterstützte Präsentationsprogramme

Eine umfassende Einführung in das Thema gibt:

- Wolfgang J. Weber: Aufbereiten – Präsentieren. Datenaufbereitung und grafische Darstellung mit Standardsoftware, Cornelsen Verlag, Berlin 1997

Personen- und Sachwortverzeichnis

C

D

G

S

Bildquellenverzeichnis

akg-images, Berlin, S. 12 (Peter Connolly), 37 rechts, 38 (Erich Lessing, 2x), 39, 42, 44, 46 Mitte (Pirozzi), 47 (2x), 54 (Erich Lessing), 55, 59 (2x), 64, 71, 73 rechts, 82, 113 Mitte, 164, 211, 214 oben, 217, 224, 227 rechts, 250 unten, 251, 257 rechts, 260 oben rechts, 260 unten rechts, 261 oben, 263, 270, 271 (2x), 272, 298

Beier, Roland, Berlin, S. 320

Bildarchiv Preußischer Kulturbesitz, Berlin, S. 20, 24, 26, 35 (Scala), 37 links, 43 (3x), 56, 65, 69, 70, 73 links, 159 (Hanns Hubmann), 212 oben (Kunstbibliothek, SMB/Knud Petersen), 212 unten (Dietmar Katz), 213 (Dietmar Katz), 218, 227 links, 246 (Bayerische Staatsbibliothek/Heinrich Hoffmann, 3x), 252 oben (Alfons Illenberger), 252 unten (Arthur Grimm), 256, 257 links, 258 (2x), 260 oben links, 261 unten, 265, 266, 269, 284 links, 290 oben, 293, 295 (Jochen Moll), 297 rechts, 301 (Henry Ries), 311 (Hanns Hubmann), 322 (Klaus Lehnartz), 368 (Garvens)

Bildungsverlag EINS, S. 374

Bildungsverlag EINS/Angelika Brauner, S. 259, 290 unten, 318 oben

Bosch, S. 81

BStU, Berlin, S. 199 (MfS, BV Dresden, AU 1636/85)

dpa Infografik, Hamburg, S. 86, 105, 108 (2x), 110, 113 oben, 114 rechts, 115 oben, 148, 154 unten, 296, 332, 348 oben

Erich Schmidt Verlag, Berlin, S. 58, 74, 87, 104, 121, 135 (2x), 142 (2x), 145 oben, 146, 149 (2x), 170, 173 oben, 175, 177, 180, 190, 191, 192, 200, 203, 209, 214, 216, 222, 225 oben, 236, 304, 318 Mitte, 319 oben, 330 oben, 344 unten, 346, 352 oben

Fotolia, New York, Umschlag oben (Martina Berg), 173 unten (Philip Lange), 194 unten (Gary Blakeley), 195 (henryart), 197 (dwight9592)

Greser & Lenz, S. 319 Mitte

Informations- und Medienzentrale der Bundeswehr (IMZBw), S. 334 oben, 335

Kaiser, Egon, S. 355

Kadinsky, Wassily: Moskau 1, 1916 © VG Bild-Kunst, Bonn 2009, S. 46 Mitte

Köhler, Hanns Erich/Wilhelm-Busch-Museum Hannover/Deutsches Museum für Karikatur und kritische Grafik, S. 338

Leger, Peter/Haus der Geschichte, Bonn, S. 331

Löffler, Reinhold, S. 143

Mester, Gerhard, S. 167 oben

MEV Verlag, Augsburg, Umschlag Mitte und unten, 347 rechts, 354 unten

Picasso, Pablo: Guernica, 1937 © Succession Picasso/VG Bild-Kunst, Bonn 2009, S. 47 oben

picture alliance, Frankfurt, S. 40 (dpa), 46 oben (chromorange), 97 (epd), 98 (dpa), 99 Mitte (dpa), 114 links, 131 (dpa, 2x), 136 (dpa), 145 unten (dpa), 151 (dpa), 152 (dpa), 154 oben (dpa), 161 (ZB), 162 (dpa), 166 (dpa), 168 (ZB), 176 (ZB), 183 (united-archives/mcphoto), 193 (dpa), 194 oben (dpa), 210 (akg-images), 289 (dpa), 306 oben (akg-images), 312 (dpa), 317 (dpa), 324 (dpa), 329 (dpa, 2x), 334 Mitte (dpa), 336 (dpa), 343 (dpa), 345 (dpa), 347 links (dpa), 353 (ZB), 354 oben (dpa)

Project Photos, Augsburg, S. 100

Schade, Peter (Privatfoto), S. 117

Steingart, Gabor: Weltkrieg um Wohlstand © 2006 Piper Verlag GmbH, München, S. 99

Stich, Herbert, Dattenberg, S. 349

Süddeutsche Zeitung Photo, München, S. 323

ullstein bild, Berlin, S. 23 (histopics), 80 (TopFoto), 84 (Archiv Gerstenberg), 107, 115 Mitte (Oberhäuser/CARO), 167 unten (Schnürer), 204 (Brüchmann), 215 unten, 225 unten, 250 oben, 268 (SV-Bilderdienst), 292, 297 links (dpa), 302, 303, 306 unten (AP), 309 (AP), 321 (Seyboldt), 344 oben (JOKER/Khandani), 352 unten (Imagebroker.net)